질 들뢰즈의 사변적 실재론

질 들뢰즈의 사변적 실재론
Against Continuity

지은이	아연 클라인헤이런브링크
옮긴이	김효진
펴낸이	조정환
주간	신은주
편집	김정연
디자인	조문영
홍보	김하은
프리뷰	임민수 · 정경직 · 한동석
초판 1쇄	2022년 4월 28일
초판 2쇄	2023년 10월 28일
종이	타라유통
인쇄	예원프린팅
라미네이팅	금성산업
제본	바다제책
ISBN	978-89-6195-299-6 93100
도서분류	1. 사변적 실재론 2. 현대철학 3. 사상사 4. 철학사 5. 문화이론
값	27,000원
펴낸곳	도서출판 갈무리
등록일	1994. 3. 3.
등록번호	제17-0161호
주소	서울 마포구 동교로18길 9-13 2층
전화	02-325-1485
팩스	070-4275-0674
웹사이트	www.galmuri.co.kr
이메일	galmuri94@gmail.com

일러두기

1. 이 책은 Arjen Kleinherenbrink, *Against Continuity : Gilles Deleuze's Speculative Realism*, UK : Edinburgh University Press, 2019를 완역한 것이다.

2. 외국 인명과 지명은 원어 발음에 가깝게 표기하려고 하였으며, 널리 쓰이는 인명과 지명은 그에 따라 표기하였다.

3. 인명, 지명, 책 제목, 논문 제목 등 고유명사의 원어는 맥락을 이해하는 데 원어가 꼭 필요하다고 생각되는 경우를 제외하고는 본문에서 원어를 병기하지 않았으며 찾아보기에 수록하였다.

4. 영어판에서 이탤릭체로 강조된 것은 고딕체로 표기하였다. 단, 영어판에서 영어가 아니라서 이탤릭으로 강조한 것은 한국어판에서 강조하지 않았다.

5. 단행본과 정기간행물에는 겹낫표(『』)를, 논문에는 홑낫표(「」)를, 영화 제목에는 가랑이표(〈 〉)를 사용하였다.

6. 지은이 주석과 옮긴이 주석은 같은 일련번호를 가지며, 옮긴이 주석에는 * 라고 표시했다.

7. 원서의 대괄호는 〔〕를 사용하였고, 옮긴이가 덧붙인 내용은 [ ] 속에 넣었다.

8. 인용문 중 기존 번역이 있는 경우 가능한 한 기존 번역을 참고하였으나 전후 맥락에 따라 번역을 수정했다.

9. 한국어판 지은이 서문으로 옮긴이의 서문을 갈음한다는 옮긴이의 뜻에 따라 별도의 옮긴이 후기는 싣지 않는다.

10. 영어판과 마찬가지로 한국어판에서도 주석의 프랑스어와 독일어 텍스트 인용문은 원문 그대로 수록하였다. 또한 이 책의 48쪽에 서술된 저자의 "들뢰즈에 대한 참조는 가능하다면 언제나 들뢰즈 저작의 영어 번역본에 대하여 이루어질 것"이라는 공언에 따라 영어로 번역되어 제시된 인용문은 프랑스어 원문을 참조하지 않고 한국어로 옮겼다.

11. 영어판에서 잘못 표기된 인용 출처와 쪽수를 가능한 한 바로잡았다.

:: 약어표

AO   *Anti-Oedipus* [『안티 오이디푸스』, 김재인 옮김, 민음사, 2014]

ATP   *A Thousand Plateaus* [『천 개의 고원』, 김재인 옮김, 새물결, 2001]

BSP   "Balance Sheet Program for Desiring Machines" [「욕망하는 기계에 대한 대차대조표 프로그램」]

B   *Bergsonism* [『베르그손주의』, 김재인 옮김, 문학과지성사, 2021]

C1   *Cinema 1: The Movement-Image* [『시네마 1: 운동-이미지』, 유진상 옮김, 시각과언어, 2002]

C2   *Cinema 2: The Time-Image* [『시네마 2: 시간-이미지』, 이정하 옮김, 시각과언어, 2005]

D   *Dialogues* [『디알로그』, 허희정 옮김, 동문선, 2005]

DI   *Desert Islands and Other Texts 1953-1974* [『무인도와 그 밖의 텍스트들 1953~1974』]

DR   *Difference and Repetition* [『차이와 반복』, 김상환 옮김, 민음사, 2004]

ECC   *Essays: Critical and Clinical* [『비평과 진단: 문학, 삶 그리고 철학』, 김현수 옮김, 인간사랑, 2000]

EPS   *Expressionism in Philosophy: Spinoza* [『스피노자와 표현 문제』, 현영종·권순모 옮김, 그린비, 2019]

ES   *Empiricism and Subjectivity* [『경험주의와 주체성』, 한정헌·정유경 옮김, 난장, 2012]

F   *Foucault* [『푸코』, 허경 옮김, 그린비, 2019]

FB   *Francis Bacon: The Logic of Sensation* [『감각의 논리』, 하태환 옮김, 민음사, 2008]

FLB   *The Fold: Leibniz and the Baroque* [『주름, 라이프니츠와 바로크』, 이찬웅 옮김, 문학과지성사, 2004]

K   *Kafka: Toward a Minor Literature* [『카프카: 소수적인 문학을 위하여』, 이진경 옮김, 동문선, 2001]

KCP   *Kant's Critical Philosophy* [『칸트의 비판철학』, 서동욱 옮김, 민음사, 2006]

LAT   *Lettres et autres textes* [『들뢰즈 다양체』, 서창현 옮김, 갈무리, 2022]

LS   *Logic of Sense* [『의미의 논리』, 이정우 옮김, 한길사, 1999]

N   *Negotiations* [『협상』, 김명주 옮김, 갈무리, 근간]

NP   *Nietzsche and Philosophy* [『니체와 철학』, 이경신 옮김, 민음사, 2001]

PS   *Proust and Signs* [『프루스트와 기호들』, 서동욱·이충민 옮김, 민음사, 2004]

SC   *Seminars on Cinema* [『시네마에 관한 세미나』]

SCS   *Seminars on Capitalism and Schizophrenia* [『자본주의와 분열증에 관한 세미나』]

SK   *Seminars on Kant* [『칸트에 관한 세미나』]

SL   *Seminars on Leibniz* [『라이프니츠에 관한 세미나』]

SPP   *Spinoza : Practical Philosophy* [『스피노자의 철학』, 박기순 옮김, 민음사, 2001]

SS   *Seminars on Spinoza* [『스피노자에 관한 세미나』]

SU   *Superpositions* [『중첩』, 허희정 옮김, 동문선, 2005]

TRM   *Two Regimes of Madness* [『광기의 두 체제』]

WG   *What is Grounding?* [『근거 지음이란 무엇인가?』]

WP   *What is Philosophy?* [『철학이란 무엇인가』, 이정임·윤정임 옮김, 현대미학사, 1995]

새천년이 접어들 무렵에 21세기의 대륙철학에서 이루어질 첫 번째 주요한 전개가 형이상학으로의 귀환이리라고 믿었던 사람은 거의 없을 것이다. 그런데도 현재 상황은 그러하다. 신실재론, 사변적 실재론 그리고 신유물론 같은 운동들의 기치 아래 지난 20년 동안 존재자, 성질, 시간, 공간 그리고 인과율의 본성에 관한 전통적인 형이상학적 물음들과 관련된 대륙철학적 학문의 증가세가 두드러졌다.

이런 작업 중 일부는 자연, 기술, 예술 그리고 우리 동료 인간을 향한 우리의 윤리적 및 정치적 태도에 관한 성찰과 깊이 관련되어 있다. 그중 일부는 더 자족적이고, 단지 실재의 기본 구성요소들을 그 자체로 이해하고자 할 따름이다. 하지만 그런 작업 모두가 공유하는 것은, 실재에 관한 근본적인 물음들이 사이비 문제일 뿐이라고 그냥 선언하기보다는 오히려 이들 물음에 답하려고 노력하는 일이 철학을 약화하기보다는 강화한다고 이해하는 점이다.

들뢰즈는 확실히 이런 정서에 공감했을 것이다. 들뢰즈가 자신을 철학의 체계에 관해 작업하는 형이상학자로 규정함을 절대 잊지 마라. 들뢰즈는 단순히 문학, 언어, 정치, 정신분석, 기술 그리고 철학 이론을 사례별로 분석하는 것 이상의 작업을 수행한다. '잠재적인 것', '특이성', '생성[되기]', '욕망' 그리고 '기계'를 포함하는 들뢰즈의 유명한 개념들은 기껏해야 어떤 모호한 세계관을 공유할 따름인 다양한 관념의 느슨한 모음이 아니다. 이들 개념은 실재가 어떠한지에 관한 정합적인 이론을 제공하는 어떤 체계적인 형이상학의 의도적 고안물들이다. 이런 근본적인 이론만이 과학적·정치적·심리적 문제들에 대한 들뢰즈의 광범위한 분석이 그와 같은 형태를 취하는 이유를 설명한다. 여러분 앞에 놓여 있는 책이 이 사안을 자세히 논증할 것이지만, 들뢰즈의 체계적 의도를 간략히 소개하는 데에는 다음과 같은 구절이 도움이 될 수 있다.

> 어쨌든 형이상학의 죽음 혹은 철학의 극복은 결코 우리에게 문제가 아니었는데, 그것은 지루하고 무의미한 잡담에 불과하다. 오늘날에는 체계들이 파산했다고들 하지만 변화한 것은 단지 체계에 관한 개념일 뿐이다(WP, 9).

여기서 마지막 문장이 중요하다. 푸코와 데리다를 비롯하여 들뢰즈의 동시대인 중 많은 사람이 형이상학은 자연히 소멸했다는 어떤 형태의 하이데거적 관념에 동의했다. 우선, 그들은 실재가 그로부터 모든 것이 비롯되는 인식 가능한 '제일 원인'(그런 제일 원인은 서양 형이상학의 전통적인 연구 대상이다)을 포함할 수 있으리라고 더는 생각하지 않았다. 둘째, 그런 견지에서 그들은 형이상학적 이론이 느닷없이 탈육화된 관점에서 실재를 감시하는 척함으로써 인간의 유한성을 부당하게 간과한다고 믿었다. 셋째, 그들 중 일부는 형이상학적 이론이 결국 권력자들의 세계관을 정당화하는 방법일 뿐이었다고 의심했다. 형이상학은 단적으로 지식과 권력의 역사적으로 우발적인 구성체들을 보편성과 필연성의 언어로 표현하는 독창적인 방식이었을 것이며, 그리하여 그런 구성체들이 영원하고 불가피한 사실로 은밀히 받아들여질 수 있게 하였을 것이다.

　내가 보기에 들뢰즈의 철학과 관련하여 흥미로운 점은 그가 이들 문제에 사로잡히지 않는 형이상학을 수행하는 방법을 추구한다는 것이다. 그런 점은 이 책에서 논의되는 일곱 명의 다른 철학자와 관련하여 나를 자극하는 것 중 하나이기도 하다. 그것은 들뢰즈가 철학적 체계라는 관념이 파산해버린 것처럼 보일지도 모르지만 변화한 것은 사실상 그런 체계에 관한 개념일 따름이라고 쓸 때 뜻하는 바다. 들뢰즈의 형이상학은 여타의 존재자를 지배할 제일 원인을 탐구하는 대신에 무엇이든 어떤 존재자도 그것이 세계에서 독자적인 차이를 만들어낼 수 있게 하는 존재론적 구조를 갖추고 있음을 보여준다. 들뢰즈의 형이상학은 인간의 유한성을 우회하기보다는 오히려 유한성이 현존하는 모든 개개의 사물의 구성적 면모임을 예증함으로써 그것을 강력히 옹호한다. 게다가 들뢰즈의 형이상학은 어느 특정한 종류의 지식이 형이상학적 지식이라고 사칭할 수 있게 하는 대신에 가장 보잘것없는 존재자의 경우에도 절대 인식되지 않는 무언가가 있음을 보여준다.

그런데 이것이 왜 중요한가? 들뢰즈가 우리가 방금 언급된 덫에 빠지지 않은 채로 형이상학을 수행할 수 있다고 실제로 증명해낸다고 해서 무슨 차이가 있는가? 나는 이 물음에 대한 올바른 답변이 그 유명한 『유한성 이후』에서 퀑탱 메이야수에 의해 강력히 제시된다고 생각한다. 형이상학 영역을 포기할 때 철학은 사람들이 고수할 어떤 믿음에 대해서도 합리적으로 논의할 중요한 수단을 사용하지 못하게 된다고 메이야수는 적는다. 형이상학 없는 철학은 궁극적으로 우리의 확신과 행위를 그것들의 실제적·윤리적·정치적 결과에 의거하여 언급할 수가 있을 뿐이지, 결코 그 내용의 진위에 의거하여 언급할 수가 없다.[1] 메이야수가 이것으로 뜻하는 바는 형이상학 없는 철학이 사람들이 견지할 여타의 믿음과 구분될 수 없게 될 위험이 있다는 것이다.

나는 이것이 중요한 통찰이라고 생각한다. 우리 세계는 모든 사물의 근저에 자리하고 있는 어떤 '잠재 영역'virtual realm의 한 표현이라는 들뢰즈의 초기 주장과 우리 세계는 신의 의지의 한 표현이라는 내 동료의 믿음 사이에 무슨 차이가 있을까? '욕망'은 도처에 있다는 들뢰즈의 후기 주장과 세계는 모든 사물을 연결하는 '에너지'로 가득 차있다는 내 이웃의 믿음 사이에 무슨 차이가 있을까? 모든 것은 '기계'라는 들뢰즈와 과타리의 주장과 우리는 모두 어떤 종류의 '시뮬레이션' 속에서 살고 있을 뿐이라는 내 친구의 주장 사이에 무슨 차이가 있을까? 이쪽의 철학과 저쪽의 억견 사이의 차이는 실제 형이상학 외에 무엇일 수가 있을까?

여기서 내가 '형이상학'으로 뜻하는 바는 우리가 세상을 이해할 수 있는 가장 일반적인 방식을 설명하는 어떤 정합적인 개념적 틀을 개발하려는 지속적인 시도다.[2] (이 책의 나머지 부분에서는 '형이상학'과 '존재론'을 구분할 것이며, 그리하여 '형이상학'이 약간 다른 것을 뜻할 것이지만 당분간은 이런 규정으로 충분하다.) 예를 들어 모든 것은 '기계'라는 들뢰즈의 주장은 본능, 돌연한 계시, 예술 작품과의 감동적인 마주침 혹은 사회적 현상의 관찰에 근거를 두고 있지 않다. 또한 그 주장은 들뢰즈가 그것이 예컨대 정치 혹은 심리요법에서 일어나는 일에 관한 유용한 사고방식이라고 생각할 따름이기에 그의 저작에서 나타나는 주장이 아니다. 그 주장은 주로 들뢰즈가 그것이 세계가 궁극적으로 어떠한지에 관한 참된 사고방식이라고 생각하기에 그의 저작에서 나타나는 주장이다.

1. Quentin Meillassoux, *After Finitude*, 46~7. [퀑탱 메이야수, 『유한성 이후』.]
2. 대체로 A. W. Moore, *The Evolution of Modern Metaphysics*, 1에 따라 규정되었다.

우리는 모두 어떤 '시뮬레이션' 속에서 살고 있다는 내 친구의 믿음 ─ 자신이 본 영화와 자신이 좋아하는 비디오게임에서 비롯되는 것일 뿐인 믿음 ─ 과 달리 우리는 '기계들' 사이에서 살고 있다는 관념은 실재의 가장 기본적인 면모들이 어떠해야 하는지에 대한 체계적이고 합리적인 탐구에 근거를 두고 있다. 그리하여 '기계'의 의미는, 동일한 틀 내에서 다른 독특한 면모들을 명시하는 이웃 개념들과 더불어, 기계가 어떤 면모를 가리키는지에 의해 결정된다. 게다가 들뢰즈의 형이상학을 구성하는 개념들은 실재가 필연적으로 어떠해야 하는지 진술하는 공리들에 근거를 두고 있고, 그런 공리들의 타당성은 결국 세상이 달리 될 수 없음을 보여주는 논증으로 옹호된다. 예를 들면 들뢰즈의 주요 공리는 '외부성'의 원리인데, 이 책의 2장 전체가 그 주제를 다루는 데 바쳐진다.

앞서 언급된 대로 이 책의 목적은 들뢰즈의 형이상학을 자세히 설명하는 것이다. 이 책의 한국어 번역본이 출판되는 덕분에 나는 그 내용뿐만 아니라 그 형식에 관해서도 숙고할 기회를 갖게 되었다. 그 번역본의 출판에 대하여 나는 갈무리 출판사의 모든 관계자에게 매우 감사드린다. 이 책은 일부 대륙철학자의 안목에는 어쩌면 너무나 '분석적'일 형식으로 쓰여 있다. 그것은 들뢰즈 철학의 핵심 관념들을 '해석'하거나 '탐구'하거나 '문제시'하거나 '비판'하거나 혹은 심지어 '추적'하는 데 전념하지 않는다. 거듭해서 진술되는 대로 이 책은 이들 개념을 '재구성'하고자 한다. 이 책은 그 원자료를 하나의 건축물 같은 것, 즉 특정한 이유로 인해 특정한 방식으로 조합된 특정한 구성요소들을 갖춘 하나의 존재자로 여긴다. 이들 구성요소, 방식 그리고 이유는 약간의 노력으로 파악될 수 있고, 게다가 그다지 많은 정보를 상실하지 않은 채로 다른 사람들에게 제시될 수 있다. 그러므로 이 책은 사실상 그런 건축물의 축소 모형, 즉 실물의 가장 중요한 구성요소들과 구조적 면모들에 대한 정돈된 전망을 제공하는 소형 전시물로서 구상되었다. 그런 모형의 (재)구성은 그것이 들뢰즈 철학의 현란하고 유목적인 '정신'에 어긋난다고 여기는 사람들을 불쾌하게 할 체계적 사태다. 그런데도 나는 가장 바로크적인 성당조차도 시간의 시험을 견뎌내려면 강한 기초가 필요하며 어떤 노마드도 믿음직한 장비가 없다면 매우 멀리 여행할 수 없다고 주장할 것이다. 마찬가지로 들뢰즈의 철학이 천박한 억견과 공허한 아포리즘의 늪에 잠기지 않는 것은 오로지 그것의 체계적 장점들 때문이다.

2022년 4월
아연 클라인헤이런브링크

이 책에서 아연 클라인헤이런브링크는 질 들뢰즈의 철학에 대한 한 가지 도발적인 해석, 즉 그 위대한 프랑스 사상가가 지금까지 그의 동지나 적에게 제대로 평가받았는지를 의문시하는 해석을 제시한다. 들뢰즈는 그의 선구자 앙리 베르그손과 마찬가지로 이산적인 개별적 존재자들의 사상가라기보다는 연속적인 과정과 끊임없이 이어지는 탈주선의 사상가라는 견해가 여태껏 모든 진영에서 일반적으로 수용되었다. 한 가지 사례만 제시하면 들뢰즈주의자들은 흔히 바로 이 견해에 의거하여 객체지향 존재론(이하 OOO)을 비난하면서 그들의 동지 질베르 시몽동의 저작을 인용함으로써 온전히 형성된 객체가 어떤 종류의 준안정한 전前개체적 장에서 비롯되는 개체화 과정보다 덜 중요하다고 역설했다. 지금까지는 대체로 그런 견해가 들뢰즈의 입장을 제대로 반영한다고 가정되었고, 그리하여 남겨진 논쟁은 그런 입장을 취한 들뢰즈가 철학적으로 올바른지를 둘러싸고 이루어졌다. 하지만 이어지는 글에서 클라인헤이런브링크는 들뢰즈가 사실상 본격적인 개별적 존재자들의 사상가라고 주장함으로써 그 논의를 놀랍도록 새로운 방향으로 전개한다. 그러므로 모든 예상과 어긋나게도 들뢰즈는 OOO의 당연한 동지로 드러난다.

클라인헤이런브링크는 이미 자신의 모국어인 네덜란드어로 여러 권의 철학적 저작을 출판했지만, 나는 일 년 전에 그가 에든버러대학교 출판사에 이 책을 투고한 이후에야 그를 알게 되었다. 그가 나타내는 가차 없이 명료한 문체, 반직관적인 사유 노선에 대한 애정 어린 탐구 그리고 상쾌한 유머 감각으로부터 지금까지 감춰진 철학적 재능의 징후를 인식하기는 쉬웠다. 더 최근에 나는, 관습에 얽매이지 않고 매혹적인 그의 삶에 관해 약간 알 수 있게 되었다.[1] 클라인헤이런브링크는 1984년 9월 15일에 네덜란드의 아펠도른Apeldoorn이라는 도시에서 태어났다. 어린 시절에 건강이 좋지 않아서 스포츠를 기피했던 그는 주로 환상소설과 과학소설을 탐독하는 열렬한 독서가가 되었다. 10대 후반에 클라인헤이런브링크는 래퍼가 되기를 열망했으며, 뉴욕에서 활동한 래퍼 슈퍼내추럴Supernatural을 본받아서 라임Rhyme 사전을 연구하기까지 했다. 그는 네이메헌Nijmegen 소재 라드바우드대학교 Radboud University의 경영학과 학생이 되었고, 그리하여 그의 철학 연구는 몇 년 뒤에 이루어질 것이었다. 대륙철학을 학습한 대다수 철학자에게 경영학과는 생경한 영역처럼 들릴 것인데, 그런데도 결국에 클라인헤이런브링크는 철학이 대단히 중요한 역할을 수행하는 하위분야인 비판경영학과 마주치게 되었다. 게다가 그는 자신이 실행하도록 요청받은 시뮬레이션에 매혹되었으며, 어느 조직이나 마주치는 무수히 다양한 존재자(사무실, 장치, 예산, 환경 규제) 사이의 상호작용을 고려할 필요성에 스스로 고무됨을 깨달았다. 이런 일단의 쟁점으로 인해 조직 이론가들은 당연히 브뤼노 라투르의 행위자-네트워크 이론(이하 ANT)에 이르게 된다. 그런데 클라인헤이런브링크는 어느 저명한 교수에게 영향을 받고서 오히려 들뢰즈와 과타리의 고전 『천 개의 고원』에 주의를 기울이게 되었고, 이를 계기로 그는 철학을 공부하는 데 더 일반적으로 집중하게 되었다. 그는 폐기물 관리 자문가로서의 경력을 잠깐 쌓았지만, 곧바로 철학을 연구하는 데 집중했다. 클라

---

1. 2018년 5월 14일의 개인 소통.

인헤이런브링크는 박사학위 과정을 우등으로 끝마치고 로테르담Rot-terdam 소재 에라스무스대학교Erasmus University에서 박사후연구원 과정을 거친 후에 현재 철학·신학·종교학과의 조교수로서 라드바우드 대학교에 복귀한 상태다. 이 책을 통해서 영어권 독자는 처음으로 그를 접할 수 있게 된다.

이제 『질 들뢰즈의 사변적 실재론』에서 제기된 들뢰즈에 관한 놀라운 주장으로 돌아가자. 들뢰즈가 무정형의 궤적과 생성의 사상가라기보다는 이산적인 개별적 존재자들의 사상가라는 자신의 주장을 강화하려고 클라인헤이런브링크는 들뢰즈의 경력이 전개된 양상에 대하여 명확한 태도를 취한다. 결코 보편적이지는 않더라도 일반적으로 우리는 들뢰즈주의 철학자들이 1960년대에 출판된 『차이와 반복』과 『의미의 논리』라는 두 권의 난해한 저작에 가장 크게 감탄함을 알아챈다. 이들 저서에서 들뢰즈는 주해서의 저술을 그만두고 자기 목소리로 철학을 하기 시작했다 ─ 이런 평가는 이전의 자신에게 다소 불공정하다 ─ 라고 공표한다. 이들 들뢰즈 찬양자는 종종 들뢰즈가 나중에 정신분석가 펠릭스 과타리와 공동으로 작업한 사실에 약간 당황하게 된다고 분명히 말하는데, 그 공동 작업은 초기 들뢰즈의 경우보다 훨씬 더 무례한 지적 태도와 불경스러운 말로 가득 차 있다. 클라인헤이런브링크의 해석은 완전히 다르다. 철학적 삶을 『천 개의 고원』으로 시작한 사람에게는 어쩌면 놀랍지 않게도, 클라인헤이런브링크는 과타리와 공동으로 작업하는 들뢰즈를 철학적으로 성숙한 들뢰즈로 간주한다. 이런 해석에 따르면 『차이와 반복』은 그 저자의 경력에서 최고의 체계적 걸작이기는커녕 연속체와 궤적의 사상가였던 청년 들뢰즈가 맞닥뜨린 궁지를 나타내며, 그리하여 들뢰즈는 공동으로 저술한 『안티 오이디푸스』와 『천 개의 고원』에서 이전의 입장을 포기하고 더 객체지향적인 관점을 지지하게 되었다. 이렇게 해서 무엇보다도 들뢰즈에 대한 클라인헤이런브링크의 독법은 들뢰즈의 가장 중요한 개념으로 흔히 여겨지는 '잠재 영역'의 중요성을 과감하게 축소하는 사태를 수반한다. 여러분은 어쩌면 객체지향 철학자로서의 내가 그런 해석에 스스럼없이 기뻐하리라고 짐작할 것이지만, 그 결과가 사실상 나를 약간 불안하게 만들었던 이유는 지금까지 대체로 내가 들뢰즈를 전개체적 연속체의 사상가로 간주하는 표준 견해에 설득되었기에 클라인헤이런브링크의 책을 읽는 동안에 이 견해를 재고해야 했었기 때문이다.

결론적으로 나는 이 책의 두드러진 또 하나의 장점을 지적할 것이다. 들뢰즈에 대한 클라인헤이런브링크의 독법은 단지 진공 속에서 전개되지 않는다. 그 이유는 그 독법이 현대의 대륙 사상에 속하는 다양한 저자의 강점과 약점을 검토하기 위한 강력한 도구도 제공하기 때문이다. 이 책을 구성하는 아홉 개의 장 가운데 일곱 개의 장에는 자신의 동시대인들에 대한 클라인헤이런브링크의 진지한 관여를 뒷받침하는 증거를 제시하는, 관련 사상가들에 관한 '간주'가 사실상 또 하나의 절로서 포함되어 있다. 나 자신의 철학에 대한 그의 비판적 논고는 7장의 마지막 부분에서 제시된다. 여타 간주에서는, 나타나는 순서대로 서술하면 레비 브라이언트, 마우리치오 페라리스, 마르쿠스 가브리엘, 마누엘 데란다, 트리스탕 가르시아 그리고 브뤼노 라투르의 작업이 각각 검토된다. 나는 라투르를 제외하면 이들 저자가 모두 이 총서와 관련된 책을 이미 출판했거나 (페라리스의 경우에는) 곧 출판할 것이라는 사실을 지적하고 싶다.

사변적 실재론, 객체지향 존재론 그리고 신실재론 같은 새로운 철학 운동은 최근의 집단화 사례에서 드러난 대로 친구와 직업적 지인의 소규모 집단에서 출현하는 경향이 있다. 그리하여 이런 운동은 유력한 '기성 인물들의 네트워크'에서 비롯된다는 오해가 때때로 생겨나지만 사실상 대부분 두드러지게 고립되고 약한 지위에 있는 사람들에게서 비롯된다. 국외자는 배제되는 경우가 드물고 오히려 그냥 무시당하는 경우가 더 흔하다. 사변적 실재론을 출범시키려고 2007년에 골드스미스 칼리지Goldsmiths College에서 만난 무명의 직업적 국외자들로 이루어진 4인조에 합류하기를 정말로 원한 사람이 누가 있었겠는가? 놀라운 성공을 거둔 후에 회고하는 경우에만 그런 집단들에의 소속이 어떤 종류의 영예 혹은 목적물처럼 보일 것이다. 이런 집단들은 자기들끼리만 말하고 듣고 하는 데 싫증이 나서 신참자를 열렬히 바라지만 신참자는 느리게 나타나는 경향이 있다. 이 진술의 요점은, 클라인헤이런브링크가 이 총서에 합류한 사실은 완전한 철학적 국외자가, 그의 실존 자체가 작년까지도 내게 알려지지 않은 누군가가 불쑥 나타나서 사변적 실재론의 문헌에 중요하고 놀라운 공헌을 한 최초의 사태를 가리킨다는 점이다. 이런 상황보다 더 환영할 만한 것은 없다. 지난 십 년 동안 전개된 새로운 대륙철학을 소화할 기회가 있었던 새로운 세대가 출현함에 따라 나는 그런 사례가 더 많이 나타나리라 추측한다.

2018년 5월
아이오와주 더뷰크에서
그레이엄 하먼

:: 감사의 글

여기서 제시된 들뢰즈의 존재론에 대한 분석은 네덜란드 네이메헌 소재 라드바우드대학교에서 나의 박사학위 논문으로 준비되었다. 나는 나를 인도하고 지지해준 점에 대해 그 대학의 내 친구들과 동료들에게 감사하고 싶다. 나는 특히 나의 지도교수 필리프 반 오트와 레네 텐 보스에게 사의를 표한다.

애초의 원고를 들뢰즈와 객체지향 존재론의 관계도 다루는 한 권의 책으로 개정하고 증보하는 동안 마이크 아르돌린과 자주 나눈 활발한 대화가 나에게는 대단히 유익했다. 또한 이 책은 로크웰 클란시, 야스민 뒤커, 시몬 구스만, 아넬리스 클라인헤이런브링크, 사라 만-오도넬, 팀 미헬스, 마이케 드 푸터, 스테판 슈벨리에, 피오트레크 시비옹코프스키 그리고 소에르드 반 투이넨과 벌인 토론에 많이 빚지고 있다.

마지막으로, 나는 이 책의 본문을 검토하고 소중한 의견을 제시해준 점에 대해 두 명의 익명의 평가자에게 감사하고 싶고, 게다가 이 책이 출판되는 동안 노력해 준 점에 대해 캐럴 맥도널드와 그레이엄 하먼에게도 감사의 마음을 전하고 싶다.

이 책에서 나는 질 들뢰즈 철학의 뛰는 심장이 개별적이고 환원 불가능한 존재자들과 그런 존재자들 사이의 불연속성을 기반으로 하는 존재론이라고 주장한다. 어쩌면 이 책은 그런 주장을 내세우는 최초의 책일 것이다. 왜냐하면 지지자와 비판자가 공히 들뢰즈는 존재 자들을 더 유동적인 장, 힘 혹은 사건들에 용해한다고 간주하기 때문 이다. 이런 지배적인 합의에 따르면 들뢰즈는 바위와 화산, 행성, 사람, 말馬, 축제, 사유 같은 존재자들을 한낱 그것들을 넘어서는 과정들의 양태들에 불과한 것으로 간주한다고 여겨진다. 그러므로 들뢰즈의 개 념들은 이산적인 존재자들을 훨씬 더 연속적인 종류의 흐름으로 환 원하는 이런 구상을 이해하는 데 도움이 되는 도구로 거의 한결같이 여겨진다.

그러나 들뢰즈는 사실상 환원 불가능성과 물러섬의 사상가다. 그 의 중요한 통찰은 존재자들이 한낱 무언가 다른 것의 부분, 표상, 효 과, 계기 혹은 기호에 불과한 것이 절대 아니라는 점이다. 어떤 존재자 도 결코 다른 한 실체, 주체, 세계, 구조, 운동, 서술, 지각, 내용, 맥락, 미래, 과거로 환원될 수 없고, 그런 것들의 어떤 조합으로도 환원될 수 없다. 어떤 것도 어떤 다른 것을 대신할 수 없고, 게다가 많은 들뢰즈주 의자가 소중히 여기는 그 유명한 '잠재 영역'조차도 현존하는 모든 것 을 설명하지 못한다. 우리가 알게 되듯이 바로 그런 이유로 인해 들뢰 즈는 자신의 경력에서 꽤 이른 시기에 잠재 영역에 관한 관념을 단념 하게 된다. 들뢰즈는 아무것도 무언가 다른 것으로 환원될 수 없다는 테제에서 시작함으로써 존재자의 절대적 특이성을 설명하는 존재론을 고안하고 다듬는다. 들뢰즈는 이 테제 하나에 고무되어 『차이와 반복』에서는 재현에 저항하고, 『의미의 논리』에서는 자신이 '거짓' 깊이와 높이라고 일컫는 것에 저항하고, 『천 개의 고원』에서는 이른바 '수목형' 사유에 저항하며, 『철학이란 무엇인가』에서는 소통에 저항하게 된다.

이 책의 목적은 들뢰즈의 주요 개념들이 모두 어떻게 해서 존재자들의 본성과 상호작용들의 지도를 그리는 어떤 정합적인 체계의 일부인지 보여주는 것이다. 이 책은 변화를 설명하기 위해 별개의 운동이나 과정을 상정하는 대신에 존재자들 자체가 언제나 이미 자신이 맺은 관계들 이상의 것으로서 변화와 참신성novelty의 근거가 되기에 충분한 잉여물이 된다는 점을 예증한다. 그러므로 들뢰즈의 신조어들은 모두 존재자들의 환원 불가능성을 약화하기보다는 오히려 강화하는 것으로 밝혀질 것이다.

이 책은 반대를 위한 반대를 하려는 시도가 아니다. 이 책은 들뢰즈의 철학을 그 철학의 핵심적인 통찰의 견지에서 재구성하는 작업의 필연적인 결과물이다. 전혀 특별하지 않은 순서로 열거하면 이 통찰에는 다음과 같은 테제들이 포함된다. (1) 모든 것은 기계, 리좀 혹은 회집체다. (2) 존재는 일의적이다. (3) 관계는 그 항들의 외부에 있다. (4) 신체는 먼저 기관 없는 신체다. (5) 신체는 그것의 술어들이 아니라 그것의 역능들로 정의된다. (6) 아무것도 무언가 다른 것의 표상이 아니다. (7) 차이는 무엇보다도 내부적 차이다. (8) 기계는 결코 직접 접촉하지 않고 오히려 이른바 부분적 객체와 흐름으로 번역된 대로의 타자와 마주칠 따름이다. 이들 테제는 어느 철학자가 귀가하면서 흥얼거리는 곡조가 발Waal강, 전자, 프랭크 허버트의 『듄』, 네이메헌이라는 도시, 유성, 우-탱 클랜Wu-Tang Clan이라는 힙합 그룹 혹은 자전거에 못지않게 실재적인 것으로 여겨지는 어떤 체계적 존재론의 일부다.

들뢰즈에 대한 한 가지 새로운 참신한 독법을 제시하는 것에 덧붙여 이 책을 저술한 두 번째 목적이 있다. 이 책에서는 들뢰즈의 존재론이 사변적 실재론뿐만 아니라 약간 덜한 정도로 신실재론과도 관련된 몇몇 주목할 만한 사상가와 제휴하게 된다. 들뢰즈는 이미 이들 두 장르에서 종종 인용되는 철학자이지만, 또다시 그는 존재자를 명확히 비非존재자적인 것으로 환원하는 철학자로 일관되게 오해받는다. 이 책이 이미 들뢰즈 주해에서 나타나는 그런 독법들을 비판한다는 점을 참작하면 앞서 언급된 장르들에서 이루어진 들뢰즈의 수용에 대한 분석을 반복하는 작업은 불필요할 것이다. 오히려 이 책은 더 건설적인 접근법을 채택함으로써 들뢰즈 존재론의 핵심 요소들을 이들 장르에서 개별적 존재자들이 실재를 구성하는 기본 요소들이라고 마찬가지로 간주하는 이른바 '객체지향' 철학들의 독특한 논점들과 비교한다. 이런 비교 작업의 목적은 두 가지다. 현행의 정통적 견해가 시사하는 상황과는 정반대로 들뢰즈가 환원 불가능한 존재자들 사이의 근본적인 불연속성에 의거하여 실재를 이론화하는 철학자들에게 귀중한 통찰의 원천이자 그들의 동행자라는 사실을 밝히는 것이 첫 번째 목적이다. 둘째, 그런 비교 작업은 동시대 객체지향 철학들의 여러 문제점을 부각하는 동시에 이것들이 어떻게 교정될 수 있을지 알려줄 것이다.

1. 모든 존재자는 기계다

다음과 같은 목록을 살펴보자. 노래, 소설, 새 둥지, 허구적 캐릭터, 환각, 바위, 난초, 상처, 뇌, 전투, 화학물질, 회화, 사랑, 질병, 장난감, 영화, 사람, 군중, 주택, 놀이 그리고 강. 철학자들은 일반적으로 그런 다양한 것과 관련하여 무슨 일을 하는가? 그들은 그것들을 조직한다. 더 구체적으로 그들은 실재를 구성하는 이산적인 존재자들의 무질서한 다중들이 진실로 그 자체로 그리고 독자적으로 존재하지는 않는다는 이론을 세우는 경향이 있다. 그 이유는 그것들이 '정말로' 세계를 그런 것으로 만든다고 하는 소수에 불과한 존재자 혹은 힘의 반영이나 표현일 따름이기 때문이다. 그다음에 그들은 일부 존재자, 법칙, 행위주체, 시각, 구조, 규칙 혹은 영역이 여타의 것보다 더 실재적이거나 근본적이라고 공표한다. 그들은 그런 것들을 여타의 것에 대한 근간, 원천, 진리 혹은 규칙으로 전환한다. 이들 갈망하는 지위에 대한 유명한 후보자들의 목록에는 원초 물질, 영원한 형상^{形相} 1, 유일신, 실체, 정신, 주체, 생기, 의식, 권력관계, 담론, 이데올로기, 진화, 문화, 인간 본성, 대자연, '본성과 양육', 신경세포 그리고 아원자 입자가 포함될 것이다. 무엇을 선택하든 간에 불가피한 결과는 사실상 실재

---

1. * 각기 다른 개념을 표상하는 'Form'과 'Figure'라는 용어들은 둘 다 일반적으로 '형상'이라는 한국어 용어로 옮겨지는데, 한국어판에서는 그 두 개념을 구분하기 위해 '形相'과 '形象'이라는 한자를 각각 병기하여 옮겼다.

를 두 쪽으로 분할하는 이원론이다. 이쪽에는 방금 열거된 경쟁자 중 하나 혹은 여럿이 포함될 것이며, 그리고 오로지 그것 혹은 그것들만이 참된 원인으로서 무엇이 생겨나고 존재할지 결정할 것이다. 그리하여 저쪽에는 단지 이쪽의 외양, 효과, 국면, 표상, 특징 혹은 파생물이 포함될 뿐이다. 이런 환원주의적 경향은 우리의 가장 고질적인 습관에 속한다.

질 들뢰즈의 위대한 점은 이런 습관을 거부한다는 것이다. 들뢰즈는 모든 존재자에 동등한 실재를 체계적으로 부여함으로써 모든 형태의 이원론을 거부한다. 어떤 두 존재자 ─ 예를 들면 난초와 국민국가 ─ 도 누군가가 그것들의 구성요소들과 역사, 생존 조건, 행위, 다른 존재자들과 맺은 관계들을 고려하면 당연히 매우 다르기 마련이다. 그런데 들뢰즈에 따르면 그런 실존적 차이점이 아무리 많더라도 난초와 국민국가가 존재론적으로는 동등하다는 사실은 바뀔 수가 없다. 둘 중 어느 것도 여타의 것으로 환원될 수 없다. 둘 중 어느 것도 무언가 다른 것의 표현 혹은 표상에 불과한 것이라고 결코 말할 수 없다. 둘 다 무엇보다도 사물 자체인데, 말하자면 세계 속에서 자신의 고유한 차이를 만들어내는 힘이다. 이 절의 서두에서 열거된 모든 존재자의 경우뿐만 아니라 우리가 고찰하기를 바랄 모든 종류의 여타 존재자의 경우에도 사정은 마찬가지다.

들뢰즈는 모든 심적·물리적·화학적·허구적·유기적·디지털적 존재자 각각을 '기계'라고 일컬음으로써 만물의 존재론적 동등성을 강조하는데, "모든 것은 기계다"(AO, 12). 언뜻 보기엔 간단한 그런 진술의 완전한 의미를 설명하려면 이 책 전체가 소요될 것이지만, 이 시점에서 그 진술은 단지 아무것도 무언가 다른 것으로 환원될 수 없음을 뜻한다. 모든 존재자는 사실상 자신의 고유한 조작을 갖추고 있다는 점에서 하나의 기계다. 어떤 사랑도 생물학적 욕동이나 호르몬 활동으로 환원될 수 없고, 어떤 질병도 어떤 신의 의지로 환원될 수 없고, 어떤 발언도 어떤 언어로 환원될 수 없으며, 어떤 허리케인도 어떤 포괄적인 대자연의 표현으로 환원될 수 없다. 오히려 모든 사랑, 질병, 발언 그리고 폭풍은 그 자체로 세계 속에 풀려난 하나의 힘이다. 모든 것이 그런 기계라는 관념은 결코 하나의 화법이 아니다. 들뢰즈의 경우에 그 관념은 그야말로 직서적으로 여겨져야 한다. "도처에 기계─비유적인 것이 아니라 실제적인 것─들이 존재하고, 기계들은 온갖 필요한 접속 및 연결 관계를 맺고서 다른 기계들을 추동하는 동시에 다른 기계들에 의해 추동된다"(AO, 11). 여기서 이것은 들뢰즈의 '기계 테제'라고 일컬어질 것이다. 그 테제는 들뢰즈가 "초-실재론"(K, 70)이라고 일컫는 것을 수반한다. 그 이유는 그것이 화산과 언뜻 지나가는 생각, 칭기즈 칸, 중성자, 사무실 의자를 동일한 존재론적 발판 위에 두기 때문이다. 칸트 이후의 거의 모든 주요 철학자와는 대조적으로 들뢰즈는 (1) 놀랍도록 다양한, 이산적이고 환원 불가능한 존재자가 실재의 근본적인 짜임새를 구성하며, 그리고 (2) 사유가 각각의 그런 존재자가 부여받는 존재론적 구조를 적절히 식별할 수 있다고 생각한다. 어떤 식으로 생각하든 간에 어쩌면 들뢰즈는 어떤 '모든 기계의 기계'에 전혀 의지하지 않는 개별적 존재자들의 일의적 존재론을 최초로 창안했을 것이다. 들뢰즈 철학의 중핵은 이런 초-실재론 또는 "보편적 기계주의"(ATP, 256)를 체계적으로 옹호하고 정밀하게 구성하는 것이다. 들뢰즈의 기계 테제의 전모를 더 잘 파악하기 위해 먼저 몇 가지 가능한 오해를 불식할 것이다.

첫째 그리고 또다시, "기계를 언급할 때 … 우리는 은유적으로 말하고 있지 않다"(BSP, 118 ; 그리고 AO, 12, 50, 56 ; ATP, 69 ; BSP, 131 ; DR,

190 ; K, 22를 참조). 들뢰즈는 모든 것이 잔디 깎는 기계 혹은 쇠사슬 톱과 같다고 주장하지는 않는다. 기계들은 "기기 혹은 작은 수제 발명품과 아무 관계도 없다"(BSP, 117). 기계들은 "환상 형태의 가상적 투사물도 아니고, 도구 형태의 실재적 투사물도 아니다"(BSP, 119). 들뢰즈는, 모든 것은 기계와 같다는 약한 테제 대신에 모든 것은 기계다라는 강한 테제를 옹호한다. 그 기계 테제를 미리 희석하여 우리가 단지 '비유적으로' 말하고 있을 뿐이라고 가장한다면 어떤 진지한 이해도 이루어질 수 없다.

둘째, 기계는 하나의 상태가 아니다. 누군가가 존재자는 때로는 기계이고 때로는 무언가 다른 것이라고 생각할 수 있을 것이다. 결국에 들뢰즈 자신이 모든 것은 리좀, 회집체 그리고 다양체라고 또한 서술하지 않았던가? 그런데 존재자는 결코 오늘은 기계이고 내일은 리좀이지 않다. 이들 개념은 동의의 것들이지 양상들이 아니다. 들뢰즈는 " '리좀'이 다양체를 가리키는 최선의 용어다"(TRM, 362)라는 것, 모든 다양체는 회집체이고 회집체는 기계라는 것(D, 69, 71, 132), 리좀은 "다양체이자 회집체"(D, 51)라는 것, 그리고 기계는 다양체이자 회집체라는 것(ATP, 34)을 말하고 있다. 그러므로 회집체가 "최소의 실재적 단위체"(D, 51)라는 것, 혹은 "다양체들이 실재 자체다"(TRM, 310 ; 그리고 TRM, 305를 참조)라는 것을 말하고 있을 때 들뢰즈는 단지 기계 테제를 반복할 따름이다. 용어상의 변이는 나중에 설명될 기계의 다양한 측면을 강조하는 데 유익하다. '사회적 기계'와 '기술적 기계', '욕망하는-기계' 같은 개념들의 경우에도 사정은 마찬가지다. 이들 개념은 모든 기계가 작동하는 방식의 다른 측면들에 지나지 않는데, "그것들은 동일한 기계이지만 동일한 체제는 아니다"(BSP, 130).

셋째, "모든 것은 기계다"라는 테제는 특권을 갖춘 일단의 존재자를 가리키지 않는다. 어쩌면 소크라테스는 진흙, 머리카락 그리고 먼지 같은 "사소한 사물들"에 대한 영원한 형상形相들이 존재한다는 점을 부정할 것이다.[2] 그렇지만 들뢰즈는 "머리카락이 독자적으로 하나의 사물이다"(AO, 211)라는 것을 확언하고, 더욱이 분열증을 앓는 법원장 슈레버가 환각으로 보는 태양 광선도 기계라는 것을 확언한다(AO, 12). 또한 『안티 오이디푸스』와 『천 개의 고원』에서 기계, 회집체, 리좀 그리고 다양체로 일컬어지는 다양한 것을 고려하자. 여기에는 선박, 칼 받침대, 호텔, 서커스, 책, 성城, 법원, 음악, 환각, 작가, 식물, 동물, 난초, 말벌, 바위, 강, 사회, 글렌 굴드의 연주곡, 쥐 떼거리, 개밀, 관료, 뇌, 시계, 개미, 암스테르담, 감자, 어린이 그리고 장난감이 포함된다. 또한 사무원과 사무실 집기(노동 기계), 기마궁수(남자-말-활 기계), 밀집 장창보병대(장갑보병-창-방패 기계) 그리고 무용(춤-플로어-무용수 기계)도 포함된다(BSP, 118). 들뢰즈는 심지어 '낮'과 '봄', '다섯 시'에도 기계의 환원 불가능성을 부여한다(SCS, 150277). 이것들은 생물학과 화학, 환상소설, 지질학, 정치, 언어, 천문학을 비롯하여 다양한 영역에서 인용된 존재자들임에 주목하자. 들뢰즈는 모호한 시적 이유로 당혹스러운 보르헤스주의적 분류학을 구축하고 있는 것이 아니다. 그는 단지 거듭해서 "실재적인 것이든 고안된 것이든 혹은 상상의 것이든" 간에 모든 것은 기계라는 점을 단언하고 있을 따름이다(TRM, 17). 기계들은 어떤 제작자의 손에서 비롯되는 객체들의 집합도 아니고(BSP, 118), 유기체들이 자신의 확장물로 사용하는 객체들의 집합도 아니라고(AO, 324) 들뢰즈는 역설한다. 다양체는 단지 무의식 혹은 자연 혹은 우리의 신체와 관련되어 있지 않다(TRM, 310). 기

---

2. Plato, *Parmenides*, 364.

계계界는 비非기계적 영역에 대립되는 기계적 영역도 아니고, 비非유기적 영역에 대립되는 유기적 영역도 아니다(D, 104). 기계들에 관한 한 "자연=산업, 자연=역사"다(ATP, 37). 이는 인공적인 것과 자연적인 것 사이 혹은 원시적 과거와 진화된 현재 사이의 모든 구분을 거부한다 (ATP, 69). 기계 테제는 일의적이고, 따라서 "생물권도 정신권도 존재하지 않고 오히려 도처에는 하나의 동일한 기계권이 존재한다"(ATP, 69).

기계 테제는 두 가지 계열의 물음을 제기함이 명백하다. 첫째, 존재자들을 기계로 규정하는 것은 무엇을 뜻하는가? 그것들의 특징은 무엇인가? 그것들은 어떻게 작동하는가? 둘째, 존재자들을 기계로 규정해야 할 이유는 무엇인가? 기계 테제는 어떤 문제에 대응하는가? 이 서론 다음에 이어지는 아홉 개의 장에서 이 모든 물음에 대한 상세한 답변이 이루어질 것이지만, 여기서 이들 답변이 간략히 예시된다. 두 번째 계열의 물음이 먼저 다루어질 것이다. 왜냐하면 그 물음 덕분에 우리는 들뢰즈의 존재론 전체가 점진적으로 도출되는 단 하나의 원리를 도입할 수 있게 되기 때문이다.

그 원리는 관계가 그 항들의 외부에 있다는 것이다(ES, 66). 이런 '외부성 테제'는 들뢰즈의 사상에 절대적으로 중요하다. 데카르트에게는 코기토cogito가 그러한 것과 마찬가지로 들뢰즈에게는 외부성 테제가 "철학의 청천벽력"이다.[3] 들뢰즈 철학의 대단히 중요한 요소 중에서 외부성 테제만큼 그렇게 자주 간과된 것은 전혀 없다. 들뢰즈는 외부성 테제에 힘입어 20세기의 위대한 체계적 철학 중 하나를 창안할 수 있게 된다. 이 책의 2장 전체가 외부성 테제에 바쳐지는데, 여기서

---

3. "cette proposition est absolument pour moi comme un coup de tonnerre dans la philosophie! ⋯ Les relations sont extérieures à leurs termes"(SC, 141282).

그것의 주요 특징들이 미리 검토된다. 무엇이든 항이 될 수 있다. 이를 테면 토네이도, 트럭, 테니스 시합, 두려움의 고통 혹은 토마토가 항이 될 수 있다. 그것은 인간이거나 생명체일 필요가 없다. 관계는 접촉하기, 보기, 충돌하기, 끌어당기기, 갖기, 알기, 분쇄하기, 유혹하기, 문지르기, 놓기, 함유하기, 파괴하기 그리고 창조하기를 포함하지만, 그것들에 한정되지는 않는다. 외부성 테제는 존재자 자체가 자신의 관계 속에 절대 현존하지 않음을 뜻한다. 그 테제는 존재자 자체와 그것의 표현이 종류가 다르다는 점을 정립하기에 존재자들은 직접 접촉할 수 없게 된다(존재자는 다른 존재자 자체와 마주치는 것이 아니라 언제나 그 표현과 마주칠 수 있을 따름이다). 외부성 테제는 각각의 존재자가 자신의 현재, 과거, 미래 그리고 심지어 가능한 관계들을 넘어서는 잉여물을 구성하는 특성들을 갖추고 있음을 함축한다. 어떤 존재자가 단지 일 초 동안 다른 힘들에 온전히 내둘리면서 존속하더라도 사정은 마찬가지다. 그러므로 상상할 수 있는 한에서 가장 원활하게 작동하는 기계의 경우에도 모든 부분은 여전히 존재론적으로 서로 환원될 수 없을뿐더러 그 기계로도 환원될 수 없다(K, 37). 그런 기계들은 무한히 이어진다. "각각의 절편은 하나의 기계이거나 기계의 한 조각이며, 기계는 자신의 접합 조각들 각각이 결국 하나의 기계를 형성함으로써 더 많은 장소를 차지하지 않은 채로 분해될 수 없다"(K, 56 ; FLB, 8을 참조). 요약하면 외부성 테제는 아무것도 무언가 다른 것으로 환원될 수 없음을 뜻하는데, 여기서 '무언가'가 '다른 모든 것'이더라도 말이다.[4] 그리하여 사물들의 표면에 자리하고 있는 관계들도

---

4. 들뢰즈는 자신을 경험론자이자 복수주의자라고 일컬으며, 그리고 그 둘 다를 환원 불가능한 다양체를 연구하는 사람으로 규정한다는 사실을 유의하자(D, vii ; TRM, 304).

해당 기계들로 환원될 수 없다는 점이 당연히 도출된다(LS, 19, 132). 그런데도 존재자는 자기원인적인 것도 아니고 만들어지지 않은 것도 아니다. 나중에 알게 되듯이 외부성 테제는 실재를 '관계 성분'과 '항 성분'으로 분할하는 구식의 이원론도 낳지 않는다. 외부성 테제는 단지 그것이 분자 속 원자든 교향곡 속 음표든 간에 존재자가 자신이 맺은 관계들에 의해 망라되지 않는다고 진술할 뿐이다. 모든 존재자는 언제나 그 자체로 고려되어야 하는 힘이다. 존재자를 힘으로 간주하는 이런 견해가 바로 들뢰즈가 '비유기적' 혹은 '무기적' 생명이라는 자신의 관념으로 뜻하는 것이다(ATP, 503).

> 이런 관점에서 바라보면 자연적 실체와 인공적 창조물, 나뭇가지 모양의 촛대와 나무, 터빈과 태양은 더는 전혀 다르지 않다. 살아 있는 벽은 무섭지만, 가정용품, 가구, 주택과 그 지붕 역시 기대거나 모여들거나 잠복하여 기다리거나 갑자기 덤벼든다(C1, 51).

우리는 외부성 테제가 적용되는 실재에 관해 무엇을 말할 수 있는가? 가장 중요하게도 실재는 어떤 궁극적인 근거도 가질 수 없고, 심지어 특권적 특징들도 가질 수 없다. 만사는 존재자들 자체 사이에서 일어나야 한다. 결국 어떤 보편적 근거는 당연히 존재자들의 내부에 직접 결부된 관계와 관련이 있다. 그런데 아무것도 어떤 특정한 유일신, 정신, 실체, 질료, 부분, 전체 혹은 패턴으로 환원될 수 없거나 그것들과 본질적으로 연관되지 않을 것이다. 뇌로 환원될 수 있거나, 혹은 뇌와 유전체, 문화의 조합으로 환원될 수 있는 감정은 단 하나도 없다. 자신을 구성하는 원자들과 자신을 형성하는 사건들로 환원될 수 있는 바위는 단 하나도 없다. 모든 내부주의는 그것이 아무리 정교하더라도 외부성 테제에 의해 용납되지 않을 것이다.

> 관계는 그 항들의 외부에 있다. 그 테제는 관계의 역설을 해결하려는 합
> 리론 철학자들의 한결같은 노력 – 관계를 해당 항의 내부에 있게 할 수
> 단을 찾아내거나, 아니면 관계가 이미 내재하는 더 심층적이고 포괄적인 항
> 을 발견하려는 노력 – 과는 반대되는 방식으로만 이해될 수 있을 뿐이
> 다(DI, 163).

외부성은 들뢰즈의 사유를 고무하는 주요 문제로, 존재자들 사이의
직접적인 접촉이 불가능하다면 실재는 어떻게 그런 것일 수 있을까?
이런 물음의 추구는 "항들이 실제 원자들처럼 존재하고 관계들이 외
부의 실제 다리들처럼 존재하는" 존재론에서, "… 채색된 패턴들과 전
체를 이룰 수 없는 파편들의 할리퀸 세계, 누구나 외부 관계들을 통
해서 소통하는 세계"에서 정점에 이르게 된다(DI, 163 ; 그리고 D, 55를
참조).

첫 번째 계열의 물음과 관련하여 들뢰즈는 존재론적으로 각각의
존재자가 사중체라고 주장할 것이다. 혹은 그가 서술하는 대로 모든
기계 또는 회집체는 "4가價의" 존재자다(ATP, 89). 이어질 장들에서 알
게 되듯이 외부성 테제 덕분에 들뢰즈는 각각의 존재자가 자신의 존
재론적 구조를 구성하는 네 가지 기본적인 면모를 반드시 갖추어야
한다는 점을 점진적으로 추론할 수 있게 된다. 일찍이 『차이와 반복』
에서 들뢰즈는 이미 존재자들의 이런 사중 본성에 관해 상당히 명시
적인데, "모든 것은 두 개의 기묘한, 비대칭적이고 상이한 '반쪽'을 갖
추고 있으며, … 각각의 반쪽 역시 둘로 나뉜다"라고 적고 있다(DR,
279~80). 모든 존재자가 적어도 두 가지 다른 측면을 갖추고 있을 이

유를 이해하기는 쉽다. 외부성 테제가 성립한다면 각각의 존재자는 그것 자체로 그런 것과 그것이 다른 존재자들에 나타나는 양태로 분열되며, 그리고 이들 두 측면은 종류가 다름이 틀림없다. 그다음에 이들 측면이 각각 후속적으로 이중체여야 하는 이유를 이해하려면 더 큰 노력을 들여 설명해야 하기에 이것은 뒤에 이어질 장들에서 다루어질 수밖에 없다. 그렇지만 실재가 이산적이고 환원 불가능한 존재자들로 이루어져 있다면 들뢰즈는 그런 존재자들의 본성을 단순히 서술하는 일 이상의 것을 행해야 한다는 점을 유의하자. 어떤 존재자들이 실제로 존재하는지 그리고 그것들 사이에서 무슨 일이 일어나는지 결정할 포괄적인 질서 혹은 원리가 부재하기에 들뢰즈는 존재자들이 자체적으로 서로 생산하고 변경하며 파괴하는 방식도 설명해야 한다. 이런 까닭에 기계의 사중 구조에 덧붙여 들뢰즈의 존재론은 존재자들의 생성과 지속, 변화, 최후를 설명할, 그것들 사이에 이루어지는 세 가지 종류의 종합도 부각한다.

앞서 언급된 대로 기계 테제의 완전한 의미와 범위를 적절히 설명하는 데에는 이 책 전체가 필요할 것이다. 그런데 「서론」에서 제시된 이들 인용문과 진술은 들뢰즈가 모든 존재자를 서술하는 데 기계라는 용어를 채택하는 이유에 대한 일차적 이해를 제공할 것이다. 첫째, 실재가 단일한 존재자, 원리 혹은 구조(혹은 그로 인한 한정된 집합)에 의해 활성화된다면 그것(혹은 그것들)은 현존하는 만물을 생산하고, 생겨나는 만사를 견인하며, 실재의 모든 세부를 설명하는 '모터', '공장' 혹은 '기계'일 것이다. 들뢰즈는 그런 포괄적인 '기계'의 존재를 부인하고서 오히려 모든 존재자가 세계 속에서 자신의 고유한 차이를 만들어내는 인과적으로 유효한 행위주체라는 의미에서 그 자체로 기계라고 주장할 것이다. 둘째, 들뢰즈는 각각의 존재자가 복잡한 내부

작동방식을 갖추고 있음을 알려주고자 한다. 기계들의 사중 구조에 관한 정교한 설명이 이 책 전체에 걸쳐 전개될 것이다.

2. 사변철학

이 책은 사중 존재자들과 그것들의 상호작용들을 특징짓는 세 가지 종합에 관한 들뢰즈의 존재론을 재구성한다. 상당히 놀랍게도 이 책은 그런 작업을 최초로 실행하는 저작이다. 외부성 테제와 기계 테제, 존재자들의 사중 본성에 대한 들뢰즈의 명시적인 단언에도 불구하고(앞 절에서 인용된 구절들은 우리가 나중에 마주치게 될 더 많은 구절 중 소수에 불과하다), 들뢰즈의 독자들은 그를 환원 불가능한 존재자들의 사상가가 결코 아니라고 해석한다. 예를 들면 최근에 출판된 『들뢰즈와 형이상학』이라는 책에는 들뢰즈가 모든 존재자에 그것이 기계라는 이유로 동등한 존재론적 존엄성을 부여하는 방식에 대한 단 하나의 참고문헌도 포함되어 있지 않고 그런 기계들의 사중 본성의 흔적도 전혀 나타나지 않는다.[5]

사실상 들뢰즈 철학에 대한 많은 해석은 대체로 세 가지 범주로 분류할 수 있다. 각각의 범주는 (나중에 알게 되듯이) 그가 고수하는 기계 존재론과 양립할 수 없다. 첫째, 들뢰즈는 아무 체계도 없는 철학자라고 주장하는 사람들이 있다. 그들의 해석에 따르면 들뢰즈는 철학자들이 실재를 구성하는 것에 관한 어떤 엄밀하고 정합적인 이론의 일부도 아니고 그 이론에서 비롯되지도 않는 별개의 개념들을 고

---

5. Alain Beaulieu, Edward Kazarian, and Julia Sushytska, eds., *Gilles Deleuze and Metaphysics*.

안할 수밖에 없다고 주장한다. 그런 개념들은 어떤 정치적 혹은 미적 프로젝트를 당면하든 간에 자신의 의미를 주어진 프로젝트에 맞출 수 있는 고립된 도구들일 따름이다. 둘째, 들뢰즈는 존재자들을 명확히 비존재자적인 것 — 소크라테스 이전 철학자들이 제시한 것들과 유사한 과정들 혹은 덧없는 일단의 사건의 무질서한 맥동성 흐름 — 으로 환원하는 형이상학자라고 해석하는 사람들이 있다. 세 번째이자 마지막으로, 들뢰즈 철학을 형이상학에 대한 부단한 공격으로 해석하는 사람들이 있다. 이들의 견해에 따르면 들뢰즈는 존재론의 바로 그 가능성을 해체하는 동시에 형이상학의 죽음 이후에는 현상학과 해석학이 남게 될 따름이라는 점에 동의한다.

이런 사태는 대체로 들뢰즈 저작이 저술되었고 그 후 읽힌 맥락에 의해 설명된다. 20세기 대륙철학의 주요 경향은 현상학, 맑스주의, 비판 이론 그리고 그것들의 다양한 혼성물임이 분명하다. 이들 경향의 경우에 공히 존재자를 현실 속 자율적인 힘, 즉 이런 사물로서 다른 사물들에 영향을 미치는 사물 자체로 간주하는 것은 놀랍도록 소박함을 드러내는 셈이 된다. '참된' 철학은 언제나 우리가 애초에 실재적 존재자로 간주하는 것이 사실상 전적으로 다른 무언가 — 이데올로기, 경제적 구조, 권력관계, 언어, 문화적 맥락 혹은 인간 의식과 지각의 구조 — 에 대한 표지임을 보여주는 데 있기 마련이다. 여기서 상정된 가정은 존재자들 자체의 본질에 관해 생각하는 것은 망상적인 과학주의 — 우리는 어떤 존재자에 대한 관찰자의 유한성과 특수성에서 기인하는 왜곡이 전혀 생겨나지 않은 채로 그 존재자의 정확한 특성을 알게 된다는 신념 — 에 해당할 수밖에 없다는 것이다. 퀑탱 메이야수는 대륙철학의 이런 공리를 '상관주의'라고 깔끔하게 요약했는데, 상관주의란 우리는 언제나 사유와 사유 대상 사이의 상관관계에 관해서만 생각할 수 있을 뿐이고 본연의 사물에 관해서는 결코 생각할 수 없다는 믿음이다.[6] 상관주의가 참이라면 당연히 '모든 것은 기계다'라는 테제는 필경 존재자들 자체의 실제 본질에 관한 테제일 수가 없다. 그렇다면 그것은 인간 자신이 경험하는 대로의 세계와 갖는 인간의 상호작용에 관한 테제일 수밖에 없다.

그런데 방금 언급된 들뢰즈에 대한 해석들이 그 역사적 맥락을 참작하면 이해할 만한 것이라는 사실로 인해 이들 해석이 올바른 것이 되지는 않는다. 이 책의 첫 번째 장에서는 들뢰즈를 실재의 바로 그 짜임새를 구성하는 환원 불가능한 존재자들에 관한 사상가가 결코 아니라고 간주하는 어떤 해석도 정밀한 검증을 견뎌낼 수 없는 것으로 밝혀진다. 어쩌면 한 장 전체에 걸쳐 이 논점을 논의하는 것은 약간 과도한 것처럼 보일 것이지만, 들뢰즈는 결코 환원 불가능한 존재자의 사상가가 아니라는 관념이 그런 집중적인 논의를 정당화할 만큼 충분히 널리 퍼져 있다. 요컨대 이제 우리는 계속해서 들뢰즈의 존재론에 관한 이 책의 설명이 그가 이른바 사변적 실재론, 더 구체적으로는 그것의 '객체지향' 갈래의 선구자이자 최고의 인물임을 보여줄 것이라는 점을 알아채게 된다.

이 책의 독자들이 사변적 실재론의 기본 신조에 얼마간 친숙하리라 가정하는 것은 합당하기에 여기서는 간략한 개요를 제시하는 것으로 충분할 것이다.[7] 사변적 실재론자들은 상관주의를 타파하거나 넘어서고자 한다. 다양한 방식으로 그리고 다양한 이유로 그들은 인

---

6. Meillassoux, *After Finitude*, 5. [메이야수, 『유한성 이후』.]

7. Levi R. Bryant, *The Democracy of Objects* [레비 R. 브라이언트, 『객체들의 민주주의』] 와 Steven Shaviro, *The Universe of Things* [스티븐 샤비로, 『사물들의 우주』]가 훌륭한 입문서다.

간이 실재를 어떻게 경험하든 간에 그 경험과는 독립적으로 실재를 이론화하고자 한다. 그러므로 '실재론'은 (적어도) 인간 경험의 세계를 넘어서는 어떤 실재의 존재에 대한 신념을 의미한다. '사변적'이라는 형용사는 사유가 사유의 자격으로 이런 실재를 구상할 수 있음을 나타낸다.[8] 물론 어느 사변적 실재론자는 (누군가가 주장하는 대로) 자연과학이나 수학이 자체적으로 있는 그대로의 실재에 대한 접근권을 우리에게 제공한다고 생각할 수 있다. 하지만 그런 관념은 과학적 혹은 수학적 데이터에 근거를 두고 있는 것이 아니라 사유 자체에 뿌리박고 있다.

사변적 실재론이라는 명칭은 런던대학교의 골드스미스 칼리지에서 개최된 동명의 학술회의에서 비롯되었다. 그것은 그레이엄 하먼, 레이 브라시에, 이에인 해밀턴 그랜트 그리고 퀑탱 메이야수의 작업을 포괄한다. 이들 네 사람은 모두 (대륙)철학을 사로잡고 있는 상관주의적 독단을 깨뜨리고자 하지만, 그들의 입장은 상당히 다르다. 이 책은 그들이 각자의 입장에 어떻게 이르게 되었는지에 관하여 상세히 서술하기에는 적절한 장소가 아니지만, 그런데도 그것들의 기본적인 특징 중 일부를 다시 음미하는 것은 사변적 실재론자들이 인간 경험과 독립적으로 존재하는 대로의 실재를 특징짓는 방식 중 일부에 대한 더 나은 감각을 얻는 데 유용하다.

메이야수의 경우에는 실재 자체가 초-우연성 혹은 "초-혼돈"(으로 특징지어진다).[9] 이 구상에 따르면 우리가 비교적 안정하고 예측

---

8. 우리가 알게 되듯이 '구상하다'라는 낱말은 '모두가 보도록 드러내다'와 같은 것을 반드시 뜻하지는 않는다. 또한 '사변적'이라는 낱말은 단순히 '과감한' 혹은 '대담한' 같은 것을 뜻한다고 여겨질 수 있다.

9. Meillassoux, *After Finitude*, 64. [메이야수, 『유한성 이후』.]

가능한 우리의 경험 세계 너머를 응시할 때 궁극적으로 존재하는 것은 그렇게 할 실제 이유를 전혀 필요로 하지 않은 채로 어떤 주어진 순간에도 무언가가 다른 무언가로 변화할 수 있게 하는 "상당히 위협적인 역능"인 것으로 판명된다.[10] 실재계는 일어나는 일을 가지런히 지시하는 다소 합당하고 논리적인 질서가 있기보다는 오히려 아무튼 어떤 형태의 보편적 질서도 없는 영역이다. 이런 부재로 인해 초-우연성이 나타나고, 그리하여 어떤 주어진 순간에도 모든 것이 무엇이든 될 수 있다. 메이야수가 서술하는 대로 이런 역능으로 인해 무엇이든 즉시 파괴될 수 있거나, 부조리한 괴물이 출현할 수 있거나, 모든 꿈과 모든 악몽이 실현될 수 있거나, 혹은 우주 전체가 지금부터 삼 초 만에 고정된 불활성의 덩어리로 그냥 응결될 수 있을 것이다.[11] 또한 메이야수는 수학이 실재의 이런 무한한 가변성을 적절히 다룰 수 있다고 생각한다. 그 결과 인류는 '저쪽에 있는' 견고하고 오래 가는 어떤 것에도 의존할 수 없는 우리의 무능력에도 불구하고 여전히 스스로 방향을 잡을 도구를 적어도 하나는 갖추게 된다.

그랜트는 셸링의 저작에 근거하여 우리가 식별할 수많은 존재자의 근저에 놓여 있는 것은 순전한 생산력으로 이해되어야 하는 우주라고 주장한다. 특정한 무언가가 존재할 수 있기에 앞서 언제나 자연의 무궁무진한 생산성 자체가 존재한다.[12] 이런 생산성은 존재하는 여타 사물의 근저에 놓여 있는 또 하나의 '사물'로 여겨지지 말아야 하고 오히려 존재자적 견지나 실체적 견지에서 포착될 수 없는 순전히 역동적인 것으로 여겨져야 한다. 우리는 그것의 존재를 생각할 수 있

---

10. 같은 곳.
11. 같은 곳.
12. Iain Hamilton Grant, *Philosophies of Nature after Schelling*, 137.

음이 확실하지만, 그다음에 사유 속에서 그것을 정확히 표상하는 후속 조치를 행하는 것은 불가능하다.

브라시에의 입장은 다소 황량한 실재관을 제시한다. 허무주의와 제거주의적 철학, 물리학, 신경학에서 힌트를 얻은 브라시에는 인간 경험 너머의 실재가 차갑고 무심하며 그리고 무엇보다도 죽은 영역이라고 주장한다. 인간 이성과 과학적 탐구를 결합한 노력으로 인해 우리는 우리의 인간적인 (너무나 인간적인) 투사물들이 성공적으로 제거된 실재가 단지 우리의 희망과 꿈을 비웃을 뿐이라는 사실을 인정하지 않을 수 없다. 사실상 인간 경험 너머에 어떤 실재가 존재할 뿐만 아니라, 또한 이 실재가 대체로 우리의 열망에 반하고, 특히 세계에 의미를 부여하려는 우리의 (덧없는) 노력에 반하는 것으로 판명된다. 세계는 우리가 원하는 것들에 적절히 대응하지 않고, 따라서 인류가 기대해야 하는 유일한 것은 우리 태양의 죽음과 우주의 궁극적인 소멸이다. 그러므로 철학의 과업은 모든 인간중심적인 실재관을 소멸이 존재의 궁극적인 지평이라는 탈주술화된 외상적 깨달음으로 대체하는 것이다. 『풀려난 허무』의 마지막 문장에서 브라시에가 서술하는 대로 철학의 주체는 자신이 이미 죽어 있음을 단적으로 깨달아야 한다.[13]

마지막으로, 하먼은 객체가 인간에 의한 모든 접근(그리고 여타의 비인간 객체에 의한 접근도 추가되어야 한다)으로부터 차단된 어떤 물러서 있는 실재를 품고 있다고 상정하는 존재론을 제시한다.[14] 원자, 의자, 켄타우로스, 푸들, 전쟁 그리고 서커스 천막은 모두 자신이 타자에 의해 경험될 때 현시하거나 작동하는 방식과는 대조적으로 자신의 근본적인 실재를 구성하는 어떤 사적인 내부적 측면을 갖

---

13. Ray Brassier, *Nihil Unbound*, 239.

추고 있다. 이렇게 해서 우리는, 각자의 내부적 존재는 타자와의 관계로부터 언제나 물러서 있는 상태에서 각자의 면모들을 끊임없이 협상하고 번역하는 작업에 관여하는 다양한 종류의 존재자들이 실행하는 광대한 목공예로서의 실재에 관한 견해에 이르게 된다.

이들 입장은 서로 상당히 다르고, 게다가 누가 (그리고 무엇이) 사변적 실재론에 속하는지 (혹은 속하지 않는지) 결정하기 어렵게 하는 몇 가지 추가 인자가 존재한다. 예를 들면 레이 브라시에는 지금까지 그 진영에서 벗어나려고 시도하고 있다. 퀑탱 메이야수는 사실상 자신의 입장을 '사변적 유물론'으로 지칭하고, 게다가 상관주의적 체계를 파괴하고자 하는 제2의 사상가 집단에 속하는 것으로 여겨진다. 메이야수 외에도 이들 신유물론자에는 마누엘 데란다와 캐런 버라드 같은 사상가들이 포함된다. 더욱이 대략 지난 십 년 동안 다수의 다른 사상가도 (다양한 시점에 다양한 이유로, 일부 사례에서는 어쩌면 자신의 바람에 반하게도, 기타 등등) 두 진영 중 하나 혹은 둘 다에 소속하게 되었는데, 이를테면 레비 브라이언트, 트리스탕 가르시아, 브뤼노 라투르, 마르쿠스 가브리엘, 마우리치오 페라리스, 제인 베넷 그리고 엘리자베스 그로츠가 포함되지만 이들에 한정되지는 않는다.

이들 사상가 중 누구도 여타의 사상가와 의견이 완전히 일치하지는 않는다는 사실은 다소 당황스럽지만, 우리는 실용적인 태도를 취함으로써 단지 그들 각자가 사유는 직접적인 경험 너머에 있는 그대로의 실재에 관한 유의미한 진술에 다다를 수 있다고 생각한다는 최소한의 의미에서 사변적 실재론자라고 진술하자. 그들 각자는 어떤 식으로든 실재 자체에 새롭게 주의를 기울이면서 상관주의의 긴 밤 이

---

14. Graham Harman, *The Quadruple Object*. [그레이엄 하먼, 『쿼드러플 오브젝트』.]

후에 어떤 새로운 형태의 형이상학을 구축하는 데 관여하고 있다. 앞 절을 읽고 난 후에는 들뢰즈가 이들 사변적 실재론자 사이에 자리해야 한다는 점이 분명할 것이다(그리고 이 책의 나머지 부분에서 이 점이 상세히 예증될 것이다). 들뢰즈의 기계 존재론은 존재자가 '우리에 대해서' 기계가 아니라 그 자체로 기계라는 의미에서 실재론적임이 명백하다. 그리고 그것은 이들 기계의 존재론적 구조가 경험적으로 관찰되기보다는 오히려 외부성 테제에서 점진적으로 추론될 수 있다는 의미에서 사변적이다.

그렇지만 문제는 들뢰즈의 기계 존재론이 사변적 실재론자들 사이에서 어디에 자리해야 하느냐다. 사변적 실재론자들을 분류하는 한 가지 흥미로운 방식은 그들의 철학이 '객체지향적'인지 여부를 묻는 것이다. 개별적 존재자들이 실재의 가장 근본적인 구성요소들이라고 주장하는 철학은 객체지향적이다. 예를 들면 그랜트의 철학은 결단코 객체지향적이지 않다. 그 이유는 그가 개별적 존재자들을 더 근본적인, 생산적이고 역동적인 역능의 표현으로 간주하기 때문이다. 이와는 대조적으로 하먼의 존재론은 객체지향 존재론의 교과서적 사례다. 왜냐하면 하먼은 객체 외에 발견될 수 있는 것은 아무것도 없다고 생각하기 때문이다. 오히려 존재자가 타자에 의해 마주치게 되는 방식 너머에 놓여 있는 '더 깊은' 실재는 단적으로 객체 자체의 한 가지 면모다.

하먼 외에도 방금 언급된 사상가 중 여섯 명의 다른 인물이 객체지향 사상가로 분류된다. 왜냐하면 그들은 미생물, 신발, 석판 조각, 일각수, 인간 사회, 삼나무 그리고 무수히 많은 다른 존재자가 정말 실재라고 생각하기 때문이다. 이들 여섯 사람은 브뤼노 라투르, 마우리치오 페라리스, 트리스탕 가르시아, 마르쿠스 가브리엘, 마누엘 데란다 그리고 레비 브라이언트다. 여타의 사상가는 그런 존재자들이 더 근본적이고 확실히 비존재자적인 것 - 예를 들면 초-우연성, 혼돈, 강도, 물질성, 과정, 상호작용성, 기타 등등 - 의 왜곡된 표상, 파편, 파생물 혹은 표현이라고 주장한다. 이 책에서 나는 객체지향 사상가들이 들뢰즈에게 가장 가까운 사변적 실재론자들이라고 주장할 것이다. 앞 절에서 시사한 대로 들뢰즈의 존재론은 모든 영역에서 비롯된 존재자들에 동등한 실재성을 부여함으로써 바위, 강, 도시, 노래 그리고 뇌가 어떤 더 근본적인 힘, 과정 혹은 실체로부터의 어떤 뒷받침도 필요로 하지 않은 채로 실재의 기본적인 구성요소들이라고 주장한다. 그런데 흥미로운 부분은 객체지향 사상가라는 말이 생겨나기도 전에 벌써 들뢰즈가 객체지향 사상가였다고 간주되어야 한다는 것만이 아니다. 또한 들뢰즈의 입장은 객체지향 사상가들 사이에서 독특하다. 게다가 이 책 전체에 걸쳐서 보게 되듯이 사중 기계와 세 가지 종합에 관한 들뢰즈의 존재론은 여타의 객체지향 사상가의 존재론들에서 나타나는 약점과 모순점 중 일부를 모면함이 분명하다.

그런데 들뢰즈의 기계 존재론과 객체지향 사상가들 사이에서 몇 가지 더 흥미로운 유사점과 차이점이 식별될 것임에도 불구하고 이 책의 주요 목적은 들뢰즈의 기계 존재론 자체를 탐구하고 재구성하는 것이다. 이 책은 지금까지 간과된 들뢰즈의 기계 존재론에 대한 전적으로 새로운 설명을 제시한다고 주장하기에 들뢰즈와 그 외의 다른 철학자들 사이에서 끊임없이 왔다 갔다 하면서 그 분석을 뒤죽박죽으로 만들지 않을 것이다. 그런 행위는 들뢰즈의 논증이 나타내는 추론적 엄밀성으로부터 독자의 주의를 돌리게 할 따름일 것이다. 훨씬 더 나쁘게도 그것은 들뢰즈의 기계 존재론이 사실상 원전에는 존재하지 않고 오히려 객체지향 존재론에서 그의 저작으로 투사한 결과물이라는 의심을 초래할 수 있을 것이다. 그러므로 이 책의 해설에는 일곱 개의 간략한 간주가 틈틈이 끼워질 것인데, 각각의 간주에서는 들뢰즈와 또 다른 객체지향 사상가가 비교된다. 이들 일곱 개의 간주에서는 그 사상가들의 입장들이 철저히 제시되지는 않을 것이다. 오히려 이들 간주에서는 바라건대 미래의 더 포괄적인 비교를 위한 초석의 일부를 놓을 주요한 (긍정적 및 부정적) 공명점들에 집중할 것이다.

그런데 여기서 사변적 실재론에 막연히 친숙한 사람이라면 누구나 이미 하먼과 브라이언트에 대한 들뢰즈의 관계가 궁금할 것이다. 결국에 하먼 역시 존재자들이 환원 불가능한 사중체라고 주장하고, 브라이언트의 『존재의 지도』(2014)도 모든 존재자가 기계로 정의되는 존재론을 옹호한다. 사변적 실재론에서 사중체와 기계라는 두 개념이 이미 잘 확립된 개념이라면 누구나 들뢰즈의 기계 존재론이 필경 무엇을 추가할 수 있는지 의아하게 여길 수 있다. 그런데 우리가 알게 되듯이 들뢰즈의 기계 존재론과 하먼 혹은 브라이언트의 존재론 사이에는 유의미한 차이점이 있다. 하먼과 들뢰즈는 둘 다 존재자들이 사중체라고 주장하지만, 그들은 존재자들이 변화하는 방식에 대하여 근본적으로 다르게 설명한다. 우리가 알게 되는 대로 하먼은 객체들이 아무튼 매우 한정된 수의 기회에 변화할 수 있을 뿐이라고 생각하는 반면에 들뢰즈는 변화가 하먼이 언제나 수용할 것보다 훨씬 더 연속적이고 점진적이라고 생각한다. 브라이언트의 경우에는 그 역시 존재자를 '기계'라고 일컫고 들뢰즈의 작업에 크게 의존하지만, 브라이언트의 기계는 사중체가 아니라 이중체다. 이것은 어쩌면 사소한 차이인 것처럼 보이겠지만, 우리는 그것이 사실상 중대한 차이임을 알게 될 것이다. 들뢰즈의 사중체는 존재자들 사이에 현존하는 절대적 불연속성으로 인해 각각의 존재자가 환원 불가능한 복수주의적 존재론을 낳는 반면에 브라이언트의 고유한 기계 존재론은 실재가 연속성으로 특징지어지고 기계들이 한낱 어떤 단일한 역동적 장의 국소점들에 불과한 일원론을 낳는다.

전반적으로 이 책에서 이루고자 열망하는 것은 두 가지가 있다. 우선, 첫 번째 열망은 환원 불가능한 기계들에 관한 들뢰즈의 존재론을 처음으로 엄밀히 재구성함으로써 들뢰즈의 철학에 대한 전적으로 새로운 뜻밖의 시각을 독자에게 제시하는 것이다. 그다음에, 두 번째 열망은 들뢰즈의 존재론을 다른 객체지향 사상가들의 더 특이한 몇몇 면모와 비교함으로써 현대의 사변적 실재론을 들뢰즈와 제휴시키는 것이다.

3. 방법과 구조

일곱 개의 간주를 제외하면 이 책은 들뢰즈를 **들뢰즈로서** 고찰하는 책이다. 이 책에서는 기계 존재론의 특정한 측면을 이해하는 데 필요할 경우를 제외하면 들뢰즈의 개념들과 주장들이 다른 철학들, 과학 이론들 혹은 예술 작품들에의 그 근원과 비교되지 않는다. 어쩌면 누군가는 들뢰즈가 "철학은 과학이나 예술과 독립적으로 수행될 수 없다"(DR, xvi)라고 말하고 있다고 이의를 제기할 것이다. 그렇지만 이것은 어떤 철학의 구성 과정을 가리킨다. 일단 완결되고 나면 그 철학은 그것을 구축하는 데 사용된 발판에 주의를 그다지 많이 기울이지 않은 채로 재구성될 수 있다. 또한 우리가 존재론에 집중한다는 점을 참작하면 이 책에서는 들뢰즈 사상의 정치적 측면, 미학적 측면 그리고 다른 더 실천적인 측면들이 직접적으로 거론되는 바가 거의 없다.

둘째, 들뢰즈 저작의 순전한 규모를 참작할 때 우리는 들뢰즈 사상의 중핵에서 벗어나지 말아야 한다. 그러므로 우리는 사중체와 종합에 관한 가장 명시적인 정교한 설명이 포함되어 있는 『차이와 반복』, 『의미의 논리』 그리고 『안티 오이디푸스』에 집중할 것이다.[15] 이들 저서에서는 아주 다른 어휘들이 사용되기에 여기서는 명료성을 기하려고 『안티 오이디푸스』의 용어법이 다소 우선시된다. 나머지 두 권의 책에서는 수십 년 혹은 수 세기 동안 축적된 의미가 적재된 전문 용어가 사용되지만, 기계 용어법은 그런 혼선의 부담이 거의 없다.[16] 더욱이 들뢰즈가 다른 철학들과의 온당치 못한 연관을 최소화하려고 명시적으로 이 용어법을 선택한 대로(DI, 220) 선례를 따르는 것이 합당할 따름이다. 세 가지 핵심 저서에 집중하는 것은 다른 인물들에 관한 들뢰즈의 저서들에 붙어 다니는 "여기서 누가 말하고 있는가?"라는 문제도 해결한다. 예를 들면 『베르그손주의』가 베르그손의 철학에 대한 해설서인지, 들뢰즈의 철학에 대한 해설서인지, 혹은 베르그손-들뢰즈 혼성물에 대한 해설서인지 결정하는 것은 어렵다. 우리는 그런 저서들을 방금 언급된 핵심 저서들에서 나타나는 테제들과 주장들을 예시하거나 반복하는 경우에만 언급함으로써 이 쟁점을 회피

---

15. 이들 저서의 연속성에 대해서는 기계라는 개념이 『안티 오이디푸스』에 앞서 출판된 저서들에서 이미 제시된다는 점(DR, 78; LS, 72), 『의미의 논리』에서 제시된 의미론이 『차이와 반복』에서 압축된 형식으로 나타난다는 점(DR, 153~67), 그리고 『안티 오이디푸스』가 출판되기 전에 존재자가 이미 섬망 상태에 있고 분열증적인 것으로 일컬어진다는 점(DR, 58, 227; LS, 84)을 인식하자. 또한 『『차이와 반복』은 내가 '철학하기'를 시도한 첫 번째 책이었다. 내가 과타리와 함께 저술한 것을 비롯하여 그 이후로 내가 행한 모든 것은 이 책과 연결되어 있다"(DR, xv)라는 들뢰즈의 진술이 있으며, 그리고 그 책은 "과타리와 함께 수행한 연구까지 포함하여 후속 저서들을 소개하는 데 도움이 된다"(DR, xvii; 그리고 TRM, 308을 참조)라는 진술이 있다.

16. 들뢰즈는 그 용어법을 부분적으로 미셸 카루주의 『독신 기계』(Michel Carrouges, *Les machines célibataires*)에서 차용하였다. 공교롭게도 들뢰즈는 『안티 오이디푸스』가 많은 오독을 거친 후에 재발견될 것이라는 자신의 희망을 명시적으로 표명했다 (*L'Abécédaire de Gilles Deleuze*, DVD, 'desire' [〈질 들뢰즈의 A to Z〉, 피에르 앙드레 부탕 감독]).

할 수 있다. 이런 조치에도 불구하고 우리는 많은 신조어와 모호한 표현에 여전히 대처해야 한다. 그러므로 처음 장들에서 제시된 인용문들은 때때로 훨씬 더 나중에서야 설명될 수 있는 용어들을 담고 있다('욕망'이 이들 용어 중 하나다). 어쩌면 이 책 역시 독자들이 익숙한 경우보다 더 많은 인용문을 포함하고 있을 것이지만, 참고용 인용문을 지나칠 정도로 제시하는 것은 들뢰즈의 저작들의 근저에 한결같이 놓여 있는 모형의 간소함을 부각할 뿐만 아니라 이 모형이 그의 저작들에서 계속해서 재현된다는 점도 부각할 것이다. 또한 나는 이 책의 독자들이 이미 들뢰즈의 전문용어에 친숙하다고 가정하지 않는다. 많은 인용문과 그것들 각각에 관한 설명은 독자들이 들뢰즈의 개념적 장치를 천천히 제대로 파악하는 데 도움이 될 것이고, 따라서 이 책의 나중 장들에서는 본격적인 들뢰즈의 문장들이 결국 이해될 수 있을 것이다.

셋째, 『차이와 반복』 전체가 들뢰즈의 기계 존재론을 정밀하게 구성하는 데 유용한 것은 아니다. 들뢰즈가 역사적 논평을 저술하기보다는 오히려 '철학하기'를 시도했다는 그 첫 번째 저서에서 대체로 그는 존재자들이 한낱 더 근본적인 '강도적인 것'들의 표현에 지나지 않는다고 구상하는 다소 소크라테스 이전 형태의 형이상학을 여전히 고수한다. 운이 좋게도 들뢰즈는 이런 초기의 열병을 명시적으로 물리치는데, 그리하여 이제 우리는 『차이와 반복』에서 기계 존재론에 유용한 것이라면 무엇이든 간직하면서 나머지 부분을 버릴 수 있다(TRM, 65). 이 쟁점은 1장의 2절에서 더 자세히 논의된다.

넷째, 들뢰즈의 존재론을 재구성하려면 가치 있는 것과 없는 것을 신중하게 가려내야 한다. 들뢰즈의 독자들이 알고 있는 대로 들뢰즈는 한 번에 한 주제에 관해 저술하는 경우가 드물다. 들뢰즈의 존재론을 추출하려면 정치, 미학, 주체성 그리고 언어에 관한 그의 성찰을 비롯하여 그가 다룬 그 밖의 다양한 주제를 솎아내야 한다. 이런 조치 덕분에 우리는 그런 영역들 모두에 있어서 환원주의에 대한 들뢰즈의 저항에 근거를 제공하는 바로 그 존재론에 집중하게 될 수 있을 것이다. 이 책은 바로 들뢰즈의 '외침'을 추적하고 있다. "철학자가 위대한 경우에 그가 매우 추상적인 글을 저술하더라도 이들 글이 추상적인 이유는 단지 당신이 그가 외치는 순간을 찾아낼 방법을 몰랐기 때문이다. 아래에 외침이 있다. 끔찍한 외침이 있다"(SL, 060580). 이런 외침을 찾아내려면 이 책에서 시도되는 제거법이 필요하다. 들뢰즈가 철학자의 핵심 문제에 관해 언급하는 대로 "철학자는 때로는 그것을 명시적으로 진술하고 때로는 그것을 진술하지 않는"데(SL, 060580), 들뢰즈 자신은 분명히 후자의 범주에 속한다. 심지어 들뢰즈는 『차이와 반복』을 좋은 것들이 모두 바닥에 놓여 있는 "국과 같은" 책이라고 일컫고, 따라서 좋은 것을 식별하기가 대단히 힘든 일이 된다.[17] 어떤 핵심 문제를 밝혀내어서 그것을 중심으로 철학의 개념들을 조직하는 것도 바로 들뢰즈가 철학자를 독해하는 방법으로 제시하는 것이다.

그것은 어떤 개념이 무엇을 표상하는지 자문하는 문제가 아니다. 일단의 다른 개념들에서 그것이 차지하는 자리가 무엇인지 자문해야 한다. 대다수 위대한 철학자의 경우에 그들이 창안하는 개념들은 분리될 수 없기에 진정한 순서대로 고안된다. 그러므로 어떤 개념이 부분을 이루는 그 순서를 이해하지 못한다면 당신은 그 개념을 이해할

---

17. "Ah ma thèse, c'est une soupe où tout nage (le meilleur doit être dans le fond, mais c'est ce qui se voit moins)"(LAT, 28).

수 없다(SS, 251180).

다섯 번째, 펠릭스 과타리가 있다. 이 책은 그들의 공동 저작을 '들뢰즈와 과타리'가 아니라 '들뢰즈'라고 언급한다. 들뢰즈가 서술하는 대로 누군가가 "전적으로 들뢰즈" 혹은 "전적으로 과타리"로 지칭하지 않는 한 그들의 공동 저작은 들뢰즈의 철학과 과타리의 철학을 포함하고 있는 것으로 해석될 수 있다.[18] 이 책에서 나는 이들 저서를 '들뢰즈'로 일컬을 것이다. 그 이유는 들뢰즈의 존재론이 반드시 과타리의 존재론인 것은 아니기 때문이다. 〈질 들뢰즈의 A to Z〉에서 들뢰즈가 진술하는 대로 그들은 그들의 공동 저작을 같은 방식으로 해석하지 않는다. 예를 들어 그들의 서신에 따르면 과타리가 '기계'라는 개념을 고안하지만, 들뢰즈가 이 개념이 무엇을 의미할지 그리고 그것이 하나의 체계 속에서 어떻게 자리하게 될지 결정하는 것으로 밝혀진다(LAT, 40~1). 들뢰즈에 따르면 기계에 대한 보다 더 과타리적인 독법은 환원 불가능성에 의지하지 않고 오히려 "구조, 기표, 남근, 기타 등등"에 의지한다(N, 14). 그러므로 과타리가 『안티 오이디푸스』에서 공들여 구성된 체계 속에서 자신을 인식하지 못한 사실은 놀랍지 않다.

나는 여전히 이처럼 체계적인 학술적 저작의 다른 세계를 통제할 수 없다 ··· 나의 서법, 나의 문체를 유지하자. 하지만 나는 정말로 『안티

---

18. "〔V〕ous faites abstraction de Félix. Votre point de vue reste juste, et l'on peut parler de moi sans Félix. Reste que *L'Anti-Oedipe* et *Mille plateaux* sont entièrement de lui comme entièrement de moi, suivant deux points de vue possible. D'où la nécessité, si vous voulez bien, de marquer que si vous vous en tenez à moi, c'est en vertu de votre entreprise même, et non pas du tout d'un caractère secondaire ou 'occasionnel' de Félix"(LAT, 82)를 참조하라.

오이디푸스』에서 나 자신을 인식하지 못한다. 나는 질 [들뢰즈]의 이미지와 그 세련됨, 그가 가장 그럴법하지 않은 책에 가져다준 완벽함을 쫓아다니기를 그만두어야 한다.[19]

그러므로 이 책에서는 들뢰즈의 존재론이 탐구된다는 사실이 강조되어야 한다. 요컨대 과타리가 지닌 견해와의 가능한 차이점들과 이들 차이점이 미래 프로젝트에 관한 그들의 공동 작업에서 현시되는 방식에 대한 분석은 보류된다.

여섯 번째이자 마지막으로, 들뢰즈에 대한 참조는 가능하다면 언제나 들뢰즈 저작의 영어 번역본에 대하여 이루어질 것이다. 번역문은 때때로 오류 및 정합적이지 않은 점을 바로잡기 위해 수정된다. (중대한) 오류의 한 가지 사례는 『카프카』의 영어판이 일관되게 transcendante라는 프랑스어 낱말을 '초월적'transcendent이라는 낱말 대신에 '초험적'transcendental이라는 낱말로 잘못 옮긴다는 것이다.[20] 영어로 번역되지 않은 저작에 대한 인용문은 원래의 프랑스어 텍스트가 수록된 각주가 동반된다. 각주 자체에서는 영어로 작성되지 않은 원전에 대한 인용문이 번역되지 않은 채로 제시될 것이다. 이제 우리는 이들 단서를 염두에 두고서 이 책의 구조를 논의할 수 있다.

1장에서는 대체로 기계 존재론을 이 존재론과 양립 불가능한, 들뢰즈에 대한 더 정통적인 다른 해석들과 비교하는 작업이 집중적으로 이루어진다. 기존의 들뢰즈 해석들과의 쟁론에 관심이 없는 독자

---

19. Félix Guattari, *The Anti-Oedipus Papers*, 404.
20. * 이 책에서 옮긴이는 'transcendental'이라는 영어 낱말이 경험 너머에 있기에 결코 직접 경험할 수 없는 것을 가리킨다는 점을 참작하여 'transcendental'이라는 용어를 '초험적'이라는 한국어 낱말로 번역하였다.

들은 이 장의 처음 두 절을 건너뛸 수 있다. 이들 해석이 원전과 모순되는 이유가 제시된 후에 개별적 존재자들에 대한 들뢰즈의 사중 구조와 이들 존재자를 연결하는 세 가지 종합도 고찰될 것이다.

2장에서는 외부성 테제의 중심성과 필연성, 애초의 범위가 서술됨으로써 본격적인 분석이 개시된다. 이 장의 첫 번째 절에서는 어떻게 해서 외부성이 들뢰즈의 고유한 체계적 저작뿐만 아니라 다른 인물들에 대한 주해적 저작에서도 핵심 개념인지 입증된다. 다른 두 개의 절에서는 외부성을 옹호하는 들뢰즈의 논증이 재구성된다. 이들 논증 중 세 가지는 일상 경험에서 도출되는 반면에 또 다른 세 가지는 더 순전히 개념적인 관심사에 의존한다. 외부성으로 인해 우리는 존재자의 존재가 얼마나 많은 측면으로 분할되는지에 대해 고찰할 수밖에 없게 된다. 브라이언트의 기계 존재론을 들뢰즈의 기계 존재론과 비교함으로써 정합적인 결과를 얻으려면 그런 측면들이 두 가지로는 충분하지 않고 네 가지가 필요한 이유가 입증된다.

3장에서는 외부성 테제(그리고 오직 외부성 테제)가 어떻게 해서 다수의 다른 사고양식을 거부하는 들뢰즈의 유명한 태도를 조장하는지 입증된다. 각각의 사례에서 철저한 비교가 이루어지려면 별개의 단행본이 필요할 것이지만, 들뢰즈가 어떻게 해서 자신의 반대자들이 외부성 테제를 어긴다고 간주하는지를 보여줄 여지는 충분히 있다. 언제나 이것은 어떤 사고양식이 존재자의 관계적 현전과 그것의 사적 내부를 구분하는 내부적 종류 차이 ─ 외부성 테제가 요구하는 것 ─ 를 설명할 수 없다는 사실을 중점적으로 예증함으로써 진전된다. 이 장에는 들뢰즈가 이들 다른 철학자가 모두 동일한 '사유의 이미지'에 속한다고 간주하는 이유에 관한 절도 포함된다. 이런 사유의 이미지는 존재자가 그것의 관계적 표현 중 하나 혹은 여럿과 동일시될 수 있다는 관념, 즉 '상식'에 의해 특징지어질 뿐만 아니라 존재자가 이전의 상태나 원점으로 환원될 수 있고 철저히 설명될 수 있다는 관념, 즉 '양식'에 의해서도 특징지어진다.

그다음에 4장에서는 외부성 테제가 성립한다면 존재자들이 갖추어야 하는 특징들이 추론되기 시작한다. 그것은 사중 기계의 첫 번째 측면, 즉 모든 가능한 관계로부터 물러서 있는 그것의 '신체' 혹은 '기관 없는 신체'가 상세히 설명됨으로써 개시된다. 어떤 기계의 신체는 그 기계의 모든 관여 행위의 외부에 있는 그것의 단일체다. 이 장의 두 번째 절에서는 어떻게 해서 그런 비#관계적 신체로 인해 들뢰즈가 실재를 근본적으로 '분열증적인 것'이거나 '문제적인 것'이라고 규정하게 되는지 설명된다. 여기서 주요한 관념은 각각의 존재자가 비관계적 신체를 갖추고 있다면 어떤 존재자도 자신의 관여 행위 중 어느 것과도 결코 전적으로 통합될 수는 없다는 것이다. 그러므로 사물이 작동하게 하거나, 사물을 자신의 자리에 계속 있게 하거나, 혹은 사물을 자신의 현재 상황에서 벗어나게 하는 데에는 우발적인 작업과 노력이 필요하다. 또한 기계의 신체는 본질적으로 문제적이라는 사실에 힘입어 우리는 들뢰즈의 입장과 마우리치오 페라리스의 '신실재론' 사이의 몇 가지 대조점을 도출할 수 있게 된다. 그 이유는 객체들의 '수정 불가능성'이 후자의 입장에 핵심적이기 때문이다.

5장에서는 기계들이 다른 기계들의 비관계적 신체들과 관계를 맺지 못한다면 무엇과 관계를 맺는지에 관한 물음이 다루어진다. 이 장의 세 가지 절에서는 어떻게 해서 기계의 두 가지 현실적인 관계적 측면, 즉 연장과 성질들이 존재하는지 설명된다. 여기서 우리는 첫 번째 종합, 즉 연결적 종합이 어떻게 해서 물러서 있는 한 존재자와 또 다른 기계의 현실적인 관계적 표현 사이에 이루어지는 접촉을 설명하는지 알게 될 것이다. 이 장의 대부분은 들뢰즈가 '의미' 혹은 '의미-사건'이라고 일컫는 것에 관한 그의 이론과 관련되어 있다. 그 이유는 바로 이것이 (그 자체로 있는 그대로의 기계라기보다는 오히려) 타자가 마주치는 대로의 기계이기 때문이다. 또한 들뢰즈의 의미론과 마르쿠스 가브리엘의 '의미의 장' 존재론이 대조될 것이다.

6장에서는 기계가 이쪽의 잠재적 신체와 저쪽의 현실적 표현들 사이에 이루어지는 비대칭적 연결 관계를 다루는 방식이 상세히 설명된다. 그런 관계는 기계의 현실적 측면에 의해 설명될 수 없다. 그 이유는 현실적 이중체가 바로 근거 지어져야 하는 것이기 때문이다. 게다가 기관 없는 신체는 그 자체로 그리고 그것만으로는 관계의 내용을 설명할 수 없을뿐더러 관계의 다양성도 설명할 수 없다. 신체는 기계에 대한 비관계적 단일성의 공공연한 사실을 가리키는 것이고, 따라서 이런 점에서 모든 기계는 전적으로 동등하기에 기계들 사이의 차이는 신체만으로 설명될 수 없다. 그러므로 들뢰즈는 기계의 잠재적 부분에 두 번째 측면을 설정해야 한다. 이것은 들뢰즈가 기계의 '역능들', '욕망', '이념', '푸이상스'puissance 21, '코드' 혹은 '특이성들'이라고 일컫는 것이다. 그런 욕망은 기계를 특징짓는 것인 동시에 비관계적이고 연장되지 않은 것이기에 들뢰즈는 또한 이것을 기계의 '강도적 물질'이라고 일컫는다. 우리는 신체와 특이성들이라는 두 가지 잠재적 측면이 기계의 본질 − 영구적이지도 않고 단순하지도 않은 본질 − 을 구성함을 알게 될 것이다. 기계의 욕망은 그것이 할 수 있는 것에 해당한다. 기계는 언제나 자신의 고유한 욕망에 의거하여 다른 존재자와 마

---

21. * 영문 원저에서 표기된 프랑스어 낱말 'puissance'는 대개 역능으로 옮겨지는데, 때로는 이 책에서 제시되듯이 역량 혹은 잠재력을 가리키기도 한다. 이처럼 'puissance'라는 낱말이 갖는 다의성을 참작하여 한국어판에서 이 용어는 '푸이상스'로 표기되었다.

주칠 따름이다. 그러므로 욕망은 관계에 대한 근거다. 또한 6장에서는 들뢰즈의 입장과 마누엘 데란다의 입장이 비교되는데, 후자는 '회집체'가 아무 본질도 갖추지 않은 채로 존재하면서 기능할 수 있다고 주장한다.

그다음에 7장에서는 이접적 종합이라는 개념이 다루어진다. 각각의 연결 관계는 이접에 기반을 두고서, 말하자면 기계의 욕망에 근거하여 맺어지며, 기계의 욕망과 기계의 현실적 표현은 종류가 다르다. 그리하여 기계의 욕망은 언제나 그것이 맺은 관계들을 초과하는 것이기에 결국 이접은 배제적인 것이라기보다는 오히려 포섭적인 것이 된다. 더욱이 욕망은 어떤 기계가 맺은 관계들이 그 기계의 잠재태에 '기입'하거나 '등록'하거나 '기록'하는 것이다. 이것이 들뢰즈가 '되기'라고 일컫는 것이다. 그러므로 각각의 관계는 다른 관계들이 남긴 흔적에 기반을 두고서 맺어지며, 결과는 잠재태와 현실태 사이의 종류가 다르다는 사실로 인해 그것의 생산과 유사하지 않다. 그런 되기는 지속적이지도 않고 심지어 언제나 유의미한 것도 아니다. 그 이유는 그것이 순전히 기계의 실존을 특징짓는 마주침의 우연적인 내용과 강도에 의존하기 때문이다. 이 장에서는 기계가 변화할 수 있는 방식에 관한 들뢰즈의 설명이 포함되어 있기에 들뢰즈의 기계 존재론과 하먼의 객체지향 존재론이 비교된다. 왜냐하면 들뢰즈는 존재자의 본질의 실제적 변화가 다소 연속적이고 점진적이라고 주장하는 반면에 하먼은 그런 변화가 대단히 예외적이라고 생각하기 때문이다.

8장에서는 새로운 기계가 만들어질 수 있는 방식과 기계 자체가 두 개 이상의 다른 기계가 상호작용할 수 있게 하는 매체로서 작동하는 방식을 설명하기 위해 연접적 종합이라는 세 번째 종합이 상세히 논의된다. 들뢰즈가 주장하는 대로 새롭게 맺어진 각각의 관계는 그 자체로 즉시 하나의 환원 불가능한 기계이고, 그리하여 들뢰즈는 관계와 기계 사이의 이원론에 다시 빠지지 않을 수 있게 된다. 이처럼 바로 그 시초의 순간부터 나타나는 기계의 즉각적인 환원 불가능성을 가리키기 위해 들뢰즈는 '독신 기계'라는 용어를 사용한다. 세 번째이자 마지막 종합은 들뢰즈 존재론의 재구성 작업을 마무리한다. 또한 이 장에서는 들뢰즈의 기계 존재론과 트리스탕 가르시아의 입장이 대조된다. 그 이유는 '독신 기계' 덕분에 사물에 관한 가르시아의 형식적 존재론과 철저한 비교가 이루어질 수 있기 때문이다.

9장에서는 기계 존재론의 함의 중 몇 가지가 탐구되는데, 우선 (자아, 시간, 공간 그리고 세계 같은) 몇몇 표준적인 철학적 개념을 기계 존재론의 시각에서 규정함으로써 개시된다. 그다음에는 들뢰즈가 칸트적 취지에서 사유의 '오류추리'라고 일컫는 것에 관한 절이 이어진다. 이들 사유의 오류는 우리가 '선천적으로' 기계 존재론에 따라 생각할 수 없고 오히려 내부주의적 사유에 경도되는 경향이 있는 이유를 설명한다. 이 장의 마지막 절에서는 들뢰즈가 '초험적 경험론'이라고 일컫는 것에 관한 설명이 제시된다. 그것은 기계 존재론의 핵심적인 통찰에 기반을 둔 일반적인 철학적 방법으로 여겨질 수 있다. 또한 이 장에서는 일곱 번째이자 마지막 삽입절이 포함되어 있다. 그 간주에서는 들뢰즈의 입장과 브뤼노 라투르의 입장 사이의 유사점과 차이점 중 몇 가지가 논의된다.

1장

아킬레스와 존재론

외부성 테제와 기계 테제를 조합함으로써 들뢰즈가 환원 불가능한 존재자들의 체계적 존재론에 이르게 된다는 관념을 마주하게 되면 다수의 들뢰즈 주해자는 단호히 저항할 것이다. 그들은 들뢰즈가 객체지향 철학자라는 주장에 대하여 다음과 같은 이의 중 적어도 하나를 제기할 것이다.

(1) 들뢰즈의 철학은 그것이 투사될 대상의 견지에서 그 의미가 (재-) 정의되어야 하는 개념들의 느슨한 조합일 따름이다.
(2) 들뢰즈의 철학은 (1)의 옹호자들이 시사하는 것보다는 더 응집된 것이지만, 존재론과는 근본적으로 다른 것 혹은 심지어 존재론에 적대적인 것에 해당한다.
(3) 들뢰즈의 철학은 존재론이지만, 이산적인 존재자들에 관한 관념이 명확히 비존재자적인 것을 위해 소멸하는 존재론이다.

첫 번째 논점과 관련하여 들뢰즈주의는 체계적으로 재구성하는 데 부적절하고, 그런 재구성은 저작의 정신에도, 그 저자의 의도에도 부합하지 않으리라 생각하는 사람들이 있다. 이런 주장은 때때로 이론은 "바로 연장통과 같습니다 … 이론은 사용되어야 하고, 이론은 작동해야 합니다"(DI, 208)라는 들뢰즈의 진술을 언급함으로써 제기된다. 그러므로 들뢰즈의 저작에 대한 한 가지 인기 있는 접근법은 개념들을 하나의 더 큰 수수께끼의 조각들로 여기기보다는 오히려 별개의 아포리즘들로 여기게 되었다. 심지어 프레드릭 제임슨은 "들뢰즈에게서 어떤 한 체계 혹은 어떤 한 핵심 관념을 탐색하는 것은 길을 잘못 든 것인데, 사실상 다수의 그런 것이 존재한다"라고 서술한다.[1] 엘리자베스 그로츠는 자신이 "아무튼 들뢰즈의 전작에 '충실한' 독자"이기를 바라지는 않지만, "… 그 정신을 계속 지키면서 그것을 사용하고, 그것을 작동하게 만들고, 그것을 발전시키며, 그것으로 실험하기"를 바란다고 역설한다.[2] 마찬가지로 이사벨 스탕게스는 "나는 〔들뢰즈의〕 개념들이 나 자신의 손에 맞는 연장이 될 때만, 내가 그것들을 설명하지는 못할 것이지만 손에 쥘 수 있을 때만 이들 개념을 사용하였다. 나는 이것이 그 책들이 요청하는 것이라고 느꼈다"라고 서술한다.[3] 혹은 미셸 푸코의 경우에 그는 『안티 오이디푸스』에 붙인 자신의 서문에서 "이 놀랍도록 풍요로운 새로운 생각들과 경이로운 개념들 가운데서 '철학'을 찾으려 해서는 안 된다. … 내가 생각하기에 『안티 오이디푸스』를 읽는 최선의 방법은 하나의 '기술'art로 해석하는 것이다"[4]라고 서술한다.[5]

여기서 우리는 다른 의견을 간단히 표현할 수 있다. 그만한 가치가 있는 모든 철학은 그 자체로 체계적인 연구 대상의 자격을 갖추고 있다. 이것은 철학과 관련하여 자유로운 창조적 태도를 취하는 것이 아무튼 잘못된 일이라고 말하는 것이 아니라 철학에는 언제나 그것이 새로운 맥락에서 사용되는 용도 이상의 것이 있다고 말하는 것이다. 그런데 나머지 두 가지 이의는 이어지는 두 절에서 다소 상세히 논의될 것이다. 들뢰즈에 관한 셀 수 없이 많은 책 및 논문과 끝없이 비교하는 교착상태에 빠지게 되는 것은 바람직하지 않기에 단지 그 나머지 이의

---

1. Fredric Jameson, "Marxism and Dualism in Deleuze," 393.
2. Elizabeth Grosz, *Volatile Bodies*, 166. [엘리자베스 그로츠, 『뫼비우스 띠로서 몸』.]
3. Isabelle Stengers, "Gilles Deleuze's Last Message."
4. Michel Foucault, "Preface," in Gilles Deleuze and Félix Guattari, *Anti-Oedipus*, xii. [미셸 푸코, 「서문」, 질 들뢰즈·펠릭스 과타리, 『안티 오이디푸스』.]
5. 『차이와 반복』을 존재론 저서라고 일컫고 『의미의 논리』를 형이상학적 논고라고 일컬을 때 푸코는 진실에 더 가까이 다가선다(Foucault, "Theatricum philosophicum," in *Dits et ecrits II*, 91, 79).

들에 대한 모범 사례들만 논의될 것이다. 그다음에 3절에서 나는 들뢰즈의 사중체로 돌아가서 「서론」의 1절에서 이루어진 간략한 소개를 확대하여 논의할 것이다.

1. 존재론을 둘러싼 소동

들뢰즈의 존재론이 현존한다는 사실은 종종 무시되거나 부인된다. 『안티 오이디푸스』의 사례를 살펴보자. 그 책의 처음 두 장에는 기계 존재와 관련된 복잡한 사항과 들뢰즈의 기계 존재론에 대한 프로그램적 서술이 포함되어 있지만, 『안티 오이디푸스』에 대한 주해는 이런 형이상학을 거의 시사하지 않는다. 그 책은 가족생활과 자본주의, 정신분석에 대한 사회정치적 비판으로 해석되거나,[6] 혹은 정신의학을 개혁하고 개인 및 사회의 해방을 실현하기 위한 방법으로 해석된다.[7] 그 책의 영어판 번역자에 따르면 『안티 오이디푸스』는 "권력의 지배력을 분쇄하고 … 인류의 혁명적 치유를 시행하"기로 되어 있다(AO, 7). 이언 뷰캐넌의 경우에 그 책의 주요 테제는 "혁명이 주로 혹은 심지어 필연적으로 권력을 잡는 문제이지는 않다는 것"[8]이고, 게다가 그는 들뢰즈의 기계들이 언제나 인간의 조직과 실천일 따름이라고 주장한다.[9] 유진 홀랜드는 『안티 오이디푸스』가 니체를 매개로 하여 맑스와

---

6. Guillaume Sibertin-Blanc, *Deleuze et l'Anti-Oedipe*, 6, 27.

7. Maurice de Gandillac, "Vers une schizo-analyse," 147.

8. Ian Buchanan, *Deleuze and Guattari's* Anti-Oedipus, 21. [이언 뷰캐넌, 『안티-오이디푸스 읽기』.]

9. 더욱이 뷰캐넌은 관계(예를 들면 젖가슴과 입 사이의 관계)는 기계인 반면에 그런 기계의 항들은 기계가 아니라고 주장한다(Buchanan, *Deleuze and Guattari's* Anti-Oedipus, 57 [뷰캐넌, 『안티-오이디푸스 읽기』]). 이것은 들뢰즈가 극복하고자 하는 바로 그런 종류의 이원론을 재정립한다.

프로이트를 결합함으로써 맑스주의와 정신분석을 통합한다고 간주한다.[10] 이들 저자는 들뢰즈 철학의 중요한 사회적 측면과 정치적 측면을 능숙하게 재구성하지만 이들 측면이 근거하고 있는 존재론을 무시한다. 이 책은 "모든 것은 기계다"라고 단언함으로써, 잡다한 일단의 환상과 칼 받침대, 돌, 사회를 그런 기계의 사례들로 식별함으로써, 그리고 자연적·문화적·심적·물리적 존재자들 사이의 모든 분류학적 구분을 논박함으로써 시작하는 어느 책에 대한 가장 독특한 한 가지 접근법이다. 한편으로 당연히 누군가는 들뢰즈의 형이상학에 특별한 관심을 전혀 기울이지 않을 수 있다. 그렇지만 우리가 들뢰즈의 철학에는 어떤 존재론도 포함되어 있지 않다는 명시적인 주장과 마주칠 때 상황은 더 복잡해진다.

첫째, 들뢰즈주의를 현상학으로 해석하는 사람들이 있다. 조 휴즈는 들뢰즈의 저작이 (실재론적 존재론은 고사하고) 존재론을 포함하고 있는 일은 불가능하다고 공표한다. 그 이유는 이것이 들뢰즈를 "프랑스 철학이 최근 들어서야 극복한 그릇된 대안 – 마음 아니면 물질 – 에"[11] 갇히게 할 것이기 때문이다. 기계가 바로 그런 그릇된 대립물들을 극복한다는 들뢰즈의 강력한 주장에 교란되지 않은 휴즈는 들뢰즈가 오히려 후설과 메를로-퐁티를 재해석하는 현상학자라고 역설한다.[12] 기계의 비非양상적, 비非은유적, 비非국소적 범위에 관해 앞

---

10. Eugene W. Holland, *Deleuze and Guattari's* Anti-Oedipus, 7~8. 이것은, "우리는 프로이트-맑스주의적 시각에 부합하는 어떤 노력에도 참여하지 않기를 선호한다"(DI, 276)라는 들뢰즈의 강력한 주장과 대조를 이룬다.

11. Joe Hughes, *Deleuze's* Difference and Repetition, 184. [조 휴즈, 『들뢰즈의 〈차이와 반복〉 입문』.]

12. Joe Hughes, *Deleuze and the Genesis of Representation* [조 휴즈, 『들뢰즈와 재현의 발생』]. 또한 들뢰즈의 사상을 "마주침의 현상학"으로 규정하는 Levi R. Bryant, *Difference and Givenness*, 13을 보라.

서 인용된 모든 것에도 불구하고 휴즈는 기계들이 단지 우리에 대해서 현존할 뿐이라고 주장한다. "『안티 오이디푸스』에서는 핵심 문제가 표상의 생산과 어떤 후설적 주체 — 즉, 자신의 끊임없는 생성에 지나지 않는 주체 — 의 생산의 문제임이 밝혀진다."[13] 마찬가지로 휴즈는 종합에 관한 들뢰즈의 설명이 모든 두 기계 사이의 마주침을 서술하는 것이 아니라 오직 기계와 인간 사이의 마주침만을 서술한다고 주장한다. "종합은 그것이 수동적이고 초험적인 자아의 외부에서 이루어진다면 아무 의미도 없다."[14]

들뢰즈 저작의 대부분이 재현 및 주체성과 관련되어 있더라도 그의 철학을 현상학으로 환원하는 것은 여전히 불가능하다. 첫째, 들뢰즈가 현상학은 한낱 억견에 불과한 것(WP, 149)이라고, 한낱 상식에 불과한 것(DR, 137)이라고, 원인 대신에 결과에 집중하는 잘못을 저지르는 것(DR, 52)이라고, 그리고 "정신분석적인" 것(AO, 37)이라고 일축하는 사례들이 있다. 둘째, 그런 환원은 존재자들 자체가 걸려 있는 수많은 구절(「서론」의 첫 번째 절을 떠올리자)을 시적 과장으로 일축해야 한다. 셋째 그리고 더 심각하게도, 누구나 들뢰즈가 존재자들 자체 사이의 관계들을 이론화한다는 점을 부인해야 할 것이다. 누구나 "대자적 다양체"(TRM, 309)라는 구절을 '의식에 대한 대자적 다양체'로 해석해야 할 것이다. 그다음에 외부성은 단 하나의 명확한 예외 사례로 기각될 것이다. 그 이유는 만사가 주체성과 재현의 생성을 위해 그리고 그 생성 내에서 일어날 것이기 때문이다. 이것은 단적으로 사실이 아니다. 들뢰즈는 명시적으로 기계가 어떤 주체를 '가리킨다'는

---

13. 같은 책, 52.
14. Hughes, *Deleuze's* Difference and Repetition, 183. [휴즈, 『들뢰즈의 〈차이와 반복〉 입문』.]

점을 부인한다. "어쩌면 기계는 … 어떤 기계 조작자의 통일성을 가리킨다고 할 수 있을 것입니다. 하지만 이것은 사실에서 벗어난 것인데, 기계 조작자는 … 기계 안에 존재합니다"(D, 104). 기계들은 서로 관련되어 작동하는 것이지, 우리에-대하여-서로 관련되어 작동하지 않는다. 들뢰즈는 이런 "거대한 원리, 즉 사물들은 자신의 의미작용을 행하기 위해 나를 기다릴 필요가 없다"라는 원리를 역설하는데, " … 여기 커다란 둥근 해가 있고, 여기 오르막길이 있고, 여기 등의 잘록한 허리 부분에 느껴지는 피곤함이 있다. 나 자신의 경우에 나는 그것과 아무 관계도 없었다."[15] 여기서 핵심은 나의 현존과 무관하게 태양이 오르막길을 따뜻하게 한다는 것이다. 마찬가지로 나무뿌리와 토양은 그것들의 관계와 잠재적으로 관련되는 주체가 전혀 없더라도 서로 관계를 맺는다. 1972년의 한 좌담회에서 들뢰즈가 확언한 대로 온갖 종류의 기계는 서로 흐르고 부딪친다.

> 모리스 나도Maurice Nadeau : 사실상 당신의 〔『안티 오이디푸스』의〕 첫 번째 장에는 문외한에게 의미가 불분명하기에 뚜렷이 밝혀져야 하는 '욕망하는-기계'라는 개념이 있습니다. 그 이유는 특히 그것이 모든 것에 대답하고 모든 것에 대해 충분하기 때문입니다 … .
> 질 들뢰즈 : 그렇습니다. 우리는 기계라는 개념을 최대한 확장하였습니다. 흐름과 관련하여 말입니다. 우리는 흐름을 방해하는 체계라면 무엇이든 기계로 규정합니다 … 또다시 흐름을 방해하는 체계는 무엇이든 기계이고, 게다가 기계는 기술의 기계 장치를 넘어설 뿐만 아니라

---

15. Gilles Deleuze, "Description of a Woman," 17 ; LS, 48을 참조. 그리고 "Les objets sont hors de nous, ne nous doivent rien, sont leur propres significations"(LAT, 293)을 참조하라.

자연 속에 있든 사회 속에 있든 혹은 인간 속에 있든 간에 생명체의 조직도 넘어섭니다(DI, 219).

들뢰즈는 자신의 철학이 "사람 속 전자들" 및 "실제 블랙홀들"과 관련되어 있다고 역설한다(ATP, 69). 존재자들의 자율성은 누구나 조만간에 들뢰즈를 현상학자보다 범심론자라고 일컬을 정도까지 극단적으로 구상된다. "사물들은 살아 있지 않을 때도, 더 정확히 말하자면 무기적일 때도 체험을 겪는다. 왜냐하면 그것들은 지각작용이고 변용이기 때문이다"(WP, 154; 그리고 C1, 50~1을 참조). 들뢰즈의 기계 철학은 "거미-파리 관계"뿐만 아니라 "잎-물 관계"도 이론화한다(ATP, 314). 심지어 우리는 들뢰즈가 "모든 신체, 모든 사물은 생각하며, 그것이 스스로 그 현실화를 결정하는 어떤 이념을 표현하는… 한에서 하나의 사유다"라고 서술하고 있음을 알게 된다(DR, 254). 그리고 기계 사이에서 전개되는 기계들의 이런 '드라마'가 본질적으로 우리에게 맞추어져 있는지에 관한 질문을 받고 들뢰즈는 다음과 같이 대답한다.

그리고 당신은 이런 드라마화의 범위가 무엇인지 알고 싶어 합니다. 그것은 전적으로 심리적인가 혹은 인류학적인가? 저는 그것이 어떤 식으로도 인류에게 특권을 부여하는 것으로 간주하지 않습니다…온갖 종류의 반복과 공명이 물리적·생물학적·심리적 체계들 사이에 끼어듭니다(DI, 114).

들뢰즈가 '객체'라는 용어가 아니라 '기계'라는 용어를 사용하는 바로 그 이유는 객체가 어떤 관찰자에 의해 시간과 공간 속에서 경험되는 것으로서의 존재자를, 그리하여 무언가 다른 것에 의해 경험되는 이미지로서의 존재자를 시사하기 때문이다(B, 41).[16] 들뢰즈는 존재자가 한낱 주체에 대한, 심지어 그 생성이 아직 완결되지 않은 잠재적 주체에 대한 객체에 불과하다는 점을 부정한다. 그는 "'정말로 존재하는' 모든 객체에는… 원초적이면서 완전히 적절한 방식으로 그 객체 자체를 파악할 수 있는 의식의 가능성에 관한 관념이 본질적으로 대응한다"(LS, 343, n.3)라는 이런 "술책"(LS, 97)을 거부한다. 그런데 들뢰즈는 그저 객체에 대한 완전한 파악이라는 관념만을 거부하는 것은 아닐 것이라는 점을 인식하자. 불완전하게 파악된 객체도 여전히 어떤 주체에 의해 파악된 것으로 규정되지, 그 주체의 외부에 있는 것으로 규정되지 않는다. 실직한 철학자도 여전히 철학자인 것과 꼭 마찬가지로 '불완전한'이라는 술어는 아무것도 바꾸지 못한다. 휴즈와는 대조적으로 기계들은 무엇보다도 "비인간"과 관련되어 있고(BSP, 123), "생물학적 유기체 인간"과 관련지어 구상되지 말아야 하며(BSP, 131), 그리고 구조 혹은 사람들로 환원 불가능한 "실재계 자체"를 구성한다(AO, 69). 기계들은 우리의 머릿속에도 있지 않고 우리의 상상 속에도 있지 않으며, 우리는 "기계의 지적인 아버지도 아니고 기계의 훈련된 아들도" 아니다(BSP, 129).

둘째, 들뢰즈의 철학을 해석학으로 해석하는 사람들이 있다. 그들은 들뢰즈가 형이상학적 진리를 얻을 수 없음을 선언하고서 철학을 이런 불가능성에 관한 성찰로 전환한다고 간주한다. 그리하여 철학은 어떤 불가피한 긴장을 극복하는 수단이 된다. 예를 들면 존 카푸토는 "들뢰즈의 더 근본적인 의도는… 여기서 내가 근본적 해석학이

---

16. 이것은 들뢰즈가 '사물'이라는 용어를 회피하는 이유이기도 한데, "사물성은 느껴질 수 있는, 지각되는, 형태를 갖춘 것들, 예를 들면 접시 혹은 태양 혹은 바퀴의 특성이다"(SCS, 270279).

라고 일컫는 것의 영향권 아래 놓인다"라고 주장한다.[17]

근본적 해석학은 겸손함의 가르침이다 … 그것은 형이상학의 구성물을, 멀리서 바라보면 모양과 실체의 외양을 만들어내지만 접촉하면 우리의 손가락을 통과하는 일시적인 구름 구성체로 간주한다. 형상 形相(에이도스eidos), 실체(우시아ousia), 본질(에세esse), 인식 주체(레스 코기탄스res cogitans), 기타 등등은 다양한 기상학적 환영인데, 그것들은 자신의 영원성과 찬란한 형태에 대한 우리의 믿음을 유발하지만 끊임없이 흩어지고 다시 형성된다 … 그런데 이들 게임을 종식하는 것이 근본적 해석학의 기능인 것은 아니다 … 그것의 기능은 그 게임들이 계속 벌어지게 하고, 우리에게 그런 전개를 일깨우며, 그리고 우리가 모래에서 형태를 끌어내고 우리가 하늘에서 구름을 읽어내지만 우리는 심층의 본질을 포착하지 못하거나 근원(아르케arché)을 찾아내지 못한다는 점을 계속 명심하게 하는 것이다.[18]

장-뤽 낭시는 유사한 해석을 옹호하면서 들뢰즈가 "하이데거가 철학의 종말이라고 일컫는 것"에 관여한다고 생각한다.[19] 그다음에 낭시는 들뢰즈를 명백히 표준적인 해석학적 경로로 내리민다. 첫째, 낭시는 들뢰즈의 철학이 실재에 관한 철학이 아니고 오히려 '철학적 현실'을 추구하는 철학이거나 혹은 철학의 (불)가능성에 관한 철학이라고 역설한다.[20] 둘째, 일반적으로는 철학이, 특별하게는 들뢰즈의 사상이

---

17. John Caputo, *Radical Hermeneutics*, 301, n.24.

18. 같은 책, 258.

19. "Dans ma tradition, Heidegger nomme cela 'fin de la philosophie'" (Jean-Luc Nancy, "Pli deleuzien de la pensée," 117).

"또 하나의 시詩"로 규정된다.[21] 셋째, 이 시는 주로 신념과 종교, 이데 올로기라는 다양한 여타의 시와 교감한다.[22]

일부 사람은 이런 해석의 논리적 귀결을 취하여 그것이 '어떤 철학을 설명하기'라는 바로 그 관념을 터무니없게 만든다는 점을 깨닫는다. 결국에 어떤 시를 설명하는 것은 언제나 그 시를 손상하는 것이다. 그러므로 프랑수아 주라비슈빌리는 "들뢰즈의 '그' 철학이 무엇인지 아무도 알지 못할 뿐만 아니라 말하라고 요구하지도 못한다. 오늘 우리가 철학하기를 시도하는 한에서 들뢰즈 철학을 탐구하는 우리는 들뢰즈에 의해 변용된다"라고 서술한다.[23] 그리하여 주라비슈빌리는 자신의 책을 저술하는 것에 대한 변론으로 그 책을 끝내야 하는 난처한 상황에 부닥치게 된다. 그는 "대단히 '뚜렷하고-애매한' 저작을 다소 손상하거나 경직화했을지도 모른다는 두려움, 혹은 명료화하려는 의지에 의해 혼란스럽게 만들었을지도 모른다는 두려움만"을 품고서 결론짓는다.[24]

그런데 들뢰즈의 철학은 결코 해석학이 아니다. 해석학은 세계에 접근하면서 언어와 의미에 주의를 집중할 것을 강력히 주장하는 반면에 들뢰즈는 인식론 혹은 언어학의 문제를 전면에 내세우는 철학을 거부한다(WP, 10). 철학을 비틀어 자신으로 되돌리는 태도 역시 마찬가지로 경멸당한다.

---

20. "〔Deleuze〕 effectue un réel philosophique. L'activité philosophique est cette effectuation"(같은 글, 118).

21. "Elle se comporte tout naturellement comme une autre poésie"(같은 글, 120).

22. 같은 글, 123.

23. Francois Zourabichvili, *Deleuze*, 41.

24. 같은 책, 135.

철학의 위대성은 바로 그것이 아무 쓸모도 없음에 있다고 말하는 것은 젊은 사람들도 더는 재미있다고 깨닫지 않는 하찮은 대답이다. 어쨌든 형이상학의 죽음 혹은 철학의 극복은 결코 우리에게 문제가 아니었는데, 그것은 지루하고 무의미한 잡담에 불과하다. 오늘날에는 체계들이 파산했다고들 하지만 변화한 것은 단지 체계에 관한 개념일 뿐이다(WP, 9; 그리고 WG, 115를 참조).

어딘가 다른 곳에서 들뢰즈는 또다시 "'철학의 죽음' 혹은 '철학을 넘어서기'와 관련된 물음들이 나를 고무한 적은 결코 없었다. 나는 스스로 고전적인 철학자로 여긴다"라고 역설한다(TRM, 361; 그리고 TRM, 216; N, 88을 참조). 들뢰즈는 철학의 죽음이라는 바로 그 관념을 어리석고 유치한 것이라고 일컫는다.[25] 그는 해석학을 "원래 의미, 잊힌 의미, 지워진 의미, 감춰진 의미, 다시 채택된 의미 등"(DI, 137)에 대해 끙끙 앓는다는 이유로 일축한다. "낡은 신기루들이 모두 의미라는 범주 아래서 다시 세례를 받을 뿐인데, 본질이 자신의 모든 신성한 가치와 종교적 가치를 갖추고서 부활하고 있다"(DI, 137).[26] 사물에 대한 우리의 불완전한 파악, 본질을 파악할 수 없는 우리의 무능력, 혹은 어떤 잔여물, 외부, 대타자, 결정 불가능성에 대한 우리의 자각을 전제하는 모든 철학은 여전히 세계에 대한 우리의 관계에 집중된다.[27] 이런 까닭에 들뢰즈는 하이데거에게 동조하기를 거부한다. 들뢰즈는 하이데거가 여전히 존재자l'étant를 그것이 우리와 맺는 관계에 종속시킨다고 생각한다(DR, 66). 현상학적 독법의 경우와 마찬가지로 해석학적 독해

---

25. *L'Abécédaire de Gilles Deleuze*, 'histoire' 그리고 'résistance'. [〈질 들뢰즈의 A to Z〉].
26. Gilles Deleuze, *The Logic of Sense*, 71~2를 참조하라. [질 들뢰즈, 『의미의 논리』.]
27. 들뢰즈가 "존재에 귀속되는 주관적 공허함"을 거부한다는 점을 참조하라(DR, 196).

는 모든 것을 인간과 세계 사이의 단일한 관계로 이동시킴으로써 외부성 테제에 위배된다. 이와는 대조적으로 들뢰즈의 철학은 인간 관찰자에 대한 배경으로 이해되는 세계를 전혀 필요로 하지 않은 채로 환원 불가능한 존재자들이 자신들 사이에서 생겨나는 방식을 설명한다. 우리가 알게 되듯이 이것이 들뢰즈가 "내재적인 것의 내부에서의 초월성"을 생각하기로 뜻하는 것이다(ATP, 47).

세 번째이자 마지막으로, 들뢰즈주의는 존재론을 제거하기 위한 도구라고 주장하는 사람들이 있다. 그런 입장을 강하게 표명하는 사람 역시 주라비슈빌리다.

> '들뢰즈의 존재론'은 전혀 없다. 실재와 관련하여 무엇이 존재하는지 마지막으로 우리에게 알려줄 수 있을 형이상학적 담론의 통속적인 의미에서도 없고 … 지식에 대한 존재의 우위라는 더 깊은 의미에서도 없다 … 들뢰즈의 철학과 관련하여 어떤 경향이 있다면 그것은 바로 '존재'라는 용어의 소멸에 뒤이은 존재론의 소멸 경향이다.[28]

들뢰즈가 구체적 존재자들을 논의할 때마다 주라비슈빌리는 사실상 무언가 다른 것이 걸려 있다고 생각한다. 그는 들뢰즈의 경우에 '객체'는 결코 객체가 아니고 오히려 "삶과 사유의 방식의 힘이 자신을 확인하는 징표"라고 주장한다.[29] 그러므로 모든 존재자는 우리 자신의 가능성에 대한 표상으로 환원된다. 이 점에 관해서, 소심하고 방어적인 탐구자인 주라비슈빌리는 조소에 호소할 수밖에 없다.

---

28. Zourabichvili, *Deleuze*, 36.
29. 같은 책, 9.

『천 개의 고원』의 서론은 이런 표현으로 마무리된다. "그리고의 논리를 확립하라, 존재론을 타도하라." 현대 철학 ─ 영미철학은 말할 것도 없이 푸코, 데리다 ─ 은 존재론을 버렸거나 극복했다. 들뢰즈에게서 존재론을 어쨌든 재발견하기를 바라는 것은 얼마나 우습거나 소박하거나 불성실한 일인가![30]

그런데 주라비슈빌리는 『천 개의 고원』에서 인용된 그 구절 ─ "그리고의 논리를 확립하라, 존재론을 타도하라, 토대를 제거하라, 끝과 시작을 무효로 하라"(ATP, 25) ─ 의 후반부는 무시한다. 우리가 나중에 알게 되듯이 이것이 모든 차이를 만들어낸다. 들뢰즈는 단지 어떤 종류의 존재론, 즉 그로부터 실재의 모든 것이 비롯되는 고정된 무언가를 식별한다고 주장하는 존재론을 반대할 뿐이다. 하지만 주라비슈빌리가 들뢰즈는 존재론의 암살자라고 생각하는 유일한 사람이 결코 아니기에 우리는 먼저 들뢰즈가 존재론의 파멸을 알리는 전령이라고 공표될 이유를 물어야 한다. 그 이유는 그렇지 않다면 들뢰즈가 과학이 형이상학적 진리를 밝혀내리라 간주하는 소박한 실재론자로 여겨질 것이라는 두려움일 수는 없다. 들뢰즈는 과학이 형이상학을 대체할 수 있는 지경까지 진화했다고 생각하는 '얼간이들'을 비웃는다.[31] 오히려 그 이유는 (1) 모든 존재론은 존재신학이거나, 혹은 현전의 형이상학이거나, 혹은 둘 다라는 것, (2) 그런 철학들은 본질적으로 결함이 있다는 것, 그리고 (3) 명색이 철학자라면 이것을 알고 있고 그것에 동의한다는 것을

30. 같은 책, 37.

31. "Aujourd'hui il y a une série de crétins qui ont pensé, parce que la science avait évolué, elle pouvait se passer de métaphysique"(SL, 100387 ; 그리고 ATP, 22 ; WG, 115를 참조).

가정하는 데서 비롯된다. 실용적인 이유로 인해 여기서는 여타의 것이 의존하는 무언가(어떻게 구상되든 간에)가 존재함을 알고 있다고 주장하는 철학이라면 무엇이든 존재신학으로 규정된다. 사물에 직접 접근할 수 있다(사물의 내포를 선호하든 사물의 외연을 선호하든 간에)고 주장하는 철학이라면 무엇이든 현전의 철학으로 규정된다.

한편으로 들뢰즈는 본질과 외양의 구분 및 진리와 허위의 구분을 폐기한다(DI, 74). 본질의 폐기는 모든 존재신학을 거부하는 것으로 해석될 수 있고, 진리의 폐기는 현전의 거부로 해석될 수 있다. 그런 독해는 보증된 것처럼 보인다. 왜냐하면 들뢰즈의 저작이 유일신, 실체, 안정된 본질, 영원한 형상形相, 인식 주체, 기타 등등에 대한 거부로 가득 차 있기 때문이다. 그런데 동시에 들뢰즈는, "우리는 재현 아래의 것을 간파할 수단이 있다"(DI, 115)는 것, 우리는 "사유가 외부와 직접 관계를 맺게 함"으로써 "내부의 형태로 집결되기보다는 오히려 외부의 힘과"(ATP, 377, 378) 맞잡고 겨룰 수 있다는 것을 말하고 있다. 그리고 "당신은 비非형이상학적 철학자입니까?"라는 질문을 받았을 때 들뢰즈는 다음과 같이 대답한다. "아닙니다. 저는 제가 순전한 형이상학자라고 느낍니다."[32] 여기서 들뢰즈는 모순적이지 않다. 그렇기는커녕 헨리 소머스-홀이 지적하는 대로 들뢰즈는 "존재신학에 대한 하이데거의 분석을 거부하지 않고 오히려 하이데거가 형이상학을 존재신학과 동일시하는 것을 거부한다."[33]

---

32. Gilles Deleuze, "Responses to a Series of Questions," 42. 그리고 Gilles Deleuze, *Lettres et autres textes*, 78을 참조하라.

33. Henry Somers-Hall, "Deleuze's Philosophical Heritage," 344. 또한 이것은 베로니크 베르겐(Véronique Bergen, "Deleuze et la question de l'ontologie," 7, 15~16), 프랑수아 리오타르(Jean-François Lyotard, *Heidegger and 'The Jews'*, 12), 안토니오 네그리(Antonio Negri, "On Gilles Deleuze & Félix Guattari, *A Thousand Plateaus*," 97), 폴

들뢰즈는 토대, 끝, 시작, 다른 세계 혹은 영원한 실체에 의지하지 않은 채로, 그리고 어느 것에도 직접 접근하지 않은 채로 자신들끼리 존재하는 존재자들에 관한 존재론을 제시한다. 이처럼 존재신학도 아니고 현전의 형이상학도 아닌 들뢰즈의 존재론은 20세기 대륙철학에서 거의 유일한 존재론이다. 들뢰즈의 목적은 외부성 테제가 필연적으로 성립한다는 것, 그리고 모든 존재자의 다양한 측면이 그 테제에서 도출될 수 있다는 것을 보여주는 데 있다. 하지만 그런 존재론은 우리에게 무엇이 존재하는지 말해주지 않고, 현존하는 어느 특정한 사물이 무엇인지 혹은 무엇을 의미하는지도 말해주지 않을 것이다. 그러므로 들뢰즈는 명시적으로 자신의 철학에서 "'X'란 무엇인가?"라는 물음을 내던진다.

> 이것은 무엇인가라는 물음은 탐구의 결과를 치우치게 하는데, 그것은 본질이 실은 여럿인데도 하나의 본질이라는 단순성으로서의 대답을 전제로 합니다 … 이것은 추상적 운동에 불과하고, 그리하여 우리는 결코 하나의 다양체 자체를 횡단하는 실제 운동과 다시 연결될 수 없을 것입니다(DI, 113; 그리고 DI, 94; AO, 132, 209; DR, 94를 참조).

들뢰즈의 존재론은 "있는 그대로의 사물과 … 명제의 외부에는 존재하지 않는 표현된 것 사이의 경계"를 존중한다(LS, 132). 들뢰즈는 무언가가 무엇인지 혹은 무엇이 존재해야 하는지 결정하지 않고 오히려 존재자들이 존재하고 관계를 맺고 지속하고 출현하는 방식의 윤곽을 그

패튼(DR, xi) 그리고 네이선 위더(Nathan Widder, *Political Theory after Deleuze*, 10)에 의해서도 확인된다.

린다. 그것은 A. W. 무어가 "비#명제적 형이상학"이라고 일컫는 것이다.[34] 그런 존재론은 결코 객체를 주체에 완전히 현전하게 하지 않고, 결코 어떤 구성적 주체를 상정하지 않으며, 그리고 결코 언어가 내부적 실재에 접근할 수 있는 투명한 매체라고 주장하지 않는다. 그러므로 들뢰즈의 존재론은 "관조의 객관성, 반성의 주체 그리고 소통의 상호주관성이라는 … 세 가지 표상"을 회피한다(WP, 92). 그의 존재론은 무한한 이해 혹은 절대적 지식의 존재론이 아니다. 오히려 그것은 인간의 유한성을 엄격히 존중한다(DI, 16; WG, 167~73). 이런 까닭에 들뢰즈는 체계적 존재론을 제시하는 것이 자신을 존재에 관한 특권적 지식과 만사를 판정할 권위를 갖춘 철학자-왕으로 공표하는 것에 해당하지는 않는다고 역설한다(AO, 257; WG, 130, 167).

여기서 형이상학과 존재론을 구분함으로써 더 이상의 혼동을 방지하자.[35] 최종적인 것에 관한 지식 혹은 사물에의 직접적인 접근을 주장하는 철학이라면 무엇이든 형이상학일 것이다. 그런 것은 본질과 신성한 존재에 관한 "과거의 형이상학"이다(LS, 105). 항들을 관계에 내부화하는 철학이라면 무엇이든 형이상학이다.

플라톤주의를 통해 형이상학을 정의하는 것은 올바르다 … 플라톤이 엄밀히 확립한 첫 번째 구분은 원형과 모상 사이의 구분이다. 모상은 … 이데아 또는 원형과 맺고 있는 내부적 … 관계를 보여준다. 더욱이 유사성은 내부적이기에 모상은 그 자체로 원형의 진리와 유사한 진리뿐 아니라 존재와도 어떤 내부적 관계를 맺고 있음이 틀림없다

---

34. A. W. Moore, *The Evolution of Modern Metaphysics*, 583.
35. 들뢰즈의 권고(DR, 293)에 따라 수행된다.

(DR, 264~5).

다른 한편으로 외부성 테제를 존중하면서 존재자들의 존재를 설명하는 철학이라면 무엇이든 존재론으로 규정될 것이다. 들뢰즈의 사례에서 그런 존재론은 존재자들에 대해 본질이라는 관념을 유지하지만, 우리는 어떻게 해서 이들 본질이 인식될 수 없고 가변적인지 알게 될 것이다.[36] 그러므로 "사유의 핵심에 있는 무능함"(C2, 166)도 알게 될 것이다. 존재론은 특정한 사물들이 무엇인지, 이런저런 경우에 무엇이 그것들을 생성하는지, 여기저기서 무엇이 그것들에 영향을 미치는지, 혹은 조만간에 무엇이 그것들을 파괴하는지 말할 수 없다.[37] 존재자들과 관계들에 관한 그것의 개요는 여전히 전적으로 형식적이다.

기계 테제와 외부성 테제는 체계적이고, 존재론적이며, 개별적 존재자들에 중점을 둔 철학을 수반한다. 들뢰즈가 이런 철학을 확언하는 많은 국면은 한낱 "모호한 논술"에 불과한 것으로 일축될 수 없다.[38] 우리는 존재자들의 현존과 생성이 오직 기계들 자체에서 비롯되는 들뢰즈의 비형이상학적 존재론을 인정해야 한다.

저는 체계로서의 철학을 믿습니다. 제가 불쾌하다고 깨닫는 체계에 관한 관념은 그 배치가 동일한 것, 흡사한 것, 유사한 것입니다. 제 생

---

36. 아르노 빌라니가 서술하는 대로 "〔들뢰즈〕는 보편자와 초월성의 온갖 흔적이 전혀 없는, 구체적 형이상학에 관한 정의를 제공한다."(Arnaud Villani, "Why am I Deleuzian?", 229.)

37. 어딘가에서 들뢰즈는 실재론을 "단순한 표상의 요건"(DR, 104)을 고수한다는 이유로 거부하지만, 이것은 단지 무언가를 "궁극적이거나 원초적인 것"(DR, 104)으로 상정하는 모든 실재론에 대한 거부일 따름이다.

38. "〔M〕algré quelques rares formulations ambiguës, cette philosophie … soit irréductible à une ontologie."(Monique David-Ménard, *Deleuze et la psychanalyse*, 115.)

각에는 라이프니츠가 체계와 철학을 동일시한 최초의 인물이었습니다. 라이프니츠가 그 용어에 부여한 의미에서 저는 전적으로 그것을 선호합니다 … 제 경우에 체계는 영구적인 불균질성 상태에 있어야 할 뿐만 아니라 또한 이형생성heterogenesis이어야 하는데, 제가 아는 한 이것은 결코 시도된 적이 없습니다(TRM, 361).[39]

이 체계의 목표는 "사물 자체로 돌아가는 것, 사물을 자신이 아닌 다른 무언가로 환원하지 않은 채로 설명하는 것, 그 존재 속에서 사물을 파악하는 것"이다(DI, 32). 그런 존재론은 "우리가 인식하는 모든 것은 회집체다"(ATP, 22~3)라고 구상하는 "다양체의 논리학"(N, 147)이다. 그것은 "모든 체계 일반의 범주들"을 탐색하는 "철학적 체계론"으로, 무엇이든 하나의 체계 또는 기계로 간주한다.[40] 존재자를 경험되는 것과 동일시하는 경험론적 철학 대신에 들뢰즈는 "존재하는 모든 것의 우월한 유형"(LS, 107) — 즉, 기계로서의 존재론적 지위라는 유형 — 을 전제로 한 '초험적' 경험론 혹은 '우월한' 경험론을 제시한다. 또한 이로부터 기계들 사이의 종합들이 "실재의 일반 법칙들"이라는 결론이 도출된다(DR, 108). 앙리 베르그손에 관해 들뢰즈가 서술하는 대로 그런 철학은 "존재론으로의 도약"(B, 57)을 실행하여 "사물들의 가변적인 본질"에 다다름으로써 "복합 존재론이라는 주제를 제시한다"(B, 34).

2. 사물 자체로

---

39. 또한 "체계의 붕괴에 관해 이야기하는 것은 최근에 흔한 일이 되었다 … 체계는 사실상 자신의 역능 중 아무것도 전혀 상실하지 않았다"(N, 31)라는 구절을 참조하라.

40. "기계적 체계, 물리적 체계, 생물학적 체계, 심리적 체계, 사회적 체계, 미적 체계 혹은 철학적 체계 등. 각 유형의 체계는 확실히 자신의 고유한 특정 조건을 갖추고 (있더라도 말이다)"(DR, 117~8; 또한, DR, 184, 187, 190을 참조).

1절에서 논의된 바에 의거하여 우리는 들뢰즈 사상의 중심이 되는 존재론이 정말로 존재한다는 해석들에 이르게 된다. 지금까지 이들 해석은 실재를 온갖 흐름과 사건, 강도, 과정의 소용돌이치는 대양으로 간주하는 철학자로서의 들뢰즈에 대한 주류 이미지에 많이 기여했다.[41] 그런 해석들에 따르면 환원 불가능한 존재자들 사이의 불연속성이라는 관념은 전적으로 경험의 영역과 관련되어 있다. 인간과 비인간은 공히 서로 외부적인 별개의 존재자들에 의거하여 외부 세계와 마주칠 것이지만, 그런 이산성은 존재론적 함의가 전혀 없다. 정부, 책, 바위, 난초 같은 특정한 사물들은 우리(그리고 타자들)가 그것들을 그렇게 존재하는 것으로 정말로 경험한다는 최소한의 의미에서 존재할 것이지만, 이들 사물이 궁극적으로 존재한다고 생각하는 것은 소박한 오류일 것이다. 오히려 존재하는 것은 구체적인 경험의 '현실적' 영역과는 종류가 다른, 흐름과 과정의 강도적인(연장되어 있지 않기에 직접적인 무매개적 경험의 대상일 수 없음을 뜻한다) '잠재적' 소용돌이다.

공정하게 말하자면 들뢰즈의 저작에서 많은 부분이 그런 해석을 보증하는 것처럼 보인다. 이것은 들뢰즈의 "최고 걸작"[42]으로 종종 여겨지는 『차이와 반복』에서 시작된다. 그 책에서 들뢰즈는 우리의 일상 세계의 근저에 자리하고 있을 강도적 과정들의 단일하고 연속적인 차원을 상정한다. 들뢰즈는 이것을 "즉자의 영역"(DR, 88), "초험적 영역"(DR, 166), "이념의 영역"(DR, 171) 그리고 "개체화의 혼돈 영역"(DR, 258)이라고 일컫는다. 우리의 감각은 우리를 속여서, 이를테면 마천루와 말, 숫자 6 사이에 불연속성이 존재한다고 생각하게 할 것이지만,

---

41. 우리가 알게 되듯이 최근의 한 가지 예외 사례는 Bryant, *The Democracy of Objects* [브라이언트, 『객체들의 민주주의』]다.

42. Daniel W. Smith, *Essays on Deleuze*, 21.

그것들은 사실상 "연속성이 진정으로 속하는" 그런 단일한 영역의 표현들일 것이다(DR, 171 ; 그리고 DR, 179, 182를 참조). 그러므로 어쩌면 마천루와 말, 숫자는 다의적인 것처럼 보일 것 – 말하자면 그것들은 각기 다른 본성을 지닌 다른 개체인 것처럼 보일 것 – 이지만 그것들은 정말로 일의적이다. 이는 그것들이 모두 동일한 영역의 표현이라는 점에서 동등함을 뜻한다. 그리하여 들뢰즈는 일의성이 "존재의 동등성을 나타낸다"(DR, 37)라는 것, 일의성이 "개체화에 앞서 설정된 장"(DR, 38)을 가리킨다는 것, 그리고 일의성이 "사물들의 정체성이 용해됨"(DR, 67)을 뜻한다는 것을 이야기하고 있다.

어휘가 바뀜에도 불구하고 이 관념은 들뢰즈의 후기 저작에서도 계속 나타나는 것처럼 보인다(그리고 우리는 여기서 '보인다'라는 낱말이 정말로 적절한 동사인 이유를 알게 될 것이다). 들뢰즈는, 예를 들면 철학이 "내재성의 평면을 전제로 하거나 마련함으로써 나아간다"(WP, 42)라는 것, "일관성의 평면 위에 포맷되지 않은 물질"(ATP, 56)이 존재한다는 것, 그리고 그런 평면이 "연속적인 변이의 평면"(ATP, 511)이라는 것을 이야기할 것이다. 또한 들뢰즈는 '카오스모스'[43] 혹은 '매끈한 공간'을 자주 언급하는데, 또다시 이것들은 이산적인 기계들과 회집체들의 유사-존재의 근저에 자리하고 있는, 과정들의 무질서하지만 연속적인 영역의 존재를 시사한다. 여기서 그런 구절들의 완전한 목록을 제시하는 것은 불필요할 것이다. 왜냐하면 단순한 요점은 그것들이 모두 잠재 영역이라는 개념이 언제나 그리고 어디서나 들뢰즈 철학의 핵심에 여전히 남아 있음을 시사하는 것처럼 보인다는 점

---

43. * 이른바 '혼돈 속의 질서'로 널리 일컬어지는 '카오스모스'(chaosmos)는 무질서한 세계를 나타내는 '카오스'(chaos)와 질서정연한 세계를 나타내는 '코스모스'(cosmos)의 합성어로서 이들 두 세계가 역동적으로 상호작용하는 상태나 세계를 지칭한다.

이기 때문이다. 지금까지 이것은 (1) 사물들 사이의 모든 불연속성과 분리의 근저에 자리하고 있으면서 궁극적으로 그것들을 용해할 과정들과 본질적인 관계들, (2) 이산적인 기계들과 회집체들의 단지 외관상의 존재 및 인과적 유효성의 '배후에' 혹은 '아래에' 실재적인 (그리고 유일한) 인과적 행위주체일 잠재 영역의 존재, 그리고 (3) 실재 전체를 설명할 (그리고 엄밀히 말하자면 바로 실재 전체일) 강도적이고 자기분화적인 단일한 힘에 의거하여 이루어진, 들뢰즈의 존재론에 대한 밀접히 관련된 다수의 해석을 낳았다.[44] 이들 세 가지 경우에 모두 이산적인 존재자들 또는 기계들은 그것들의 궁극적인 실체인 명확히 비존재자적인 무언가로 용해된다.

여기서 몇 가지 대표 사례를 간략히 살펴보자. 베르겐의 주장에 따르면 들뢰즈의 경우에 개체적 차이(존재자의 '이것임')는 궁극적으로 개별적 존재자가 다른 개별적 존재자들과 맺는 고유한 관계들에 의해 전적으로 구성된다. 그렇다면 각각의 사물은 다른 사물들과 맺은 관계들의 과정적 매듭에 지나지 않게 된다.[45] 이렇게 해서 사유와 세계 사이의 모든 분리가 폐기되며, 그리고 그런 세계 속의 생각하지 않는 요소들 사이의 분리도 폐기되는 것으로 추정된다.[46] 이런 귀결은, 들뢰즈의 경우에 "존재한다는 것은 인식 가능한 한계를 지닌 사물이라는 것이 아니며, 이와 반대로 존재한다는 것은 잘 규정된 사물과 관련된 순수 운동 혹은 변이라는 것이다"라는 제임스 윌리엄스의 글과 공명한다.[47] 존재자들을 과정들로 용해하는 또 하나의 방식

---

44. 예를 들면 피터 홀워드는 잠재적인 것을 과정이라고 일컬을 뿐만 아니라 에너지, 힘, 평면, 장, 운동, 공간 그리고 차원이라고도 일컫는다(Peter Hallward, *Out of this World*, 16).

45. Véronique Bergen, *L'ontologie de Gilles Deleuze*, 11, 675.

46. Bergen, "Deleuze et la question de l'ontologie," 15.

은 존재자들이 자신이 아직 되지 않은 것과 맺는 관계를 하나의 본질적 성향으로 들먹이는 것이다. 패튼은 들뢰즈가 "서로 연결된 기계 회집체들의 세계를 제시하는데, 그것들의 가장 내밀한 성향은 현존하는 회집체들의 '탈영토화'와 새로운 형태로의 '재영토화'를 향한다"라고 서술한다.[48] 이들 사례 모두에서 존재자들은 한낱 더 넓은 사건들의 대양에서 생겨난 교차점들에 불과하다. 그것들의 외관상 이산성은 식탁보의 선명한 꼬임 및 주름과 다르지 않으며, 그리하여 여기저기서 이산적인 '사물들'이 존재하는 것처럼 보이지만 사실상 존재하는 것은 언제나 식탁보다.

과정 해석은 구체적 존재자들에 대한 우리 경험의 배후에 하나의 온전한 영역을 은연중에 상정하게 되는 경향이 있다. 이것이 마누엘 데란다의 유명한 해석이다. 데란다는 들뢰즈가 본질에 관한 실재론자가 아니라고 역설한다. "그래서 들뢰즈의 철학에서는 객체에 그 정체성을 부여하는 것과 시간이 흐름에 따라 이 정체성을 유지하는 것을 설명하는 데 무언가 다른 것이 필요하다. 요컨대 무언가 다른 이것은 역동적 과정이다."[49] 이들 과정은 소크라테스 이전 철학자들이 구상한 실체의 어떤 격정적 판본과 유사한 단일한 차원인 것으로 판명된다.

> 본질과는 달리 … 다양체는 구체적 보편자다. 〔그리고〕 추상적인 일반적 존재자들로서 서로 선명히 구별된 채로 나란히 공존하는 본질들과는 달리 구체적 보편자들은 함께 하나의 연속체로 직조된 것으로 여겨

---

47. James Williams, *Gilles Deleuze's* Difference and Repetition, 64. [제임스 윌리엄스, 『들뢰즈의 차이와 반복』.]

48. Paul Patton, "Utopian Political Philosophy," 42.

49. Manuel DeLanda, *Intensive Science and Virtual Philosophy*, 3. [마누엘 데란다, 『강도의 과학과 잠재성의 철학』.]

져야 한다. 나아가 이렇게 해서 다양체들의 정체성이 흐릿해짐으로써 다양체들이 서로 뒤섞이는 식별 불가능성의 지대들이 창출되면서 하나의 연속적인 내재적 공간이 형성된다 … .⁵⁰

개별적 존재자들이 어떻게 연속적인 공간을 구성하는지 설명하기 위해 데란다는 그 공간이 "연속적이지만 불균질한" 것이라고 강력히 주장하는데, 형용 모순에 해당하는 이 표현은 후속적으로 설명되지 않은 채로 남겨진다.⁵¹ 우리는 단지 개체들이 현존하는 동시에 현존하지 않는다는 점을 받아들이도록 요청받을 뿐이다. 그런데 다른 방법이 없다면 개체들은 사실상 그것들을 어떤 더 넓은 장 혹은 과정으로 용해하는 그물망 속 위치들에 지나지 않는다. 위치는 결국 관계적이다. 그러므로 제임스 윌리엄스는, 들뢰즈의 경우에 이산적인 존재자들은 정말로 한낱 솔기 없는 그물망 속 교차점들, "이념들"⁵²이 자리하고 있는 "잠재 영역"⁵³ 속 교차점들에 불과하다고 주장한다.

〔모든〕 사물은 개체들이거나 아니면 이념들, 강도적인 것들, 감각들 그리고 현실적 동일체들 사이의 호혜적 관계들로 규정되는 개체들의 불완전한 부분들이다. 무슨 개체든 다소 명료하고 애매하더라도 모든 이념의 한 표현이다 … 한 개체의 현실적 부분은 그 개체가 표현하

---

50. 같은 책, 22. [같은 책.]
51. 같은 책, 29. [같은 책.]
52. Williams, *Gilles Deleuze's* Difference and Repetition, 198. [윌리엄스, 『들뢰즈의 차이와 반복』.]
53. 같은 책, 197. [같은 책.] 혹은 지젝이 서술하는 대로 "그로부터 실재가 현실화되는 잠재태들의 무한한 잠재적 장"(Slavoj Žižek, *Organs without Bodies*, 4 [슬라보예 지젝, 『신체 없는 기관』.]

는 이념들과 그것을 감싸는 강도적인 것들을 통해서 여타의 사물과 연결된다.[54]

알랭 바디우 역시 과정 혹은 영역 해석을 고수하면서 들뢰즈가 "일자一者로서의 존재에 대한 존재론적 선先이해에 근거하여"[55] 생각하는 "소크라테스 이전 철학자"[56]라고 주장한다. 이런 일자, 과정 혹은 영역은 창발과 변화를 설명해야 하기에 또한 능동적 힘이어야 한다. 피터 홀워드 역시 들뢰즈의 경우에 "모든 현존하는 개체는 단일한 잠재력 혹은 차이생성, 단일한 추상 동물 혹은 기계가 다양한 정도로 현실화한 것이다"[57]라는 결론을 내린다.[58] 이런 힘은 단지 존재자들이 그것들 사이에서 발휘하는 활동력을 가리키는 약칭이 아니라 정말로 별개 차원의 것이다. "극한에서 우리는 순전히 창조적인 과정들이 온전히 잠재적인 차원에서만 일어날 수 있을 뿐이며 그야말로 무한한 속도로 작동해야 한다는 사실을 알게 될 것이다."[59] 이런 잠재적 차원은 자신이 구체적 사물들로 분리되는 사태의 영향을 받지 않는 하나의 원초적 총체로 여겨진다.[60]

이들 해석은 외부성 테제의 견지에서 살펴보면 상당히 이해할 만

---

54. Williams, *Gilles Deleuze's* Difference and Repetition, 191. [윌리엄스, 『들뢰즈의 차이와 반복』.]
55. Alain Badiou, *Deleuze: The Clamor of Being*, 19. [알랭 바디우, 『들뢰즈: 존재의 함성』.]
56. 같은 책, 101. [같은 책.]
57. Hallward, *Out of this World*, 19.
58. 홀워드는 『천 개의 고원』에서 언급된 단일한 추상 동물 혹은 기계를 거론하지만 (ATP, 45), 해당 구절에서 통일된 힘은 언급되지 않는다. 들뢰즈는 단지 존재자들에 대한 '특유한 구성의 단일성'을 언급할 뿐인데, 그것은 어떤 우주적 약동이 아니라 사중체를 가리킨다.
59. Hallward, *Out of this World*, 3.
60. 같은 책, 16.

하다. 풀, 말, 마천루, 허리케인 같은 존재자들 또는 기계들 사이에 불연속성이 존재한다면 무언가 다른 것이 그것들 사이의 상호작용과 그것들 내부의 변화, 그것들 사이에서 일어나는 새로운 존재자들의 창발을 설명한다고 생각하는 것은 일리가 있다. 예를 들면 홀워드는 외부성 테제를 잘 알고 있으며, 들뢰즈에게는 "라이프니츠의 모나드와 마찬가지로 각각의 본질〔여기서는 잠재 영역의 현실적 표현으로 이해되어야 한다〕이 근본적으로 격리된 상태에서 자족적으로 존속한다"라고 확언한다.61 모든 현실적 사물이 격리되어 있다면 인과관계와 변화를 설명하는 것은 어려운 일이 된다. 해결책은 사물들 아래에 있거나 혹은 사물들을 가로지르는 자기분화적 영역을 상정한 다음에 존재자들이 격리된 동시에 서로 얽혀 있다고 여기는 것이다. 그리하여 개별적 존재자들은 즉시 모든 적실성을 상실한다. 그 이유는 그것들이 나름대로 휘두를 독자적인 무게를 지니고 있지 않기 때문이다. 아무리 독특하거나 원초적일지라도 모든 개체는 언제나 단일한 창조력의 표현일 따름이다.62 그런 해석들은 들뢰즈의 경우에 "존재 없는 순수 생성"만이 존재할 뿐이라는 슬라보예 지젝의 해석과 일치함이 틀림없다.63 "이런 순수 생성은 어떤 물질적 존재자의 특정한 생성이 아니고 … 오히려 자신의 물질적 토대에서 철저히 추출된 생성-자체다."64

그렇다면 존재자들은 하나의 존재자가 결코 아닌 무언가에 대한 우리의 불완전하고 흠이 있는 표상들로 환원된다. 윌리엄스의 일례는 덧없는 기계들이 어떻게 되는지 분명히 보여준다. '의미의 장'을 '잠재

---

61. 같은 책, 123~4.
62. 같은 책, 5.
63. Žižek, *Organs without Bodies*, 9. [지젝, 『신체 없는 기관』.]
64. 같은 곳.

영역'의 동의어로 사용하는 윌리엄스는 다음과 같이 단언한다.

> [시위하는 동안 바리케이드가 설치될 때] 당국이 최초의 바리케이드가 빠르게 제거된다는 점을 확인할 긴급성은 … 현실적 분쇄에 놓여 있는 것이 아니라, 최초의 설치가 의미에 미치는 효과를 통해서 그리고 그 의미가 두 번째, 세 번째 등 모든 후속 봉기에서 새롭게 표현되는 방식을 통해서 나타내는 위험에 있다 … 두 개의 바리케이드를 그것들의 시공간적 지점을 넘어서 연결하는 효과가 있다. 그것들은 물질적으로는 격리될 것이지만 의미의 관점에서 바라보면 서로 소통한다.[65]

윌리엄스는 이것을 "다른 사건들이 여타 사건을 위해 간헐적으로 접속하고 의지하며 변경하는 어떤 원격의 탈육화된 운명"과의 "비물질적 교신"이라고 일컫는다.[66] 이렇게 해서 이쪽의 기계 테제와 저쪽의 '잠재 영역' 해석 사이에 모순점이 도입됨이 명백하다. 여기서 우리는 들뢰즈가 환원 불가능하다고 역설하는 것이 환원되었고 들뢰즈가 근본적으로 격리된 것으로 상정하는 것이 어떤 장의 내부에서 맺어진 일단의 관계가 되었음을 알게 된다. 바리케이드, 현수막, 군중, 경찰력은 단지 하나의 보편적 전체(이 전체가 아무리 과잉적이고 총체화될 수 없고 창조적이며 능동적일지라도)에서 생겨나는 교란의 국면, 외양, 구역 혹은 파생물일 뿐이다. 바디우는 이런 독해의 핵심에서 다음과 같은 조치를 판별한다. 그것은 항들 사이의 관계를 외부화하는 동시에 그것들의 모든 관계를 이 전체로 내부화하는 것이다.

---

65. James Williams, *Gilles Deleuze's Logic of Sense*, 35~6.
66. 같은 책, 36.

누군가가 전체를 규정해야 한다면 그것은 관계에 의해 규정될 것이다. 관계는 특성이 아니고, 관계는 언제나 그 항들의 외부에 있다. 그러므로 관계는 바깥 세계로부터 분리될 수 없으며, 그리고 관계는 어떤 정신적인 혹은 심적인 현존을 보여준다. 우리가 전체를 객체들의 폐쇄된 집단과 혼동하지만 않는다면 관계들은 객체들에 속하는 것이 아니라 전체에 속한다.[67]

이들 해석은 이해할 만한 것일지도 모르지만, 그렇다고 해서 그것들이 반드시 참인 것이 되지는 않는다. 사실상 그것들이 결함이 있다고 간주할 해석학적 이유뿐만 아니라 철학적 이유도 있다. 전자의 이유부터 검토하면 『차이와 반복』이 출판된 이후에 들뢰즈는 그로부터 모든 실재가 산출될 형이상학적 심층으로서의 역할을 수행하는 잠재 영역이라는 개념을 명시적으로 포기한다.

『차이와 반복』에서 저는 여전히 … 일종의 고전적 높이를 열망할 뿐만 아니라 의고적 깊이도 열망했습니다. 제가 입안하고 있던 강도에 관한 이론은 참이든 거짓이든 간에 깊이에 의해 특징지어졌습니다 … 『의미의 논리』에서 제게 참신함은 표면에 관한 것을 알게 되는 행위에 자리하고 있었습니다. '다양체', '특이성', '강도', '사건'이라는 개념들은 여전히 동일했지만 … 이런 차원에 따라 개편되었습니다(TRM, 65).

잠재 영역을 규정하는 특징은, 그것의 거주자(사건, 과정, 강도)들은 (집단적으로 하나의 '힘'을 구성하는 상태에 이를 정도로) 서로 연속

---

67. Badiou, *Deleuze: The Clamor of Being*, 122. [바디우, 『들뢰즈: 존재의 함성』.]

적으로 현존하는 반면에 현실적으로 경험되는 그것들의 표현(마천루, 말, 미모사)들은 그렇지 않다는 것이라는 점을 떠올리자. 나중에 알게 되듯이 『의미의 논리』에서 '표면'을 도입한 사태는 그 책과 나중의 저작에서 들뢰즈가 잠재 영역이라는 개념을 각각의 존재자 자체가 사적인 잠재적 측면을 갖는 존재론으로 대체한다는 것을 나타낸다.[68] 이런 잠재적 측면은 존재자의 관계들을 넘어서는 잉여물을 구성하며, 그리고 우리는 이것에 힘입어 들뢰즈가 변화와 상호작용을 설명할 수 있게 됨으로써 그런 작업을 하는 잠재 영역의 존재가 필요 없게 된다는 사실을 알게 될 것이다.

이런 변화에 대한 철학적 이유는 기계 테제도, 외부성 테제도 잠재 영역이라는 개념(어떻게 구상되든 간에)과 조화를 이룰 수 없다는 것이다. 잠재 영역이 존재한다면 모든 것이 기계인 것은 아니다. 그런 경우에는 모든 기계가 한낱 명확히 비기계적인 것(불연속적이지 않고 오히려 연속적인 것, 연장적이지 않고 오히려 강도적인 것, 기타 등등)의 표상 혹은 표현에 불과한 것이 되기 때문이다. 그런데 『차이와 반복』 이후의 들뢰즈는 "기계가 모든 표상과 거리를 둔다"라고 단호히 주장할 것이다(BSP, 121, 강조가 첨가됨). 둘째, 잠재 영역이 존재한다면 관계는 매우 제한적인 의미에서만 그 항들의 외부에 있게 된다. 사물들은 궁극적으로 연결 지점들, 과정들의 부분들, 혹은 서로 연속적(즉, 내재적)일 더 큰 공간들의 주름들에 지나지 않을 것이다. 가장 중요하게도 잠재 영역이라는 바로 그 개념이 자체적으로 정합적이지 않다. 그 이유는 무언가(과정, 사건, 강도)가 자신의 이웃들과 연속적인

---

68. 들뢰즈는 그 이후로 줄곧 실재의 근저에 자리하고 있고 그 속에서 "각각의 개별적 체계가 해체되는"(LS, 79; 그리고 LS, 107, 132; ATP, 70을 참조) (유사) 소크라테스 이전 철학자들의 영역이 존재한다는 주장에 대해 비판할 것이다.

동시에 아무튼 변화하기를 바랄 방법이 전혀 없기 때문이다.

그렇지만 이 시점에서는 이 책에서 이루어진 분석에서 귀결되는 이들 주장 – 특히 바로 직전의 주장 – 이 아무도 납득시킬 법하지 않다 (수십 년 동안의 정통 들뢰즈주의에 익숙한 사람을 설득시키지 못함은 확실하다). 이 책의 나머지 부분에서는 기계들이 "최소의 실재적 단위체"(D, 51)인 들뢰즈의 '두 번째' 존재론을 재구성함으로써 그런 주장들을 뒷받침하는 논증이 제시되어야 할 것이다. 이런 분석은 들뢰즈가 언급한, 강도의 "의고적 심층"의 폐기를 철저히 존중할 것이다. 그리하여 『차이와 반복』을 참조하는 것은 오로지 그것이 들뢰즈가 궁극적으로 고수하는 기계 존재론을 분명히 하는 데 도움이 되는 경우에만 이루어질 것이다(왜냐하면 자연히 그 두 입장 사이에는 공통점이 많이 있기 때문인데, 예를 들면 다음 절에서 소개되는 대로 존재자는 사중체로 이해되어야 한다는 관념이 그러하다). 앞서 말한 대로 이 두 번째 존재론은 더는 단일하고 보편적인 종류 차이에 전제를 두고 있지 않고 오히려 무엇이든 모든 존재자의 존재론적 구조를 구성하는 잠재적 측면과 현실적 측면 사이의 내부적 종류 차이에 전제를 두고 있다.

> 철학이 사물들과 적극적이고 직접적인 관계를 맺는다면 그것은 오로지 철학이 사물 자체를 그것임에 따라, 그것이 아닌 모든 것과의 차이 속에서 파악한다고, 즉 사물 자체를 그것의 내부적 차이 속에서 파악한다고 주장하는 한에서만 가능한 일이다 … 요컨대 차이는 사물의 외부에 있지도 않고 사물보다 우월하지도 않다(DI, 32~3).[69]

---

69. "분쟁의 숭고한 원리"가 "사물들의 핵심에서" 비롯되는 것으로 여겨져야 하는 방식을

마침내 결론 부분에서는 들뢰즈를 잠재 영역의 옹호자로 간주하는 통속적인 해석으로 돌아갈 것이다. 그 결론은 '내재성의 평면'과 '일관성의 평면' 같은 개념들이 『차이와 반복』이후에 들뢰즈의 사유에서 생겨난 변화를 간과한 주해자들에 의해 잘못된 방법으로 곡해되었을 뿐임을 보여줄 것이다.

3. 사중체와 세 가지 종합

이제 기계 존재론을 고찰하자. 기계는 단지 우리에 대해서 존재하지도 않고 다른 한 영역이나 과정으로 환원될 수도 없다. 기계는 빈 서판, 파생물, 표상, 국면, 영역, 요소, 특징 혹은 효과가 아니다. 기계는 담론, 권력관계, 이데올로기, 주체성, 언어, 의식, 신경세포, 기본 입자 혹은 생물학적 욕동으로 결코 환원될 수 없다. 기계는 더할 나위 없이 실재적이고, 각각의 기계는 하나의 사중체다. 들뢰즈의 개념들은 존재자를 약화하지 않고 오히려 존재자의 네 가지 존재론적 면모에 주의 깊게 집중할 것을 요청함으로써 존재자를 강화한다. 『차이와 반복』에서 이미 들뢰즈는 모든 객체가 두 개의 절반을 갖추고 있으며 각각의 절반 역시 둘로 분할되어 있다고 진술한다. 각각의 절반은 언제나 변화를 겪는데, 각기 다른 방식으로 겪는다. 그러므로 한쪽 절반은 '미분화'의 견지에서 서술되고, 다른 한쪽 절반은 '분화'의 견지에서 서술된다.

모든 객체는 이중적인데, 그 두 개의 절반은 서로 닮지 않았다. 왜냐

참조하라(DR, 230, 두 번째 강조가 첨가됨).

하면 한쪽 절반은 잠재적 이미지이고 다른 한쪽 절반은 현실적 이미지이기 때문이다. 그 둘은 짝이 맞지 않는 불균등한 절반들이다. 미분화 자체는 이미 독자적인 두 가지 측면이 있다 … 그런데 분화 역시 두 가지 측면이 있다 … (DR, 209~10).

혹은 추후에,

모든 것은 두 개의 짝이 맞지 않는, 비대칭적이고 닮지 않은 '절반'을 지닌 것처럼 보인다 … 각각의 절반은 그 자체로 둘로 나뉜다. 잠재적인 것에 잠겨 있는 이념적인 절반은 한편으로는 미분적 관계들에 의해 구성되고 다른 한편으로는 해당하는 특이성들에 의해 구성된다. 현실적인 절반은 한편으로는 이들 관계를 현실화하는 성질들에 의해 구성되고 다른 한편으로는 이들 특이성을 현실화하는 부분들에 의해 구성된다(DR, 279~80).

그리고 어딘가 다른 곳에서,

각각의 사물은 두 개의 절반 – 불균등하고 유사하지 않으며 비대칭적인 절반들 – 을 지니고 있는데, 각각의 절반은 그 자체로 둘로 나뉩니다. 이념적인 절반은 잠재적인 것에 잠겨 있으며, 미분적 관계들과 부수적인 특이성들에 의해 구성됩니다. 그리고 현실적인 절반은 이들 관계를 구현하는 성질들과 이들 특이성을 구현하는 부분들에 의해 구성됩니다(DI, 100).

여기서 마지막 인용문의 출처는 들뢰즈가 1967년 프랑스철학회에서

"드라마화의 방법"[70]이라는 제목으로 행한 강연의 녹취록이다. 들뢰즈의 발표가 끝난 후에 장 발은 "어쩌면 사중체로 이해될 세계"(DI, 103)의 윤곽을 제시한 점에 대해 들뢰즈에게 감사를 표했는데, 그것은 후속 연구가 전적으로 간과한 놀라운 발언이다. 그런데 발이 옳았다. 들뢰즈는 각각의 존재자가 이중의 잠재적 심층과 이중의 현실적 표면을 지니고 있다고 생각한다. 이런 구분은 "모든 점에서 자연-관행, 자연-관습 혹은 자연-인공물 구분들과 비교하여 일차적이다"(LS, 187). 이 사중체를 가리키는 이름은 많이 있다.[71] 때때로 현실적인 것은 "육체적" 혹은 "물체적" 표면이고 잠재적인 것은 "두 번째 영사막"이다(LS, 207). 『의미의 논리』에서는 존재자들의 잠재적 측면은 "신체"와 "특이성들"로 분할되고 현실적 측면은 "의미"와 그것들로부터 의미가 "간접적으로 추론되는" 경험된 성질들로 분할된다(LS, 20). 『안티 오이디푸스』에서는 모든 기계가 '욕망'으로 가득 찬 '기관 없는 신체'를 갖추고 있으며, 그리고 다른 기관들과 맺은 관계 속에서 '흐름'이 접합되는 '부분적 객체'로서 현시한다. 이 모든 것은 설명될 것이지만, 요점은 사중체 형판이 어디서나 만물의 형식 혹은 "모든 것이 부어질 독특한 주형"이라는 것이다(LS, 180). 사중체의 측면들이 다른 저작에서는 다른 이름으로 일컬어지더라도 이 같은 "회집체의 4가성"은 변함이 없다

---

70. * 질 들뢰즈, 「드라마화의 방법」, 『들뢰즈가 만든 철학사』, 박정태 엮고 옮김, 이학사, 2007, 486~508쪽.

71. 바디우는 올바르게도 "들뢰즈는 내가 전혀 주저함 없이 단조롭다고 간주할 개념적 생산물들에 이르고 마는데, … 이름들을 숙달된 방식으로 변화시키고 있지만 이 같은 변화 아래서도 여전히 사유되는 것은 본질적으로 동일한 채로 남게 된다"라고 지적한다 (Badiou, *Deleuze : The Clamor of Being*, 14 [바디우, 『들뢰즈 : 존재의 함성』]). 데란다 (DeLanda, *Intensive Science and Virtual Philosophy*, 157~80 [데란다, 『강도의 과학과 잠재성의 철학』])와 휴즈(Joe Hughes, *Deleuze and the Genesis of Representation*, 156 [조 휴즈, 『들뢰즈와 재현의 발생』]) 역시 이 점을 지적한다.

(ATP, 89). 이런 보편적 구조가 들뢰즈가 존재의 일의성으로 의미하는 바다. 더욱이 『주름』에는 이런 사중 존재자에 대한 그림이 삽입되어 있다(FLB, 146; 〈그림 1〉을 보라).

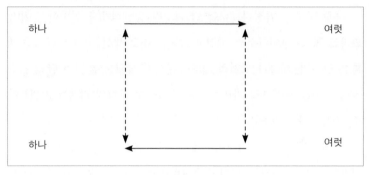

〈그림 1〉 사중 구조

들뢰즈가 서술하는 대로,

객관적 의미에서 언제나 여럿의 단일체가 있다면 그 하나는 이번에는 주관적 의미에서 하나'의' 다양체와 여럿'의' 단일체 또한 갖추고 있어야 한다. 그리하여 하나의 순환, '모두 함께'Omnis in unum, 하나-대-여럿과 여럿-대-하나의 관계들[〈그림 1〉의 실선들]이 하나-대-하나와 여럿-대-여럿의 관계들[〈그림 1〉의 점선들]에 의해 완결되는 순환이 현존한다 … (FLB, 145).

다시 말해서 각각의 개별적 존재자의 객관적이고 잠재적이며 환원 불가능한 측면은 하나인 동시에 여럿이어야 한다. 들뢰즈가 라이프니츠에게서 배운 대로 이것임으로서의 하나가 있어야 하는 한편으로 이것을 저것과 구분하는 여럿 또한 있어야 한다.[72] 주관적이고 관계적이며 현실적인 측면의 경우에도 사정은 마찬가지다. 관련되는 이런 마주침, 사건 혹은 경험으로서의 하나가 있어야 하는 한편으로 이것을 저것과 구분하는 성질들을 갖추고 있다는 의미에서의 여럿 또한 있어야 한다. 우리가 알게 되듯이 들뢰즈는 이 형식을 후설에게서 취한다. 이 같은 사중 구조는 안정된 존재뿐만 아니라 생성[되기]도 설명할 것이며, 그리고 『안티 오이디푸스』에서 서술되는 대로 생산물 및 생산의 존재론을 낳는다. 게다가 고전적 체계들에서 구상되는 본질과 달리 들뢰즈의 본질은 전적으로 가변적이고, 그리하여 각각의 기계는 기껏해야 준-안정적이다(DI, 86).

기계를 구성하는 "이질적인 요소들"은 단적으로 추가적인 기계들이라는 점을 인식하는 것이 중요하다(BSP, 118). 그 속에서 생산과 변경이 개별적 존재자들에 근거를 둘 수밖에 없는 결과적인 실재는 들뢰즈가 혼란스럽게도 '과정'이라고 일컫는 것이다.

이제 인간 혹은 자연 같은 것은 전혀 존재하지 않는데, … 기계들을 함께 결합하는 과정이 있을 따름이다. 도처에 생산하는-기계들 혹은 욕망하는-기계들, 분열증적 기계들, 유적 생명 전체로다. 자아와 비非자아, 외부와 내부는 더는 아무 의미도 없다(AO, 12, 번역이 수정됨).

과정은 세 가지 의미를 지닌다. 첫째는 "상대적으로 독립적인 권역 혹은 회로 같은 것은 존재하지 않는다"라는 의미이고(AO, 14), 그리하여 무대 뒤에서 기계들을 초래하거나 연결하는 초월적 인자는 전혀 없

---

72. "Je dirais que la matière à plusieurs caractéristiques internes … Toute chose à plusieurs caractéristiques internes, il n'y a pas de chose qui n'ait qu'un seul réquisit"(SL, 170387).

다. 둘째는 "인간과 자연 사이에 아무 구분도 없다"라는 의미이며(AO, 15), 따라서 아무것도 '우리에 대하여' 상정되지 않는다. 이들 두 가지 의미에서 '과정'은 단지 기계가 도처에서 생겨남을 의미할 뿐이다. 그런데 세 번째이자 가장 중요하게도, 과정은 "목표나 목적 자체로 여겨지지도 말아야 하고 그 자체의 무한한 존속과 혼동되지도 말아야 한다"(AO, 15). 과정은 기계들과 별도로 존재하는 어떤 연속적이거나 보편적이거나 혹은 근본적인 사건이 아니다. 오히려 외부성에는 실재가 단절과 균열로 가득 차 있다는 점이 필연적으로 수반되며(AO, 26), 그리고 기계들 사이에서 나타나는 이런 단절과 균열이 들뢰즈가 '과정'이라고 일컫는 것이다. 서로 맞물리지만 환원 불가능한 기계들의 분열증적인 아수라장이 존재할 따름이다. 각각의 기계는 다른 기계들을 무시하거나 변형하거나 징집하거나 배제하거나 흡수하거나 소비하거나 생산하거나 기록하거나 겨냥하거나 저버리거나 가두거나 혹은 추방한다. 이 상황은 들뢰즈가 "자연 내부의 악마 같은 것들의 형이상학적 생산"이라고 일컫는 것이다(AO, 64).

그런데도 들뢰즈는 생산, 생성, 변화, 존속, 창발 등을 설명해야 한다. 보편적 매질 혹은 배경이 없는 상태에서 존재자들은 서로 생산하고 매개하고 지지하고 수송하며 소멸시켜야 할 것이다. 수동적 종합들이라는 들뢰즈의 개념을 살펴보자. 이들 종합은 『차이와 반복』, 『의미의 논리』 그리고 『안티 오이디푸스』에서 두드러지게 중요한 역할을 하면서 기계들 사이에 맺어지는 관계들의 간접성을 포착한다. 『차이와 반복』에서는 그것들이 "시간의 수동적 종합들"로 일컬어진다. 『의미의 논리』에서는 그것들이 간단히 연결적 종합, 이접적 종합 그리고 연접적 종합으로 일컬어진다(LS, 174). 『안티 오이디푸스』에서는 그것들이 "생산, 등록 그리고 소비"의 종합으로 일컬어지거나, 혹은 세 가지 "무의식의 종합"으로 일컬어진다(AO, 86).[73] 그런데 각각의 사례에서 이것들은 동일한 종합들이다. 이들 종합은 한 존재자가 다른 한 존재자와 관계를 맺는 방식(연결), 한 존재자가 환원 불가능한 채로 있으면서 어떻게든 관계를 맺는 방식(이접) 그리고 새로운 존재자들이 창출되는 방식(연접)을 서술한다.[74] 그것들이 '시간적'인 이유는 그것들이 사물들이 어떻게 생겨나는지 설명하기 때문이고, 그것들이 '수동적'인 이유는 그것들이 기억 및 오성, 의지, 인식, 의식과 독립적이기 때문이고, 그것들이 '생산적'인 이유는 그것들이 관계들의 형성을 설명하기 때문이고, 그것들이 '등록적'인 이유는 그것들이 개별적 본질들의 변경을 설명하기 때문이며, 그리고 그것들이 '소비적'인 이유는 그것들이 존재자들의 탄생과 죽음을 설명하기 때문이다. 이들 종합은 순차적이지 않고 오히려 언제나 "중첩된다"(AO, 24). 그것들은 서로의 '이후에' 있기보다는 오히려 서로의 '아래에' 있으며(DI, 24, 29를 참조), 그리고 그것들은 사중체만큼 보편적이다. 친구를 분간하는 인간은 세 가지 종합의 일례이지만, 달에 부딪히는 운석이나 키보드를 연주하는 나의 손가락도 그렇다.

〈그림 2〉는 들뢰즈의 존재론에 따른 존재자들과 관계들의 구조를 보여주는 기본 다이어그램이다. 앞서 언급된 대로 모든 기계는 사중의 존재론적 구조를 갖추고 있다. 기계의 측면 중 두 가지는 '현실적'이며, 어떤 기계가 다른 기계들에 의해 마주치게 되는 방식과 관련되어 있다. 두 가지 여분의 측면은 '잠재적'이며, 어떤 기계의 기계로서의 비관계적 존재와 관련되어 있다. 기계들 사이의 모든 관계는 세 가지 종합

---

73. 나중에 우리는 '무의식적'이라는 낱말이 '잠재적'이라는 낱말과 동의어임을 알게 된다.
74. '시간의 종합들'이라는 용어가 혼동을 주는 이유는 특히 들뢰즈가 매우 반직관적인 시간론을 구상하기 때문인데, 이것은 9장에서 다루어진다.

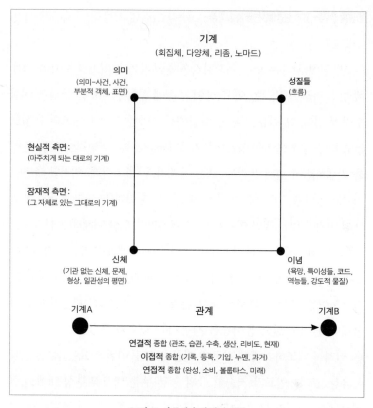

기계
(회집체, 다양체, 리좀, 노마드)

의미
(의미-사건, 사건,
부분적 객체, 표면)

성질들
(흐름)

현실적 측면:
(마주치게 되는 대로의 기계)

잠재적 측면:
(그 자체로 있는 그대로의 기계)

신체
(기관 없는 신체, 문제,
형상, 일관성의 평면)

이념
(욕망, 특이성들, 코드,
역능들, 강도적 물질)

기계A   관계   기계B

연결적 종합 (관조, 습관, 수축, 생산, 리비도, 현재)
이접적 종합 (기록, 등록, 기입, 누멘, 과거)
연접적 종합 (완성, 소비, 볼룬타스, 미래)

〈그림 2〉 사중체와 세 가지 종합

으로 이루어진다. 그 다이어그램에는 들뢰즈가 기계들과 그 관계들의
특유한 측면들을 가리키는 데 사용하는 가장 중요한 용어들(그리고
이들 용어의 몇 가지 주요한 동의어)이 열거되어 있다. 이어지는 장들
에서는 이들 측면이 자세히 설명되고, 각각의 측면이 반드시 그러해야
하는 이유가 입증되며, 그리고 이들 측면 사이의 종종 복잡한 상호작
용이 상세히 서술될 것이다. 기계 존재론의 재구성이 진전됨에 따라
독자들은 그 다이어그램을 이 분석의 '진로'를 쫓기 위한 참조표로 사
용하면 편리하다는 사실을 깨달을 것이다.

앞 절에서 나는 모든 존재자가 사중체라는 들뢰즈의 주장을 소개
했다. 그리하여 우리는 이 주장이 사실에 부합할 이유를 궁금히 여길
수밖에 없다. 그 이유는 후속 장들에서 기계에 대한 들뢰즈의 특정한
논증들을 신중히 재구성함으로써 설명될 것이다. 그렇지만 이들 분석
을 기대하면서 먼저 우리는, 모든 존재자가 어떤 관계-외적인 측면을
지니고 있다고 진술하는 외부성 테제를 수용한다면 사중 존재자가 선
택의 여지가 없는 것인 이유를 조금 더 일반적으로 이해해야 한다.

그런 이해에 도달하려면 들뢰즈의 사중 기계를 기계는 이중체라고
주장하는 브라이언트 판본의 기계 존재론과 비교하는 것이 유용하
다. 그 이유는 두 철학자가 모두 존재자를 '기계'라고 일컫기 때문이
아니다. 단지 동일한 용어들을 사용하는 행위가 동일한 이론이나 혹
은 심지어 대조하기에 흥미로운 이론을 만들어낼 필요는 없다. 진짜
이유는, 브라이언트가 저술한 글의 상당 부분 역시 외부성 테제를 전
제로 하고 있지만 그가 결과적으로 제시한 이중 기계의 존재론은 외
부성이 사중체를 반드시 수반하는 것은 아니라는 점을 시사할 것이
기 때문이다. 만약에 사정이 그렇다면 관계와 항들 사이의 외부성에
서 사중 존재자를 추론할 수 있는 들뢰즈에 관해 지금까지 주장된 모
든 것은 잘못되었음이 명백할 것이다. 더욱이 존재자에 관한 이중체
이론이 외부성 테제에 직면할 때 거의 틀림없이 가장 먼저 떠올리게
되는 것이라는 점에서 브라이언트의 기계 존재론 역시 유익하다. 존재
자는 다른 존재자들과 관련하여 나타내는 자신의 표현들 이외에 자
신의 비관계적인 내부적 구성도 있을 것이다. 그뿐이다. 앞 절에서 제
시된 들뢰즈의 주장에도 불구하고 이들 두 측면을 추가적으로 두 개

의 이중체로 또 분할하는 것은 애초에 불필요한 작업처럼 느껴진다. 마지막으로, 브라이언트의 철학은 언제나 들뢰즈의 저작에 크게 의존하기에 여기서 이루어지는 간략한 비교 역시 후속 장들에서 더 광범위하게 다루어질 개념과 논증 중 일부에 익숙해지는 데 도움이 된다.

누구나 이들 두 가지 기계 존재론 사이의 비교는 각각의 존재론이 함축하는 더 미묘한 측면들도 유의미하게 비교될 수 있도록 이 책의 말미에서야 이루어지리라 생각할 것이다. 그렇지만 이것은 악마가 세부에 있지 않은 한 가지 사례다. 브라이언트와 들뢰즈의 차이는 이들 철학의 세부 내용이 아니라 기본적인 개요와 관련되어 있다. 그들의 체계들에서 추가적으로 드러나는 모든 유사점과 차이점이 아무리 흥미롭더라도 그런 점들은 매우 기본적인 층위에 자리하고 있는 이들 체계의 양립 불가능성에서 우리의 주의를 분산시킬 따름일 것이다. 한편으로 (들뢰즈 판본의) 기계 철학의 많은 양상과 함의에 관한 들뢰즈의 저작 및 들뢰즈 자신에 대한 브라이언트의 주해 작업은 들뢰즈 그리고/혹은 사변적 실재론에 관심이 있는 사람이 마주칠 수 있을 가장 인상적이고 시사하는 바가 큰 텍스트에 속하고, 따라서 그 작업을 더 광범위하게 숙고할 지면이 없다는 것은 다소 유감스러운 일이 된다. 그 대신에 이미 언급된 대로 여기서는 브라이언트의 존재론 가운데 만약 존재자 자체가 관계 속 자신의 현전에서 물러서 있는 어떤 차원을 갖추고 있다고 진술하는 존재론적 테제라는 의미에서의 외부성 테제가 수용된다면 사중체 존재론이 필연적인 것이 되는 이유에 관한 최초의 일반적인 지식을 얻는 데 도움이 되는 부분들만 제한적으로 고찰될 것이다.

『차이와 소여』(2008)라는 책은 브라이언트가 발표한 세 권의 단행본 중 첫 번째 것이다. 그 책은 들뢰즈가 '초험적 경험론'이라고 일컫는 철학적 방법에 관한 연구서다(이 방법은 9장에서 논의된다). 브라이언트의 독법은 현전에 대한 들뢰즈의 비판, 즉 어떤 존재자에 대한 경험이 그 존재자의 존재와 동일하다는 믿음에 대한 비판을 강조한다. 브라이언트는 들뢰즈가 실재는 그것에 관한 우리의 사유로 환원될 수있다고 주장하는 모든 '현전주의적' 철학을 체계적으로 공격하는 방식을 보여준다.

> 실재가 자신의 지각작용을 통해서 존재를 생산하거나 혹은 모순을 통해서 스스로 분화하는 의식에 순전히 내재하는 것의 형태로 주체에 절대적으로 내재하는 세계라는 [절대적 관념론]이든, 만물이 물질이면서 원자들의 배치물이라는 절대적 유물론이든, 주체가 아무튼 세계를 직접 인식한다는 소박한 실재론이든, 아니면 주체가 세계에 형태를 부여한다는 초험적 관념론이든 간에 이들 입장은 모두 어떤 형태의 현전이 절대적으로 우월함을 가정한다.[75]

존재자의 사적 존재와 타자에 대한 존재자의 관계적 외양 사이의 근본적인 대립적 차이에 이렇게 주목하는 태도는 나중에 브라이언트의 초기 객체지향 존재론, 즉 삼 년 후에 그가 『객체들의 민주주의』(2011)에서 개괄한 '존재자론'의 한 가지 중요한 면모가 된다. 브라이언트의 존재자론은 여기서 기계 테제와 외부성 테제라고 일컬어진 것에 대한 독자적인 이해에 전제를 둔 사변적 실재론의 한 이론이다. 기계 테제와 관련하여 브라이언트는 모든 객체가 존재한다는 점에서 동등하다고 주장하며, 여타의 것에 대한 보편적 근거로서의 역할

---

75. Bryant, *Difference and Givenness*, 264.

을 수행하는 어떤 최종 존재자나 최초 존재자(혹은 사실상 어떤 다른 것)도 없다고 주장한다.[76] 외부성 테제와 관련하여 브라이언트는, 객체는 자신이 맺은 관계들에서 물러서 있는 내부적 차원이 있다는 하먼의 테제를 좇아서 "우리는 객체란 바로 객체에 대한 우리의 접근이 우리에게 제시하는 것이라는 테제를 어떻게 해서든지 피해야 한다"라고 역설한다.[77] 여기서 '우리의' 그리고 '우리'라는 낱말들이 비인간도 지칭함을 인식하자. 브라이언트는 어떤 존재자도 다른 한 존재자의 내부와 결코 직접 마주치지는 못한다고 생각한다.

이런 식으로 외부성을 수용함으로써 브라이언트는 객체들의 존재를 특징짓는 두 가지 차원을 분간하게 된다. 첫째, 다른 객체들과 관련된 객체의 표현들이 있다. 예를 들어 무겁고 검고 질기며 편안한 것으로 경험되는 어떤 소파를 생각하자. 둘째, 관계-외적인, 객체 내부의 '환원 불가능한 구조'가 있는데,[78] 이 구조는 객체의 표현들을 생성하는 원인에 속할 것임에도 그것들과 종류가 다르다. 브라이언트는 이런 내부적 측면을 (9장에서 알게 되듯이 들뢰즈와 거의 마찬가지로) 존재자의 '역능들'이라고 일컫는다. 여기서 그 구상은 이 책에서 이루어지는 분석과 관련하여 존재자들의 내부적 존재를 정확히 특징짓는 방법과 어쨌든 여전히 무관함을 인식하자. 사실상 이용 가능한 다양한 대안이 있다. 예를 들면 하먼은 그것을 '실재적 성질들'이라고 일컫고, 들뢰즈는 '역능들' 이외에 '특이성들' 그리고 심지어 '이념'이라는 용어도 사용할 것이다. 그런데도 브라이언트가 '역능들'이라는 용어를 사용한 것은 어떤 객체의 존재와 그 객체의 표현들 사이의 차이를 분명

76. Bryant, *The Democracy of Objects*, 19. [브라이언트, 『객체들의 민주주의』.]
77. 같은 책, 18. [같은 책.]
78. 같은 책, 215. [같은 책.]

히 강조한다는 점에서 한 가지 두드러진 이점이 있다. 예를 들면 내가 동료와 대화를 나누면서 영어를 구사하는 것은 나의 내부적 존재를 특징짓는 나의 사적 역량이나 역능의 관계적 표현이다. 대화에서 현시되는 것은 그 역량 자체가 아니고 오히려 환경에 의해 생겨난, 그 역량의 번역 혹은 표현이다. 나와 대화를 나누고 있는 사람이라면 누구나 자기 앞의 희박한 공기 중에 떠도는 어떤 역능에 대한 감각적 경험을 자연적으로 갖는 것은 아니다. 역능은 그것이 언제나 현실태 혹은 연장 속에서 현시되는 어떤 방식도 넘어서는 잉여물로 이해되어야 한다.

역능과 표현 사이의 그런 차이가 가장 최근에 출간된 브라이언트의 책 『존재의 지도』(2014)에도 생기를 불어넣어 준다. 이 책에서 브라이언트는 무엇이든 어떤 존재자를 가리키는 자신의 용어를 '객체'에서 '기계'로 바꾼다. 『존재의 지도』라는 책의 대부분은 객체지향 사유의 실천적(즉, 사회적·정치적·인식론적) 함의들과 그 사유의 견지에서 육성될 발견적 방법과 관련된 일련의 흥미로운 주제를 다룬다. 하지만 언급된 대로 여기서 우리의 관심사는 브라이언트의 기초적인 존재론적 신념이다. 그런 점에서 핵심적인 절은 「기계는 자신의 역능과 생산물이 분열되어 있다」라는 절이다.[79] 또다시 그 절에서도 객체가, 이제는 기계가 그 자체로 자기 자신인 역능들(브라이언트가 또한 '잠재적 고유 존재' 혹은 '조작들'이라고 일컫는 것)과 타자에 대한 자신의 표현들로 분열된 이중체로 규정된다. 더욱이 이런 표현은 역능의 표출이나 생산물이라고 하는데도 여전히 역능은 그런 관계적 외양과는 종류가 다르다.

여기서 관심이 있는 의문은 존재자를 이중체로 구분하는 것이 외

---

79. Levi R. Bryant, *Onto-Cartography*, 40~6. [레비 R. 브라이언트, 『존재의 지도』.]

부성 테제의 견지에서 충분한지 여부다. 표현부터 검토하면, 우리는 표현과 관련하여 후속 구분을 할 필요가 없는 채로 현시된 기계 같은 것이 존재할 수 있는지를 물어야 한다. 이런 일은 있을 법하지 않다. 왜냐하면 어떤 존재자에 대한 경험을 특징짓는 성질들은 경험되는 성질을 띤 사물과 다르기 때문이다. 내가 검고 육중하며 질긴 소파를 경험할 때 '소파'는 처음의 세 가지 성질에 추가된 네 번째 성질을 가리키지 않는다. 그것은 그 성질들이 귀속되는 사물이다. 이들 성질은 자신들이 속하는 객체는 여전히 같은 사물인 채로 있는 상태에서 바뀔 수 있다. 눈이 부신 빛에 노출되면 결국 색깔이 검은색에서 암회색으로 바래질 것이지만, 그런 사태가 빛이 새로운 소파를 제작하고 있음을 뜻하지는 않는다. 앞 절에서 다루어진 들뢰즈의 용어법을 떠올리면 어떤 사물에 대한 경험을 특징짓는 다수의 성질은 그 자체로 성질이 아닌 어떤 단일체의 성질들이어야 한다. 이 단일체는 사물 자체(그 단일체의 내부적 존재)일 수가 없다. 그 이유는 외부성이 사물 자체는 관계적 소여에 절대 진입하지 말아야 한다는 점을 요구하기 때문이다. 그렇다면 이 단일체는 그 소파를 경험하는 사람이나 사물에 귀속될 수 있을까? 만약 사정이 그렇다면 '소파'는 그 지각자가 부유하는 성질들에 대한 지각에 추가하는 어떤 단일체일 것이다(흄주의적 입장). 하지만 이것 역시 외부성에 의해 배제된다. 현시되고-있는-사물이 그 지각자로 환원된다면 관계 전체(소파와 그 성질들에 대한 경험)가 그것의 항(그 지각자)의 내부에 있을 것이다. 그러므로 외부주의적 철학의 경우에 유일하게 가능한 선택지는 이 단일체가 오로지 관계 자체에 고유한 것, 즉 두 항 중 어떤 항으로도 환원 불가능한 것이라는 구상이다.

이 주장과 그것의 다양한 함의를 전면적으로 뒷받침하는 논증은

5장과 8장에서 제시된다. 당분간 중요한 것은 어떤 존재자의 타자에의 현시가 단 하나의 균질한 현상이 아니라는 점이다. 현시되는 것은 두 측면으로 분할되는데, 한편으로는 경험을 특징짓는 성질들이 있고 다른 한편으로는 이들 성질이 귀속되는 통일된 사물—관계에 내재하는 것—이 있다. 브라이언트는 그 점에 관해 그다지 많이 숙고하지는 않더라도 자신의 기계 존재론에서 이 논점을 암묵적으로 인식하는 것처럼 보인다. 브라이언트는, 한편으로는 어떤 기계의 표현이라는 공공연한 사실과 다른 한편으로는 어떤 표현이 그것을 경험하는 누군가 혹은 무언가에 미치는 영향을 구분한다.[80] 그렇다면 그런 표현은 자신의 내부적 존재의 외부에 자신을 표현하는 어떤 기계에 관한 단순한 사실을 가리킬 수 있으며, 그리고 추가적으로 관계는 브라이언트가 '질적', '행위적' 혹은 '물질적' 차원이라고 일컫는 것과 관련이 있을 것인데, 후자는 우리가 경험의 '내용'이라고 일컬어지는 것을 가리킨다. 그러므로 『존재의 지도』에 대한 관대한 독해는 이미 브라이언트의 기계 존재론을 이중체 존재론이라기보다는 오히려 삼중체 존재론으로 특징지을 수 있을 것이다.

브라이언트의 기계 존재론과 들뢰즈의 기계 존재론 사이의 실제적 차이는 존재자의 비관계적인 사적 내부와 관련되어 있다. 또다시 브라이언트의 경우에 어떤 기계의 내부적 존재는 그 기계의 역능들이다. 그뿐이다. 그렇다면 외부성 테제는 즉시 이 사물의 역능들을 저 사물의 역능들에서 떼어놓는 것에 관한 물음을 제기한다. 이런 분리는 역능과 표현 사이의 차이에 의해 설명될 수 없는데, 그것은 표현이 관계적이라는 단순한 이유 때문이다. 외부성은 존재자들—자체 사이에

---

80. Bryant, *Onto-Cartography*, 42~3. [브라이언트, 『존재의 지도』.]

98 질 들뢰즈의 사변적 실재론

불연속성이 있어야 한다고 진술하는 존재론적 테제이지, 경험-속-존재자들이 마치 그것들이 서로 양립 불가능한 것처럼 보인다고 진술하는 현상학적 테제가 아니다. 외부성이 성립한다면 어떤 두 존재자도, 심지어 아무도 보고 있지 않을 때도(그보다는 차라리 그것들이 '바라보고' 있지 않을 때도) 근본적으로 분리된 채로 있어야 한다. 혹은 또다시 들뢰즈의 용어법으로 표현하면 어떤 기계의 내부적 존재는 자신의 여러 역능 이외에 하나의 단일체, 즉 이 기계의 역능들이 저 기계의 역능들과 연속적이지 않도록 방지하는 방화벽 혹은 방풍벽처럼 작용하는 단일체가 있어야 한다.

그런 통일적 측면이 없다면 모든 존재자의 모든 역능이 존재론적으로 서로 연속적일 것이다. 이런 사태는 외부성을 위배할 것이다. 그 이유는 그렇다면 역능들이 다른 역능들에 직접 현전할 것이기 때문이다. 그 결과는 파편화되고 다양한 경험 세계가 '사실상' 단일하고 연속적이며 궁극적으로 균질한 덩어리라고 구상하는 내부주의일 것이다. 요컨대 만약에 외부성이 성립한다면 각각의 존재자는 그것이 다른 존재자들에 의해 경험되는 방식을 넘어서는 어떤 X라는 것만이 사실인 것은 아니다. 또한 각각의 존재자는 여타 존재자의 X에 직접 접근할 수 없고 접촉할 수 없는 어떤 X라는 것도 사실이어야 한다. 그리하여 존재자가 역능들이라면 그것은 추가적으로 모든 역능이 하나의 거대한 보편적 죽으로 용해되지 않도록 방지하는 무언가 다른 것(어떤 Y)이어야 한다.

브라이언트는 이런 요건을 잘 알고 있는데, 그 이유는 그가 단순히 외부성을 전적으로 폐기하기로 선택했기 때문이다. 2016년에 발표된 한 논문에서 브라이언트는 자신의 존재론적 사유가 전환된 사실을 공표했다.[81] 이제 브라이언트는 존재자들이 서로 물러서 있고 자신의 관계들로 환원될 수 없다는 객체지향 외부성 테제를 명시적으로 포기한다. 경험 속에서 이산적인 존재자들인 것처럼 보이는 것들은 어떤 더 넓은 장에 생겨난 '접힘' 또는 '주름'일 뿐이라고 브라이언트는 주장한다. 외부성 논제와는 대조적으로 이들 주름은 서로 연속적이다. 그의 사례를 인용하면 앨버커키에 있는 나무는 그 토양, 벌레, 비, 그리고 그것을 생성하는 다른 존재자들에 대해 별개의 존재자가 아니다. 오히려 그 나무는 "이들 사물을 모두 자신으로 접어 넣는다." 앞서 사용된 은유를 떠올리면 이 실재는 아무튼 다양한 방식으로 구겨지고 매듭지어진 거대한 식탁보와 유사한 것처럼 보인다. 매듭과 주름은 이산적인 존재자들인 것처럼 보이지만, 사실상 그것들은 단일한 연속체의 국소적 지점일 따름이다. 이런 구상이 존재하는 모든 것을 단일한 덩어리로 환원한다는 혐의를 벗어나기 위해 브라이언트는 그런 주름들이 "무언가 다른 것으로 되기"도 포함한다고 덧붙인다. 앞서 언급된 나무는 토양과 비, 동물 생명의 그야말로 작은 조각이 아니라 오히려 이들 사물이 나무껍질, 잎, 뿌리 등으로 접혀서 변환된 것이다.

하지만 외부성 테제의 시각에서 바라보면 이런 구상은 충분하지 않다. 엄밀히 말하자면 외부성은 타자성이 존재하는지 여부에 의존하지 않는다. 오히려 외부성은 존재자들(그것들이 서로 다르든 그렇지 않든 간에)이 격리되어 불연속적으로 존재하는지, 아니면 단일한 통합적 연속체의 일부인지에 의존한다. 그러므로 브라이언트는 후자를 채택함으로써 자신의 새로운 존재론이 외부성 테제(존재자들의 '물러

---

81. 그 논문(Levi R. Bryant, "Pour une éthique du pli," 90~6)은 브라이언트의 원래 영어 텍스트를 프랑스어로 번역한 것이다. 그 영어 텍스트는 브라이언트의 블로그 https:// larvalsubjects.wordpress.com/2016/11/01/for-an-ethics-of-the-fold/에서 입수할 수 있다(2017년 8월 22일에 마지막으로 접속함). 영어 판본에서 인용되기에 특정한 페이지에 대한 참조가 빠져 있다.

섬')를 포기해야 함을 깨달은 점에서 전적으로 옳다. 따라서 브라이언트가 자신의 논문(전면적인 체계가 아니라 선제 포격에 불과한 것)을 더 상세한 존재론으로 증보하기로 작정했다면 그 존재론은 들뢰즈가 제안한 기계 복수주의라기보다는 오히려 존재자들이 단일한 역동적 장의 지점들에 불과한 일원론이어야 할 것이다. 1장의 2절에서 이미 지적되었고 2장과 3장에서 더 상세히 설명될 것처럼 그런 일원론은 어김없이 극복하기가 꽤 어려울 것으로 판명될 일련의 문제에 시달릴 것이다. 물론 브라이언트는 그런 문제들을 극복해야 한다. 이 간주의 요점은 단지 외부성 테제가 사중 존재자라는 개념을 낳는 이유에 대한 최초의 이해를 증진하는 것일 따름이었다. 만약에 외부성이 성립한다면 존재자는 관계적 표현들과 자신의 사적 존재(자신의 '역능들')로 분열된다. 우리는 관계적 표현들이 사실상 성질들과 그것들이 귀속된 사물로 이루어진 이중체라는 점을 이해했다. 더 중요하게도 외부성이 존재론적 테제로 성립한다면 이 존재자의 내부적 존재와 저 존재자의 내부적 존재 사이에 엄격한 분리와 불연속성도 있어야 한다. 그러므로 X가 무엇으로 이루어져 있다고 하든 간에 이 내부는 X에 관한 현존하는 사례들이 모두 단일한 거대한 덩어리로 용해되지 않도록 방지하는 어떤 부가적인 Y로 보완되어야 한다. 그 이유는 그럴 경우에만 단일한 존재자가 정말로 존재한다고 할 수 있을 것이기 때문이다(빅 Big X). 이렇게 해서 2장에서는 들뢰즈가 외부성이 반드시 성립한다고 생각하는 이유에 관해 계속해서 논의될 것이다. 그다음에 3장에서는 한 조각의 내부주의조차도 실재의 바로 그 토대로서 실제로 존재하는 존재자들에 관한 관념과 양립 불가능하다는 논점을 강화하기 위해 들뢰즈 자신의 글에서 도출된 일련의 사례가 활용될 것이다.

앞서 1장까지, 존재론적으로 모든 존재자는 들뢰즈가 '기계'라는 용어로 지칭하는 사중 존재자라는 들뢰즈의 주장이 되풀이되었을 따름이다. 그런데 어떤 주장은 그 주장을 실제 논증으로 간주하게 만드는 무언가에 근거를 두고 있지 않다면 한낱 의견에 불과하다. 기계 테제는 존재자들의 외부성을 천명하는 더 근본적인 테제에 뿌리박고 있다. 이 외부성 테제가 사중체가 모든 기계의 필연적 구조로서 추론되는 출발점이다. 이 장에서는 먼저 존재자들의 외부성이 들뢰즈의 철학에 동기를 부여하는 중요한 힘이라는 단순한 사실이 입증된다. 그다음에 들뢰즈가 외부성 테제가 성립한다고 생각하는 이유가 제시된다. 여기서 우리는 경험 자체가 어떻게 해서 이미 외부성의 단서가 되는지 먼저 알게 된 다음에 더 사변적인 논증으로 나아갈 것이다.

1. 관계는 그 항들의 외부에 있다

관계는 그 항들의 외부에 있다는 깨달음이 들뢰즈에게 "철학의 청천벽력"이다(SC, 141282). 항은 무엇이든 될 수 있는데, 이를테면 사람, 소요, 축제, 행성, 폭풍, 사상 혹은 아원자 입자일 수 있다. 한편으로 관계는 접촉하기, 가리키기, 소비하기, 징집하기, 강요하기, 파괴하기 등을 포함한다. 다른 무언가에 의해 기록되거나 경험되거나 혹은 측정될 수 있는 존재자의 모든 면모는 관계적이다. 그러므로 관계가 그 항들의 외부에 있다면 존재자는 어떤 사적인 내부적 실재를 갖추고 있어야 한다. 그리하여 한 존재자, 그 존재자에 속하는 존재자들, 그리고 그 존재자가 속하는 존재자들은 결코 전적으로 접촉하지는 않는다는 점이 당연히 도출된다. 비버가 건설한 댐은 그것의 목재 부분들을 망라할 수 없고, 이들 부분의 출처인 나무들도 그것들을 망라할 수 없다. 그러므로 외부성은 무언가를 마주치기, 제거하기, 변형하기 혹은 파괴하기에 대한 가능성의 조건이다. 목재의 본질이 '나무에 붙어 있음'이라면 비버 댐은 결코 생성될 수 없을 것이다. 그러므로 관계는 결코 어떤 본질적 귀속지 혹은 최종 목적지를 나타내지 않는다. 오히려 관계는 동맹, 선물, 납치, 피난처, 도구 그리고 구성물이다. 들뢰즈가 서술하는 대로 모든 기계는 "중단들과 단절들, 고장들과 결함들, 단속들과 합선들 속에서, 결코 자신의 다양한 부분을 하나의 전체를 형성하도록 결합하는 데 성공하지 못하는 총합 속에서" 작동한다(AO, 56). 『디알로그』에서 인용된 한 구절은 이런 외부주의적 세계를 한층 더 개관한다.

> 관계는 그 항들의 외부에 있습니다…관계는 결과적으로 주체가 될 그 항 중 하나의 내부에 있지도 않고 그 둘의 내부에 함께 있지도 않습니다. 더욱이 어쩌면 관계는 그 항들이 변화하지 않은 채로 변화할 수 있을 것입니다…이런 관계의 외부성을 하나의 도선 혹은 전선으로 간주한다면 우리는 매우 기묘한 세계가 조각조각 펼쳐지는 것을 보게 됩니다. 이를테면 가득 찬 부분들과 텅 빈 부분들, 덩어리들과 단절들, 끌림들과 분열들, 섬세한 것들과 투박한 것들, 결합들과 분리들, 교체들과 상호얽힘들, 결코 하나의 총합에 이르지 못하는 더하기들과 나머지가 절대 정해지지 않은 빼기들로 이루어진, 아를르캥의 외투나 패치워크를 보게 됩니다(D, 55).

외부성과 환원 불가능성이 들뢰즈 철학의 중핵이다. 그러므로 들뢰즈는 "내부성에 대한 증오"를 표명한다(N, 6). '내부성'은 존재자에 어떤 사적 실재를 부여하지 않는 모든 철학을 특징짓는다. 내부성은 존재자를 무언가 다른 것의 표상으로 환원함으로써 그 존재를 자신을 넘어서는 무언가와 맺은 관계의 내부에 귀속시킨다. '아무 잉여 없음'이 내부주의의 주문이다.

외부주의적 철학들은 정반대의 견해를 뒷받침한다. 들뢰즈는 데이비드 흄의 경험론에서 외부주의적 직관을 처음 마주친다(ES, 108). 흄의 경우에 직접 경험의 내용은 유리잔 혹은 탁자 같은 객체가 아니다. 직접 경험은 단지 추후에 인간 본성의 원리인 습관화를 통해서 객체화('불')되는 단순 인상들('뜨거움', '고통스러움', '붉음')을 포함할 뿐이다. 들뢰즈는 이와 같은 직접 경험에 대한 객체의 외부성을 "모든 경험론의 공통점"이라고 일컫는다(ES, 99; 그리고 LAT, 124, 130, 140를 참조). 더 중요하게도 들뢰즈는 이런 외부주의적 직관을 급진화한다. 그리하여 존재자는 모든 관계로부터 물러서 있다고 구상하는 "우월한" 경험론을 규정하게 된다(DR, 143). 반면에 "관계가 어떤 식으로든 사물의 본성에서 비롯된다고 구상하는" 이론이라면 무엇이든 "비경험론"이다(ES, 109). 적어도 한 가지 관계는 존재자들의 존재 내부에 있다("토네이도는 유일신의 의지다", "사랑은 호르몬 활동이다", "만물은 아원자 입자들이다")고 구상하는 이론이라면 무엇이든 비경험론이다. 요컨대 외부성은 하나의 존재론적 공리다. "정말로 근본적인 명제는 관계가 그 항들의 외부에 있다는 명제다"(ES, 98; 그리고 ES, x, 66, 98, 99, 101, 105, 107, 123; DI, 163, 166; SC, 211282, 010383; TRM, 365를 참조).

다른 철학자들에 관한 들뢰즈의 저작은 그들의 이론들을 충실히 재현하지 않고 오히려 들뢰즈의 독자적인 필요에 따라 변형한다고들 흔히 말한다.[1] 하지만 필시 외부성 테제가 이런 변형의 열쇠라는 점은

---

1. Smith, *Essays on Deleuze*, xii.

인식된 적이 없을 것이다. 예를 들면 들뢰즈는 베르그손을 독해하면서 시종일관 단일한 창조적이고 편재적인 힘(약동 혹은 보편적 지속)이 존재한다는 베르그손의 관념을 경시하려고 한다. 오히려 들뢰즈는 베르그손을 서로 외부에 남아 있는 부분들의 다원론을 제안하는 인물로 제시한다(B, 104). 마찬가지로 『차이와 반복』에서 라이프니츠를 내부주의적 사상가로 일축한 들뢰즈는 나중에 그를 외부성의 사상가로 재규정한다. 나중에 이루어진 이런 독해에 따르면, 개별적 모나드들은 세계 전체를 표현하지만 그것들 자체는 여전히 모든 그런 표현의 외부에 있게 된다(LS, 110).[2] 라이프니츠는 모나드가 본질적 속성들을 지닌 실체라는 점과 이들 속성이 관계들로 환원될 수 없다는 점을 깨달은 것으로 여겨진다.[3] 세 번째 사례에서 들뢰즈가 자신의 철학적 영웅인 스피노자와 단절할 수밖에 없게 하는 것은 외부성이다. 스피노자의 경우에는 개별적 양태들이 실체로 환원될 수 있기에 관계는 한 항의 내부에 있다. 결과적으로 스피노자는 사물들의 완전한 개별성을 설명할 수 없는데, 이것이 바로 들뢰즈가 이루어내고자 하는 것이다.[4]

---

2. 또한 "Ce que j'exprime clairement c'est, dans le monde, ce qui a rapport à mon corps ⋯ Mais ce qui arrive dans mon corps, mon corps lui-même, je ne l'exprime pas clairement du tout"(SL, 120587)을 보라. 이 독해에 따르면 모나드는 사건들(또한 이른바 술어들)을 표현할 것이지만 자신의 사적 속성들은 절대 표현하지 않을 것이다. "la relation c'est le prédicat ⋯ un prédicat c'est un verbe 〔et〕 le verbe, c'est l'indice d'événement"(SL, 200187) ; "ce qu'il appelle prédicat, c'est la relation"(SL, 100387) ; "un prédicat c'est toujours un rapport"(SL, 120587)을 보라.

3. "〔Leibniz〕 est le premier à savoir que les mathématiques et la logique sont des systèmes de relations irréductibles à des attributs" ; "Une substance est inséparable de son attribut essentiel et inversement la substance est définie par l'attribut essentiel"(SL, 200187).

4. 스피노자의 경우에, "il faut bien que la relation soit finalement intérieure à quelque chose. Il ne veut pas penser à des relations qui seraient de pures extériorités"(SS,

그런데 앞서 지적된 대로 외부성 테제는 단지 타자들을 읽어내는 원리에 불과한 것이 아니다. 『차이와 반복』이라는 바로 그 프로젝트에서 들뢰즈는 이미 "연장성을 갖춘 외부적 관계만을 〔가리키는〕 내부적 차이"를 전개한다(DR, 231). 관계가 존재자들의 외부에 있다면 존재자들은 자신의 내적 자아와 관계 속 표현들 사이의 내부적 차이를 포함한다. 연장성을 언급하는 것은 공간적 외부성을 강조하는 것으로, 그리하여 존재자들은 결합하더라도 서로 환원 불가능하다고 단언한다. 또한 『의미의 논리』에서 들뢰즈는 "기원의 역설적 상황은 … 기원이 그 자체로 결과라는 것이고, 게다가 기원은 자신이 개시하게 하는 것의 외부에 남아 있다는 것이다"(LS, 218)라고 진술하면서 시간상으로 외부성을 단언한다. 더욱이 『안티 오이디푸스』에서 들뢰즈는 부분전체론적으로 외부성을 단언한다.

우리는 오직 주변에 있는 총체들을 믿을 뿐이다. 만약 우리가 다양한 별개의 부분과 나란히 있는 그런 총체를 만난다면 그것은 이들 특정한 부분의 전체이기는 하나 그것들을 총체화하지 않는다. 그것은 이 모든 특정한 부분의 단일체이기는 하지만 그것들을 통일하지는 않는데, 오히려 그것은 따로 제작된 하나의 새로운 부분으로서 그것들에 추가된다(AO, 57).

더욱이 『천 개의 고원』의 바로 그 첫 페이지에서 들뢰즈는 독자에게 물질들과 그것들 사이의 관계들이 서로 외부적이라는 사실을 간과하지 말아야 한다고 경고한다(ATP, 3). 그 책의 뒷부분에서 들뢰즈는 또

170381).

다시 "회집체들의 본질적인 환원 불가능성"을 단언한다(ATP, 256). 하나의 회집체는 "그 자체로 다른 회집체들과 연결되어 있고 다른 기관 없는 신체들과 관계 맺고 있을 뿐이다"라고 들뢰즈는 서술한다(ATP, 4). 예를 들면 어느 한 권의 책은 다른 존재자들(그 책의 저자, 표지, 잉크, 낱말들, 찾아보기, 독자들, 출판사, 언어…)과 많은 연결 관계를 맺고 있지만 이들 존재자 중 어느 것도 그 책의 존재가 아니다. 자신이 맺고 있는 관계들에도 불구하고 그 책은 외부성이 요구하는 대로 그 자체로 홀로 존재할 따름이다.

고독이라는 이 주제는 시네마에 관한 들뢰즈의 저서들에서 다시 나타나며, 심지어 이들 저서의 체계를 구성한다.[5] 또다시 들뢰즈는 "관계는 객체들의 특성이 아니고, 관계는 언제나 그 항들의 외부에 있다"라고 확언한다(C1, 10).[6] 시네마에 관한 그 첫 번째 저서에서 들뢰즈는 '운동-이미지'를 탐구한다. 운동-이미지라는 용어는 다수의 "운반체 혹은 움직이는 신체"에 공통적인 움직임에 대한 이미지를 지칭한다(C1, 23). 운동-이미지는 철저히 관계적이며, 행위와 지각작용, 변용을 포함한다(C1, ix). 이들 이미지는 외부성을 암시하지만 결코 그것을 완전히 포용하지는 않는다. 그 첫 번째 저서는 히치콕에 관한 고찰로 마무리되는데, 들뢰즈에 따르면 히치콕은 관계가 그 항들의 외부에 있다는 점을 깨닫지만 그 테제의 본격적인 함의는 "언제나 거부한다"(C1, x, 215). 그러므로 시네마에 관한 두 번째 저서에서 들뢰즈는 "모든 외부보다 더 멀리 떨어진 외면과 모든 내부보다 더 깊은 내면"(C2,

---

5. 들뢰즈의 시네마 저서들에는 무엇보다도 영화 예술적 어휘로 쓰인, 세계에 관한 이론이 포함되어 있다는 자크 랑시에르의 의견에 나는 동의한다.
6. SC, 141282, 211282를 참조하라. 그 시네마 저서들은 존재자들의 외부에 머무르고 있는 것을 "장-밖의-것"(hors-champ)이라고 일컫는다(C1, 16).

261)에 관한 역설적 시각으로서 운동-이미지를 넘어서는 '시간-이미지'를 고찰한다.

문학에 관한 들뢰즈의 감상 역시 유사한 관심사에 의해 고무된다. 『디알로그』에서 들뢰즈가 영미문학의 '탁월성'을 공표한 사실은 널리 알려져 있는데, 이 경우에도 외부성이 그 배후에 자리하고 있는 까닭이다.7 들뢰즈는 "미국 철학자들이 새로운 의미를 부여할, 영국 철학자들에게 소중한 한 가지 원리…, 관계는 그 항들의 외부에 있다는 원리"(ECC, 58)를 포착한다. 들뢰즈는 대부분의 문학이 내부성(나는 어디에 속하는가?, 내 집은 어디에 있는가?, 어떻게 사랑에 빠지는가?, 우리는 무엇을 상실했는가?, 내 가족에서 내 자리는 무엇인가?)에 사로잡혀 있다고 간주하는데, 오히려 미국 작가들은 정반대로 인간 및 비인간의 고독과 불포함에 집중한다. 들뢰즈의 진술에 따르면 T. E. 로렌스의 천재성은 이미지들의 세계를 거부하는 것이다. 왜냐하면 이미지는 언제나 무언가에 대한 이미지이므로 관계적이기 때문이다. 오히려 로렌스는 "이미지에서 존재자로 이행한다"(ECC, 120). 들뢰즈는 로렌스가 이미지 혹은 효과로서의 수치와 영광(전쟁 이후의 수치, 군대의 영광)이 아니라 독자적인 존재자들로서의 수치와 영광에 관한 글을 쓴다고 간주한다.

마지막으로, 『주름』에서 들뢰즈가 시도한 바로크 문화에 대한 긍정적 평가도 외부성을 중심으로 돌아간다. 들뢰즈는 바로크 문화를, 바로크 건축에서 예시되는 대로 모든 존재자를 그것이 타자들과 맺은 관계들로부터 미학적으로 분리하려는 시도로 해석한다.

---

7. 들뢰즈가 미국문학에서 포착하는 '형이상학적 신념'에 관해서는 Rockwell F. Clancy, *Towards a Political Anthropology in the Work of Gilles Deleuze*를 참조하라.

이것이 탁월한 바로크 설계다. 문도 창도 없는 방! 그런 방은 그야말로 정식 ─ '하나의 내부', 극한적으로 외부가 없는 내부 ─ 을 실현한다. 무엇이 문도 창도 없는 이런 내부의 상관물인가? 이런 내부의 상관물은 문과 창을 포함하는 외부이면서, 그런데 여기서 이것이 바로 바로크 역설인데, 더는 내부에 대응하지 않는 외부다. 무엇이 그런 것인가? 그것은 파사드다! 파사드는 문과 창이 나 있으며, 그런데 파사드는 더는 내부를 표현하지 않을 따름이다. 파사드는 내부가 자신의 자율성을 동시에 획득한 한편으로 독립적인 것이 된다(SL, 200187 ; 그리고 FLB, 31~2를 참조).[8]

또다시 우리는 존재자가 한편으로는 사적 실재를 갖추고 있고 다른 한편으로는 사적 실재와 완전히 다른, 관계 속 표현을 갖추고 있다는 테제를 인식하게 된다. 이제 다음과 같은 사실들이 명백하기 마련이다. (1) 들뢰즈는 흄의 경험론에서 외부성과 마주치며, 그리고 그 경험론을 '우월한 경험론'으로 급진화하고자 한다. (2) 외부성은 『차이와 반복』, 『의미의 논리』, 『안티 오이디푸스』 그리고 『천 개의 고원』의 중심 개념이다. 그리고 (3) 다른 철학자들과 예술에 대한 들뢰즈의 독해 역시 외부성에 집중된다. 외부성이 핵심이라는 점이 밝혀진 상태에서 이제 우리는 사정이 왜 이러한지 이해한 다음에 몇 가지 직접적인 함의

---

8. "(C)'est l'aménagement baroque par excellence. Une pièce sans porte ni fenêtre! ··· C'est la pièce qui réalise à la lettre, littéralement, la formule : 'un intérieur', à la limite un intérieur sans extérieur ··· Quel est le corrélat de cet intérieur sans porte ni fenêtre? Le corrélat de cet intérieur, c'est un extérieur qui lui comporte des portes et des fenêtres, mais, justement et c'est cela le paradoxe baroque, il ne correspond plus à un intérieur. Qu'est-ce que c'est? C'est la façade! La façade est percée de portes et de fenêtres ; seulement la façade n'exprime plus l'intérieur ··· la façade prend de l'indépendance en même temps que l'intérieur a conquis son autonomie."

의 개요를 서술해야 한다. 들뢰즈는 종종 내부주의적 철학들의 단점을 부각함으로써 역으로 외부성을 옹호한다. 그런데 또한 그는 적어도 여섯 가지의 더 일반적인 논증을 제시하는데, 이들 논증은 두 개의 군으로 나뉜다. 첫 번째 군에는 체험에서 도출된 세 가지 논증이 포함되고, 두 번째 군에는 더 사변적이고 존재론적인 세 가지 논증이 포함된다.

2. 외부성의 경험

첫 번째 군에서 첫 번째 논증은 우리가 객체와 주고받는 상호작용과 관련이 있다. 예를 들면 나는 어떤 정육면체를 보지만 어느 주어진 순간에도 그것의 여섯 개의 면 중 최대한 세 개의 면을 볼 수 있을 따름이다. 나는 그 정육면체를 그것이 나 자신과 맺은 관계로 완전히 통합할 수는 없다. 그런데 나는 그 정육면체를 내가 그것을 찾아낸 곳(예를 들면 일단의 정육면체)에서 뽑아낸 다음에 조작할 수 있다. 이런 사태로부터 들뢰즈는 존재자가 "전적으로 객관적"이라는 결론을 끌어내는데, 이것으로 그가 의미하는 바는 존재자가 자신이 우리 혹은 다른 사물들과 맺은 관계들로 환원될 수 없다는 것이다.[9] 우리는 어떤 존재자를 그것의 이전 얽힘으로부터 제거함으로써 그 존재자를 "다른 객체들의 어떤 집합체에 의해 구성된 근거"에서 떼어낼 수 있다.[10] 이 근거는 그것의 실존적 근거다. 그것은 그 존재자가 단지 얼

---

9. "Or ce n'est nullement le signe d'une dépendance de l'objet, au contraire c'est la manifestation de son objectivité totale"(LAT, 293).

10. "Il est bien connu l'objet contemplé se détache sur un fond, constitué par l'ensemble des autres objets"(LAT, 293).

마 전에 연루되어 있던 상황이다. 객체가 매우 다양한 그런 근거를 횡단할 수 있기에 들뢰즈는 그 정육면체가 그 자체로 사적인 내부적 근거를 갖추고 있어야 한다고 추론한다. 다양한 배치를 통하여 그것이 여전히 이 정육면체이게 하는 무언가가 존재해야 한다.[11] 그 정육면체의 존재는 그것이 정육면체 더미에 합류하기 전에 맺은 관계들에 있을 수도 없고, 그것이 그 더미 속에서 맺은 최근의 관계들에 있을 수도 없다. 그리고 어떤 임의의 객체가 인간과 맺은 관계가 비인간 존재자와 맺은 관계와 다르다고 가정할 이유가 전혀 없기에 들뢰즈는 존재자가 우리와 아무 관계도 없는 내부적 실재 혹은 사적 근거를 갖추고 있어야 한다고 결론짓는다.[12]

"모든 것은 기계다"라는 표어의 이념은 기성품 기계tout fait machine라는 원래 프랑스어 표현에서 드러난다. '기성품'은 유명한 변기와 병걸이 같은 뒤샹의 레디메이드 예술 작품을 가리킨다. 『안티 오이디푸스』에서 다다이즘 예술이 언급되는 점을 참작하면 들뢰즈는 이런 사실을 인식하고 있음이 확실하다.[13] 각각의 레디메이드는 우리가 존재자는 자신의 관계들로부터 분리될 수 있다는 사실을 대면하게 하지 않는가? 레디메이드는 언제나 한 맥락에서 다른 한 맥락으로 옮겨지는 객체다. 더 중요하게도 레디메이드로 인해 우리는 객체의 본질이라고 일반적으로 일컬어지는 것이 한낱 관계적 기능에 불과한 것이라는 점

11. "Mais précisément l'objet ne pourrait pas entrenir avec les autres un rapport quelconque, si ce rapport lui restait extérieur : pour que tel objet se détache comme forme sur le fond des autres objets, il faut qu'il soit déjà à lui-même son propre fond"(LAT, 293).

12. "Ce phénomène renvoie à l'objet lui-même, et pas du tout à celui qui le perçoit"(LAT, 293).

13. Stephen Zepke, "The Readymade," 33~45를 참조하라.

을 깨닫지 않을 수 없다. 예술 작품으로 전환된 변기는 더는 위생 설비가 아니지만, 뒤샹이 개입하기 이전에 그 변기는 아직 미적 감동을 주는 것이 아니었다. 그 두 '본질'은 모두 맥락적 관계에 의존하는 기능에 불과하다. 그런데도 그것은 두 가지 상황 모두에서 동일한 변기이기에 둔스 스코투스의 용어를 차용하면 그 변기의 '이것임'을 구성하는, 관계들의 외부에 있는 무언가가 존재해야 한다. 이런 레디메이드 가르침은 일반화되어야 한다. 모든 것은 레디메이드이고, 따라서 우리의 지각, 표지 혹은 용도로 환원될 수 없다. 마찬가지로 모든 것은 자신의 환경으로 환원될 수 없다. 그 변기는 쓰레기 더미에도 속하지 않고 미술관에도 속하지 않고 화장실에도 속하지 않는다. 뒤샹의 레디메이드는 존재자가 심지어 자신의 부분들로 환원될 수 없다는 점도 시사한다. 〈샘〉이 존재하는 데에는 'R. Mutt'라는 서명이 필요하지 않고, 〈L.H.O.O.Q.〉 역시 모나리자에 첨가된 콧수염이 필요하지 않다. 존재자의 부분들은 언제나 다소 불필요한데, 이것은 나중에 다시 고찰될 복잡한 관념이다. 당장은 레디메이드가 객체는 자연적 장소, 기능 혹은 의미가 전혀 없다는 사실을 어떻게 드러내는지 관찰하자. 객체의 본질을 구성하는 외부의 것은 전혀 없다. 각각의 객체는 단적으로 세계에 풀려난 힘이다.

이 모든 것은 존재자의 환원 불가능성의 필연적 결과다. 어떤 존재자가 X로 환원될 수 있다면 X는 결국 그 존재자의 자연적 기원, 장소, 운동, 기능, 목적지 혹은 의미일 것이다. 뒤샹의 레디메이드는 이런 관념을 비웃는다. 마이클 노스가 지적한 대로 뒤샹은 '기성품'이라는 용어를 베르그손에게서 차용했으며, 베르그손은 기계적이고 견고한 모든 것을 경멸조로 지칭하는 데 그 용어를 사용하였다.[14] 베르그손의 '기성품'은 우리가 누군가가 발을 헛디뎌 비틀거리는 것을 볼 때

웃는 것처럼 유머가 폭로하고 조소하는 것이다. 발을 헛디뎌 비틀거릴 때 우리는 갑자기 자신의 다리를 주저하는 생소한 객체로서 마주친다. 베르그손은 그런 국면이 "생명의 내적 유연함"에 대한 부자연스러운 예외 사례라고 생각한다.[15] 뒤샹은 이 모형을 뒤집고서 조화가 자연적으로 주어지는 것이 아니라 오히려 유지되려면 노력이 필요한 예외 상태, 인공적 구성물, 일시적인 상황임을 보여준다. 레디메이드는 그것이 어디에 있는지 그리고 그것이 어떻게 경험되는지와 무관하다. 레디메이드는 우리에게 존재자는 완고하고 자신의 관계들로부터 물러서 있다는 것을 가르쳐준다. 매끈한 총체는 충분한 힘들이 협력하여 존재자들이 조화롭게 행동하게 만들 때만 현존할 뿐이다. 존재자는 그것을 작동하게 하는 노력이 행해질 때만 타자들과 매끈하게 기능할 뿐인 환원 불가능한 기계다. 더욱이 그런 노력에는 존재자가 향유하곤 하는 어떤 관계들을 깨뜨리는 결과가 반드시 수반된다. 들뢰즈가 서술하는 대로 "예술가는 객체들의 장인이다. 예술가는 산산이 부서진 객체, 불에 탄 객체, 고장 난 객체를 우리 앞에 제시하면서 그것들을 욕망하는-기계들의 체제로 변환하는데, 고장은 욕망하는-기계들의 바로 그 작동의 일부다"(AO, 45). 어떤 존재자도 자동으로 무언가 다른 것으로 환원될 수 없고 그것과 제휴될 수 없으며, 그리고 저항과 경직성은 부자연스러운 예외적 사실들이라기보다는 오히려 원초적 사실들이다. 레디메이드는 우리에게 존재자들이 어떤 실용적 기능이나 미적 기능을 기다린다고 말해주지 않고 그것들이 그런 기능에 저항한다고 말해준다.

---

14. Michael North, *Machine-Age Comedy*, 97~9.

15. Henri Bergson, *Laughter*, 44와 여러 곳. [앙리 베르그송, 『웃음』.]

그런데 환원 불가능성은 고립이 아니다. 우리가 알게 되듯이 자신의 부분들, 동맹자들, 적들 그리고 생태로서의 역할을 수행하는 다른 존재자들과 연결 관계를 맺지 않는 존재자는 전혀 없다. 바로 이런 이유로 인해 들뢰즈는 '회집체'를 '기계'에 대한 동의어로 사용한다. 회집체는 이질적인 부분들 사이의 관계들에서 창발하는 체계다. 만일 존재자가 고립적이라면 그것은 환원 불가능할 것이지만 자기동일적인 것이기에 그 자체로 환원 가능할 것이다. 앞서 지적된 대로 집단성과 고독은 떨어질 수 없는 관계다(K, 18). 그 이유는 들뢰즈의 주요 테제가 역설적으로 무슨 존재자건 모든 관계로 환원될 수 없다는 것, 하지만 그러려면 그것은 언제나 다른 존재자들이 필요하다는 것을 함축하기 때문이다.

체험에서 비롯되는 두 번째 소견은 배움과 관련이 있다. 들뢰즈는 배움을 감춰진 채로 있는 무언가에 익숙해지는 것으로 특징짓는다. 우리가 수영하기 혹은 어떤 언어 말하기를 배울 때 그 대상(물, 일본어)은 결코 완전히 드러나지는 않는다. 우리는 단지 그 대상의 '기호들'을 경험할 뿐이다. '기호'는 광범위하게 이해되어야 한다. 지각되는 물은 하나의 기호이며, 물속에서 수영하기도 하나의 기호다. 어떤 일본어 교과서는 일본어의 한 기호이며, 어떤 일본어 대화도 그렇다. 기호들은 "그 사이에서 기호가 섬광처럼 번득이는 두 가지 크기의 질서 혹은 상이한 실재들"을 나타내며, 그리고 그 번득이는 기호는 "다른 한 '객체'"를 감싼다(DR, 22). 한편으로 기호는 어떤 관계에서 현시되는 객체다. 다른 한편으로 객체 자체는 자신의 기호에 의해 감싸여진 채로 있으면서 직접적인 접촉에서 물러서 있다. 배움은 이런 상황을 암시한다. 그 이유는 원칙적으로 누구나 동일한 존재자에 관한 새로운 것들을 언제나 배우기 때문이다. 더욱이 배운다는 것은 어떤 존재자에 익숙해지기 위해 그 존재자가 향유하는 관계들을 변화시키는 것이다. (이것은 또한 과학 실험에 관한 핵심적인 관념이 아닌가?) 관계의 변화가 마찬가지로 존재자의 변화에 해당한다면 이 존재자에 관한 배움이라는 개념은 터무니없을 것이다. 우리가 수영, 일본어, 연인, 제도혹은 기억에 대한 익숙함을 증진할 수 있는 것은 바로 우리가 객체들자체가 아니라 객체들의 번역된 기호들만 언제나 맞닥뜨릴 따름이기때문이다.

체험에서 비롯되는 세 번째 주장은 참신성과 관련이 있다. 우리의고결한 첫사랑, 1차 세계대전, 프랑스 혁명, 인터넷의 발명, 최초의 재즈 녹음, 이들 모든 사물은 정말로 새로운 것이었다는 점에서 그 의의중 일부가 비롯된다. 그런데 사물들이 어떤 근거(어떤 식으로 구상된것이든 간에)와 맺은 내부적 관계를 갖추고 있다면 사정은 정말로 이럴 수가 없다. 모든 사물이 한낱 변화하지 않는 영구적이고 안정된 무언가의 표상이나 파생물에 불과하다면 참신성은 단지 환상일 뿐이다. 그렇다면 세계의 종말조차도 동일한 옛 근거(유일신이든 역사든 실체든 물질이든 혹은 자연법칙이든 간에)로 환원될 수 있을 것이며, 전화기, 어젯밤, 테니스화 그리고 벌레스크 공연장 역시 그 근거의 효과에불과할 따름이다. 들뢰즈가 서술하는 대로 "근거가 근거 짓는 것을 존속하게 한다면 우리는 그것이 어떤 목적에 이바지하는지 궁금히 여길수 있다. 역으로 근거 지음이 무언가를 변화시킬 때 그 핵심이 드러난다. 모든 근거는 뜻밖의 놀라움을 초래하지 않는가? 근거는 우리가 기대하지 않은 무언가를 낳지 않는가?"(WG, 41). 경험은 실재가 진정한놀라움을 품고 있다는 사실을 암시한다. 그 사실은 어떤 보편적 근거도 존재하지 않고 오히려 새로운 것이 근거 지어지자마자 무언가에 근거를 부여하게 되는 것에 변화가 있음을 의미한다.

3. 외부성을 옹호하는 사변적 논증

이처럼 외부성을 옹호하는 논증 중 첫 번째 군은 아직 결정적이지 않다. 누군가가 들뢰즈는 단지 외부성을 현상학적 혹은 인식론적 의미에서 개연적인 것으로 만들 뿐이라고 이의를 제기할 수 있을 것이다. 하지만 첫 번째 세 가지 논증은 사변적이고 개념적인 고찰에 의존하는 논증들로 구성된 두 번째 군을 위한 길을 낸다. 우선, 들뢰즈는 관계가 그 항들의 내부에 있다면 현재 상황은 지나갈 수 없을 것이라고 역설한다. 『베르그손주의』에서 들뢰즈는 이렇게 묻는다. "만약 옛 현재가 그것이 현재인 동시에 지나가지 않았다면 어떻게 새로운 현재가 나타나겠는가? 만약 어떤 현재이건 현재와 동시에 지나가지 않았다면 어떻게 그것이 지나가겠는가?"(B, 58). 이것은 『차이와 반복』에서 다시 나타난다.

> 만약 과거가 과거로서 구성되는 데 새로운 현재가 필요하다면 이전의 현재는 절대 지나가지 않을 것이고 새로운 현재는 절대 도착하지 않을 것이다. 어떤 현재도 그것이 현재인 '동시에' 과거가 아니라면 절대 지나가지 않을 것이다. 어떤 과거도 그것이 현재였던 '동시에' 먼저 구성되어 있지 않았다면 절대 구성되지 않을 것이다(DR, 81).

중요한 점은 여기서 들뢰즈가 우리의 일반적인 시간관념을 언급하고 있지 않다는 것이다. 들뢰즈가 서술하는 대로 "과거와 미래는 현재 순간으로 가정되는 것과 별개의 순간들을 지칭하는 것이 아니라 오히려 현재가 순간들의 수축인 한에서 현재 자체의 차원들을 지칭한다"(DR, 71). '현재'는 관계를 맺고 있는 존재자들을 가리키고, '과거'

는 이전, 현행 그리고 미래의 모든 관계의 외부에 남아 있는 존재자들의 차원을 가리킨다. 그 차원은 "결코 현재가 아니었던 과거인데, 그 이유는 그것이 '이후에' 형성되지 않았기 때문이다"(DR, 82). 그것은 "이미-존재하는 것으로서 제기되"고 "즉자적으로 제기되며, 그리하여 자신 안에 자신을 보존한다"(DR, 82). 만약 존재자들의 존재가 순전히 현재적이고 관계적이라면 각각의 존재자는 자신의 현행적 사태에 의해 망라될 것이다. 어떤 존재자도 옛 관계들을 저버리고 새로운 관계들을 결성하는 데 필요한 비관계적 잉여를 지니고 있지 않을 것이다. 각각의 존재자는 자신이 현존하는 매 순간에 어떤 내부적 실재 — 관계들이 결성되게 하는 '언제나 이미 과거'인 것 — 를 지니고 있어야 한다.

두 번째이자 유사하게도, 만약 내부주의가 참이고 존재자들이 각각 자신이 맺은 관계들이라면 우주는 "최종 상태"에 이르렀을 것이다(NP, 47). 존재자의 비관계적 측면이 단지 그것이 나중 시점에 될 것에 지나지 않는다고 가정하면 변화 혹은 생성이 아직 중지되지 않은 이유를 이해하는 것은 매우 어려운 일이 된다. 만약 존재가 전적으로 관계적이라면 누구나 실재가 완전한 평형을 이루는 정체 상태에 있으리라 예상할 것이다. 그 이유는 모든 것이 이미 철저히 전개되었을 것이기 때문이다. 들뢰즈가 서술하는 대로,

> 그러나 만약 그런 일이 가능하다면 왜 평형, 최종 상태에 도달해야 할까? 니체가 지나간 시간의 무한성이라고 일컫는 것 덕분이다. 지나간 시간의 무한성은 생성이 생성을 시작하지 못했었을 것이라는 점, 생성이 생성된 것이 아니라는 점을 뜻한다. 그런데 생성이 생성된 것이 아니라면 그것은 무언가로 생성되는 것일 수가 없을 것이다. 생성된 것이 아닌데도 만약에 무언가로 생성되고 있다면 그것은 이미 생성되

고 있는 그것일 것이다. 말하자면 지나간 시간이 무한하다면, 그리고 생성이 한 번만 이루어졌다면 생성은 최종 상태에 도달했었을 것이다. 그리고 생성이 한 번만 이루어졌다면 생성이 최종 상태에 도달했었을 것이라고 말하는 것과 생성이 한 번만 이루어졌다면 생성은 최초 상태를 벗어나지 못했었을 것이라고 말하는 것은 사실상 마찬가지 이야기다(NP, 47).

여기서 무언가로 변화한다는 것은 무언가였다는 것을 수반한다. 그러므로 모든 것이 무언가로 환원될 수 있게 된다면 모든 것은 마찬가지로 무언가였음이 틀림없다. 최소한 형식적으로 모든 것은 마지막에 무언가로 환원되게 되는 것이었어야 한다. 그런데 사정이 그렇다면 모든 것이 시작과 끝 사이에 그 무언가로 환원될 수 없는 이유는 설명할 수 없게 된다. 존재자의 그 항들에 대한 외부성은 절대적 환원 불가능성과 관련되어 있기에 한낱 어떤 더 큰 내부화 과정 속의 한 국면에 불과한 것일 수가 없다(DI, 163). 만약 실상이 그렇다면 그 결과는 모든 것이 자신의 관계적 현재에 전적으로 고착된 어떤 응결된 실재일 것이고, 그리하여 가공의 변화조차도 가능하지 않을 것이다. 이런 까닭에 들뢰즈는, 우리 세계를 창조한 유일신이 존재하더라도 "그의 계산은 결코 정확하게 맞아떨어지지 않으며, 그리고 결과의 이런 부정확성 혹은 불공평성, 이런 환원 불가능한 불평등성이 세계의 조건을 형성한다. (만약) 그 계산이 정확하다면 어떤 세계도 존재하지 않을 것이다"라고 진술한다(DR, 222).

셋째, "자연은 결코 반복하지 않을 것이고 … 그것은 물질의 표면으로 환원될 수 있을 것이다"(DR, 290). 이것은 또다시 외부성의 필연성과 관련이 있다. 모든 존재자 및 그 관계들과 변경들이 단일한 물질적 기체基體로 환원될 수 있다면 이 기체는 모든 존재자 및 그 관계들과 내부적 관계를 향유하게 된다. 결국에 무언가임은 이 물질적 층의 재현물 혹은 치환물임을 뜻할 것이다. 그렇다면 여러 사안들이 이해할 수 없게 될 것이다. 우선, 이 단일한 물질적 층이 애초에 파편들로 분할되는 이유와 그 인간 절편이 다양성의 환영을 경험하는 이유를 이해할 수 없게 된다. 그다음에, 한편으로는 이것이 존재하고 다른 한편으로는 저것이 존재하는 이유를 이해할 수 없게 된다. 모든 것이 동일한 자연적 실체, 법칙 혹은 원리로 환원될 수 있다면 다양한 현실적 존재자의 현존은 불가사의한 일이 된다. 마지막으로, 이 물질적 기체의 실재가 무엇일지를 이해할 수 없게 된다. 유물론이 참이라면 무언가임은 어떤 최종 물질로 환원될 수 있다는 것이다. 존재는 궁극적으로 '실체로 이루어져 있음'을 뜻할 것이다. 하지만 어떤 최종 물질의 층은 자신을 포함할 수 없다. 왜냐하면 최종적이려면 그것은 어떤 것으로도 구성될 수 없고, 심지어 자신으로도 구성될 수 없기 때문이다. 이것이 들뢰즈가 비난하는, 유물론에 내재하는 "무한히 반복되는 요소"의 모순이다(DR, 271). 들뢰즈가 서술하는 대로 모든 "물질적이고 헐벗은 모형은 그 고유한 의미에 충실할 때에는 도저히 생각할 수 없다"(DR, 286). 유물론 안에서는 또다시 모든 것이 전적으로 현실적이고 균질하리라 예상될 것이기에 어떤 미래 사건도 일어날 수 없을 것이다. 이런 까닭에 들뢰즈는 아무것도 '반복'하지 않을 것이라고 서술한다. 이것은 단지 유물론의 문제일 뿐만 아니라 관념론의 문제이기도 하다는 점을 인식하자(C1, 56 ; AO, 35). 예를 들면 칸트 이후 철학자들이 이미 이해한 대로 칸트주의적인 초험적 주체성이 경험 현상을 설명해야 하는 경우에도 유사한 문제가 발생한다. 첫째, 동일한 조건이 경험의 모든 세부를 철저히 설명할 수 있다면 다양성은 어떻게 설명할 수 있는가? 둘째, 여기서는 이것을 생산하는 한편으로 저기서는 저것을 생산하는 동일한 조건을 어떻게 설명할 수 있는가? 셋째, 초험적 주체와 다양한 능력의 생성을 어떻게 설명할 수 있으며, 모든 것의 원인이 되는 것을 어떻게 설명할 수 있는가?[16] 들뢰즈는 유물론을 비난할 뿐만 아니라 존재자들과 그 관계들을 하나의 실체, 행위주체, 원리, 운동 혹은 예외적이고 포괄적인 관계(인간과 세계 사이의 관계 같은 것)로 내부화하는 모든 철학도 비난한다.[17]

그런데 왜 그렇게 엄격한가? 들뢰즈가 항들에 대한 관계의 철저한 외부성이 언제나 존재한다고 역설하는 이유는 무엇인가?[18] 각각의 존재자가 어떤 "외피"(DR, 24)에 의해 타자들로부터 절대적으로 격리된 내부를 갖추고 있어야만 하는 이유는 무엇인가? 관계들 그리고 항들이 도대체 존재해야 하는 이유는 무엇인가? 그 이유는 존재론이 제로섬 게임이기 때문이다. 첫째, 실재는 오직 관계들로만 구성될 수는 없

---

16. 물론 칸트는 편리하게 유일신에게 떠넘긴다(Salomon Maimon, *Essay on Transcendental Philosophy*, appendix II, 234, "Letter from Kant to Herz").

17. 들뢰즈는 누군가가 지향성 테제에 근거하여 제기할 수 있을, 내부주의 대 외부주의라는 쟁점이 '사이비 문제'라는 이의들도 거부할 것이다. 그 누군가는 모든 의식이 그 자체는 이 의식이 아닌 무언가에 대한 의식이라고 말한다. 그러므로 우리는 외관상 외부성(의식으로 환원될 수 없는 것)과 내부성(의식 속의 것)을 동시에 그리고 모순 없이 얻는다. 하지만 의식 속 객체의 환원 불가능한 부분은 의식 자체에 의해 생산될 수 없고 설명될 수 없다. 만약 사정이 그렇다면 그 객체의 두 가지 측면(그것의 현전과 그것의 타자성)은 의식으로 환원될 수 있을 것이고, 그리하여 모든 내부주의의 경우에 발생하는 문제들이 재현된다. 그래서 그 객체의 물러서 있는 타자성은 그것에 속해야 한다. 존재자들 사이의 관계도 사정은 마찬가지다. 만약 의식이 이들 관계를 전적으로 설명할 수 있다면 그 결과는 어떤 통일된 퓌시스(physis)가 누스(nous)에 의해 흔들리고 파편화되는 소크라테스 이전의 사상일 것이고, 그리하여 우리는 또다시 유물론을 저지하는 것들과 같은 문제들을 대면하게 된다.

18. "(L) a relation, c'est forcément en trois puisqu'elle est extérieure à ces termes, dont on a au moins deux termes et la relation n'est réductible à aucun de deux ni à la totalité de deux. Donc la relation est toujours un tiers"(SC, 010383).

다.[19] 전적으로 관계적인 실재는 변화를 설명할 수 없다. 그러므로 각각의 관계는 변화를 설명할 잉여를 구성하는 무언가 다른 것, 즉 그 존재자의 사적 실재를 수반해야 한다. 더욱이 관계들만 존재한다면 관계들이 연관시키는 것은 이해할 수 없을 것이다. "무한한 재현"이 있을 것이고(DR, 56), 그리하여 어떤 집은 그 집에 대한 타자들의 무한히 많은 가능한 관계들과 현행적 관계들에 지나지 않을 것이다. 그런데 무언가에 대한 관계는 무언가에 대한 또 하나의 관계와 맺는 관계가 결코 아니다. 그 집에의 내 조망은 그 집에의 당신의 조망에 대한 내 경험도 아니고 그 집에의 모든 가능한 조망에 대한 내 경험도 아니다.[20] 나는 그 집을 경험하는데, 그렇다 하더라도 이것을 설명하는 것은 생각보다 간단하지 않을 것이다. 혹은 또 하나의 사례를 살펴보자. 색깔과 위치는 관계적 성질들로, 색깔은 광원이 필요하고 위치는 언제나 관계적이다. 그런데 어떤 존재자의 색깔은 그 존재자의 공간적 좌표 혹은 심지어 연장의 색깔이 아니다. '2미터의 녹색'은 단적으로 존재하지 않는다.[21] 관계적 성질들은 수렴할 수 있지만 오직 언제나 동

19. "〔P〕eut être qu'à la limite, il n'y a pas de terme, il n'y a que des parquets de relations, ce que vous appelez un terme, c'est un paquet de relations, voilà"(SC, 141282) ; "〔J〕e crois que qu'on peut pas penser les relations indépendamment d'un devenir au moins virtuel, quelle qu'elle soit la relation, et que ça à mon avis, les théoriciens de la relation, pourtant si forts qu'ils soient, ils l'ont pas vu, mais je voudrais insister beaucoup plus sur ce point"(SC, 141282).

20. 올바르게도 푸코는 『의미의 논리』(그리고 나아가서 들뢰즈의 철학 전체)가 "『지각의 현상학』의 견지에서 상상할 수 있는 가장 이질적인 책"이라고 말한다(Michel Foucault, "Theatricum philosophicum," 79). 그 이유는 메를로-퐁티가 "집 자체는 어디에서도 보이지 않는 집이 아니라 모든 곳에서 보이는 집이다. 완성된 객체는 반투명한데, 그것은 그 심층에서 아무것도 감춰진 채로 남겨두지 않으면서 교차하는 무한히 많은 현재의 시선에 의해 도처에서 침투된다"라는 주장을 명확히 옹호하기 때문이다(Maurice Merleau-Ponty, *Phenomenology of Perception*, 79, 강조가 첨가됨 [모리스 메를로-퐁티, 『지각의 현상학』]).

일한 비관계적 존재자 위에서 수렴할 뿐이다.

마찬가지로 관계들이 다만 얼마간, 때때로 혹은 아마도 항들의 내부에 있는 것도 불가능하다. 들뢰즈가 제안하는 대범한 분리에 약간의 겸손함을 도입할 뿐이더라도 관계들은 다만 얼마간 항들의 외부에 있다고 상정할 사람이 있을 것이다. 그렇지만 그 사람은 존재자들에 대한 한 가지 '커다란' 관계-외적 측면을 상정하여 그 일부를 존재자들의 관계들에 제공할 따름이다. 한 가지 '작은' 관계-외적 측면은 여전히 남아 있고, 따라서 그것은 여전히 존재자들의 사적 실재일 것이다. 마찬가지로 관계들이 때때로 외부에 있고 때때로 내부에 있는 것도 불가능하다. 어쩌면 누군가가 이것을 만물이 결속하는 것처럼 보이는 방식에 대한 손쉬운 설명으로 제시할 것이다. 소수의 특권적인 내부적 관계의 견고한 근간 위에 안전하게 자리하고 있는 외부적 관계들의 우연한 연출이 나타날 것이다. 그렇지만 존재자들이 다른 무언가와 단 하나의 내부적 관계를 맺고 있더라도 앞서 언급된 모든 문제가 재현된다. 우리에게는 또다시 자신의 현재 현실태를 넘어서는 잉여를 갖추고 있지 않은 존재자들이 남겨지게 될 것이다. 그것들의 존재는 단일한 현행적 관계에 의해 철저히 망라될 것이다. 무언가의 존재가 어떤 가능한 관계에 자리하고 있을 수도 없다. 그 이유는 가능성은 언제나 다른 존재자들이 필요하기 때문이다. 예를 들면 어떤 축제는 그것이 벌어진 이후에 어느 평가자가 표명할 수 있을 논평으로 규정된다고 가정하자. 이것은 그 평가자가 조기에 사망함으로써 그 가능성이 제거되면 그 축제는 존재한 적이 없을 것이라는 터무니없는

---

21. * 길이라는 성질은 색깔이라는 성질을 가질 수 없음을 뜻한다. 달리 말해서 길이든 색깔이든 간에 모든 성질은 존재자에 속하는 성질일 따름이다.

사태를 초래한다! 축제는 그것의 가능한 관계들 전체라고 말함으로써 해결되는 것은 아무것도 없다. 결국 그 축제 직후에 우주가 끝나더라도 그것이 벌어졌다는 것은 여전히 사실로 남게 될 것이다. 이것들과 같은 회피 전략들을 "형이상학과 초험적 철학에서 흔히 볼 수 있"는 이유는 "그 두 철학이 모두 우리에게 다음과 같은 대안을 강요하"기 때문으로, "분화되지 않은 근거, 무근거적인 것, 형태가 없는 비존재 혹은 차이도 특성도 없는 심연을 택하거나, 아니면 비할 데 없이 개체화된 존재와 강렬히 인격화된 형상形相을 택하도록 강요한다. 이 존재 혹은 이 형상形相이 없다면 카오스만이 있을 것이다"(LS, 105~6; 그리고 LS, 103; WP, 51을 참조). 내부주의적 철학들은 실재가 어떤 실체, 유일신 혹은 코스모스에 의해(형이상학), 칸트주의적 주체에 의해(초험적 철학), 아니면 인간과 세계 사이의 관계에 의해 재단되지 않는다면 그것은 절대 카오스일 것이라고 가정한다.

그 전략이 무엇이든 간에 외부성에 반대하는 일반적인 방법은 두 가지가 있다. "관계를 항들의 내부에 있게 하는 수단을 찾아내거나, 혹은 관계가 이미 그것의 내부에 있는 더 깊고 포괄적인 항을 발견하는 방법이 있다"(DI, 163). 두 경우에 모두 존재자들과 그 실재적 상호작용들이 "그것들을 모두 표현하게 되어 있는 하나의 추상적 관계"(NP, 74)로 대체된다. 그 결과는 언제나 이원론이다. 관계들이 항들의 내부에 있다면 변화를 설명하기 위해 존재자들과 그 상호작용들 이외의 무언가가 상정되어야 한다. 관계들과 항들이 모두 어떤 더 깊은 관계의 내부에 있다면 모든 것이 자리하고 있는 것과 그것의 내부에 자리하고 있는 모든 것이 구분되는 이원론이 존재한다. 두 경우에 모두 다자(여럿)는 어떤 일자(하나)에 의해 포섭된다. 오히려 들뢰즈는 일종의 일원론이기도 한 다원론, 즉 복수주의를 옹호한다. 다원론인 이유는 각각의 존재자가 자신을 독자적인 힘이게 하는 어떤 환원 불가능한 사적 실재를 지니고 있기 때문이다. 일원론인 이유는 각각의 존재자가 하나의 형식적 의미에서 동일한 내부를 갖추고 있을 것이기 때문이다.

> 오직 하나의 사유 형식이 있고 그것은 동일한 것인데, 누구나 일원론적 방식 혹은 다원론적 방식으로 생각할 수 있을 뿐이다. 유일한 적은 이원론이다. 일원론과 다원론, 그것은 동일한 것이다 ⋯ 그 이유는 이원론의 원천이 바로 하나로 확인될 수 있는 것과 여럿으로 확인될 수 있는 것 사이의 대립이기 때문이다 ⋯ (SCS, 260373 ; 그리고 DR, 56을 참조).

"사물들을 위에서 내려다보거나 혹은 아래에서 올려다보는 것보다 중간에서 바라보는"(ATP, 23) 것이 더 어려울 것이다. 우리는 "구원을 천상으로부터 혹은 이데아로부터 기대할 수 없는 것과 마찬가지로 더는 지상의 심층으로부터 혹은 토착지로부터도 기대할"(LS, 129) 수 없다. 그 이유는 그렇게 이해된 "깊이(심층)와 높이(상층)가 더는 없"(LS, 130)기 때문이다. 오히려 우리는 존재자들을 그 자체로 그리고 그것들만 고려해야 하는데, 그런 작업을 체계적으로 행하는 것이 들뢰즈가 겸손하게 자신이 철학에 "고유하게 이바지한 작은 기여"라고 일컫는 것이다.[22]

더 나아가기 전에 외부성 테제의 몇 가지 함의를 알아보자. 첫째, 이미 언급된 대로 구멍이든 상처든 가슴이든 벌이든 축구선수든 투

---

22. "mon seul petit apport"(SC, 141282).

아레그족이든 늑대든 혹은 자칼이든 간에 모든 단일한 존재자는 절대적으로 환원 불가능할 것이다. 더욱이 그것들이 육체적인지 환각적인지 혹은 시적인지는 중요하지 않은데, 실재적인 것은 실재적이다(ATP, 30; 그리고 FLB, 10을 참조). 외부성의 세계는 "절대적으로 동일한 두 알갱이의 먼지도 없고, 특이점들이 동일한 두 개의 손도 없고, 동일한 방식으로 두드리는 두 개의 타자기도 없고, 동일한 방식으로 총알을 내뿜는 두 정의 권총도 없는"(DR, 26) 세계다. 둘째, 내부성의 절대적 거부는 "주요 경계선이 이동되었음"(LS, 132)을 뜻한다. "경계선은 더는 높이에 의거하여 보편적인 것과 특수한 것 사이를 가르지 않는다. 또한 깊이에 의거하여 실체와 우유적인 것 사이를 가르지도 않는다"(LS, 132).[23] 오히려 우리는 각각의 존재자의 "형이상학적 표면"과 "물리적 표면"이라는 두 측면 사이에 어떤 종류 차이가 있게 구상해야 하는데(LS, 125), 그리하여 존재자들은 공간적으로, 시간적으로 그리고 부분전체론적으로 환원 불가능해진다. 그 두 측면은 모두 변화뿐만 아니라 영속성이라는 요소도 갖추고 있어야 한다. 그렇지 않다면 동일성과 변동성 중 하나는 존재자들의 존재의 한 측면에 귀속된다. 그 결과 이 측면은 다른 존재자들 사이에서 동일한 측면과 구별될 수 없을 것이기에 모든 그런 측면이 하나로 융합됨으로써 이원론이 다시 확립될 것이다. 셋째, 모든 제1성질과 제2성질, 부분, 전체, 기능, 술어는 존재자의 관계적 측면에 속한다. 존재자를 그것의 색깔, 무게, 크기, 수학적 구조, 성분들, 구성요소들, 나이, 기원, 냄새, 대중, 사용자들, 위치 혹은 존속 기간으로 서술하거나 심지어 규정하는 것은 언제

---

23. 우리가 알게 되듯이 존재자의 관계적 측면은 '우유적'이지 않다. 그 이유는 이 측면이 존재자의 본질을 바꿀 수 있기 때문이다.

나 관계적이다. 그런 작업은 언제나 다른 존재자들도 포함한다. 들뢰즈는 이런 관계적 측면을 전혀 참조하지 않은 채로 존재자의 사적 실재를 설명해야 할 것이다. 넷째, 이런 설명은 인식론적 실재론일 수가 없다. 들뢰즈는 어떤 특정한 존재자에 대해서도 '…란 무엇인가?'라는 물음에 대답한 적이 없다. 바로 그 이유는 그 물음에 대답하는 행위가 존재자의 존재가 인간과 맺은 관계 속에 실존하게 될 수 있다는 점을 수반할 것이기 때문이다. 그러므로 들뢰즈는 다음과 같이 말한다.

'이것은 무엇인가?'라는 물음이 본질 혹은 이념을 찾아내기 위한 좋은 물음인지는 확실하지 않다. 어쩌면 누가? 얼마나 많이? 어떻게? 어디에서? 언제? 같은 물음들이 더 좋을 것인데, 이념에 관하여 더 중요한 것을 결정하는 데 더 좋을 뿐 아니라 본질을 찾아내는 데에도 마찬가지로 더 좋을 것이다(TRM, 94).

사물들이 각자 직접적인 접근으로부터 물러서 있는 채로 "독자적인 방식으로 존속하"더라도 여전히 "존재론은 필연적으로 가능할 것이다"(B, 49). 그런데 그것은 순전히 형식적임이 틀림없다. 존재론은 모든 존재자의 일반 구조의 개요를 설명할 수 있을 것이지만 어느 특정한 존재자의 사적 실재, 본질 혹은 이념이 정확히 무엇인지는 우리에게 말해줄 수 없다. 그런 발견들은 다른 인간 활동에서 이루어지게 되지만 그럴 경우에도 외부성은 '…란 무엇인가?'라는 물음이 결코 확정적인 대답을 얻을 수 없다는 것을 요구한다. 어떤 기계 또는 회집체에 관해 배운다는 것은 다양한 관계 속에서 현시되는 그것의 표현들, 그것의 서술들, 그것의 부분들, 그것의 용도들, 기타 등등에 익숙해지는 것이지, 결코 그것 자체를 알게 되는 것은 아니다.

3장

니부즈의에 대한 비판

들뢰즈의 사상에서 외부성 테제가 중심적인 역할을 수행한다는 점이 입증되었기에 이제는 어떻게 해서 바로 이 테제가 다른 철학자들과 철학들에 대한 그의 다양한 비판을 고무하는지 설명될 수 있다. 이 설명의 목적은 두 가지다. 첫째, 그것은 들뢰즈의 비판이 그가 '경쟁하는' 사유 체계들에서 식별하는 개별적 문제들의 느슨한 집합체가 아니라는 사실을 증명한다. 오히려 이들 물음은 하나도 빠짐없이 들뢰즈가 외부성과 결과적인 존재자들의 환원 불가능성을 고수한다는 점에 뿌리박고 있다. 둘째, 그것은 누구든 외부성 테제에서 나아가지 않는다면 들뢰즈의 철학과 존재론을 제대로 이해할 수 없다는 확신을 뒷받침하는 후속 증거를 제공한다. 이렇게 해서 관계들과 항들의 외부성을 무시하는 것은 들뢰즈를 그가 제거하고자 하는 바로 그런 철학들에 동조하게 하는 것과 다름없는 행위에 해당하게 된다.

1. 차이와 반복

각각의 기계 또는 다양체(어떤 단상, 어떤 화려한 파티, 어떤 거대한 산)는 그것의 내부적 실재와 그것이 타자들과 갖는 상호작용 사이에 차이가 있다. 각각의 기계는 그 자체로 차이가 있다(DR, 55). 그 차이는 한 기계와 무언가 다른 것 사이의 차이라기보다는 오히려 기계의 두 가지 측면 사이의 존재론적 차이다. 결국 반복은 "'절대적으로 다른' 것의 생산"이어야 하고, "그리하여 반복은 대자적으로 차이 그 자체이게 된다"(DR, 95). 반복은 모든 존재자의 모든 현실적 관계와 모든 내부적 실재 사이의 이런 종류 차이의 영원회귀다. 이런 내부적 반복은 모든 실존적 사례에서 동일한 존재론적 차이를 반복한다.[1] 모든 존재자는 여타의 것으로 환원될 수 없기에 그것 역시 한 가지 다른 차이의 반복이며, 이번에는 실존적으로 반복한다. 실존적으로는 관계 속에 있는 어떤 산과 그 외부에 있는 어떤 산 사이의 반복되는 차이가 어떤 꽃의 그런 두 측면 사이의 차이와 동일하지 않다. 게다가 어떤 산은 다양한 종류의 관계를 맺기에 그 차이는 그 산 자체에 대하여 반복되는 것과 동일한 차이도 아니다![2] 이제 우리는 "저주의 상태"(DR, 29)에 있는 차이와 반복에 대한 들뢰즈의 비판을 이해할 수 있다. 이것은 기계 존재가 기계의 외부에 있는 무언가, 다른 기계들과 공유되는 무언가, 기계의 아래에, 위에 혹은 너머에 있는 무언가라고 시사하는, 차이와 반복에 관한 개념이다. 그 무언가는 어떤 존재자, 과정, 힘, 의식, 역사 등이 될 수 있다. 각각의 경우에는 내부적 차이가 나타나기보다는 오히려 '동일성의 우위성'이 나타나고, 그리하여 차이를 무언가 자체 내부의 차이라기보다는 다른 무언가의 표상으로 격하시킨다(DR, xix).

일상적인 의미에서의 반복은 어떤 의미에서는 동일한, 상이한 존재자들이나 사건들 혹은 힘들의 사례들을 가리킨다(DR, xv). 여러 번의 구타라는 잔인한 사례를 살펴보자. 이들 구타는 적어도 반복적으로 구타하는 누군가가 있거나 혹은 반복적으로 구타당하는 누군가가 있는 경우에만, 구타가 발생하는 단일한 장소 혹은 구타를 지켜보는 단일한 개인이 있는 경우에만 '반복되는 구타'다. 축제, 계절, 생일, 소리, 교습, 날씨 패턴, 문체적 요소, 설명 그리고 오류의 경우에도 사정

---

1. 이어지는 글에서는 정기적으로 '존재론적'인 것과 '실존적'인 것이 구분된다. '존재론적'이라는 용어는 존재자들이 모두 세 가지 종합에 연루된 환원 불가능한 사중체라는 점에서 동등함을 뜻한다. '실존적'이라는 용어는 존재자들이 구체적으로 현존하는 상태, 즉 자신의 특유한 상태에 있음을 뜻한다. 실존적으로는 어떤 화산, 어떤 책, 어떤 단상 그리고 어떤 전자 사이에 극명한 차이가 있다. 존재론적으로는 그것들이 동등하다.
2. 7장에서는 기계의 내부적 실재가 그것이 현존하는 동안 바뀐다는 사실이 밝혀질 것이다. 존재론적 차이는 달라지는 내부적 실재(미분화)와 달라지는 관계적 실재(분화) 사이의 차이 자체다.

은 마찬가지다. 그런 반복은 어떤 차이의 내부적 반복으로 이해될 수 없다. 그것은 어떤 동일한 것의 외부적 반복으로, 한 가지 사물이 다양한 사례에서 반복된다. 일단 우리가 외부적 반복이 존재자들을 실존적으로 관련시킬 뿐만 아니라 존재론적으로도 설명한다고 생각하면 문제가 발생하게 된다. 그럴 경우에는 한 존재자가 자신과 타자들에서 식별되는 공통의 요소다. 들뢰즈는 우리가 이렇게 생각할 수 있게 되는 다양한 방식을 제시한다.

첫째, 법칙들이 있다. 법칙은 "그것에 예속된 주체들의 유사성과 더불어 그것이 지정하는 항들과 그 주체들의 동등성"을 결정한다 (DR, 2). 어쩌면 모든 것은 초월적인 자연적 법칙들, 종교적 법칙들 혹은 우주적 법칙들로 완전히 설명된다고 생각하는 사람이 있을 것이다. 그렇다면 모든 항은 그것들이 그런 법칙들과 맺은 관계의 내부에 있게 된다. 존재는 법칙들의 표상에 지나지 않는 것임을 뜻할 것이다. 모든 폭풍, 바위 혹은 사유는 일반적이고 자기동일적인 법칙들에 의해 결정되는 것으로, 독자적인 내부적 실재 자체가 없을 것이다. 둘째, 사물들을 "소수의 선택된 인자에 의거하여" 규정하는 과학적 실험이 있다(DR, 3). 존재자의 몇 가지 측정 가능한 특성은 본질적임이 틀림없다고 생각하는 사람이 있을 수 있다. 그리하여 어떤 존재자의 존재는 올바른 조건 아래서 맺은 어떤 관계에서 현시하게 될 수 있다는 점이 도출될 것이다. 어떤 존재자가 그런 특성을 나타내는 것을 반복적이고 믿음직하게 보여줌으로써 이 특성은 그 존재자의 실재적 존재('개는 짖는 동물이다', '물은 H_2O다')라는 점을 점점 더 납득시킬 수 있게 될 것이다. 셋째, 어쩌면 존재자는 그것의 개념을 통해서 철저히 파악될 수 있다고 생각하는 사람이 있을 것이다. 한 개념의 내포(그것의 특유성)와 외연(그것이 적용되는 대상들)은 반비례 관계에 있기에 단일한 존재자에 대한 개념은 무한한 내포를 요구할 것이다. 하지만 사정은 이렇지 않다. 한 개념의 내포는 술어를 첨가함으로써 증가할 수 있을 따름인데, 우리는 '회색임', '공격적임', '14kg임' 등을 첨가함으로써 '개'를 특정할 수 있다. 그런데 이미 입증된 대로 술어는 언제나 관계적이다. 무한한 내포는 어떤 존재자 자체를 파악하기보다는 오히려 단지 "유사성들을 포착할 수 있게 하는 최대의 공간을 허용하"면서 여전히 "권리상 무한히 많은 사물에 적용될 수 있"을 뿐이다(DR, 12). 무한한 내포는 단지 어떤 존재자가 (필시) 향유하는 모든 관계를 열거할 뿐이다. 그것은 한 사물의 소속을 열거하는 한편으로 그 사물의 관계-외적 존재를 개의치 않는다. 이렇게 해서 외부적 반복의 극단적인 일례가 제시되며, 그 이유는 한 존재자가 동일한 술어들이 적용되는 무한히 많은 다른 가능한 존재자들과 동일시되기 때문이다.[3]

외부적 반복과 내부적 관계에 전제를 두고 있는 그런 존재론들은 들뢰즈가 "일반성"(DR, 1), "기계론"(AO, 59) 혹은 "기능주의"(AO, 210)라고 일컫는 것을 나타낸다. 이들 용어는 "한 항이 다른 한 항으로 교체되거나 대체될 수 있다는 관점을 표현한다"(DR, 1). 그 관점은 어떤 존재자를 무언가가 그 존재자를 어떤 관계 속에서 현시하게 하거나 기능하게 하는 방식과 동일시한다. 강, 믿음, 사회 그리고 기념물의 변화와 영속성은 모두 한낱 그것들 이외의 무언가에서 비롯되는 요구의

---

3. 또한 들뢰즈는 창조된 것이 오직 인간의 한 손뿐이라면 그것의 개념은 그것이 오른손인지 왼손인지 결정할 수 없을 것이라는 칸트의 논증을 언급한다. 그런 결정에는 단지 손 이외의 것을 가리키는 술어들, 즉 엄지손가락이 '왼쪽'에 있는지 아니면 '오른쪽'에 있는지 그리고 손바닥이 '안쪽'에 있는지 아니면 '바깥쪽'에 있는지가 포함되어야 한다. 요컨대 개념은 준거를 피할 수 없기에 그것의 대상 이외의 무언가와의 관계를 피할 수 없다는 것이다(DR, 131 ; SL, 200580을 참조). 원래의 논증에 대해서는 「공간 영역들의 구분에 대한 첫 번째 근거에 관하여」(Immanuel Kant, "On the First Ground of the Distinction of Regions in Space")를 보라.

예시에 불과하다(DR, 2). 예를 들면 기능주의적 이론은 유기적 조직과 실리콘 대체물이 그것들의 소유주에 대하여 동일한 기능을 수행한다면 정확히 동등하다고 주장할 것이다. 치러야 하는 대가는 극한에서 '유기적 조직'과 '실리콘 대체물'이라는 바로 그 개념들이 무의미해진다는 것이다. 그 낱말들은 그것들의 기능이 드러내지 않는 차이를 시사한다. 기능주의와 기계론은 어느 시점에서 기능하기 시작한 이 존재자를 설명할 수 없다. 그것들은 "〔한 기계의〕 구성체들을 설명하지 못하는 근본적인 무능력"에 의해 좌절된다(AO, 323).[4] 그것들은 사물의 표면 수행에 집중함으로써 사물 자체의 내부 영역을 간과한다.[5]

'저주의 상태'에 처한 반복은, "법칙에 맞서 자신을 주장하고 법칙의 하부에서 작동하며 어쩌면 법칙보다 우월할" 내부적 반복이 논리적으로 외부적 반복에 선행한다는 점을 무시한다(DR, 2). 이들 반복은 "반복의 확실한 내부성"인, 외부적 반복의 "조건 혹은 구성요소"를 망각한다(DR, xvi). 모든 것이 한낱 자신의 기능 혹은 표현에 불과하다면 모든 것은 항들의 내부에 있을 것이다. 현재는 지나가지 않을 것이고, 우주는 끝나지 않을 것이며, 아무것도 생겨날 수 없을 것이다. 우리는 어떤 기계가 기능하는 방식과 그 기계의 내부에 자리하고 있는 것 사이의 절대적 차이인 내부적 반복의 "실정적 원리"가 필요하다(DR, 19). 우리는 노출된 외부적 반복 아래 가려져 있는 내부적 반복을 설명해야 한다(DR, 25).

마찬가지로 들뢰즈는 가장 근본적인 차이가 한 존재자와 여타의

---

4. "jamais la fonction ou jamais l'usage de quelque chose n'explique la production de cette chose"(SCS, 18071)를 참조하라.
5. 그러므로 "몰적 기능주의"는 충분히 깊이 도달하지 못하고(AO, 210), 기계론은 기계 존재를 포착할 수 없다(FLB, 8).

것 사이의 차이라고 구상하는 철학들을 거부한다. 어떻게 구상되든 간에 "외부로 후퇴하는 차이"는 동일성을 전제로 한다(DR, 24). 반복과 관련하여 핵심은 존재자들 사이의 차이가 존재하지 않는다는 것이 아니라 이것이 더 근본적인 내부적 차이를 보이지 않게 하는 경향이 있다는 것이다. 이렇게 해서 들뢰즈는 동일성과 유사성, 대립, 유비에 전제를 두고 있는 모든 철학을 거부하게 된다(DR, xv). 들뢰즈는 이것들을 "존재의 본성을 저버리"는 "네 가지 족쇄"라고 일컫고, "차이가 못 박히게 되는" 십자가라고 일컫는다(DR, 269, 29, 138). 어떤 존재자의 바로 그 존재가 무언가와 동일할 수 있으려면, 무언가와 유사할 수 있으려면, 무언가에 대립적일 수 있으려면, 무언가와 유비적일 수 있으려면 이 존재는 관계적이다. 여기서 존재한다는 것은 한 존재자가 다른 한 존재자와 맺은 관계를 나타낸다는 것이거나 혹은 자신을 넘어선 운동으로 용해된다는 것이다. 이것은 각각의 차이를 더 깊은 동일성의 국면으로 전환한다. 두 마리의 말이 다르다면 그것들은 먼저 둘 다 말이어야 한다(동일성). 정신병원이 감옥과 같다면 그것들의 차이는 그것들이 공유하는 특징에 비해 부차적인 것이 된다(유사성). 뜨거움은 차가움과 다르지만 둘 다 온도와 관련되어 있다(대립). 나에게 이 책이 오소리의 굴과 같은 것이라면 나와 오소리는 둘 다 무엇보다 먼저 제작자다(유비). 그런 차이들이 근본적이라고 여겨질 때마다 "우리는 차이를 그 자체로 생각하지 않는다"(DR, xv).

이들 고찰로 인해 『차이와 반복』에서 들뢰즈는 아리스토텔레스와 헤겔, 라이프니츠의 철학들에 핵심적인 요소들을 거부하게 된다.[6] 첫 번째 철학으로 시작하면 아리스토텔레스주의는 들뢰즈가 "유기적

---

6. 이들 저자에 대한 들뢰즈의 독해가 올바른지 여부는 다른 문제다.

재현"(DR, xv, 35)이라고 일컫는 것의 전형적인 사례다.[7] 그 용어는 존재자들을 그것들이 속한 어떤 '더 큰 사물'에 의거하여 규정하는 모든 철학을 지칭한다. 비철학적인 일례는 "마주 보는 엄지손가락은 영장류에서만 나타난다"라는 (공교롭게도 거짓인) 진술, 즉 마주 보는 엄지손가락과 관련하여 본질적으로 '영장류적'인 것이 있음을 의미하는 진술일 것이다. 그런데 아리스토텔레스의 경우에 최대의 가능한 차이는 상반성으로, 예를 들면 합리적 동물 대 비합리적 동물에서 나타난다. 그 이유는 "대립되는 것들만이 동시에 (어떤 것에) 들어 있을 수 없"기 때문이다.[8] 상반성은 더 상위의 동일성에 의존하는 특정한 차이를 가리키며, 여기서는 '동물'이라는 유다. 그러므로 "두 항은 그것들이 그것들 자체로 상반되는 것이 아니라 무언가 다른 것 속에서 상반될 때, 그리하여 그것들이 또한 무언가 다른 것 속에서 일치할 때 다르다"(DR, 30; 그리고 DR, 31~2를 참조). 이것은 네 가지 방식으로 외부성에 어긋난다. 첫째, 개별적 사물은 자신이 속한 유와 결정적인 내부적 관계를 맺는다. 그 이유는 유가 자신에 속한 종들의 본질에 공통적인 것과 관련이 있기 때문이다. 둘째, 『범주들』에서 규정된 대로의 으뜸 실체('개체')는 수적으로 하나이고 자기동일적이며, 따라서 그것은 외부성 테제가 필요로 하는 내부적 차이가 없다.[9] 셋째, 유는 "그 자체로는 동일한 채로 있으면서 그것을 분할하는 차이들 속에서 달리 된다"(DR, 31). 오직 특정한 차이를 통해서만 '동물'은 말과 인간 속에서 각기 무언가 다른 것이 되는 한편으로(DR, 12), 그 유 자체는 내부적

---

7. 전형적인 사례인 이유는 네 가지 족쇄가 모두 존재하기 때문이다. 범주들은 유비에 의해 규정되고, 어떤 유 내에서의 종적 차이는 최하위 종에 대한 지각의 유사성과 개념의 동일성, 술어들의 대립에 의해 규정된다.

8. Aristotle, *Metaphysics*, 1055b33~4. [아리스토텔레스, 『형이상학』.]

9. Aristotle, *Categories*, 4a10. [아리스토텔레스, 『범주들·명제에 관하여』.]

차이가 전혀 없다. 넷째, 범주 혹은 최고의 유는 유비적으로 규정되어야 하는데, 왜냐하면 존재는 최고의 유일 수가 없기 때문이다(DR, 33~4). 그 이유는 특정한 차이들이 자신들의 유를 포함할 수 없기 때문이다. 만약 그렇다면 인간은 '합리적인 동물 동물'일 것인데, 이는 터무니없다. 존재가 하나의 유라면 존재의 범주들로의 분할은 존재 없는 특정한 차이가 필요할 것이다. 이런 일이 불가능한 이유는 존재 없는(즉, 존재하지 않는) 특정한 차이가 작동할 리가 만무하기 때문이다. 그 결과는 유비에 의한 규정이며, 이것은 전적으로 관계적이다.

그다음에 들뢰즈는 라이프니츠와 헤겔을 "망아적 재현"의 사례들로 제시한다(DR, xv, 42). 이것은 이산적인 존재자들을 이산적인 '더 큰 사물들'에 종속시키는 대신에 만물을 그것들이 그것의 표현들이거나 그것으로 수렴하는 하나의 전체로 동화시키는 철학들을 나타낸다(DR, 42). 이들 철학은 존재자들을 "유한한 결정이 끊임없이 망아적 재현 안에서 봉인되고 펼쳐지며, 태어나고 사라지는 모태"로 흡수시킨다(DR, 43). "[재현]은 더는 어떤 형식의 한계를 가리키지 않고 오히려 어떤 근거를 향한 수렴을 가리킨다"(DR, 43). 이것을 행하기 위한 두 가지 방법이 있다. 첫 번째 방법은 헤겔이 보여준 대로 모든 것을 "무한히 큰 것"으로 흡수시키는 것이다(DR, 45). 존재자 또는 유한한 사물이 어떤 유한한 사물에 종속되는 것이 아니라 무한성 자체로 편입된다. 다음 진술을 살펴보자.

우리 앞에는 유한한 것과 무한한 것에 대하여 번갈아 이루어지는 결정이 있다. 유한한 것은 마땅한 것 혹은 무한한 것과 관련하여 유한할 따름이고, 무한한 것은 유한한 것과 관련하여 무한할 따름이다. 그 둘은 분리될 수 없으며 서로에 대하여 타자인 동시에 절대적으로 타자다.

각자 자기 속에 자신의 타자를 지니고 있다. 그러므로 각자는 자신과 그 타자의 통일체이며, 따라서 각자를 규정하면 그것은 자신도, 그 타자도 아니라 바로 존재다.[10]

헤겔에 따르면 유한한 것 자체만 고려하는 것은 무의미하다. 유한한 것은 자신이 아닌 것, 즉 무한한 것과 분리될 수 없다. 헤겔은 모든 유한한 사물을 한낱 무한한 것의 일시적인 한계에 불과한 것, 유한한 것이 무한한 것이 되고 또 무한한 것이 유한한 것이 되는 더 커다란 순환 운동의 한 국면에 불과하다고 간주하는데, 그리하여 각각의 한계는 지양되거나 초월되어야 하는 것이다. 그렇다면 차이에 관한 가장 근본적인 관념은 유한한 것과 무한한 것 사이의 차이이며, 그리고 그런 차이는 영구적인 소실 과정 혹은 부정 과정과 관련되어 있다. 이런 "무한한 소멸 운동 자체"(DR, 42)에서 "사물이 자신과 다른 이유는 그것이 먼저 자신이 아닌 모든 것과 다르기 때문이다"(DI, 42). 그런데 외부성으로 인해 들뢰즈는 "사물은 먼저 그리고 직접적으로 자신과 다르다"라고 상정할 수밖에 없게 된다(DI, 42). 들뢰즈가 헤겔주의를 거부하는 이유는 그것이 존재자에 자신이 맺은 관계들의 외부에 있는 사적 실재를 허용하지 않기 때문이다. 헤겔의 경우에는 "장막 뒤에 볼 것이 아무것도 없"(SL, 200580)는 반면에 들뢰즈의 경우에는 실재가 장막들로 가득 차 있으며, 이들 장막은 모두 무언가를 감추고 있다.

라이프니츠에게서 식별되는 두 번째 방법은 정반대의 경로를 택하고서 "무한히 작은 것의 형태로 … 무한한 것을 유한한 것으로 도입한

---

10. Georg Wilhelm Friedrich Hegel, *The Science of Logic*, 112~3. [게오르그 빌헬름 프리드리히 헤겔, 『헤겔의 논리학』.]

다"(DR, 45). 라이프니츠의 경우에 세계의 기본 요소는 모나드 또는 단순 실체다. 모나드는 연장도 없고 형태도 없으며 나뉠 수도 없다.[11] 모나드는 전적으로 변화하지 않고 "아무 창"도 없기에 "실체도, 우유적인 것도 외부에서 모나드로 들어갈 수 없다."[12] 이것은 외부주의 독자에게 유망한 것처럼 보이기는 하지만, 라이프니츠가 모나드들 사이의 상호작용과 관계를 설명하면서 사정이 달라진다. 모나드들의 절대적 고립에도 불구하고 다양성과 변화를 설명하기 위해 라이프니츠는 모나드들이 언제나 이미 "여타의 모나드를 표현하는 관계적 특성들"을 갖추고 있다고 상정하는데, "그리하여 각각의 모나드는 영구적으로 우주의 살아 있는 거울이 된다."[13] 절대적 고립이 철저한 관계주의와 결합함으로써 각각의 모나드의 존재는 세계 전체를 표현하게 되며, 모나드들 사이의 차이는 각각의 모나드가 이 세계의 일부만을 명료하게 표현한다는 것이다(DR, 47). 각각의 개체는 현존하는 모든 것과 생겨나는 모든 것을 표현하면서 자신과 가장 가까이 있는 것을 가장 명료하게 표현하기에 카이사르에게 일어났던 여타의 것과 마찬가지로 루비콘강을 건너기는 본질적으로 카이사르(엄밀히 말하자면 카이사르의 개념)와 관련된다. 이것은 무한히 작은 재현으로, 여기서 "본질적인 것은 비본질적인 것을 본질 안에 담고 있다"(DR, 46). 모나드 개념이 들뢰즈를 고무함은 명백하더라도 각각의 모나드가 세계 전체와 내부적 관계를 향유한다는 사실로 인해 들뢰즈는 라이프니츠를 거부하게 된다. 모나드들 사이의 차이는 동일한 세계에 대한 시각의 차이, 동일성에

---

11. Gottfried Wilhelm Leibniz, "The Principles of Philosophy, or, The Monadology," §3. [고트프리트 빌헬름 라이프니츠, 『모나드론 외』.]

12. 같은 책, §7. [같은 책.]

13. 같은 책, §56. [같은 책.]

전제를 둔 외부적 차이일 따름이며, "모든 모나드에 의해 공통으로 표현되는 것으로서의 세계는 자신의 표현들보다 앞서 현존한다"(DR, 47).

무한한 재현은 유한한 재현과 다름에도 불구하고 여전히 존재자들을 관계적으로 규정한다. 유한한 재현은 존재자들을 이산적인 무언가에 연계시키는 반면에 무한한 재현은 존재자들을 하나의 전체에 연계시킨다(DR, 49, 263). 무한한 망아적 재현은 각각의 존재자를 어떤 더 큰 전체와의 공共연장성으로 규정한다. 더 큰 전체는 "자신의 항들과 관계들을 한꺼번에 관장하거나 조직하는 어떤 계열의 통일체처럼 여타의 중심을 수용하고 대표하는 독특한 중심을 유지한다"(DR, 56). 유한한 재현과 마찬가지로 무한한 재현도 외부성이 각각의 존재자로부터 요구하는 내부적 차이와 비관계적 잉여를 무시한다. 들뢰즈의 표현에 따르면 "빠져 있는 것은 원초적인 강도적 깊이인데, 이것이야말로 … 차이의 일차적 확인이다"(DR, 50). 재현의 철학들은 단지 우리에게 존재자들을 다른 무언가에 의거하여 제시할 뿐이지, 존재자들을 그것들 자체만으로 제시하지 않는다. 이들 철학의 경우에는 "그물이 너무 성겨서 대단히 큰 물고기도 빠져나가 버린다"(DR, 68). 그것들은 언제나 기계 자체를 빠뜨린다. 왜냐하면 사물은 자신의 표상과 절대 같지 않다는 단순한 이유 때문이다. 오히려 모든 주어진 기계와 모든 회화, 드로잉, 묘사 혹은 구상은 하나의 사적 실재를 갖춘 환원 불가능한 존재자다. 나중에 다시 살펴볼 용어들로 표현하면 하나의 기계임은 분리되고 탈영토화된다는 것인데, 두 용어 모두 단적으로 '관계-외적임'을 뜻한다.

그 기계는 그것에 대한 드로잉이 재현물이 아닌 것처럼 하나의 재현된 객체가 아니다 … 그 유도된 기계는 언제나 재현되는 것처럼 보이는 기계와 다른 것이다. 그 기계는 이런 본성의 '분리'에 의해 생겨나며, 그리고 기계들의 특징인 탈영토화를 보증함을 알게 될 것이다 … (BSP, 121).

2. 깊이와 높이

『차이와 반복』을 저술한 이후에 들뢰즈는 그 책의 제목 속 개념들의 '저주받은' 용법에 대한 자신의 광범위한 비판을 결코 반복하지 않는다. 하지만 외부성 테제는 계속해서 새로운 비판을 촉발한다. 이 비판은 『의미의 논리』에서 도입된 대로의 '거짓 높이'와 '거짓 깊이'라는 개념을 둘러싸고 조직될 수 있다(LS, 127~34). 그 비판은 『차이와 반복』의 비판과 평행하게 진전되지만, 여기서 그것을 재구성하는 작업은 들뢰즈가 단지 개별적 개념들을 비판하고 있는 것이 아니고 오히려 근본적인 존재론적 전제들을 비판하고 있다는 사실을 강조하는 데 유익하다.

모범적인 깊이의 철학자들은 "물과 불의 비밀"을 규명하고자 하는 소크라테스 이전 철학자들이다(LS, 128; 그리고 LS, 10, 72, 129를 참조). 그들은 근본적인 요소들 혹은 더 추상적인 아페이론Apeiron을 존재자들이 파생되는 궁극적인 실재로 상정한다. 그들의 가장 깊은 최종 심층에서는 모든 것이 하나다. 다양성은 기껏해야 감각의 환영 혹은 일시적인 부당한 상태다. 현존하는 사물들의 다양체는 궁극적으로 "우리가 가늠할 수 없는, 비非유사성의 바다 밑 지옥"에 있는 하나다(DR, 262, 번역이 수정됨). 어쩌면 우리는 이산적인 탁자와 자동차, 제트전투기, 달이 현존한다고 생각할 것이지만, 사실상 이것들은 한낱 한 가지 혹은 여러 가지 원소의 압축과 이완에 불과하다. 그런데 만물이 하나라면 이제는 우리에게 익숙한 이의들이 다시 제기된다. 그런 원소들이 왜 그리고 어떻게 이산적인 부분들로 분열하는가? 여기서는 이 파편이고 저기서는 저 파편인 이유는 무엇인가? 창발적 특성은 어떻게 설명할 수 있는가? 모든 것이 확실히 하나라면 변경은 어떻게 설명할 수 있는가? 또다시 문제는 모든 사물이 어떤 단일한 '심층의' 항과 내부적 관계를 맺고 있다고 여겨진다는 점으로, 그리하여 현재는 지나갈 수 없을 것이고 우주는 응결되기 마련이다. 들뢰즈가 서술하는 대로 그런 원초적 세계는 "급진적인 시작이자 절대적인 끝"일 것이다(C1, 124). 그런 문제들은 들뢰즈가 엠페도클레스를 언급함으로써 분명히 하는 대로 '심층의 사물'의 수를 단순히 증식함으로써 결코 사라지지 않는다.

> 무차별성은 두 가지 측면이 있다. 한편으로 그것은 분화되지 않은 심연, 검은 무無, 결정되지 않은 동물이다. 그 속에는 모든 것이 용해되어 있다. 다른 한편으로 그것은 하얀 무, 다시 고요해진 표면이다. 그 위에는 뿔뿔이 흩어져 있는 사지, 목 없는 머리, 어깨 없는 팔, 눈썹 없는 눈처럼 서로 분리된 결정물들이 떠다니고 있다(DR, 28).

검은 무는 소크라테스 이전 철학자들의 평범한 사상을 가리키고, 하얀 무는 엠페도클레스를 가리킨다. 엠페도클레스의 사상 중 일부는 근원이 여럿 존재한다는 것, 즉 네 개의 원소 더하기 사랑과 증오가 존재한다는 것이다.[14] 또한 그는 증오의 유해한 영향으로 인해 신체의 부위들이 서로 분리되곤 한다고 주장한다. 문제는 엠페도클레스의

---

14. Empedocles, *The Poem of Empedocles*, 64/57.

분리된 객체들이 언제나 이미 머리들이고 목들이라는 점이다. 그것들의 존재는 이미 신체 속 미래 기능에 의거하여 관계적으로 규정되어 있다. 그것들은 '분리되'고 '흩어져' 있는 채로 시작하지만 언제나 분리된 결정물들이고 흩어진 부분들로서 시작한다. 아리스토텔레스가 이미 이해한 대로 엠페도클레스의 경우에 별개의 원소들과 이산적인 사물들은 이미 어떤 단일체를 전제로 한다.[15] 이런 전제로 인해 변화는 환영으로 전환되는데, 왜냐하면 사물들의 생성은 어떤 신체에서 그 속에 줄곧 있던 것을 추출하는 과정일 따름이기 때문이다.[16] 그리하여 소크라테스 이전 철학자들의 경우와 마찬가지로 엠페도클레스도 관계들과 항들을 내부화한다. 들뢰즈가 정중히 서술하는 대로 "모든 부분은 하나의 거대한 쓰레기장 혹은 늪에서 수렴하고, 모든 충동은 하나의 거대한 죽음-충동에서 수렴한다"(C1, 124).

들뢰즈가 그런 보편적 심층과 원초적 요소들을 전면적으로 거부한다는 사실을 반복하여 말하는 것은 왜 중요한가? 첫째, 그것이 앞서 우리가 이산적인 객체들이 파생되는, 불균질하지만 연속적인 '잠재 영역'의 사상가로서의 들뢰즈에 대한 대중적인 이미지를 애초에 거부한 점을 뒷받침해 주기 때문이다. 들뢰즈는 "소크라테스 이전 철학자들이 생각한 것과는 대조적으로 대자연(퓌시스)의 심층에서 혼합물의 질서와 진행을 결정할 수 있는… 내재적인 척도가 전혀 없다"라고 역설한다(LS, 131). 단일한 최종적인 물질적 층은 복합적 사물들의 생성과 현존을 설명할 수 없다. 그러므로 그런 것은 내재성을 강조하는 들뢰즈의 널리 알려진 태도의 요점이 아니다. 만약 그러했다면 들뢰즈

---

15. Aristotle, *The Complete Works of Aristotle : Volume I*, 301a19.
16. 같은 책, 305b1~5.

는 『의미의 논리』를 스토아학파 철학자들에게 헌정하지 않고 오히려 소크라테스 이전 철학자인 아낙사고라스에게 헌정했었을 것이다. 아낙사고라스의 경우에 만물은 구분할 수는 없지만 변별할 수는 있는 방식으로 단일한 덩어리로서 존재한다. 어떤 의미에서 모든 사물은 지금까지 언제나 그 자체로 무한히 작은 단위체들로서 존재하면서 무수히 많이 함께 뒤섞이고 실재 전체에 걸쳐 확산되었다. 그러므로 각각의 존재자는 '동종성분적'homoiomerous인데, 이것은 모든 것이 자신이 부분을 이룰 수 있는 모든 전체와 자신이 변화할 수 있는 모든 것을 이미 포함하고 있음을 뜻한다. 이것은 존재자들을 과잉의 강도적인 것들로 가득 차 있고 무수한 경험의 사물들을 생산하는 잠재 영역으로 환원하는 것과 거의 다르지 않다. 두 번째 이유는, 앞서 언급된 바디우의 독해와는 대조적으로 들뢰즈는 베르그손주의자가 아님을 이해하는 것이 중요하기 때문이다. 베르그손은 각각의 생명체가 생명 자체의 보편적인 유기적인 연속체 내에 자리하고 있다고 주장하는 생기론자다. 들뢰즈는 이 주장을 거짓 깊이에 관한 또 하나의 환원주의적 사례라는 이유로 거부함이 틀림없다. 세 번째이자 어쩌면 가장 중요하게도, 거짓 깊이의 존재론들이 우리 시대에 놀랄 만큼 보급되어 있기 때문이다. 그러므로 들뢰즈주의는 고대 철학적 입장들의 대안일 뿐만 아니라, 마찬가지로 결함이 있는 소크라테스 이전 사상들의 현대적 판본들로서 기본 아원자 입자, 파동, 힘, 장 혹은 심지어 신경세포에 중점을 두는 다양한 환원주의의 대안이기도 하다.

높이의 철학에 관한 가장 중요한 사례는 당연히 플라톤주의다 (LS, 127). 깊이의 철학은 모든 것이 '아래에' 혹은 '내부에' 자리하고 있는 어떤 단일한 공통 토대에 의존하거나 그 토대에서 비롯된다는 심상을 불러일으킨다. 반면에 높이의 철학은 어떤 우주적 인형 조종자와 결부된 존재에 관한 심상을 떠올리게 한다. 이런 철학은 언제나 인형 조종자의 천상을 꿰뚫고서 만물의 진리와 원리를 식별하고자 한다(LS, 127). 플라톤주의의 경우에는 영원한 형상形相들 또는 이데아들이 존재자들이 본질적으로 무엇인지 결정한다. 들뢰즈가 우리에게 주지시키는 대로 "이데아는 오로지 어떤 물음들의 부름에만 응답합니다. 플라톤주의는 이데아의 물음 형식을 'X란 무엇인가?'로 결정했습니다. 이런 고상한 물음은 본질과 관련된 것으로 여겨지고, 따라서 단지 실례나 우유적인 것을 가리키는 통속적인 물음들과 대립합니다"(DI, 95). 영원한 형상形相들은 존재자들을 근거 짓는 한편으로 그것들의 외부에 전적으로 머무르게 된다. 그 이유는 어떤 존재자에 생겨나는 어떤 사태도 이데아를 바꿀 수 없기 때문이다. 이것은 사유에 "역사를 갖기 이전의 지리"를 제공한다(LS, 127). 생겨나는 모든 것(역사)의 본질은 상층에서 그것을 결정하는 것(지리)에서 비롯되기에 사유는 단지 사물에 대한 통찰을 획득하기 위해 상층을 조사하기만 하면 된다. "X란 무엇인가?"라는 물음은 사물에 진실하고 본질적인 관계를 부여하는 "상층에서 들려오는 목소리"에 의지함으로써 답해질 수 있다(AO, 238). 그러므로 존재자들 자체는 그것들의 본질을 결정하는 것에 비해 부차적인 지위에 자리하게 된다(DR, 62).

들뢰즈는 높이의 철학을 "철학적 질병"이라고 일컫는다(LS, 127). 그 이유는 모든 것이 또다시 내부성에 전제를 두고 있기 때문이다. 존재자의 존재는 그것을 넘어서는 이데아들과 맺은 내부적 관계에 의존한다. 이 존재자는 외부성의 요구에 따라 여타의 것으로부터 격리된 사적 실재가 없는데, 그 이유는 그것의 본질이 영원한 형상形相들에 의해 완전히 결정되기 때문이다. 그리고 플라톤주의의 경우에만 사정이 이러한 것은 아니다. 또한 들뢰즈는 유일신에 전제를 두고 있는 형이상학(LS, 71~2), 소박한 과학주의의 자연법칙(LS, 127) 그리고 관념론과 변증법(LS, 128)을 높이의 철학으로 간주한다. 더욱이 칸트 역시 높이의 사상가로 분류된다(DR, 58 ; LS, 71, 105~6). 칸트주의적 현상은 초험적 주체성에 의해 철저히 조건 지어진다. 자연법칙조차도 현시되는 모든 것을 범주를 통해서 통일하고 조직하는 순수 오성에서 비롯된다.[17] 그러므로 칸트의 경우에 "관계는 현상으로서의 사물이 관계와 동일한 원천을 갖는 하나의 종합을 전제로 한다는 의미에서 사물의 본성에 의존한다"(ES, 111). 누군가가 칸트주의적 사물 자체는 여전히 경험으로부터 물러서 있다고 이의를 제기할 수 있을 것이지만, 그것은 중요한 논점이 아니다. 칸트주의가 내부주의인 이유는 인간 경험 속 모든 존재자와 관계가 그것들이 초험적 주체 및 그 범주들과 맺은 관계들로 환원될 수 있기 때문이다.[18]

높이의 철학으로 여겨지는 데에는 상층이 이데아, 유일신 혹은 주체로 구성되는지는 중요하지 않다. 중요한 것은 이런 상층 '아래'의 모든 것이 그것과 내부적 관계를 향유하며 오직 그것을 통해서만 가능하고 이해될 수 있다고 여겨지는 것이다. 이런 의미에서 칸트주의적 관념론의 상층은 중세 기회원인론과 다르지 않다. 따라서 또 하나의 사유 유형이 『안티 오이디푸스』에서 비난받는다. 그것은 들뢰즈가 "문화주의" 혹은 "상징주의"라고 일컫는 것으로, 사물들을 포괄적인 구조에

---

17. Immanuel Kant, *Critique of Pure Reason*, A128. [임마누엘 칸트, 『순수이성비판 1·2』.]
18. 칸트의 비판 프로젝트를 제3비판서로 시작하여 '역순으로' 읽더라도 아무것도 바뀌지 않는다. 그렇게 함으로써 이전의 두 비판서에서 나타내는 대로 더 엄격히 규정된 자신들의 관계들에 선행할 능력들 사이의 '자유로운 화합' 혹은 '자유로운 조화'를 상정할 수 있게 된다(KCP, 50, 55). 그런데도 각각의 화합은 여전히 능력들 사이에서만 달성될 뿐이다.

의거하여 규정하는 철학이라면 무엇이든 그렇게 정의된다(AO, 202~3). 『안티 오이디푸스』에서 들뢰즈의 비판이 겨냥하는 목표는 우리의 삶과 경험이 오이디푸스 콤플렉스에 의해 전적으로 결정된다고 생각하는 모든 정신분석가다. 그런데 우리는 다른 사례들을 생각할 수 있다. 존재자와 사건, 우리의 경험이 언어, 역사, 이데올로기 혹은 유사한 체계에 의해 (과잉)결정된다고 생각하는 사람이라면 누구나 높이의 철학자다. 그것은 단지 구조가 사물들에 작용할 뿐만 아니라 또한 "사물들에서 현시한다"라고 생각하기만 하면 된다(AO, 201). 그리고 사실상 존재자들이 속속들이 언어적이거나 역사적이라고 생각할 필요는 전혀 없다. 칸트의 경우처럼 두 존재자 사이의 관계가 언어 혹은 이데올로기에 의해 전적으로 결정된다고 여겨질 때 이미 문제는 개시된다. 그렇다면 그런 관계는 한낱 또 하나의 포괄적인 사물의 표상에 불과할 것이다. 이렇게 해서 관계를 맺은 두 항은 철저히 효력이 없게 될 것인데, 결국 이들 항은 실제 원인 혹은 행위주체일 포괄적인 존재자의 '관념적 양₮극' 같은 것으로 환원된다.

마지막으로, 거짓 높이와 거짓 깊이는 단일한 이론 안에서 결합할 수 있다. 이것은 궁극적인 근거 혹은 인형 조종자가 존재한다고 상정할 뿐만 아니라 그것이 전적으로 알 수 있는 것이라고 상정함으로써 이루어진다. 그것은 "철학자의 천상이 알 수 있는 것이 되게 하는 과학적 이미지"다(LS, 127). 이것이 "유일신은 가재 혹은 이중 집게, 이중 구속"이라는 들뢰즈의 언어유희 배후에 자리하고 있는 관념이다(ATP, 40). 그 이유는 그것이 존재자들을 단 한 번이 아니라 두 번 무효로 하기 때문이다. 소박한 과학적 실재론이 탁월한 일례다. 한편으로 그것은 모든 존재자가 궁극적인 요소들의 마지막 층(거짓 깊이)으로 환원될 수 있다고 주장한다. 다른 한편으로 동시에 그것은 이들 요소가 그것들에 대한 우리의 모형들(거짓 높이)에 정확히 부합한다고 주장한다. 소크라테스 이전 사상과 칸트주의를 기묘하게 결합함으로써 존재자들은 더 작은 요소들로 환원되는 한편으로 이들 요소와 그것들에 대한 우리의 경험이나 서술이 조화롭게 일치한다. 예를 들면 우리는 객체의 (일상적인) 현시적 이미지 이외에 그 자체로 있는 그대로의 객체를 드러내는 과학적 이미지도 획득할 수 있다는 윌프리드 셀라스의 유명한 관념에서 이런 상황이 나타난다.[19] 셀라스는 마치 실험복을 입은 프로타고라스처럼 "과학이 만물의 척도, 그 자체인 것과 그 자체가 아닌 것의 척도다"라는 결론을 내린다.[20] 들뢰즈는 그 결론을 다음과 같이 요약한다.

> 실제로 그것은 두 개의 '보편 개념'으로 작동하는데, 그것들은 존재의 최종 근거 혹은 모든 것을 포괄하는 지평으로서의 전체와 존재를 우리에-대한-존재로 전환하는 원리로서의 주체다 … 그 둘 사이에서 온갖 다양한 실재적인 것과 참된 것이 '보편적 방법'의 지휘 아래, 존재와 주체라는 이중적 관점으로부터 홈이 패인 정신적 공간 속 자신의 자리를 찾아낸다(ATP, 379).

더 통속적인 일례로, 사랑은 더 기본적인 생물학적 결정물들로 환원될 수 있다고 강력히 주장하면서도 기업과 광고가 이것들을 정확히 조작할 수 있다고 또한 믿는 어느 냉소주의자를 생각하자(AO, 333). 그리하여 사물 자체, 즉 사랑은 문화적 조작과 겹치는 어떤 생물학적 토

---

19. Wilfrid Sellars, "Philosophy and the Scientific Image of Man"의 여러 곳.
20. Wilfrid Sellars, *Science, Perception and Reality*, 173.

대의 재현물, 즉 호르몬과 밸런타인데이 상업 광고의 무언의 결과물로 환원된다.

거짓 차이, 반복, 높이 그리고 깊이에 대한 들뢰즈의 거듭된 비판은 그런 관념들이 외부성 테제에 위배된다는 것이다. 외부성은 "깊이도 높이도 더는 존재하지 않"도록 우리가 그런 관념들을 폐기하기를 요구한다(LS, 130). 그런데 이것은 국소적 깊이와 높이의 폐기가 아니라 단지 보편적 깊이와 높이의 폐기를 가리킬 뿐이다. 결국에 외부성은 개별적 신체 또는 기계의 '깊은' 실재와 그 관계들의 '높은' 표면 사이의 차이를 요구한다. 들뢰즈가 서술하는 대로 "신체가 … 실체와 원인의 모든 특성을 띠는 한편으로 이데아의 특성들은 반대쪽 … 사물의 표면에 이관된다면 이데아적인 것 혹은 비물체적인 것은 이제 단지 '효과'에 지나지 않게 된다"(LS, 7). 외부성 아래서 각각의 존재자는 자신이 관계 속에서 나타내는 당연히 비물체적인 표현과 그 종류가 다른 사적 신체 또는 몸corpus을 지닐 것이다.

3. 사유의 이미지

마지막으로 들뢰즈는 모든 내부주의적·환원주의적·관계적 사유에 대한 공통 근거를 탐지한다. 기계의 사적 실재는 관계에 절대 주어지지 않기에 우리는 그것을 간과하고 어떤 기계를 그 기계의 관계적 표현, 기호, 이미지 혹은 표상 중 하나와 동일시하는 경향이 있다. 들뢰즈가 서술하는 대로 "어떤 기호를 그 기호를 방출하는 객체에 귀속시키는 것, 그 기호의 편익을 그 객체에 귀속시키는 것은 무엇보다도 지각 혹은 재현의 자연스러운 방향이다"(PS, 29). 그리하여 어떤 존재자는 그것의 외양 중 하나 혹은 여럿과 동일시되며, 그 결과 그것의 "내부적 특질은 단순한 외부적 기준에 의존하"게 된다(DR, 179). 들뢰즈는 이것을 "객체주의"라고 일컫는데, 그 이유는 우리가 "'객체' 자체가 자신이 방출하는 기호들의 비밀을 간직하고 있다"라고 생각하기 때문이다(PS, 28). 그런데 사물의 표현과 관계를 그 존재와 무비판적으로 동일시하는 것은 문제를 야기한다. 왜냐하면 사물의 모든 관계적 측면 혹은 기호가 단일한 존재자에 귀속될 수는 없기 때문이다(PS, 100~1). "피터는 폴보다 키가 더 크다"라는 표현에서 '키가 더 큼'은 결코 그 두 주체 중 단 하나의 주체에만 귀속될 수 없다. 게다가 우리 세계는 상반되고 신뢰할 수 없는 기호들로 가득 차 있다(PS, 23). 동일한 존재자가 다른 국면에서는 상반된 성질을 나타낼 수 있거나, 혹은 심지어 다른 관찰자들에게 동시에 상반된 성질들을 나타낼 수 있다.

이제 우리는 일부 성질들이 비非본질적이라는 것을 쉽게 인정한다. 자갈이 예스러운 작은 마을의 그림같이 아름다운 거리의 일부일 필요가 없고, 모든 스펀지케이크가 기억을 촉발할 필요도 없다. 그런데도 우리는 종종 기호들(다른 존재자들에 의해 관계지어지게 되는 대로의 존재자들)이 두 가지 종류 ─ 명백하지만 사소한 기호들과 탐지하기가 조금 더 힘든 본질적인 기호들 ─ 로 나타난다고 생각한다. 들뢰즈는 소박한 객체주의의 실망스러운 결과에 대한 이런 반응을 "주관적 보상", 즉 "덜 심오하지만 더 적절한 기호들에 개인적으로 민감해지"려는 시도라고 일컫는다(PS, 35). 그리하여 우리는 에이도스eidos, 즉 개체의 직접적인 면모들 아래에 숨어 있는 가장 은밀한 자기-존재를 탐색하는 엄밀한 현상론자가 된다.[21] 그런데 들뢰즈의 경우에 "아무것도 그

---

21. Edmund Husserl, *Ideas Pertaining to a Pure Phenomenology and to a Phenomenological Philosophy : First Book*, 7 [에드문트 후설, 『순수현상학과 현상학적 철학의 이념들 1』]을 참조하라.

런 실망을 저지할 수 없다"(PS, 35, 36). 왜냐하면 존재자를 이미지, 표상 혹은 성질과 동일시하는 것은 언제나 환원주의적이고 내부주의적이며 관계적이기 때문이다.

주관적 보상은 들뢰즈가 '사유의 이미지'라고 일컫는 것 – 우리의 사유에 관해 생각하는 자연스럽지만 잘못된 방식 – 을 특징짓는다. 이런 이미지는 세 가지 관념에 근거를 두고 있다(NP, 103). 첫 번째 관념은 우리의 사유가 선천적으로 진리를 생각하고 사물 자체를 정확히 파악한다는 것이다. 또한 이것은 사물 자체가 안정적이고 단순하다는 것, 그것이 관계 속 자신의 표현들에 깔끔하게 대응한다는 것, 그리고 그것이 단지 경험되는 것과 정도의 차이가 있을 뿐이라는 것을 수반한다. 두 번째 관념은 우리가 정념과 우유적인 것들에 의해 진리로부터 '주의를 돌리게 될' 수 있다는 것이다. 이것은 방금 언급된, 표상들이 두 가지 종류 – 변덕스러운 표상들과 믿음직한 표상들 – 로 나타난다는 관념이다. 세 번째 관념은 어느 것이 어느 것인지 식별할 방법이 존재한다는 것이다. 이것은 인간의 모든 실천이 진실성의 척도로 정렬될 수 있다는 것을 수반한다. 『차이와 반복』에서 들뢰즈는 이런 사유의 이미지를 그것의 두 가지 주요 특징, 즉 상식과 양식을 부각함으로써 서술한다.

상식은 무언가를 그것에 대한 우리 경험의 면모들을 통해서 식별하는 것을 나타낸다. 그것은 재인의 원리다. 나는 다른 장소와 다른 분위기에서 다른 의상을 입은 한 친구를 재인할 수 있다. 그 이유는 그 친구에 관한 무언가가 그런 변이에 걸쳐서 여전히 동일하고 공통적이기 때문이다. 마찬가지로 내가 무언가를 집, 고양이 혹은 불가사의한 것으로 재인할 수 있는 이유는 그것이 내가 이미 경험한 집들, 고양이들 혹은 불가사의한 것들의 면모들을 공유하기 때문이다. 실존적으로 상식적 행위는 아무 문제도 없다. "재인 행위들이 존재하고 우리 일상생활의 대부분을 차지한다는 것은 명백하다. 이것은 책상이고, 이것은 사과이고, 이것은 밀랍 조각이며, 안녕 테아이테토스 등등. 그런데 이들 행위에 사유의 운명이 걸려 있다는 것과 재인할 때 우리가 생각하고 있다는 것을 누가 믿을 수 있을까?"(DR, 135). 상식이 우리에게 사물의 진리를 제공한다고 여겨질 때 문제가 있는 상황이 전개된다. 이것이 주관적 보상이 개시되는 지점이다. 무언가가 향유하는 관계들 속에서 우리는 그것의 핵심과 존재, 진리에 관련된다는 관념이 바로 상식이 된다. 더욱이 그것은 한 객체와 그것의 관찰자 사이의 관계일 것이다. 그 관찰자는 그것의 많은 가능한 표현과 현실적 표현 중 하나를 선택하고서는 그 표현이 (1) 그 사물 자체와 동일하며 (2) 그 사물 자체에 관한 참된 사유와 동일하다고 공표한다. 그 사물은 그것의 이미지가 되는 한편으로 그 이미지는 사유이기에 사물과 사유가 완전히 일치하게 된다. 그러므로 상식의 존재론적 용법은 적어도 하나의 표상을 "관계는 그 항들의 외부에 있다"라는 테제에 대한 예외 사례로서 선택한다. 이런 선택된 이미지는 두 가지 의미에서 '공통적'이다. 첫째, 그 이미지는 어떤 존재자의 존재를 구성하기에 그 존재자의 모든 표현에 공통적일 것이다. 둘째, 이 존재는 사유된 존재이기에 원칙적으로 누구나 그것을 재인할 수 있다. 이런 까닭에 상식은 (1) 모든 사람이 정말로 생각할 수 있다고 가정하며, (2) 정말로 생각한다는 것이란 존재자의 존재를 구성하는 사유를 생각하는 것이라고 가정한다.[22] 그다음에 상식은 "가장 일반적인 재현 형식"이 된다(DR, 131). 그

---

22. 그러므로 들뢰즈에 의해 규정되는 대로의 상식(common sense)은 아리스토텔레스의 코이네 아이스테시스(koinè aisthesis, 다양한 감각을 믿음직하게 통일할 수 있는 공통 능력)와 칸트의 공통감각(gemeinschaftlichen Sinnes, 인간이 자신의 사적 조건

이유는 그것이 한 사물을 그 사물이 경험되는 방식과 동일시하는 것을 정당화하여 존재자의 존재를 우리에 대한 그 존재로 환원하기 때문이다. 공통적인 것의 정확한 본성은 아무 상관도 없음을 인식하자. 왜냐하면 실제 문제는 단지 하나의 관계적 특성이 여타 특성보다 격상된다는 점이기 때문이다. 그러므로 상식이 유일신의 의지, 수학적 구조, 권력관계 혹은 기표를 사물의 공통적 측면으로 인식하는지 여부는 전혀 중요하지 않다. 객체를 주체에 의해 적어도 잠재적으로 지각될 수 있는 것으로 규정하는 공식적 정의조차도 상식적이다(DR, 131, 134를 참조). 모든 경우에 만물은 "다양성 일반을 동일성의 형식과 관련시키는" 단일한 관계를 중심으로 조직된다(LS, 78). 그리고 "이런 작업이 아무리 복잡하고 이런저런 저자들이 취하는 절차들이 아무리 다르더라도 이 모든 것이 여전히 너무나 단순하다는 사실은 그대로다"(DR, 129). 그 이유는 그것이 사유를 사물의 핵심에 접근할 수 있게 함으로써 외부성에 위배되기 때문이다. 외부성은 존재자들이 무엇이든 어떤 존재론적 공동체도 절대 갖지 못하도록 요구한다. 재인 및 동일시와 관련된 것은 물리적인 것, 인식론적인 것, 실존적인 것, 실용적인 것, 우연적인 것, 주체적인 것 혹은 생산된 것일 수는 있지만 존재론적인 것은 될 수 없다. 형식적으로도 사물은 우리와 아무 관계가 없다.

데카르트의 유명한 서술에 따르면 양식은 "잘 판단하고, 참된 것과 거짓된 것을 구분할 수 있는 능력", "만인에게 천부적으로 동등한" 능력을 나타낸다.[23] 들뢰즈는 양식의 일상적 용법에는 반대하지 않고

을 넘어설 수 있게 하는 공통의 판단 능력) 둘 다와 겹친다(KCP, 21; Immanuel Kant, *Critique of Judgment*, 69, §21 [임마누엘 칸트, 『판단력비판』].)

23. René Descartes, *Discourse on the Method, in The Philosophical Writings of Descartes, Vol. I*, 111. [데카르트, 『방법서설』.]

(LS, 76), 그것의 존재론적 전개에 반대한다. 그 경우에 양식은 모든 생산물이 자신을 생산한 것을 보유한다는 테제가 된다. 그 테제는 한 존재자를 그것이 어떤 원천과 맺고 있는 관계들로 환원하는데, 그리하여 결과를 원인으로, 전체를 부분들로, 현재 상태를 이전 상태들로 환원한다. 그러므로 양식은 모든 것을 (부분전체론적으로, 공간적으로, 그리고 무엇보다도 시간적으로) "최대로 분화된 것에서 최소로 분화된 것으로 이행하"는 단일한 방향으로 전달한다(LS, 75 ; 그리고 LS, 1을 참조). 존재자들의 대다수 면모는 한낱 장식에 불과할 것이고, 양식은 우리로 하여금 전체가 무엇의 구성물인지, 효과가 무엇의 결과인지, 그리고 현재가 무엇의 결과물인지 식별할 수 있게 하는 능력일 것이다. 그리하여 우리는 그것의 내부주의와 환원주의를 알아채게 된다. 양식은 예측의 원리다(DR, 226). 그 이유는 그것이 미래는 현재로 환원될 수 있다고 주장하기 때문이다. 달리 말해서 양식은 모든 것이 어딘가에 '속한다'라고 간주한다. 이런 까닭에 들뢰즈는 장난스럽게도 농경 목초지와 중간계급 가치, 사유재산, 계급 분열이 양식의 결과물에 속하는 것으로 여겨진다고 주장한다(LS, 76).

양식과 상식을 결합하여 사용하는 부당한 용법은 (1) 사유는 사물의 원천과 원리, 존재, 진리로 거슬러 올라갈 수 있으며, (2) 이런 진리 혹은 존재는 재인되고 예측될 수 있음을 시사함으로써 사유와 존재가 어떤 내부적 관계를 향유한다는 것을 뜻한다. 그러므로 사유의 이미지는 사물을 사유 속 사물로 환원하는 것, 사물을 우리와 관련된 사물로 환원하는 것과 마찬가지다. 사유의 이미지는 외부성과 차이 그 자체, 대자적 반복에 대한 한 가지 예외 사례가 있다는 관념이다. 그것은 존재가 철저히 관계적이라는 관념이고, 각각의 사례에서 진리를 획득하는 것이 단지 오류를 회피하는 활동일 따름이라는 관넘이다(DR, 167). 그러므로 양식과 상식은 거짓 깊이와 높이 그리고 저주받은 차이와 반복처럼 사유의 이미지가 "별개의 분배를 전제로 한다"라는 사실을 무시한다(LS, 76).

정신분석뿐만 아니라 이런 일반적인 사유의 이미지 역시 『안티 오이디푸스』에서 공격받는 '오이디푸스'라는 점은 인식할 가치가 있다. 들뢰즈는 "가족적 오이디푸스"를 공격할 뿐만 아니라 "철학적 오이디푸스"도 공격하고 있다(SCS, 260373). 철학적 오이디푸스는 다음과 같이 규정된다.

> 그것은 기계 안으로 미끄러져 들어가게 된 이미지 혹은 표상이다…그것은 타협이지만 그 타협은 두 당사자를 공히 왜곡하는데, 즉 반동적인 억압자의 본성과 혁명적인 욕망의 본성 둘 다를 왜곡한다. 타협을 이룬 그 두 당사자는 타협 너머 반대쪽에 여전히 남아 있는 욕망에 대립하는 것으로서 같은 쪽으로 넘어가 버렸다(BSP, 122).

오이디푸스적으로 생각하는 것은 사유의 이미지에 따라 생각하는 것이다. 그것은 존재자들과 그것들이 맺은 관계들이 그것들이 우리와 맺은 관계들로 환원될 수 있다고 생각하는 것이거나, 혹은 적어도 우리와 관계를 맺고 있는 무언가와 그것들이 맺은 관계들로 환원될 수 있다고 생각하는 것이다(AO, 70). 이런 '타협'이 두 당사자를 왜곡하는 이유는 무엇인가? 나중에 더 자세히 설명되는 대로 어떤 존재자와 관계를 맺고 있는 것이라면 무엇이든 단적으로 '반동적인 억압자'다. 그 이유는 외부성이 모든 가능한 관계에서 기계 자체를 억압하라고 요구하기 때문이다. 두 번째 당사자인 '혁명적인 욕망'은, 가변적이고 생산되는 것이지만 전적으로 사적이고 환원 불가능한 존재자의 실재를 가리키는 들뢰즈의 명칭이다. 오이디푸스적 사고는 그 두 당사자를 모두 왜곡한다. 왜냐하면 그 사고는 모든 관계가 아니라 단지 일부 관계가 억압자들이라고 생각하는 동시에 존재자의 진리 혹은 '욕망'이 어떤 관계에서도 나타나지 않기보다는 오히려 하나의 관계 안에서 나타난다고 생각하기 때문이다. 그러므로 존재자의 표현들 및 본질이 모두 관계적인 것으로 전환됨으로써 존재자의 사적 실재는 전적으로 무시된다. 우리는 그런 잘못된 타협에 동의하기보다는 오히려 환원 불가능한 기계들을 고수해야 한다. 결국 "우리가 연합 불가능한 요소들에 도달한 적이 없는 한, 혹은 더는 연합할 수 없는 형태의 요소들을 파악한 적이 없는 한 우리는 여전히 아무것도 성취하지 못했다"(BSP, 125).

외부주의는 "오이디푸스의 터무니없는 형상形象들을 매번 산산조각 내는 광물, 식물, 동물, 어린 것들, 사회적인 것들"이 모두 나타나는 존재론을 요구한다(BSP, 123). 들뢰즈는 세르주 르클레르의 말을 인용하면서 이 프로젝트를 "모든 자연적 연줄, 논리적 연줄 혹은 유의미한 연줄이 … 확실히 부재한 상태에서 서로 결합하는 요소들을 갖춘 어떤 체계에 관한 구상"으로 간주한다(BSP, 125).[24] 르클레르는 정신분석을 가리킬 것이지만, 들뢰즈는 철학 자체를 가리킨다. 우리는 모든 관계를 우연적이라고 간주하는 체계가 필요하기에 모든 관계가 실제로 **중요해진다**. 이런 구상은 "모든 양식과 모든 상식에 선행하"는 "유목적 분배"와 "최고의 무정부 상태"에 도달할 것을 요구한다(DR, 224; LS, 79). 그것은 단지 복수의 사물이 존재함을 단언하는 진술 이상의 것을 함축한다(ATP, 6). 그것은 사유가 들뢰즈가 종종 'n-1'이라고 일컫는 것으로 작동할 것을 요구한다(ATP, 377, 22, 24, 177; DR, 1, 8, 68, 140, 141,

---

24. Serge Leclaire, "La réalité du désir," 148.

155). 그 덕분에 모든 기계는 대자적 실재가 될 수 있으며, 그리하여 자신의 존재를 어떤 표상, 이미지 혹은 국면으로 환원할 각각의 '1'로부터 분리된다. 오직 이것만이 철학에 "참된 시작"을 부여한다(DR, 132). 각각의 기계 또는 다양체는 그것이 모든 주어진 현재에 그러한 것을 '넘어선'다고 여겨져야 하는데, 다른 가능한 관계들을 맺을 수 있다는 의미에서 그렇다기보다는 오히려 모든 가능한 관계뿐만 아니라 모든 현실적 관계도 넘어서는 잉여물을 지니고 있는 것으로 여겨져야 한다. 이제 외부성 테제가 확고히 정립되었기에 우리는 이런 "재인된 적도 없고 재인할 수도 없는 미지의 대지terra incognita"를 탐사하기 시작할 수 있다(DR, 136).

4장

기계의 신체

앞서 외부성 테제가 들뢰즈 철학의 중핵이라는 점과 외부성으로 인해 들뢰즈가 자신의 존재론을 다수의 다른 철학과 양립할 수 없는 것으로 간주하게 된다는 점이 입증되었다. 이제 우리는 외부성 테제에 의거하여 기계들의 네 가지 면모와 그것들과 연관된 종합들을 점진적으로 추론하는 고찰을 개시할 수 있다. 현시될 수도 없고 다른 존재자들에서 비롯되지도 않는 기계들의 측면, 말하자면 외부성이 요구하는 바로 그 측면으로 시작하자. 들뢰즈는 회집체들의 잠재적 이중체가 지닌 이런 첫 번째 측면을 '신체' 또는 '기관 없는 신체'라고 일컫는다. 우선, 이런 비관계적이고 외부적인 신체가 무엇인지 해명하자. 그다음에, 한 기계가 다른 존재자들이 그 기계를 하나의 구성요소 혹은 자기 환경의 일부로 간주하는 것으로 결코 철저히 조화롭게 통합될 수는 없다는 점에서 기계의 신체가 모든 존재자를 문제적인 것으로 만드는 이유와 방식을 자세히 살펴보자.

1. 신체 없는 존재자는 없다

들뢰즈의 철학에서 '현실적'이라는 용어는 다른 기계들에 의해 경험되는 대로의 회집체들을 가리킨다. 반면에 '잠재적'이라는 용어는 기계들의 관계-외적인 실재를 가리킨다. 「서론」에서 기계들의 잠재적 측면과 현실적 측면이 둘 다 이중체라는 것을 보였음을 떠올리자. 존재자는 그 두 가지 측면 모두에서 하나이자 여럿이어야 한다. 아무것도 아니거나 모든 것이라기보다는 오히려 무언가이기 위해 하나이어야 하는 동시에 저것이라기보다는 이것이기 위해 여럿이어야 한다. 하나이어야 하는 이유는 관계적 특성도, 내부적 특성도 결코 특성들의 특성일 수는 없기 때문이다(1인치의 붉음은 터무니없다). 특성은 언제나 기계에 속할 따름이다. 여럿이면서 성질을 띠게 되는 이유는 그렇지 않다면 다양체들이 차이가 나지 않기 때문이다. 이들 네 가지 중에서 먼저 기계의 비관계적 단일체를 고찰할 것인데, 들뢰즈는 그것을 '신체'라고 일컫는다.

신체는 기계들 사이에 맺어진 관계들의 외부에 남아 있는 것이다. 모든 것이 기계이기에 모든 것은 신체다.[1] 신체는 동물, 소리, 마음, 관념, 언어, 사회, 인간 집단 등일 수가 있다(SPP, 127; 그리고 AO, 372를 참조). 기계의 한 측면으로서의 신체는 자연물과 인공물 중 하나에 한정되지 않는다(DI, 103). "신체는 물리적·생물학적·심리적·사회적·언어적일 수 있는데, 그것들은 언제나 신체 또는 몸입니다"(D, 52). 들뢰즈 저작의 상당 부분은 인간과 인간 사회, 경제적 체계의 신체들에 집중하지만 탁자와 허구적 캐릭터, 사막, 기사, 무기, 도구, 공장, 금속, 군대, 정당, 비, 바람, 우박, 유해한 공기의 신체들도 언급한다(ATP, 261; N, 26; TRM, 310을 참조). 모든 것은 독자적인 신체를 갖춘 하나의 기계이며, 이런 까닭에 "기후, 바람, 계절 〔그리고〕 시각時刻은 그것들을 겪는 사물, 동물 혹은 인간과 본성이 다르지 않다"(ATP, 263).

외부성 테제를 참작하면 들뢰즈주의적 신체는 어떤 크기의 물체로 이해되는 신체와 아무 관계도 없다. 물리적·생물학적·심리적·사회적·언어적 기계들은 각각 신체를 갖추고 있지만, 이들 신체 자체는 본연의 성질을 띨 수 없다. 외부성은 모든 존재자가 신체를 갖추고 있다는 점에서 형식적으로 동일해야 한다고 요구한다. 신체는 역사와 가

---

1. 들뢰즈는 "그 기관 없는 신체는 스스로 재생산하고, 싹이 나며, 우주의 가장 먼 구석까지 가지를 뻗는다"라고 진술할 것이지만(AO, 22, 강조가 첨가됨), 거기서 그는 어느 특정한 기관 없는 신체, 즉 자본주의의 전염성 거동을 서술하고 있다. 하나가 어떤 사례의 주인공일 수 있다는 의미에서 진술되는 경우를 제외하면 기관 없는 신체는 결코 단 하나만 존재할 수는 없다.

능성, 조성, 경험적 성질, 사용자, 기능 같은 관계적 차원들로 환원될 수 없는 초험적 단일체다.[2] 모든 주어진 기계에 대하여 신체는 "모든 것이 제거되었을 때 남아 있는 것"인데, 이런 까닭에 들뢰즈는 그것을 "기관 없는 신체"라고 일컫는다(ATP, 151). 들뢰즈가 "기관 없는 신체는 단 하나만 존재하지 않고 당신이 원하는 만큼 얼마든지 많이 존재한다"라고 진술할 때(SCS, 260373), 그 진술은 기관 없는 신체가 인간의 기입물임을 뜻하지는 않는다. 그것은 그런 기입물조차도 기관 없는 신체를 갖춘 기계임을 뜻한다. 이런 "영광된" 신체 혹은 "분열증적 신체", 이런 "부분 없는 유기체"는 어떤 기계도 결코 어느 관계에 전적으로 통합될 수는 없다는 점을 보증하는 것이다(LS, 88, 90). 그리하여 들뢰즈가 서술하는 대로 "각각의 기관은 가능한 항의자"다(AO, 243~4). 아가미는 오직 물고기에서 발견될 뿐이지만, 그래도 아가미의 존재와 관련하여 본질적으로 '물고기적'인 것은 전혀 없기에 아가미가 물고기를 위해 계속 기능하려면 많은 기계가 작동해야 할 것이다. 그러므로 화해 불가능한 차이에도 불구하고 기관 없는 신체는 플라톤과 아리스토텔레스의 형언할 수 없는 개체와 먼 사촌지간임이 명백하다. 기관 없는 신체는 그것에 관한 들뢰즈의 다양한 설명이 일관되게 확실히 할 것처럼 기계 사중체의 잠재적이고 비관계적인 이중체의 통합적 측면이다.

우선 "신체는 그것을 명확한 실체나 주체로 결정하는 형식에 의해

---

2. 영어권의 일부 들뢰즈 독자는 들뢰즈 철학의 초험적 측면이 과타리와의 공동작업에서 사라진다고 생각할 것이다. 어쩌면 한 가지 이유는 『카프카』의 영어판이 transcendante(초월적)라는 낱말을 transcendental(초험적)으로 잘못 번역한 점일 것이다. 이것은 들뢰즈가 '내재적'인 것을 지지하여 '초험적'인 것을 비판함을 시사하는 반면에 그 비판의 실제 과녁은 초월성이다. 또한 『안티 오이디푸스』에서 기계의 '무의식'이 기계의 초험적 측면이라고 일컬어진다는 점과 분열분석 역시 '초험적 분석'으로 일컬어진다는 점을 떠올리자.

서도 규정되지 않고 그것이 갖추고 있는 기관이나 그것이 실행하는 기능에 의해서도 규정되지 않는다"(ATP, 260). 신체는 무언가 안에서 공간적으로 연장되어 있지도 않고 무언가에 시간적으로 현전하지도 않는다(C2, 189).[3] 그러므로 부분전체론적·시간적·공간적 의미에서 기관 없는 신체는 어떤 기계가 속하는 것도 아니고 어떤 기계에 속하는 것도 아니다. 그것은 각각의 기계에 대하여 어느 것에도 들어가지 않고 아무것도 들어오지 않는 측면이다. 그것은 어떤 기계의 사적 실재와 현실태 사이에 존재하는 내부적 차이의 한쪽 절반이다. 앙토냉 아르토의 신체 개념에 대한 들뢰즈의 높은 평가는 이와 같은 신체의 물러서 있는 본성을 더욱더 강조한다. 들뢰즈가 아르토의 말을 인용하는 대로 "신체는 신체다 / 신체는 전적으로 독신이다 / 그리고 아무 기관도 필요하지 않다 / 신체는 결코 유기체가 아니다 / 유기체는 신체의 적이다"(AO, 20; 그리고 FB, 44를 참조). 신체는 "기관을 박탈당한 상태에 있는데, 눈은 감기고, 콧구멍은 막히고, 항문은 폐쇄되고, 위장은 썩고, 목은 찢긴다"(TRM, 19). 존재론적으로 그리고 신체의 자격으로는 이것을 부분 혹은 기관으로 갖는 것도 기계의 존재에 속하지 않고, 저것의 부분 혹은 기관인 것도 기계의 존재에 속하지 않는다. 나는 실존적으로는 내 기관들에 의존하더라도 존재론적으로는 그것들로 환원될 수 없다. 이것이 들뢰즈가 외는 주문 ─ "입 없음. 혀 없음. 이 없음. 후두 없음. 식도 없음. 항문 없음"(AO, 19) ─ 의 핵심이다. 우리는 언제나 서둘러서 존재자를 내부적 구성요소들이나 환경과 맺은 관계들에 의거하여 규정한다. 그런데 기관 없는 신체는 여전히 모든 그런 관계의 외부에 남아 있기에 조직과 유기체에 관한 우리의 상식적 시각에 이의를 제기

---

3. "le corps, ce n'est pas de l'étendue"(SL, 120587).

한다(ATP, 30).

모든 것이 기계이고 각각의 기계가 신체를 갖추고 있다면, 들뢰즈는 단지 유기체에 관한 우리의 유기적 시각을 비판하고 있는 것이 아니라 모든 것에 관한 유기적 시각을 비판하고 있다. 바위, 치즈 조각, 당신의 머릿속에서 떠나지 않는 곡조, 자동차, 전투, 예술 작품, 빵 조각 등, 모든 존재자는 기관 없는 신체가 있다. 이것은 단적으로 모든 것이 힘을 행사하지 않고서는 아무것도 다룰 수 없음을 뜻한다. 그 신체는 결코 다른 한 기계에 통합되지 않기에 절대 소유될 수 없고 조종될 수 있을 따름이다. 존재론적 외부성은 사물들을 강요하기, 압박하기, 끌어내기, 유혹하기, 재촉하기, 회피하기, 변형하기 그리고 제휴시키기 같은 행위들이 실존적으로 필수적임을 함축한다. 그러므로 들뢰즈는 니체의 반시대성을 높이 평가하는데, 왜냐하면 신체는 정해진 '때'가 없기 때문이다(DR, 130). 들뢰즈는 새뮤얼 버틀러의 에레혼을 높이 평가하는데, 왜냐하면 신체는 정해진 '장소'가 없기 때문이다(DR, 130). 그리고 들뢰즈는 허먼 멜빌의 바틀비 또는 "준거 없는 인간"을 높이 평가하는데, 왜냐하면 신체는 정해진 기능이나 활동이 없기 때문이다(ECC, 71~4). 기계는 언제나 어떤 시각과 장소에서 어떤 관계를 통해서 다른 기계에 관여하는데도 결코 그런 것들로 환원될 수 없다. 게다가 각각의 존재자는 기관 없는 신체가 있다는 바로 그 이유만으로 모든 것을 제거한 이후에도 모든 것이 남아 있을 것이라고 주장하는 것이 사리에 맞게 된다.⁴ 각각의 기계는 모든 관계성 ─ 권력, 언어, 경험, 역사, 구조, 구성요소, 텍스트, 대화, 재료 등 ─ 에서 분리된 이후에야 드러

---

4. "Vous commencez par soustraire, retrancher"(SU, 103) ; "Mais qu'estce qui reste? Il reste tout, mais sous une nouvelle lumière"(SU, 104).

나는 신체가 있다. 그러고 나서야 "단순한 사물" 혹은 간단히 "존재자"
가 나타난다(ATP, 151).

들뢰즈는 프랜시스 베이컨에 관한 자신의 책에서 동일한 주장을
제기한다. 그 책에서는 기관 없는 신체가 '형상'形象의 동의어로 사용된
다(FB, 15, 20, 45). 형상形象은 결코 "물질적 구조를 공간화하는 것"이 아
니다(FB, 20). 형상形象을 확보하려면 엄연한 분리 행위가 필요하며, 들
뢰즈는 베이컨이 자신의 제재를 그것의 환경과 몸짓, 생물학적 구성
요소로부터 주의 깊게 분리하는 화가라고 해석한다(FB, 1, 63, 83). 그런
분리 행위의 요점은 기관 없는 신체를 "구체적이고 예시적이며 서사적
인" 어떤 것과도 동일시하는 행위를 회피하는 것이다(FB, 14). 랑시에
르가 지적하는 대로 형상形象을 분리함으로써 그것이 어떤 이야기의
한 요소가 되는 것, 무언가 다른 것의 유사물이 되는 것, 혹은 심지어
다른 형상形象들과 더불어 네트워크의 일부가 되는 것을 방지하게 된
다.[5] 요컨대 그렇게 함으로써 어떤 기계를 그 기계가 재현할 무언가와
의 관계로 내부화하는 것을 방지하게 된다.

컴퓨터 프로그램과 얼룩말, 사과, 대화, 열쇠, 감정, 유성의 신체적
물러섬을 단언하기 위해 들뢰즈는 신체를 "나눌 수 없"고 "해체할 수
없"는 것이라고 일컫는다(AO, 106). 들뢰즈는 신체를 "반反생산"과 연관
시키면서 "비생산적인 것, 불모의 것, 출산되지 않은 것, 소비 불가능
한 것"이라고 일컫는다(AO, 19; 그리고 AO, 26을 참조). 들뢰즈는 그런 용
어들을 사용하여 이런 초험적인 기관 없는 신체를 '신체'라는 용어와
관련된 우리의 일상적 연상들과 구분한다. 또한 다음과 같은 진술을
살펴보자.

---

5. Jacques Rancière, "Existe-t-il une esthétique deleuzienne?", 528.

기관 없는 신체는 본원적인 무無의 증거도 아니고 잃어버린 총체의 잔여물도 아니다. 무엇보다도 그것은 투사물이 아닌데, 그것은 신체 자체 혹은 신체의 이미지와 아무 관계도 없다. 그것은 이미지 없는 신체다. 이런 이미지 없고 기관 없는 신체, 비생산적인 것은 그것이 생산되는 바로 그곳에 현존한다(AO, 19).

신체는 관계적 이미지도 아니고 투사물도 아니고 오히려 기계의 내부적 실재의 일부다. 그러므로 셀라스를 떠올리면 신체는 사물의 현시적 이미지도 아니고 과학적 이미지도 아니다. 신체가 하나의 총체를 가리키지 않는다는 것은 신체가 개별적 존재자에 속한다는 점을 강조한다. 무로부터의 창발을 부인하는 것은 기관 없는 신체가 자기원인적인causa sui 것 혹은 자립적인 것이 아님을 단언한다. 기계가 관계를 넘어서는 실재를 지니고 있다는 것은 기계가 실존하기 위해 아무 관계도 맺을 필요가 없다는 점을 수반하지는 않는다. 오히려 신체는 총체의 잔여물이 아니기에 다른 이산적 회집체들로부터 구성되어야 된다. 신체는 '출산되지 않은 것'일 수 있지만 생산되지 않은 것일 수는 없다. 그 이유는 신체가 생산되지 않은 것이라면 바로 그것이 본원적인 무의 증거가 될 것이기 때문이다. 그리하여 신체는 '비생산적'이지 않을 것인데, 왜냐하면 그것이 자신을 생산했었을 것이기 때문이다. '출산되지 않은 것'에 대한 올바른 해석은 바로 '어떤 종 혹은 유에 속하지 않는 것'이 될 터이다. 또다시 이것은 다양체의 환원 불가능성을 가리킬 따름이다.

사실상 들뢰즈는 기관 없는 신체가 "생산되거나 제작되는 것"이라고 확신하는데, "기관 없는 신체는 선재하지 않는다"(SCS, 260373). 어떤 존재자가 언제 생성되든 어디서 생성되든 간에 그 존재자는 즉시 자신의 환원 불가능성을 보증하는 것으로서 기관 없는 신체를 갖추게 된다. 기계들이 자신들의 힘을 결합하여 어떤 물 분자, 결혼, 지각, 집 혹은 레서판다를 생산할 때마다 기관 없는 신체가 창발한다. 이들 기계 각각은 자신의 기관들과 구성요소들, 맥락으로 환원될 수 없는데, 그렇다 하더라도 실존적으로는 그것들에 의존한다. 바로 이런 이유로 인해 존재자의 전체 운명은 자신이 현존하는 동안 물려받거나 창조하거나 저항하거나 수용하거나 수정하는 관계들과 변형들, 생성들, 욕망들, 벡터들, 사건들, 마주침들에서 비롯된다. 들뢰즈의 많은 주해자가 깨닫지 못하는 것은, 들뢰즈가 오직 존재자들 사이의 마주침과 사건, 조작, 과정을 강조한 이유는 모든 것에 대해서 아무 관계도 전제되어 있지 않기 때문이라는 점이다. 모든 특정한 사건이 실존적으로 중요한 이유는 이들 사건 중 아무것도 존재론적으로 규정되어 있지 않기 때문이다.

> 욕망하는-기계들은 우리를 하나의 유기체로 만든다, 그런데 이런 생산의 바로 그 한가운데서, 이런 생산의 생산 자체 내에서 신체는 이런 식으로 조직되는 것을, 어떤 다른 종류의 조직을 갖지 않는 것을, 혹은 도대체 아무 조직도 갖지 못하는 것을 괴로워한다. 경과가 한창일 때 어떤 불가해하고 절대적으로 견고한 정지 상태가 제3의 단계로서 나타난다⋯자동장치들은 갑자기 멈추고서 그것들이 예전에 분절했던 조직되지 않은 덩어리를 풀어 놓는다(AO, 19; 그리고 AO, 18, 90을 참조).

무언가 새로운 것이 분절되자마자 자신의 고유한 신체를 갖춘 하나의 새로운 기계가 생겨난다. 그 신체가 환원될 수 있다면 어떤 기계도 자신이 생겨난 현장을 결코 떠날 수 없을 것이다. 이 신체는 두 가지 종류의 관계들 ─ 기계를 생성하는 것과 관련된 관계들과 기계가 생성하는 것과 관련된 관계들 ─ 을 단절하는 '제3의 단계'다. 그리고 물론 그 생성자와 생성물 역시 기계에 지나지 않을 것이며, 그것들 각각은 자신의 고유한 단절적 신체를 갖추고 있다. 1950년대에 들뢰즈는 이미 이런 '제3의' 것을 구상했었는데, "그것이 제3의 것인 이유는 세 번째로 도달하기 때문인가? 그렇지 않음이 확실하다. 그것은 심지어 최초의 것이다… 그것은 제1의 것이다. 시초에 존재하는 것, 어쩌면 그것은 제3의 것일 것이다"(WG, 23 ; 그리고 WG, 43을 참조). 그런데 '제3의 것' 또는 '신체'는 『안티 오이디푸스』에 이르러서야 중심 무대를 차지한다.

> 기계들의 모든 접속, 한 기계의 모든 생산, 어떤 작동하는 기계의 모든 소음이 기관 없는 신체에는 견딜 수 없는 것이 된다… 단지 살을 파고드는 대단히 많은 못, 대단히 많은 형태의 고문에 불과하다. 기관-기계들에 저항하기 위하여 기관 없는 신체는 자신의 매끈하고 미끄럽고 불투명하고 팽팽한 표면을 하나의 장벽으로 제시한다(AO, 20).

기관 없는 신체로 인해 모든 것은 노력이 필요하다. 그 신체로 인해 아무것도 자신의 관계에 영구적으로 갇혀있지 않게 된다. 그 신체로 인해 우리는 그것이 사라질 것을 바람으로써 그것에서 벗어날 수 없다. 그 신체로 인해 우리는 기관 이식에서 살아남는다. 그 신체로 인해 산소와 수소는 산소와 수소의 작은 더미를 이루기보다는 오히려 물이 될 수 있다. 그 신체로 인해 우리는 사랑에 빠질 수 있다. 그 신체로 인해 우리의 사랑은 호르몬과 성향으로 환원될 수 없다. 그 신체로 인해 모든 것은 계속해서 결속되지 않는다면 흩어질 것이다. 그 신체로 인해 우리는 지금까지 제조된 적이 없는 것을 만들어낼 수 있다. 그 신체로 인해 모든 관계와 기관, 기능은 엄밀히 말해서 한낱 "일시적이고 잠정적인 현전"에 불과한 것을 나타낸다(FB, 48). 이것은 관계가 부수현상임을 뜻하는 것은 아니다. 빵이 그 제빵사로 환원될 수 없다고 말하거나 전기가 그 발전기로 환원될 수 없다고 말하는 것은 그런 생성자들이 실존적으로 필요하지 않다고 말하는 것은 아니다. 게다가 많은 경우에 우리는 이미 이런 사고방식을 수용한다는 사실을 인식하자. 우리는 모두 학생과 시민, 낱말이 각각 대학과 사회, 언어에 들어오고 나갈 수 있음을 이해하고 있다. 그 도중에 대학과 사회, 언어가 자신들이 맺은 관계 중 하나가 변할 때마다 전적으로 새로운 존재자가 되는 것은 아니다. 사중체의 첫 번째 측면을 이해하는 것은 동일한 예우를 여타의 존재자로 또한 확대하는 문제일 따름이다.

또한 들뢰즈는 "기관 없는 신체가 밀어내는 순간에 가하는 본원적 억압"에 의거하여 기계의 환원 불가능성을 서술한다(AO, 386). 이런 억압은 외부에서 초래되는 것이 아니라 기관 없는 신체의 바로 그 본성에서 진전된다. 각각의 기계는 독자적으로 본원적 억압을 "행한다"(AO, 144; 그리고 LS, 244를 참조). 일반적으로 그렇듯이 들뢰즈는 자신이 한낱 심적 조작에 불과한 것을 구상하고 있지 않다는 점을 철저하게 분명히 한다. "우리가 생각하기에 일반적으로 '본원적 억압'으로 일컬어지는 것은 … 심리적 '역부착'counter-cathexis이 아니라 오히려 기관 없는 신체가 욕망하는-기계를 이렇게 밀어내는 것이다"(AO, 20). 역부착을 행할 때 정신은 무언가를 다른 한 이미지로 가림으로써 차단한다. 그런데 들뢰즈의 경우에 본원적 억압은 그 적용 범위가 훨씬 더 넓다. 그것은 어떤 기관 없는 신체도 결코 관계 속에서 직접 현시되지 않는다는 사실과 관련이 있다. 기관 없는 신체는 언제나 자신과 종류가 다른 자신의 현실적 표현들에 의해 감싸여져 있거나, 은폐되어 있거나,

혹은 '억압된' 상태에 있다.

그런데 들뢰즈는 때때로 이 경로에서 벗어나지 않는가? 예를 들면 『천 개의 고원』의 6장은 「기관 없는 신체는 어떻게 만들어지는가?」라고 일컬어지지 않는가? 그리고 바로 그 장에서는 기관 없는 신체가 실천으로 불리지 않는가? 그것은 마조히즘과 약물 중독, 심기증이 우리의 기관 없는 신체를 생기게 할 것이라고 진술하지 않는가? 게다가 들뢰즈는 어딘가 다른 곳에서 "생명은 기관 없는 신체에 다양한 중의적 접근법(알코올, 약물, 분열증, 마조히즘 등)을 제공한다"라고 서술하지 않는가(FB, 47)? 그 모든 것은 기관 없는 신체가 "조직이 붕괴할 때, 혹은 임의적이거나 문화적으로 결정되는 것으로 밝혀질 때" 경험될 수 있음을 시사한다.[6]

그런데도 들뢰즈는 자신의 원칙을 거스르고 있지 않다. 『천 개의 고원』의 6장을 시작하는 단락은 명시적으로 "우리는 기관 없는 신체에 절대 도달하지 않고, 우리는 그것에 도달할 수 없으며, 우리는 끝내 그것을 획득한 적도 없는데, 그것은 하나의 극한이다"라고 진술한다(ATP, 150). 그것은 그 자체로 주어질 수 없고, 그것은 간접적으로 추론될 수 있을 뿐이다(BSP, 132를 참조). 바로 이런 이유로 인해 우리는 그것의 본성을 예시하기 위해 간접적인 예외적 경험에 호소할 수밖에 없다. 이것은 블랙홀이 등록되는 방식과 다르지 않다. 블랙홀은 직접 지각될 수 없기에 그 현존은 그것이 근처 물질에 가하는 효과로 추론되어야 한다. 들뢰즈의 사례에서 심기증적 신체는 자신의 기관들이 파괴되고 있음을 단언한다. 편집증적 신체는 자신의 기관이나 환경을 신뢰할 수 없다. 분열증적 신체는 자신이 기관들과 벌이는 싸움에서

---

6. Damian Sutton and David Martin-Jones, *Deleuze Reframed*, 142.

헤어나지 못한다. 약물에 중독된 신체는 기관들이 기능하는 방식의 급격한 변화를 겪는다. 마지막으로 마조히즘적 신체는 "정상적"인 기관 기능들을 봉쇄한다(ATP, 150). 각각의 경우에 신체는 스스로 자신의 기관들과 거리를 두거나 그것들로부터 자신이 떨어져 있음을 깨닫는다. 신체는 그것이 내부적 구성요소들 및 외부적 인자들과 맺은 관계들이 단절되더라도 잠깐이나마 계속해서 현존한다. 이들 사례 중 어떤 경우에도 기관 없는 신체는 구체적인 것이 되지도 않고 직접 주어지게 되지도 않는다. 들뢰즈는 그 사례들을 신체의 환원 불가능성을 증명하는 체험 사례들로 사용한다. 들뢰즈가 분열증 환자는 "우리가 자연 속 '악령의' 요소를 접촉하게 한다"라고 서술할 때(AO, 49), 그는 분열증 및 다른 사례들이 존재자의 실재적 구조, 절대 자명하지 않고 종종 이해되지 않는 구조에 관한 정보를 우리에게 제공할 수 있음을 뜻한다. 이 방법은 『새로운 정신분석 강의』에서 서술된 프로이트의 결정체 원리에 비견된다. 프로이트는 우리의 병리와 도착이 심리적·성적 정상성에 대립되지 않는다고 주장한다. 오히려 그것들은 모든 정신과 섹슈얼리티를 규정하는 과장된 판본의 특징들이다. 프로이트는 이것을 결정체가 결코 무작위적으로 깨지지 않고 오히려 언제나 그것이 아직 깨지지 않았을 때 그것의 내부 구조를 특징지었던 단층선을 따라 깨지는 방식과 비교한다.[7] 마찬가지로 들뢰즈는 신체가 보통은 그것에 본질적이라고 여겨지는 관계에서 본원적으로 멀어지게 되는 경우마다

---

7. "Wenn wir einen Kristall zu Boden werfen, zerbricht er, aber nicht willkürlich, er zerfällt dabei nach seinen Spaltrichtungen in Stücke, deren Abgrenzung, obwohl unsichtbar, doch durch die Struktur des Kristalls vorher bestimmt war. Solche rissige und gesprungene Strukturen sind auch die Geisteskranken"(Sigmund Freud, "Neue Folge der Vorlesungen zur Einfuhrung in die Psychoanalyse," 64 [지그문트 프로이트, 『새로운 정신분석 강의』]).

우리가 만물의 내부 구조에 관해 무언가를 알게 될 수 있다고 생각한다. 그런 배움의 기회는 아이를 관찰하는 것만큼 단순할 수 있다.

> 아이들의 경우에는 한 기관이 "천 가지 변전"을 겪는다는 것, "위치를 정하기도 어렵고, 식별하기도 어려우며, 때에 따라 그것이 뼈, 엔진, 배설물, 아기, 손, 아빠의 심장 …"이라는 것을 알게 되었다. 그 이유는 … 그 기관이 바로 그것의 요소들이 자신들의 운동과 정지의 관계에 따라 그리고 이 관계가 이웃 요소들의 관계와 결합하거나 그 관계로부터 분리되는 방식에 따라 만들어내는 것이기 때문이다(ATP, 256).

모든 경험은 유기적인 것, 말하자면 관계적인 것이기에 여러 기계가 공유하는 것으로 이루어진다.[8] 기관 없는 신체 자체가 경험 속에 현시되게 할 방법은 전혀 없기에 그것에 접근하는 것은 "중의적"이다(FB, 47). 이런 상황은 "감각의 논리"라는 부제가 붙은, 베이컨에 관한 들뢰즈의 책에서 또다시 분명히 제시된다. 들뢰즈가 베이컨에게서 경탄하는 바는 그의 그림들이 우리로 하여금 결코 현시될 수 없는 무언가의 현존을 깨닫게 할 수 있다는 것이다. 베이컨의 회화에 대한 들뢰즈의 분석이 제시하는 가장 중요한 점은, 궁극적으로 감각은 비생산적이고 획득할 수 없으며 분할할 수 없는 불모의 기관 없는 신체 ─ 바로 질적이지 않은 것, 즉 성질을 띠지 않은 것 ─ 에 근거를 두고 있다는 결론이다(FB, 45). 그리고 우리는 엄격해야 하는데, 무언가에 대한 가장 모호

---

8. "우리는 사물과 사람이 언제나 자신을 은폐할 수밖에 없고, 자신이 생겨날 때 자신을 은폐해야 한다는 것을 알고 있다. 그들이 무슨 다른 일을 할 수 있겠는가? 그들은 자신을 이미 포함하지 않는 어떤 집합체 안에서 생겨나고, 따라서 거부당하지 않으려면 자신이 그 집합체와 공유하는 특징들을 투사해야 한다"(C1, 3)을 참조하라.

하거나 중의적이거나 무의식적이거나 물질적이거나 잠정적이거나 혹은 육체인 자각조차도 성질을 띤 관계다. 감각의 논리는 기관 없는 신체와 맺어진 어떤 종류의 원초적 연계를 상정하지 않는다. 이 점 역시 들뢰즈가 형상形象에 대한 '직접적', '즉각적' 혹은 '강렬한' 감각을 자주 언급함으로써 뜻하는 바를 분명히 한다. 들뢰즈는 베이컨이 그 관람자들에게 기관 없는 신체에의 무매개적 접근권을 마법처럼 부여할 소수의 객체를 그림으로써 존재론적 균열을 창출하는 엄청난 위업을 이루어낸다고 주장하고 있지 않다. 베이컨조차도 그렇게 능숙하지는 않다. 오히려 그것은 각각의 관계가 언제나 이미 질적이지도 않고 재현적이지도 않고 연장적이지도 않고 관계적이지도 않은 무언가와 관련되어 있음을 뜻한다. 들뢰즈가 서술하는 대로 "이런 식으로 감각이 신체와 연계될 때 감각은 더는 재현적이지 않고 실재적인 것이 된다"(FB, 45). 그리하여 직접 혹은 즉각적으로 그리는 것은 기관 없는 신체의 실재성을 자각하면서 그리는 것이다. 이런 까닭에 들뢰즈는 베이컨의 그림들을 높이 평가하는데, 이들 그림에서는 신체가 언제나 자신의 환경과 기관들이 뒤틀리고 자신에게서 이탈함을 알아챈다. 사물의 핵심은 언제나 신체가 직접적인 접촉으로부터 물러서 있다는 것이며(LS, 191, 192, 236), 그리고 이런 물러섬은 "명료함이 모호함 속으로 끝없이 빠져드"는 바로 그 이유다(FLB, 36).

그렇다면 기계적 존재자는 존속하는 현시적 관계들에 의해 감싸여진 하나의 잠재적이고 사적인 내부적 신체를 갖추고 있다고 간주하자. 몇몇 관계는 기계가 생존하는 데 필요할 것이다. 몇몇 관계는 일시적이고 무의미할 것이다. 몇몇 관계는 기계가 할 수 있는 것을 전적으로 바꿀 것이지만, 몇몇 관계는 단지 그것의 기존 역량들을 강화하거나 약화할 것이다. 예를 들면 축구공은 그것의 가죽 성분들, 그것의 내부 공기와 외부 공기, 손과 발, 그리고 군중과 관계를 맺고 있지만, 그것의 기관 없는 신체는 이들 관계와 절대 일치하지 않는다. 이것을 이해하는 또 하나의 방식은 하나의 "공동의 방"과 하나의 "사적인 닫힌 방"으로 이루어진 존재자로 구상된 "바로크 집"에 관한 들뢰즈의 관념이다(FLB, 5). 라이프니츠의 모나드와 마찬가지로 그 사적인 방은 창이 없는 암실에 비유되는데, 그 방은 공동의 방에서 일어나는 일에 공명하면서도 여전히 "외부 없이 순수 내부로서 닫혀 있는 것, 무중력 상태의 닫힌 내부"다(FLB, 32). 발설된 말이든 발사된 총알이든 간에 각각의 존재자는 그런 두 개의 방 혹은 두 개의 층을 갖추고 있으며, "두 번째 층에 대한 필요성은 도처에서 엄밀히 형이상학적인 것으로서 확증된다"(FLB, 14). 그러므로 들뢰즈가 프루스트에 관한 자신의 책에서 서술하는 대로 각각의 존재자는 밀봉된 관이거나 막힌 관이다(PS, 117, 125, 127, 162, 174). 이들 막힌 관은 우리가 실재를 "부스러기와 혼돈"(PS, 111)으로 여길 수밖에 없게 하는 "은하 구조"(PS, 117)로 이루어져 있다. 이것은 관료제와 은하, 세계 전쟁, 지각판, 가족 상봉, 목성 같은 방대하고 성가시고 위협적인 존재자들이 자신의 실재를 아원자 입자와 유전자, 아메바에게 양도해야 한다는 점을 뜻하지는 않는다. 그것은 단지 어떤 존재자도 결코 자신의 관계들로 통합될 수 없다는 점을 뜻할 뿐이다. 그런데 이것은 매우 기본적인 의미에서 실재가 대단히 문제적인 것이라고 말하는 것이기도 하다.

2. 모든 신체는 문제적이다

모든 문제는 제쳐두고, 이 시점에 우리는 이미 들뢰즈의 존재론에 관하여 상당히 많이 알게 되었다. 관계는 그 항들의 외부에 있고, 항은 무엇이든 어떤 존재자이고, 모든 존재자는 하나의 기계이고, 각각의 기계는 하나의 사중 회집체이고, 각각의 사중체는 두 개의 이중체로 이루어져 있고, 한 이중체는 현실적이고 관계적이며 한 이중체는 잠재적이고 물러서 있고, 잠재적 이중체의 첫 번째 측면은 기관 없는 신체이고, 이 신체는 한 다양체의 잠재적 단일체이며, 그리고 이런 잠재적 단일체는 관계로의 모든 동화, 환원 혹은 통합에 저항한다. 기계의 네 가지 측면 중 단 하나만이 우리 앞에 제시되었는데도 우리는 이미 무서운 실재상을 직면하고 있다. 모든 것이 관계로 환원될 수 없다면 자연스럽게 어딘가에 그 위치가 정해지거나 무언가를 행하는 것은 전혀 없다. 우리가 사랑하고 의지하는 모든 것은 파멸될 수 있다. 그 이유는 무작위적인 힘이나 일탈적인 행위주체들이 우리가 신성하게 여기는 모든 것을 왜곡할 수 있기 때문이다. 마찬가지로 우리가 혐오하는 모든 것도 파괴될 수 있으며, 그리고 어쩌면 뜻밖의 사건이나 완고한 존속이 환경 개선을 초래할 수 있을 것이다. 그런데 모든 경우에 만사는 일과 노력이 필요하다.

페르메이르의 그림조차도 "하나의 전체로서 유효하지 않은데, 그 이유는 황색의 작은 벽이 또 다른 세계의 한 조각으로서 그곳에 세워져 있기 때문이다"(PS, 114). 그 황색의 조각은 간단히 페르메이르의 그림에서 제거되어 다른 용도로 쓰일 수 있다. 모든 존재자는, 심지어 위대한 교향곡의 악절들조차도 "서로 아귀가 맞지 않음에도 불구하고 난폭하게 결합되"어 있다(PS, 123). 기관 없는 신체, 막힌 관 혹은 형상形象은 "모든 것이 구획되어 있다"라는 것을 보증한다(TRM, 39). "소통이 존재하지만 그것은 언제나 소통하지 않는 꽃병들 사이에서 이루어진다. 통로들이 존재하지만 그것들은 언제나 폐쇄된 상자들 사이에서 생겨난다"(TRM, 39; 그리고 PS, 117을 참조). "대양에 뿌려진 포도주 한 방울 혹은 철 속에 스며든 불처럼 한 신체가 다른 한 신체에 침투하여 속속들이 그것과 공존한다. 꽃병에서 물러서 있는 액체처럼 한 신체는 다른 한 신체로부터 물러서 있다"라고 서술하는 것은 아무 모순이 없다(LS, 5~6). 요점은 바로 포도주 방울조차도 꽃병에서 물러서 있는 액체처럼 대양에서 물러서 있다는 것이다. 들뢰즈는 자신의 마지막 책에서도 신체들을 "격리되고 단절된 체계들"로 구상한다(WP, 123). 막힌 관들의 우주라는 개념은 『안티 오이디푸스』의 부분전체론에 관한 절(「부분과 전체」)에서 다시 나타난다.

> 우리는 모든 부분이 비대칭적인 조각들, 갑자기 끊기는 경로들, 밀봉된 상자들, 통하지 않는 관들, 물이 스미지 않는 격실들로서 생산된다는 사실에 놀라게 된다. 여기서는 인접한 사물들 사이에서도 간극이 존재하고, 간극은 긍정이다 … (AO, 57).

이로부터 모든 것은 돌이킬 수 없게 문제적이라는 점이 당연히 도출된다. 아무것도 여타의 것에 존재론적으로 통합되지 않는다면 어떤 기계도 결코 혼자서는 아무것도 할 수 없다. 그것이 무언가를 하게 하려면 언제나 다른 기계들이 필요할 것이다. 그 이유는 기계 자체가 불활성 물질이기 때문이 아니다. 결국 모든 기계는 다른 기계들에 의해 생산되어야 하기에 활력과 힘은 어디에나 존재한다. 기계 존재론에서 정지 상태는 운동의 부재라기보다는 오히려 최소한의 운동이고, 평화 상태는 최소한의 긴장이다. 그 대신에 또다시 환원 불가능성 자체가 그 이유다. 이런 의미에서 "문제적인 것은 … 완전히 객관적인 종류의 존재"다(LS, 54). 들뢰즈는 "문제적 구조가 객체들 자체의 일부"라는 것, 존재가 "문제적인 것의 본질"이라는 것을 말하고 있다(DR, 64; 그리고 DR, 168을 참조). 이런 까닭에 "문제라는 심급과 해라는 심급은 본성상 다르다"(LS, 54). 우리의 현재 맥락에서 어떤 문제에 대한 해는 단적으로 하나의 관계를 창출한다. 그것은 기계를 어딘가에 자리하게 하고서 무언가를 행하게 하는 것이다. 어떤 그림을 미술관에 자리하게 하는 것은 그것의 문제에 대한 하나의 해이며, 부부를 이혼시키는 것도 그러하고, 강 속으로 빠져드는 바위도 그러하고, 무리의 우두머리로서 지위를 차지하는 포식자도 그러하고, 불경스러운 조각상을 때려 부수는 망치도 그러하다. 그러므로 어떤 관계도 결코 기계의 본질이 될 수 없다는 의미에서 문제 해결하기는 결코 영구적이지 않다. 해는 한낱 시공간적 현실화에 불과하다. 이런 까닭에 "문제가 어떤 잠정적이고 주관적인 상태를 가리킨다고 간주하는 것은 오류다 … '문제적'인 것은 세계의 상태이고 체계의 차원이며 심지어 체계의 지평 혹은 고향인데, 그것은 바로 … 잠재적인 것의 실재를 지칭한다"(DR, 280).

하나의 문제로서 각각의 존재자는 세 가지 측면이 있다. "그것은 해와 종류가 다르다는 측면, 그것은 자신의 고유한 결정 조건에 기반을 두고서 만들어내는 해와 관련하여 초월적이라는 측면, 그리고 그것은 자신을 가리는 해들에 내재적이라는 측면"이 있다(DR, 179). 이것은, 현실적 관계 속에는 어떤 잠재적 신체도 절대 주어지지 않는다는 것, 잠재적 신체는 관계 속 자신의 표현들에 통합될 수 없다는 것, 그리고 잠재적 신체는 언제나 자신의 관계들에 의해 감싸여진다는 것을 말하고 있다. 여기서 마지막 특징은 신체가 관계적 표현들로 환원될 수 없음에도 불구하고 이들 표현이 신체의 표현들이라는 점을 강조한다. 잠재적 이중체는 막힌 관임에도 불구하고 세계의 사건들에 영향을 받는데, 이 논점은 나중에 다시 다루어질 것이다. 당분간 기관 없는 신체로 인해 우리는 결코 무언가가 무엇인지 정확히 알지 못한다는 점과 "차이의 사태 안에서 구별되는 사물들과 존재자들은… 자신들의 동일성이 근본적으로 파괴되는 과정을 거친다"라는 점을 인식하자(DR, 66). 그 이유는 "명제-외적 특성을 갖춘 문제적 요소가 표상에 속하지 않"기 때문이다(DR, 178). 신체가 정말로 관계-외적인 것이라면 기껏해야 다른 기계와 관계를 맺는 모든 방식이 그것에 대한 완전히 신뢰할 만한 서술이거나 그것을 조종하는 검증된 방식이다. 그런데 그중 어느 것도 신체가 현시되게 하지는 못한다. 바로 이런 의미에서 문제적 신체는 문제적 형태로 현시될 수 있을 따름이다(DR, 169). 기계로서의 기계는 "주어질 수도 없고 인식될 수도 없는 객체, 그런데 직접 결정될 수 없음에도 재현되어야만 하는 객체"이기에 우리는 들뢰즈가 자신의 전작에 걸쳐서 용어들을 자주 바꾸는 행위에 대한 그럴싸한 이유도 알게 되었다(DR, 169). 기계들을 서술하기 위한 특권적인 상징들과 기표들이 전혀 존재하지 않는다면 자신이 서술하고 있는 언어적·대인관계적·경제적 기계들에 맞도록 자신의 어휘를 고치는 것은 사리에 맞다. 이것이 "글쓰기의 문제다. 무언가를 정확히 가리키려면 부정확한 표현들이 전적으로 불가피하다"(ATP, 20; 그리고 AO, 357; DR, 11을 참조). 그러므로 들뢰즈가 피에르 클로소프스키에 관하여 서술하는 바는 자신의 철학에 대해서도 마찬가지로 참이다.

> 단지 보이고 들릴 수 있을 뿐인 것, 또 다른 기관에 의해 절대 확인되지 않는 것, 그리고 기억 속 망각의 대상, 상상 속에서 상상할 수 없는 대상, 사유 속에서 생각할 수 없는 대상에 대하여 우리는 그것에 관해 말하는 것 이외에 어떤 다른 일을 행할 수 있겠는가?(LS, 284).

클로소프스키는 들뢰즈가 철학에 가져온 것은 바로 "가르칠 수 없는 것을 가르침 속에 도입하는 것"[9]이라고 지적함으로써 응대한다. 환원불가능하고 비관계적인 기관 없는 신체와 존재자의 외부성은 클로소프스키가 '실험실 순응주의'un conformisme laborantin라고 일컫는 것의 모든 형식에 대립한다. 그것은 과학자들, 정신과 의사들, 철학자들 혹은 예술가들이 기계로서의 기계가 현시되게 하는 조건을 설정할 수 있을 것이라는 관념이다. 반면에 외부성은 우리가 어떤 객체에 관한 완벽한 수학적 서술조차도 일상에서 그것을 대충 훑어보는 것과 종류가 다르지 않다고 생각할 수밖에 없게 만든다. 수학 공식은 무한히 더 믿음직하고 정확하고 유용하고 간결하고 객관적이고 엄밀하고 쉽게 전달될 수 있고 가치가 있을 것이지만 언제나 훑어봄만큼 관계적일 따름이다. 둘 다 객체와의 관계와 관련되어 있고, 둘 중 어느 것도 관련되는 기계를 결코 대신할 수 없다.

들뢰즈가 '…란 무엇인가?'라는 물음과 '존재하다'라는 동사에 대하여 나타내는 반감은 기관 없는 신체의 문제적 지위에 의해 설명된다. 존재한다는 것은 무언가임이라는 것이지만, 동어반복을 제외한 모든 경우에 이로 인해 우리는 재빨리 어떤 존재자를 그것의 성질들, 부분들, 기능들 혹은 부류와 동일시하게 된다. 우리는 '존재'라는 낱말을 사용하여 기계 자체가 아니라 관계를 가리킨다. 그런데도 기계의 잠재적 측면이 전면적인 실재를 부여받아야 하기에 우리는 기계의 소속을 반드시 언급하지는 않은 채로 그것의 존재에 관해 이야기할 방법을 찾아내야 한다.

---

9. "introduire dans l'enseignement l'inenseignable"(Pierre Klossowski, "Digression à partir d'un portrait apocryphe," 43).

존재는 또한 비-존재이기도 하다. 그러나 비-존재는 부정적인 것의 존재가 아니다. 오히려 그것은 문제적인 것의 존재, 문제와 물음의 존재다. 차이는 부정적인 것이 아니다. 거꾸로 차이는 비-존재이고, 비-존재는 반대가 아니라 다름이다. 이런 이유로 인해 비-존재는 차라리 (비)-존재라고 적거나, 그보다는 ?-존재라고 적는 편이 훨씬 낫다 (DR, 64; 그리고 DR, 63, 202; LS, 123을 참조).

'(비)-존재'와 '?-존재'라는 어색한 표현들은 존재자들의 문제적이지만 실재적인 측면에 대응한다(DI, 25). 이들 표현은 한 사물을 그것이 아닌 것에 대립시키지 않고 오히려 그것의 비관계적 측면을 그것의 관계적 측면에 대립시킨다. 들뢰즈가 이 논점을 강조하기 위해 사용하는 또 하나의 어휘적 책략은 부정관사를 자주 사용하는 것이다. "〔기관 없는 신체〕는 결코 당신 것도 아니고 내 것도 아니다. 그것은 언제나 하나의^a 신체다"(ATP, 164; 그리고 ATP, 256; LS, 103, 141; TRM, 351을 참조). '(비)-존재'와 '?-존재'라는 용어들과 마찬가지로 들뢰즈가 '하나의'^{a} 라는 낱말과 '그것'^{it}이라는 낱말을 사용하는 것은 기계들에 대한 우리의 일상적인 서술과 명칭이 기계들의 존재보다는 오히려 기계들의 얽힘을 표기하는 사태를 회피하기 위함이다.

　문제적인 기관 없는 신체는 모든 기계의 모든 부분이 그것들이 결합하여 작동하더라도 여전히 실제로 개별적이라는 것을 보증한다 (BSP, 125, 127). 기계들의 이런 물러서 있는 측면은 온갖 해방의 가능성을 위한 조건이다. 다양체들이 전적으로 관계적이라면 정치는 이전 관계들의 수호(보수주의)이거나, 현행적 관계들의 관리(현실정치)이거나, 혹은 현재 관계들의 미래 관계들로의 연장(역사적 결정론)일 수밖에 없을 것이다. "평균적인 성인-백인-이성애자-남성"이라는 사회적 표준에 이의를 제기하는 어떤 존재양식을 살펴보자(ATP, 105, 176). 회집체가 자신의 관계들에 지나지 않는다면 비표준적인 존재양식의 바로 그 존재는 이 표준에 대한 자신의 관계를 포함할 것이다. 결국에 이의 제기는 하나의 관계다. 누군가가 그 표준을 아무리 격렬하게 거부하든 해체하든 간에 모든 길은 계속해서 로마로 향할 것이다. 그 이유는 거부와 해체 역시 관계들이기 때문이다. 이것이 바로 들뢰즈가 『안티 오이디푸스』에서는 '가족주의'라고 비난하고 『천 개의 고원』에서는 '수목적 사유'라고 비난하는 것이다. 존재가 관계적이라면 어떤 존재양식도 본질적으로 한 부모의 아이, 한 줄기의 가지, 그리고 한 규범으로부터의 파생물이다. 도대체 무언가에서 벗어나는 것은 근본적으로 불가능할 것이다. 반면에 외부성과 기관 없는 신체는 어떤 다양체가 그것이 생겨나는 환경이나 그것이 대항하는 표준으로 결코 환원될 수 없다는 것을 보증한다.

'탈주선'과 '탈영토화'라는 들뢰즈의 유명한 개념들 역시 이 점을 표현한다. 탈영토화 개념으로 시작하면 들뢰즈는 프랑스어 déterritorialisation에 해당하는 영어가 "기이한 것"이라고 진술한다.[10] 어딘가에 속하는 것, 어딘가에서 발견되는 것, 무언가를 행하는 것, 집을 갖는 것, 이것에 의해 억압당하거나 저것에 의해 해방되는 것은 실존적 상황들이지만 결코 존재론적 소여들이 아니다. 오히려 "다양체는 외부, 즉 탈주선 혹은 탈영토화에 의해 규정되며, 이것들에 따라 다양체는 본성의 변화를 겪고 다른 다양체들과 연결된다"(ATP, 9). 어떤 관계도 형이상학적으로 함축되어 있지 않으며, 이것이 바로 실존적 관

---

10. " 'Outlandish', c'est exactement le déterritorialisé, mot à mot"(L'Abecedaire, 'animal' [〈질 들뢰즈의 A to Z〉]).

계들이 끊임없이 다양체의 본성을 규정하고 재규정하는 이유다. 예를 들면 씨앗에는 아무 꽃도 함축되어 있지 않다. 한 특정한 기계는 햇빛, 곤충 그리고 토양 속 영양분과의 특정한 상호작용들이 실현될 때에만 꽃을 피울 뿐이다. 씨앗이 그냥 먹히고 소화되더라도 '잘못되는' 것은 전혀 없다. 마찬가지로 인간 본성에는 이성애적 정체성이 전혀 함축되어 있지 않고, 한 조각의 나무에는 비버 댐이 전혀 함축되어 있지 않고, 기타 등등. 다양체의 현실적 관여가 근본적으로 중요한 이유는 바로 모든 다양체가 존재론적으로 "비기표적이고 비주체적"이기 때문이다(ATP, 9). 신체가 언제나 각 기계의 한 면모이기에 그런 관여는 언제나 필수적이다. 꽃은 시들 수 있고, 성별은 바뀔 수 있으며, 댐은 무너질 수 있다. 모든 경우에 기계의 기관 없는 신체의 환원 불가능한 본성이 여전히 일차적이다. "사실상 일차적인 것은 아무리 복잡하거나 다양하든 간에 절대적 탈영토화, 절대적 탈주선인데, 말하자면 일관성의 평면 또는 기관 없는 신체의 절대적 탈영토화, 절대적 탈주선이다"(ATP, 56; 그리고 ATP, 270을 참조). 여기서 '일관성의 평면'은 어떤 기계가 자신의 실존적 사건들을 겪게 하는 많은 관계가 언제나 그 기계와 관련되어 있다는 점, 그 기계가 이들 관계가 남기는 흔적들의 저장고일 것이라는 점을 뜻한다.[11] '탈주선'은 신체가 현행적 관계들과 단절할 가능성에 대한 충족이유임을 시사한다. 그런 일은 나를 죽음에 이르게 함에도 나의 심장은 나의 가슴에서 제거될 수 있다. 기계 A와 B가 기계 C에 의해 유발된 어떤 특정한 방식으로 상호작용하게 하는 경우에만 기계 D가 생산되더라도 후속 기계들은 기계 A, B 혹

---

11. 그러므로 일관성의 평면은 "욕망의 내재적 장"이라고도 일컬어진다(SCS, 140573). 또한 기관 없는 신체인 일관성의 평면은 언제나 생산되어야 한다. "Jamais un plan de composition ou de consistance ne préexiste"(SCS 150277).

은 C를 반드시 다룰 필요는 없는 채로 기계 D를 다루어야 할 것이다.

들뢰즈는 배의 기관실에서 작업하는 한 기계공의 사례를 제시하면서 "그 기계공은 그 기계의 일부로, 한 기계공으로서 그러할 뿐만 아니라 그가 더는 기계공이 아닐 때도 그러하다"라고 적는다(K, 81). 그 기계공은 그 기관실에서 수십 년 동안 수행한 작업에 의해 철저히 형성되었다. 그 기관실의 환경이 그가 걷고 말하고 생각하는 방식을 바꿔버렸다. 그 환경은 그의 팔을 강화했고 그의 등을 망가뜨렸으며 그의 폐를 파괴했다. 그 기계공이 휴가차 해변을 방문할 때에도 그는 이들 흔적을 동반한다. 그런데도 그 기계공은 여전히 기이하고 여전히 그 기관실에 통합되지 않은 상태에 있다. 그 이유는 단지 그가 떠날 수 있기 때문이다. 또다시 '환원 불가능한'이라는 낱말은 '영향을 받지 않는'이라는 낱말의 동의어가 아니다.

'문제적'이라는 낱말과 '기이한'이라는 낱말은 걱정스러운 용어들이다. 이들 용어는 우리에게 질투심이 많은 연인들, 휘발성 화학물질들, 다루기 어려운 어린이들, 뜻밖의 결과, 적대적인 기후, 엄숙한 맹세의 배신 그리고 1980년대의 머리 모양을 떠올리게 한다. 그런데 기계를 구상하는 또 하나의 방식이 있는데, 이를테면 각각의 기계를 노마드라고 일컫는 것이다. 이것은 "'법'과는 전혀 다른 노모스"를 가리킨다(ATP, 360; 그리고 ATP, 408을 참조). '노마드'의 어원은 이중적인데, 한편으로는 토지를 분할하기, 분배하기, 할당하기를 가리키고 다른 한편으로는 배회하기, 이동하기, 방랑하기를 가리킨다. 하나의 노마드로서 각각의 기계는 끊임없이 두 종류의 활동에 관여한다. 한편으로는 그것의 관계들이 존재하는 반면에 다른 한편으로는 그것에 통합되지 않은 측면도 언제나 여전히 남아 있다. 기계의 노마드적 특질은 그것의 운동에 자리하고 있는 것이 아니라 바로 모든 관계와 운동, 위치를 넘어서는 그것의 근본적인 과잉에 자리하고 있다.[12] 노마드는 "옮겨 다니지 않는 자… 떠나지 않으며 떠나기를 원하지 않는 자"다(ATP, 381; 그리고 D, 37~8을 참조). 노마드임은 결코 어떤 관계에도 정말로 정착하지 않는 것이다. 각각의 기계 또는 노마드는 "국소적 절대자, 국소적으로 현시되는 절대자"다(ATP, 382; 그리고 ATP, 494를 참조). '절대자'란 여타의 것에 상대적이지 않음을 뜻한다. 그것은 환원될 수 없음과 외부적임을 뜻한다. 베르그손에게서 두 가지 사례를 차용하면 어느 소도시는 그것에 관한 모든 가능한 사진도 그것을 대신할 수 없다는 의미에서 절대자이고, 어느 시는 그것의 번역과 서술 중 어떤 것도 그것을 대체할 수 없다는 의미에서 절대자다. 절대자라는 것은 객체가 결코 자신의 표상들이 아님을 표현한다.[13] 기계의 기관 없는 신체의 이런 절대적이고 노마드적이며 문제적인 특질은 들뢰즈가 체스와 바둑 사이에 짓고 싶어 하는 구분도 고무한다(ATP, 352~3). 체스에서는 각각의 말이 그 기능에 의해 확고히 규정된다. 그런데 바둑에서는 각각의 돌이 "단지 익명이거나 집합적이거나 혹은 삼인칭 기능을 가질 뿐인데, '그것'은 수를 둔다. '그것'은 어떤 남자, 여자, 벼룩, 코끼리일 수 있다. 바둑돌은 본질적인 특성이 전혀 없고 상황적 특성들만 있는… 어느 기계 회집체의 요소다"(ATP, 353). 체스에서는 말들이 "내부성의 환경" 또는 내부적 관계들에 따라 규정되는 반면에 "바둑돌은 외부성의 환경, 즉 비본질적인 관계들만 있을 뿐이다"(ATP, 353).

그런 노마드적 실재에 대한 들뢰즈의 가장 유명한 용어는 '분열증'이다. 외부성이 성립한다면 실재는 "막힌 관들의 분열증적 우주"다

---

12. "노모스는 무엇보다도 점유된 공간을 〔지칭하〕지만, 그 공간은 명확한 경계가 없다… '노마드'라는 주제 역시 거기서 비롯된다"(DR, 309, n.6; 그리고 LS, 60을 참조).
13. Henri Bergson, *An Introduction to Metaphysics*, 22.

(PS, 175). 분열증은 하나의 보편적 조건이고, 따라서 "특정적으로 분열증적인 현상이나 존재자는 전혀 없다. 분열증은 생산적이고 재생산적인 욕망하는-기계들의 우주다"(AO, 25 ; 그리고 AO, 13, 162 ; C2, 172를 참조). 분열증적으로 생각한다는 것은 어떤 병리를 미화하는 것과는 절대로 아무 관계도 없다. 기껏해야 그것은 어떤 분열증적 경험들이 모든 실재가 작동하는 방식에 부합함을 안다는 것이다(AO, 13). 그것은 사실상 "기계들의 끊임없이 윙윙거리는 소리"만을 들을 뿐이라는 것이다(AO, 12). 그것은 거짓 깊이와 높이를 전혀 상정하지 않는다는 것이다. 그것은 "바위와 금속, 물, 식물에 대한 영혼" 혹은 신체를 상정한다는 것이다(AO, 12). 그것은 과학에 의해 발견된 상수와 패턴, 법칙, 비율이 현존하지 않는다고 상정하지 않는다는 것이다. 분열증적 입장은 단지 기계들이 자신의 많은 관계를 넘어서는 어떤 사적 실재를 갖추고 있어서 "다른 기계들과 함께 있을 때도 혼자"이게 된다고 주장할 뿐이다(ATP, 34).

> 우리는 … 분열증적 기계가 다양한 기존 기계들의 부분들과 요소들로 구성된다고 말할 수 없다. 본질적으로 분열증적 기계는, 더는 어떤 맥락에서도 기능하지 않으며, 그리고 아무 관계도 맺지 않고 있다는 바로 그 이유로 인해 서로 관계를 맺을 잔여 요소들을 사용하는 기능적 기계다 … (TRM, 18).

> 분열증적 기계의 독특한 특질은 전적으로 별개이면서 서로 이질적인 요소들을 작용할 수 있게 하는 데서 비롯된다. 분열증적 기계는 집합체다. 그런데도 그것은 작동한다(TRM, 18).

이들 두 가지 단편은 같은 논점을 진술한다. 모든 기계는 그 규모에 무관하게 다른 기계들에 의해 생성된다. 이런 점에서 어떤 말의 발설은 어떤 태양계의 탄생과 다르지 않다. 어떤 기계도 자신의 생성자들 혹은 구성요소들과 일치하지 않기에 그 기계는 다른 기계들과 별개의 이질적인 것이 된다. 이것은 들뢰즈가 벨기에인 예술가 앙리 미쇼에게서 차용하는 탁자에 관한 묘사에서 완벽히 표현된다. 이 묘사는 자세히 인용할 만한 가치가 있다.

그 탁자를 처음 본 후에 그것이 계속 내 마음을 사로잡았다. 그것은 분명 자기 일을 계속해왔다.…놀라운 것은 그 탁자가 단순하지도 않고 정말로 복잡하지도 않았다는 점인데, 애초에 혹은 의도적으로 복잡했던 것도 아니었고 복잡한 구상에 따라 구축되었던 것도 아니었다. 오히려 그 탁자는 그것이 제작되는 과정에서 단순함을 잃어버렸다.…그 상태로 그것은 부가물들이 덕지덕지 붙은 탁자였는데, 어떤 분열증 환자의 그림들과 마찬가지로 '과다하게 채워진' 것으로 서술될 수 있었다. 완성되었다면 그것은 더는 무언가를 덧붙일 방법이 없을 터였을 따름이고, 그리하여 그 탁자는 더욱더 하나의 축적물이 되었고 더욱더 탁자가 아니게 되었다.…그 탁자는 어떤 특정한 목적을 위한 것도 아니었고 누구나 탁자와 관련하여 기대하는 어떤 쓸모를 위한 것도 아니었다. 무겁고 거추장스러운 그 탁자는 사실상 고정된 것이었다. 아무도 그것을 (심리적으로 혹은 물리적으로) 다룰 방법을 알지 못했다. 탁자의 유용한 부분인 그것의 윗면은 점차로 축소되면서 사라지고 있었는데, 그 투박한 틀과는 거의 상관없게 되어버려서 그 사물은 탁자가 아니라 어떤 기형의 가구, 아무 용도가 없는…생소한 도구 같은 인상을 주었다. 하나의 탈인간화된 탁자, 그것은 전혀 아늑하지도 않았고, '중간-계급'적이지도 않았고, 소박하지도 않았고, 촌스럽지도 않았으며, 주방용 탁자도 아니었고 작업용 탁자도 아니었다. 그것은 어떤 기능에도 적합하지 않고 자기방어적이며 봉사와 소통을 공히 거부하는 탁자였다. 그 탁자는 어리벙벙하게 하는 것, 아연실색하게 하는 것이 있었다. 어쩌면 그 탁자는 멈춘 엔진을 떠올리게 했을 것이다(AO, 17 ; 그리고 LS, 366~7, n.21을 참조).[14]

그 탁자는 그 제작자의 의도로도, 그것의 기능들로도 환원될 수 없다. 그 탁자의 구성요소들과 관계들은 그것의 존재가 아니라 부가물들이다. 그 탁자를 경험하는 다른 존재자들은 그것의 사적 실재를 경험하지 않고 오히려 무언가 다른 것("더욱더 탁자가 아닌 것")을 경험한다. 탁자로서의 탁자는 고정된 것이고 물리적으로도 심리적으로도 다루어질 수 없는 것인데, 그것은 여전히 관계들의 외부에 남아 있게 된다. 그런데 우리는 그 탁자의 표면을 넘어서고서야, 말하자면 우리가 통상적으로 그것과 마주치는 방식을 넘어서고서야 이런 상황을 깨닫게 된다. 그때 우리에게는 기관 없는 신체, 즉 모든 동화에 저항하는 괴상하고 생소한 기구가 남을 것이다.

두 번째 간주 - 마우리치오 페라리스와 수정 불가능한 객체

기계는 신체로 인해 문제적인 것이 된다. 기계의 신체는 자신이 맺은 관계들 속에서 결코 부각될 수 없기에 어떤 기계도 그것이 자신의

---

14. Henri Michaux, *The Major Ordeals of the Mind*, 125~7에서 인용됨.

부분들 사이에서 부각되거나 또 다른 존재자의 환경에서 부각되는 방식과 전적으로 일치할 수는 없다. 모든 관계는 단지 이런 존속하는 문제에 대한 일시적인 '해'일 뿐이다. 우리는 이미 이런 완고한 저항이 정치적 해방의 근거이기도 하다는 점을 간략히 언급했으며, 그리고 이 점에 대하여 처음부터 이의를 제기할 사람이 있을 것이다. 우리의 취급 행위에 대한 실재의 저항이 어떻게 해방적일 수 있는가? 여기서 마우리치오 페라리스가 제시한 '신실재론'의 몇 가지 주요한 특징과 들뢰즈를 비교하면 그 점을 이해하는 데 도움이 된다.[15] 그 비교는 존재자들의 외부성이 즉각적인 정치적 함의를 품고 있음을 예증할 것이다. 또한 그것은 일부 사람의 생각에도 불구하고 들뢰즈가 포스트모던 철학자로 여겨질 수 없음을 보여줄 것이다. 마지막으로 그것은 기계 존재론의 사변적 측면 ─ 사유를 직접 경험의 장 너머로 이행하는 논증을 포함한다는 의미에서 ─ 이 갖는 중요성을 밝힐 것이다.

페라리스는 처음에 자신의 철학 방향을 포스트구조주의, 해체 그리고 해석학으로 삼았다. 그런데 1990년대 중반에 페라리스는 이들 사유의 장르에 대립적인 '신실재론'을 명확히 표명하기 시작했다. 구체적으로 페라리스는 실재가 인간의 해석에 지나지 않는다는 포스트모던 테제로 함께 혼합되는 그 장르들의 경향과 단절하고자 하였다. 페라리스 철학의 이런 전회는 두 가지 관심사에 의해 촉발되었다. 첫째, 정치적으로 페라리스는 포스트모더니즘이 그것이 주장하는 대로의 해방적 힘이 아님을 깨달았다. 둘째, 존재론적으로 페라리스는 실재

---

15. 이 비교는 페라리스의 저작에 대하여 입수할 수 있는 영어 번역본들에 근거를 두고 있다. 또한 페라리스의 『신실재론 선언』(*Manifesto of New Realism*)과 『신실재론 입문』(*Introduction to New Realism*)은 내용이 대동소이하고, 따라서 단지 전자에서 인용하는 것만으로 둘 다가 포함될 수 있다. 페라리스의 이탈리아어 저작을 고려하지 않음으로써 초래된 어떤 해석적 오류와 생략에 대해서도 사과한다.

가 일련의 해석일 따름이라는 관념(그야말로 상관주의적 테제)에 이의를 제기하게 되었다.

페라리스는 포스트모더니즘 – 그는 또한 '사회적 구성주의' 혹은 '리얼리티주의'라고 일컫는다 – 을 탈객체화, 아이러니화 그리고 탈승화의 조합으로 규정한다.[16] 탈객체화는 사물 자체는 전혀 존재하지 않고 인간의 해석들만 존재할 뿐이라는 테제다. 세계는 실재적 존재자들로 이루어져 있지 않은데, 그것은 인간의 욕망과 언어적 활동, 권력 투쟁의 반영물에 지나지 않는다. 이 테제는 아이러니화, 즉 이론을 (사물에 관한 사실로서) 진지하게 여기는 것은 독단적이라는 믿음을 낳는다. 오히려 우리는 자신이 실재적 사물에 관해 언급하는 것처럼 보일 때 실제로는 실재적 사물에 관해 언급하고 있지 않다는 점을 언제나 알려주기 위해 인용부호를 (글로든 몸짓으로든 간에) 자유롭게 사용해야 한다. 마지막 요소는 탈승화로, 오직 욕망만이 혁명적이거나 진보적이거나 해방적일 수 있다는 믿음으로 규정된다. '지식'에의 주장이 우리를 저쪽에 실재적 세계가 존재한다고 생각하도록 오도한다면 지식의 생성자로서 이성과 지성은 신뢰받을 수 없다. 욕망(즉, 감정, 정동, 비합리성)은 형이상학적 협잡이나 과학적 협잡에 의지하여 자신을 '객관적'인 것으로 제시하려고 시도하지 않는다는 점에서 적어도 '정직한' 것이다.

포스트모더니즘은 처음에 해방을 가져다주는 것처럼 느껴졌다. 인간의 해석 외에는 아무것도 존재하지 않는다면 인간은 단지 해석함으로써 만사를 바꿀 수 있다. 인간에게 반대하거나 저항할 비인간은 사실상 전혀 없을 것이다. 왜냐하면 실재적인 것은 우리 자신에 의해 생산된 덧없는 꿈에 지나지 않을 것이기 때문이다.[17] 불행하게도 그런

---

16. Ferraris, *Manifesto of New Realism*, 4, 15.

충만함은 재빨리 환멸로 전환된다. 처음에는 포스트모더니즘이 주변부화된 집단들을 해방하기 위한 탁월한 도구처럼 보였다. 이들 집단을 억압하는 현 상황이 사람들에 의해 구축된 일단의 서사와 권력 전략에 불과하다면 다른 사람들이 이런 현 상황을 바꿀 수 있음은 명백할 것이다. 첫째, 그것이 일단의 사실이라기보다는 오히려 하나의 사회적 구성물임을 폭로함으로써, 그리고 둘째, 더 진보적인 이야기와 정치를 고안함으로써 현 상황을 바꿀 수 있을 것이다. 그런데 문제는 그렇다면 기성 권력자들을 비롯하여 모든 사람이 해석 게임을 하게 된다는 것이다. 그러므로 페라리스는 포스트모더니즘의 논리적 결과가 진보적인 좌익 정치가 아니라 오히려 정치적 스펙트럼의 양 진영 모두에서 등장하는 포퓰리즘이라는 것을 깨달았다.[18] 당신이 포스트모던 주장들로 무장한 채 정치적 영역에 진입하자마자 당신의 적들은 정확히 두 가지 방식으로 대응할 수 있다. 첫째, 그들은 "당신 자신의 공리에 따르면 당신은 이야기 외에는 제시할 것이 전혀 없다. 그렇다면 당신에게는 이야기가 있다. 반면에 우리에게는 사실에 뿌리박고 있는 이야기가 있다"라고 말할 수 있다. 이렇게 해서 당신은 사실에 전혀 의지하지 않는 유토피아주의적 환상의 유포자라는 의미에서 포퓰리스트가 된다. 두 번째이자 어쩌면 더 나쁘게도, 그들은 "모든 것이 이야기라는 주장에 우리는 전적으로 동의한다. 아무것도 실재적이지 않고 해석만이 있을 따름이다. 어서 덤벼 봐!"라고 말할 수 있다. 그 결과는 힘이 곧 정의가 되는 세상이라는 의미에서 전면적인 포퓰리즘이다. 과학과 역사는 창밖에 있고, 따라서 정치는 마키아벨리주의적이고 유아론적인 격렬한

---

17. 같은 책, 16.
18. 같은 책, 3.

말다툼으로 전환된다. 그런 조건 아래서는 이미 권력을 쥐고 있는 자들이 우세할 개연성이 가장 높다는 점을 덧붙일 필요는 없을 것이다.

이런 정치적 환멸감이 페라리스에게 '신실재론'을 전개할 동기를 부여했지만 그것은 아직은 포스트모더니즘에 불리한 논증이 아니다. X가 끔찍한 결과를 낳더라도 실재는 여전히 X일 수 있다(그렇지 않다면 발암성 물질은 일단 우리가 그것이 사실상 발암성 물질임을 인식했더라면 사라졌을 것이다). 실제 논증은 페라리스가 탈객체화와 아이러니화, 탈승화의 근저에 각각 놓여 있는 세 가지 오류를 식별하는 것에 자리하고 있다. 우리는 페라리스가 포스트모더니즘을 비판하는 것에 덧붙여 각각의 오류를 식별함으로써 그의 실재론이 한 가지 실정적인 면모를 지니게 된다는 점도 알게 될 것이다.

첫 번째 오류는 "존재-지식의 오류"다.[19] 포스트모더니스트는 "내가 X를 사유하면 X는 명백히 사유된 것이고, 따라서 X의 현존은 개념적 도식에 의존한다"라고 추리함으로써 인식론과 존재론을 혼동한다. 오히려 그는 "내가 X를 사유하면 X에 관한 내 사유는 명백히 사유된 것이고, 따라서 X에 관한 내 사유는 개념적 도식에 의존한다"라고 추리해야 한다. 페라리스가 서술하는 대로 달에는 높이가 4,000km 넘는 산들이 존재함을 우리가 안다는 것은 우리에게 우리가 그런 지식을 획득할 수 있게 하는 개념적 도식이 있다는 점에 의존하지만, 그런 산들이 존재한다는 것은 사유하는 인간의 현존에 의존하지 않는다.[20] 혹은 포스트모더니즘의 터무니없음을 훨씬 더 분명하게

---

19. 같은 책, 23. 페라리스는 이것을 "초험적 오류"라고 일컫기도 하면서 그 기원을 칸트의 『순수이성비판』까지 거슬러 올라가는데, 그 오류를 "객체를 그것을 인식하는 주체로 환원하는 것"이라는 이유로 비난한다(Maurizio Ferraris, *Goodbye, Kant!*, 45).

20. Ferraris, *Manifesto of New Realism*, 23.

하는 논증이 있는데, 이를테면 존재가 사유와 다르지 않다면 우리는 "한 조각의 얼음 위에서 미끄러지는 데에도" 개념이 필요할 것이다.[21]

페라리스의 요점은, 실재에는 존재하기 위해 인간 개념들을 필요로 하지 않는 존재자들이 넘쳐난다는 것이다. 그것들(존재자들)은 그것들(개념들)로 환원될 수 없다. 페라리스는 그 요점을 스스로 "슬리퍼 실험"이라고 일컫는 것으로 충분히 납득시킨다.[22] 그 위에 슬리퍼가 놓여 있는 카펫을 생각하자. 어느 두 사람의 세계관과 사유, 의견이 근본적으로 다르더라도 한 사람은 다른 한 사람에게 그 슬리퍼를 건네 달라고 요청할 수 있다(그리고 요청받은 사람은 응할 수 있다). 상호주체성을 가능하게 하는 것은 그들의 개념들이 아니라 그 슬리퍼다(여기에 '상호객체성을 가능하게 하는 것은'이라는 구절을 덧붙여야 한다). 이 논점은 우리가 누군가에게 그 슬리퍼를 물어다 주는 개 한 마리를 상상할 때 더 명료해진다. 이 경우에도 개와 인간이 공유하는 세계를 구성하는 것은 그 슬리퍼다. 셋째, 페라리스는 우리에게 그 슬리퍼 위를 기어가는 벌레 한 마리를 상상하라고 요청한다. 그 벌레는 개념적 장치라고 불릴 만한 것이 전혀 없어도 여전히 그 슬리퍼와 마주치고서 탐사해야 한다. 넷째, 담쟁이덩굴이 그 슬리퍼 위에서 자라고 있는 경우에도 사정은 여전히 마찬가지일 것이다. 다섯 번째이자 마지막으로, 그 슬리퍼 위로 던져진 또 다른 슬리퍼도 당연히 그 슬리퍼와 마주칠 것이다.

페라리스가 우리에게 그의 실험에서 도출하도록 재촉하는 결론

---

21. 같은 책, 24. 우리의 사유 그리고 육체들이 세계를 형성한다고 말함으로써 이 문제가 해결될 수는 없다. 왜냐하면 얼음 조각들의 현존이 그것들 위에서 미끄러지기 위해 배회하고 있는 인간 육체들에 의존하리라 생각하는 것은 여전히 터무니없기 때문이다.
22. 같은 책, 28.

은 객체들이 수정 불가능unamendable하다는 것이다.[23] 수정 불가능성은 객체가 변화할 수 없음을 뜻하지는 않는다. 그것은 한 객체가 다른 한 객체를 자신과 관련시키는 것으로 환원될 수 없음을 뜻한다. 그 슬리퍼는 나의 개념적 도식으로 환원될 수 없는 것과 마찬가지로 벌레와 담쟁이덩굴, 다른 슬리퍼가 그것과의 마주침을 아무리 등록하더라도 그것들로 환원될 수 없다. 심지어 약속, 내기 혹은 결혼 같은 사회적 객체들의 경우에도 사정은 마찬가지다.[24] 이들 객체는 자신을 구성하고 유지하려면 인간의 마음이 필요함은 확실하지만, 그렇다고 해서 그것들의 존재가 그런 생성자들과 동일하다는 결론이 도출되는 것은 아니다. 그것들 역시 수정 불가능하다. 그렇지 않다면 우리의 머릿속에서 떠나지 않는 어떤 곡조를 단지 그것이 사라지기를 바람으로써 지워버릴 수 있을 것이다. 존재-지식의 오류는 수정 불가능성을 도외시하는 것에 자리하고 있으며, 그리고 이와 같은 객체들의 수정 불가능성으로 인해 페라리스 존재론의 첫 번째 실정적인 면모 ― "우리가 마주하는 것이 단지 개념적 도식을 사용함으로써 수정되거나 바뀔 수는 없다는 사실"[25] ― 가 나타난다.

두 번째 오류는 "규명-수용의 오류"다.[26] 아이러니한 포스트모더니스트는, 무언가의 실재적 현존을 규명하는 것은 그것이 우리가 그것과 최초로 마주칠 때의 상태와 정확히 같은 상태로 유지되어야 한다는 점을 독단적으로 수용하는 것과 동등하다고 생각한다. 포스트모더니

---

23. 같은 책, 35.
24. 같은 책, 52~6. 그리고 Maurizio Ferraris, *Where are You*와 Sarah De Sanctis, "Interview with Maurizio Ferraris," 221~4를 참조하라.
25. Ferraris, *Manifesto of New Realism*, 34.
26. 같은 책, 45.

스트에게 변화는 객체들이 세계에 대한 우리 자신의 끊임없이 변화하는 경험들로 완전히 환원될 수 있을 경우에만 가능하다. 그런데 수정 불가능성은 정반대의 것을 함축한다. 어떤 객체든 다른 객체들이 현재 그것과 관계를 맺고 있는 방식으로 환원될 수 없다면 그 객체뿐만 아니라 그것에 대한 우리의 관계도 변화시킬 수 있다. 페라리스가 서술하는 대로 의사들은 질병이 무엇인지 규명하기를 바라는데, 바로 질병을 치료하거나 제거하기 위함이다.[27] 이 오류를 폭로하는 것은 즉시 페라리스 존재론의 두 번째 실정적인 면모 ─ 객체들이 자신의 현행적 소여에 한정되지 않기에 변화와 해방이 언제나 가능하다 ─ 로 전환된다.

세 번째 오류는 "지식-권력의 오류"다.[28] 포스트모더니스트에 따르면 지식에의 어떤 주장도 얇게 가려진 권력 전략이다. 경쟁하는 해석들의 게임 내에서 실재적이고 객관적인 지식을 주장하는 사람이라면 누구나 단지 "어떤 해석들은 다른 해석들보다 더욱 평등하다"라는 오웰주의적 책략을 사용하려고 시도하고 있을 따름이다. 이렇게 해서 포스트모더니스트는 홀로코스트 부인 같은 터무니없는 행동에 대응할 수 없게 된다는 것이 문제다.[29] 왜냐하면 포스트모더니스트는 홀로코스트가 일어났다는 사실을 뒷받침하는 것으로 알려진 논증을 입수할 기회를 스스로 포기하기 때문이다. 스스로 인정하는 대로 포스트모더니스트가 말하는 것은 무엇이든 단적으로 다른 사람들에게 대항하는 하나의 권력 조치다. 여기서도 수정 불가능성이 그 오류를 폭로하면서 해결책을 제공한다. 세계가 우리 해석들의 반영물에 지나지 않는다면 '홀로코스트'는 그 '실존'과 '진실성'이 인간의 투쟁 속에서 끊

---

27. 같은 책, 46.
28. 같은 책, 67.
29. 같은 책, 69.

임없이 (재)확립되는 공허한 기표에 불과하다. 그런데 그것이 실재적이고 수정 불가능한 객체(즉, 정말로 무언가)라면 그것은 그런 식으로 환원될 수 없다. 여기서 페라리스는 그것에 관해 숙고하지는 않지만, '수정 불가능한'이라는 용어가 '미결정된'이라는 의미를 뜻하지는 않는다는 점을 인식하는 것이 중요하다. 수정 불가능성의 가장 중요한 점은 객체가 인간의 투사물을 수동적으로 수용하는 어떤 텅 빈 곳이 아니라는 것이다. 수정 불가능성은 해석에 대한 저항을 뜻하며, 이는 객체들이 자신의 고유한 특질을 지니고 있어야 한다는 것을 뜻한다. 또다시 이것은 페라리스 실재론의 세 번째 실정적인 면모, 즉 확실성에 대한 전망을 낳는다.[30] 객체들이 무작위적인 해석과 취급에 저항한다는 사실은 어떤 해석들이 다른 해석들보다 더 정확할 가능성을 위한 조건이자 (예를 들면 반복되는 과학 실험을 통해서) 그것을 알기 위한 조건이다. 그러므로 수정 불가능성 덕분에 세계에 관한 우리의 이해가 진보할 수 있게 된다.

페라리스의 수정 불가능성 개념과 들뢰즈의 기계 신체 사이의 유사성은 명백하다. 들뢰즈의 신체는 관계 속에서 현시됨으로부터 물러서고, 그리하여 존재자는 언제나 우리가 그것을 해석하는 방식으로 환원될 수 없다. 들뢰즈가 서술하는 대로 어떤 기계도, 심지어 우리가 스스로 제작한 도구도 인간의 투사물로 결코 환원될 수 없다(BSP, 118~9). 들뢰즈는 책과 호랑이, 질병, 잔혹한 사건, 슬리퍼가 우리가 그것들에 관해 생각하기로 작정한 어떤 것으로도 환원될 수 있다고 주장하는 포스트모더니트가 결코 아님이 명백하다. 외부성은 신체로서의 기계가 그것이 마주치게 되는 어떤 도식 — 개념적이든 그렇지 않든 간

---

30. 같은 책, 76.

에 ─ 으로도 결코 용해될 수 없다는 것을 보증한다. 페라리스의 경우에도 마찬가지로 존재자들의 바로 이런 환원 불가능성이 변화와 해방, 확실성, 진보의 가능성을 위한 조건을 제공하는 것으로 여겨져야 한다. 혹은 들뢰즈의 표현에 따르면 기계들이 우리가 그것들에 투사하는 것들로 환원될 수 없다는 사실이 "새로운 연결 관계들"의 가능성을 위한 조건이다(BSP, 121). 우리가 어쨌든 세계 속 사물들을 변화시킬 수 있는 유일한 이유는 이들 사물이 현행적 전개 이상의 것이기 때문이다. 그리고 각각의 존재자가 모든 해석에 동등하게 자신을 내맡기지 못하게 막는 어떤 독자적인 존재를 갖추고 있는 한에서 우리는 어쨌든 어떤 해석들이 다른 해석들보다 더 정확한지에 관한 지식을 획득할 수 있을 따름이다. 이 논점에 함축된 존재자들의 한 가지 고유한 특질에 관한 관념은 6장에서 자세히 설명될 것이다.

그런데도 들뢰즈와 페라리스 사이의 한 가지 중대한 차이점을 짚고 넘어가야 한다. 2장의 2절에서는 들뢰즈가 페라리스와 마찬가지로 자신의 관계들에 대한 존재자의 외부성, 즉 존재자의 환원 불가능성 혹은 수정 불가능성을 가리키는 일련의 경험을 규명하는 것으로 밝혀졌다. 그런데 페라리스와는 달리 들뢰즈는 이들 소견을 외부성 테제를 뒷받침하는 사변적 논증으로 보충한다. 들뢰즈는 인간 경험이 우리에게 시사하곤 하는 것과는 달리 실재가 환원 불가능한 존재자들로 이루어질 수밖에 없는 이유에 대한 논증을 제공한다. 페라리스의 경우에는 사정이 이렇지 않다. 사실상 엄격히 말하자면 페라리스는 관계를 맺고 있는 대로의 존재자와 그 자체로 존재하는 대로의 존재자를 구분하고 있는 것이 아니라 개념화되는 대로의 존재자와 지각되는 대로의 존재자를 구분하고 있다.

제 경우에 초험적 오류를 극복하고 존재론과 인식론 사이의 혼동을 없앨 첫 번째 조치는 지각이 사유로부터 자율적임을 이해하는 데 자리하고 있었습니다…[31]

페라리스는 자신의 철학을 신실재론으로 제시할 뿐만 아니라 또한 자신의 철학이 미학을 지각의 철학으로 재평가하려는 시도라고 언급한다.[32] 이것으로 페라리스가 뜻하는 것처럼 보이는 바는 지각이 개념들로 환원될 수 없다는 것이다. 이것은 결국 수정 불가능성이 지각된 객체의 개념화된 객체로의 환원 불가능성을 가리킨다는 점을 뜻할 것이다. 이렇게 해서 페라리스는 실제로 객체 자체의 수정 불가능성을 확립해내는지 아니면 단지 지각의 사유에의 환원 불가능성을 확립할 따름인지에 관한 물음이 제기된다. 어쩌면 어느 관대하지 않은 비판자는 페라리스가 단지 객체에 대한 우리의 관계가 개념들로 환원될 수 없는 무언가를 포함하고 있다고 증명할 따름이라고 비난할 것이다. 확실히 이것은 페라리스가 칸트를 우리에게 존재-지식의 오류를 안긴다는 이유로 비판할 때 제기되는 논점인 것처럼 보인다.

〔우리는〕 어떤 사물을 인식하는 것이 그것과 마주치는 것 - 어둠 속에서 어떤 의자에 부딪히는 것 - 과 같지 않다는 점에 동의〔해야 한다〕. 그리고 우리의 경험이 어떻게 되든 간에 우리는 대부분의 경험이 우리의 지식을 조직하는 개념적 도식들이 아무 쓸모가 없는 그런 불투명하고 뿌리 깊은 저류를 품고 있음을 인정해야 한다.[33]

---

31. De Sanctis, "Interview with Maurizio Ferraris", 227.
32. Ferraris, *Manifesto of New Realism*, 18.
33. Ferraris, *Goodbye, Kant!*, 46.

사실상 칸트에 대한 페라리스 비판의 주요한 부분은 우리가 개념 없이도 유의미한 직관을 지닐 수 있다는 것으로, 칸트는 이 논점을 거부한 것으로 유명하다.[34] 그런데 들뢰즈의 외부성 테제의 시각에서 바라보면 그것은 객체들의 실재론을 확립하기에는 불충분하다. 그것은 단지 객체에 대한 우리의 경험이 개념적 해석으로 보충된 비개념적 내용의 이중체임을 확립할 따름이다. 그리하여 여전히 페라리스는 지각되는-대로의-수정 불가능성을 여타 존재자와 관련되어 있지 않은 경우에도 성립되는 객체의 환원 불가능성으로 확대하는 논증이 필요하다. 결국에 수정 불가능한 것으로 지각되는 슬리퍼는 언제나 여전히 지각된 슬리퍼로 남아 있다. 페라리스는 이런 혐의를 확증하는 것처럼 보인다. "일반적으로 '외부 세계'는 개념적 도식의 외부에 있으며, 그리고 이런 관점에서 바라보면 그것의 범례는 지각의 수정 불가능성에 자리하고 있다."[35] 우리가 이 진술을 진지하게 여기면 그 수정 불가능한 슬리퍼는 그것에 대한 인간의 관계들과 독립적으로 존재하는 어떤 객체가 아닐 것이다('외부 세계'에 붙은 아이러니한 인용부호를 인식하라). 슬리퍼의 수정 불가능성은 정말 인간 경험의 한 면모인 것처럼 보이는데, 비록 이것은 경험의 개념적 측면에의 주목을 과대하게 보이게 한 경험의 비개념적인 지각적 측면에 의해 가려지는 경향이 있지만 말이다. 실재론이 페라리스 철학의 내용임은 확실하지만 이것은 그 형식에 의해 전적으로 보증되지는 않을 것이다. 이런 비판의 논점 덕분에 우리는 들뢰즈가 외부성 테제와 기계 신체의 환원 불가능성을 확증하기 위해 경험적 논증에 덧붙여 사변적 논증도 사용하는 이유를 깨닫게 된다.

---

34. 같은 책, 52~61.
35. Ferraris, *Manifesto of New Realism*, 37.

기계의 신체적 측면에 귀속되는 찬란한 고립에도 불구하고 관계들은 현존해야 한다. 첫 번째 이유는 기계가 다른 기계들에 의해 생산된다고 정립되었기 때문이다. 두 번째 이유는 비관계적 잠재태와 현실적 표현 사이의 내부적 종류 차이에 의해 현실태는 언제나 관계적이라는 점이 수반되기 때문이다. 그런데 외부성 테제로 인해 신체들로서 기계들 사이의 직접적인 마주침은 이루어질 수 없게 된다. 그러므로 기계들이 대관절 어떻게 서로 관계를 맺게 되는지에 관한 물음이 제기된다. 이 물음을 계기로 우리는 존재자들 사이의 접촉, 회집, 변경 그리고 해체를 설명할 세 가지 종합 중 첫 번째 것과 더불어 '의미'에 관한 들뢰즈의 개념을 다루게 될 것이다. 우리는 어떤 관계도 결코 하나의 단순한 단위체를 갖춘 관계가 아님을 알게 될 것이다. 기계들이 관계 속에서 마주치는 것은, 들뢰즈가 한편으로는 '흐름' 혹은 '성질들'이라고 일컫는 것과 다른 한편으로는 '부분적 객체' 혹은 '연장'이라고 일컫는 것으로 이루어진 하나의 현실적 이중체다. 이 장이 마무리될 무렵에 우리는 첫 번째 종합과 기계의 네 가지 측면 중 세 가지 ― 기계의 비관계적 신체 더하기 기계가 다른 회집체들에 의해 경험되는 방식과 관련된 두 가지 측면 ― 를 숙지하게 될 것이다.

1. 연결적 종합

모든 것이 기계라는 점을 참작하면 우리는 모든 종류의 관계를 설명해야 한다. 이들 관계에는 친구를 알아보는 누군가, 젖의 흐름을 만나는 입, 달과 부딪치는 유성, 웅덩이에 내리는 비, 두개골을 관통하는 총알, 신경계로부터 신호를 받는 손, 케이크의 일부를 이루는 부스러기, 소프트웨어에 침투하는 바이러스 그리고 난꽃 위에 내려앉는 말벌이 포함된다. 들뢰즈는 모든 형태의 소유하기, 밀치기, 내려앉기, 식별하기, 접촉하기, 추측하기, 파괴하기, 고용하기, 생성하기, 성질을 부여하기, 수량화하기, 기타 등등을 설명해야 한다. 이것은 종합, 두 개의 개별적 존재자를 한데 모으는 조작으로서의 종합의 필요성을 수반한다.

> 참으로 어쩌면 누군가가 … 분산과 실제적 구분, 연계의 부재라는 이
> 들 조건이 어떻게 어떤 기계 체제든 그 체제가 존재할 수 있게 하는지
> 궁금히 여길 것이다 … 그 답은 종합들의 수동적 본성에, 혹은 같은 이
> 야기지만 해당 상호작용들의 간접적 본성에 자리하고 있다(AO, 370).

외부주의적 실재에서 종합은 존재자들이 만나는 모든 경우에 대하여 전제된다(ES, 100). 종합은 간접적 상호작용의 형식을 제공해야 한다. 그 이유는 외부성으로 인해 두 신체가 결코 직접 관계를 맺을 수 없기 때문이다. 들뢰즈는 세 가지의 그런 종합을 상정한다. 첫 번째 종합은 관계 짓기라는 기본적 사실에 해당한다. 두 번째 종합은 관계를 근거 짓는 것과 관련되어 있고, 세 번째 종합은 관계가 유지되게 하는 것과 관련되어 있다.

『차이와 반복』에서는 이들 종합이 '시간의 종합들' ― 현재의 연결적 종합, 과거의 이접적 종합 그리고 미래의 연접적 종합 ― 으로 일컬어진다. 그런데 그것들은 일반적으로 이해되는 대로의 시간성과 아무 관계도 없다. 이런 까닭에 『의미의 논리』에서는 이들 종합이 간단히 연결적 종합과 이접적 종합, 연접적 종합으로 일컬어지고(LS, 43~7), 『안티 오이디푸스』에서는 생산의 종합과 등록의 종합, 완성의 종합으로 일컬어진다. 게다가 『차이와 반복』에서 이미 들뢰즈는 '시간의 종합'으로 자

신이 정확히 의미하는 바를 신중하게 서술한다.

> 과거와 미래는 현재라고 가정되는 순간과 별개의 순간들을 가리키는
> 것이 아니라 오히려 현재가 순간들의 수축인 한에서 현재 자체의 차
> 원들을 가리킨다. 현재는 과거에서 미래로 이행하기 위해 자신을 벗
> 어날 필요가 없다 … 어쨌든 이 종합에는 하나의 명칭, 즉 수동적 종
> 합이라는 명칭이 부여되어야 한다(DR, 71).

이들 종합은 각각의 관계가 갖는 세 가지 차원과 관련되어 있다. 그것
들은 생겨나는 모든 것의 형식적 구조라는 의미에서만 시간적일 따름
이다. 연결적 '현재'는 관계 자체를 가리키고, 이접적 '과거'는 관계를 근
거 짓는 것을 가리키기에 관계가 유지되는 **동안** 존재해야 하며, 그리
고 연접적 '미래'는 각각의 이접적 접속이 즉시 새로운 기계를 만들어
내는 방식을 가리킨다. 마지막 논점은 직관에 반하는 것처럼 보이지
만, 기계들 사이에 맺어진 각각의 관계가 새로운 기계의 생성을 수반
한다는 것은 사실상 절대적으로 필연적이다. 그런데 사정이 왜 이러한
지 이해하려면 들뢰즈 존재론의 모든 주요한 측면을 숙지해야 한다.
그러므로 새로운 존재자의 생성에 대한 분석은 8장에 이르러서야 행
해질 것이다. 당분간은 단지 관계가 그 항들의 외부에 있다면 두 기계
가 어떤 단일한 관계에 영구적으로 휘말리지 못하게 막는 무언가가
언제나 존재함이 틀림없다는 점만을 인식하자. 그러므로 두 다양체
사이의 접속은 즉시 그것들을 넘어서는 무언가를 생성한다. 그 사태
의 명백성에도 불구하고 인식해야 할 또 하나의 것은 그 종합들이 객
체에 대한 우리의 지각과도 아무 상관이 없고 더 일반적으로 인간 경
험과도 아무 상관이 없다는 점이다. 들뢰즈가 종종 지각을 일례로서

사용하지만 "지각적 종합의 배후에는 감각들의 감성과 유사한 유기적 종합들이 자리하고 있고, 이들 유기적 종합의 배후에는 우리의 존재에 해당하는 어떤 원초적 감성이 자리하고 있다"(DR, 73). 게다가 당연히 인간은 사중체의 특정한 사례이기에 바위, 나무, 질소, 황산염 그리고 다른 회집체들의 경우에도 동일한 세 가지 종합이 관련된다(DR, 75). 다음과 같은 까닭에 그 종합들은 '수동적'이다. 종합은 누군가가 행하려고 결정하는 것이 아니다. 종합은 모든 경우에 모든 것이 행하는 것이고, 따라서 기억하기와 이해하기 같은 '능동적'인 종합적 활동을 위한 조건이다(DR, 71).

관계라는 공공연한 사실과 첫 번째 연결의 종합으로 시작하려면 우리는 먼저 무엇이 기계와 관계하는지 자문해야 한다. '제3의 것' 또는 신체가 일차적이라는 앞서 인용된 진술을 떠올리자(WG, 23). 그것이 관계가 개시되는 지점이다. 관계하는 것은 신체 자체, 즉 어떤 기계를 생성하는 구성요소들과 그 기계가 스스로 변경하거나 생성하는 기계들 사이에 서 있는 제3의 것이다. 나는 미술관을 돌아다닌다. 당연하게도 내가 그렇게 돌아다니는 데에는 다리와 발, 폐, 동맥이 필요하다. 또한 미술관 자체, 미술관 앞에 놓인 거리, 미술관 내부의 복도 등이 필요하다. 행위주체성은 분산되어 있음이 꽤 명백하다. 왜냐하면 나는 진공 속에서 돌아다닐 수 없기 때문이다. 그런데도 내가 미술관을 돌아다니는 것이지, 나의 구두끈이나 나의 왼쪽 콩팥이 돌아다니는 것은 아니다. 마찬가지로 내가 어떤 강을 지각한다. 내가 그렇게 행하는 것은 나와 결합한 다양한 회집체 또는 리좀 덕분이지만 그것들이 나를 대신할 수는 없다. 유럽연합이 자신의 시민들을 포섭하려면 셀 수 없이 많은 정치인, 법률, 사무실용 건물 그리고 다른 존재자들이 필요하지만 유럽연합과 그 시민들 사이의 관계도 사정은 마찬가지다. 관계하는 것은 신체이지, 그것의 구성요소 중 하나가 아니다. 게다가 한 기계의 현실적 측면은 다른 다양체들과 관계하는 것일 수가 없다는 점을 인식하자. 현실적인 것은 관계 속에서 현시되는 것이다. 그것은 경험되는 것이며, 그리고 성질이 결코 직접적으로 성질의 성질이 아닌 것과 마찬가지 이유로 경험은 직접적으로 경험을 경험할 수 없다. 우리가 서로 바라볼 때 당신을 지각하는 것은 나에 대한 당신의 지각이라고 주장하는 것은 터무니없을 것이다.

모든 관계의 한쪽에는 기관 없는 신체가 있다. 들뢰즈가 서술하는 대로 "라이프니츠에게서 이미 우리는 사물들에 관한 관점들은 존재하지 않고 오히려 사물들, 존재자들이 그 자체로 관점들이라는 것을 알게 되었다"(LS, 173; 그리고 DR, 69; FLB, 20~1; PS, 161을 참조). 하나의 기관 없는 신체, 형상形象 또는 문제라는 것은 다른 기계들에 대한 하나의 관점이라는 것이다.[1] 기계 존재론의 맥락에서 이것은 현상학적 테제도 아니고 인식론적 테제도 아니다. 그것은 외부성 테제에 필연적으로 따르는 정리다. 아무것도 여타의 것으로 환원될 수 없다면 사물들이 속할 일반적인 시각은 존재하지 않는다. 모든 것은 세계에 대한 자신의 고유한 시각이 있으며, 여기서 '시각'은 시각적 관계뿐만 아니라 온갖 종류의 관계를 가리킨다. 들뢰즈가 "각각의 구성적 재현은 자신의 중심으로부터 왜곡되고 이탈되며 찢어짐이 틀림없다. 각각의 관점이 그 자체로 객체이어야 하거나, 혹은 객체가 관점에 속해야 한다"(DR, 56)라고 서술하는 경우에 우리는 인식론과 존재론을 혼동하지 않도록 주의해야 한다. 이런 점에서 들뢰즈의 기계는 라이프니츠의 모나드와 대단

---

1. "nous sentons qu'avoir un corps et avoir un point de vue, ce ne sont pas des choses indifférentes l'une à l'autre ⋯ les deux choses sont liées"(SL, 120587).

히 유사하다. "각각의 개별적 관념의 토대에는 그런 개별적 관념을 규정하는 관점이 사실상 존재해야 할 것이다. 주체는 관점과 관련하여 부차적이라고 해도 괜찮다"(SL, 150480; 그리고 SL, 161286을 참조).

이 중 어느 것도 외부성에 위배되지 않는다. 어떤 기계의 한 잠재적 성분 – 여기서는 그것의 신체 – 이 그 자체로 현시된다면 그 사태는 외부성에 위배될 것이다. 그런데 무언가와 관계하는 것은 결코 관계되는 것과 동일하지 않다. 누군가를 응시하는 것은 응시당하는 것을 수반하지 않는다. 상대방이 호응할지라도 그는 기관 없는 신체를 경험하지 않고 오히려 어떤 현실적인 현시적 존재자를 경험한다. 이런 까닭에 수동적 종합은 "본질적으로 비대칭적이다. 현재의 그것은 과거로부터 미래로 나아간다"(DR, 71; 그리고 DR, 81을 참조). 이런 까닭에 "모든 것은 높은 곳에서 낮은 곳으로 가면서 그런 운동을 통해 가장 낮은 것을 긍정하는데, 이것이 바로 비대칭적 종합"이다(DR, 234). 그리고 이런 까닭에 "모든 것은 비대칭적인 되기의 블록 속에서, 순간적인 지그재그 운동 속에서 결합한다"(ATP, 278). 존재자들의 목공소에서는 한 번에 하나의 일방적인 관계가 구축되며, 각각의 관계는 전적으로 어떤 잠재적 신체(현재 관계의 근저에 자리하고 있는 '과거' 혹은 사적 '심층')에서 한 개 혹은 여러 개의 다른 기계의 현실적이고 현시적인 측면(현재 관계에 있어서 그것들의 국소적 '상층')으로 진행된다.[2] 이렇게 해서 기계들이 작용할(미래를 초래할) 상황이 조성된다. 일방성과 비대칭성은 기계들 사이에 직접적인 신체-신체 관계는 맺어질 수 없다는 사실로부터 필연적으로 도출된다. 그 이유는 신체가 그것을 경험하는 모

---

2. "언제나 그렇듯이 한 계열은 기표의 역할을 하고, 다른 한 계열은 기의의 역할을 한다. 그런데 우리가 관점을 바꾸면 이들의 역할도 서로 바뀐다"(LS, 38)라는 진술을 참조하라.

든 기계로부터 여전히 물러서 있게 하는 "생산 행위와 생산물에 대한 무관심"(AO, 18)이 존재론적으로 언제나 존재하기 때문이다. 그러므로 경험됨은 어떤 기계의 잠재적 신체와 그 기계의 현실적 표현 사이의 '균열'을 수반한다.

> 의심할 여지 없이 각각의 기관-기계는 독자적인 흐름의 시각에서 세계 전체를 해석한다 … 눈은 보기에 의거하여 모든 것 ― 말하기, 이해하기, 침 뱉기, 학대하기 ― 을 해석한다. 그런데 또 다른 기계와의 연결은 횡단 경로를 따라서 언제나 이루어지고, 그리하여 이 기계는 저 기계의 현행적 상태를 교란하거나 자신의 현행적 상태가 교란되는 것을 '본다'(AO, 16, 번역이 수정됨).

신체는 관점이다. 각각의 기계는 자신의 고유한 역량에 따라 관계를 맺을 수 있을 따름이다. 그러므로 어떤 기계의 관계들은 그 관계들이 그것에 강요되더라도 그 기계가 할 수 있는 바에 따라 다른 기계들을 현실적 표현들로 수축시키는 것이다. 각각의 존재자는 하나의 "수축시키는 기계"(DR, 73)이고, 각각의 관계는 근본적으로 하나의 수축이다 (LS, 225). 다른 한 기계와 관계를 맺는 것은 "다수의 발산하는 계열을 단일한 계열의 순차적인 출현으로" 수축시키는 것이다(LS, 175). 눈은 보기에 의거하여 모든 것과 마주치며, 그리고 그런 단순한 행위로 다수의 서로 환원 불가능한 기계를 단일한 경험으로 통일한다. 모든 존재자는 사정이 이러하기에 첫 번째 종합은 실재의 접착제를 밝혀내는데, 존재자들은 다른 한 존재자의 경험 속에서 연합된다. 그것들은 단일한 현재로 끌려오게 되며, "습관의 수동적 종합은 순간들을 어떤 현재에 대하여 수축시킴으로써 시간을 구성한다"(DR, 81 ; 그리고 DR, 70~1

을 참조). 연결적 종합은 두 가지 이유로 인해 '습관'의 종합이다. 첫째, 모든 존재자는 다른 존재자들을 수축시키는 습관이 있다. 관계가 맺어지거나 향유될 때마다 그런 습관이 단적으로 표출된다. 둘째, 의식을 갖춘 존재자들의 경우에는 그것이 재인과 기대의 가능성을 위한 조건이다. 결국에 습관으로부터 행동한다는 것은 과거로부터 유지된 무언가 ─ 당사자의 관점을 '다듬게' 되는 것 ─ 에 의거하여 미래를 맞닥뜨린다는 것이다. 그런데 이런 용어법에도 불구하고 수축은 단지 시각적 현상에 불과한 것이 아니다. 수축은 경험이 기계로서의 기계를 결코 경험하지 못하고 오히려 특정한 관점에 의거하여 기계를 현실태로 부각하는 방식을 가리킨다. 서로 다른 기계들이 동일한 관점으로 끌려옴에 따라 그것들의 개별적 실재들은 해당 관계가 유지해낼 수 있는 한에서 통일된 상태에 있게 된다.

> 수축의 능력. 그것은 감광판과 마찬가지로 새로운 사례가 나타날 때 이전의 사례를 계속 보존한다. 그것은 사례들, 요소들, 동요들 혹은 균질한 순간들을 수축시키고 이것들의 근거를 일정한 무게를 부여받은 어떤 내부적인 질적 인상에 둔다(DR, 70).

관계는 수축이다. 어떤 단일한 기계와의 관계조차도 때가 맞지 않고 연장되지 않은 그 기계의 잠재적 신체를 어떤 성질을 띤 현실적 관계 속에서 표현한다. 존재론적으로 모든 관계는 관조 혹은 수축인데, 실존적인 이완 사례들의 경우에도 그렇다(DR, 75). 어느 특정한 관계가 강한지 혹은 약한지, 지속적인지 혹은 순간적인지, 물리적인지 혹은 사회적인지 여부는 아무 상관이 없다. 종합한다는 것, 관조한다는 것 그리고 수축시킨다는 것은 다른 존재자들을 하나의 경험으로 끌어들인다는 것이다. 모든 관계는 어떤 기계의 신체와 접촉하는 것이라기보다는 오히려 그 기계의 수축된 표현과 간접적으로 접촉하는 것이다. 그런 점을 참작하면 다른 기계들을 형성하고 있는 기계들을 방해하는 것은 아무것도 없다. 모든 것은, 심지어 한 기계가 수축시킬 수 있는 것조차도 한 기계가 수축시키는 것에서 비롯된다.

우리는 수축된 물과 흙, 빛, 공기로 이루어져 있는데, 우리가 이것들을 식별하거나 표상하기도 전에, 심지어 그것들을 감각하기도 전에 이미 그렇다. 모든 유기체는 그것의 수용적 및 지각적 요소들뿐만 아니라 내장에 있어서도 수축된 것들, 보존된 것들 그리고 기대된 것들의 합체다(DR, 73).

습관은 창조적이다. 식물은 물과 흙, 질소, 탄소, 염화물, 황산염을 관조하며, 그리고 자신의 고유한 개념을 획득하여 스스로 만족하기 위해 그것들을 수축시킨다(향유)··· 우리는 모두 관조하는 것이기에 습관이다(WP, 105).

이들 인용문은 수축의 종합이 지닌 존재론적 중요성을 강조한다. 각각의 회집체가 행하는 '가공'이란 무엇보다도 물러서 있는 기계들을 현실적 표현들로 수축시킴으로써 무언가가 되도록 형성하는 것이라는 점을 이해하지 않은 채로 들뢰즈 철학을 적절히 파악하는 것은 불가능하다. 『차이와 반복』에서 인용된 다음과 같은 구절을 살펴보자.

우리가 밀이라고 일컫는 것은 흙과 습기가 수축된 것이며, 그리고 이런 수축은 하나의 관조이자 그 관조의 자기만족이다··· 모든 유기체는 반복의 요소들과 사례들, 즉 관조되고 수축된 물과 질소, 탄소, 염화물, 황산염으로 이루어져 있고, 그리하여 그것을 구성하는 모든 습관을 긴밀하게 연결한다. … 어쩌면 모든 것이, 심지어 바위와 나무, 동물과 인간, 심지어 악타이온과 사슴, 나르키소스와 꽃, 심지어 우리의 행위와 욕구조차도 관조라고 말하는 것은 아이러니일 것이다. 그런데 아이러니 또한 여전히 하나의 관조, 단지 관조일 따름이다(DR, 75; 그리고 SL, 170387을 참조).

이 책의 「서론」에서는 들뢰즈가 현상학자보다 범심론자에 더 가깝다고 주장되었다. 이제 우리는 더 정확한 명칭은 '다심론자'일 것이라는 점을 알게 된다. 그 이유는 들뢰즈가 각각의 존재자에 실재에 대한 사적 입장을 부여하기 때문이다.[3] 각각의 존재자는 자신의 독특한 존재양식에 따라 수축시킨 것들의 형태로 다른 존재자들과 마주치게 하는 하나의 신체를 갖추고 있다는 그 점이 바로 들뢰즈가 각각의 기계는 하나의 '영혼' 혹은 '애벌레 자아'를 갖추고 있다고 서술할 때 표현하고자 하는 것이다.

심장에, 근육과 신경, 세포에 하나의 영혼이 귀속되어야 하는데, 그것도 습관을 수축시키는 것을 자신의 전반적인 기능으로 삼는 관조적 영혼이 귀속되어야 한다. 이것은 신비롭거나 야만스러운 가설이 전혀 아니다. 오히려 여기서 습관은 자신의 완전한 일반성을 드러낸다. 그것은 우리가 (심리학적으로) 지닌 감각-운동적 습관들과 관련되어

---

3. 이런 의미에서 사용되는 '다심론'은 하먼에 의해 고안된 신조어다. Harman, *The Quadruple Object*, 121~3 [하먼, 『쿼드러플 오브젝트』]을 참조하라.

있을 뿐만 아니라, 이들 습관에 앞서 우리를 이루는 원초적 습관들, 즉 우리를 유기적으로 구성하는 수천 개의 수동적 종합과도 관련되어 있다(DR, 74).

그런 사색은 결코 시적인 것이 아니다.[4] 다양체라는 것은 수축을 통해서 다른 존재자들을 회집한다는 것이고, 따라서 이들 존재자도 각각 또 다른 존재자들을 수축시키는 존재자다. 심지어 "사실상 물질은 그것에 심층을 제공하는 그런 영혼들이 거주하거나 그런 영혼들로 뒤덮여 있는데, 그런 심층이 없다면 물질은 표면에서 어떤 헐벗은 반복도 현시하지 못할 것이다"(DR, 286). 생명 없는 기계조차도 그것들이 서로 마주치게 하는 현실적 표현들의 근저에 자리하고 있는 영혼, 사적 심층, 기관 없는 신체를 지니고 있다. 무가치한 사물을 존재론적 사변에서 배제하는 소크라테스의 태도와는 대조적으로 "관조적 영혼은 미로 속 쥐에게도, 그 쥐가 갖춘 각각의 근육에도 할당되어야 한다"(DR, 75). 첫 번째 종합 또는 공공연한 관계의 사실은 수축 혹은 관조가 "모든 우리의 리듬, 우리의 저장물, 우리의 반응 시간,〔그리고〕우리를 구성하는 천 개의 매듭과 현재, 피로"를 규정함을 함축한다(DR, 77). 첫 번째 종합은 생산의 종합이며, 그리고 그것이 생산하는 것은 무엇이든 그것이 수축시키는 것의 현실적 표현으로, 신체들의 고독을 감쌀 공재성^{共在性}을 조성한다.

연결 관계는 어떤 종류의 것이든 괜찮다. 들뢰즈가 서술하는 대로 "기계에 들어오고 나가는 것, 기계 주변을 돌아다니는 것, 기계에 접근

---

4. "Est-ce un formule poétique? Mais non. Chaque chose est une contemplation de ce dont elle procède ··· Le rocher contemple le silicium, le carbone sûrement, le x, y, z etc. ··· dont il procède"(SL, 170387).

하는 것, 이것들은 여전히 기계 자체의 구성요소들이다"(K, 7). 종합적으로 당신이 자신의 폐와 맺는 관계와 당신이 자신의 옷, 자신의 언어 혹은 이 텍스트와 맺는 관계 사이에는 아무 차이도 없다. 당신은 다량의 그런 것들과 맺는 관계들을 종합할 수 있고, 어떤 식으로든 그것들을 실제로 마주치게 되는 표현들로 수축시킬 수 있다. 내부에 있는 것들과 외부에 있는 것들 사이에는 존재론적 차이가 전혀 없고 실존적 차이만 있을 따름이다. 당신이 자신의 자동차 열쇠 및 연인과 맺는 관계들은 자신의 동맥 및 눈동자와 맺는 관계들과 존재론적으로 동등하다. 오직 잠재적 신체만이 화성, 옥스퍼드대학교, 모래 알갱이 하나 혹은 소개팅 동안 어색한 순간의 참된 내부다. '무언가의 부분임'은 더는 다른 회집체들에 물리적으로 자리하고 있는 사물들의 특권이 아니다. '무언가의 부분임'은 '무언가에 의해 수축됨'을 뜻하게 됨이 틀림없다. 각각의 기계는 그것과 마주치는 모든 기계의 부분이고, 그런 마주침의 영향은 가련한 무관심에서 야만적인 지배에 이르기까지 다양할 수 있다. 나의 생물학적 구성요소들은 나 자신으로서의 시각을 구축하는 데 도움이 되는 한편으로 네이메헌이라는 도시와 내 거실에 걸린 초현실주의 콜라주 작품을 구축하는 데에도 도움이 된다. 우리가 나중에 다시 살펴볼 용어법으로 표현하면 이들 기계는 모두 내 역능의 생성에 이바지한다는 점에서 동등하다. 기계 존재론은 기계의 부분들이 우리가 통상적으로 생각하곤 하는 것보다 그 수가 더 많은 동시에 덜 내부적인 것들로 구상되는 기이한 부분전체론을 수반한다.

기계 존재론은 내부-외부 구분을 인접성과 단절 사이의 더 근본적인 구분이나, 혹은 달리 말해서 생산과 반생산 사이의 더 근본적인 구분으로 대체한다. "연결적 종합 혹은 생산적 종합의 한 특질은 그것이 생산을 반생산과, 반생산의 한 요소와 결합한다는 사실이다"(AO,

19). 인접성과 단절은 대립물들이 아니다. 오히려 "절단 혹은 차단이 이런 연속성을 조건 짓는데, 그것은 자신이 자르는 것을 하나의 이상적인 연속체로서 전제하거나 규정한다"(AO, 50 ; 그리고 AO, 51을 참조). 앞서 우리가 이해한 대로 항들의 외부에 여전히 남아 있는 것은 기계들의 잠재적 측면이다. 기계들은 신체-신체 접촉이 금지되어 있다. 각각의 관계는 한 기계의 잠재적 측면이 다른 한 기계의 현실적 표현과 간접적으로 관련되는 것으로, 이런 표현은 해당 기계의 잠재태와 종류가 다르다. 이런 종류의 차이가 들뢰즈가 언급하는 절단 혹은 차단이다. 잠재적 존재자들의 직접적인 접촉은 불가능하지만 이들 존재자의 현실적 측면들은 또 하나의 기계가 마주치는 대로 서로 만날 수 있다. 게다가 이것은 지각과 관련된 논점일 뿐만 아니라 모든 관계와 관련된 논점이기도 하다는 사실을 기억하자. 나의 벽난로 위에 전시된 작은 구체와 나무 부엉이에 대한 나의 지각은 수많은 환원 불가능한 존재자를 하나의 표현으로 수축시키며, 한편으로 휩쓸면서 수많은 다양체를 끌어모으는 토네이도 역시 그러하다. 수축은 세계의 접착제다. 실재계가 활성화되는 유일한 이유는 다른 한 기계가 이들 기계를 하나의 인접한 계열 혹은 단일한 사물로 간주할 수 있기 때문이다. 그런 인접성과 단절은 단 하나의 객체와 맺은 관계의 경우에도 작동한다. 이런 까닭에 관계를 맺는다는 것은 연장된 것이 된다는 점을 함축하고, 모든 객체는 언제나 자신의 시공간적 맥락과 인접한다. 내가 나의 전화기에 아무리 열심히 집중하더라도 세계는 결코 나의 전화기, 그다음에 그것을 둘러싸고 있는 공허, 그리고 그다음에서야 그것이 그 위에 자리하고 있는 탁자로 절대 구성되지 않는다. 오히려 인간뿐만 아니라 비인간의 경우에도 경험은 언제나 물질이 충만한 공간이다. 관계가 존재자들을 그것들의 잠재적 신체들에서 표현들로 끌어낸다는 것은 존

재론적 사실이다. "욕망하는-기계들은 자신들이 파괴될 때에만, 그리고 끊임없이 파괴됨으로써만 작동한다"(AO, 19; 그리고 AO, 45를 참조).

왜냐하면 기계는 두 가지 특질 혹은 역능을 보유하고 있기 때문이다. 연속체의 역능, 즉 그 안에서 주어진 한 구성요소가 다른 한 구성요소와 연결되는 기계 문의 역능이 있고 ··· 또한 방향의 단절, 즉 각각의 기계가 자신이 대체하는 기계와 관련하여 하나의 절대적 절단이 되는 돌연변이가 있다 ··· 두 가지 역능이 사실상 하나일 따름인 이유는 기계 자체가 절단-흐름 과정이기 때문이다. 절단은 언제나 그것이 어떤 흐름에 코드를 할당함으로써, 어떤 흐름이 특정한 요소들을 전달하게 하는 원인이 됨으로써 다른 흐름들로부터 분리하는 그 흐름의 연속성에 인접한다(BSP, 121).

어떤 기계도 다른 기계들을 근본적으로 그것들의 견지에서, 즉 신체로서 경험할 수 없다는 의미에서 한 기계는 자신이 절단하는 것을 '이념적 연속체'로 규정한다. 한 기계는 존재자들을 자신의 견지에서만 마주칠 수 있을 뿐이기에 그 기계의 관계들은 마주치게 되는 것에 어떤 공통 관념을 도입하고, 그리하여 이념적 연속성 혹은 인접성이 모든 관계의 진정한 면모다.[5] 각각의 기계는 후속 기계들의 한 기계이기에 이런 단절과 인접성의 연출이 실재를 규정하는 면모다. 각 기계의 인접 세계는 다른 기계들 ─ 각기 독자적인 견지에서 작동하는 기계들 ─ 에 의해 절단되고 재해석된다는 의미에서 각각의 기계는 "흐름을 차단하

---

5. '이념적'이라는 낱말은 심적인 것을 뜻하지 않는다. 우리는 '이념'이 기계의 잠재적 본질 또는 역능들을 가리키는 들뢰즈의 낱말임을 알게 될 것이다.

는 체계"다(DI, 219). 풀은 토양 속 양분들과 물을 수축시키고, 소는 풀을 수축시키고, 화가는 소와 목초지를 그림으로 수축시키고, 전시기획자는 다양한 그림을 전시회로 수축시키고, 기타 등등. 이것이 들뢰즈가 "그리고의 논리"라고 일컫는 것이다(AO, 50). 각각의 기계는 자신의 경험 속에 다수의 다른 기계를 한데 모으고(이것 그리고 저것 그리고 저것 …), 이들 다른 기계도 각각 같은 작업을 행하고 있다. 기계의 접촉은 자기鑑氣적이거나 이항적이다. 한 잠재적 신체는 결코 다른 한 잠재적 신체와 접촉할 수 없고 오히려 현실태의 흐름을 구성하는 기계의 나머지 측면인 현실적 측면과 접촉할 수 있을 따름이다.

> 욕망하는-기계는 이항 법칙 혹은 일단의 연합 규칙을 따르는 이항 기계로, 한 기계는 언제나 다른 한 기계와 접속해 있다. 생산적 종합, 생산의 생산은 본질적으로 철저히 연결적인 것으로서 '그리고 …' '그리고 그다음에 …'라는 형식을 갖추고 있다. 그 이유는 흐름을 생산하는 한 기계와 그 기계에 연결되어 이 흐름의 일부를 차단하거나 빼내는 다른 한 기계가 언제나 존재하기 때문이다 … 그리고 그 처음 기계 역시 자신이 차단하거나 부분적으로 빼내는 흐름을 생산하는 다른 한 기계와 연결되어 있기에 이항 계열은 모든 방향에서 선형적이다(AO, 16).

이렇다고 해서 기관 없는 신체가 제거되는 것은 결코 아니다. "욕망적 생산은 하나의 이항적·선형적 체계를 형성한다. 온전한 신체가 제3의 항으로서 그 계열에 도입되는데, 그렇다고 이 계열의 본질적인 이항적·선형적 본성이 파괴되는 것은 아니다"(AO, 26). 한 신체는 두 번째 존재자와 마주치는데, 신체가 아니라 현실태로서 마주친다. 제3의 신체는 그 첫 번째 신체와 마주치는데, 역시 신체가 아니라 현실태로서 마주친다. 이것이 들뢰즈가 '헐벗은 반복'이라고 일컫는 것이다. "어느 모로 보나 물질적 반복 혹은 헐벗은 반복, 이른바 같은 것의 반복은 벗겨져 내리는 외피, 즉 차이와 더 복잡한 내부적 반복의 중핵을 감싸고 있는 외부적 껍질과 유사하다"(DR, 76). 현실태의 인접성은 헐벗은 반복이다. 모든 기계의 경우에 기계마다 견지가 다르고 변하겠지만 각각의 기계가 모든 것을 자신의 견지에서 등록한다는 바로 그 의미에서 모든 것은 '같다'. 이런 반복이 모든 기계의 신체를 감싸고 있는 현시적 외피다. 기계 자신의 잠재적 측면과 현실적 측면 사이의 내부적 반복과 차이는 여전히 직접적인 경험에서 은폐되어 있다. 존재자들 사이에서 이루어지는 접촉의 바로 그 구조가 "[내부적 반복]이 나타날 때 그것을 사라지게 함으로써 생각할 수 없는 것으로 남겨두는 원인이 된다"(DR, 71).

이제 우리는 지금까지 우리가 단지 상정했을 뿐인 것을 설명해야 한다. 기계의 잠재태는 물러서 있고 환원 불가능하며, 기계의 현실태는 현시적이고 인접적이다. 수축 혹은 관조의 이런 최초 결과는 무엇인가? 존재자의 이런 현실적 측면은 무엇인가? 전적으로 명백하게도 그런 현실적 측면은 어느 지각하는 신체와 결코 일치할 수 없다. 첫째, 그것은 마주치게 되는 것의 한 측면이기 때문이다. 둘째, 존재자가 자신과 마주치는 것으로 완전히 끌려 들어간다면 우리는 내부성으로 회귀할 것이기 때문이다. 앞서 우리가 이해한 대로 "각자 자신의 한계 지어진 현재의 특정성에 포획된 신체들은 그것들의 인과성 질서에 따라 직접 만나지 않는다"(LS, 131). 현실태가 간접적인 접촉의 형식임이 틀림없다. 들뢰즈가 기계에 관해 서술하는 대로 "두 쪽의 절반 중 한쪽은 언제나 나머지 한쪽에서 빠져 있는데, 그 이유는 그것이 자신의 결핍 덕분에 초과하기 때문이다…문제는 무매개적인 것에 도달하는 것이라기보다는 오히려 무매개적인 것이 도달될-수-없는-것으로서 '무매개적으로' 존재하는 현장을 결정하는 것이다"(LS, 136~7). 달리 말해서 잠재적인 것과 현실적인 것 사이의 종류 차이가 유지될 수 있으려면 현실적인 것에는 잠재적인 것이 철저히 부재해야 한다. 다른 한 기계를 수축시킬 때 그 연결의 결과는 틀림없이 "절대적인 것이 한 특정한 장소에 나타나"게 하지만 결코 그 기계 자체가 나타나게 하지는 않는다(ATP, 382). 이렇게 해서 우리는 『의미의 논리』에 이르게 되는데, 여기서 들뢰즈는 "물체적 사물과 비물체적 사건" 사이의 이런 근본적인 구분을 이론화한다(LS, 23;그리고 LS, 4를 참조). 의미 혹은 사건이 기계의 이런 현실적이고 관계적이며 현시적인 단일체다.

2. 표면에서의 의미

모든 관계는 다른 한 기계와의 연결 관계다. 연결은 다른 존재자를 하나의 현시적 표현으로 수축시키는 것이다. 물체적 기계들 사이에 이루어지는 상호작용의 이런 결과가 들뢰즈가 '의미'라고 일컫는 것이다. "의미는 결코 하나의 원칙 혹은 기원이 아니"며 "의미는 신체들에 의해 생산된다"(LS, 71, 124). 이로부터 이미 들뢰즈가 '의미'라는 낱말을 우리가 일상적 대화에서 사용하는 그런 식으로 절대 사용하지 않는다는 점이 입증된다. 예를 들면 우리가 "나는 마침내 그것의 의미를 깨달았다"라고 말할 때 그것은 우리가 무언가 혹은 누군가가 무엇임을 진실로 파악하게 되는 순간이 있음을 뜻한다. 그런데 우리가 알게 되듯이 들뢰즈는 '의미'라는 낱말을 사용하여 어떤 기계가 무엇임을 가리키는 것이 아니라 오히려 어떤 기계가 다른 기계들에 관여할 때 행하는 바를 가리킨다. 들뢰즈의 경우에 한 기계가 다른 한 기계에 무슨 일이든 행하자마자 그 기계는 '의미'를 만들어낸다. 그러므로 어떤 책으로 혼란을 겪거나 방향을 상실함은 어떤 책을 완전히 이해함과 마찬가지의 방식으로 의미를 만들어내는 책에 관한 사례다. 의미는 어떤 기계의 본질이 아니기에 관계를 생성하는 그 기계로 환원될 수 있기보다는 오히려 이들 기계와 관계의 "공통 결과"다(LS, 8). 의미는 생겨나게 해야 하는 무언가다. 이런 까닭에 들뢰즈는 '사건'을 의미의 동의어로 사용한다. 들뢰즈는 "사건이 의미 자체"(LS, 211)라고 서술하고 의미와 사건이 동일한 존재자라고 서술한다(LS, 182). 『의미의 논리』에서 종종 들뢰즈는 "의미-사건의 평평한 세계"와 "의미-사건의 불모성", "의미-사건의 조직" 같은 구절을 언급함으로써 이런 엄밀한 등가성을 거듭해서 제시한다(LS, 22, 32, 167, 245).[6]

의미와 사건의 이런 동일성을 강조하는 것이 중요하다. 『의미의 논리』의 처음 3분의 1은 더 일반적인 존재론적 논점들을 예시하기 위한 사례 연구로서 언어적 존재자들(문장, 음소, 고유명사, 술어)을 활용한다. 그 책의 마지막 3분의 1은 같은 취지로 클라인 정신분석에 대한 재해석을 수행한다. 이렇게 해서 독자들은 '의미'는 오로지 언어에 적용될 뿐이고 '사건'은 단지 인간 경험에 적용될 따름이라고 잘못 생각할 수 있을 것이다.[7] 하지만 "의미와 사건은 같은 것인데, … 의미는 명제들과 관련되어 있다는 점을 제외하면 말이다"(LS, 167). 그렇다면 이것은 그 책 전부가 언어에 관한 것임을 뜻하는가? 절대 그렇지 않다.

---

6. 그런데도 이와는 달리 들뢰즈는 때때로 초험적 의미에서 '사건'이라는 낱말을 사용한다. 이 점은 7장의 3절에서 다시 논의된다.

7. 그런데도 들뢰즈의 존재론적 신념은 사실상 어떤 특정한 언어철학(Jean-Jacques Le-cercle, *Deleuze and Language*[장-자크 르세르클, 『들뢰즈와 언어』])과 심리사회적 발달에 관한 어떤 이론(Piotrek Swiatkowski, *Deleuze and Desire*)을 낳는다.

들뢰즈의 기계 존재론은 '명제'라는 낱말을 '관계'의 동의어로 사용하기에 "명제에 대한 가능한 형식이 많이 존재하는데, 이를테면 논리적 명제, 기하학적 명제, 대수적 명제, 물리적 명제, 구문적 명제가 존재한다"(LS, 18). 의미와 사건은 기계들이 관계를 맺을 때 현시되는 현실태의 동의어들이다. 그 두 개념은 관계의 두 가지 자연종에 관한 상이한 이론을 함축하지 않는다. 그 개념들은 기계들 사이의 관계들에 관한 동일한 이론과 관련되어 있다.

형식적으로 각각의 관계는 한쪽에는 기관 없는 신체가 있고 나머지 다른 한쪽에는 의미-사건이 있다. 그러므로 기계 존재론은 "신체 혹은 사태와 효과 혹은 비물체적 사건의 이원론"을 수반한다(LS, 6). 존재자들 사이의 이런 이원성이 일자와 다자 사이의 모든 전통적인 이원론을 폐기할 때 치러야 하는 대가다.[8] 의미-사건은 "별개의 것을 부각하"고 "발산하는 계열들의 수렴을 초래하지만 그것들의 차이를 폐기하지도 않고 교정하지도 않는다"(LS, 183). 의미-사건은 기계들의 신체들 사이에 있으면서 내부적 차이를 보증한다. 각각의 기계는 그 자체로는 잠재적이면서도 다른 기계들에 대해서는 현실적 의미-사건이다. 이것이 차이는 "결코 두 생산물 사이에 혹은 두 사물 사이에 있는 것이 아니라 하나의 같은 사물의 내부에 있다"라는 것을 보증하는 유일한 방법이다(DI, 26). 그것은 잠재적인 것과 현실적인 것 사이의 차이, "표면 지대와 심층 무대" 사이의 차이다(LS, 245). 의미-사건은 현실적 경험의 인접성을 보증하는 것으로, 의미-사건은 "비물체적 효과이기에 그것을 초래하는 물체적 원인과 본질적으로 다르다"(LS, 144). 이

---

8. "그것은 결코 가지적인 것과 감각적인 것, 이데아와 질료, 혹은 관념과 육체의 이원론이 아니다. 그것은 감각적이고 물질적인 신체 자체에 감춰진 더 깊고 은밀한 이원론이다"(LS, 2).

점을 파악하는 것이 중요한데, 의미-사건은 "언제나" 사물과 근본적으로 다른 "효과일 따름"이다(LS, 144; 그리고 LS, 8을 참조).

이들 일반적인 진술을 염두에 두고서 이제 우리는 의미라는 개념, 즉 "사물의 표면에 자리하고 있는 비물체적이고 복잡하며 환원 불가능한 존재자"를 자세히 고찰할 수 있다(LS, 19; 그리고 LS, 94를 참조). 어느 기계가 마주치는 것은 마주치게 되는 기계로 환원될 수 없다. 『의미의 논리』 전체에 걸쳐서 들뢰즈는 의미가 지시작용, 현시작용 혹은 의미작용으로 환원되지 않는다고 역설한다. 의미는 관계하는 기계도 관계된 기계도 아니고, 관계하는 기계의 시각도 아니며, 관계의 의미도 관계의 맥락도 아니다. 의미는 "개별적 사태, 특정한 이미지, 개인적 믿음 그리고 보편적이거나 일반적인 개념으로 환원될 수 없"다(LS, 19). 의미-사건은 신체의 "가장자리를 이루"지만 결코 그것과 같을 수 없다(LS, 10). 기관 없는 신체는 기계의 잠재적이고 비관계적인 단일체인 반면에 의미-사건은 현실적이고 관계적인 단일체다. 의미-사건은 저것보다 오히려 이것이 마주치게 되고, 이것도 저것도 결코 신체일 수 없다는 공공연한 사실이다. 여기서 들뢰즈는 스토아주의적 통찰을 되살리자고 주장한다.

스토아학파 철학자들은 최초로 두 가지 존재 평면을 근본적으로 구분했다. 한편으로는 실재적이고 심층적인 존재, 힘의 평면이 있고 다른 한편으로는 존재의 표면에서 법석을 떨면서 무한한 다수의 비물체적 존재자들을 구성하는 사실들의 평면이 있다(LS, 5).

의미는 기계를 감싸고 있는 통과 불가능한 외피 혹은 표면이다(LS, 133; 그리고 LS, 123, 124, 182를 참조). 의미는 사물들 사이에 자리하고 있는, 관통 불가능하고 소진될 수 없는 경계선이다(LS, 25). 의미의 기능은 관계의 항들을 "그것이 분리하는 두 계열"로 조직하는 것이다(LS, 182). 나는 내 탁자 위에 놓여 있는 머그잔을 바라본다. 나도 그 탁자도 그 머그잔의 잠재적인 내부적 실재와 마주치지 않는데, 그 실재는 여전히 관계들의 외부에 남아 있다. 오히려 우리는 어떤 의미-사건, 즉 관계된 그 머그잔의 표현과 마주친다.[9] '명제'는 '관계'의 동의어라는 다음의 진술을 떠올리자.

〔의미〕의 한쪽 면은 사물들로 향하고, 다른 한쪽 면은 명제들로 향한다. 그런데 의미는 그것을 표현하는 명제와 통합되지 않을 뿐만 아니라 그 명제가 지시하는 사태 혹은 성질과도 통합되지 않는다. 의미는 바로 명제들과 사물들 사이의 경계선이다(LS, 22).

명제들은 물리적 관계들과 여타의 다양한 종류의 관계들을 포함하기에 의미란 한 회집체에 주어지는 무언가의 외면할 수 없는 공허한 소여라고 할 수 있다. 게다가 의미-사건은 들뢰즈의 "거짓 깊이에 대한 부정"을 강화한다(LS, 9). 모든 사물이 비롯되는 하나의 보편적 심층 대신에 각 존재자의 (비)존재와 관련된 사적 심층을 강조한다. 우리는 "폴 발레리가 품었던 심오한 생각처럼 가장 깊은 것은 피부다"라는 들뢰즈의 자주 인용되는 진술도 지적할 수 있다(LS, 10; 그리고 LS, 103을 참조). 이것은 의미-사건을 넘어서는 것은 아무것도 없다는 점을 뜻하지는 않는다. 그 이유는 만약 그렇다면 들뢰즈가 기관 없는 신체

---

9. 우리가 머그잔 같은 일상적인 객체들과 주고받는 상호작용들에 의해 제공되는 존재론적 단서들에 대한 상세한 분석은 Bryant, *The Democracy of Objects* [브라이언트, 『객체들의 민주주의』]의 3.1절을 보라.

와 기계, 외부성에 관해 서술하는 모든 것을 이해할 수 없게 되기 때문이다. 오히려 기계 존재의 맥락에서 그것은 가장 정확한 서술을 비롯하여 무언가와 관계하는 모든 방식이 표면적인 것에 지나지 않음을 뜻한다. 이들 방식은 기계들의 잠재적 측면과 관련이 있는 것이 아니라 기계들의 현실적 의미-사건 측면과 관련이 있다. 오래된 보편적 심층은 국소적인 존재자적 심층들로 대체됨으로써 그것 자체가 "표면의 이면으로 환원된"다(LS, 9). "내가 바로 그 객체를 보거나 냄새 맡거나 맛보거나 혹은 접촉한다"라고 생각하는 것은 그릇된 생각이다(LS, 78). 오히려 나는 어떤 주어진 관계에서 생겨나는 바로 그 의미-사건 — 객체로서의 개체가 아니라 객체의 번역물 혹은 현실화된 표현 — 을 보고 냄새 맡고 맛보고 접촉한다.

의미로 번역되는 프랑스어 낱말 sens에는 '방향'이라는 뜻이 함축되어 있기에 우리는 의미가 어떤 관계로 정향되는 기계에 해당한다고 말할 수 있다. 이것을 서술하는 또 다른 방식은 의미를 지닌다는 것이 무언가 다른 것에 의해 포섭된다는 것을 뜻한다고 말하는 것이다. 물은 수소를 포섭하고, 전쟁은 병사와 총탄을 포섭하고, 내 나라는 나를 포섭하고, 기타 등등. 의미를 지닌다는 것은 무언가를 당신에게 연결하게 하는 것이다. 역으로 어떤 의미-사건을 경험한다는 것은 자신을 무언가에 연결한다는 것이다. 포섭은 인접적이다. 그 이유는 그것이 복수의 기계들과 맺은 어떤 관계 — 이들 기계는 바로 그 관계를 서로 향유하지 못한다(포섭하는 기계 역시 자신과 맺어진 이런 관계를 향유하지 못한다) — 를 향유함을 뜻하기 때문이다. 나는 내 나라의 시민이지만, 나의 동료 시민은 나의 시민이 아니고 내 나라는 자신의 시민이 아니다. 수소는 물의 한 구성요소이지만, 산소는 수소의 구성요소가 아니고 물은 자신의 구성요소가 아니다. 당신은 이 책을 읽고 있는데, 그것은 당신이 이 책의 페이지와 낱말들을 우리가 '당신의 독서'라고 일컬을 수 있는 하나의 의미-사건으로 포섭함을 뜻한다. 운이 좋게도 당신이 이 책을 포섭하는 유일한 기계인 것은 아니다. 많은 다른 것들이 다양한 방식으로 이 책을 포섭하고, 그리하여 당신이 그것을 구석에 던져놓고 완전히 잊어버리더라도 그것은 해체되지 않는다.

여러 의미를 지니지 않은 사건, 현상, 낱말 혹은 사유는 전혀 없다. 한 사물은 때로는 이것이고 때로는 저것이고 때로는 더 복잡한 것인데, 이는 그것을 차지하는 … 힘들에 달려 있다(NP, 4).

기계들은 포섭하기와 포섭되기, 즉 서로에 대하여 의미-사건들을 구성하기라는 우연적이고 보편적인 작용에 의해 한데 모이고 흩어지고 변형되고 제거되고 포획되고 감춰지며 회복된다. 한 기계가 다른 한 기계에 의해 포섭될 때마다 어떤 의미-사건이 생겨난다. 그러므로 의미의 생산은 어떤 주어진 상황에서 그러한 것의 생산이다(DR, 154). 달리 말해서 의미-사건이 연장에 해당한다고, 즉 특정한 시간과 특정한 장소에서 현시되는 표현에 해당한다고 말하는 것이 이런 사태를 서술하는 또 다른 방식일 것이다.

들뢰즈는 의미란 "표현되"는 것 ─ 스피노자에 관한 자신의 연구에서 처음 발달된 통찰 ─ 이라고 끊임없이 강조함으로써 의미에 대한 이런 감각을 표현한다(LS, 110). 이런 표현되는 것의 '표현자'는 관계되는 것의 잠재적 측면이다. 그러므로 의미는 "자신을 표현하는 것이 생겨나게 하"는데(LS, 166), 여기서 '생겨남'은 '실현됨'이라기보다는 오히려 '관계 맺음'을 뜻한다. 의미는 (비)존재에서 무언가에 대한 존재로의 전환으로부터 생겨난 결과물이다. 의미는 표현되는 것이기에 어떤 지정된 객체로도 환원될 수 없고 그 표현을 경험하는 객체로도 환원될 수 없다(LS, 20; DR, 154). 게다가 반反현상학적 사상가로 자처하는 들뢰즈는 뜻밖에도 이런 의미 개념을 창안한 공로를 현상학자 후설에게 귀속시킨다.

> 후설이 '지각적 노에마noema', 즉 '지각작용의 의미'에 관해 고찰할 때 그는 그것을 물리적 객체와 구분할 뿐만 아니라 심리적 혹은 '체험된' 객체, 심적 표상, 나아가 논리적 개념과도 구분한다. 후설은 그것을 물리적으로도 심적으로도 현존하지 않고, 작용하지도 작용 받지도 않는, 무감각하고 비물체적인 존재자로 제시한다. 요컨대 그것은 순수 결과 혹은 순수 '외양'이다… 그러므로 후설이 노에마는 어떤 현시 속에서 나타나는 대로 지각된 것, '지각된 것 자체' 혹은 '외양'이라고 말할 때 우리는 노에마가 감각적 소여 또는 성질을 포함한다고 이해하지 말아야 하는데, 오히려 노에마는 지각 행위의 의도적인 상관물로서 어떤 이념적인 객관적 단일체를 포함한다(LS, 20).[10]

들뢰즈와 후설의 한 가지 중대한 차이점은 의미-사건에 관한 들뢰즈의 이론은 의식이 잠재적으로도 부각하지 않는 존재자들 사이의 관계들도 다룬다는 것이다. 그런데도 인용된 구절의 마지막 부분은 한 가지 중요한 점을 강조하는데, 의미는 성질 또는 감각적 소여와 아무 관계도 없다. 의미-사건이 어떤 사과의 붉음과 달콤함, 둥긂이 아니라 오히려 사과 — 그 다양한 성질 너머 하나로 된 존재자 — 임과 관련된 것이라는 점은 외면할 수 없는 사실이다. 앞서 논의된 대로 성질들은 그

---

10. 후설은 "의미를 행위의 노에마로 밝혀내었다"라는 점을 참조하라(LS, 96).

성질들을 띠는 한 단위체가 필요하다. 왜냐하면 성질들은 성질들 자체에 들러붙을 수 없기 때문이다. 사과 같은 것을 포함하지 않은 채로 둥긂을 달콤하게 만들 방법은 단적으로 존재하지 않는다. 인간의 경우에만 사정이 그런 것은 아니다. 예를 들면 열로서의 열을 마주치는 물체 같은 것은 전혀 없다. 열은 언제나 어떤 존재자 — 이 존재자가 불이든 파동이든 혹은 미립자들의 집합체든 간에 — 에서 발산되는 성질이다. 당연하게도 기관 없는 신체 자체는 그런 현실적 성질들을 지지하는 단일체일 수가 없다. 왜냐하면 기관 없는 신체는 자신의 잠재태 안에 물러서 있는 채로 있기 때문이다. 오직 의미만이 이 기능을 충족시킴으로써 현실태 속 기계의 단일체가 된다.

신체는 잠재적 이중체의 단일체이고, 의미(연장, 포섭, 사건)는 현실적 이중체의 단일체다. 기계들의 경우에 의미는 위험한 게임이다. 그 이유는 앞서 소개된 인접성과 단절의 이중 원칙 때문이다. 무엇이든 어느 기계 A는 기계 B와 C의 시각들이 서로 상당히 다르다면 이들 기계에 의해 두 가지 다른 기계로 여겨질 수 있다. 동시에 기계 D는 기계 A 및 그것과 완전히 다른 어떤 기계 X를 단일한 기계로 여길 수 있다. 게다가 또 하나의 기계 E가 기계 A의 현실적 단일체를 다행스럽게도 알아채지 못하게 막는 것은 전혀 없고, 그리하여 그것은 A의 소멸을 알릴 A의 구성요소 a와 a′을 다른 방향에서 획득할 수 있다. 예를 들면 A는 일단의 막대기로 이루어진 예술 작품이고, B는 개이고, C는 예술 감식가이고, D는 A와 X(예컨대 소화기)의 근접성에 속은 속물, 그리고 E는 A를 열린 창문을 통해서 바람에 날려 들어온 지저분한 것으로 오인하는 청소기라고 하자. 그런데 그런 역경이 포스트모던 키치에만 닥치는 것은 아니다. 기계 A가 정치적 쟁점, 전쟁, 행성, 강 혹은 아메바라면 B와 C, D, E의 역할을 수행하는 행위자들은 당연히 다르더라도 그 시나리오는 쉽사리 같을 수 있을 것이다. 관계로 끌어들이고 끌려들어 가는 이런 연출은 의미가 관계들에 내재적이라는 사실에서 비롯된다. 잠재적 신체와는 대조적으로 "〔의미〕는 전적으로 다른 지위를 갖추고 있는데, 요컨대 의미는 그것을 표현하는 명제의 외부에 존재하지 않는다"(LS, 21). 의미는 관계 자체가 아니라 오히려 관계의 상관물이고, 이 상관물은 기계의 잠재태가 아니라 오히려 현실적 현시물이다. 그러므로 의미-사건은 관계에 '내속'하거나 '존속'하는 것이다(LS, 19; 그리고 LS, 5, 34, 94를 참조). "우리는 의미가 현존한다고 말할 수 있지 않고 오히려 의미가 내속하거나 존속한다고 말할 수 있다 … 표현된 것은 표현작용과 전혀 닮지 않았다"(LS, 21).

의미는 현실태의 성질이 아니라 현실태의 단일체이기에 전적으로 중립적이다. 의미는 언제나 "이런 건조함 … 그리고 이런 찬란한 불모성 혹은 중립성"을 지니고 있으며, "의미는 보편적인 것과 단독적인 것, 일반적인 것과 특수한 것, 개별적인 것과 집단적인 것에 무관하고, 게다가 그것은 긍정과 부정에 무관하다"(LS, 34~5; 그리고 LS, 31을 참조).[11] 예를 들어 어느 대학 캠퍼스에 세워진 토마스 아퀴나스 조각상을 고찰하자. 그 주위의 사람들, 그 꼭대기에 앉아 있는 새들, 그 아래의 지하 그리고 그것을 서서히 부식시키는 바람과 비는 각각 그 조각상의

---

11. 동일한 장황설이 『의미의 논리』의 뒷부분에서 반복되고, 그곳에서 들뢰즈는 또다시 "현상학적 환원 방법들의 요건들에 부합되는" 의미를 발견한 영예를 후설에게 귀속시킨다(LS, 101~2). 한 지점에서 심지어 들뢰즈는 "현상학이 표면 효과에 관한 이런 엄밀한 학문이 될 수 있을지" 궁금해한다(LS, 21). 후설에게서 들뢰즈가 높이 평가하는 것은 후설의 경우에 경험이 언제나 경험에 내재하는 객체와 그 객체의 성질들 사이의 이중체라는 점이다. 그런데도 우리는 (1) 들뢰즈가 의식의 관계들과 경험들뿐만 아니라 모든 관계와 경험을 이론화하고 있다는 것과 (2) 들뢰즈의 현실적 이중체가 나머지 한 절반이 관계들의 외부에 자리하고 있는 사중체의 한 절반에 지나지 않는다는 것을 명심해야 한다.

내부적 실재와 마주치는 것이 아니라 오히려 자신과 맺은 관계 속에서 현시되는 그것의 표현과 마주칠 따름이다. 이들 각자는 그 조각상을 하나의 의미-사건으로 마주친다. 신체를 둘러싸고 있는 현실태의 관계적 표현으로서 이런 의미는 그것에 부착된 각각의 보편적 술어, 단독적 술어, 일반적 술어 혹은 특수한 술어가 그 조각상의 성질들, 구성요소들 혹은 다른 존재자들과 맺은 관계에 관련되어 있는 한에서 이들 술어에 전적으로 무관하다. 의미는 그런 술어들 자체가 아니라 그런 술어들이 부착되는 것이다. 의미는 개별적이지도 않고 집단적이지도 않다. 그 이유는 인접성과 단절의 규칙이 그것을 하나 혹은 다수의 경험하는 신체의 의미로 만들 뿐만 아니라 하나 혹은 다수의 경험되는 신체의 의미로도 만들 수 있기 때문이다. 마지막으로 의미는 긍정 및 부정과 무관하다. 왜냐하면 긍·부정은 성질과 관계가 있기 때문이다. 그 조각상에 관하여 도출된 어느 단일한 경험(예를 들면 그것을 십오 분 동안 응시하기) 속에서 내가 그 조각상과 관련하여 긍정할 수 있거나 부정해야 하는 것은 바뀔 수 있다. 그것은 지금은 회색일 수 있지만 나중에는 다른 색상을 띨 수 있고, 지금은 위협적이지만 나중에는 점잖을 수 있고, 기타 등등. 성질들은 바뀔 수 있지만 의미-사건은 여전히 그대로 남게 된다.

　잠재태의 기관 없는 신체와 마찬가지로 의미-사건은 중립적이고 무감각한 불모의 것이다(LS, 95 ; 그리고 LS, 100, 148을 참조). 의미-사건은 존재자의 성질 및 의미작용과 전적으로 다르다(LS, 167 ; 그리고 LS, 94를 참조). 엄밀히 말하자면 의미는 생겨나는 것이라기보다는 오히려 생겨나는 것의 소여, 현시, 연장으로, "사건은 발생하는 것(우유적인 것)이 아니라 오히려 발생하는 것, 순전히 표현된 것의 내부에 있다"(LS, 149). 그러므로 의미는 "사건을 어떤 상황에서 이루어지는 그것의 시공간적-실현과 혼동하지 않는 한에서" 하나의 사건이다(LS, 22). 이 진술은 의미가 성질, 긍정, 부정, 수량 혹은 양태와 아무 관계가 없다는 사실을 반복할 따름이다(LS, 33, 70). 명제의 어떤 양식도 의미에 영향을 미칠 수 없다(LS, 32). 바로 그 이유는 의미가 모든 관계 속에 언제나 존재하기 때문이다. 의미는 현실태의 형식적 단일체에 지나지 않고, 들뢰즈는 또다시 후설의 말을 인용함으로써 "그것의 생산성, 그것의 노에마적 활동은 표현하는 것 속에서 소진된다"라는 점을 역설한다(LS, 32).[12] 이렇게 해서 "의미는 결코 가능한 재현의 대상이 아니다"라는 이유가 설명된다(LS, 145). 왜냐하면 재현은 정의상 성질들과 관계가 있기 때문이다. 그리하여 엄밀히 말하자면 의미는 기능과 같지 않다. "마침내 우리는 〔의미〕가 유용하다는 것과 그 효용으로 인해 그것을 받아들여야 한다는 것을 말할 수 있지 않을까? 이럴 수도 없는 이유는 의미가 아무 효험도 없고 무감각한 불모의 광휘를 부여받았기 때문이다. 이런 까닭에 사실상 우리는 의미를 간접적으로 추론할 수 있을 뿐이라고 진술되었다"(LS, 20). 극단적으로 우리는 "그것이 사유에 속하고 사유에 의해서만 그리고 사유를 통해서만 달성될 수 있다는 바로 그 이유로 인해 현실화될 수 없는 것으로 일컬어져야 하는 사건의 부분"이 있다고 말할 수도 있을 것이다(LS, 220). 왜냐하면 예를 들어 내 전화기의 현실적 단일체는 내가 그 전화기의 형식적 단일성 혹은 텅 빈 소여만이 하나의 단위체로서 남아있게 될 때까지 그 전화기에서 모든 성질을 제거함으로써 실현할 수 있을 따름인 무언가이기 때문이다. 이런 까닭에 "의미의 첫 번째 역설은 … 증식의 역설이

---

12. Husserl, *Ideas Pertaining to a Pure Phenomenology and to a Phenomenological Philosophy: First Book*, §124, 296 [후설, 『순수현상학과 현상학적 철학의 이념들 1』]을 참조하라.

다"(DR, 155 ; 그리고 LS, 28을 참조). 의미는 정확히 재현될 수 없는데, 그 이유는 그것이 모든 표상적 내용 혹은 관계적 내용과 종류가 다르기 때문이다(DR, 158). 그것은 성질을 띤 경험이 아니라 그런 경험의 단적인 단일체이기 때문이다. 내가 내 전화기를 응시한다면 그것은 하나의 의미-사건이다. 내가 아무리 열심히 노력하더라도 나는 그 의미-사건이 그 자체로 현시되게 할 수는 없다. 내가 의미-사건으로서의 그 전화기에 집중한다면 나는 언제나 내 전화기의 의미-사건과 관계를 맺게 되지만, 그 관계는 또다시 그 관계와 관련되어 있는 것을 감싸는 독자적인 의미를 지닐 것이다. 그러므로 "어떤 사태를 지시하는 명제가 주어지면 우리는 언제나 그 명제의 의미를 또 다른 명제가 지시하는 것으로 간주할 수 있을 것이다"(LS, 29).

그런데 의미-사건은 결코 무언가의 의미-사건이기를 그만두지 않는다. 들뢰즈가 자신의 모든 저서가 "사건들의 본성을 찾아내"고자 하는 시도라고 말하는 것은 사실이지만 그것이 사건들이 존재하는 전부임을 뜻하지는 않는다(N, 141). 그가 특별히 언급하는 대로 "사건은 그것이 비롯되는 물체적 원인에 준거하지 않은 채로 어떻게 파악되고 의도될 수 있겠는가?"(LS, 143). 마찬가지로 들뢰즈는 의미-사건이 "영원히 탈중심화된 편심의 중심에서 … 발산한다"라고 서술하는데(LS, 176), 그 형용사들은 물러서 있는 신체의 연장되지 않고 국소화되지 않은 본성을 지칭한다. 의미의 바로 그 본성은 "자신을 넘어서 그 지시된 대상을 가리킨다"라는 것이다(DR, 154). 그것은 언제나 무-의미에 준거를 둔다. 그 이유는 그것이 관계 속에서 현시되지 않는, 어떤 마주친 기계의 잠재적 측면에 준거를 두기 때문이다.[13] 무-의미에 대

---

13. 혹은 차라리 "하위-의미, 비-의미, 즉 Untersinn"(LS, 90).

한 이런 관계는 "내부적이고 본래적"이다(LS, 81). 그 이유는 신체의 잠재적 측면과 의미의 현실적 측면 둘 다가 동일한 기계에 속하기 때문이다. 표현하는 신체와 표현되는 의미 사이에 종류의 차이가 있지만 그런 종류 차이는 다양체 자체의 내부적 차이다. 이런 차이에도 불구하고 기계는 자신이 현실태로 마주치게 되는 방식에 관여할 수밖에 없다. 그렇지 않다면 우리는 결국 운석이 운석에 의해 충돌되는 달이 없는 상태에서 달에 충돌할 터무니없는 상황에 부닥치게 될 것이다. 다시 말해서 의미는 그 기계에 내재하는 것이 아니라 그 관계에 내재함에도 불구하고 그 기계에 귀속된다.

> 사건은 신체들과 그것들의 혼합물들, 그것들의 행위들, 그것들의 정념들에서 생겨난다. 그런데 사건은 그것을 초래하는 것과 본성상 다르다. 예를 들면 사건은 신체들에, 사태들에 귀속되지만 결코 하나의 물질적 성질로서 귀속되지 않고 오히려 매우 특별한 속성, 변증법이거나, 더 정확히 말하자면 노에마적이고 비물체적인 속성으로서만 귀속될 뿐이다(LS, 183).

의미는 귀속된다. 의미는 관계 혹은 명제의 속성이 아니라 오히려 "사물 혹은 사태"의 속성이다(LS, 21). 그러므로 의미는 하나의 경계선이다. "우리가 이차적이라고 〔일컫는〕 표면 조직에서 물체들은 … 어떤 비물체적 경계선에 의해 분리되는 동시에 부각된다. 이 경계선은 한편으로는 순전히 '표현되'는 것을 표상하고 … 다른 한편으로는 신체의 논리적 속성을 표상하는 의미다"(LS, 91). 의미는 "마치 자신이 객체의 논리적 속성, 객체의 '진술 가능한 것'이거나 혹은 '표현 가능한 것'인 것처럼 객체와 관계한다"(DR, 156). 운석이 달에 충돌한다면 사실상 달은 운석이 자신과 관계를 맺게 할 수 있어야 할 것이다. 이것은 예컨대 감지되지 않은 채로 달을 관통하는 어떤 아원자 입자의 상황과는 대조를 이루는 상황이다. 의미는 한 기계가 다른 한 기계에 주어지게 될 수 있다는 증거다. 들뢰즈는 이 점을 예시하기 위해 에밀 브레이에의 말을 인용한다.

> 칼이 살을 벨 때 칼이라는 신체가 살이라는 신체에 생산하는 것은 새로운 특성이 아니라 새로운 속성, 즉 베어짐이라는 속성이다. 속성은 어떤 실재적 성질도 가리키지 않고 오히려 〔속성〕은 언제나 동사로 표현되는데, 이는 그것이 하나의 존재자가 아니라 하나의 존재 방식임을 뜻한다. 이런 존재 방식은 아무튼 극한에서, 존재의 표면에서 나타난다(LS, 5).

의미는 무언가를 관계로 연장하는 것이다. 어떤 의미를 지닌다는 것은 포섭된다는 것이고, 어떤 의미-사건을 겪는다는 것은 무언가를 포섭한다는 것이다. 의미-사건은 그 자체로는 여전히 물러서 있는 신체를 뒤덮어서 그것에 어떤 시공간적 위치(시점과 장소)를 부여한다. 신체와 종류가 다른 의미는 비물체적 표면 효과다(LS, 70~1). 이런 종류 차이로 인해 의미-사건은 결코 신체에 대응하지 않는다. 의미는 결코 본질이 아니다. 의미는 신체를 규정하는 술어나 형용사와 같지 않고 오히려 "동사"와 같다(LS, 5). 의미는 무슨 일이 일어나고 있음을 표현하는데, 예를 들면 나무가 "녹색을 나타내"는 사태를 표현한다(LS, 6). "나무는 녹색이다"라고 말하는 것은 나무가 본질적으로 녹색임을 시사할 것이다. 그런데 "나무가 녹색을 나타낸다"라고 말하는 것은 방금 우연히 무언가를 행하고 있는 한 존재자에 관한 이미지를 불러일으킨다. 그것은 우리에게 어떤 특정한 관계를 맺는 한 기계의 "나무 사건"이 있다고 말해준다(LS, 21). "'녹색을 나타낸다는 것'은…그 사물의 성질이 아니라 오히려 그 사물에 관하여 언급되는 속성이다. 이런 속성은 그 사물을 지시함에 있어서 그것을 표현하는 명제의 외부에 현존하지 않는다"(LS, 21). 그러므로 늑대는 "늑대하기"이고, 벼룩은 "벼룩하기"이고, 기타 등등(ATP, 239). 기계의 성질은 그것의 현실적 표현과 관련된 것이지, 그것의 잠재적 존재와 관련된 것이 아니다. 우리가 알게 되듯이 이런 잠재적 존재는 그런 성질들의 현시에 대한 충분한 이유를 여전히 제공할 것이지만, 그런데도 종류의 차이가 현존한다.

잠재적 신체의 물러서 있고 초험적이고 잠재적이고 비관계적이고 외부적이고 연장되지 않은 상태로 인해 들뢰즈가 그것을 (비)-존재 혹은 ?-존재라고 일컫게 되었다는 사실을 떠올리자. 이런 호칭은 기계의 잠재적 측면이 관계 속에서 주어지지 않음에도 결코 무 혹은 비실재적인 것이 아님을 강조하기 위함이다. 기계의 잠재적인 실재적 단일체인 신체와 마찬가지로 기계의 현실적인 국소적 단일체인 의미도 "현존하지 않는 존재자"로 일컬어진다(ATP, xiii). 의미-사건은 "그것이 존재한다고 말할 수조차 없는 순수한 부정사인데, 오히려 어떤 열외-존재에 관여합니다 … 또한 그런 사건, 그런 부정법 동사는 명제의 표현된 것이거나 혹은 사물들의 상태를 나타내는 속성이기도 합니다"(D, 63). 의미-사건은 현실적 성질들의 담지자이지, 그런 성질들 자체인 것은 아니기에 우리는 또다시 그것의 온전한 실재성을 단언하기 위한 그런 용어가 필요하다.

사태의 속성으로서의 의미는 열외-존재다. 의미는 존재에 관한 것이 아닌데, 오히려 의미는 비-존재에 어울리는 무엇aliquid이다. 표현되는 것으로서의… 의미는 현존하지 않고 오히려 내속하거나 존속한다 (LS, 31~2).

의미는 하나의 "객관적 존재자이지만 그렇다고 그 자체로 현존한다고 말할 수는 없다. 의미는 내속하거나 존속하는 어떤 유사-존재 혹은 열외-존재로, 실재적이고 가능한 객체들과 심지어 불가능한 객체들에 공통되는 최소한의 존재다"(DR, 156). 혹은 들뢰즈가 서술하는 대로 우리가 존재를 갖춘 실체를 잠재적 신체라고 일컫는다면 의미는 "현존하지 않는 존재자로서의 비물체적인 것을 구성하는 열외-존재다. 그러므로 최상위의 항은 존재가 아니라, 존재와 비-존재, 현존과 내속을 아우르는 한에서의 무엇이다"(LS, 7).

3. 현실태는 이중체다

지금까지 기계 회집체의 네 가지 측면 중 두 가지가 자세히 설명되었다. 첫째, 각각의 기계에는 기관 없는 신체, 즉 잠재적이고 연장되지 않고 물러서 있고 비관계적이고 절대 주어지지 않고 환원 불가능하고 초험적인 단일체가 있다. 둘째, 관계 속에서 현시되는 기계의 현실적 단일체를 구성하는 의미-사건이 있다. 기계의 성질들은 의미-사건의 성질들이다. 의미-사건은 현실태, 연장, 기계들의 관계로 수축되고 포섭되는 것이다. 의미와 신체는 둘 다 기계의 단일성을 가리키는 표지일지라도 종류가 다르다. 의미는 관계적이고 공간적이며 시간적인 반면에 신체는 그렇지 않다. 그런데 사물을 설명하는 데에는 의미와 신체만으로 충분하지 않다. 의미와 신체는 둘 다 중립적이고 메마른 것, 말하자면 성질을 띠지 않는 것임을 떠올리자. 형식적으로는, 신체와 의미의 자격으로는 한 번의 전쟁, 한 개의 유성, 한 번의 생각, 한 개의 병, 한 개의 화학물질, 한 번의 포스터 발표 그리고 한 차례의 절망 사이에 아무 차이도 없다. 신체는 언제나 하나의 신체일 뿐이고, 의미-사건은 한낱 무엇에 불과한 것이다. 그런데도 둘 다 존재자들에 절대적으로 필요한 면모다. 신체가 필요한 이유는 관계가 어떤 존재자와 맺어진 관계이지, 그 존재자와 맺어진 다른 관계와 맺어진 관계가 아니기 때문이다. 의미가 필요한 이유는 성질이 어떤 현실적 객체의 성질이지, 그 객체의 다른 성질의 성질이 아니기 때문이다.

그런데 현실태는 한낱 의미에 불과한 것일 수가 없다. 만약 사정이 그렇다면 각각의 관계는 순수하고 공허한 우발 사건과 관련될 것인데, 그런 일은 결코 일어날 수 없다. 나무는 녹색을 나타내고, 늑대는 늑대로서 행동하며, 벼룩은 벼룩으로서 행동한다. 총알의 영향은 좋은 소식의 영향과 다르다. 이렇게 해서 우리는 현실적 이중체의 두 번째 측면, 즉 성질 자체에 이르게 된다. 앞서 우리가 이해한 대로 의미는 성질들, 표상들, 체험들 등으로 환원될 수 없다. 그런데도 의미는 언제나 성질들로 '장식되'어 있다고 일컬어진다.[14] 형식적으로는 의미가 성질들로 환원될 수 없지만 실존적으로는 성질들이 언제나 의미-사건에 접합되어 있다. 의미는 그것이 관계 속에서 현시되는 무언가와 관련이 있다는 취지에서 '동사'다. 그런데 다른 한 취지에서 그 동사는 현실태에서 의미를 감싸는 것을 표현한다(LS, 21, 182). 이렇게 해서 우리는 들뢰즈가 제시한, '부분적 객체'와 '흐름' 사이의 구분에 이르게 된다.

현실화, 한 기계의 포섭되기, 혹은 달리 말해서 한 기계가 연결적 종합을 통해서 무언가 다른 것의 부분이 되기는 들뢰즈가 '분화'라고

---

14. '장식된'이라는 용어는 Graham Harman, *Guerrilla Metaphysics*, 209에서 차용되었다.

일컫는 것이다. 분화는 단지 의미와 관련되어 있지 않고 오히려 의미 뿐만 아니라 성질들과도 관련되어 있거나, 혹은 소여뿐만 아니라 소여의 특정성과도 관련되어 있다. "분화는 그 자체로 종과 부분들, 종별화와 부분화라는 이들 두 가지 상관적인 경로로 분화된다. … 분화된 것들을 통합하고 접합하는 분화가 존재한다"(DR, 217). 의미-사건은 한낱 연결적 종합의 한 측면에 불과한데, 연결적 종합은 사실상 현실적 이중체 전체와 관련되어 있다. 그러므로 들뢰즈는 존재자들의 수축 노동을 "부분적 객체-흐름 연결적 종합"으로 일컫기도 한다(AO, 15).

'부분적 객체'는 '의미'를 가리키는 또 하나의 용어다. 부분적 객체는 관계 속에서 현시되는 대로의 기계다. 그런 현시적 존재자는 두 가지 점에서 '부분적'이다. 첫째, 그것은 어떤 객체 일반의 현시가 아니라 오히려 한 특정한 기계 혹은 특정한 기계들의 현시다. 둘째, 각각의 현시적 객체는 그것이 현시되는 기계에 의해 '재단된다'. 왜냐하면 각각의 기계는 다른 기계를 자신의 고유한 견지에서 경험할 수 있을 따름이기 때문이다. 그러므로 우리는 '부분적 객체'라는 용어를 기관 없는 신체의 10%가 관계에 관여할 것처럼 해석하지 않도록 주의해야 하는데, 그런 해석은 외부성에 어긋날 것이다. 들뢰즈가 서술하는 대로 부분적 객체는 "연장적 부분이라는 의미에서 부분적partiels이지 않고 오히려 물질의 한 단위체가 언제나 다양한 정도로 공간을 채우게 되는 강도적인 것처럼 부분적partiaux"이다(AO, 352). 부분적 객체는 의미와 동일하기에 본질적으로 기관 없는 신체에 대립적이다(LS, 188). 왜냐하면 부분적 객체는 관계적인 반면에 기관 없는 신체는 그렇지 않기 때문이다. '부분적 객체'는 의미-사건이 형식적이고 중립적임에도 불구하고 일종의 특질을 갖추고 있다는 관념을 표현한다. 그것은 현실태를 '무언가 일반'임으로 간주하는 해석을 방지하려는 용어다. 오히려 각각의 현시는 한 특정한 "조직"과 관련되어 있다(DI, 99). 어떤 기계와 연결하기는 그 기계를 하나의 부분 혹은 기관으로 만들기를 뜻하는데, 이는 그 기계가 즉시 어떤 식으로 기능하기 시작함을 함축한다.

이런 까닭에 기관 없는 신체는 "부분적 객체의 원료"다(AO, 372). 기관 없는 신체는 표현하는 것이고 부분적 객체는 표현되는 것이다. 부분적 객체는 "선택적 신체 지대", "영토의 분리" 그리고 "표면의 사실"이며(LS, 196~7), 이들 서술은 부분적 객체가 의미-사건과 동일하거나, 포섭된다는 사실과 동일하거나, 혹은 연장 자체라는 것을 강조한다. 이런 까닭에 부분적 객체성과 연장은 분리될 수 없다(DR, 173). 부분적 객체를 현시한다는 것은 "행위주체에 장소와 기능"을 할당하는 것으로, "부분적 객체는 생산의 관계 자체이면서 생산과 반생산의 행위주체다"(AO, 62). 달리 말해서 관계의 생산이 지속할 때마다 그리고 지속하는 동안 부분적 객체가 존재한다. 존재자는 관계 속에서 부분적 객체를 마주치는데, 말하자면 다른 존재자의 잠재적 실재가 아니라 현실적 표면과 마주친다.

> 부분적 객체는 욕망하는-기계의 부분을 이루는 것이다. 부분적 객체는 작동하는 기계 혹은 작동하는 부분을 규정하는데, 붉은 클로버와 호박벌, 말벌과 난초처럼 한 부분이 전적으로 다른 한 기계에서 비롯된 어떤 부분을 끊임없이 가리키고 있는 그런 분산 상태에 놓여 있다…(AO, 368).

말벌이 난초의 부분적 객체를 경험할 따름인 것과 마찬가지로 호박벌은 붉은 클로버의 부분적 객체를 경험할 따름이다. 『안티 오이디푸스』의 독자들이 경험할 것처럼 들뢰즈는 일관되게 부분적 객체라는 개념을 '흐름'이라는 개념에 접속한다. '성질들'과 '특화'를 초래하는, 현실태로의 분화의 두 번째 '길'로 들뢰즈가 뜻하는 바가 바로 흐름이다 (DI, 99). 흐름은 "주어지는 것"이다(SL, 150480). 의미 또는 부분적 객체가 성질을 뒷받침하고 중계하는 것이라면(DR, 238), 흐름은 이런 성질 자체다.[15] 내 책상 위에 놓여 있는 컵은 (책상뿐만 아니라 내가 겪는) 현실적 경험 속의 부분적 객체인 반면에 그것의 흐름은 이 객체의 다양한 성질 ― 그것의 색깔, 무게, 밀도, 어떤 개인적 기억의 환기, 탁자에 가하는 압력, 기타 등등 ― 의 집합이다. "모든 부분적 객체는 어떤 흐름을 방출하"기에(AO, 379) 현실태의 두 요소 사이의 구분은 형식적이다.[16] 다른 한 의미에서 흐름 역시 실재적인데, 경험 속에서 동일한 객체를 관찰하는 동안 성질들의 흐름은 변하고 이행할 수 있다. 이런 가소성에도 불구하고 흐름은 부분적 객체가 없다면 결코 마주치게 되지 않는다. "분화는 언제나 동시에 진행되는 종과 부분들의 분화, 성질들과 연장적인 것들의 분화인데, 요컨대 성질들의 결정 혹은 종의 결정 과정일 뿐만 아니라 부분화 혹은 조직화 과정이다"(DR, 210, 그리고 DR, 228을 참조). 그러므로 기계는 단지 부분적 객체와 마주칠 뿐이라고 말하는 것은 올바르지만, 각각의 기계는 어떤 흐름의 연속체와 마주칠 따름이라고 말하는 것도 올바르다. 기계는 결국 자신이 마주칠 수 있는 것과 마주칠 수 있을 따름이다. 그리하여 만물은 자신의 고유한 세계를 지각한다.

---

15. 『천 개의 고원』에는 '흐름'이 기계의 내부적 구성을 가리키는 구절들이 있는데, 이 논점은 6장에서 고찰된다. 『의미의 논리』에서는 '사건'의 경우에도 상황이 마찬가지다. 그렇지만 그런 국면들은 자신의 용어들을 끊임없이 바꾸는 들뢰즈의 습관을 반영하는 것이지, 이런 용어법이 표현하는 근본적인 존재론의 변화를 나타내는 것은 아니다.

16. 심층에서 "외연과 연장, 물리적 성질과 감각적 성질이 동시에 나타나"는 방식을 참조하라 (DR, 231).

기계는 절단들 혹은 차단들의 체계로 규정될 수 있을 것이다···우선 모든 기계는 자신이 절단하는 어떤 연속적인 물질적 흐름(질료hylè)과 관련되어 있다···각각의 연합적 흐름은 이념적인 것, 무한한 흐름으로 여겨져야 한다···질료라는 용어는 사실상 모든 종류의 물질이 이념적으로 소유하는 순수 연속성을 가리킨다···(AO, 50, 번역이 수정됨).

기계는 포섭되게 될 때, 다른 기계들에 나타나게 될 때 차단되거나 절단되는데, 이런 사태는 잠재태와 현실태 사이의 종류 차이를 가리킨다. 그런데 어느 주어진 기계의 시각에서 바라보면 엄밀히 말해서 어떤 절단도 지각되지 않을 것이다. 연결적 종합은 다수의 환원 불가능한 존재자를 인접한 경험으로 수축시킨다는 사실을 떠올리자. 경험은 다양한 사물을 포함한다. 그 이유는 궁극적으로 다양한 기계가 포섭되고 있으며, 그리고 우리가 알게 될 것처럼 그것들이 현시되는 기계의 시각이 경험을 재단하는 유일한 것이 아니기 때문이다. 그런데도 경험은 어떤 시각에 따라 기계들과 관련되어 있기에 연속적일 것이다. 더욱이 부분적 객체는 언제나 성질을 띠게 되기에 우리는 각각의 기계가 그것이 하나의 시각이라는 사실에 힘입어 자신이 경험하는 물질적 흐름에 작용하거나 그 흐름을 '절단한다'라고 말할 수 있다. 이런 질료가 단적으로 어느 특정한 기계의 세계 전체다. 인접성과 단절의 규칙으로 인해 질료는 원칙적으로 이념적이고 무한하다. 그 이유는 어떤 기계도 빈 곳을 결코 마주칠 수 없기 때문이다. 또다시 이와 같은 현실태의 인접성과 연속성(한편으로 잠재태에는 아무것도 없다)이 세계의 접착제다. 각각의 존재자는 다른 존재자들에서 생성되는 동시에 마주침 속에서 어쨌든 부분적 객체-흐름 조합들일 따름인 다른 존재자들을 생성한다. 그러므로 기계 자체의 시각에서 바라보면 부분적 객체들이 "그것들 스스로 다른 부분적 객체들과 연결함으로써 접촉을 재확립하게 되는 도구로서의 흐름 혹은 비인격적 질료에서 도출되"어 생산된다는 점은 부인할 수 없는 것이다(AO, 61). 왜냐하면 기계는 인접한 경험들을 겪을 수밖에 없는 입장에 처해 있기 때문이다. 이런 까닭에 한 특정한 존재자와 맺어진 모든 특정한 관계는 언제나 어떤 형상形象이 해당 다양체의 세계로서 줄곧 경험된 배경에서 나타나는 것처럼 경험된다. 언제나 그렇듯이 이들 테제의 범위는 전적으로 존재론적이다. 부분적 객체와 흐름은 인간의 환상이나 표상이 아니라 실재 자체의 진정한 생산물이다(AO, 59를 참조).[17]

연결적 종합에 함축된 인접성은 다양한 흐름이 실재계의 쪽매붙임patchwork으로 조합될 수 있는 방식을 설명한다. 제3의 흐름만 있으면 된다. 들뢰즈가 서술하는 대로 "두 흐름이 어떤 제3의 흐름에 포함되어 있지 않다면 그 두 흐름은 결코 공존한다거나 동시적이라고 이야기될 수 없을 것이다 … 그러므로 흐름의 근본적인 삼위三位성이 있다"(B, 80). 예를 들면 책을 읽고 있는 철학자와 뼈를 씹고 있는 개가 어떻게 동일한 실재의 부분일 수 있을까? 그 이유는 단지 그들이 다른 기계들에 의해 포섭되기 때문인데, 바로 그 사실에 의해 그들이 공존할 수 있는 공간이 구성된다. 두 기계의 표현들이 직접 공존할 수 있는 유일한 조건은 자신의 고유한 시각에 따라 그 두 기계를 모두 포섭하는 다른 기계가 최소한 하나는 존재해야 한다는 것이다. 그리고 이런 식으로 환경 혹은 맥락이 실존할 수 있다. "환경은 성질들, 실체들,

---

17. 들뢰즈는 그 개념을 고안한 영예를 멜라니 클라인에게 귀속시키지만 부분적 객체를 그것의 정신분석학적 맥락에서 명시적으로 분리한다. "부분적 객체들은 부모 형상(形象)들의 재현물도 아니고 가족 관계들의 기본 패턴들의 재현물도 아닌데, 그것들은 욕망하는-기계들의 부분들이다"(AO, 61).

역능들 그리고 사건들로 이루어져 있다. 예를 들면 재료들(포석들), 소음들(상인들의 외침들), 동물들(마구가 달린 말들) 혹은 드라마들(말이 미끄러진다, 말이 쓰러진다, 말이 두들겨 맞는다)을 갖춘 거리가 있다"(ECC, 61). 이들 환원 불가능한 기계가 한데 모여 있는 유일한 이유는 적어도 그것들의 부분적 객체들 또는 의미-사건들을 포섭하는 거리가 있기 때문이다. 또한 이렇게 해서 우리는 들뢰즈가 『의미의 논리』와 여타 저작 전체에 걸쳐서 '계열'이라는 용어를 자주 사용하는 사정을 이해할 수 있게 된다. 들뢰즈가 결코 어떤 정의를 제시하지 않더라도 이제 우리는 계열이란 단지 또 다른 기계의 인접한 경험들 속에서 부분들(그리고 전체들)로 조직되는 꽤 많은 기계의 현실적 표현들일 뿐이라고 진술할 수 있다.[18]

흐름과 관련된 부분적 객체는 변함이 없더라도 흐름은 본질적으로 가변적이다. 흐름은 "부분적 객체에 의해 생산되며 다른 흐름들을 생산하는 다른 부분적 객체들에 의해 끊임없이 차단되는데, 이들 다른 흐름 역시 다른 부분적 객체들에 의해 차단된다"(AO, 16). 예를 들면 지는 해의 변화하는 빛은 내 책상 위에 놓인 컵의 색깔을 변화시킬 것이지만 이 흐름은 커튼을 닫음으로써 차단되고, 그 결과는 전등을 켬으로써 다시 바뀔 수 있다. 이런 일이 일어날 수 있는 유일한 이유는 의미 또는 부분적 객체가 어느 특정한 기계 혹은 기계들의 의미 또는 부분적 객체임에도 불구하고 긍정이나 부정에 영향을 받지 않고 중립적이기 때문이다. 이런 까닭에 어떤 회집체의 성질들은 변화하는 한편으로 그 회집체는 여전히 동일한 기계로 경험된다. 그렇지 않

---

18. "l'étendue c'est une série, c'est une série infinie dont les parties s'organisent selon les rapports de tout-partie"(SL, 120587).

다면 내 컵의 색깔이 미세하게 변할 때마다 그 컵은 다른 현실적 컵으로 전환될 것이다. 만약 사정이 그렇다면 사실상 아무것도 무언가를 다른 무언가와 (화학적으로, 인지적으로 혹은 다른 방식으로) 분간할 수 없을 것이다. 각각의 존재자는 자신의 변화무쌍한 사적인 복마전에서 미쳐버릴 것이다.

현실태는 이중적이다. 한편으로는 기계의 의미-사건, 연장, 부분적 객체 또는 포섭되는 것이 있다. 다른 한편으로는 기계의 성질, 특정성, 흐름이 있다. 후자는 언제나 전자에 접목되어 있다. "그 근저에 연장적인 것이 자리하고 있지 않은 성질은 전혀 없습니다"(DI, 96). 존재자의 현실태는 결코 단적으로 '저곳에' 있지 않다는 사실을 기억하는 것이 중요하다. 그것은 결코 단적으로 세계 혹은 현실 속에서 그 자체로 활개 치고 있지 않다. 모든 현실태는 특정한 관계들에 내재한다. 그러므로 들뢰즈는 또다시 후설에 그 영예를 귀속시키면서 모든 관계는 "내재적 초월성"에 의해 특징지어진다는 결론을 내린다.[19] 내가 어떤 탁자를 지각할 때 현실적 탁자는 나의 경험 내부에 있다. 이러함이 그것의 내재성이다. 하지만 동시에 그 탁자의 형상形象은 여전히 그것에 대한 내 경험과 종류가 다르다. 이러함이 그것의 초월성이다. 앞서 인용된 대로 "문제는 세 가지 측면이 있는데, 그것은 해와 종류가 다르다

---

19. "Je perçois la table, c'est une appartenance de l'ego. J'ai l'habitude de percevoir la table, c'est une appartenance de l'ego. C'est intéressant puisque les intentionnalités, les consciences DE quelque chose sont des appartenances de l'Ego. Et ⋯ Husserl va tellement loin qu'il dit que ce sont des TRANSCENDANCES IMMANENTES. Les INTENTIONNALITES sont des TRANSCENDANCES, transcendance de la conscience vers la chose, mais ce sont des transcendances immanentes puisque ces intentionnalités sont immanentes à la monade. La monade, c'est l'EGO saisi avec toutes ses appartenances or toutes les intentionnalités sont des appartenances"(SL, 190587).

는 측면, 그것은 자신의 고유한 결정 조건에 기반을 두고서 만들어내는 해와 관련하여 초월적이라는 측면, 그리고 그것은 자신을 가리는 해들에 내재적이라는 측면이 있다"(DR, 179).

여기서 우리는 들뢰즈가 '에너지'로 의미하는 바를 이해할 수 있는데, 에너지는 『차이와 반복』과 『안티 오이디푸스』에서 반복해서 나타나는 용어다.

> 우리가 에너지 일반을 규정하고자 할 때 〔그것〕은 모든 변형을 불가능하게 할 어떤 정지 상태의 균일한 에너지와 혼동되지 말아야 한다 … 에너지 일반 혹은 강도량은 강도적 공간spatium이고, 각각의 차이를 생산할 때 그것의 모든 정도를 감싸는 차이 자체의 모든 변신이 일어나는 극장이다. 〔그것〕은 어떤 과학적 개념이 아니라 어떤 초험적 원리다(DR, 240~1).

에너지는 차이 자체가 겪는 모든 것의 극장이다. 달리 말해서 에너지는 기계들의 종합적 활력이다. 들뢰즈는 세 가지 종합이 존재한다는 점을 참작하여 에너지 역시 세 가지 종류로 구분하면서 각각 '리비도', '누멘' 그리고 '볼룹타스'라고 일컫는다. 이제 우리는 첫 번째 에너지, 리비도를 상술할 위치에 이르렀다. 리비도라는 용어의 통상적인 함의를 태연히 무시하고 그 과정에서 융과 프로이트 둘 다로부터 명시적으로 거리를 두는 들뢰즈는 "우리가 리비도라고 일컫는 것은 욕망적 생산의 연결적 '노동'이다"라고 서술한다(AO, 24). 리비도는 연결적 종합 자체이며, 그것은 언제나 발생하고 있다. 그 이유는 앞서 우리가 이해한 대로 기관 없는 신체가 생산되어야 하기 때문이다. 이는 각각의 현존하는 기계가 적어도 자신을 생산하고 있는 다른 기계들을 언제나 포섭하고 있음을 뜻하고, 그리하여 각각의 기계는 언제나 잠재적 신체들이 부분적 객체와 성질을 띤 흐름의 이중 현실태들로 현실화된 표현들에서 이미 무언가를 끌어내는 '리비도적' 활동에 관여하고 있다. 간단히 서술하면 일정량의 물이 존속하기 위해서는 수소와 산소가 정해진 결과를 낳는 어떤 특정한 적격의 방식으로 계속해서 포섭되어야 한다. 행성, 축제, 우정, 결혼, 정치적 연합, 배반 그리고 모든 가능한 영역 속 여타 회집체의 존속에 대해서도 사정은 마찬가지다.

이제 우리는 기계의 네 가지 측면 중 세 가지와 더불어 회집체들 사이에서 이루어지는 종합의 세 가지 측면 중 하나를 더 잘 이해하게 되었다. 다시 한번 반복하면 각각의 기계는 사중체다. 각각의 기계는 비관계적 존재의 잠재적인 이중 심층 더하기 관계적 존재의 현실적인 이중 표면이다. 두 개의 이중체가 필요한 이유는 잠재적 존재와 현실적 존재 둘 다가 성질을 띤 여럿이자 통일된 하나이어야 하기 때문이다. 현실태에서 기계가 성질을 띠게 되어야만 하는 이유는 그렇지 않다면 다양한 마주침이 실존할 수 없기 때문이다. 기계가 통일되어야 하는 이유는 성질이 성질의 성질이 아니라 무언가의 성질이기 때문이다. 잠재태에서 기계가 통일되어야 하는 것은 외부성을 보증하기 위함일 뿐만 아니라 어떤 존재자와의 관계가 그 존재자와의 관계와 맺은 관계가 아니기 때문이기도 하다. 기계가 [잠재적] 성질을 띠게 되어야 하는 이유는 그렇지 않다면 단 하나의 잠재적 기계가 현존할 뿐이기에 모든 관계가 내부적인 것이 되기 때문이다.[20] 어떤 기계의 잠재적이

---

20. 라이프니츠는 예전에 이미 자신의 모나드에 대하여 동일한 논점을 제기하였다(Leibniz, "The Principles of Philosophy, or, The Monadology", §8 [라이프니츠, 『모나드론 외』]). 들뢰즈가 서술하는 대로 신체는 "물리적 성질들"을 지녀야 하는데(LS, 4), 그리스어의 의미에서 퓌시스(physis)는 외부적 결정자로서 작용하는 법 또는 노모스(nomos)와는 대조적으로 무언가의 내부적 실재를 구성한다. 들뢰즈의 경우에 '물리적 성질들'

고 비관계적인 단일체는 그 기계의 기관 없는 신체 또는 형상形象이다. 한 존재자가 생산되자마자 그것은 자신의 환원 불가능성을 보증하는 신체를 갖추고 있다. 모든 물리적·역사적·화학적·정치적·언어적·상상적·문학적·기술적·문화적·생물학적·지질학적·철학적·은하계적·지하적 존재자가 그런 기관 없는 신체를 갖추고 있기에 실재는 근본적으로 분열증적이거나 문제적이다. 아무것도 결코 전적으로 여타의 것에 통합되지는 않는다. 평형과 조화는 결코 예정되어 있거나 주어지는 것이 아니라 언제나 달성되거나 유지될 따름이다. 모든 정지 상태는 최소한의 운동에 지나지 않는다. 모든 평화는 최소한의 긴장 상태에 지나지 않는다.

외부성으로 인해 두 신체는 직접 만날 수가 없게 된다. 모든 관계는 일방적이고 비대칭적이다. 한 신체는 언제나 다른 기계들의 현실적 표면과 관계를 맺을 뿐이다. 한 신체는 자신의 고유한 견지에서 관계를 맺는데, 이는 한 기계의 신체가 하나의 관점 혹은 시각임을 뜻한다. 또한 외부성 테제로부터 각각의 기계는 생산된다는 점과 어떤 관계도 결코 존재론적으로 전제되지 않는다는 점이 당연히 도출된다. 모든 관계는 부수적인 종합들이다. 들뢰즈는 그런 종합들을 세 가지로 구분하는데, 요컨대 연결적 종합, 이접적 종합 그리고 연접적 종합으로 구분한다. 이들 종합은 별개로 현존하지 않는다. 오히려 모든 관계는 세 가지 종합을 모두 포함하고 있다. 연결적 종합은 어떤 관계의 공공연한 사실 혹은 현재와 관련되어 있다. 모든 '리비도적' 연결은 서로 환원 불가능한 상태에 놓여 있는 기계들이 제3의 기계가 자신의 경험 속에서 그 기계들을 통일하도록 연합되는 수축이다. 연결-수축은 우주

은 질량이나 밀도와 아무 관계도 없고 오히려 사물의 초험적 내부와 관계가 있다.

의 접착제이고, 단절-인접성은 모든 연결적 노동의 이중 본성이다. 무엇이든 관계를 맺게 되는 각각의 현실적 이중체는 의미와 성질들로 이루어져 있다. 의미는 어떤 관계 속에서 표현되는 것이다. 의미는 경험되는 것의 단일체다. 신체와 마찬가지로 의미는 생산되고 중립적이며 메마르다. 모든 의미는 언제나 생산되는 것이기에 하나의 사건이다. 의미-사건은 자신의 신체와 종류가 다르고 또 다른 기계의 견지에서 마주치게 되기에 하나의 부분적 객체다. 의미는 관계적이기에 포섭되는 것에 해당하거나 무언가의 부분에 해당한다. 그런데 특화되지 않은 부분도 전혀 없고 성질을 띠지 않는 연장도 전혀 없다. 표현된 의미는 성질을 띤 표현의 외부에 현존하지 않는다(FLB, 39). 단절과 연속성의 규칙은 성질을 띤 경험이 흐름을 구성한다는 점을 보증한다. 그것은 기계 관계들의 내용이 인접한 전체로 결합한다는 점을 보증하는데, 그 속에서 흐름들은 그것들 사이에 아무 빈 곳도 없이 서로 차단한다.

세 번째 간주 – 마르쿠스 가브리엘과 의미의 장

이제 우리는 의미라는 주제와 관련하여 들뢰즈를 가브리엘과 비교할 수 있다.[21] 그런 비교가 흥미로운 이유는 다양하다. 첫째, 가브리엘의 입장은 한 존재자의 의미가 어떤 사적 특성이 아니라 오히려 한 존재자를 포섭하는 다른 한 존재자 덕분에 그것에 귀속되는 것이라는 관념을 뒷받침한다. 둘째, 우리는 한 존재자의 의미가 결코 일반적

---

21. 이 비교는 『의미의 장들』에 관한 가브리엘 자신의 분석에 기반을 두고 있다. 그 책의 존재론은 Markus Gabriel, "The Meaning of 'Existence' and the Contingency of Sense," 74~83에 요약되어 있다.

이지 않고 언제나 국소적일 따름이라는 점을 알게 될 것이다. 셋째, 의미의 장들과 관련된 가브리엘의 존재론은 존재자들이 자신의 관계들로부터 아무것도 유보하지 않는다는 점에서 일종의 현실주의다. 이로 인해 들뢰즈가 신체를 갖춘 기계 덕분에 가까스로 벗어나는 문제들이 어떻게 초래되는지 밝혀질 것이다. 넷째, 우리는 가브리엘의 입장이 어떻게 해서 '특화의 무한유예'라고 일컬어질 것에 사로잡혀 있는지 알게 될 것인데, 이는 공교롭게도 들뢰즈가 신체와 의미, 성질에 덧붙여 기계의 네 번째 측면을 도입해야 하는 이유를 가르쳐준다.

들뢰즈와 마찬가지로 가브리엘은 존재론과 형이상학을 구분한다. 형이상학은 그 속에서(혹은 그것에 의해, 혹은 그것으로서) 모든 것이 현존하는 어떤 보편자 X를 상정한다. 그런데 존재론은 "현존의 의미에 관한 체계적인 탐구"다.[22] 사물들의 현존이 만물의 함께 속하기로서의 현존 혹은 동일한 것으로서의 현존을 지시하는 선험적 규칙은 전혀 없기에 애초에 존재론을 형이상학과 동일시할 이유가 전혀 없다. 사실상 현존의 의미에 관한 가브리엘의 탐구는 현존이 결코 어떤 보편적 영역에서의 현존일 수 없다는 결론을 낳을 것이고, 그리하여 형이상학은 무의미하다(그 이유는 그것이 주장하는 연구 목적이 불가능하기 때문이다). 게다가 현존에 관한 탐구는 '우리에-대한-현존'에 관한 탐구가 아니다. "존재론은 인간 현존에 관한 특정한 연구가 아니라 본질적으로 현존에 관한 연구이어야 한다. 그뿐이다."[23] 여기서 이미 들뢰즈의 기계 존재론과 유사한 첫 번째 점이 식별되는 이유는 다루어지고 있는 것이 인간 경험 속에서 부각되는 객체가 아니라 존재

---

22. Markus Gabriel, *Fields of Sense*, 5.
23. 같은 책, 37.

하는 객체이기 때문이다.

　가브리엘의 탐구는 현존이 '…은 녹색이다' 혹은 '…은 무겁다'가 특성인 것과 같은 방식으로 개체들의 한 특성인지 물음으로써 시작된다. 이런 일은 불가능한 것으로 판명된다. 왜냐하면 그런 특성들은 "고유 특성들"이기 때문이다.[24] 고유 특성은 어떤 객체를 같은 영역에 속하는 다른 객체들과 구분하게 하는 특징이다.[25] 예를 들면 '…은 녹색이다'라는 것은 녹색의 객체들을 색상을 갖춘 존재자들의 영역에 속하는 모든 비-녹색의 객체들과 구분하게 한다. '현존'은 그런 특성이 아니다. 그 이유는 어떤 영역 속에 현존하는 모든 객체가 명백히 현존하기 때문이다. 그리하여 '…은 현존한다'라는 것은 결코 한 객체를 다른 객체들과 구분하게 할 수 없다는 결론이 당연히 도출된다.[26] 그렇다면 현존은 모든 개체가 단적으로 지니는 비고유 특성인가? 이렇게 해서 현존은 하나의 "형이상학적 특성", 즉 어떤 영역에 속하는 모든 개체에 공통적인 특성이 될 것이다.[27] 그런데 이것 역시 불가능하다. 모든 개체가 속하는 영역이 존재한다면 이 영역은 현존한다. 그런데 현존이 결국 그 영역 속에서 부각되는 것(즉, 그 영역임과 다른 것)이라면 그 영역 자체는 현존하지 않는다. 이렇게 해서 존재자들이 현존하도록, 현존하는 존재자들이 현존하지 않도록 현존하는 현존하

---

24. 같은 책, 43, 53.
25. 어쩌면 영역이라는 개념은 독자에게 다소 생경한 인상을 줄 것이지만, 단지 가브리엘의 경우에 어떤 개체가 아무 데도 존재하지 않음으로써 현존할 수 있다고 생각하는 것은 명백히 불합리하다는 점을 인식하자.
26. 누구도 '…는 현존한다'라는 것이 객체들을 현존하지 않는 객체들과 구분하게 하는 것이라고 이의를 제기할 수 없다. 그런 이의는 우리가 '현존한다'라는 고유 특성을 통해서 구분할 수 있는 현존하는 객체들과 현존하지 않는 객체들이 모두 존재하는 영역이 필요할 것이다.
27. Gabriel, *Fields of Sense*, 55.

지-않는 영역이라는 터무니없는 관념이 초래되는데, 바로 그 이유는 현존하는 데 필요한 영역이 현존하지 않기 때문이다.

이제 우리는 현존이 어떤 개체들의 고유 특성도 아니고 모든 개체의 형이상학적 특성도 아님을 알게 되었다. 그러므로 가브리엘은 현존이 본연의 객체들과 관련된 것이 아니라는 결론을 내린다. 오히려 현존은 한 객체와 그 객체가 현시되는 영역들, '의미의 장'들로 규정되는 영역들 사이의 관계와 관련이 있다(그 이유는 곧 알게 될 것이다). 가브리엘이 서술하는 대로 "현존한다는 것은 특정한 의미의 장들 속에서 현시된다는 것으로, 여기서 의미의 장들은 무언가가 이들 장 속에서 현시되는 바로 그것을 특징짓는다."[28] 그러므로 현존은 개체들의 특성이 아니라 그런 장들의 특성인데, "이를테면 무언가가 그것들 내부에서 현시된다는 바로 그 특성"이다.[29] 예를 들면 대학은 개체들을 학자들로 부각할 수 있고, 전쟁은 개체들을 전투원으로 부각할 수 있고, 그리고 생태계는 개체들을 먹이로 부각할 수 있다. 달리 말해서 현존하는 것은 무엇이든 그런 것으로서 현존할 따름이다. 그 이유는 그것이 자신을 그런 것으로 부각하는 무언가 속에서 부각되기 때문이다.

헐벗은 현존 같은 것은 전혀 없다는 점을 인식하자. 대학은 개체들이 현존한다는 점을 먼저 결정한 다음에 그들이 학생이고 학자라는 점을 결정하지 않는다. 개체들의 현존을 결정하는 것은 바로 그들을 학생과 학자로 결정하는 것으로, "헐벗은 현존은 존재하지 않고, 다만 이것 혹은 저것으로서의 현존이 존재할 뿐이다."[30] 현존은 언제나 국소적인 '부각-구조'를 갖추고 있다. 이런 까닭에 영역은 의미의 장인 것

---

28. 같은 책, 44. 그리고 같은 책, 158을 참조하라.
29. 같은 책, 65. 그리고 같은 책, 144를 참조하라.
30. 같은 책, 61. 그리고 같은 책, 96, 166을 참조하라.

이지, 현존의 장인 것은 아니다. 사물을 부각하는 모든 존재자는 그것이 어떤 객체를 그것의 외양으로 특징짓는다는 점에서 의미를 부여하는 것이다. 여기서 가브리엘의 존재론은 두 가지 중요한 점에서 의미-사건에 관한 들뢰즈의 이론을 뒷받침한다. 첫째, 어떤 기계의 의미는 그 기계 자체의 본질이 아니다. 오히려 어떤 기계의 의미는 어떤 관계 속에서 그 기계를 부각하는(현실화하는) 어떤 다른 존재자에 의해 그것에 귀속되는 것이다. 둘째, 어떤 기계의 의미는 결코 일반적이거나 보편적이지 않다. 오히려 어떤 기계의 의미는 그 기계를 이것-혹은-저것으로 현시되게 하는 어떤 다른 존재자에 의해 생겨나는 국소적 사건(그러므로 '의미-사건')이다. 물론 차이점은 들뢰즈의 경우와 달리 가브리엘의 경우에는 현실태가 이중체가 아니라는 것이다. 가브리엘의 구상에 따르면 의미와 질화가 단적으로 일치한다. 그런데 이런 차이점을 고집하는 것은 다소 무의미한데, 그 이유는 가브리엘이 거의 틀림없이 자신의 존재론 전체를 그다지 많이 바꾸지 않은 채로 의미와 성질 사이의 형식적 구분(어쩌면 실재적 구분은 아닐지라도)을 인정할 수 있을 것이기 때문이다. 가브리엘과 들뢰즈 사이의 더 근본적인 차이점은 어딘가 다른 곳에 자리하고 있으며, 우리는 조만간에 그것을 다룰 것이다.

현존이 어떤 의미의 장 속에서 부각됨을 뜻한다면 각각의 의미의 장은 현존하기 위해 어떤 다른 장(들) 속에서 부각된다는 결론이 당연히 도출된다.[31] 그러므로 가브리엘의 존재론은 그것이 "객체성에 관한 기능적 개념"에 의존한다는 점에서 일종의 관계주의다.[32] 하나의

---

31. 같은 책, 140, 225.
32. 같은 책, 167,

존재자임은 다른 객체들 혹은 장들을 부각하는 것(그것들에 의미를 부여하는 것)이자 다른 객체들 혹은 장들 속에서 부각되는 것이다. 각각의 존재자는 어떤 장 혹은 장들 속에서 특화될 뿐만 아니라 객체들을 특화하는 하나의 장이기도 하다. 그뿐이다.

> 현존은 한 영역과 그 객체들(거주자들) 사이의 관계다. 그 결과 객체는 홀로 현존하지 않는데, 객체는 절대자가 아니라 오히려 관계항으로서만 현존할 따름이다. 어떤 객체는 단지 자신의 영역과 관련되어 현존할 따름이다. 왜냐하면 현존은 바로 그 객체를 포함하는 영역의 특성이기 때문이다.[33]

이전의 장에서 제시된 용어법을 사용하면 가브리엘의 존재론은 존재자를 다른 존재자들을 포섭하는 것이자 다른 존재자들에 의해 포섭되는 것으로 규정한다. 그뿐이다. 그러므로 대학임은 대학이 학생과 학자를 그런 것으로 부각한다는 사실이자, 그것의 추가적인 의미의 장들 — 예를 들면 교육 제도 혹은 법 제도 — 에서 어떤 식으로 부각된다는 사실이다. 혹은 가브리엘이 애호하는 사례 중 하나를 사용하면 『파우스트』에서 부각되는 사물들(등장인물들, 사건들)이 있고, 게다가 사물들(문학, 도서관, 이 문장)에서 부각되는 『파우스트』가 있는데, 이 두 가지의 조합이 바로 『파우스트』다. 그런 두 가지 종류의 관계들을 넘어서는 것은 전혀 없으며, "외양은 더할 나위 없이 실재적이다."[34] 또한 이것은 무한히 많은 장이 현존함을 함축한다. 그 이유는 각각의 장

---

33. 같은 책, 140.
34. 같은 책, 166.

이 현존하려면 어떤 다른 장 속에서 현시되어야 하기 때문이다.[35]

의미의 장들에 관한 가브리엘의 관계적 존재론과 관련된 첫 번째 문제는 그것이 동일성과 변화를 설명할 수 없다는 것이다. 먼저 동일성을 살펴보면 이 객체가 그것이 다양한 의미의 장을 가로지르는 상태에서도 여전히 이 객체라는 점을 보증하고 장으로서의 그 객체 속에서 현시되는 다양한 객체의 의미를 결정하는 것은 무엇인지 궁금하다. 나의 생애 동안 셀 수 없이 많은 타자에 의해 나에게 부여된 다량의 의미가 어떤 유의미한 방식으로 정말로 나에게 부여되게끔 하는 것은 무엇인가? 가브리엘의 표현에 따르면 객체가 의미들의 다발로 규정된다는 점을 고려할 때 우리는 그 다발을 하나로 통일하는 것을 알면 된다. 가브리엘의 대답은 어떤 객체에 의미를 부여하는 복수의 장 가운데 그 다발을 통일하는 한 가지 "지배적인 의미"가 존재한다는 것이다.

그것에 관해 묘사하는 복수의 서술을 가로지르는 어떤 객체의 동일성은 그 객체가 우리가 특성들을 귀속시키는 하나의 실체라는 사실에 있는 것이 아니라 오히려 그 객체가 현시되는 다양한 의미를 통일하는 한 가지 지배적인 의미가 존재한다는 사실에 있다.[36]

가브리엘이 종종 사용하는 일례를 바꿔 말하면 아널드 슈워제네거를 아널드 슈워제네거로 만드는 것은 그가 그일 수밖에 없도록 그를 포섭하는(즉, 그에게 의미를 부여하는) 장이 존재한다는 점이다. 이런 지배적인 의미가 적절한 수의 의미(즉, 그것을 그런 것이게 하는 것들)가

---

35. 같은 책, 167.
36. 같은 책, 237. 그리고 같은 책, 266을 참조하라.

그 객체와 관련되어 있다는 사실을 설명한다. 그래서 가설적으로 슈워제네거를 오스트리아계 미국인 배우이자 정치인으로 결정하는 어떤 지배적인 의미 X가 존재할 것이다. 이런 의미가 그에게 해당하는 모든 것(전직 주지사, 자선가, 기타 등등)과의 양립 가능성과 그에게 해당하지 않는 모든 것(가브리엘의 예를 들면 스웨덴인 여성 성노동자 같은 것)과의 양립 불가능성을 규정할 것이다. 그런데 이것은 가브리엘에게 그가 필요로 하는 것을 제공하지 않는다. 그것은 단지 가브리엘의 존재론이 존재자들은 언제나 확정되어 있어서 모든 곳에서 현존할 수는 없다는 사소한 논점을 설명할 수 있음을 입증할 따름이다. 바닷속에서 부각되는 물고기는 태양의 표면으로 옮겨지면 생존할 수 없고, 내 이웃은 로마제국의 원로원 의원이 될 수 없으며, 기타 등등.

이것은 동일성을 설명하기에는 불충분하다. 1만 명의 팬이 비욘세의 공연을 관람하고 있는 공연장 사례를 살펴보자. 이 경우에 비욘세는 (적어도) 1만 개의 의미의 장, 즉 팬들의 개별적 경험 속에서 부각되며, 각각의 장은 비욘세를 서로 약간 다르게 개체화한다. 그들이 모두 동일한 가수 공연을 관람하고 있다는 사실을 설명하는 것은 무엇인가? 그것이 비욘세를 포섭하는 무언가 다른 것이라고 생각하는 것은 명백히 불합리하다. 왜냐하면 X를 포섭하는 것은 X가 무언가 다른 것에 의해 포섭되는 방식을 포섭하는 것과 단적으로 동일하지 않기 때문이다. 만약 동일하다면 내가 어떤 집을 경험하는 경우에 내가 실제로 어떤 집을 보고 있는 것이 아니라 그 집을 경험하는 누군가 다른 사람을 보고 있다는 일관성 없는 결론이 초래될 것이다. 또 하나의 사례로 그 논점을 더욱더 분명히 하기 위해 두 개의 개체 ─ 예를 들면 쌍둥이 ─ 가 동일한 지배적인 의미를 지니고 있다고 가정하자(가브리엘의 존재론에서 이 가정을 배제하는 것은 전혀 없다). 그때 그들은 동일한 존재자일까? 가브리엘은 두 가지 방법으로 그 문제를 교묘히 회피하려고 시도할 수 있는데, 이들 방법 중 어느 것도 만족스럽지 않다. 첫째, 가브리엘은 상이한 지배적인 의미들이 다른 상황에서 그리고 다른 시기에 어떤 객체의 동일성을 보증할 수 있다고 단언할 수 있다. 이런 단언이 그 문제를 해소하지 못하는 이유는 그것이 그 동일한 존재자가 어떻게 해서 2015년에는 이런 지배적인 의미를 지녔고 2016년에는 저런 지배적인 의미를 지녔는지 설명할 수 없기 때문이다. 둘째, 가브리엘은 각각의 존재자에 대하여 과거에 그것이었고 현재 그것이고 미래에 그것일 모든 것을 결정하는 어떤 의미의 장이 존재한다고 단언할 수 있다. 그런데 그것은, 궁극적으로 각각의 존재자가 자신의 머리카락을 잡고서 늪에서 빠져나오는 뮌히하우젠 남작[37]처럼 그 자체에 의해 만족스럽게 결정된다는 동어반복을 낳는다.

가브리엘의 존재론은 변화도 마찬가지로 설명하지 못한다. 가브리엘에 따르면 모든 객체는 그것이 맺은 관계들에 의해, 즉 그것이 다른 장들 속에서 나타나는 방식과 다른 장들이 그것이 나타나게 하는 방식의 '총합'에 의해 망라된다. 이로부터 모든 것은 전적으로 현실적이라는 결론이 당연히 도출된다.[38] 그런데 사물들이 각자 현행적으로 전개되는 방식을 넘어서는 것이 전혀 없다면 변화는 철저히 불가능하다. 모든 것이 바로 그것이 현행적으로 결정된 방식일 따름이라면 무엇이든 달리 될 수 있는 여지가 전혀 없다. 더 정확히 서술하면 존재자가 다른 의미의 장으로 이행하지 못하게 막는 것은 전혀 없다. 나의 지

---

37. * 18세기 독일에서 실존했으며 농담과 우스개로 유명했던 허풍선이 남작으로, 흔히 『허풍선이 남작의 모험』이라는 소설의 주인공으로 알려져 있다. 말을 타고 가던 남작이 늪에 빠져 가라앉는 상황에서 자신의 머리카락을 잡고서 말과 함께 늪에서 빠져나오는 신기한 일화 역시 이 소설에 실려 있다.

38. Gabriel, *Fields of Sense*, 264.

배적인 의미가 금지하지 않는다면 나는 원칙적으로 나의 주방으로 걸어감으로써 그 의미의 장 속에서 부각되기 시작할 수 있다. 문제는 아무것도 그것을 막지 않을지라도 가브리엘의 존재론에는 그것을 가능하게 하는 것 역시 전혀 없다는 점이다. 동일성과 변화 둘 다의 가능성을 설명하는 경우에 가브리엘은 극복할 수 없는 곤경에 빠지는 반면에 들뢰즈의 신체는 성공한다. 어떤 기계의 신체는 언제나 그 기계의 현행적인 관계적 전개를 넘어서고, 그리하여 그것이 그런 관계 중 일부와 단절하여 새로운 관계들에 관여할 충분한 근거가 존재하게 된다. 동일성의 경우에는 관련된 모든 의미-사건이 사실상 동일한 신체의 현실태로의 번역 혹은 표현이기만 하다면 그 1만 명의 팬이 모두 동일한 비욘세를 바라보고 있음을 이해하기는 쉽다. 이것은 당연히 틀릴 수 있다. 거울을 이용한 어떤 교묘한 수법을 통해서 그 공연장의 절반은 실재적 사물을 바라보게 되는 한편으로 나머지 절반은 사실상 대용물을 바라보고 있을 수 있다. 그런데 그것은 그 논점의 기반을 약화하기보다는 오히려 강화한다. 왜냐하면 속아 넘어간 5천 명의 팬이 바로 속아 넘어가고 있는 이유는 그들이 각자 그 도플갱어의 현실태로의 표현을 바라보고 있기 때문이다!

가브리엘의 존재론과 관련된 두 번째 문제는 이 책의 목적을 위해 가장 흥미롭다. 왜냐하면 그것으로 인해 들뢰즈가 여전히 신체와 의미, 성질에 기계의 네 번째 측면을 첨가해야 하는 이유가 드러나기 때문이다. 우리는 그 측면을 특화의 무한유예라고 일컬을 수 있다. 가브리엘의 객체는 그것이 행하는 것이고, 그것은 두 가지 일을 행한다. 첫째, 그것은 그 속에서 객체들이 현시되는 장이다. 이것은 결코 헐벗은 특수자로서의 외양이 아니라 오히려 무언가로서의 외양이다. 그러므로 장은 존재자에 어떤 특정한 의미를 부여한다. 둘째, 그것은 장들 속에서 현시되는 객체다. 이것 역시 결코 헐벗은 특수자로서의 외양이 아니라 오히려 무언가로서의 외양이다. 예를 들면 학생과 학자는 대학에서 부각되는 한편으로 대학은 법 제도에서는 법적 존재자로 부각되고 우익의 불안감 조성 행위에서는 맑스주의자 본거지로 부각된다. 학생과 학자는 a로, 대학은 A로, 그리고 법 제도와 불안감 조성 행위는 B로 부르자.

물음은 다음과 같다. 어떻게 A가 존재자들을 a로 용케 결정하는가? 무엇에 의해 A가 x라기보다는 오히려 a라는 의미를 그것들에 용케 부여하는가? 왜 대학은 존재자들을 표범이나 총알로 결정하지 않는가? 대학의 장에서 또한 부각되는 다른 사물들 사이에서 그 대답을 찾아낼 수 없음은 명백하다. 그 이유는 이들 사물과 관련하여 동일한 물음이 마찬가지로 제기되기 때문이다. 대학 자체에서도 그 이유를 찾아낼 수 없다. 왜냐하면 가브리엘의 정의에 따르면 대학은 '그 자체'가 전혀 없기 때문이다. 대학은 다름 아닌 관계들의 두 가지 집합 — 그것 속에서 현시되고 있는 사물들과 맺은 관계들의 집합과 그 속에서 그것이 현시되고 있는 사물들과 맺은 관계들의 집합 — 일 뿐이다. 유일하게 가능한 대답은 대학이 다른 장들 속에서 자신이 부각되는 방식 덕분에 스스로 행하는 바를 용케 해낸다는 것이다. 관대하게 이런 다른 장 B가 불안감 조성 행위가 아니라 법 제도라고 가정하자. 처음에 이 가정은 일리가 있는 것처럼 보인다. 그 이유는 법 제도가 대학이 젊은 이들을 학생으로 등록할 수 있다고 결정하기 때문이다. 그런데 자세히 검토하면 상황은 더 문제가 있게 된다. 왜냐하면 법 제도에 대하여 같은 물음이 제기되어야 하기 때문이다. 법 제도 역시 '부각하기'와 '부각되기'에 지나지 않기 때문이다. 그러므로 대학이 존재자들을 학생으로 결정하도록 결정하는 법 제도는 그 법 제도를 그런 것으로 결정하는 다른 한 '더 상위의' 의미의 장에 그 제도가 준거됨에 의존하고, 그다음에 그 의미의 장에 대하여 마찬가지의 조작이 반복되고, 이런 식으로 무한히 이어진다. 문제는, 어떤 의미의 장이 존재자들을 저것이라기보다는 오히려 이것으로 결정하는 데 필요한 특정한 특질이 그 장을 부각하는 후속 장들로 무한히 유예됨으로써 가브리엘의 존재론은 모든 것이 대관절 어떻게 해서 의미의 장으로서 정말로 기능하는 데 요구되는 무엇임을 획득하는지 설명할 수 없다는 점이다. 다른 한 존재자에게 존재자들을 a로 부각하게 하는 고유 특질을 부여하는 데 필요한 특정한 특질을 갖추고 있는 것은 절대 존재하지 않는 것으로 판명된다. 가브리엘은 대학이 어떤 특유한 특질을 갖추고 있다고 말해야 하는데 ─ 그리고 사실상 그는 말한다 ─ 그의 존재론을 기초하는 바로 그 근본적인 것들이 이 단언을 뒷받침하지 못한다.

이 문제에 대한 우리의 관심은 그것이 들뢰즈의 존재론에서도 고려되어야 한다는 사실에서 비롯된다. 기계가 성질을 띤 의미에 덧붙여 신체를 갖추고 있다는 사실은 기계가 다른 존재자들을 저것이라기보다는 오히려 이것으로 현실화하게 하는 어떤 특유한 특질이 기계에 주어진 방식을 설명하지 못한다. 우리가 앞서 이해한 대로 기관 없는 신체는 기계의 비관계적 단일체일 따름이고, 이로부터 신체로서의 기계는 자신의 조작들을 여타 기계의 조작들과 구분할 어떤 특성도 갖추고 있지 않다는 결론이 당연히 도출된다. 이것은 사중체의 마지막 측면을 가리키는데, 그 측면은 바로 각각의 신체를 보충하는 비관계적 '본질', 즉 그 기계를 여타 기계와 존재론적으로 다르게 만드는 것이다. 6장에서는 먼저 들뢰즈가 이 문제를 잘 알고 있음을 보여준 후에 두 절에 걸쳐서 그가 제안한 해법이 고찰될 것이다.

여태까지 이루어진 분석에 따르면 현실태는 언제나 결과일 따름이고 신체만이 원인이라는 점이 수반된다(LS, 4). 그런데 이런 일은 있을 법하지 않은 것처럼 보인다. 첫째, 신체는 기계의 단일체에 지나지 않기에 신체들이 어떻게 다양한 마주침과 사건, 경험을 초래하는지 이해하기 어렵다. 둘째, 신체는 환원 불가능성에 대한 반생산적인 불모성의 근거이기에 그것이 도대체 어떻게 해서 원인이 될 수 있는지 이해하기 어렵다. 게다가 우리는 여전히 이 신체를 저 신체와 구분할 길이 없다. 왜냐하면 이들 신체의 현실태들은 그 신체들을 본질적으로 구분하는 것에 포함될 수 없기 때문이다. 이들 이의에도 불구하고 보편적 상충이나 심층이 부재한다는 것과 각각의 기계가 생산되어야 한다는 것은 여전히 기계들 자체가 별개의 원인으로서 기능함을 함축한다. 들뢰즈는 애초에 자신의 존재론을 구성하는 요소들이 그런 물음들을 제기한다는 점을 깨닫는다. "우리는 비관계에서 포착된 절대적 형식에서 시작했다. 그리고 갑자기 관계들이 … 생겨난다 … . 어떻게 관계가 비관계에서 튀어나올 수 있단 말인가?"(FLB, 52). "어떻게 요소들이 모든 연줄이 부재한 상태에서 함께 결합할 수 있는가?"(BSP, 133). "어떻게 우리는 별개의 특이성들이 관계를 맺게 할 수 있는가?"[1] 그런 물음들은 기계의 네 번째 측면에 의지함으로써 대답할 수 있다.

성질을 띠지 않은 사건이 없는 것처럼 특성을 지니고 있지 않은 신체도 없다. 이 장에서 예증되는 대로 들뢰즈는 본질적이지만 가변적인 이들 특성을 기계의 '욕망', '특이성들', '이념', '코드' 혹은 '역능들'이라고 일컫는다. 이들 특성이 접목되는 신체와 마찬가지로 존재자의 잠재적 이념은 관계에서 절대 주어지지 않는 것으로부터 생성된다. 신체

---

1. *L'Abécédaire de Gilles Deleuze*, "zigzag". [《질 들뢰즈의 A to Z》.]

와 마찬가지로 이념은 경험적이라기보다는 오히려 초험적이고, 포섭되는 것이라기보다는 오히려 연장되지 않은 것이다. 이념은 그로부터 의미와 성질들이 비롯되는 비기표작용적 요소이고(DI, 175 ; LS, 71), 그리하여 의미는 언제나 이 사물 혹은 이들 사물의 의미다. 이념은 기계의 "순수한 강도적 물질"이고 "고정 모터"다(TRM, 21). 이념은 사물의 사적인 내부적 특성이다.[2] 기관 없는 신체가 하나의 "알"이라면 욕망은 그것을 채우는 것이다(ATP, 164). 신체와 그 욕망은 "기계가 자신의 연결 관계들을 설정하고 자신의 단절을 초래하게 하는 공학적 행위주체성"에 해당하는 "온전한 신체"를 구성한다(BSP, 121). 욕망은 신체를 그로부터 기계의 연장이 생겨나는 "불균질한 차원"으로 만드는 것이고(DR, 229), 그리하여 "성질은 언제나 심층에서 떠오르는 하나의 기호 혹은 사건이다"(DR, 97).

또다시 우리는 욕망이라는 용어와 관련된 통상적인 연상을 유예해야 한다. 욕망은 담배와 커피에 대한 우리의 갈망이 아니다. 들뢰즈의 경우에 욕망은 물 혹은 용암과 같은 것이고(AO, 85), 그래서 욕망은 욕구의 일종일 수가 없다. 욕망은 정신적 실재뿐만 아니라 물질적 실재도 규정하고, 따라서 이성이 없는 사물들도 욕망한다(AO, 43). 형상形象은 기계의 무엇임이고 현실적 표현은 기계가 행하는 것이라면 욕망은 기계가 지니고 있는 것이다. 욕망은 잠재적 이중체의 두 번째 부분이기에 원인 쪽에 소속되어 있다. 욕망은 관계적 표현들의 배후에 있는 모터다. 그러므로 들뢰즈는 욕망을 역능의 견지에서 규정할 것이다. 욕망은 현실태의 "현시적 내용" 배후에서 작동하고 있는 잠재적인 "숨

---

2. "Les propriétés sont intérieures aux termes ⋯ mais les relations sont des extériorités"(SC, 141282 ; 그리고 LS 4를 참조하라).

은 내용"이다(LS, 263). 이런 까닭에 기계는 "욕망하는-기계"로 규정된다(BSP, 132).

1. 존재로서의 역능들

논의를 시작하려면 우리는 먼저 들뢰즈가 종종 기계의 욕망적·초험적·잠재적 측면을 기계의 '무의식'이라고 일컫는다는 사실에 대하여 고심해야 한다. 들뢰즈가 '영혼'이라는 낱말을 기관 없는 신체의 동의어로 사용하는 것과 마찬가지로 '무의식' 역시 독자들이 들뢰즈의 철학은 인간과 관련되어 있을 따름이라고 잘못 생각하게 만들 수 있을 것이다. 실제로는 전혀 그렇지 않다.

『안티 오이디푸스』의 목표는 무의식이 극장이 아니고 오히려 공장임을 예증하는 것이다.[3] 무의식은 초월적·상상적·상징적 대본의 재현 혹은 이미지가 아니다(AO, 71). 무의식은 무언가 다른 것과 맺은 관계의 내부에 있지 않다. 오히려 무의식은 기계들과의 우발적인 마주침을 통해서 회집한다. 무의식은 그저 인간 정신을 가리키지 않고 오히려 모든 기계의 존재를 한정하는 내부적 실재를 가리킨다. 들뢰즈는 무의식이라는 용어를 "의식의 외부에 있는 심리적 실재를 가리키는 데" 사용하지 않고 "오히려 비심리적 실재, 즉 그 자체로 있는 그대로의 존재를 가리키는 데" 사용한다(B, 56). 『안티 오이디푸스』가 "실재적인 것들의 일의성에 관한" 책인 것은 바로 모든 기계가 그런 무의식을 지니고 있기 때문이다(N, 144). 욕망 또는 무의식은 "상상적인 것도 상징적

---

3. *L'Abécédaire de Gilles Deleuze*, "desire"[〈질 들뢰즈의 A to Z〉](AO, 36 ; DI, 219, 232 ; TRM, 17, 22를 참조하라).

인 것도 아니고, 그것은 독특하게 기계다운 것이며, 그리고 당신이 욕망이라는 기계의 영역에 도달하지 못하는 한에서, 여전히 상상적인 것들, 구조적인 것들 혹은 상징적인 것들에 머무르고 있는 한에서 당신은 무의식을 진정으로 포착하지 못하고 있다"(SCS, 161171). 들뢰즈의 경우에 '무의식'은 단지 의식에도 현시될 수 없고 여타 종류의 관계를 통해서도 현시될 수 없는 기계의 측면일 뿐이다. 그러므로 이런 무의식 역시 "물리학의 영역에 속한다"(AO, 323). 무의식은 기계의 잠재적 측면이고, 이런 의미에서 그것은 "물질 자체"(AO, 323)다. 『자본주의와 분열증』 두폭화diptych 4는 무의식이 기계, 다양체 또는 회집체의 한 차원이라는 것과 그러므로 무의식이 분열증적 실재계의 도처에서 나타난다는 것을 거듭해서 확언한다(AO, 69, 129, 130, 135, 400; ATP, 27, 35, 36). 그리하여 또다시 우리는 사용하는 용어들과 관련된 우리의 통상적인 연상물들에 의해 오도되지 말아야 하며, 그리고 들뢰즈가 '무의식'의 '욕망'에 관해 서술하는 것은 전적으로 그의 기계 존재론과 관련되어 있음을 깨달아야 한다.

그런데 욕망은 리좀이 지니고 있는 것이다(ATP, 14). 들뢰즈가 서술하는 대로 "우리는 우리가 지니고 있는 것에 불과하다. 이 점에서는 소유하기를 통해서 존재가 형성되거나 수동적 자아가 존재한다"(DR, 79). 기관 없는 신체와 마찬가지로 욕망은 존재자의 잠재적 측면에 속한다(DR, 106). 어떤 기계의 욕망은 그 기계의 실재적 특성들이다. 이들 특성은 그 기계를 생성하는 것으로 환원될 수 없을뿐더러 그 기계가 생성하는 것으로도 환원될 수 없다. 이것이 바로 들뢰즈가 "우리가 법칙이 존재한다고 믿었던 경우에 사실상 오직 욕망이 존재할 뿐이다"라고 서술

---

4. * 『안티 오이디푸스』와 『천 개의 고원』을 가리킨다.

할 때 뜻하는 것이다(K, 49). 1장에서 들뢰즈가 법칙을 존재자는 우월한 심층이나 상층에서 결정된다는 관념과 관련시킨다는 사실을 떠올리자. 물론 어느 기계는 자신의 행동과 발달이 법칙처럼 확실히 예측될 수 있을 정도로 자신이 다른 기계들과 그것들이 미치는 영향에 완전히 좌우되는 채로 실존할 수밖에 없음을 깨달을 것이다. 이런 상황은 절대 부정되지 않는다. 그런데도 어떤 존재자의 완전한 지배와 독특한 환경, 유일한 원천, 필연적 관계조차도 결코 그 존재자의 존재일 수는 없다. 이 존재, 각각의 기관 없는 신체를 '채우는' 존재는 욕망이다. 욕망은 한 기계의 부분들로서 기능하는, 수축되고 마주치게 되는 부분적 객체들이 생성하는 것이다. 욕망은 기계가 현실태로 현시되게 하는 원인이지만 언제나 그런 현시적 표현들과는 종류가 다르다.[5]

그러므로 욕망은 초험적이다. 욕망은 기계에 현실태를 부여하는 것이지만 그것 자체는 그런 현실태가 아니다. 욕망은 어떤 특정한 장소에서 혹은 순간에 마주치게 되지 않는다. 욕망은 경험적으로 겪을 수 있는 성질이 아니다. 한 기계의 욕망은 여타 기계에 의해 직접 경험될 수 없는 사적 실재다. "욕망의 객관적 존재는 실재적인 것 자체다"(AO, 39 ; 그리고 AO, 354를 참조).[6] 이렇게 해서 '욕망'은 오해를 불러일으키는 관념이 된다. 왜냐하면 철학적으로 정통한 독자들은 '초험적'이라는 용어를 인간 경험의 가능성을 위한 조건을 제공하는 보편적 구조와 연관시키도록 훈련받았기 때문이다. 그런데 들뢰즈는 칸트가 아니며, 그리고 들뢰즈는 칸트를 초험적인 것에 관한 개념을 망쳐 놓

---

5. "Le désir … ne peut pas être simplement déterminé par des objets quels qu'ils soient, ne peut pas être déterminé par des sources quelles qu'elles soient, ne peut pas être déterminé par des buts quels qu'ils soient"(SCS, 180472).

6. 심지어 기계가 자신을 관찰하는 경우에도 사정은 마찬가지다. 모든 내관(內觀)은 관계적이다.

았다는 이유로 비난한다. 들뢰즈의 초험적 욕망은 가능한 경험을 위한 조건이라기보다는 오히려 실제 마주침을 위한 조건인데, 이는 욕망이 현실태로 번역되게 되는, 기계의 내부적인 강도적 물질임을 뜻한다.

강도적 물질이라는 이 개념은 확실히 직관에 반한다. 그것은 우리에게 물질 혹은 공간이 두 가지 변양태 ― 우리에게 익숙한 관계적 종류와 우리에게 전적으로 이질적인 강도적 종류 ― 로 나타난다고 말해준다. 그런데 외부성이 성립한다면 존재자와 관련된 무언가가 관계의 외부에 존재해야 한다. 이것은 단지 존재자의 단일성 또는 단순성(신체 또는 형상形象)일 수가 없고, 따라서 각기 다른 기계의 존재에 개별적 특질을 부여하는 두 번째의 잠재적 측면이 있어야 한다. 이것이 욕망인데, 사실상 들뢰즈는 욕망을 "분자보다 작은 무정형의 물질"(ATP, 503; 그리고 K, 6을 참조) 혹은 "계보학적 원료"(AO, 96)로 규정한다. 그렇다고 우리는 욕망이 매우 작은 사물들을 가리킨다고는 생각하기 시작하지 말아야 한다. "물질의 실재는 [그것이] 모든 형태와 성질을 버린 것과 마찬가지로 모든 연장도 버렸다"(AO, 104). 앞서 진술한 대로 욕망 또는 강도적 물질은 들뢰즈가 기계의 무의식이라고 일컫는 것이다. "사실상 무의식은 물리학의 영역에 속하며, 기관 없는 신체와 그 강도는 은유가 아니라 물질 자체다"(AO, 323). 또한 내부적 물질로서의 욕망은 하나의 보편적이고 통일된 기체基體를 가리킬 수 없다. 외부주의는 모든 기계의 내부에 있는 물질을 배제한다. 오히려 욕망은 한 기계의 내부에 있는 물질로, 현실태의 폭풍막이들로 둘러싸여 있기에 다른 기계들의 욕망과 직접 접촉하지 못한다. 사정이 이렇지 않다면 단절 및 인접성의 이중 역능과 연결-수축에 관하여 들뢰즈가 서술한 모든 것은 전적으로 불필요할 것이다.

그리하여 루이 알튀세르가 서술하는 대로 들뢰즈가 옹호하는 유물론은 그 칭호 아래 일반적으로 작동하는 철학들과 아무 관계도 없다.[7] 들뢰즈주의적 유물론은 만물이 자기동일적인 구성요소들로 이루어진 어떤 궁극적인 실재 층에 수반하여 생겨난다는 이론(환원적 유물론)이 아니다. 그것은 사물들의 바로 그 본질의 내부에 모순이 존재한다는 이론(변증법적 유물론)이 아니다. 그것은 물질적 삶의 생산양식이 우리의 사회적·정치적·지적 실존 — 결국 우리의 의식을 조건 짓는 것 — 을 조건 짓는다는 이론(역사적 유물론)이 아니다. 그것은 일부 혹은 모든 사물이 어떤 단일한 창조력에 의해 활성화된다는 이론(생기론적 유물론)이 아니다. 그것은 신경 활동은 현존하는 반면에 심적 상태는 현존하지 않는다는 이론(제거적 유물론)이 아니다. 그것은 물질이 기능에 부수하는 현상이라는 이론(명목적 유물론)이 아니다. 그리고 그것은 "나 자신을 나에 의해 구성되는 그림 안에 포함시키는 성찰적 방식"으로 규정되는 유물론이 아니다.[8]

강도적 물질로서의 욕망이 이 기계와 저 기계 사이의 차이를 설명한다. 기관 없는 신체는 단지 기계의 잠재적 단일체일 따름이고, 모든 현실태[의미-사건과 성질들]는 기계의 사적 존재와 종류가 다르다. 이들 세 가지 측면만으로는 기계들이 서로 다른 기계일 수가 없을 것이다. 욕망이 이 문제를 해결한다. 베드로, 바울, 플루톤, 플라톤, 플루토늄, 쟁기, 태반 그리고 합판이 서로 다른 기계라면, 그 이유는 그것들이 각자 다른 내부적 특성들 또는 욕망을 지니고 있기 때문이다. 욕망으로 인해 두 기계는 서로 다른 기계인데, 그것들이 여타의 것에 의해 동일한 것으로 마주치게 될지라도 그렇다. 각각의 라이프니츠적 모나드

7. Louis Althusser, *Philosophy of the Encounter*, 167~8, 189.
8. Slavoj Žižek, *The Parallax View*, 17. [슬라보예 지젝, 『시차적 관점』.]

가 자신의 내부적 성질들을 지니고 있는 것과 마찬가지로 각각의 들뢰즈적 기계도 자신의 욕망을 지니고 있다. 기관 없는 신체가 언제나 욕망인 것은 바로 이런 의미에서다(ATP, 165를 참조).

욕망은 본질적이지만 가변적이다. 들뢰즈가 서술하는 대로 "회집체들에 들어오고 나가는 이 물질-운동, 이 물질-에너지, 이 물질-흐름, 이 변화하는 물질을 어떻게 규정해야 하는가? 그것은 탈지층화되고 탈영토화된 물질이다"(ATP, 407). "강렬한 물질"로서의 욕망은 그것이 속해 있는 신체보다 "더 유동적"이다(ATP, 109). 요컨대 신체의 욕망은 변화할 수 있다. 사정이 이러한 이유는 무엇인가? 가장 중요한 이유는 그렇지 않다면 기계 존재론이 모순적일 것이기 때문이다. 기계 존재론에서는 생성[되기]을 설명하는 데 비기계적인 것이 전혀 동원되지 않기에 기계들은 오직 기계들에 의해서만 생산된다는 점을 떠올리자. 그러므로 잠깐 동안 그 시민들만이 유럽연합을 생성하고, 그 수소와 산소만이 물을 생성하며, 그 연인들만이 사랑을 생성한다고 가정하자. 유럽연합, 물 혹은 사랑은 생겨나자마자 독자적인 기관 없는 신체를 갖춘 환원 불가능한 기계로서 현존한다. 그런데 성질 없는 연장이 존재할 수 없는 것과 마찬가지로 물질 없는 신체, 즉 욕망 없는 신체도 존재할 수 없다. 그렇지 않다면 그 시민들과 그 화학물질들, 그 연인들은 애초에 모두 정확히 같은 것을 생산할 것인데, 이런 사태는 터무니없다. 오히려 우리의 시민들과 우리의 화학물질들, 우리의 연인들은 신체와 욕망의 이중체로 즉시 이루어지는 내부적 실재를 갖춘 각기 다른 존재자들을 생성한다. 그러므로 한 기계의 최초 관계들이 욕망을 생성한다. 이런 욕망의 생성이 오직 수태 시점에만 일어날 수 있다면 두 가지 다른 종류의 관계들 ─ 처음에 어떤 기계를 실제로 생성하는 관계들과 그 후에 그 기계의 사적 존재를 변경되지 않은 상태로 두는 후속 관계들 – 이 현존할 것이다. 이렇게 해서 들뢰즈는 외부주의로 인해 자신이 거부할 수밖에 없는 바로 그런 종류의 이원론을 받아들이지 않을 수 없게 될 것이다. 이것은 두 가지 다른 종류의 관계들로 이루어진 이원론일 것이다.[9] 그리하여 모순을 피하고자 모든 관계는 기계의 욕망을 바꾸려고 '시도'해 보아야 한다. 나의 본질은 내가 현존하는 동안 가변적이어야 한다. 새로운 언어를 습득하거나 사랑에 빠지는 것은 권리상$^{de jure}$(사실상$^{de facto}$ 문제는 존재론적이지 않고 실존적이다) 나의 욕망 또는 내부적 물질을 나의 수태 사건과 종류가 다르지 않은 방식으로 바꿀 수 있어야 한다. 이 점에 관해서는 7장에서 상술될 것이다. 그 이유는 다른 문제들이 먼저 고찰되어야 하기 때문이다.

'욕망'이라는 엄청난 용어가 사용되는 이유는 무엇인가? 들뢰즈에게 기계의 내부적 존재를 가리키는 낱말이 필요하다면 그는 왜 심리적 및 관계적 함의들로 가득한 낱말을 선택하는가? 들뢰즈는 '욕망'이 통상적으로 무언가가 그 욕망이 충족되면 온전해질 것이라는 암시를 통해서 하나의 단일체와 총체, 통합체를 가리킴을 잘 알고 있다(AO, 37~8, 349). 첫째, 욕망은 통상적으로 내가 지금은 결여하고 있지만 미래에는 갖고자 하는 것과 관련되어 있다. 혹은 욕망에 대한 어떤 목적론적 접근법은, 나의 존재는 미래의 나가 되는 것이기에 오늘 씨앗의 '욕망'은 내일의 꽃일 것이라고 주장할 것이다. 그렇다면 '욕망'은 "모든 실재적 객체의 배후에 자리하고 있는 꿈꾼-대상"을 가리킬 것이다(AO, 38).[10] 셋째, 욕망에 관한 더 정신분석학적인 관념은 나의 평범한

9. 우리는 들뢰즈가 스스로 기계와 관계 사이의 이원론을 사용하는 것처럼 보인다는 점을 인식하고 있다. 하지만 8장에서 우리는 각각의 관계가 사실상 하나의 기계임을 알게 될 것이다.
10. 들뢰즈가 클레망 로세의 말을 인용하는 대로 "[그렇다면] 세계는 다음과 같은 논증 노선에 따라서 어떤 다른 종류의 세계를 자신의 이중 세계로서 획득한다. 욕망이 그 결

욕망이 복합적인 이유로 인해 명료한 의식적 자각의 층위까지 떠오르지 않는 다른 욕망과의 문제적 관계를 의미하거나 은폐한다는 구상일 것이다(D, 76).

그런데도 '욕망'을 채택하는 첫 번째 이유는 단순히 역사적 선례가 있다는 것이다. 들뢰즈는 명시적으로 그 용어를 사회학자 가브리엘 타르드에게서 차용한다(ATP, 219). 타르드는 들뢰즈보다 수십 년 전에 욕망이 심리적 상태가 아니라 오히려 우리의 육체와 정신을 낳는 바로 그 "분자적 응집물들"의 보편적 구성요소라고 제안했다.[11] 두 번째 이유는 반론적이다. 우리가 통상적인 의미대로 '욕망'을 존재자와 관련하여 본질적인 무언가를 가리키는 것으로 간주한다면 존재자는 본질적으로 자신이 결여하고 있는 것이 될 것이다. 심리학적으로 나는 나 자신을 내가 되고 싶은 미래의 자신에 의거하여 규정할 것이다. 목적론적으로 나의 존재는 내가 선천적으로 그것을 위해 노력하는 것에 의해 규정될 것이다. 정신분석학적으로 나는 내가 결코 완전히 충족시키지는 못할 욕망에 의해 규정될 것이다. 그것이 내가 현재 결여하고 있는 것과 아무 관계가 없더라도 그것을 결코 경험적으로 입수하지 못하는 상태에서 본질적으로 나를 규정하는 무언가가 사실상

여를 느끼는 어떤 대상이 존재하고, 그리하여 적어도 하나의 객체, 욕망이 그 결여를 느끼는 바로 그 대상이 빠져 있기에 세계는 현존하는 모든 객체를 포함하고 있지는 않으며, 따라서 (이 세계에는 빠져 있는) 욕망의 열쇠를 포함하는 어떤 다른 장소가 현존한다"(Clément Rosset, *Logique du pire*, 39 ; AO, 39).

11. Gabriel Tarde, *Monadology and Sociology*, 21. [가브리엘 타르드, 『모나돌로지와 사회학』.] 또한 들뢰즈와 타르드는 각각의 존재자가 그 자체로 복잡하고 불균질하며 다양화된 존재자라는 확신을 공유한다. "모든 것은 사회다 … 과학은 우리에게 동물 사회들에 관해 … 세포 사회들에 관해 말해주는데, 원자 사회들에 관해서는 왜 말해주지 않겠는가? 나는 항성들과 태양계들, 항성계들의 사회들을 추가하기를 잊어버릴 뻔했다"(Tarde, *Monadology and Sociology*, 28 ; 그리고 DR, 307~8, n.15를 참조).

존재한다고 말하고 싶다면 우리는 무엇을 할 수 있겠는가? 우리는 그런 규정과 이미 밀접히 관련된 용어를 취하여 그 용어를 다시 정의하려고 시도할 수 있을 것이다. 이것이 바로 들뢰즈의 의도다. 욕망은 정말 존재자의 특이성을 규정하지만 부정적이기보다는 오히려 긍정적으로, 그리고 결여보다는 오히려 과잉에 의거하여 규정한다. 그러므로 들뢰즈는 본질화된 '욕망'의 의미를 정반대의 것으로 바꾸려고 시도하고 있다(AO, 39). 들뢰즈의 경우에 욕망은 결여하고 있는 무언가를 지칭하는 대신에 "언제나 욕망의 상태 덕분에 더할 나위 없이 완전히 충족되어 있다"(AO, 154~5).

그리하여 각각의 기계는 자신의 내부적 욕망 또는 강도적 물질이 있다. 어떤 기계의 욕망 또는 물질은 그 기계를 생성하는 것도 아니고 그 기계가 생성하는 것도 아니다. 그것은 그 기계 안에서 부분적 객체들과의 연결 관계들이 생성하는 것이고, 그 기계가 다른 기계들에 현시되는 방식의 원인이다. '욕망' 또는 '물질'은 존재자의 이런 측면을 가리키는 여타 용어만큼 좋은 용어다. 기계의 기관 없는 신체, 형상形象 또는 문제와 마찬가지로 욕망도 비관계적이다. 그리하여 그것을 지칭하는 모든 이름은 부정확하다. 그러므로 "욕망하는-기계들은…아무것도 재현하지 않고 아무것도 표상하지 않고 아무것도 의미하지 않으며, 그리고 그것들을 이루는 것도 아니고 그것들로 이루어지는 것도 아니고 그것들 자체가 만들어내는 것도 아니다"(AO, 328). 들뢰즈가 제기하는 글쓰기 문제를 떠올리자. "무언가를 정확히 지시하려면 부정확한 표현들이 전적으로 불가피하다"(ATP, 20). 이 진술은 소크라테스와 대화 상대가 언제나 정확한 정의에 도달하지 못하는 난문 형식의 문답을 떠올리게 하는데, 이런 실패 상황은 탐구 주체의 실존을 강조하기보다는 오히려 인간의 유한성을 강조한다. 그런 입수 불가능성에 대한 해법은 사용되는 용어의 수를 증가시키는 것으로, 그 이유는 정확히 규정할 수 없을 때마다 풍부한 서술이 필수적이기 때문이다. 이런 까닭에 들뢰즈는 기계의 네 번째 측면을 가리키기 위해 '역능'과 '특이성', '코드', '이념'이라는 용어들도 사용한다. '욕망'은 우리가 소원에 관해, '역능'은 힘에 관해, '코드'는 규칙에 관해, '특이성'은 심층 공간에서 일어나는 비정상적 사건에 관해, 그리고 '이념'은 영원한 형상形相에 관해 생각하게 만든다. 그런 주의 분산에도 불구하고 이들 용어는 여전히 우리에게 잠재적 존재에 관한 정보를 알려줄 수 있다.

첫째, 욕망은 "기계의 역능과 관련된 것"(K, 56)이고 "욕망에 관한 기호는 … 역량(푸이상스)에 관한 기호다"(AO, 134; 그리고 AO, 317, 329를 참조).[12] 이것은 들뢰즈가 스피노자에게서 끌어낸 것으로 유명한 규정을 가리키는데, 신체는 자신이 행할 수 있는 것에 의해 규정된다(ATP, 257).[13] 게다가 모든 것은 기계이고 각각의 기계는 신체가 있기에 우리는 "모든 것은 역능으로 요약될 수 있다"라고 말할 수 있다(DR, 8). 또한 들뢰즈는 이런 역능을 '정동'이라고 일컬을 것이다. "정동은 실체, 즉 역능 혹은 성질이다"라고 서술한다(C1, 97).

우리는 들뢰즈가 pouvoir[14]라는 프랑스어 낱말을 사용하기보다는 오히려 puissance라는 프랑스어 낱말을 사용하는 이유에 주목해야 한다. 역능은 힘이 아니다. 곤충을 눌러 죽일 수 있는 나의 힘은 철

---

12. 욕망의 경우와 마찬가지로 푸이상스는 어떤 기계에 그 특유성을 부여하는 반면에 그 기계의 신체는 단지 그 기계가 여타 존재자와 공유하는 헐벗은 단순성과 환원 불가능성에 지나지 않는다. "C'était la variation des positions et des connexions des matériaux qui constituaient les agencements dit machiniques, agencements machiniques dont le point commun était que tous réalisaient le plan de consistance suivant tel ou tel degré de puissance"(SCS, 210174).

13. "L'individu n'est pas forme, il est puissance"(SS, 170281).

14. * 프랑스어 낱말 'pouvoir'은 대개 '권력' 혹은 '힘'으로 옮겨진다.

저히 관계적이다. 그 이유는 그것이 나뿐만 아니라 곤충과 나의 발, 곤충이 으깨지는 표면도 필요로 하기 때문이다. 들뢰즈가 역능으로 의미하는 바는 그런 힘이 아니라 내가 그런 역능에 의해 이런 힘을 지니고 있다는 점이다. 나의 푸이상스는 내가 곤충을 눌러 죽이는 사건에 이바지하는 것이다. 그것은 우리가 일반적으로 힘이라고 간주하는 것보다 더 원초적이다. 그것은 "적극적이고 원시적인 힘"이다.[15] 우리는 또한 이것을 '잠재력'이라고 일컬을 수 있을 것이다. 들뢰즈는 사실상 기계의 잠재적 측면을 잠재력과 동일시한다(ATP, 100). 그런데 또다시 이런 잠재력은 관계적일 수가 없다. 예를 들면 나의 푸이상스는 이 절의 다음 칠십 개 낱말을 자판으로 입력할 수 있는 잠재력이 아니다. 우리가 그것을 어떻게 일컫든 간에 욕망, 역능, 푸이상스 혹은 잠재력은 기계를 특징짓는 내부적 실재다. 그것은 오직 간접적으로 서술되고 경험될 수 있을 따름이다. 그것은 결코 그 자체로 현시될 수 없기에 들뢰즈는 모든 체험을 "더 깊고 거의 견뎌낼 수 없는 역능(푸이상스)에 비하면 하찮은 것"이라고 일컫는다(FB, 44).

그래서 우리는 사물들과 존재자들, 동물들을 그것들의 역능들로 규정한다. 특히 우리는 이것이 다른 관점들[paysages]과 대립적임을 즉시 알 수 있는데, 우리는 더는 그것들을 유 혹은 종으로 규정하지 않는다. 나는 어떤 탁자가 제조된 것이라거나 혹은 어떤 말이 동물이라고 말하지 않을 것이고, 나는 어떤 사람이 남성 혹은 여성이라고 말하지 않을 것이다. 오히려 당신이 어떤 영향을 미칠 수 있는지 나에게 말해 달라. 달리 말해서 영향을 받을 수 있는 당신의 역능이 무엇인

---

15. SL, 120587에서 "puissance active primitive"라는 어구가 계속해서 언급됨을 보라.

지 말해 달라.[16]

어떤 기계를 그 기계가 온갖 방식으로 할 수 있는 것으로 규정한다는 것은 무엇을 뜻하는가?[17] 관계는 그 항들의 외부에 있기에 어떤 규정도 기계 그 자체를 산출하지 않는다. 우리는 기계를 다양한 상황에 부닥치게 함으로써, 기계가 반응하는 방식에 주목함으로써, 그리고 우리의 관찰을 이미지와 정식으로 요약함으로써 기계의 존재에 관해 간접적으로 알게 될 따름이다. 그렇게 해서 우리는 어떤 신체를 그것이 행할 수 있는 것으로 규정한다(D, 60). 예를 들어 어느 비 오는 날에 로테르담의 어떤 다리를 살펴보자. 그때 "이 다리는 … 순수 성질로서, 이 금속은 순수 역능으로서, 로테르담 자체는 정동으로서" 존재한다(C1, 111). "게다가 비는 비에 관한 개념도 아니고 비 오는 시간과 장소의 상태도 아니다"(C1, 111). 그 다리, 그 금속, 로테르담 혹은 그 비의 역량들 또는 잠재력들은 그것들이 서로에 행하는 것도 아니고 그런 상호작용에 매끈히 대응하지도 않는다. 오히려 그것들의 모든 상호작용은 그것들이 할 수 있는 것에 관한 기호(이를테면 '부분적 규정')에 지나지 않는다. 보행자들에 의해 밟히는 것, 비로 인해 산화하는 것, 다리가 있는 것 그리고 보행자들을 적시는 것은 역능이 아니라 역능이 현실화된 것이다. 또 하나의 사례를 들면 나의 보행 역능은 명백히 이

---

16. "Donc, nous définissons les choses, les êtres, les animaux, par des pouvoirs. On voit tout de suite, au moins, à quels autres paysages ça s'oppose : on ne les définit plus par ou comme des genres ou des espèces. Je ne dirai pas qu'une table, c'est une chose fabriquée, qu'un cheval c'est un animal, je ne dirai qu'une personne est de sexe masculin ou féminin, mais : dites-moi de quels affects vous êtes capable? i.e. quels sont vos pouvoirs d'être affecté?"(SCS, 031273).

17. "Une chose se définit par toutes les manières d'être dont elle est capable"(SL, 070487).

역량을 생성하는 존재자들(나의 발, 나의 다리, 나의 발가락, 기타 등
등)과 동일하지 않다. 발가락 근육과 관련하여 '보행 같은' 것은 전혀
없다. 게다가 나의 현실적 보행은 나의 보행 역량과 동일하지 않고 오
히려 그 역량의 현실적 표현이다. 보행은 하나의 연장적이고 사회적이
며 관계적인 사건인 반면에 내가 걸을 수 있게 하는 푸이상스는 강도
적이고 사적이며 물러서 있는 특성이다. '보행 역량'이라는 바로 그 명
칭은 한낱 명목상의 규정에 불과하다. 그 이유는 그 역량이 또한 다
른 것들에 대한 역량인지 여부가 확실하지 않기 때문이다. 예를 들면
냄새를 맡을 수 있는 역량은 맛을 느낄 수 있는 역량과 복잡하게 얽
혀 있으며, 그리하여 어쩌면 두 개의 역량에 관해 따로 언급하는 것은
결코 아무 의미도 없을 것이다. 그러므로 아리스토텔레스가 이미 깨
달은 대로 잠재력은 한 의미에서는 하나이고 다른 한 의미에서는 여
럿이다.[18] 기계 존재론의 경우에 잠재력은 이 존재자에 속한다는 의미
에서는 일자이지만 이 존재자의 내부적 다양성을 구성할 뿐만 아니
라 그 현실화의 전체 스펙트럼의 핵심에 자리하고 있다는 의미에서는
다자다. 욕망에 대한 명목상 규정들만이 우리가 가질 수 있는 것이다.
기계의 내부적 실재에의 통찰은 언제나 근사적이고 간접적인데, 그 통
찰이 완전히 정확하고 신뢰할 만한 상징적 서술의 형태를 취할 때에
도 그러하다. 기계를 그 역능들에 의해 규정하는 것은 들뢰즈가 '행동
학'이라고 일컫는 것이다.

---

18. "그렇다면 분명 어떤 의미에서는 작용할 잠재력과 작용 받을 잠재력이 하나이지만
(왜냐하면 한 사물은 그것이 작용받을 수 있거나 혹은 다른 무언가가 그것에 의해 작
용받을 수 있기에 그럴 수 있을 것이기), 어떤 의미에서는 그 잠재력들이 서로 다르
다"(Aristotle, *The Complete Works of Aristotle: Volume II*, 1046a 20).

이런 종류의 연구는 행동학이라고 일컬어진다 … 자신이 그 부분을 이루는 개체화된 회집체 안에서 동물이 할 수 있는 능동적 정동과 수동적 정동을 〔찾아보자〕. 예를 들면 진드기는 빛에 이끌려 나뭇가지의 끝까지 올라간다. 진드기는 포유동물의 냄새에 민감하기에 무언가가 나뭇가지 아래를 지나갈 때 스스로 낙하한다. 진드기는 그 동물의 피부로 파고드는데, 적어도 털이 많은 곳을 찾아낼 수 있다. 단 세가지의 정동. 나머지 시간 동안 진드기는 잠을 자는데, 때로는 거대한 숲에서 진행되는 만사에 무관심한 채로 수년 동안 계속해서 잠을 잔다(AO, 257).

우리의 가상적 진드기는 태양이 자신을 비추거나, 포유동물이 자기 앞을 지나가거나, 혹은 피 냄새가 자신을 유혹하는 경우에만 행동한다. 이들 마주침은 각각 다른 행동, 즉 오르기, 낙하하기, 파고들기에 해당한다. 그 역능들의 세 가지 발휘 사례, 그 잠재태의 세 가지 현실화, 그 욕망의 세 가지 표현이다. 지구에서 모든 포유동물이 갑자기 사라진다면, 이런 묵시록적 사건은 그 진드기의 푸이상스를 변화시키지 않을 것이다. 그 진드기는 단지 더는 예전처럼 그것을 현실화하지 못할 따름일 것이다. 이런 까닭에 'X에의 역능'은 언제나 바위, 사유, 진드기, 지각, 산, 상품, 금융시장, 단백질 그리고 나의 소형 에펠탑 모형에 대하여 존재하는 역능들에 관한 대강의 서술일 뿐이다. 잠재력 또는 역능은 '무언가를 위한' 잠재력이 아니다. 목재의 역능은 댐, 보트, 나무 혹은 책상이 아니다. 오히려 모든 주어진 목재 조각은 자신의 부분들과의 연결 관계들(모든 마주침은 한 부분과의 마주침인 우리의 기묘한 부분전체론을 떠올리자)로부터 수축된, 환원 불가능하고 초험적인 내부적 욕망이 있다. 목재는 댐, 보트, 나무 혹은 책상을 생산하는 데 사용될 수 있지만, 그렇다고 해서 그것의 내부적 실재가 결코 '책과 같은 것'이 되거나 '책상 같은 것'이 되지는 않을 것이다. 만약 사정이 그렇다면 어떤 목재 조각도 결코 어느 배의 소멸 혹은 어느 탁자의 파괴에서 살아남지 못할 것이다.

욕망 또는 역능의 또 다른 동의어는 '특이성'이다. 이 점은 들뢰즈가 특이성은 "잠재력에 해당한다"(DI, 87)라는 것과 물질은 절대 균질하지 않고 오히려 "본질적으로 특이성들로 적재되"어 있다는 것을 말하고 있는 데서 확인된다(ATP, 369; 그리고 ATP, 43, 49를 참조).[19] 또다시 특이성은 어떤 보편적인 연장적 기체로 여겨지는 물질이 아니다. 오히려 특이성은 "노마드 공간" 안에 자리하고 있는데(DI, 143), 앞서 우리가 이해한 대로 '노마드'는 언제나 기계를 가리킨다. 특이성들은 언제나 "고유의 문제적 장에 분배되"어 있거나 혹은 "객관적으로 각기 다른 심급들"에 자리하고 있다(LS, 104~5). 특이성들은 공간 자체 안에 있는 것이 아니라 언제나 "특이성들이 분포되어 있는 어떤 노마드 분배의 공간" 안에 있다(LS, 121; 강조가 첨가됨). 각각의 기계는 자신의 욕망 또는 역능들을 지니고 있기에 "각각의 개체는 일정한 수의 특이성을 포괄한다"(DI, 102). 역능과 욕망의 경우와 마찬가지로 "현실적 항들은 결코 그것들이 구현하는 특이성들과 유사하지 않다"(DR, 212).

특이성은 전환점이자 변곡점인데, 이를테면 병목, 매듭, 현관, 중심이고, 융점, 응결점, 비등점이며, 슬픔과 기쁨, 병약과 건강, 희망과 불안의 '감성적' 변곡점이다. 그런데 그런 특이성을 담론에서 자신을 표현하는 자의 성격과도, 어떤 명제에 의해 지시된 사태의 개별성과도, 심

---

19. 달리 말해서 "불안정한 물질"과 "유목적 특이성"은 동의어다(ATP, 40).

지어 어떤 형상形象이나 곡선에 의해 표상된 개념의 일반성 혹은 보편성과도 혼동해서는 안 된다. 특이성은 … 본질적으로 전개체적이고 무인격적이며 비개념적이다. 특이성은 개체적인 것과 집단적인 것, 인격적인 것과 비인격적인 것, 특수한 것과 일반적인 것에, 그리고 그것들의 대립에 전적으로 무관하다(LS, 52).

특이성은 기계의 표현이 아니라 오히려 현실태가 그것의 표현이 되는 내부적 특성이다. 특이성은 "문제의 조건을 결정하"기에 기관 없는 신체가 의미-사건으로 현실화하기 위한 실재적 조건을 이룬다(DR, 163; 그리고 LS, 55를 참조). 이런 까닭에 특이성은 "전개체적 존재"로 규정된다(DI, 87). 특이성은 어떤 기계를 이 개체 혹은 저 개체로 마주칠 가능성을 위한 조건이다.[20] 내가 외국에서 집중 언어 교육과정을 이수한 후에 고국으로 돌아와서 프랑스어를 말하는 것을 당신이 듣게 된다면, 이 상황은 내가 새로운 특이성을 획득했음(나의 욕망을 변경했음, 나의 역능이나 역량을 향상했음)을 보여주는 징후다. 그러므로 특이성은 현실화가 그것을 중심으로 돌아간다는 바로 그 의미에서 '전환점'이다. 물이 끓기 시작하거나, 한 사람이 울기 시작하거나, 혹은 어느 철학자가 생각하기 시작하자마자 특이성들이 '활성화된다'. 철이 용해하기 시작하자마자 그 사태는 어떤 특이성이 현실화되고 있음을 보여주는 징후다(ATP, 406).

특이성에 관한 다양한 구절에서 사실상 우리는 들뢰즈가 기계의 내부적 존재를 지칭하는 적절한 용어들을 찾아내려고 얼마나 노력하

---

20. "이런 의미에서 개체는 전개체적 특이성의 현실화다"(FLB, 73)라는 진술과 "그러므로 개체는 어떤 전개체적 절반에 묶여 있게 되는데, 이 절반은 개체 안에 있는 비인격적인 것이 아니라 오히려 개체의 특이성들을 간직하는 저장소다"(DR, 246)라는 진술을 참조하라.

고 있는지 알 수 있다. 들뢰즈는 특이성을 "그 자체로는 형식도, 의미
도, 표상도, 내용도, 주어진 경험적 현실도, 가설적인 기능적 모형도,
외양 배후의 가지성도 갖추고 있지 않은… 어떤 원자적 요소"라고 일
컫는다(DI, 173). 또한 들뢰즈는 특이성을 "불안정한 물질", "자유로운
강도" 그리고 "무분별하거나 일시적인 입자"라고 일컫는다(ATP, 40). 물
론 이들 용어 중 어느 것도 우리가 매우 작은 것들에 관한 이야기로
되돌아간다는 점을 뜻하지는 않는다.

> 그것[특이성]들은 원자들, 즉 여전히 형태를 갖춘 유한한 요소들이 아
> 니다. 그것들은 무한히 분할되는 것도 아니다. 그것들은 어느 현실적
> 으로 무한한 것의 무한히 작고 궁극적인 부분들로, 동일한 일관성의
> 평면 혹은 조성의 평면 위에 펼쳐져 있다. 그것들은 그 수에 의해 규정
> 되지 않는다. 그 이유는 그것들이 언제나 무한히 많은 것에 들어가기
> 때문이다. 그렇지만… 그것들은 한 특정한 개체에 속한다(ATP, 254).

자신이 속하는 기관 없는 신체와 마찬가지로 특이성은 실재적이지만
현실적이지 않다. 그리하여 들뢰즈는 "원자적", "분자적", "미시물리학
적" 그리고 "기계-전자" 같은 용어들을 순전히 초험적 의미로 사용한
다(AO, 212; BSP, 130).[21] 특이성은 연장적 공간 안에 자리하고 있지 않
고 오히려 어떤 "위상학적 공간" 혹은 "순수한 강도적 공간" 안에 자리
하고 있다(DI, 174). 일단의 특이점이 분배된 이런 강도적 '공간'으로서
의 역할을 수행하는 것은 바로 기계의 기관 없는 신체다. 이런 까닭에

---

21. "C'est encore en ce sens que, dans *Mille plateaux*, il est souvent dit que le molécu-
laire n'est pas du molaire miniaturisé"(LAT, 90).

각각의 강도적 공간은 하나의 관점이다.[22] 그러므로 신체는 "필연적으로 하나의 장소, 필연적으로 하나의 평면, 필연적으로 하나의 집합체"다(ATP, 161). 그런데 들뢰즈의 물리주의적 용어법보다 훨씬 더하게도 특이성은 "전개체적"이라는 들뢰즈의 단언이 많은 오독의 원천이다(DI, 87). 심지어 어쩌면 그 단언은 들뢰즈가 만물에 스며들거나 만물의 근저에 놓여 있는 어떤 보편적인 잠재적 힘, 영역, 과정 혹은 차원을 상정한다는 대중적인 관념의 배후에 자리하고 있는 주요 원인일 것이다. 하지만 이미 진술된 대로 이런 관념은 잘못된 것이다.

전개체성이라는 개념은 질베르 시몽동의 『개체와 그 물리-생물학적 발생』(1966)에서 비롯된다. 들뢰즈에 따르면 이 책은 "비인격적이고 전개체적인 특이성에 관한 최초의 주도면밀한 이론을 제시한다"(LS, 344, n.3). 들뢰즈가 이 책에 열중했다는 사실은 그가 저술한 열렬한 서평에서 분명히 드러난다(DI, 86~9). 그렇다고 해도 그 서평은 결코 만물의 배후에 자리하고 있는 어떤 통일된 영역의 발견을 찬양하는 글이 아니다. 전개체적 특이성이라는 개념 덕분에 우리는 어떤 교착 상태를 극복할 수 있게 된다고 들뢰즈는 말한다. 개별적 존재자들의 생겨남은 정확한 원형 혹은 청사진이 각각의 존재자에 앞서 존재한다는 의미에서 완전히 형성된 개체들에서 비롯되는 것으로 여겨져야 하는가? 아니면 차라리 한 존재자는 그것의 전체 환경의 결과물인가? 첫 번째 선택지는 개체화를 존재자의 현존 이전에 둔다. 두 번째 선택지는 개체화를 존재자의 현존 바깥에 둔다. 우리는 어떤 존재자를 그 존재자에 앞서 존재하는 어떤 생성자로 내부화하거나, 아니면 그것을 둘러

---

22. "Le point de vue permet de définir, déjà, quelque chose dont on a pas du tout parlé, ce que Leibniz appelle : l'espace ; à savoir en latin : le spatium"(SL, 120587).

싸고 있는 생성자들로 내부화한다. 그런데 시몽동은 제3의 대안을 제시한다. 시몽동은 "사실상 개체는 그 개체화와 동시에 발생할 수 있을 뿐이다"라고 이해한다(DI, 86). 말하자면 존재자에 특이성들을 "적재함"으로써 우리는 개체화를 존재자 자체가 정말로 연루되는 "전개체적인 것에서 개체적인 것으로의 이행"을 초래하는 하나의 "계기" 혹은 "운동"으로 이해할 수 있게 된다(DI, 86). 존재자가 자신의 고유한 특이성들을 소유하고 있다면 존재자는 한낱 자신에 작용하는 다른 힘들의 수동적인 거울에 불과한 것이 아니다. 그렇다면 존재자는 힘들 사이에 있는 하나의 힘으로, 확정된 환경에서 자신이 구체적인 개별적 객체로 현시되는 방식에 능동적으로 관여한다. 그리하여 존재자는 더는 자신과 겨루는 힘들의 수동적 노리개가 아니다. 이렇게 해서 우리는 존재자를 "실재의 적어도 두 가지 다른 차원, 두 가지 별개의 층위" — 이것들은 물론 현실적 이중체와 잠재적 이중체다 — 에 의해 규정되는 "준안정한 체계"로 여길 수 있게 된다(DI, 86~7). 각각의 준안정한 체계는 "전개체적 존재로 규정되며, 〔그리고〕 특이성들을 제대로 갖추고 있다"(DI, 87; 그리고 DR, 246을 참조).[23] 개체화는 "문제를 해결하"게 되는 것이다(DI, 87). 그리하여 개체화는 원초적 흐름에서 외관상 사물 같은 존재자가 출현하는 사태가 아니다. 개체화는 현실화이고,[24] 어떤 존재자의 현실화는 그 존재자의 환원 불가능한 내부적 실재, 즉 기관 없는 신체와 그것을 채우고 있는 역능들, 역량들, 욕망 또는 특이성들에 준거를 두고 있다. 그러므로 특이성은 들뢰즈가 서술하는 대로 "전

---

23. "특이성-사건들은 잠재적 에너지를 지닌 어떤 준안정한 체계 — 계열 사이의 차이점들이 분배되어 있는 체계 — 로 조직된 불균질한 계열에 해당한다"라는 진술을 참조하라(LS, 103).
24. 개체화는 "연쇄적인 현실화 과정에 의해 진행된다"(WP, 123; 그리고 DI, 101을 참조).

개체적이고 비인격적이지만, 〔이것〕이 끝없이 깊은 심연에 합류하게 될 어떤 에너지의 상태에 자격을 부여하지는 않는다"(LS, 213).

욕망의 세 번째 동의어는 '코드'다(AO, 27을 참조). 욕망 또는 역능의 경우와 마찬가지로 코드는 언제나 자신의 "받침대"로서 역할을 수행하는 기관 없는 신체가 있다(AO, 53). 당연히 코드는, 낱말들은 코드가 있지만 햄스터들은 코드가 없는 것처럼 하나의 언어학적 개념에 불과한 것이 아니다. 낱말들의 흐름은 전기의 흐름과 마찬가지로 코드의 현실화 혹은 실현이다(AO, 277). 들뢰즈는 "모든 기계는 자기 안에 구축된, 자신의 내부에 저장된 일종의 코드가 있다"라고 확언한다(AO, 52). 특이성의 경우와 마찬가지로 코드는 매우 작은 것이 아니고, 따라서 우리는 클레어 콜브룩을 좇아서 코드를 DNA 및 화학물질과 동일시할 수 없다.[25] 또한 코드를 하나의 관계적 개념으로 해석하는 것도 잘못일 것이다. '코드화'는 관계적임이 확실하다. 그 이유는 코드화가 '코드'와는 달리 또 다른 존재자에 역능을 행사하는 것과 관련되어 있기 때문이다. 그 두 가지는 쉽게 혼동되기에 "반복되는 행위들의 패턴은 하나의 '코드'다"라고 주장하게 된다.[26] 그런데 들뢰즈가 "코드들, 그리고 코드화와 탈코드화의 과정들"이 존재한다고 여길 때(ATP, 54 ; 강조가 첨가됨) 그는 코드와 코드화 활동을 주의 깊게 구분하고 있다. 머리 모양의 사례를 살펴보자. 머리는 "미망인 코드, 소녀 코드, 유부녀 코드 등의 매우 다양한 코드에 따라 코드화될" 수 있다(SCS, 161171). 모든 것이 기계라면 최신 유행 추세 역시 기계다. 모든 기계와 마찬가지로 최신 유행 추세도 자신의 내부에 저장된 코드가 있을 것이다. 그

---

25. Claire Colebrook, *Understanding Deleuze*, 142. [클레어 콜브룩, 『들뢰즈 이해하기』.]
26. Brian Massumi, *A User's Guide to Capitalism and Schizophrenia*, 51. [브라이언 마수미, 『천개의 고원 : 사용자 가이드』.]

것이 (예를 들면 패션 블로그를 방문하는 젊은이들을 통해서) 특정한 존재자들과 연결될 때 한 가지 가능한 결과는 어떤 젊은 여성이 그 코드, 즉 그 기계의 역능의 지배하에 들게 된다는 것이다. 환경들이 공모하여 유행 추세의 코드가 어떤 젊은 여성의 머리를 코드화하게 할 수 있고, 그리하여 이 코드는 그 젊은 여성의 실제 머리 모양을 위한 조건으로 기능한다. 물론 어쩌면 이런 연결-수축은 또한 그 머리 자체의 코드, 역능 또는 욕망을 바꿀 수 있을 것이다. 사실상 머리 인두와 컬링 아이언, 미용 제품을 포함하는 많은 절차가 머리가 할 수 있는 일에 영향을 미칠 것이라는 점은 의문의 여지가 없다.

코드 자체는 특이성과 역능의 경우와 마찬가지로 결코 어떤 현실적 표현에도 매끈하게 부합하지 않는다는 점을 들뢰즈는 강력히 주장한다. 우리는 개별 기계의 내부가 다량의 코드 사슬을 포함하고 있다고 간주할 수 있다. 그리하여 기계의 핵심에는 "'기표작용적 사슬'들이 있다. 그 이유는 이들 사슬이 기호들로 이루어져 있지만 이들 기호 자체는 의미작용을 하지 않기 때문이다. 코드는 하나의 언어보다 오히려 하나의 전문어, 열린 다의적 구성체와 유사하다"(AO, 53; 그리고 AO, 91을 참조). 기계의 현실적 측면과 잠재적 측면의 종류 차이로 인해 코드 역시 모든 현실태에 의해서 망라될 수 없다. 사실상 한 존재자의 소멸조차도 그것의 현실적 표현으로의 환원 불가능성을 무효화시킬 수 없다. 예를 들어 어느 대단한 사랑을 살펴보자. 그 연인들은 그 사랑에 대한 우선적인 접근권이 없는데, 이런 이유로 인해 사랑은 언제나 미완의 프로젝트로 남아 있게 된다. 그 사랑이 자신의 특이한 특질(욕망 또는 코드)을 지니고 있더라도 그 연인들은 언제나 그것의 현실화된 표현을 등록할 따름이다. 그리고 모든 연인이 알고 있는 대로 사랑은 존속하는 동안 변할 수 있다. 이제 그 연인들과 더불어 다양한 사람이 자신들의 사랑에 적절한 낱말과 서술, 공식을 덧붙이기로 했다고 가정하자. 시인들은 사랑에 관한 소네트를 끊임없이 짓고, 과학자들은 사랑의 생물학적 및 사회학적 뉘앙스에 관한 모든 세부 내용을 제공하며, 비평가들은 사랑을 한낱 피상적인 방종에 불과한 것으로 비난하는 신랄한 소논문을 작성한다. 사랑과 관련된 이들 관계 중 어느 것도 사랑 자체를 산출하지 못할 것이다. 최고의 시인도, 가장 가혹한 비평가도 우리에게 사랑의 코드를 제시하지 못할 것이다.

현시적 상징과 내부적 내용 사이의 대응 이론과 달리 코드 개념은 역능이 어떤 의미에서는 사물의 바로 그 핵심에 새겨져 있다는 점을 시사한다. "이것이 하나의 글 체계에 해당한다면 그것은 실재계의 바로 그 표면 위에 기입된 글이자 … 수동적 종합들의 '실재적 무無조직'의 전체 영역에 해당하는 글이다"(AO, 53~4). 더욱이 코드는 코드화하는 데 사용될 수 있을 뿐만 아니라 '초코드화'하는 데도 사용될 수 있다. 이런 일은 코드의 "벽돌들"이 "처박히고 끼워진" 벽돌들이 되어서 "통제된 이동성"만을 지니게 될 때 일어난다(AO, 227). 내가 단지 어느 강을 바라볼 때 이것은 코드화하고 있는 것인데, 내가 그 강을 지각하는 것은 내가 지니고 있는 역량들, 역능들, 욕망 또는 코드 덕분이다. 그 강 자체는 내가 그것을 바라보는 것을 전적으로 개의치 않은 채로 있다. 그런데 내가 댐, 안벽 그리고 강을 길들이는 다른 기계들을 구축함으로써 그 강을 관리하기 시작한다면 이것은 초코드화하고 있는 것이다. 나는 여전히 나 자신의 코드에 의거하여 그 강을 마주치지만, 또한 나는 나 자신과 타자들의 역능들을 동원하여 그 강이 행하는 바를 변화시키고 있다. 초코드화는 인간의 특권이 아님을 인식하자. 양모에 경제적으로 의존하는 마을이 자신의 양들에 의해 초코드화되어 있음은 의심의 여지가 있을 수가 없다. 결국 그 양들이 그 사태를 전혀 알아채지도 못한 채로 그 마을의 모든 사람은 자신들의 삶과 환경을 양모의 지속적인 생산에 적응시키려고 노력할 것이다.

욕망의 네 번째이자 마지막 동의어는 '이념'이다.[27] 들뢰즈가 서술하는 대로 "재현 아래에는 언제나 이념과 그것의 뚜렷하고-애매한 심층이 존재하는데, 즉 모든 로고스 아래에는 어떤 드라마가 존재한다"(DI, 103).[28] 여타 동의어와 마찬가지로 '이념' 역시 존재자의 의미와 성질들의 현실적 이중체에 대한 근거로서 기능하는 존재자의 내부적 실재 또는 사적 심층과 관련되어 있다. 그러므로 들뢰즈가 이념을 잠재력과 연관시키는 것은 놀랍지 않다(DR, 181). 그리고 기관 없는 신체가 문제 ─ 그 해들이 자신의 현실적 표현이다 ─ 라고 일컬어지기도 한다는 점을 떠올리면 다음과 같은 진술은 전적으로 일리가 있다. "문제는 자신의 해들에 의해 감춰져 있다. 그렇다 하더라도 그것은 자신의 조건과 관련되어 있고 그 해들의 생성을 조직하는 이념 안에서 존속한다. 이런 이념이 없다면 그 해들은 아무 의미도 가질 수 없을 것이다"(LS, 54). 기계의 잠재적 측면이 한낱 신체 또는 문제에 불과한 것이라면 이 존재자 혹은 저 존재자와의 마주침이 지닌 특유성은 이해할 수 없게 될 것이다. 그러므로 각각의 문제는 잠재적이고 '무의식적'인 완전한 이중체를 구성하려면 자신의 이념을 지니고 있어야 한다(DR, 100, 279, 192). 이념은 언제나 이미 "한 특정한 양태, 즉 '문제적'인 것이라는 양태를 갖추"고 있다(DR, 267). 신체가 자신의 욕망을 지니고 있다고 말하는 것은 문제가 자신의 이념을 지니고 있다고 말하는 것과

---

27. '이념'은 미분적 관계들에 관한 개념과 밀접히 연관되어 있다. 이에 관해서는 8장에서 논의된다.

28. 들뢰즈는 로고스가 무엇보다도 '모임'이나 '회집', 말하자면 관계 맺기를 뜻한다는 하이데거의 테제를 지지할 것이다(Martin Heidegger, *An Introduction to Metaphysics*, 128 [마르틴 하이데거, 『형이상학 입문』]).

전혀 다르지 않다. 두 경우에 모두 "이념과 문제의 동일성"이 존재한다 (DR, 187; 그리고 DR, 169를 참조). 어떤 존재자도 결코 어느 헐벗은 기계 혹은 어느 기계 일반과 마주치지 않는다. 무엇이든 결코 어떤 단순한 신체와 마주치지 않는다. 오히려 관계는 언제나 특정한 기계들, 이것 혹은 저것 혹은 그것들과 맺는 관계다. 어떤 연결-수축(어떤 풍경을 보기, 어떤 감정을 느끼기 등)에서 비롯되는, 성질을 띤 의미-사건은 언제나 독자적인 특질을 갖춘 무언가와의 마주침에서 비롯된다. 그리하여 형식적으로는 구별될지라도 "문제는 이념 자체"이고(DR, 244), "문제적 이념들은 바로 자연의 궁극적 요소들이다"(DR, 165). 들뢰즈가 "오직 이념 혹은 문제만이 보편적이다"(DR, 162)라고 서술하거나 "문제적 요소는 … 하나의 보편자로서 이념의 대상이다"(DR, 178)라고 서술할 때 그는 오직 하나의 문제 혹은 이념만이 현존한다고 뜻하는 것은 아니다. 들뢰즈가 뜻하는 바는 문제-이념 이중체가 각각의 개별적 기계의 보편적 특징이라는 것이다.[29] 그러므로 놀랍지 않게도 이념은 "온갖 다양한 특이성을 포함하"(DR, 176)고 "개별적 특이점들의 분배를 포괄하"(DR, 176)기에 "특이점들의 현존과 분배는 전적으로 이념에 속한다"(DR, 189). 어떤 기계의 이념은 그 기계의 기관 없는 신체에 대한 특이성들의 분배와 동일하기에 그 기계의 전개체적인 내부적 실재다. "그

---

29. 『생동하는 물질』에서 베넷은 구체적 사물들이 현존하기 이전에 '생기적 물질성'이 현존한다고 주장하기 위해 종종 들뢰즈의 저작을 참조한다(Jane Bennett, *Vibrant Matter* [제인 베넷, 『생동하는 물질』]). 그러므로 베넷이 '열린 전체'로서의 회집체에 관해 이야기할 때 그녀는 바로 이들 회집체의 존재론적 연속성을 가리킨다. 그 이유는 그것들이 모두 동등하게 물질성 자체의 강렬한 역동성의 부분이기 때문이다. 물론 이것은 기계들 사이의 불연속성에 관한 들뢰즈의 관념과 전혀 다르다. 들뢰즈의 관념에 따르면 각각의 신체는 자신의 강도적 역능들을 다른 존재자들의 역능들과 인상적으로 고립된 채로 품고 있다(자신의 강도적 역능들이 다른 존재자들의 역능들에 의해 생성되지만 말이다).

것[아이러니]은 언제나 이념의 내부에 분포되어 있는 전개체적 특이성들에 관한 물음이다. 그것은 개체를 알지 못한다"(DR, 246).

그러므로 이념은 결코 객체가 아닌데, 적어도 철학자들이 '객체'를 '경험의 대상'과 동일시하는 한에서 객체가 아니다. 오히려 이념은 "객체성"이다(DI, 95).[30] 들뢰즈는 '객체성'objectité이라는 용어를 사르트르의 『존재와 무』에서 차용한다. 그런데 사르트르의 경우에 객체성은 "타자들에-대한-존재"[31]와 관련되어 있고, 따라서 "나에 대한 타자의 현전 양태 중 하나"[32]다. 사르트르의 경우에,

> 타자가 어떤 객체에 대한 꿈이 아니라 어떤 개연적인 객체일 수 있으려면 그의 객체성〔objectité〕은 그 준거를 반드시 내가 닿을 수 없는 원초적인 고독에 두지 않고 오히려 타자가 내가 지니고 있는 지식을 거치지 않는 채로 어떤 식으로든 현시되는 어떤 근본적인 연결 관계에 두어야 한다 ….[33]

그리하여 사르트르의 경우에는 한 친구의 객체성이 그 친구의 사르트르에게의 현시에 대한 사르트르의 관계에 속한다. 반면에 들뢰즈의 경우에는 한 친구의 이념 또는 객체성이란 바로 들뢰즈와 연관되지도 않고, 들뢰즈에게 현시되지도 않는 것이다. 사실상 그 친구는 바로 강

---

30. "이 새로운 객체를 우리는 오브젝타일(objectile)이라고 일컬을 수 있다 … 객체의 새로운 상태는 더는 자기 조건의 준거를 어떤 공간적 주형 — 달리 말해서 형상(形相)-질료의 관계 — 에 두는 것이 아니라 오히려 물질의 연속적인 변동의 개시만큼이나 형태의 연속적인 전개의 개시를 함축하는 시간적 변조에 둔다"(FLB, 20).

31. Jean-Paul Sartre, *Being and Nothing*, 273. [장 폴 사르트르, 『존재와 무』.]

32. 같은 책, 253. [같은 책.]

33. 같은 곳. 강조가 첨가됨.

도적 이념을 지니고 있는 하나의 잠재적 신체다.[34]

기계의 이념(역능들, 특이성들, 코드, 욕망)은 "완전히 결정되어 있"
지만 동시에 "현실적 실존을 구성하는 규정들은 결여하고 있다(사물
이 분화되어 있지 않다)"(DI, 100).[35] 한편으로 모든 주어진 순간에 한 기
계는 바로 자신은 지니고 있고 여타 기계는 지니고 있지 않은 역능들
을 지니고 있는데, 그리하여 기계는 완전히 결정되어 있다. 다른 한편
으로 이들 역능은 결코 현실적이지 않은데, 즉 결코 어떤 표현으로 분
화되지 않은 채로 있다. 그러므로 현실태의 시각에서 바라보면 잠재적
인 것은 언제나 결정되어 있지 않다.[36] 역능은 언제나 현실적 관계 속
에 있는 기계의 의미-사건이 표현하는 것이지만, 그 표현은 결코 표현
되는 것과 닮지 않았다. 한 기계의 이념은, 직접 마주치게 될 수 없고
오히려 그것이 자신의 고유한 현실태의 표면으로 떠오른 경우에 그것
자체와 다른 표현에 의거하여 언제나 마주치게 될 수밖에 없는 그 기
계의 사적 '심층'에 해당한다.

사실상 모든 형태는 이런 떠오르는 바탕에 비치고 있을 때 흩어지고
만다. 그 바탕은 더는 아래에 머무르고 있는 순수한 비결정물이 아니게 되었

---

34. 또한 들뢰즈는 이념을 구조에 비유한다(DR, 183). 사중체의 네 번째 측면을 가리키는
모든 동의어의 경우와 마찬가지로 들뢰즈는 이 구조가 어떤 감각적 형태도, 어떤 개념
적 의미작용도, 어떤 배정 가능한 기능도 갖추고 있지 않다고 주장한다. 그것의 요소
들은 그것이 본질적으로 규정되도록 역으로 결정된다. 그것의 요소들은 명제의 바깥
에 있는 동시에 표상의 아래에 있기에(DR, 267) 구조는 결코 과학적으로도, 심리학적
으로도 결정될 수 없다(DI, 107).
35. "이념은 현실화될 때 분화된다. 그 자체로 그리고 자신의 잠재태에서 이념은 완전히 분
화되어 있지 않다. 그렇다고 해서 이념이 결코 결정되어 있지 않은 것은 아니다"(DI, 100,
번역이 수정됨).
36. 이런 이유로 인해 들뢰즈는 다양체를 "비정확하지만 엄밀한" 것이라고 일컫는다(ATP,
483).

지만, 그 형태들 역시 더는 공존하거나 상보적인 결정물들이 아니게 된다. 떠오르는 바탕은 더는 아래에 있지 않고 자율적인 현존을 얻는다(DR, 28, 강조가 첨가됨).

나의 걷기는 나의 걸을 수 있는 역량의 현실화이지, 걸을 수 있는 역량 자체인 것은 아니다. 그러므로 기계의 잠재적 측면은 언제나 그것의 현실화된 표현들 '이상의 것'으로, 기계의 욕망은 다양한 방식으로 현실화될 수 있다. 역능들 또는 특이성들로서의 모든 이념은 자신의 현실화된 표현들과 닮지 않은 순수 잠재태다(DR, 279, 201, 191, 211 ; DI, 100, 101). 우리는 명료하고 뚜렷한 지각에 관한 데카르트적 관념을 수정함으로써 각각의 현실화는 명료하고 모호하다고 말할 수 있다. 그것이 들뢰즈가 한 기계가 지닌 이념의 어떤 현시적 관계로의 분화라고 일컫는 것인데, 그렇더라도 그 관계는 자신이 표현하는 그 이념을 닮지 않는다. 이념은 언제나 "간접적으로 결정되"는 것일 따름이다(DR, 169). 그리하여 각각의 이념은 뚜렷하고 애매하다. 이념은 이 기계의 존재를 여타 기계의 존재와 구분하는 것으로, 들뢰즈는 이것을 미분화라고 일컫는다. 들뢰즈가 서술하는 대로 "이념의 본성은 뚜렷하고 애매하다는 것이다. 달리 말해서 이념은 바로 현실적이지 않으면서 실재적인 것, 분화되지 않은 채로 있으면서 미분화된 것, 그리고 온전하지 않으면서 완결된 것이다"(DR, 214; 그리고 DI, 101을 참조). 이렇게 해서 "뚜렷함-애매성이 여기서 철학의 진정한 음조가 되"는 이유가 설명된다(DR, 146).

사중체의 두 번째 잠재적 측면이 소개되었기에 이제 우리는 각각의 기계가 또한 다양체로 일컬어지는 이유를 이해할 수 있다. 다양체는 "특이성들의 집합체"다.[37] 그러므로 다양체라는 용어는 기계의 잠재적 측면을 강조한다. "문제-이념은 실정적 다양체다"(DR, 267). 이념 없는 신체 같은 것은 전혀 없기에 이념 자체가 다양체라고 말하는 것은 조금도 해롭지 않다(DR, 182). 기계가 다양체인 이유는 그것이 언제나 일자이자 다자이기 때문이고, 이 일자(신체)와 이 다자(특이성들)는 서로 환원될 수 없다. 기계가 다양체라는 것은 실체적 의미에서 그렇다.

이념들은 다양체들인데, 각각의 이념은 어떤 다양체 혹은 어떤 변이체다. '다양체'라는 낱말의 이런 리만적 용법에서 … 가장 중요시해야 하는 것은 실체적 형식이다. 다양체는 다자와 일자의 조합을 지칭하지 않고 오히려 다자 자체에 속하는 어떤 조직을 지칭해야 하는데, 이 조직은 하나의 체계를 형성하기 위해 어떤 통일성도 필요하지 않다 …. 일자뿐만 아니라 다자도 대체하는 '다양체'는 참으로 실체적인 것, 실체 자체다. 가변적인 다양체는 얼마나 많은 것, 어떠한 것 그리고 각각의 사례다. 모든 것은 그것이 어떤 이념을 구현하는 한에서 하나의 다양체다(DR, 182; 그리고 DI, 96을 참조).

그리하여 분명하게도 다양체는 다자와 일자의 조합이 아니라 오히려 다자 자체에 속하는 하나의 조직이다. 다양체는 하나의 체계이지만 하나의 통일체인 것은 아니다. 다양체는 일자(혹은 다자)가 아니라 오히려 실체다. 이들 외관상 모순적인 진술을 어떻게 조화시킬 수 있겠는가? 우선, 다양체를 일자와 다자에 대립시키는 것은 다양체를 '일자 일반'과 '다자 일반'에 대립시키는 것을 뜻한다(B, 44). 어떤 존재자의 존재는 결코 여타 존재자에 대한 하나의 일자임이 아니다. 유럽연합은 그 시민들의 포괄 이상의 것이고, 꽃은 그 부분들의 포괄 이상

---

37. *L'Abécédaire de Gilles Deleuze*, "l'un". [〈질 들뢰즈의 A to Z〉.]

의 것이고, 기타 등등. 마찬가지로 어떤 존재자의 존재는 결코 무언가의 부분을 이루는 다자에 포함됨이 아니다. 나는 유럽연합의 시민 중한 시민 이상의 것이다. 한 장미 꽃잎은 그 꽃의 부분 중 한 부분 이상의 것이다. 각각의 기계는 하나인 동시에 여럿인 어떤 내부적 실재가 있다. 하나인 이유는 각각의 기계가 자신의 신체, 문제 또는 형상形象 덕분에 여타 체계가 아니라 바로 이 체계이기 때문이다. 여럿인 이유는 각각의 기계가 자신의 고유한 욕망, 역능들, 특이성들 또는 이념을 지니고 있기 때문이다. 어떤 의미에서 다양체는 하나의 통일체가 아닌가? 모든 양量이 현실태에 속한다는 의미에서 그렇다(AO, 327). '하나'라는 것은 언제나 '…중 하나'라는 것이다. 하나라는 것은 다른 것들에 포함된다는 것이다(B, 38을 참조). 한 마리의 개라는 것은 개들에 포함된다는 것이고, 한 개의 전화기는 전화기들에 포함된다는 것이고, 기타 등등. 다양체는 하나이지만 다른 의미에서 그렇다. 다양체는 자신의 구성요소들로도, 자신의 구성 자격들로도 환원될 수 없는 단일한 체계다. 다양체는 현실적 통일체로 환원될 수 없고 오히려 바로 단순성에 의해 특징지어진다(B, 43). 기관 없는 신체는 '…중 하나'가 아니라 오히려 단독적이다. 마찬가지로 욕망 또는 역능들은 관계적이고 현실적일 여러 개의 것이라는 경우처럼 여럿인 것은 아니다. 그런데도 어떤 기계의 특이성들 또는 이념은 그 기계의 내부적 다양성, '불균질성'을 구성한다(B, 43).[38] 이런 까닭에 들뢰즈는 새뮤얼 버틀러의 『에레혼』을 수긍하듯 바꿔 말한다. "우리는 모든 복잡한 기계를 단일한 것으로 간주함으로써 오도되는데, 사실상 그것은 하나의 도시 혹은 하나의 사

---

38. 잠시 후에 알게 되듯이 이런 다양성은 가변적인데, 이것이 다양체에 자기동일적임을 시사하는 단순한 통일성을 부여하지 않는 또 다른 이유다.

회다"(AO, 325). 그것은 또한 들뢰즈가 '다양체'에 대한 자신의 용법을 리만적 다양체와 관련시키는 이유다(ATP, 32 ; DR, 162~3 ; F, 13). 들뢰즈가 이해하는 대로 리만적 다양체는 외부적 인자들 혹은 좌표들에 의해 규정되거나 결정되지 않는다. 오히려 리만적 다양체는 오직 "자신의 고유한 차원들 혹은 자신의 독립 변수들에 의거하여" 결정될 뿐이고 "독자적인 척도의 원리"를 포함한다(B, 39). 그런 다양체는 여타의 것으로 환원될 수 없고, 따라서 그것을 규정하려면 외부적 인자들을 찾지 말아야 할 것이다. 다시 말해서 단일한 잠재적 차원, 힘, 원리, 층, 과정 혹은 영역이 존재한다면 기계는 다양체가 아닐 것이다. 기계는 환원 불가능한 "일자-이자-다자-자체"가 아니고 오히려 무언가 다른 것을 연기하는 재현물일 것이다.

관계가 그 항들의 외부에 있다면 각각의 존재자 또는 기계는 자신의 관계들을 넘어서는 잉여물이 있어야 한다. 기계들은 각기 하나의 신체를 지니고 있어야 하기에 이 잉여물은 단독적이어야 한다. 이 잉여물은 미분화되어 있어야 한다. 그 이유는 그렇지 않다면 단 하나의 것만이 현존할 것이기 때문이다. 그러므로 모든 기계는 하나의 다양체인데, 요컨대 무언가의 단위체가 아니면서 단독적이고, 다양한 사물이 아니면서 다양하다. 이런 잠재적 이중체는 기계를 생성하는 것으로도, 기계가 생성하는 것으로도 환원될 수 없다. 혹은 들뢰즈가 서술하는 대로 "모든 다양체는 중간에서 생겨난다"(D, viii). 모든 존재자는 생산되며, 그리하여 모든 신체의 모든 역능은 수축에서 비롯된다. 마찬가지로 역능은 언제나 현실화에 대한 원인이 되는 것이다. 그런데 어떤 언어를 구사할 수 있는 역능(단순한 명목상의 규정)은 그 언어의 학습서도 아니고 그 언어의 말하기도 아니다. 역능-신체(이념-문제, 코드-형상形象, 특이성-신체, 욕망-기관 없는 신체) 이중체는 한 기계가 다른 기계들과 맺은 현시적 관계들 속에서 행하는 것이 아니다. 그 이중체는 기계의 생성자와 생성물 들 사이에 서 있다.[39] 잠 재적 이중체는 하나의 생산된 결과일 뿐만 아니라 한 특정한 관점이 기도 하다. 그것은 연결-수축의 국소적 원천이자 종점이다. 기계는 자 신의 역능들에 의거하여 환원 불가능한 사물들과 마주침으로써 이 들 사물의 각기 다른 실재들을 통합한다. 나의 욕망은 타자와의 마주 침이 아니라 마주침의 조건이다. 욕망은 존재자의 사적 실재이고, 이 런 의미에서 "유일한 주체는 기관 없는 신체의 욕망 자체다"(AO, 90). 이 런 내부적 실재가 기계의 물질, 기계의 실체 그리고 기계의 본질이다.

2. 본질은 이중체다

"오직 욕망과 사회적인 것만이 있을 뿐이다"라고 들뢰즈는 서술한다 (AO, 42; 그리고 AO, 213을 참조). 기계들의 사적 존재와 더불어 기계들이 서로 구축하는 공적·관계적·우발적 표현들이 있을 따름이다. 모든 기 계는 "실재적인 것일 뿐만 아니라 그것의 책략"이기도 하다(AO, 107). 기계 의 사적 실재는 명백하고 수량화할 수 있고 규정할 수 있는 그 표현들 만큼이나 실재적이다.

---

39. 그 밖의 점에서는 설득력 있는 『유비의 존재』라는 책에서 노아 로데릭은 들뢰즈적 욕 망을 존재자들 사이의 '계면' 혹은 '중개적 힘'이라고 해석한다(Noah Roderick, *The Being of Analogy*, 43~5). 사물의 내부에 있는 사적 실재 대신에 로데릭은 들뢰즈가 "사물의 내용을 둘러싸고 있는 다수의 욕망"을 상정한다고 여긴다(Roderick, *The Being of Analogy*, 46). 이런 해석에서 로데릭은 올바르게도 사물이 변화하는 데 필요한 잉여가 사물 속에 없을 것이라고 지적한다. 로드릭의 분석은 들뢰즈를 잘못 해석하면 서도 들뢰즈가 기계의 강도적 물질로서 어떤 잠재적 내용물을 요구하는 이유를 정확 히 지적한다. 들뢰즈를 오독한 자신의 잘못된 해석에 대한 로드릭의 독자적인 대안, 즉 "객체의 잉여적 정체성"(Roderick, *The Being of Analogy*, 51)을 상정하는 대안은 들뢰 즈의 실제 존재론과 대단히 비슷하다.

잠재적인 것은 실재적인 것에 대립하지 않고 오히려 현실적인 것에 대립한다. 잠재적인 것은 그것이 잠재적인 한에서 전적으로 실재적이다. 프루스트가 공명 상태에 관해 언급한 바로 그것은 잠재적인 것에 관해서도 언급되어야 한다. 그것은 "현실적이지 않으면서도 실재적이고, 추상적이지 않으면서도 관념적"이며, 그리고 허구적이지 않으면서도 상징적이다. 심지어 잠재적인 것은 실재적 객체의 한 순전한 부분으로 규정되어야 하는데, 마치 객체가 자신의 부분 중 하나를 잠재태 안에 지니고 있으면서 한 객관적 차원에 빠져들 듯이 그것에 빠져드는 것처럼 말이다(DR, 208~9, 번역이 수정됨 ; 그리고 DR, 211 ; DI, 178~9를 참조).

그러므로 우리는 들뢰즈가 본질과 관련하여 실재론자가 아니라는 데란다의 단언에 동의할 수 없다.[40] 『안티 오이디푸스』에서는 적어도 두 번 욕망이 본질이라고 일컬어지고(AO, 342, 383), 게다가 욕망은 실체와 물질 자체라고 일컬어진다(D, 78을 참조). 어딘가 다른 곳에서 들뢰즈는 "이런 이념적 실재, 이런 잠재태가 본질이다"라는 것(PS, 61 ; 그리고 PS, 41, 89를 참조), 본질은 "어두운 지역에 거주하"는 것으로 밝혀진, 물러서 있고 비관계적이며 "감춰진 것"이라는 것(PS, 47, 100), 그리고 어떤 심층에서 이루어진 특이성들의 분배가 "개별적 본질"을 구성한다는 것(DI, 102)을 말하고 있다. 데란다 자신의 경우에 그는 존재자들이 자체적으로 실재를 구성하는 방식에 관한 정합적인 이론이 본질 없이도 구상될 수 있다고 주장하는데, 이것은 이 절이 마무리된 직후에 더 자세히 검토될 관념이다.

　앞서 들뢰즈가 시몽동의 작업을 참조한 데서 우리가 알게 된 대로

---

40. Delanda, *Intensive Science and Virtual Philosophy*, 3.

본질로서의 욕망은 기계가 경험의 구체적 대상으로 개체화하는 사태의 뿌리에 자리하고 있다. 그러므로 본질은 "그저 개체적인 것만이 아니고, 그것은 개체화한다"(PS, 43). 들뢰즈는 자신의 세미나들에서도 기계에 속하는 "특이성들을 갖춘 물질", "노모스 물질" 혹은 "방랑적 물질성"을 기계의 "모호한 본질"이라고 일컫는다(SCS, 270279). 이것은 들뢰즈의 출판된 저작에서 기계의 특이성들이 "모호한 물체적 본질"을 구성한다고 서술되는 경우에 거듭 확인된다(ATP, 408). 여기서 본질이 '모호한' 이유는 바로 현실화된 표현이 본질과 종류가 다르기 때문이다. 또다시 그 발견의 영예를 후설에게 귀속시키는 들뢰즈는 본질이 모호한 이유는 그것이 감각적인 것과는 근본적으로 다르기 때문이라고 주장한다. 본질은 단순한 것 혹은 경험 대상을 가리키는 것이 아니라 신체의 내부적 실재를 가리킨다.

> 후설은 모호한, 즉 방랑적이거나 유목적인 형태학적 본질을 다루는 원原기하학에 관해 언급한다. 이 본질은 감각적 사물과는 뚜렷이 구분된다 … 모호한 본질은 사물에서 사물성choséité 이상의 규정, 즉 물체성corporéité이라는 규정을 추출해낸다 … (ATP, 367).[41]

이런 물체성은 "형식적인 지성적 본질성과도, 정형화되고 지각된 감각적 사물성과도 혼동되지 말아야 한다"(ATP, 407). 오히려 본질은 순전히 잠재적이다. 본질에 관한 들뢰즈의 개념은 우리를 "합리론이 스

---

41. 들뢰즈가 참조하고 있는 것은 『이념들 1』의 단락 74인데, 여기서 후설은 "우유적이라기보다는 오히려 본질적으로 부정확하고, 그리하여 비(非)수학적이기도 한" 개념들을 논의한다(Husserl, *Ideas Pertaining to a Pure Phenomenology and to a Phenomenological Philosophy : First Book*, 166 [에드문트 후설, 『순수현상학과 현상학적 철학의 이념들 1』]).

스로 본질을 소유하고 파악하고 있다고 공표한" 시절로 되돌리지 않는다(DR, 188). 기계의 잠재적 측면과 현실적 측면 사이의 종류 차이로 인해 "이념의 특이성들은 '사물의 무엇임'으로서의 본질에 대한 어떤 상정도 허용하지 않는다"(DR, 191). 본질은 현시될 수 없다. 아르노 부아니슈가 서술하는 대로 들뢰즈의 본질 개념은 자신을 표현하게 되는 어떤 구체적이지만 확정할 수 없는 힘이라는 개념,[42] 말하자면 푸이상스, 특이성들, 욕망 또는 이념과 더 유사하다.

브루스 보우는 존재자의 가변적 본질이라는 이 관념이 스피노자에 관한 들뢰즈의 저작에서 이미 나타남을 보여주었는데,[43] 이 경우에 그것은 "특수한 본질"이라고 일컬어진다. 이 본질은 보편적이지도 않고, 변함없지도 자기동일적이지도 일의적이지도 영원하지도 않다. 그것은 변화와 생성에 대립적인 '안정된 것'이 아니다. 그것은 고정된 것도 초월적인 것도 불변적인 것도 아니다. 보우는 이렇게 서술한다. "반면에 스피노자에 대한 들뢰즈의 해석은 물체에 내재하고 유동적이며, 실재적이고 물질적이며, 구체적이고 가변적인 본질을 제시한다."[44] 보우는 "들뢰즈의 본질은 이상적이지도 불변적이지도 보편적이지도 않기에 플라톤주의나 본질주의가 본질이라면 마땅히 이러해야 한다고 천명하는 것의 정반대인 것처럼 보인다"라고 지적한다.[45] 사실상 들뢰즈가 서술하는 대로 "이제 본질은 다양한 특징을 지닌다. 우선 본질

---

42. "Le pluralisme ne consiste pas en effet à pulvériser le monde au point d'en faire un pur chaos face auquel il n'y aurait plus rien à penser. Il propose une nouvelle conception de l'essence qui dévient déterminable en fonction d'un nouvelle critère, celui de la *force* qui s'exprime"(Arnaud Bouaniche, *Gilles Deleuze, une introduction*, 68).

43. Bruce Baugh, "Real Essences without Essentialism," 31~42.

44. 같은 글, 31.

45. 같은 곳.

들은 특수한 본질들이기에 서로 환원될 수 없다. 각각의 본질은 하나의 실재적 존재자, 하나의 물리적인 것res physica, 일종의 역능 혹은 강도다"(EPS, 303; 그리고 EPS, 94, 191, 230, 231을 참조). 보우는 "플라톤주의적 본질관이 지배적이기에 들뢰즈의 혁명적인 제안은 지금까지 일부들뢰즈주의자에게 무시당하거나 오해받았다"라고 덧붙인다.[46]

일단 우리가 각각의 기계는 그저 기관 없는 신체에 불과한 것이 아니라는 것과 이 신체는 가변적인 내부적 특성들로 '가득 차' 있다는 것을 알게 된다면 기관 없는 신체는 하나의 '알'이라는 들뢰즈의 반복되는 단언이 약간 덜 기이하게 된다.

> 우리가 기관 없는 신체를 하나의 단단한 알로 여긴다면 그 알은 자신이 취할, 자신이 발달시킬 조직 밑에서 분화되지 않은 환경으로서 나타나지 않는다는 점이 당연히 도출된다. 그 알은 나중에 이런저런 유기적 부분을 생산할 수밖에 없는 문턱들과 지대들, 축선들과 구배들, 극점들과 잠재력들이 가로질러 간다. 그렇지만 당분간 그 알의 조직은 강도적이다(TRM, 21; 그리고 AO, 31을 참조).

그 알의 내부, 혹은 바로크에 관한 들뢰즈의 글에서 인용하면 두 번째 "폐쇄된 방"은 하나의 "강도적 공간", 연장 없는 공간이다(AO, 164; 그리고 ATP, 153, 388, 479; DR, 96~7, 230을 참조). 이 내부적 실재는 그것을 생성하는 것과 종류가 다르기에 그것을 미리 결정하는 "진정한 조직자들"이 전혀 없다(AO, 115). 오히려 그것은 현실적 마주침의 형식으로 자극을 받을 따름이다. 그것은 관계적인 "홈이 패인 공간"과는

---

46. Baugh, "Real Essences without Essentialism", 31~2.

대조적으로 "전혀 헤아려지지 않는 채로 점유되"는 "매끈한 공간"이다 (ATP, 362).[47] 연장되지 않은 공간에 관해 생각하는 것은 직관에 반하기에 들뢰즈 철학의 이런 초험적 측면은 필시 파악하기 가장 어려운 것이다. 그런데 외부성은 우리에게 다른 선택의 여지를 주지 않는다. 들뢰즈가 서술하는 대로,

> 경험은 언제나 우리에게 연장 속에서 이미 전개된 강도들, 즉 성질들로 뒤덮인 강도들을 보여줄지라도, 우리는 심층에 봉인되어 있는 순수 강도들, 즉 모든 성질과 모든 연장에 앞서 존재하는 강도적 공간에 봉인되어 있는 순수 강도들을 바로 경험의 조건으로 간주해야 합니다(DI, 97).

한 기계의 내부적 실재는 다른 회집체들과의 수축적 접촉에 의해 생성되더라도 언제나 그 표현들의 외부에 있다. 다른 기계들은 오직 독자적인 견지에 의거하여 그것을 지각할 뿐일 것인데, 그것은 언제나 이미 독자적인 경험의 연속체 속으로 찢긴다. 이것은 언제나 사물의 내부에서 일어나는 더 심층적인 반복을 감싸는 "외피"로서의 역할을 수행하는 "헐벗은 반복"이다(DR, 84). 달리 말해서 각각의 문제-이념은 언제나 이미 해들로 감싸여 있지만 결코 그것들로 환원될 수 없다.

문제는 그 해들과 별개로 현존하지 않는다. 오히려 문제는 이런 외피에 뒤덮여 사라지기는커녕 이들 해 속에 있으면서 끈질기게 존속한

---

47. 분명 우리는 대양과 인터넷은 매끈한 공간인 반면에 다른 것들은 그렇지 않다는 미겔 데 베스테귀(Miguel de Beistegui, *Immance*, 67~68)의 주장에 동의할 수 없다.

다 … 문제는 자신의 해들에 대해 초월적인 동시에 내재적인 관계에 있다(DR, 163).

『프루스트와 기호들』에서도 들뢰즈는 본질이 "다자를 일자 속에 감싸고 다양체의 단일성을 확언하는 복합"의 상태에 "감금되"어 있다고 진술한다(PS, 45). 여기서 '일자 속 다자'는 다른 기계들이 결코 한 기계의 본질의 전면적 존재와 마주칠 수 없게 되는 상황을 가리킨다. 걷기는 결국 누군가의 걸을 수 있는 역능(현실적 걷기에 이바지하는 그 자신 속의 강도적 물질)의 한 가지 변환된 단면 혹은 국소적 예화에 지나지 않는다. 현실적 성질들은 언제나 현실적 의미 '이상'의 것임을 떠올리자. 어떤 마주친 객체의 색깔과 소리, 냄새는 변할 수 있는 반면에 마주친 그 객체는 변하지 않는다. 마찬가지로 잠재적 성질들(특이성들, 욕망)은 언제나 그것들의 현실적 표현들 '이상'의 것이다. "내용은 그것의 형식에 비해 너무 크다"(ATP, 286). "이념에는 과잉"(DR, 220)이 있고 각각의 코드는 언제나 "잉여"(DR, 53)다. 모든 현실화는 수축이거나 혹은 역능의 변환이기에 "잠재적 에너지는 현실화되어서 그것의 최저 준위로 떨어진다"(LS, 110).

각각의 기계는 신체와 욕망, (비-)존재와 잠재력, 형상形象과 이념이라는 잠재적 이중체를 지니고 있다. 이 이중체는 어떤 현실태로도 환원될 수 없다. "잠재적 객체가 편입되어 있는 현실이 무엇이든 간에 그것은 통합되지 않는다"(DR, 101). 무언가를 무언가로 통합할 수 없는 이런 무능력이 모든 운동, 변화, 개선, 경시, 놀람, 억압, 두려움, 사랑, 건설, 붕괴, 느림, 빠름, 안정성, 불규칙성, 기타 등등의 가능성을 위한 조건이다. 회집체의 관계 혹은 현전은 언제나 자신의 내부적 실재 이하의 것이다. 모든 것은 감싸여져 있다. 이것이 바로 『의미의 논리』의 스물두 번째 계열의 제목이 「자기磁器와 화산」인 이유가 아니겠는가? 각 사물의 핵심에는 불타는 물질이 있는데, 이것은 언제나 현실태의 변덕스럽지만 투과할 수 없는 표면에 의해 감싸여 있다. 그리고 이것이 들뢰즈가 『안티 오이디푸스』 전체에 걸쳐서 실재는 극장이라기보다는 오히려 공장이라고 강력히 주장하는 이유가 아니겠는가? 우주적 대본이 부재한 상태에서(존재론은 우주론이 아니다) 모든 기계는 그것이 필요한 푸이상스를 갖추고 있기만 하다면 연결하기와 수축시키기를 통해서 다른 기계들의 본질을 변경하려고 시도해 본다. 모든 기계는 자신의 생성자들과 자신의 생성물들이 있다. 모든 기계는 결코 그중 어느 것으로도 환원될 수 없다. 이렇게 해서 최종 평형 상태에 도달하기가 불가능해지기에 긴장 상태가 실재의 근본적인 면모가 된다(AO, 175).

> 그런데 현재가 다른 순간을 둘러싸고 감싸며 가두는 이런 방식, 이런 포섭은 … 매우 낯설고 거의 견딜 수 없는 긴장 상태에 있다. 현재는 연성의 중심부, 용암의 중심부, 점액질 유리의 중심부 주위에 형성된, 결정체 혹은 화강암의 고리가 되었다(LS, 158).

잠재적 이중체와 현실적 이중체 사이의 종류 차이로부터 잠재적 객체는 "그것이 가는 곳마다 자신이 있는 곳에 있는 동시에 있지 않은" 독특한 특성을 갖추고 있다는 점이 당연히 도출된다(DR, 102).[48] 현실태는 언제나 그것이 있는 바로 그 장소와 그 시점에 있다. 현실태는 이런

---

48. 이 통찰과 관련하여 『의미의 논리』에서 들뢰즈는 포의 『도둑맞은 편지』에 대한 라캉의 분석 덕분에 그것을 얻게 되었다고 서술한다. 라캉이 언급하는 대로 "숨어 있는 것은 다만 그 자리에서 없어진 것에 불과한 것이 결코 아니다 … 그리고 그 책이 인접한 서가나 바로 옆자리에 있더라도, 아무리 잘 보이더라도 그것은 그곳에 숨어 있을 것이다"(Jacques Lacan, "Seminar on The Purloined Letter," 55).

저런 관계 속에 있다. 나의 키보드는 내 손 밑에 그리고 내 책상 위에 있다. 어떤 노래는 어떤 방 안에 있다. 어떤 기관은 어떤 유기체 속에 있다. 어떤 병사는 전장에서 싸우고, 어떤 드론은 결혼식장 위를 맴돈다. 상투적인 이야기이지만 기계들은 오로지 관계들 속에서만 마주치게 된다. 그런데 기계의 본질은 결코 관계 속에 있지 않다. 본질은 조금이라도 그곳에 있지 않다. 그 이유는 그것이 자신의 표현들과 종류가 다르기 때문이다. 표현은 표현되는 것이 아니다. 본질은 그 기계가 있는 장소도, 있는 시점도 아니다. 본질은 에레혼이고 '반시대적'이다. 잠재적 물질은 결국 연장적이라기보다는 오히려 강도적이고, 역능은 연장되어 있지 않다.(웃을 수 있는, 녹을 수 있는, 움직일 수 있는) 역량은 결코 100kg도 아니고 밝은 적색도 아니고 6분도 아니다. 그런 것들은 웃는 사람의 성질들일 수 있지만, 그것은 전적으로 다른 문제다. 바로 이런 차이로 인해 수많은 영화와 레코드, 다른 매체에서 베토벤의 7번 교향곡이 동시에 존재하는 사태와 관련하여, 격리된 지역들에서 벌어지고 있는 단일한 전쟁과 관련하여, 여러 지점에서 동시에 나타나는 미립자들과 관련하여, 혹은 매우 작은 파동 및 매우 작은 공으로 나타나는 동일한 입자들과 관련하여 기묘한 것은 전혀 없게 된다. 기계의 내부적 실재는 어디에도 있을 필요가 없기에 다양한 기계에 동시에 있을 수 있고, 매번 근본적으로 다른 방식으로 등록될 수 있다.

문제-이념 이중체의 초험적 본성은 거듭해서 암시되었다. 들뢰즈의 경우에 '초험적'이라는 용어는 어떤 칸트주의적인 초험적 주체도 가리키지 않고, 어떤 후설주의적인 초험적 자아도 가리키지 않으며, 심지어 의식의 비인격적 자발성으로 이해되는 어떤 사르트르주의적인 초험적 장도 가리키지 않는다.[49] 들뢰즈의 경우에 '초험적'이라는 용어는 기계의 잠재적 측면을 가리킨다(AO, 132를 참조). 문제-이념 자체는 초험적 심급이다(DR, 164). 여기서 어쩌면 『천 개의 고원』과 『카프카』의 독자들은 약간의 놀라움을 나타낼 것이다. 그 이유는 이들 책에서 들뢰즈가 초험적 이념에 반대하는 주장을 펼치고 있는 것처럼 보이기 때문이다(ATP, 142). 특히 『카프카』는 기계와 관련하여 초험적인 것이 있다는 점을 한결같이 부정하는 것처럼 보인다(K, 39, 43, 47, 52, 59, 61, 67, 72, 73, 84, 86, 87, 88). 그런데 이들 저서의 옮긴이들이 우리를 헷갈리게 한다. 그들은 transcendante라는 프랑스어 낱말을 '초월적'transcendent으로 번역하기보다는 오히려 '초험적'transcendental으로 번역한다. 『카프카』에서 들뢰즈는 결코 초험적인 것에 반대하지 않고 오히려 초월적인 거짓 깊이와 높이에 반대하는 주장을 펼치고 있다.[50] 사실상 잠재적인 것의 초험적 지위가 기계 존재론의 핵심이다.

> 우리는 비인격적이고 전개체적인 초험적 장을 규정하고자 하는데, 그 장은 해당하는 개체적 장들과 유사하지 않으면서도 분화되지 않은 심층과도 혼동되지 않는다. 이 장은 의식의 장으로 규정될 수 없다 (LS, 102; 그리고 LS, 99를 참조).

그 초험적 장은 잠재적 이중체다. 앞서 우리가 이해한 대로 그 장이 전개체적인 것은 경험 대상보다 강도적 특이성들, 코드, 욕망 또는 이념이 그것을 차지하고 있다는 의미에서다. "전개체적인 유목적 특이성들이 실재적인 초험적 장을 구성한다"(LS, 109; 그리고 LS, 102; TRM, 350을 참조). 게다가 들뢰즈는 결코 존재자들의 현존을 인간-세계 관계 속

---

49. Jean-Paul Sartre, *The Transcendence of the Ego*, 98. [장 폴 사르트르, 『자아의 초월성』.]
50. 분명히 말하지만, 들뢰즈의 경우에 "초월적인 것은 초험적인 것이 아니다"(TRM, 385).

에 봉인하는 철학자가 아니기에 그의 초험적 철학은 "주체와 객체의 세계를 구성하는 모든 철학"과 근본적으로 다르다(TRM, 384). 들뢰 즈가 "초험적 장이란 무엇인가? 그것은 경험과 구분될 수 있고, 그리 하여 그것은 어떤 객체도 가리키지 않고 어떤 주체에도 속하지 않는 다"라고 서술할 때(TRM, 384), 그는 바로 기계의 존재가 모든 가능한 상관주의적 도식을 벗어난다고 말하고 있다.[51] 기계의 내부적 실재는 모든 현실태, 즉 모든 가능한 주체의 모든 가능한 경험 속에 있는 모 든 가능한 객체와 종류가 다르다.[52] 존재자의 초험적 장은 "감각의 이 차적 조직 밑에서 투덜거리는 일차적 질서"다(LS, 125). 언제나 그렇듯 이 들뢰즈는 이런 일차적 질서가 만물의 근저에 놓여 있는 어떤 단일 한 차원 혹은 힘일 수는 없다고 역설한다. "초험적 장은 인격적이지 않 은 만큼 단일하지도 않고, 게다가 보편적이지 않은 만큼 일반적이지 도 않다. 이것은 초험적 장이 모양도 차이도 없는 끝없이 깊은 존재자, 분열증적 심연임을 말하는가? 이 장의 표면 조직을 비롯하여 모든 것 이 그런 결론을 반박한다"(LS, 99). 초험적 장의 표면 조직이 어떤 단일 하고 보편적인 잠재적 힘 혹은 장을 상정하지 못하게 막는 이유는 무 엇인가? 왜냐하면 모든 존재자가 자신의 현실태로 감싸여져 있기 때 문이다. 한 기계는 다른 한 기계의 잠재태와 직접 상호작용할 수 없다.

---

51. 조르조 아감벤 역시 들뢰즈를 이해할 수 있으려면 초험적인 것을 인간 경험에서 분리 하는 것이 얼마나 중요한지 강조한다. "우리가 근대 철학에서 의식의 전통을 넘어서는 불가역적 단계를 등록하지 않는다면 초험적 장에 관한 들뢰즈의 개념이나 그것의 엄밀 한 상관물, 즉 특이성에 관한 개념을 이해하는 것은 불가능하다"(Giorgio Agamben, "L'immanence absolue," 170~1).

52. "Aucune notion ne peut être transportée de l'empirique au transcendantal : c'est même pourquoi la notion de sujet ne peut apparaître dans le transcendantal, même purifiée, etc. tout ce qui est valable dans l'empirique cesse de l'être dans le transcendantal"(LAT, 89~90).

경험 세계는 상호작용 중인 기계들의 푸이상스에 따른 현실적 표현들만 포함하고 있을 따름이다.

들뢰즈는 각각의 개별적 존재자에 대하여 어떤 초험적 장을 상정함으로써 또 하나의 코페르니쿠스적 혁명을 개시하게 된다. 이것이 필연적이라고 여겨지는 이유는 "칸트의 비판 혁명이 본질적인 것은 전혀 바꾸지 않"기 때문이다(AO, 38; 그리고 DR, 40~1, 163을 참조). 칸트가 본질적인 것은 하나도 바꾸지 못한 이유는 칸트의 비판 프로젝트가 실재는 규정하는 것과 규정되는 것 사이 — 이번에는 구성하는 초험적 주체와 구성되는 경험 사이 — 의 단일한 균열선을 따라 분할된다는 낡은 관념을 강화하기 때문이다(KCP, 14, 69). 진정한 혁명은 결코 규정하는 것을 규정되는 것으로도, 규정되는 것을 규정하는 것으로도 전환하지 않을 것이고 오히려 실재의 단일한 균열을 전적으로 제거할 것이다. 그것은 각각의 존재자가 자신의 내부에 그런 종류 차이를 수반하는 존재론적 복수주의를 고지할 것이다. 그 견해는 존재자의 두 측면이 모두 전적으로 실재적인 기계 존재론일 것이다. 한편으로 기계는 실재적이고 현실적이며 관계적이다. 다른 한편으로 기계는 실재적이고 잠재적이며 비관계적이다. 들뢰즈에 따르면 스토아학파 철학자들이 철학의 역사에서 이런 사유를 시도한 유일한 철학자들이다.

스토아학파 철학자들의 힘은 분리선이 더는 감각적인 것과 지성적인 것 사이도 아니라, 영혼과 육체 사이도 아니라 오히려 지금까지 아무도 본 적이 없는, 물리적 심층과 형이상학적 표면 사이로 지나가게 하는 데 있습니다. 사물들과 사건들 사이. 사물들과 복합물들의 상태들, 원인들, 영혼들과 육체들… 사이(D, 63).

사물의 핵심에 자리하고 있는 이런 균열의 결과로서 철학적 분석은 어떤 "유물론적 정신의학", 즉 "하나의 혁명"이 되는데, "이번에는 유물론자가 … 무의식의 규준들의 내재성에 의해 규정되는 초험적 무의식을 회복〔할 것〕이다"(AO, 93).[53] 그런 혁명은 "스스로 설정하는, 기계장치에 욕망을 도입하기 그리고 욕망에 생산을 도입하기라는 이중 작업으로 규정된다"(AO, 35 ; 그리고 N, 17을 참조). 이런 욕망 도입하기는 모든 존재자에 대하여 사적인 초험적 실재를 인정하는 것이다. 그러므로 존재자는 자연법칙 혹은 다른 것들의 음조에 맞춰 수동적으로 춤을 추는 기계장치 이상의 것이다. 욕망에 생산을 도입하기는 이 장의 뒷부분에서 '되기[생성]'라는 개념을 분석할 때 논의될 것이다. 여기서 중요한 것은 모든 존재자에 한 가지 초험적 측면 또는 '무의식적' 측면이 존재한다는 들뢰즈의 단언이다.

이른바 초험적 분석이 바로 … 무의식의 장에 내재하는 규준들을 확

---

53. '정신의학'과 '무의식'이라는 용어들은 유물론적 정신의학에 대한 요청이 존재론과 아무 관련이 없는 것처럼 해석하는 행위를 부추긴다. 그렇다면 우리는 그 요청이, 예를 들면 정신분석에 맑스주의적인 역사적 유물론을 도입하라는 요청이라고 해석할 수 있다. 기욤 시베르탱-블랑은 이 선택지를 탐구하고(Sibertin-Blanc, *Deleuze et l'Anti-Oedipe*, 16, 20), 따라서 들뢰즈가 '분열증'을 형이상학적 의미로 사용하는 이유를 궁금히 여길 수밖에 없다(같은 책, 56). 맑스-프로이트 해석에 따르면 분열증은 (1) 주관적 체험의 한계로 분열증적 병리학과 (2) 인간 욕망을 결정하는 객관적인 사회적 코드화의 한계로 분열증이라는 이중 조건을 가리킬 수 있을 따름이다(같은 책, 59). 이것은 우리가 분열증의 존재론적 의미를 무시한다면 『안티 오이디푸스』의 대부분을 이해할 수 없게 된다는 점을 확실히 한다. 더욱이 만약 분열증이 주관적 욕망과 객관적인 사회적 조건 사이의 이원성에 대한 보편적 조건이라면 우리 세계의 객체들은 언제나 한낱 두 가지 것 ─ 물질적 조건과 인간 욕망 ─ 의 표상 혹은 교차점에 불과할 것이다. 그러므로 객체는 두 가지 (종류의) 관계로 환원될 것인데, 이렇게 해서 우리는 『안티 오이디푸스』가 관계는 그 항들의 외부에 있다는 들뢰즈의 언명과 결별한다고 주장할 수밖에 없다.

정하는데, 이들 규준이 내재적인 것은 '그것은 무엇을 의미하는가?'라는 물음의 초월적 실행에 대립하는 한에서 그렇다. 분열분석은 초험적 분석인 동시에 유물론적 분석이다(AO, 132).

분열분석은 앞서 우리가 행동학이라고 식별한 것과 연결된다. 그것은 어떤 관계도 부분적 객체와 흐름의 현실적 표현들을 투과하지 못한다는 깨달음에서 진전된다. 기계의 본질은 간접적으로 추론될 수 있을 따름이다. 그 이유는 존재자의 잠재적 물질이 초험적이고 연장되어 있지 않기 때문이다. 다음과 같은 구절을 살펴보자.

> 우리는 하나의 복합적인 집단을 형성할 수 있다. 하지만 그러려면 그것이 결국 분할되어야 하는데, 이번에는 마치 그것이 천 개의 막힌 관으로 분할되는 것처럼 보인다 … 그리고 각각의 관에는 살아가고 지각하고 욕망하며 기억하는 자아, 깨어있거나 잠을 자는 자아, 죽고 자살하며 돌연히 부활하는 자아가 하나씩 들어 있다(PS, 124).

우리가 어떤 존재자에 주의를 집중한다고 해서 우리에게 그 존재자 자체가 주어지는 것은 결코 아니다. 인간관계든 비인간 관계든 간에 어떤 관계도 결코 기계에 내재하는 욕망의 흐름 혹은 특이성들의 복잡한 내부적 분배에 도달할 수 없다. 오히려 우리가 (지각, 서술, 예술, 과학, 신화 혹은 수학을 통하여) 주의를 집중함으로써 어떤 기계를 생성하는 것, 어떤 기계가 생성하는 것 혹은 어떤 기계가 현시하는 현실적 성질들이 우리에게 주어진다. 어떤 기계에 대한 우리의 설명이 그 기계의 현행적 현전을 넘어설지라도 그것은 언제나 어떤 기계가 행할 수 있는 것에 대한 설명일 수밖에 없다. 무엇보다도 그런 설명은 결코 어떤 기계가 그런 일을 할 수 있게 하는 것에 대한 설명일 수가 없다. 또한 어떤 기계와의 마주침은 언제나 첫 번째 종합에 수반되는 단절과 인접성의 규칙을 따른다는 점을 인식하자. 그리하여 어떤 기계의 현실태는 언제나 그 기계의 내부적 실재를 하나의 현실태로 번역한 것인데, 그 현실태를 현시하는 그 기계는 그와 동일한 현실태를 현시하는 여타 기계와 전적으로 양립 가능하다(흐름의 관념적 연속성을 참조하라). 혹은 들뢰즈가 서술하는 대로 "그러므로 〔한 존재자를〕 구성하는 궁극적 성질들은 서로 다른 두 객체에 공통적인 성질로 표현된다. 그 두 객체는 이 빛나는 실체 속에 반죽이 되어 있고, 자신들을 굴절시키는 이 매체 속에 잠겨 있다"(PS, 47). 이것은 설명이 참일 수도, 믿음직할 수도, 검증될 수도, 유용할 수도, 필연적일 수도, 타당할 수도, 소통될 수도 없다고 말하는 것은 아니다. 그것은 단지 어떤 기계에 대한 현실적 진리가 결코 그 기계의 잠재적 물질이 아님을 말할 뿐이다.

실재의 분열증은 모든 것이 자신의 고유한 내부적 실재를 갖추고 있다는 사실이다. 모든 것은 기계이고, 모든 기계는 관계 속 자신의 표현들로 환원될 수 없다. 모든 기계는 관계-외적인 비-존재가 있는데, 말하자면 역능들(욕망, 특이성들, 이념, 코드)을 갖춘 신체(문제, 형상形象, 관)가 있다. 이것이 기계의 본질이다. 각각의 기계는 다른 기계들에 의해 생성됨으로써 현존할 수 있을 따름이지만, 다른 기계들에 의해 생성됨이 다른 기계들의 재현에 불과한 것임을 뜻하지는 않는다. 어쩌면 우리는 어느 화자가 단일한 낱말을 발설할 때 이 낱말이 어떤 '용암의 중심부', 즉 여타의 현존하는 사물의 어떤 조합으로도 환원될 수 없는 어떤 욕망 혹은 이념을 갖추고 있다고 생각하는 데 익숙하지 않을 것이다. 그런데 이것이 외부성에 대해 치러야 하는 대가다. 그리고 그렇게 생각하게 되면 화자와 그 발설하기가 바로 발설된 낱말일 수 있다고 정말로 생각할 사람이 누가 있겠는가? 한 무더기의 벽돌과 몇 개의 창문, 두세 개의 문이 바로 집일 수 있다고 정말로 생각할 사람이 누가 있겠는가? 우리는 전체가 그 부분들의 단순한 합보다 더 크다고 말하고 있지 않은가? 그래서 어쩌면 정말로 직관에 반하는 견해는 사물들의 양이 사물들의 수량을 사실상 증가시키지 않은 채로 증가할 수 있다고 주장하는 견해일 것이다. 이런 견해는 사물을 외양들, 현시들, 효과들, 표상들 혹은 이미지들로 환원하는 사람들에 의해 견지된다. 그것은 자연과 양육, 혹은 생물학과 문화, 혹은 입자들과 의식을 선호하여 수없이 많은 존재자를 제거하는 모든 사람의 테제다.

그런데 앞서 제시된 첫 번째 연결적 종합에 대한 상세한 설명은 우리에게 한 가지 의문을 남겼다. 그 첫 번째 종합은 우리에게 두 개 이상의 서로 환원 불가능한 존재자가 다른 한 기계와의 마주침 속에서 결합될 수 있다는 것을 말해준다. 각각의 기계는 자신의 고유한 견지에서 세계를 보고 차단하고 보충하고 교란하고 지각하며, 세계에 접촉하고 반응한다. 그리하여 각각의 기계가 경험하는 다른 기계들은 그 견지에 따라 자신들의 현실적 표면들을 현시할 수밖에 없을 것이다. 이것은 단절과 인접성의 한 가지 보편적 과정을 예시한다. 요컨대 서로 완전히 구별되는 기계들이 현실태(의미와 성질들의 이중체, 또는 부분적 객체와 흐름의 이중체)로 현시하게 되는데, 여기서 어떤 '제3의' 기계가 그 기계들을 서로의 인접물로 여길 수 있다. 그러므로 각각의 '제3의' 기계는 서로 이런 관계를 맺고 있지 않은 다른 기계들과 관계를 맺고 있다. 그런데 그런 사태를 안다고 해서 그런 사태가 어떻게 발생하는지 아는 것은 아니다. "어떤 연줄도 부재한 상태에서 요소들이 어떻게 결합될 수 있는가?"(BSP, 133, 강조가 첨가됨). 그러므로 첫 번째 종합은 불충분하고, 따라서 두 번째 종합이 있어야 한다. "습관의 수동적 종합은 결국 〔어떤〕 더 깊은 기억의 수동적 종합에 준거를 둔다"(DR, 79; 그리고 DR, 82를 참조). 이제 우리는 완전한 사중체를 입수하였기에 이 두 번째 종합을 분석하는 데 착수할 수 있지만, 그 전에 옆길로 잠깐 벗어나서 회집체에 관한 데란다의 존재론을 살펴보자.

네 번째 간주 – 마누엘 데란다와 회집체 이론

개별적이고 가변적인 본질에 관한 들뢰즈의 개념을 논의했기에 이제 우리는 데란다의 회집체 이론을 살펴보자. 데란다의 존재론 역시 모든 규모의 실재에 현존하는, 환원 불가능한 개별적 존재자(회집체)들을 부각하는 한편으로 본질이 현존한다는 점은 명확히 부정한다. 여타 주해의 경우와 마찬가지로 우리는 데란다 철학이 기반을 두고 있는 근거에 관해 너무 많이 고민하지 않은 채로 데란다 자신의 철학에 집중할 것이다. 그런데도 데란다는 들뢰즈를 자주 거론함으로써 자신의 주장을 강화하기에 우리는 그 특별한 근거에 관해서는 조용히 있을 수가 없다. 그러므로 회집체에 관한 우리의 논의는 데란다가 들뢰즈를 해석하는 방식에 관해서도 간단히 고찰할 것이다.

데란다는 들뢰즈가 실재론적 철학자라고 강력히 주장한 최초의 인물이자, 자신의 이론을 당대 과학과 수학의 최신 동향에 연계하곤 했던 철학자로 유명했다.[54] 얼마 후에 『새로운 사회철학』을 기점으로 데란다는 자신의 고유한 존재론, 즉 '회집체 이론'을 부각하기 시작했

---

54. DeLanda, *Intensive Science and Virtual Philosophy*. 〔데란다, 『강도의 과학과 잠재성의 철학』.〕

다. 그 책의 독자들은 그 제목에 현혹되지 말아야 한다. 데란다는 원자와 분자, 유기체, 전체 생태계, 인간의 제도가 모두 동등하게 회집체라고 명시적으로 진술한다.[55] 데란다가 인간 사회에 주목하는 것은 단지 모든 존재자를 포괄하는 어떤 존재론에 근거를 둔 하나의 사례 연구일 뿐이다. 그 존재론은 어떤 존재자도 결코 그것이 다른 존재자들(과 맺은 관계들)로 환원될 수 없다고 구상하는 하나의 실재론이다. "무기적이든 유기적이든 혹은 사회적이든 간에 모든 회집체의 존재론적 지위는 독특하고 특이하며 역사적으로 우발적인 개체라는 지위다."[56] 그러므로 그 존재론의 주적들은 내부성의 관계들에 전제를 두고 있는 철학(앞서 우리가 내부주의라고 일컬은 것)들로, 이들 철학에서는 존재자들이 그것들의 상호 관계들에 의해 철저히 규정된다.[57]

데란다의 회집체 이론이 들뢰즈의 기계 존재론과 유사한 점을 많이 지니고 있기에 우리는 그 이론의 기본 원리를 비교적 간단히 개괄할 수 있다. 들뢰즈의 기계와 마찬가지로 데란다의 회집체도 자신의 부분들과 환경으로 환원될 수 없기에 존재자는 자신이 맺은 관계들의 외부에 있다.[58] 이것 역시 과잉성을 수반한다. 왜냐하면 회집체는 현재 자신의 (재)생산에 이바지하는 모든 구성요소가 반드시 필요하지는 않기 때문이다.[59] 모든 회집체는 그 구성요소들에서는 나타나지 않는 창발적 특성들로 특징지어지는데, 이를테면 존재자가 자신의 부분들이 갖추고 있지 않은 길이와 넓이, 부피를 갖추고 있는 상황

---

55. Manuel DeLanda, *A New Philosophy of Society*, 3. [마누엘 데란다, 『새로운 사회철학』.]
56. 같은 책, 40. [같은 책.]
57. 같은 책, 9. [같은 책.]
58. 같은 책, 4, 10. [같은 책.]
59. 같은 책, 37. [같은 책.]

을 생각하라. 그런 특성들은 데란다가 회집체의 현실적 측면으로 여기는 것이다.[60] 회집체는 그런 특성들을 생산하고 유지하는 이유가 되는 특정한 역사적 과정에 의해 개체화되고 규정된다.[61] 현실적 특성들에 덧붙여 회집체는 데란다가 '기질들'이라고 일컫는 것도 갖추고 있다 (더 정확히 표현하면 회집체는 기질들이다).[62] 기질은 회집체의 성향과 역량이다. 기질은 전적으로 실재적이지만 모든 주어진 순간에 현실화될 필요는 없다. 특성들의 현실화는 이들 기질에 의존한다.[63] '성향'은 회집체가 자신이 이미 행하고 있는 일을 바꿀 수 있게 하는 것을 지칭하는데, 이를테면 온도가 내려감에 따라 서서히 응결하는 예를 들 수 있다. '역량'은 완전히 새로운 현실화를 가능하게 하는 것을 지칭하는데, 예를 들면 무해한 것처럼 보이는 식물이 당신이 그것을 먹으면 독성이 있는 것으로 전환된다. 성향과 역량 사이의 차이가 한낱 명목상의 것에 불과한 듯 보이는 이유는 둘 다 회집체의 동일한 잠재적 측면을 가리키기 때문이다. 여기까지는 역능들과 코드, 특이성들, 이념에 대한 들뢰즈의 설명과의 명백한 유사성이 확실히 드러날 것이다.

데란다는 어떤 회집체의 잠재적 역량들을 그 회집체의 "가능성 공간"이라고 일컫는다.[64] 어떤 회집체의 현실화된 표현들은 그 회집체를 두 가지 종류의 활동에 관여시킴으로써 그것을 규정하게 된다.[65] 첫

---

60. Manuel DeLanda, *Assemblage Theory*, 108.
61. 같은 곳. 그리고 Manuel DeLanda, *Philosophy and Simulation*, 185와 DeLanda, *A New Philosophy of Society*, 28, 38~9 [데란다, 『새로운 사회철학』]을 참조하라.
62. DeLanda, *Philosophy and Simulation*, 185 ; DeLanda, *A New Philosophy of Society*, 10, 29 [데란다, 『새로운 사회철학』] ; DeLanda, *Assemblage Theory*, 5, 108.
63. DeLanda, *Assemblage Theory*, 108.
64. DeLanda, *A New Philosophy of Society*, 126, n.6 [데란다, 『새로운 사회철학』] ; De-Landa, *Assemblage Theory*, 5.
65. DeLanda, *A New Philosophy of Society*, 12 [데란다, 『새로운 사회철학』] ; DeLanda,

째, 회집체의 현실화된 성분들은 물질적 역할뿐만 아니라 표현적 역할도 떠맡을 수 있다. 동일한 콘크리트 파사드가 건물의 물질적 성분인 동시에 관람객의 구역질을 한 바탕 유발할 수 있는 상황을 생각하라. 둘째, 어떤 현실화된 표현은 해당 회집체의 동일성을 안정화하거나 아니면 불안정화할 수 있다. 여기서 한 나무가 영양분을 자신으로 전환하는 동시에 잎을 잃어버리고 썩어갈 수도 있는 상황을 생각하라. 데란다는 '코드화'와 '탈코드화'(앞서 우리가 정의한 방식과 혼동하지 말아야 한다)라고 일컬어지는 세 번째 종류의 활동을 추가한다. 이 활동은 회집체의 동일성에 영향을 미치는 특별한 종류들의 표현(예를 들면 언어가 공동체들을 결집하는 데 도움이 되는 방식)을 가리킨다. 그런데 이것은 여기서 특별히 다룰 필요가 없는 안정화와 불안정화의 한 하위유형인 것처럼 보인다. 또한 회집체가 인과적으로 능동적임은 분명하다. 회집체는 자신의 환경 속 다른 회집체들에 영향을 미치고(데란다는 '자신의 고유한 규모에서'라는 구절을 선호한다), 게다가 자신을 생산한 구성요소들로서의 역할을 수행하는(수행한) 바로 그 회집체들에 소급하여 영향을 미치는데, 이를테면 국민국가가 일상적으로 자신을 (재)생산하는 바로 그 국민들에게 영향을 미칠 수 있는 상황을 생각하라.[66]

데란다는 내부주의에 덧붙여 본질주의에도 반대하는 회집체 이론을 주장한다.[67] 구체적으로 데란다는 종과 유를 본질화하는 아리스토텔레스주의적 분류법을 겨냥하고 있다. 이것은 한 개체('소크라테

Assemblage Theory, 22~33.

66. DeLanda, *A New Philosophy of Society*, 37. [데란다, 『새로운 사회철학』.]

67. DeLanda, *A New Philosophy of Society*, 4 [데란다, 『새로운 사회철학』]; DeLanda, *Assemblage Theory*, 12, 139.

스)가 어떤 유('동물')와 어떤 종('합리적')의 예화로서 실존하면서 견고하게 고정되어 있다는 관념일 것이다. 유와 종은 영원한 불변의 본질인 것으로 여겨진다. 그리하여 한 개체의 모든 면모(음악가임 혹은 키가 큰 같은 것들)는 우유적인 것으로 여겨지며, 이는 이들 면모가 개체를 그런 것으로 실제로 만들지 않는 것임을 뜻한다. 우리는 데란다가 이런 관념에 반대할 이유를 쉽게 알아챌 수 있다. 왜냐하면 그 관념은 회집체가 바로 자신의 구성에서 부각된 모든 것의 전체 역사에 의해 규정된다는 관념과 양립할 수 없기 때문이다. 아리스토텔레스주의자가 하나의 종으로 규정할 것이 데란다에게는 또 하나의 회집체에 불과한 것으로 판명된다. 한 종은 "그것을 구성하는 유기체들보다 시공간적 규모에서 더 크지만 이들 유기체만큼 독특하고 특이한 하나의 개별적 존재자"다.[68] 유비에 의해 들뢰즈의 경우에는 한 개인이 하나의 기계이고, 여러 개인으로 구성된 모든 집단이 실존적 차이점은 수없이 많더라도 존재론적으로는 동등한 또 하나의 기계일 따름인 상황을 생각하라. 데란다가 서술하는 대로 종은 자연종이 아니라 오히려 "유기체들이 그 부분들을 이루는 더 큰 규모의 개별적 존재자"다.[69]

그런데 유는 이야기가 다른데, 이것이 바로 들뢰즈의 기계 존재론과 데란다의 존재론이 갈라지기 시작하는 지점이다. 데란다의 존재론에 따르면 개별적 회집체들은 서로 비슷한 회집체들이 계속해서 생겨나는 이유를 충분히 설명할 수 없다.[70] 이로부터 종이 하나의 회집체로 대체된다고 해서 유 역시 또 하나의 회집체로 대체될 수 있다는 것은 아니라는 점이 도출된다. 오히려 데란다는 유를 그가 "다이어

---

68. DeLanda, *A New Philosophy of Society*, 27. [데란다, 『새로운 사회철학』.]
69. 같은 책, 40. [같은 책.]
70. DeLanda, *Philosophy and Simulation*, 186.

그램"[71]이라고 일컫는 것으로 바꾸어 제시한다.[72] 다이어그램은 수많은 회집체가 공유하는 '보편적 특이성들'의 집합이다. 일례는 모든 척추동물이 속하는 문으로서의 '척삭동물'일 것이다. 다이어그램, 즉 보편적 특이성들의 집합은 한 특정한 회집체와 연관된 가능성들의 공간을 결정하는 구조다.[73] 그리하여 척추동물들 사이의 더 많은 일상적 마주침은 그것들의 사적 역량들 또는 가능성 공간에 의거하여 설명될 것이지만, 그것들이 모두 척추동물이라는 사실은 척추동물을 그렇고-그런 것으로 규정하는 다이어그램의 실제적 현존에서 기인한다. 또한 데란다는 막스 베버의 정치적 권위의 유형학이라는 사례를 제시한다. 베버의 경우에 그런 권위의 근거는 단지 세 가지, 즉 전통과 관습, 개인적 카리스마 그리고 법적 권위가 있을 뿐이다. 이에 상당하는 다이어그램은 정치적 권위가 취할 수 있는 극단적인 형식들을 규정하는 세 가지 '특이성' 더하기 이들 세 가지의 (함축적으로) 가능한 모든 혼성물과 관련된 가능성들의 공간일 것이다. 이런 다이어그램의 현존이 권위를 갖춘 인물들 사이에서 나타나는 고도의 상사성을 설명할 것이다. 이렇게 해서 내가 다른 수단 — 이를테면 폭력 — 에 의해 정치적 권위를 획득하려고 시도하여 궁극적으로 실패한다면, 그 이유는 특정한 인간들(즉, 다른 회집체들)이 살해와 고문의 체계에의 장기적인 노출을 특별히 선의로 해석하지 않기 때문이 아니라 오히려 정치적 권위에 대한 다이어그램이 완력을 실행 가능한 선택지로 규정하지 않기 때문이라는 점이 수반된다. 요컨대 회집체의 존재는 자신의 사적 역

---

71. DeLanda, *A New Philosophy of Society*, 29~30. [데란다, 『새로운 사회철학』.]
72. 다이어그램의 동의어들은 '문', '신체-도면', '위상-공간', '가능성 공간' 그리고 '위상학적 공간' 등이 있다(DeLanda, *A New Philosophy of Society*, 29 [데란다, 『새로운 사회철학』]).
73. 같은 책, 30. [같은 책.]

능들과 국소적 마주침들에 의해 규정될 뿐만 아니라 서로 비슷한 존재자들의 개체군들 전체에 걸쳐 있는 더 큰 잠재적 구조들에 의해서도 규정된다.

> 다양한 규모의 모든 사회적 회집체는 현실적 존재자로서 개별적인 특이체이지만, 모든 주어진 순간에 그것들에 열려 있는 가능성들은 보편적 특이성들의 분배, 즉 회집체의 다이어그램 — 현실적이지 않고 오히려 잠재적인 것 — 에 의해 제한된다.[74]

데란다의 경우에 관계의 외부성은 회집체와 그 구성요소들 사이, 그리고 이들 구성요소 자체들 사이의 현실적 관계들과 관련이 있다는 점을 인식하자. 요컨대 어떤 의자의 존재는 그 의자가 거실에서 현재 부각되는 방식으로 환원될 수 없다. 그런데 다이어그램은 결코 현실화되지 않기에(그것은 잠재적 구조일 뿐이다) 다양한 다이어그램(즉, 가능성들을 결정하는 보편적 특이성들의 집합들)이 서로 구별되는 별개의 것이 되게 할 것이 전혀 없다(데란다의 존재론에는 기관 없는 신체 같은 것이 없다). 그러므로 모든 다이어그램은 한낱 어떤 보편적 가능성 공간에 속하는 지대에 불과한 것이라는 점이 당연히 도출되고, 게다가 사실상 이것이 바로 데란다가 옹호하는 것이다. 그는 "우주적 평면"을 도입하며, 그리고 한 다이어그램이 "회집체를 다른 다이어그램들과, 다이어그램들이 현실태의 제약에서 자유롭게 현존하는 우주적 공간과 연결한다"라고 진술한다.[75] 데란다가 현실태 없음은 실재적

---

74. 같은 책, 40, 강조가 첨가됨. [같은 책.]
75. DeLanda, *Assemblage Theory*, 6.

구분 없음도 수반한다고 생각하기에 이 평면은 이산적인 존재자들 대신에 "강도의 구배들"이 자리하고 있는 연속적인 것으로 여겨져야 한다.[76] 이런 우주적 평면은 회집체들에서 회집체로서의 모든 인과적 유효성을 제거하는 것처럼 보인다. 그 이유는 데란다가 "모든 현실적 회집체 혹은 회집체의 구성요소는 어떤 관념적이고 연속적인 잠재태의 절편의 산물이다"라고 덧붙이기 때문이다.[77] 데란다는 이 우주적 평면이 회집체들의 전체 장을 가리키는 인식론적 구성물도, 은유도, 유비도 아니라는 것을 꽤 분명히 한다. 그것은 그야말로 전면적인 형이상학적 지위를 갖춘 실재다.[78] 요컨대 "다이어그램은 구체적 회집체들의 부분으로 현존할 뿐만 아니라 순수 잠재태의 공간, 우주적 일관성의 평면과도 연결되어 있다."[79]

아주 뜻밖에도 서로 상호적으로 구성하는 회집체들에 관한 이론으로서 출발한 것이 이제는 오히려 존재자들이 어떤 우주적 상층에서 발산하는 신플라톤주의적 이론처럼 느껴진다. 그런데 데란다는 발산을 언급하기보다는 "연쇄적인 대칭성-붕괴 과정"을 언급한다.[80] 어쨌든 "모든 경우에 우리는 회집체들의 회집체들을 다루고 있다"라는 것이 사실인 동시에 회집체들이 한낱 상층부가 회집체들과 근본적으로 다른 연쇄 과정에서 "가장 낮은 층위"에 불과하다는 것 역시 사실이다.[81] 혹은 데란다가 서술하는 대로 "세계는 역사적으로 종으로 분할되는 어떤 강도의 연속체로 시작한다."[82] 전반적으로 데란다의 존재

76. 같은 책, 111.
77. 같은 곳.
78. 같은 책, 112, 126.
79. 같은 책, 109, 강조가 첨가됨.
80. 같은 책, 123.
81. 같은 책, 123, 126.

론은 세 가지 종류의 기본적인 구성요소들(회집체들, 다이어그램들 그리고 우주적 평면)을 갖추고 있는 것처럼 보이는데, 그렇다 하더라도 이들 요소 사이의 구분이 실재적인지, 형식적인지, 혹은 완전히 다른 것인지는 전적으로 명료하지는 않다.

계속해서 마지막 논점을 다루기 전에 데란다가 들뢰즈를 해석하는 방식이 간단히 언급되어야 한다. 그 이유는 들뢰즈가 회집체 이론에서 부각되는 세 가지 종류의 '존재자들' 모두를 뒷받침하는 근거로서 자주 인용되기 때문이다. 그런데 앞 절들에서 주장된 대로 들뢰즈는 초-개체적인 잠재적 구조를 상정하는 대신에 본질을 기계의 내부로 이동시킴으로써 본질이 고정되어 있기보다는 오히려 가변적인 이유를 보여준다(이것이 '고전적인' 영원한 본질을 제거하는 들뢰즈의 방식이다). 그렇다면 들뢰즈에 대한 근본적으로 다른 해석은 어디에서 비롯되는가? 첫째, 데란다는 초기 들뢰즈가 『차이와 반복』에서 일시적으로 지지한 '잠재 영역' 형이상학을 자주 언급한다. 그런데 앞서 우리는 이미 들뢰즈가 이 초기의 형이상학을 명시적으로 포기하였음을 알게 되었다. 그 이유는 그런 형이상학이 3장에서 폭넓게 논의된 모든 문제에 시달리는 "고전적 상층과 심지어 의고적 심층"에 이르게 되기 때문이다(TRM, 65). 둘째, 데란다는 종종 다이어그램과 우주적 평면을 옹호하기 위해 『천 개의 고원』을 인용한다. 그런데 그 점에 관해서 나는 데란다가 인식론적 발견법을 존재론적 실재로 잘못 알고 있다고 주장할 것이다. 우주적 평면과 다이어그램에 대한 언급은 우리가 모든 존재자는 동등하게 실재적이라는 '평평한 존재론'을 생각하는 데 도움이 되는 수단이며, 그리고 우리가 모든 존재자는 매

---

82. 같은 책, 148.

우 다양한 사건 ─ 이들 사건이 일시적이든 혹은 수천 년에 걸쳐 드리워지든 간에 ─ 을 설명하는, 인과적으로 유효하면서도 사적인 내부가 있음을 파악하는 데 도움이 되는 수단이다. 그런데 그것들은 1960년대 후반에 들뢰즈가 이미 폐기한 바로 그 잠재 영역을 다시 도입하지는 않는다. 왜냐하면 그런 일은 『자본주의와 분열증』 두 폭화의 핵심에 여전히 자리하고 있는 외부성 테제를 명백히 위배하는 것에 해당할 것이기 때문이다. 이 논점은 잠시 뒤에 고찰될 것이다. 당분간 핵심은, 데란다는 『차이와 반복』에서 제시된 형이상학의 시각에서 들뢰즈의 전작을 해석하고 있는 것처럼 보이는 반면에 앞서 우리는 이런 해석이 바로 ─ 적어도 들뢰즈의 독자적인 사유 궤적을 적절히 이해하려면 ─ 회피되어야 하는 단 한 가지의 것이라고 주장했다는 점이다.

그런데 데란다가 잠재적인 것은 단연 실재적 객체의 일부라는 취지에서 들뢰즈의 말을 인용하더라도[83] 다이어그램과 우주적 평면에 관해 데란다가 서술하는 글의 대부분은 이 논점에 반대되는 진술이다. 이렇게 해서 어떤 잠재적 연속체로서 '시작'한 다음에 조각들로 절단되는 세계가 정확히 어떻게 이해되어야 하는지에 관한 물음이 제기된다. 혹은 '연쇄적인 과정'에 관한 물음이 제기된다. 혹은 회집체는 다이어그램에 의해 '제한된다'는 것과 다이어그램은 우주적 평면과 '연결되어 있다'는 것과 관련된 물음이 제기된다. 이것들은 정말로 각기 다른 세 가지 종류의 사물 혹은 구조인가? 이 논점에 관하여 데란다는 모호한 태도를 나타내는 경향이 있다. 예를 들면 같은 단락에서 데란다는 세계가 "나중에" 조각들로 분할되는 어떤 강도의 잠재적 연속체라고 진술하는 동시에 원자들의 회집체들의 경우에 이런 강도적 연속

83. 같은 책, 109.

체가 항성들에 "육화되"어 있다고 진술한다.[84] 그것은 무엇을 뜻하는가? 강도적 연속체는 하나의 기능적 혹은 전망적 상징물인가? 그리하여 만약 우리가 원자들을 고려하면, 항성들의 개별적인 잠재적 측면이 원자들이 생산되는 환경이라는 의미에서 적절한 강도적 연속체인가? 아니면 차라리 강도적 연속체가 존재한 다음에 별개로 아무튼 원자들을 이런 연속체 속 관련 지대로 연결하는 항성들이 존재하는가? 항성들은 사실상 원자들 같은 존재자들에 대한 다이어그램이고, 어쩌면 우주적 공간이 아닐까?

데란다에게는 두 가지 선택지가 있는 것처럼 보인다. 첫째, 개별적 회집체들(그것들의 잠재적 역량들을 비롯하여)은 정말로 다이어그램 및 우주적 평면과 다를 수 있다. 둘째, 개별적 회집체들(그것들의 잠재적 역량들을 비롯하여)은 그것 역시 우주적 평면 속 지대일 따름인 다이어그램 속 지대들에 지나지 않는 것일 수 있다. 두 번째 선택지를 택한다면 개별적 회집체들은 단적으로 시각적 환영일 것이다. 회집체들은 다른 회집체들과 마주치는 것처럼 보일 것이지만, 무대 뒤에서 모든 것은 동일한 연속적이고 통일된 우주적 평면에 불과할 것이다. 어떤 회집체도 이런 회집체로서 환원 불가능한 존재자가 아닐 것이고 오히려 기껏해야 그것이 현실태 속에서 다른 회집체들에 관여하는 방식에 있어서 환원 불가능할 뿐이다. 그런데 그런 상황은 전적으로 무의미할 것이다. 그 이유는 우주적 평면이 궁극적으로 모든 끈을 잡아당기고 있을 것이기 때문이다. 이렇게 해서 앞 장들에서 이미 상세히 논의된 모든 문제가 다시 나타날 것이다. 그러므로 첫 번째 선택지를 택하여 회집체들이 정말로 다이어그램 및 우주적 평면과 다르다고 진술하자.

---

84. 같은 책, 148.

다이어그램부터 살펴보면 개체들이 될 수 있는 것의 변이를 제한할 '고전적' 종과 유가 부재한 상태에서 회집체들의 상사성을 설명하는 데 다이어그램이 도입된다는 점을 떠올리자. 데란다가 서술하는 대로 "유와 종이 담당하는 역할, 즉 개별적 존재자들이 나타내는 특징들의 규칙성과 안정성을 설명하는 역할을 수행할 무언가 다른 것이 추가되어야 한다."[85] 이 진술에는 동의하지만, 이것이 그저 회집체가 아니라 '무언가 다른 것'이어야 하는 이유는 무엇인가? 데란다는 이미 회집체들이 다른 회집체들을 형성한다고 생각한다는 사실을 떠올리자. 회집체들은 서로 안정화하고 불안정화하는데, 그것들은 자신의 구성요소들에 소급하여 영향을 미치고, 그것들은 서로에 대하여 표현적 세계뿐만 아니라 물질적 세계도 구성하며, 그리고 그것들은 특정하고 우발적인 역사적 과정에서 서로 생산한다. 심지어 데란다는 누군가가 종 위에 현존한다고 상정할 '자연종'이 사실상 그것에 속하는 개체들에 의해 생산되고 이들 개체에 소급하여 영향을 주는 더 큰 규모의 회집체일 뿐이라고 주장한다. 그렇다면 도대체 우리가 상사성을 설명하기 위해 다이어그램을 추가해야 할 이유가 있겠는가? 내가 매주 동일한 세 가지 음식을 요리한다면 그것은 특정한 기계들(나 자신, 슈퍼마켓, 나의 주방, 내가 알고 있는 요리법, 기타 등등)에 의거하여 완전히 설명될 수 있지 않겠는가? 참나무로 가득 찬 숲이 계속해서 참나무를 생산한다면 이것은 참나무와 더불어 비, 태양, 토양, 기타 등등에 의거하여 충분히 설명될 수 있지 않겠는가? 참나무가 갑자기 스포츠카나 교회 종을 만들어내기 시작할 가능성은 배제하면서 참나무-존재 같은 것을 하나의 가능성으로 규정할 어떤 다이어그램을

---

85. 같은 책, 142.

추가하는 것은 불필요하지 않겠는가?

우주적인 잠재적 평면에 대해서 앞서 우리는 이미 그 평면이 일단의 문제를 다시 나타낸다고 암시했다. 우선 그것은 왜 절편들로 절단되기 시작했는가? 어떻게 해서 이것은 데란다의 회집체 이론이 반대한다고 가정되는 그런 플라톤주의적 천상의 다른 한 판본이 아닌가? 데란다는 또한, 예를 들면 수렵-채집인 사회들은 언제나 이미 그것들의 가능성 공간에 미리 형성된 국가를 포함하고 있었다고 주장한다.[86] 그런데 우주적 평면이 이미 모든 가능성을 포함하고 있으며, 그리고 만약 그것이 세계가 '처음' 개시되는 방식이라면, 모든 것이 처음부터 그냥 현존하지 않게 된 이유는 무엇인가? 혹은 저런 질서가 아니라 이런 질서로 생성되는 이유는 무엇인가? 그리고 만물은 자신이 이산적 존재자인 것처럼 경험하는 이유는 무엇인가? 데란다는 이들 문제를 잘 인식하고 있다.

우리는 이상적으로 연속적인 우주적 평면의 현존을 그냥 가정할 수는 없고… 오히려 그것의 생산과 유지를 설명해야 한다. 그렇지 않다면 그 평면은 플라톤주의적 천상에 불과할 것이다….[87]

그런데도 데란다는 우주적 평면을 생산하고 유지하는 것은 실재적 회집체들이 아니라고 진술한다.[88] 오히려 우주적 평면이 생산되고 유지되는 과정은 실재적 회집체들과는 다른 시간적 구조 ─ 오로지 우주적 평면으로서의 우주적 평면과 관련된 구조 ─ 를 갖추고 있다고 단언된다.[89]

---

86. 같은 책, 130.
87. 같은 책, 131.
88. 같은 책, 132.

데란다는 불가사의하게도 그 구조를 "과거와 미래 방향으로 동시에 무한히 펼쳐져 있기에 실제로는 아무 일도 일어나지 않지만 모든 것이 막 일어났고 일어날 예정인 지속 없는 현재"라고 일컫는다.[90] 불가사의한 함의를 제쳐놓으면 이것은 우주적 평면이 독자적인 것임을 뜻함이 분명하다. 그 이유는 그것의 생산 및 유지와 관련된 모든 것이 그것에 전적으로 내재하는 동시에 영원히 그러하기 때문이다. 그렇다고 해서 우주적 평면이 플라톤주의적 천상의 일종이 아니게 되는 것은 아니며, 그것은 단지 그런 천상의 내부에 어떤 운동 형식 혹은 시간성의 형식이 존재한다고 진술할 따름이다. 그런데 물론 역동적인 플라톤주의적 천상은 여전히 하나의 플라톤주의적 천상이다. 그러므로 여기서 무언가는 불필요한 것임이 틀림없다. 우주적 평면이 회집체들이 서로 실재적 영향을 미치는 실재적 존재자들이 될 충분한 여지를 남겨두는 '저쪽의' 무엇이거나, 아니면 회집체들이 어떤 형태의 영원한 현재 속에서 전적으로 통일된 연속적인 상태로 현존하는 어떤 강도적인 잠재 영역에 대한 (그리고 그런 영역의) 환영적 시각들이다. 데란다의 경우에는 후자인 것처럼 보이고, 그리하여 우리는 이것이 외부성 테제뿐만 아니라 기계 테제에도 위배된다고 강조할 따름이다.

마무리하면 회집체 이론의 '회집체' 부분은 들뢰즈의 기계 존재론과 명백히 비슷한 점이 많이 있다. 그 이론은 종류와 규모에 무관하게 모든 존재자에 대한 실재론을 상정하고, 그것은 (애초에) 회집체에 실재적인 인과적 유효성을 부여하고, 그것은 회집체의 근거를 초월적 구조에 두기보다는 오히려 그것의 역사적 생산에 두고, 그것은 회집체

---

89. 같은 곳.
90. 같은 곳.

가 마음과 독립적인 실재를 지니고 있다고 주장하고, 그것은 인간-객체 관계를 객체-객체 관계와 존재론적으로 동등하다고 여기며, 기타 등등. 하지만 그 이론은 이들 회집체를 다이어그램과 우주적 평면으로 보충함으로써 어떤 근본적인 차이를 만들어낸다. 전반적으로 데란다의 독자는 우주적 평면(의 지대들)과 다이어그램들이 그저 우리가 실재를 생각하는 데 도움이 되어야 하는 이론적 구성물들에 불과하기보다는 오히려 인간 사유의 권역 바깥에 실제로 존재하는 구조들인지에 대한 이유를 궁금히 여기게 된다. 어느 숲에서 길을 잃은 일단의 사람을 상상하자. 그들이 도로에서 갈림길을 만나게 된다면 나무들, 그들의 감정들, 어느 길을 택할 것인지를 놓고 벌이는 그들의 논쟁, 갈라지는 경로는 실제로 존재해야 하고, 그다음에 또한 가능성들을 규정하는 다이어그램도 실제로 존재해야 하는가? 물론 그런 다이어그램은 그 상황의 지도를 그리고 싶어 할 과학자에게 편리한 도구일 것이지만, 어쨌든 그런 다이어그램은 사실상 기계들로만 구성된 어떤 상황에 대한 단순한 축약에 불과한 것이 아닐까?[91]

아무튼 이제 우리는 들뢰즈의 기계 존재론을 다시 논의하자. 이어지는 두 개의 장에서는 기계들이 어떻게 변화하고(7장) 서로 만들어내는지(8장) 상세히 서술될 것이다. 이들 장에서는 들뢰즈의 존재론을 구성하는 기본적인 요소들로서 기계들을 보충할 어떤 추가적인 실재적 존재자도, 구조도 도입하지 않은 채로 변화와 상사성이 모두 설명될 것이다.

---

91. 데란다와 그레이엄 하먼이 나눈 대담이 실린 책인 『실재론의 부상』에서 데란다는 다이어그램과 우주적 평면이 자신의 존재론에서 담당하는 역할을 상당히 경시한다.

6장의 끝부분에서 지적된 대로 존재자들이 어떻게 해서 정말로 서로 영향을 미치는 일을 해내는지 설명할 두 번째 종합이 있어야 한다. 들뢰즈가 서술하는 대로,

> 우리는 필연적인 결론을 받아들일 수밖에 없다. 즉, 그 속에서 첫 번째 시간의 종합이 일어날 수 있는 또 다른 시간이 존재해야 한다. 이렇게 해서 우리는 두 번째 종합에 주목하게 된다. 앞서 우리는 수축의 유한성을 강조함으로써 그 결과를 보여주었다. 하지만 우리는 왜 현재가 지나가는지 결코 보여준 적이 없다 … 첫 번째 종합, 즉 습관의 종합은 참으로 시간의 토대이지만, 우리는 토대와 근거를 구분해야 한다(DR, 79).

그러므로 이제 우리는 두 번째 종합, 즉 이접적 종합으로 이행한다. 이 종합은 어떻게 해서 욕망이 관계들이 맺어지게 하는 것이자 어떤 면에서는 관계들이 그 일부가 되는 것이라는 의미에서 관계들의 '과거'인지 자세히 말해준다. 또한 우리는 '되기'라는 들뢰즈의 유명한 개념이 바로 관계가 존재자의 본질에 자신의 표식을 남길 수 있는 방식에 주목하게 만들기 위한 것임을 알게 될 것이다.

1. 이접적 종합

각각의 관계는 무언가를 다른 무언가가 포섭하는 것과 관련이 있고, 따라서 이런 의미에서 각각의 관계는 하나의 현재다. 각각의 현행적 관계는 기계들의 잠재적 측면을 현실화한 것이다(DR, 83). 역으로 잠재적 객체는 비관계적이기에 우리는 "잠재적 객체는 본질적으로 과거에 속한다 … 잠재적 객체는 순수 과거의 한 조각이다"라고 말할 수

있다(DR, 101). 그렇다고 해서 이 진술이 당신의 현시적 표현은 오늘 현존하고 당신의 실재적인 내부적 특성 또는 특이성은 작년에 현존했음을 뜻하지는 않는다. 그것은 이들 두 가지가 종류가 다르다는 것과 역능 또는 이념 자체가 결코 또 다른 기계에 현시되지 않는다는 것을 뜻한다. 그러므로 '과거'는 두 가지 의미를 지닌다. 첫째, 과거는 어떤 관계 속에 진입하지 않은 채로 그 관계에서 작동하고 있는 것이다. 둘째, 각각의 이념 또는 역능은 무언가 다른 것의 수축 결과이어야 하기에 작동하고 있는 모든 욕망은 이전에 생산되었음이 틀림없다. 기계의 현행적 푸이상스는 이전에 구축되었음이 틀림없지만, 물론 이 현행적 푸이상스는 그 이전 순간에 그러했던 대로 나타날 수는 없다. 프랑스어를 말할 수 있는 나의 역량은 2013년에 파리에서 경험적으로 입수 가능한 객체가 아니다. 또한 그 역량은 현재 그것을 재생하거나 유지하고 있는 기계의 내부에서 하나의 경험적 객체로서 발견될 수도 없다. 그런데도 나의 푸이상스는 내가 프랑스어를 말하고 있는 모든 현재에서 작동하고 있음이 틀림없다. 욕망이 순수 과거에 속하는 한편으로 자신의 현재로의 현실화와 동시간적이라는 것은 바로 이런 의미에서다.

잠재적 객체가 과거적이라면 이는 결코 새로운 현재와 관련하여 과거적인 것이 아니다. 하물며 자신이 한때 구가했던 현재와 관련하여 과거적인 것은 더욱 아니다. 잠재적 객체는 어떤 동결된 현재 속에서 자신이 구가하는 현재와 동시간적인 것으로서 과거적인 것이다. 마치 잠재적 객체는 한편으로 자신에 해당하는 부분을 지니고 있으면서 다른 한편으로 동시에 결여하고 있는 것처럼 보인다. 마치 잠재적 객체는 여전히 제자리에 있으면서 자리를 바꾼 것처럼 보인다…잠재적 객체는 현재적인 그 자신과 동시간적이고, 그 자체로 자신의 고유한 과거이며, 실제의 계열에서 순차적으로 지나가는 모든 현재에 앞서 존재하기에 순수 과거에 속한다(DR, 102; 그리고 DR, 81, 83; B, 58~9를 참조).

두 번째의 이접적 종합은 바로 "현재가 지나가게 하는 원인이 되"(DR, 79)는 이런 과거, 이런 "과거의 순수 요소" 혹은 "선험적 과거"(DR, 81)와 관련이 있다. 각각의 기계의 경우에 이런 과거는 "근거 역할을 수행하는… 실질적인 시간적 요소"(DR, 82; 그리고 DR, 88을 참조)로서의 "존재 그 자체"(B, 55)다. 근거로서 기능하고 있음에도 불구하고 잠재적인 것과 현실적인 것 사이의 종류의 차이는 언제나 그대로 남아 있게 되는데, "당신은 결코 과거를 현재들 ─ 이들 현재가 무엇이든 간에 ─ 로 구성하지 못할 것이다"(B, 57). 앞서 지적된 대로 어떤 집과 관계를 맺고 있는 무한히 많은 사물조차도 그 집 자체를 대신할 수는 없다. 과거와 현재는 언제나 "비대칭적인 이전과 이후를 분할하는 중간 휴지"에 의해 분리된 채로 있게 된다(DR, 89; 그리고 SK, 210378을 참조).

그런데 왜 이 두 번째 종합은 이접적인가? 연결적 종합은 각각의 관계가 한 신체(관점)가 어떤 현실적이고 인접한 현시적 표현으로 수축된 한 기계(혹은 기계들)와 맺는 관계라는 사실과 관련이 있다. 이접적 측면은 그런 일이 일어날 수 있게 하는 사실과 관련이 있다. 그것은 이념과 관련이 있다. 그 이유는 신체의 특이성들 또는 역능들이 신체가 할 수 있는 것을 결정하기 때문이다. 신체가 할 수 있는 것은 어떤 관계들을 향유하는 것이며, 이런 사태에 대한 이유는 신체의 내부적 실재다. 이접적 종합은 우리에게 어떤 기계가 맺는 관계는 다른 기계들의 현실태로의 수축에 불과한 것이 아니라는 것과 오히려 이런 일이 일어나는 이유는 그 기계의 역능들의 활성화 때문이라는 것을 말해준다. 여기서 우리는 관계가 일방적이고 비대칭적인 이유는 두 신체 사이의 직접적인 형상形象-형상形象 상호작용이 외부성으로 인해 불가능하기 때문이라는 점을 떠올려야 한다. 나는 그 강과 마주치지만, 그 강은 나와 마주칠 필요가 없다. 그 강과 내가 서로 마주치려면 적어도 두 개의 관계가 필요한데, 그 두 존재자는 각자 자신의 고유한 견지에서 상대방을 등록한다. 결국 그 강은 나를 자신을 빨아들이는 요란스러운 유체로서 마주친다. 그리하여 각각의 관계에서 이접적 종합은 관점으로서 기능하고 있는 기계의 이념에 준거를 둔다. 그러므로 중간 휴지는 "변신의 현재, 행위에 필적하게 되는 동등하게-되기"를 나타낸다(DR, 89). 관계는 기계의 역량들이 그것이 마주치게 되는 무언가, 그것이 다루어야 하는 무언가에 관여하게 되는 지점을 나타낸다. 이런 일방성은 결코 실재에 대한 과도한 단순화가 아니다. 모든 특정한 마주침에서는 수없이 많은 기계가 작동하고 있을 것이고, 모든 접촉은 간접적이라는 바로 그 사실이 도처에서 분산된 행위주체성의 기괴한 쪽매붙임을 만들어낼 것이다. 매우 간단한 일례를 들면 나는 어쩌면 어떤 화학물질의 현존을 등록할 수 있는 역량을 지니고 있지 않을 것이다. 그런데 사과는 어쩌면 그 화학물질에 반응할 수 있을 것이고, 자신의 조성을 변경하는 그런 식으로 그 화학물질을 수축시킬 수 있을 것이다. 이 결과는 내가 살충제가 너무 많이 뿌려진 사과에 의해 중독되는 그런 식으로 내가 등록할 수 있는 것이라고 가정하자. 사과로 인한 나의 심각한 중독이 내가 무엇이 사과를 독성의 위험한 구체球體로 변환하고 있는지 알아내도록 부추긴다면 나는 내가 등록할 수 없는 그 화학물질과 나 자신 사이의 중개자로서 기능할 수 있는 장치를 고안해야 한다. 나의 장치는 그 화학물질을 내가 결국 수축시킬 수 있는 무언가로 수축시켜야 하거나, 혹은 나 스스로 그 화학물질을 볼 수 있는 역량을 생성하는 나의 부분으로서 기능해야 한다.

그리고 도중에 매 단계에서는 농부, 곤충, 금융, 살충제 로비, 동료, 화학 교과서, 특허 등을 비롯한 수많은 다른 기계가 개입할 수 있다.

잠재적 이중체와 현실적 표현 사이의 종류 차이로 인해 "욕망하는-기계를 규정하는 것은 바로 모든 의미에서 그리고 모든 방향으로 무한히 많은 연결 관계를 맺을 수 있는 그것의 역량이다. 그것이 기계인 것은 바로 이런 이유 때문이다"(BSP, 121). 욕망이 관계적 표현들 '이상의' 것이 아니라면 존재자는 자신의 관계들로 환원될 수 있을 것이다. 실재는 외부주의적이라기보다는 오히려 내부주의적일 것이다. 그렇다면 존재는 기능적일 것이다. 하지만 지금까지 고찰된 모든 것은 우리에게 정반대의 것을 말해준다. 말하자면 탁자 같은 철저히 실용적인 것조차도 "어떤 특정한 목적을 위해, 우리가 탁자에 대해 기대하는 무언가를 위해 예정된" 것이 아니다(AO, 17). 이것은 관계에 수반되는 이접이 배타적이지 않음을 뜻한다. 역능이 단지 여섯 가지의 특정한 방식으로 현실화될 수 있거나, 혹은 심지어 한 번에 단 한 가지 방식으로 현실화될 수 있을 뿐이라는 것은 사실이 아니다. 이들 두 사례에서는 모두 기계의 이념이 또다시 기능적으로 규정될 것이고 그것의 (가능한) 국소적 관계들로 환원될 것이다. 오히려 "이접은 그것이 이접이라는 바로 그 사실에 의해 포괄적이다"(AO, 56; 그리고 AO, 77을 참조). 어떤 탁자의 동일한 내부적 실재는 그 탁자가 나와 마주치고 작은 입자와 마주치고 광선과 마주치고 곤충과 마주치는 근거가 될 수 있다. 마찬가지로 나는 뛰고 걷고 거닐고 도약하는 데 나의 역량을 사용할 수 있다. 더욱이 나는 다양한 순간에 그리고 다양한 마주침에서 동일한 역능을 사용할 수 있다. 게다가 서로 다른 기계들은 동시에 동일한 기계와 각기 다른 마주침을 종합할 수 있다. 내가 나의 고유한 견지에서 어떤 탁자와 마주친다는 사실은 다른 한 존재자가 그 탁자(혹은 그것의 일부)를 다른 성질들에 의해 특징지어지는 또 다른 관계 속에서 또 다른 부분적 객체로서 마주치는 것을 배제하지 않는다. 그 모든 사례에서 이접의 포괄성은 존재자의 내부적 실재가 관계 속 자신의 현시적 표현들로 환원될 수 없다는 사실을 가리킨다. 원칙적으로 한 관계는 그 관계 속에서 마주치게 되는 한 존재자를 결코 완전히 포섭할 수는 없고, 역으로 한 관계는 한 존재자를 어떤 마주침 속에서 완전히 전개할 수는 없다. 그러므로 앞서 우리가 이해한 대로 각각의 기계는 원칙적으로 무한히 많은 관계 또는 연결을 맺을 수 있다는 관념이 당연히 도출된다.

그러므로 또한 들뢰즈는 '양자택일' 관념에 대한 특정한 이해에 의거하여 두 번째 종합을 언급하는 경향이 있다(AO, 86을 참조). 이접이 배타적이라면 '양자택일'에 의거하여 기계의 존재를 규정하는 것은 기계가 단지 X 혹은 Y를 행할 수 있을 뿐이고, 그것도 한 번에 하나씩만 행할 수 있을 뿐임을 시사할 것이다. 이것은 외부성을 위배할 것이다. 그 이유는 그렇다면 기계의 존재가 정확히 두 가지의 현시적 표현과 깔끔하게 부합할 것이기 때문이다. 반면에 이접이 포괄적이라면 '양자택일'은 "이동하고 미끄러지면서 언제나 동일한 것에 회귀하는 차이들 사이의 가능한 치환들의 체계"를 가리킨다(AO, 24). 다시 말해서 존재자의 역능은 결코 어떤 특정한 관계에도 대응하지 않고 오히려 역능이 발휘됨으로써 기계의 경험 세계와 인접하는 존재자들의 표현들이 생겨난다. 이런 상황을 서술하는 또 다른 방식은 신체가 맺을 수 있는 관계의 수는 원칙적으로 무한하다는 것이다.[1] 신체는 이것 혹은

---

1. 들뢰즈는 이 사실을 특히 성과 관련하여 최초로 깨달은 영예를 프로이트에게 귀속시킨다. "왜냐하면 프로이트와 초기 분석가들이 발견하는 것은 모든 것 – 끝없는 연결들, 배타적이지 않은 이접들, 불특정의 연접들, 부분적 객체들과 흐름들 – 이 가능한 자유

저것 혹은 저것 혹은 저것 … 등을 할 수 있다(이것이 어떤 회집체도 모든 것을 할 수 있음을 뜻하지는 않는다). 이것이 바로 들뢰즈가 독자들에게 "그리고의 논리를 세우고, 존재론을 뒤엎고, 토대를 제거하고, 시작과 끝을 무효화하"라고 요청할 때 추구하는 것이다(ATP, 25). 이 특정한 구절에서 존재론은 앞서 정의된 대로의 '형이상학'을 뜻한다는 것을 떠올리자. 들뢰즈는 우리가 단일한 관계 혹은 한정된 일단의 관계가 (토대와 끝, 시작으로서) 존재자의 존재를 규정할 것이라는 관념을 버리라고 요구한다. 오히려 기계들 사이의 모든 연결 관계는 이접적인데, 말하자면 잠재적 본질들로 환원 불가능한 채로 남아 있는 이들 본질의 국소적 표현들이다. 심지어 들뢰즈는 명시적으로 다음과 같이 주장한다. "관계는 그 항들의 외부에 있다"라는 점이 연결사 "'그리고'가 동사 '이다'의 내부성을 퇴위시키"는 이유다(DI, 163 ; 그리고 D, 55~7을 참조).

기계의 특이성들의 분배가 그것의 현실적 표현들로 환원될 수 없다는 점이, 예를 들면 사람들이 주저할 수 있는 이유다. 들뢰즈가 서술하는 대로 "거식증의 입은 여러 기능 사이에서 주저한다. 그 입의 소유자는 그것이 먹는-기계인지, 항문 기계인지, 말하는-기계인지 혹은 호흡하는-기계인지 확신하지 못한다"(AO, 11). 혹은 어딘가 다른 곳에서,

> 한 기관은 자신을 여러 상이한 흐름과 연관시키는 연결들을 맺을 수 있을 것인데, 어쩌면 그것은 여러 기능 사이에서 주저할 것이다 … 그러

로운 종합들의 영역이기 때문이다"(AO, 70 ; 그리고 SCS, 180472를 참조). 이것은 프로이트의 성에 관한 세 가지 에세이의 초판본에 준거를 두고 있는데, 여기서 인간의 성은 우리의 우발적 경험으로 인해 그렇게 되는 것일 따름이다.

므로 온갖 종류의 기능적 물음이 제기된다. 어떤 흐름을 절단해야 하는가? 그 흐름을 어디에서 차단해야 하는가? 어떤 방식으로 그리고 어떤 수단으로? ··· 데이터와 기록된 여러 정보 그리고 그것들의 전송은 이전의 연결들과는 다른 종류의 이접들의 격자망을 형성한다(AO, 52).

먹기와 말하기의 일생조차도 입이 토하는 일에 또한 동원될 수 있다는 사실을 무효로 할 수는 없다. 역능과 푸이상스, 잠재력의 경우와 마찬가지로 종합의 이접적 본성에 관한 들뢰즈의 서술은 "이 모든 것에 있어서 유일한 위험은 잠재적인 것이 가능한 것과 혼동될 수 있을 것이라는 점이다"라는 경고를 동반한다(DR, 211 ; 그리고 DR, 212 ; DI, 101을 참조). 이런 경고에 대한 이유는 두 가지가 있다. 첫째, "가능한 것은 (어떤 현실태를 갖추고 있을 수 있더라도) 아무 실재도 지니고 있지 않은 반면에 잠재적인 것은 현실적이지 않지만 그 자체로 하나의 실재를 보유하고 있다"(B, 96). 가능한 것은 정의상 아직 실재적이지 않은 무언가다. 실재적인 내부적 물질 또는 이념인 잠재적 이중체는 전적으로 실재적이고, 따라서 그것은 가능한 것이 아니다. 둘째, 가능한 것은 무언가의 가능한 것이다. 그러므로 잠재적 본질이 가능한 것이라면 그것은 무언가 다른 것에 준거를 두고 있을 것이기에 관계적이고 표상적이고 내부주의적이며 환원 가능한 것이 될 것이다.[2] 물론 가능한 것들은 현존하더라도 사물 자체의 존재인 것은 아니다(TRM, 234). 사실상 모든 기계의 경우에 서로 관련된 두 가지 종류의 가능한 것이 있다.

---

2. "각각의 현존물을 그것의 새로움 속에서 파악하기는커녕 현존의 총체를 미리 형성된 어떤 요소 ─ 모든 것은 그 요소의 단순한 '실현'에 의해 출현한다고 여겨진다 ─ 와 관련 지을 때 가능한 것에 관한 관념이 나타난다"(B, 19~20). 이것은 "사유의 가장 일반적인 오류, 과학과 형이상학에 공통적인 오류"다(B, 20).

첫째, 기계가 자신의 현행적 역량들로 겪을 수 있을 가능한 마주침이 무한히 있다. 둘째, 이들 마주침의 결과로서 기계의 욕망이 겪을 수 있을 모든 가능한 변경이 있다.

각 이접의 뿌리에 자리하고 있는, 기계의 잠재적 본질은 하나의 원인이다.[3] 그리하여 기계는 특정한 마주침을 가질 수 있게 된다. 들뢰즈는 이 논점을 자주 강조하는데, 예를 들면 초험적 장은 발생 능력을 지니고 있다고 말한다(LS, 99). 들뢰즈는 "하나의 전체로서 연장성은 심층에서 나온다"라는 것(DR, 97), "성질은 언제나 심층에서 떠오르는 기호 혹은 사건이다"라는 것(DR, 97), 욕망은 과정과 생산의 과잉 원인이라는 것,[4] 사물의 모든 기능은 역능에 의해 결정된다는 것(DR, 174), 물체적 원인은 의미를 생산한다는 것(LS, 86, 95), 특이성에 대하여 "의미는 이념 속 이들 찬란한 특이점의 구분과 분배에 의존한다"라는 것(DI, 100; 그리고 DI, 175를 참조), 특이성들은 "방정식의 해의 생성을 주재한다"라는 것(LS, 54; 그리고 DR, 75를 참조), 특이성들은 "행위뿐만 아니라 능동적 주체도 가능하게 만들고 관조하는 작은 자아들"을 닮았다는 것(DR, 75), 코드는 "사회체를 관통하는 흐름들의 해당 성질들을 결정한다"라는 것(AO, 284), 온전한 신체의 심층은 "표면들을 조직하고 자신을 표면들 안에 봉인할 수 있는 역능"을 갖추고 있다는 것(LS, 124), "원인은 자신의 고유한 단일체에 철저히 준거를 두고 있다"라는 것(LS, 169), 이념은 "자신이 생산하는 모든 것의 의미를 구성한다"라는 것(DR, 155), 욕망은 "객체의 현존 혹은 해당하는 사태에 대한 이미지의

---

3. 욕망을 원인과 동일시하는 것은 칸트에 관한 들뢰즈의 연구에서 비롯된다(KCP, 3).
4. "À savoir que le désir, en tant qu'émission de processus, en tant que fabrication de création de processus, que le désir n'a strictement rien à voir avec rien de négatif, avec le manque, avec quoique ce soit, que le désir ne manque de rien"(SCS, 270580).

내부적 인과율이다"라는 것(LS, 13), 혹은 간단히 "욕망은 실재를 생산한다"라는 것(AO, 43; 그리고 AO, 151~3을 참조)을 서술하고 있다. 이 간단한 열거로 인해 들뢰즈가 사건에 대한 근거로서 기능하는 본질에 관한 비교적 고전적인 사상가라는 관념을 여전히 거부하는 독자들이 지속적으로 견지하는 의심은 전부 지워질 것이다.

관점으로서의 신체가 다른 기계들을 그것들에 대한 자신의 현실적 경험으로 수축시키는 연결적 종합은 이런 종합이 어떻게 가능한지에 대한 후속 설명을 필요로 한다. 이접적 종합이 이 물음에 대한 답변을 제공한다. 관계의 원인으로서 작용하는 것은 기계의 코드, 욕망, 역능들, 이념 또는 특이성들, 즉 기계의 본질 또는 내부적 물질이다. 경험 세계의 인접성은 들뢰즈가 헐벗은 물질적 반복이라고 일컫는 것으로, 요컨대 모든 기계는 결코 자신의 관점이 허용하는 것 이외의 어떤 것도 마주치지 못할 것이다. 그런데 이런 물질적 반복은 현실태의 외피 아래에 감춰진 '옷 입은' 반복 ─ 분화 자체, 즉 잠재적인 것에서 현실적인 것으로의 도약 ─ 에 뿌리박고 있다.

언제나 물질적 반복은 더 심층적인 반복에서 비롯되는데, 그 반복은 깊은 곳에서 전개되면서 하나의 결과로서 물질적 반복을 산출한다. 물질적 반복은 자신의 원인인 심층적인 반복에 의해 더는 활성화되지 않는다면 스스로 재생산할 수 있는 모든 역량과 모든 의미를 상실하는 어떤 외피 혹은 벗겨낼 수 있는 껍질과 같다. 이렇게 해서 옷 입은 반복은 헐벗은 반복 아래에 자리하고 있으면서 헐벗은 반복이 자신의 고유한 분비작용의 효과인 것처럼 그것을 생산하거나 배설한다. 그 은밀한 반복은 기계적인 헐벗은 반복으로 둘러싸여 있다 … (DR, 289; 그리고 DR, 20을 참조).

그런데 이접적 종합에는 이것 이상의 것이 있다. 결국 이접적 종합이 단지 코드가 근거로서 기능할 수 있는 방식에 우리의 주의를 향하게 하는 것에 불과하다면 그것은 결코 종합이 아닐 것이다. 연결적 종합은 환원 불가능한 리좀들을 그것들이 또 다른 다양체에 의해 포섭되는 과정에서 결합함으로써 모든 종합 행위를 행할 것이다. 그런데 그 다른 다양체의 이접적 물질은 저곳에 가만히 앉아서 모든 일이 일어나게 내버려 둘 따름일 것이다. 그렇다면 두 번째 종합에서는 무엇이 사실상 종합되고 있는 것일까?

기계의 기이한 부분전체론을 떠올리자. 무엇이든 모든 관계는 서로 배타적인 기계들을 하나의 인접한 현실적 표현으로 나타내는 연결, 수축 또는 관조다. 당신이 다른 기계들과 마주친다는 것은 당신이 이들 다른 기계를 당신과 맺어진 어떤 관계 속에서 결합한다는 것인데, 여기서 이들 다른 기계는 서로 이런 관계를 맺지 않은 채로 있게 된다. 우리는 세계의 시민이지만, 나는 당신의 시민이 아니다. 수소와 산소는 물의 구성요소들이지만, 산소는 수소의 구성요소가 아니다. 나는 다량의 사물을 하나의 풍경으로 지각하지만, 이들 사물은 서로에 대한 이런 풍경이 아니다. 더욱이 연결적 종합은 경험적으로 기계의 내부에 있는 것과 외부에 있는 것을 분별하지 않는다. 나는 나의 현행적 역량들, 코드 또는 이념에 기반을 두고서 나의 내부에 있는 기관들뿐만 아니라 나의 외부에 있는 객체들과도 연결한다. 존재론적으로 나와의 마주침으로 수축되는 모든 것은 나의 부분이다. 또한 모든 기계는 다른 기계들에 의해 생산되어야 한다는 것과 일단 생산되고 나면 그 기계는 즉시 자신의 구성 부분들로 환원될 수 없다는 것을 떠올리자. 적어도 두 개의 서로 다른 기계가 하나의 새로운 기계를 생산할 때 그 기계들은 단지 하나의 기관 없는 신체만을 생산하는 것은 아니다. 그 이유는 그렇다면 모든 생산이 우선 정확히 같은 (불가능한) 한 겹 사물의 생산일 것이라는 점을 의미할 것이기에 왜 다양한 사물이 현존하는지를 이해할 수 없게 되기 때문이다. 생산한다는 것은 하나의 온전한 사중체 ─ 부분적 객체와 흐름, 즉 성질을 띤 의미-사건에 의거하여 마주치게 될 수밖에 없는 기관 없는 신체와 특이성들을 갖춘 기계 ─ 를 생산한다는 것이다. 다른 기계들에 의해 생산된다는 것은 이들 기계를 부분들로 사용한다는 것을 뜻하기에 생산된다는 것은 다른 기계들을 포섭한다는 것을 수반한다. 앞서 알게 된 대로 포섭은 성질을 띤 의미-사건의 포섭이다. 그 이유는 모든 접촉이 간접적이어야 하기 때문이다. 그리하여 어떤 기계를 생산하는 것은 동시에 그 기계에 의해 포섭된다는 것을 뜻할 수밖에 없고, 포섭한다는 것은 수축시킨다는 것, 연결한다는 것, 첫 번째 종합을 수행한다는 것을 뜻한다. 그러므로 부분적 객체와 맺는 모든 관계는 기계의 코드, 욕망 또는 특이성들의 증가, 감소 혹은 변경에 관여할 수 있다. 이것이 '수축'의 완전한 의미다. 앞서 인용된 대로 식물은 "물과 흙, 질소, 탄소, 염화물, 황산염을 관조하며, 그리고 자신의 고유한 개념을 획득하여 스스로 만족하기 위해 그것들을 수축시킨다(향유)"(WP, 105). 여기서 우리가 이해해야 하는 것은 식물이 궁극적으로 자신의 다양한 부분들로부터 수축시키는 것이 자신의 관점을 특징짓는 바로 그 코드라는 점이다.

어떤 기계의 최초 조상들이 독자적인 내부적 실재를 갖춘 한 존재자를 생산한다면, 그리고 이 생산이 그 기계가 향후 현존하는 동안 향유하는 후속 관계들과 종류가 다르지 않은 관계들을 통해 진전된다면 이들 모든 관계는 기계의 코드를 변경할 가능성이 있다.[5] 두 번째의 이접적 종합은 기계의 역능들이 기계가 현실태로 마주치는 것의 근저에 놓여 있는 한편으로 이와 연결하여 그 동일한 현실태가 바로 그 특이성들 또는 욕망에 자신의 영향을 미친다(전혀 무관한 것에서 완전히 압도적인 것에 이르기까지 다양할 수 있다)는 사실을 가리킨다. 예를 들면 내가 프랑스어를 공부하는 동안 많은 기계가 수축된다. 이들 기계에는 교과서, 알파벳, 강의, 인상적인 샹송, 다른 언어들의 요소들, 라틴어 낱말들에 대한 모호한 기억, 기타 등등이 포함된다. 내가 프랑스어를 공부하는 동안 나는 나의 역능들에 의거하여 그렇게 한다. 그런데 이들 기계를 연결하기 위해 치러야 하는 대가는 그것들이 나의 잠정적인 부분들이 된다는 것인데, 말하자면 그것들은 나의 역능을 변경할 수 있다. 이것이 당연히 명백한 이유는 그렇지 않다면 도대체 아무도 새로운 언어를 배울 수 없을 것이고, 어떤 성도 포격을 견뎌낼 수 있도록 개축될 수 없을 것이며, 그리고 어떤 허리케인도 소들을 탈영토화하기에 충분한 만큼의 강도에 도달할 수 없을 것이기 때문이다. 들뢰즈는 이 논점을 다음과 같은 구절로 암시한다.

> 그런데 생산은 자신이 생산되는 것과 같은 방식으로 기록되지는 않는다. 더 정확히 말하자면 생산은 구성 과정 속에서 그것이 생산되는 것과 같은 방식으로 외관상 객관적인 운동 속에서 재생산되지는 않는다. 사실상 우리는 부지불식간에 기록의 생산의 영역으로 이행했는데, 기록의 생산의 법칙은 생산의 생산의 법칙과는 같지 않다. 생산의 생산을 관장하는 법칙은 연결적 종합 혹은 접속이었다. 그런데 생산적 연결들이 기계들에서 기관 없는 신체로 이행할 때 … 이들 연결은 '자연적인 혹은 신성한 전제'로서의 비생산적 요소와 관련하여 어

---

5. 전문적으로 표현하면 "코드는 외부 환경 속 우연한 원인으로 인해 변경된다"(ATP, 54).

떤 분배를 표현하는 또 다른 법칙 아래 들어가는 것처럼 보일 것이다. 기계들은 기관 없는 신체에 매달려서 매우 많은 이접의 지점이 되며, 그리하여 이제 이들 지점 사이에서는 새로운 종합들의 전체 네트워크가 직조되면서 표면이 격자처럼 좌표들로 구획된다. 분열증적인 '이 것 … 아니면 … 아니면'이 '그리고 그다음에'와 교대한다 … (AO, 23).

연결은 언제나 부분과의 연결이다. 기계의 부분들은 기계의 역능들을 생성하기에 연결의 이면은 기록 또는 등록이다. 기록과 등록은 『안티 오이디푸스』 전체에 걸쳐서 들뢰즈가 두 번째 종합을 지칭하는 데 사용하는 용어들이다.[6] 기록되는 것은 어떤 기계와 관련된 욕망 또는 특이성들의 분배다. 그리하여 한 기계는 연결을 겪으면서 다른 기계들을 마주침으로 수축시키는 한편으로 이런 연결의 근거가 되는 바로 그 내부적 물질의 변이도 겪는데, 필경 이들 기계 혹은 다른 기계들과의 새로운 연결적 종합이 이루어질 수 있을 것이다. '그리고의 논리'와 들뢰즈주의적인 '이것 … 아니면'에 관해 서술된 모든 것은 이런 통찰에 의해 더욱더 심화된다. 더 중요하게도 그 통찰은 기관 없는 신체가 존재자들을 전유함으로써 자신의 물질을 획득하거나 변경할 수 있는 방식을 보여줄 뿐만 아니라 이런 전유가 오히려 관계들의 구조적 면모라는 것도 보여준다.

이제 기관 없는 신체는 욕망적 생산으로 복귀하고, 그것을 끌어당기며, 그것을 자신을 위해 전유한다. 이제 기관-기계들은 기관 없는 신

---

6. 들뢰즈는 '기입'이라는 용어도 사용하는데, "기관 없는 신체는 … 모든 욕망이 기입되는 표면이다"(SCS, 260373; 그리고 AO, 24를 참조).

체가 펜싱 선수의 패딩 조끼인 것처럼 그 신체에 매달리거나, 혹은 이들 기관-기계가 어떤 레슬링 선수가 자신의 대결 상대에게 돌진함에 따라 흔들거리는, 그 선수의 운동복 위에 꽂힌 메달처럼 그 신체에 매달린다. 이제 끌어당김-기계가 밀어냄-기계를 대신하거나 혹은 대신할 수 있을 것인데, 요컨대 기적-만들기-기계가 편집증적 기계를 대신한다. 그런데 여기서 '대신하기'로 의미하는 바는 무엇인가? 오히려 그 둘은 공존한다 … (AO, 23).

한편으로 기계가 편집증적인 이유는 기관 없는 신체가 여타의 것으로 환원될 수 없기 때문이다. 파악할 수 없는 '그 체계'에 사로잡힌 편집증 환자와 마찬가지로 기관 없는 신체는 여타의 것으로부터 벗어난다. 기관 없는 신체는 다른 기계들로부터 안전한 거리를 유지하며 떨어져 있는데, 이는 자신의 잠재태와 이들 다른 기계의 현실태 사이의 종류의 차이 덕분이다. 기관 없는 신체는 다른 기계들에 대한 관점이지, 이들 다른 기계 자체가 아니다. 이것이 연결적 종합과 관련된 상황으로, 연결적 종합은 대체로 기관-존재자들을 포괄하는 인접한 세계를 확립한다. 그러므로 신체는 "거대한 몰적 집합체들, 사교적인 통계적 구성체들, 조직된 군중들의 현상에 관한 예술가"다(AO, 320).

그런데 잠재적인 것은 언제나 이중체이고, 신체의 욕망은 신체 자체보다 훨씬 더 난잡하다. 모든 연결은 무언가 다른 것이 자신을 변경할 가능성이 있다는 점을 수반한다. 하나의 난잡한 존재자로서의 기계의 이념에서 일어나는 변경, 추가 혹은 삭제는 결코 그 원천에 신세를 지고 있지 않다. 왜냐하면 잠재적인 것은 현실적인 것과 종류가 다르기 때문이다. 한 존재자의 현실적 표면은 다른 한 존재자의 잠재적 특성을 변경할 가능성이 있지만, 그렇다고 그 특성이 그 표면에 예속될 수는 없다. 자신의 목재 성분들을 저절로 돌보는 배는 전혀 없다. 두 번째 종합의 이런 측면은 연장적 마주침으로부터 강도적 코드를 창출하는 것과 관련되어 있기에 들뢰즈는 그 측면을 "기적적인", "신비한", "물신적인", "전도된" 그리고 "주술에 걸린" 것이라고 일컫기도 한다(AO, 22). 그것은 '편집증적'인 것이 아니라 오히려 '분열증적'인 것이고, 게다가 "오히려 특이성들로, 그리고 원격으로 혹은 다른 질서들 사이에서 이루어지는 특이성들의 상호작용과 연결들로 침투하는 분자적 방향"과 관련되어 있다(AO, 320). 그것은 강도적 물질 또는 욕망이 수축되는 것의 원인이 되는 한편으로 수축되는 것 역시 물질 또는 욕망을 공-생성하는 것이 되는 일종의 회로를 수반한다. 달리 말해서 "기록의 생산 자체는 생산의 생산에 의해 생산된다"(AO, 28). 그런데도 들뢰즈는 "의심의 여지 없이 이전의 편집증적 기계는 기관들이 받은 '기적을-제거하'려는 조롱하는 목소리의 형태로 계속해서 현존한다"라고 경고한다(AO, 23). 기계의 환원 불가능성과 더불어 현실적인 것과 잠재적인 것 사이의 종류의 차이로 인해 모든 궁극적인 평형과 통합이 배제된다. 기계의 환원 불가능성을 무효로 할 수 있는 것은 아무것도 없다. "기관-기계들이 기관 없는 신체에 매달려 있더라도 기관 없는 신체는 어디까지나 기관이 없는 채로 있기에 통상적인 의미에서의 유기체가 되지 않는다. 기관 없는 신체는 여전히 유동적이고 미끄럽다"(AO, 27).

이접적 종합에서 이루어지는 기록의 생산은 우리에게 기계 존재론이 유아론적이지 않은 이유도 말해준다. 관계에 관여하는 것이 단지 나의 특이성들에 의해 허용된 대로 다른 한 다양체의 현실적 표현과 마주치는 것일 따름이라면 마주치게 되는 기계의 실재적 잠재태는 나의 실존과 전적으로 무관할 것이다. 그렇지만 기계 사중체가 기계들에 의해 생산된다는 사실은 마주치는 기계가 마주치게 되는 기계를 포섭할 때 후자가 전자의 역량들이 생성되는 사태에 명확히 관여함을 말해준다. 극한에서 우리는 내가 헤엄치고 있는 물이 내가 그것을 경험하는 방식에 연결적 영향은 전혀 미치지 않는 한편으로 자신의 이접적 영향은 미친다고 말할 수 있다. 대양의 파도를 경험으로 수축시킴으로써 그 파도는 나의 일부가 되고, 나의 모든 부분은 나의 특이성을 변경할 가능성이 있다. 잠재적 물은 내가 그것과 마주치는 방식에 영향을 미칠 수가 없다. 그 이유는 나의 코드가 내가 그것과 마주치는 방식을 결정하기 때문이다. 그렇지만 잠재적 물은 나의 생성자 중 하나가 됨으로써 나의 코드에 영향을 미칠 수 있다. 그러므로 파도는 이런 간접적인 이접적 기록을 통해서 자신이 수영하는 신체에 의해 경험되는 방식에 대해 발언권을 갖는다. 우리가 수영을 배우는 방식에 관한 들뢰즈의 서술을 살펴보자.

> 신체는 자신의 특이점 중 일부를 파도의 특이점들과 결합할 때 더는 같음의 반복이 아니라 다름을 포함하는 반복의 원리를 신봉한다. 이 반복은 한 물결과 한 몸짓에서 다른 한 물결과 다른 한 몸짓으로의 차이를 포함하면서 그런 차이를 그렇게 구성된 반복적 공간을 통해서 전달한다. 배운다는 것은 사실상 이처럼 기호들과 맞닥뜨리는 마주침의 공간을 구성한다는 것으로, 여기서 특이점들은 서로의 내부에서 갱신되고 반복은 스스로 위장하는 동시에 구체화한다(DR, 23).

들뢰즈는 비슷한 견지에서 한 아이가 걸음마를 배우는 과정을 서술한다. 한편으로 그 아이는 자신의 현행적 코드를 사용하여 방이나 정원 주변을 걷는다. 다른 한편으로 "그 아이는 또 다른 객체, 완전히 다른 종류의 객체를 스스로 구성한다. 그것은 잠재적 객체 혹은 중심인데, 곧이어 그 아이의 실제 활동의 진전과 실패를 관장하고 보상한다"(DR, 99). 그래서 두 가지 일이 동시에 일어나고 "한 계열은 나머지 다른 한 계열 없이는 현존할 수 없을 것이지만, 그 두 계열은 서로 닮지 않았다"(DR, 100). 말벌과 난초 사이의 마주침에 관한 들뢰즈의 유명한 사례에서도 동일한 원리가 표현된다. 그 사례는 두 존재자가 서로 마주친다는 것을 전제로 하고, 따라서 그것들은 각자의 연결적 종합과 이접적 종합을 통해서 서로의 역능들을 공-구성하게 된다.

> 난초 코드가 말벌의 형상形象을 '유치하'는 것과 마찬가지로 각각의 사슬은 다른 사슬들의 파편들을 포획하여 그것들로부터 잉여가치를 '추출한다'. 두 현상은 모두 코드의 잉여가치를 예증한다. 그것은 어떤 선로들을 따라 갈라지고 제비뽑기에 의해 선택들이 이루어지는 하나의 온전한 체계다 … 내부적 코드들이나 외부 세계에서 비롯된 기록들은 모두 유기체의 한 영역에서 다른 한 영역으로 전달되며, 거대한 이접적 종합의 끝없이 갈라지는 경로들을 따라서 교차한다(AO, 53).

난초와 말벌은 둘 다 독자적인 코드의 내부적 사슬을 갖추고 있다. 난초를 마주치는 말벌은 난초를 자신이 생산되는 중에 자신이 포섭하는 부분적 객체 중 하나로 만든다. 그리하여 현실적 난초는 말벌의 잠재적 내용을 공-결정하게 된다. 동시에 난초는 말벌을 자신의 생산자 중 하나로서 마주치고, 따라서 말벌은 난초의 잠재적 내용을 공-결정하게 될 수 있다. 요컨대 모든 "생산은 즉각 소비이며 하나의 기록 과정 enregistrement인데, 어떤 종류의 매개도 없다"(AO, 14). 매개의 부재가 직접적인 문제-문제 상호작용이 갑자기 생겨남을 함축하는 것은 아니다. 그것은 단지 모든 연결적 종합이 정의상 언제나 이접적 종합이기도 하다는 점을 암시할 따름이다. 이 논점이 확립되었기에 그렇지 않다면 한낱 시적 과장에 불과하다는 인상을 줄 다음과 같은 장문의 구절이 대단히 진지한 서술이 된다.

분리에 해당하는 절단coupures-détachements은 … 잘라내기에 해당하는 절단coupures-prélèvement과 혼동되지 말아야 한다. 후자는 연속적인 흐름과 관련이 있고 부분적 객체들과 관계한다. 분리는 이질적인 사슬들과 관련이 있으며, 그리고 그 기본 단위체로서 건물 벽돌이나 비행 벽돌을 닮은 분리 가능한 절편들 혹은 이동 가능한 덩어리들을 사용한다. 우리는 각각의 벽돌이 먼 곳에서 방출되었고 이질적인 요소들로 구성되어 있다고 간주해야 한다. 각각의 벽돌 속에는 상이한 알파벳 기호들이 기입된 것이 들어 있을 뿐만 아니라 다양한 형상形象들과 하나 혹은 여러 개의 지푸라기 그리고 어쩌면 한 구의 시체도 들어 있을 것이다. 흐름으로 잘라내기le prelevement du flux는 사슬에서 무언가를 분리하기를 포함하고, 게다가 생산의 부분적 객체들은 모든 종합의 공존과 상호작용 내에서 물질적 벽돌들 혹은 기록 벽돌들의 덩어리들을 전제로 한다. 어떻게 해서 어떤 흐름의 부분이 그 흐름을 특징짓게 되는 코드의 내부에서 어떤 단편적 분리가 일어나지 않은 채로 빠져나올 수 있을까? … 모든 구성은, 그리고 모든 분해 역시 이동 가능한 벽돌들을 기본 단위체로 사용한다 … 이들 벽돌은 기록 과정의 견지에서 욕망하는-기계의 본질적인 부분들이다. 그것들은 성분 부분들인 동시에 특정 순간들에만 공간적으로 국한되는 분해 과정의 산물이기도 하다 … (AO, 54~5).

한편으로는 양립할 수 없는 기계들을 인접한 흐름으로 결합하는 연결prélèvement이 존재한다. 그런 관계의 이면은 이접détachement이고, 이접은 현재 자신들이 공-생산하는 것의 특이성들을 새기거나 추가하거나 제거하거나 망쳐놓거나 혹은 살짝 건드리는 다른 존재자들로 가장 잘 이해된다. 모든 관계가 동일한 존재론적 발판 위에 있기에 여러 개의 지푸라기와 한 구의 시체조차도 그것들과의 마주침이 공교롭게도 나에게 어떤 흔적을 남긴다면 나의 본질을 바꿀 가능성이 있다. 연결적 종합은 존재자들을 인접한 현실태로 결합함으로써 차이를 "없애버리"지만(DR, 223, 228), 이접적 종합은 차이를 사물의 핵심에 새긴다.7 경험되는 현실태의 원인이었던 코드는 어떤 의미에서는 또한 이들 흐름이 "기관 없는 신체 자체로 이행하는 원인이 됨으로써 그 흐름들을 수로화하거나 '코드화'한다"(AO, 373). 들뢰즈가 서술하는 대로 "기관 없는 신체는 욕망의 생산의 모든 경과를 기록하기 위한 표면으로 쓸 수 있다"(AO, 23 ; 그리고 AO, 90, 144를 참조).8 혹은 어딘가 다른 곳에서 서술되는 대로 "사건은 살 속에 그리고 신체 속에 적절히 새겨지는데 … 오직 비물체적 부분이라는 덕분이다"(LS, 221~2).9

또한 들뢰즈는 동일한 통찰을 다르게 표현한다. 코드, 이념 또는 욕망은 현실태와 종류가 다르기에, 모든 현실태 '이상의' 것이기에 마

---

7. 낱말들도 "신체의 심층에 새겨지"게 될 수 있다(LS, 84). 이접적 종합은 언제나 "벌거벗은 살 속에서, 영혼의 심층 속에서 실행되는 활동이다"(AO, 147).

8. "[L]enregistrement est un dehors-dedans, une limite enveloppante, 'dehors' parce que faisant intervenir une surface d'extériorité sur laquelle sont transcrits des resultants, 'dedans' parce que faisant partie constitutivement de la machine et réglant le procès de production"(LAT, 41)을 참조하라.

9. 이런 까닭에 "욕망적 생산은 오로지 현실적 실존만을 갖추고 있다"(AO, 154). 잠재태-잠재태 상호작용은 차단되기에 코드의 생산(욕망 자체의 생산) 전체는 다른 기계들의 현실태를 수축시키는 데서 비롯될 수밖에 없다.

주치게 되는 기계들이 어떤 식으로든 관여하지 않는다면 어떤 마주침을 현실화할 정확한 방식을 결코 자율적으로 결정할 수 없을 것이다. 내가 나의 특이성들에 의거하여 다른 한 기계를 마주치더라도 그 기계는 내가 그것의 현실화된 표현을 마주치는 타자 기계다. 결국 이 떤 기계의 의미-사건은 그 기계의 잠재적 본질의 표현이다. 사실상 요점은 명백하다. 마주치는 기계는 자신이 상대편 회집체를 마주칠 수 있기에 마주침이 이루어짐이 틀림없겠지만, 한편으로 상대편 회집체가 마주치는 기계에 의해 마주치게 될 수 있기에 마주침이 이루어짐이 틀림없다. 그러므로 마주치게 되는 기계는 사건을 특징짓는 데 관여한다. 들뢰즈는 이 절차를 "부차모순"이라고 일컬으면서(DR, 189) 그것이 "문제의 조건을 결정하는 데 개입할 뿐만 아니라 해의 사례들을 상관적으로 생성하는 데에도 개입하는 두 가지 절차 ─ 한편으로는 부속 장들의 명시와 다른 한편으로는 특이성들의 응축 ─ 를 갖추고 있다"라고 진술한다(DR, 190). 이것은 또다시 용어들은 다를지라도 포섭되는 존재자들이 어떤 기계에 의해 마주치게 되는 현실적 표현(부속 장)들을 구성할 뿐만 아니라 그 순간에 그것들 역시 그 마주치는 기계의 부분들이 되어서 그것의 특이성들을 생성하는 데 관여한다는 관념을 표현한다.

이렇게 해서 우리는 기계 존재론에 대한 한 가지 가능한 이의 ─ 즉, 우리가 역능들이 그것들의 기계적 신체와 내부적으로 관계를 맺고 있는 것처럼 굴고 있다는 주장 ─ 에도 대응할 수 있게 된다. 결국 우리는 코드 또는 욕망 또는 이념을 존재자가 지니고 있는 것으로 규정했다. 그리하여 들뢰즈는 자신이 경험적으로 추방하는 것을 초험적으로 유지한다고 비난할 사람이 있을 수 있다. 그런데 사실은 이렇지 않다. 왜냐하면 생성자 없는 역량은 존재하지 않기 때문이다. 나의 강도적 물질을 생성하려면 언제나 지푸라기, 시체, 책 혹은 기관, 아니 더 좋게 표현하면 일단의 기계가 존재해야 한다. 그러므로 이념과 문제적 신체 사이의 관계는 여전히 간접적이다. 그 이유는 신체에 이념을 제공하려면 언제나 생성자가 존재해야만 하기 때문이다.

다섯 번째 간주 — 그레이엄 하먼과 사중 객체

이제 우리는 일견 몇 가지 두드러진 유사점을 나타내는 들뢰즈의 기계 존재론과 하먼의 객체지향 존재론을 비교할 수 있다. 아이러니하게도 하먼은 어쩌면 여타의 객체지향 사상가보다 들뢰즈의 기계 존재론에 더 가까울 것이면서도 (대체로 해석되는 대로) 들뢰즈가 존재자들을 실재의 더 기본적인 지층으로 추정되는 것으로 환원한다는 이유로 가장 강경하게 그를 비난하는 철학자이기도 하다.[10] 그런데 하먼은 들뢰즈와 꼭 마찬가지로 가위와 화학물질, 언어, 행성, 낱말, 서커스 천막 같은 존재자들이 실재의 기본적인 구성요소들이고, 게다가 그것들의 존재론적 구조가 사중체라고 생각한다.[11]

하이데거가 『존재와 시간』에서 제시한 도구 분석으로부터 하먼은 객체의 내부적 존재와 다른 기계들에 대한 그것의 현시적 표현들 사이의 기본적인 분할을 도출한다.[12] 요컨대 망치 같은 도구가 부러질 때마다 그것은 더는 자신이 통상적으로 기능하는 맥락, 예를 들면 어

---

10. Bryant, *The Democracy of Objects*, 292 [브라이언트, 『객체들의 민주주의』]; Graham Harman, *Prince of Networks*, 6 [그레이엄 하먼, 『네트워크의 군주』]; Graham Harman, "Realism without Materialism," 63.

11. Harman, *The Quadruple Object*, 107. [하먼, 『쿼드러플 오브젝트』.]

12. Martin Heidegger, *Being and Time*. [마르틴 하이데거, 『존재와 시간』.]

340 질 들뢰즈의 사변적 실재론

느 목수의 작업장에 묻어 들어가 있지 않게 된다. 조금 전까지 그 망치는 그 목수가 의존할 수 있는 더 넓은 장치 체계 내에서 암묵적으로 작동했다. 그 목수는 그 객체에 의식적으로 주목할 필요가 없었는데, 그저 즐겁게 망치질을 하고 있었다. 그 망치는 고장이 남으로써 갑자기 자신이 그런 더 넓은 체계와 맺고 있던 관계를 단절하며, 그리고 이제는 그것이 의식적인 주목의 대상이라는 점에서 그 사용자와 새로운 관계를 맺는다. 그 망치가 갑자기 두드러짐으로써 그 객체의 관계들에서 생겨난 이들 변화에도 불구하고 그것은 여전히 동일한 객체다. 많은 하이데거주의자에게 이것은 단지 인간이 객체와 관계할 수 있는 두 가지 방식 — 한편으로는 실용적 사용과 다른 한편으로는 이론적 주목 — 을 가리킬 따름이다. 그런데 하먼의 경우에는 이것이 우리에게 객체에 관한 중요한 것을 말해주는데, 즉 객체 자체는 관계-외적인 측면이 있다는 것(그렇지 않다면 그것은 예전에는 작동했지만 이제는 고장이 난 이 망치가 아닐 것이다)을 말해준다. 게다가 하먼은 이런 관계-외적인 특성이 객체에 대한 우리 경험의 일부가 아니라 객체 자체의 일부라고 생각한다. 더 정확히 서술하면 다른 객체들도 인간 주체만큼이나 그 망치의 내부 존재에 접근할 수 없다. 이처럼 관계-외적인 특성을 존재론화하기 위해 하먼은 들뢰즈의 논증(2장의 3절을 보라)과 동일한 논증에 의존한다. 존재자가 자신이 다른 존재자들과 맺은 관계들에 지나지 않는 것이라면 무엇이든 대관절 어떻게 해서 변화할 수 있는지 이해할 수 없게 된다. 그 이유는 무엇이든 그것이 될 수 있을 모든 것이 그것의 현행적 소여에 망라되어 있을 것이기 때문이다.[13]

---

13. Harman, *The Quadruple Object*, 12. [하먼, 『쿼드러플 오브젝트』.]

객체를 관계적 측면과 비관계적 측면으로 분할한 후에 또한 하먼은 이 이중체가 추가적인 두 개의 이중체로 이루어져 있다고 주장한다. 하먼은 라이프니츠가 객체(라이프니츠의 모나드)로서의 객체는 두 가지 측면 – 그것의 단일체를 구성하는 한 측면(그것이 존재하지 않기보다는 오히려 존재하는 이유를 설명하는 측면)과 그것의 특유한 특질을 구성하는 추가적인 한 측면(그것이 저것이라기보다는 오히려 이것인 이유를 설명하는 측면) – 으로 이루어져 있어야 한다고 주장하는 것에 동의한다. 들뢰즈는 이들 측면을 기계의 신체와 특이성들이라고 일컫고, 한편으로 하먼은 객체의 실재적 객체와 실재적 성질들이라고 일컫는다. 들뢰즈와 마찬가지로 하먼도 후설이 한 객체의 다른 한 객체에 대한 관계적 현전 역시 하나의 이중체임을 입증했다고 여긴다.[14] 우선 하먼이 감각적 성질들이라고 일컫는 객체의 성질들이 있다. 그런데 성질은 결코 직접적으로 성질의 성질이 아니다('녹색의 온스' 혹은 '추악한 인치' 같은 것은 전혀 없다). 감각적 성질들은 실재적 객체(여전히 관계들의 외부에 남아 있는 것)의 성질들이 아니고 오히려 그 객체의 두 번째 단일체(자신의 소여에 전적으로 내재적인 것)인 하나의 통일된 객체의 성질들이다. 들뢰즈는 이것을 부분적 객체라고 일컫고, 하먼은 감각적 객체라고 일컫는다.

또한 하먼과 들뢰즈는 변화가 어떻게 해서 일어나는지(즉, 어떤 현존하는 존재자가 언제 정말로 변경되는지 혹은 어떤 실재적인 새로운 존재자가 언제 만들어지는지)에 관해 대체로 동의한다. 하먼의 객체지향 존재론에서는 이 방식이 '대리적 인과관계'라고 일컬어진다. 여기서 '대리적'이라는 낱말은 단지 존재자들이 결코 서로 영향을 직접

---

14. 같은 책, 11 [같은 책]. 그리고 Harman, *Guerrilla Metaphysics*, 21~32를 참조하라.

줄 수 없음을 뜻할 따름인데, 그 이유는 외부성이 존재자들의 사적 내부들 사이의 어떤 직접적인 만남도 배제하기 때문이다.[15] 하먼은 유추에 의해 대리적 인과관계의 본성을 설명하면서 그것의 작동 방식이 비유에 의해 가장 잘 예시된다고 서술한다. 예를 들어 "사이프러스 나무는 화염〔과 같다〕"라는 비유를 살펴보자.[16] 그 비유를 구축하기 위해 우리는 화염의 성질들을 사이프러스 나무로 그야말로 전치하지 않은 채로 그 성질들에 의존한다. 그 비유는 뜨겁고 명멸하는 주황색의 나무를 만들어내지는 않는다. 오히려 화염 성질들의 원재료는 그 비유에서 타자가 되며, 그리고 엄밀히 말해서 사이프러스 나무의 경우에도 사정은 마찬가지다. 이런 타자되기가 대리적 인과관계의 정수다. 바로 그런 이유로 인해 "사이프러스 나무는 침엽수다"라는 표현은 비유로서 작동하지 않는데, 왜냐하면 이 경우에는 비유를 생성하려고 사용된 원재료가 지나치게 동일성에 의해 특징지어지기 때문이다.[17] 하먼의 사중체에 의거하여 표현하면 비유를 구축할 때 우리는 제3의 객체―원재료와 종류가 다른 실재적 성질들을 갖출 새로운 객체―를 만들어내기 위해 두 객체의 감각적 성질들에 의존한다.[18] 다소 끔찍한 전문용어를 고안하면 대리적 인과관계는 이중 타자화로 이루어져 있다. 첫째, 객체의 현시적 성질들은 그것이 자신의 사적 내부에 품고 있는 실재적 성질들과 이미 다르다. 둘째, 이들 현시적 성질이 또 다른 객체를 생성하게 될 때마다 그것들은 언제나 그 객체의 실재적 성질들과 여전히 다르다. 물론 새로운 객체가 생성되는 경우에만 사정이 이런 것이 아니

---

15. 『게릴라 형이상학』의 제7장을 보라.
16. Harman, *Guerrilla Metaphysics*, 105.
17. 같은 책, 106.
18. 같은 책, 107.

라 현존하는 객체가 변경되는 경우에도 사정은 마찬가지다. 내가 어떤 객체와 마주침으로써 나의 내부적 존재가 변화하게 된다면, 그 이유는 그 객체의 현시적 성질들(그것의 실재적 성질들과 종류가 다른 성질들)이 내 안에서 새로운 실재적 성질들을 생성하거나 혹은 현존하는 실재적 성질들(이들 현시적 성질과 종류가 다른 성질들)을 변경하기 때문이다.

대리적 인과관계에 관한 하먼의 이론은 (내가 보기에) 이접적 종합에 관한 들뢰즈의 관념에 전적으로 어울린다. 프랑스어 교과서를 공부하거나 혹은 축제에 참여함으로써 나의 특이성들이 변경된다면 그 결과는 당연히 나의 내부적 존재에 생성된 '매우 작은 교과서'나 '미니-축제'가 아니다. 생성된 역능들은 그것들을 생성하는 모든 현실태와 종류가 다르다. 수 세기 동안 난초 한 종이 말벌들에 노출됨으로써 영향을 받았지만, 그 난초들은 명백히 말벌 자체가 되지는 않았다. 그 난초들은 '말벌 같은' 모양을 현시할 수 있는 역량을 얻게 되지만, 실재적 객체로서 그것들은 결코 말벌이 되지는 않는다. 결국 바비큐를 먹으려고 하는 사람들 주변을 날아다니면서 귀찮게 하는 망치 난초에 대하여 보도된 사례는 전혀 없다.

그런데 하먼의 철학과 들뢰즈의 철학은 변화가 언제 일어날 수 있는지에 대한 그것들 각각의 설명을 살펴보면 어긋나게 된다. 들뢰즈의 경우와 마찬가지로 하먼의 경우에도 한 존재자 속 실재적 성질들(들뢰즈의 특이성들)과 실재적 객체(들뢰즈의 신체)의 이중체가 가변적인 본질을 구성한다. 그런데 하먼의 경우에는 한 존재자가 다른 존재자들과 마주침으로써 초래되는 본질의 변경이 급격히 이루어지거나 아니면 전혀 이루어지지 않는다.

내 경우에 실재적 객체는 사실상 성질들을 갖추고 있어야 하고, 게다가 여러 해에 걸쳐 바뀌는 다양한 성질을 가로지르는 잠재적 궤적에 불과한 것일 수가 없다. 이런 까닭에 사실상 나는, 우리 인간은 마음속 깊은 곳에서는 아무것도 변하지 않았다는 사실을 감추는 가면과 의상을 착용함으로써 변하거나 아니면 자신을 예전과 다른 사람으로 만드는 새로운 사물들과 결합함으로써 변한다고 주장한다. 더 정확히 말하자면 인간의 생애 동안 이들 두 가지 사태가 모두 각기 다른 시기에 발생한다. 우리는 어쩌면 컨트리 뮤직 단계를 거치거나, 혹은 자신이 사실상 전혀 그렇지 않을 때 다른 사람들에게, 심지어 자기 자신에게도 자신이 방탕한 오입쟁이인 척하는 단계를 거칠 것이다. 그런데 다른 한편으로 또한 우리는 필시 드물지만 돌이킬 수 없는 결합을 통해서 무언가 다른 것과 관계를 맺음으로써 자신이 근본적으로 새로운 사람으로 전환되는 경험을 겪는다. 통상적인 대안이 우리는 고정된 정체성을 갖추고 있지 않고 오히려 되기의 끊임없는 흐름 속에 있다는 것이거나, 아니면 우리는 수태부터 죽을 때까지 불변하는 영혼으로 남아 있게 된다는 것이라면, 오히려 나는 우리가 유한한 횟수의 기회에 변화한다고 주장할 것이다. 그리하여 나는 더는 다섯 살 때의 나와 같은 사람이 아니지만 어쩌면 작년의 나 혹은 재작년의 나와 같은 사람일 것이다. 삶의 전환은 실제적일 것이지만 드물 것이다.[19]

하먼의 입장에서 이것은 즉흥적인 진술이 아닌데, 왜냐하면 최근에 출판된 『비유물론』이라는 그의 책이 (무엇보다도) 객체의 내부는 그것이 실존하는 동안 대략 대여섯 번만 변경될 수 있을 뿐이라는 관

---

19. Graham Harman, "Strange Realism," 16.

념을 지속적으로 옹호하기 때문이다.[20] 더욱이 하먼의 경우에 변화는 제로섬 게임으로, 객체는 급격한 변형을 겪거나 아니면 아무 일도 일어나지 않을 것이다. 그런데 정확히 무슨 종류의 게임인가? 변화는 『오비디우스』에서 나타나는 변신과 같은 것이기에 악타이온이라고 일컬어지는 동일한 존재자가 예전에는 인간이었지만 이제는 수사슴이며, 그리고 다프네라고 일컬어지는 동일한 존재자가 예전의 님프인 동시에 현행의 월계수인가? 만약 그렇다면 (기관 없는 신체 혹은 실재적 객체로서의) 동일한 존재자에 대하여 본질적 성질들은 근본적으로 변화하거나 아니면 전혀 변화하지 않는다. 그런데 우리가 실재적 성질들이 근본적으로 변화할 수 있다고 인정한다면 어떤 논증으로 그것들이 점진적으로는 변화할 수 없을 것이라는 점을 증명할 수 있을까? 왜 아폴론이 거는 주문은 나를 많이 변화시킬 것이지만, 새로운 언어의 습득은 나를 적잖이 변화시키지 않을 것인가?

차라리 변화는 훨씬 더 불길한가? 사건들이 공모하여 다섯 살의 그레이엄 하먼을 철저히 제거하는 동시에 또 다른 그레이엄 하먼으로, 어쩌면 삼십 살의 그레이엄 하먼으로 순간적으로 대체한 불길한 밤이 있었던가? 사실이 그러하다면, 이는 사실상 변화가 아니라 오히려 한 존재자의 다른 한 존재자에 의한 대체다. 그렇다면 모든 단일한 존재자의 본질적 이중체는 철저히 변경 불가능할 것이다. 그런데 변경 불가능한 사물들로만 구성된 실재에서 변화의 원리 혹은 원인은 무엇일까?

두 가지 시나리오는 모두 존재자의 창조 순간에 놀랍도록 예외적인 지위를 부여할 것이다. 들뢰즈와 마찬가지로 하먼은 존재자들 사

---

20. Graham Harman, *Immaterialism*, 107~18. [그레이엄 하먼, 『비유물론』.]

이에서 새로운 존재자들이 생성되어야 한다고 주장한다. 어떤 새로운 존재자가 생산될 때마다 단백질과 음악가, 난로, 낱말 같은 일상적 회집체들이 그 새로운 사물의 실재적 성질들(특이성들)을 구성하는 데 관여해야 한다. 생산자들은 어떤 의미에서는 자신들의 생산물을 '다듬'어야 한다. 그렇지만 그것이 생산된 순간 이후에는 하먼적 객체의 실재적 성질들이 바로 그 동일한 일상적 사물들에 아무 영향도 받지 않게 되는 것처럼 보인다. 왜? 최초가 아닌 관계들과 관련하여 그토록 다른 것은 무엇인가? 물론 객체들이 일단 형성되고 나면 변화에 대한 저항을 나타내는 실존적 사례들은 풍부하고, 게다가 들뢰즈는 대다수의 현존하는 기계가 서로 조금도 영향을 미칠 수 없을 것이라는 점에 전적으로 동의할 것이다. 하지만 우리는 변화가 단지 유한한 횟수의 예외적 기회에만 가능하고, 그것도 오직 극단적인 의미에서만 가능하다는 하먼의 존재론적 논증에 대해 우려하지 않을 수 없다.

기계 존재론의 시각에서 바라보면 방금 언급된 구절에서 드러난 하먼의 추리 노선에는 한 가지 오류가 작동하고 있다. 변화에 대한 하먼의 설명은 두 가지 위험을 물리치려고 고안되는데, 이들 위험은 (1) 존재자들은 변화할 수 없다는 것과 (2) 존재자들은 끊임없는 생성의 흐름 속에 있다는 것이다. 하먼은 (1)을 거부한 점에서는 올바르다. 그 이유는 그것이 어떻게 해서 무언가가 도대체 생겨날 수 있는지와 왜 무언가가 도대체 현존하는지를 이해할 수 없게 만들 것이기 때문이다. 그런데 하먼이 (2)를 거부하는 이유는, 존재자가 원칙적으로 언제나 자신의 마주침으로 변경될 수 있다면 이는 사실상 모든 존재자를 자신의 관계들로 환원하는 것(그러므로 외부성 테제를 위배하는 것)에 해당할 것이기 때문이다. 사실은 전혀 이렇지 않다. 들뢰즈의 경우에 역능들 또는 특이성들은 정의상 그것들을 생성하는 현실태들과 종류가 다르다는 점을 떠올리자. 이런 기본적인 사실로 인해 이미 존재자를 그것의 관계들로 용해하는 것은 불가능해진다. 단일한 사건으로 혹은 1백 번의 사건으로 혹은 1천 번의 사건으로 내가 급격히 바뀌든 점진적으로 바뀌든 아니면 전혀 바뀌지 않든 간에 이들 관계 중 어느 것도 외부성을 위배할 수 없다. 원칙적으로 존재자의 내부에서 일어나는 변화의 빈도와 강도는 무엇이든 가능하며, 사실상 일어나는 것은 사안에 따라 다를 것이다. 달리 서술하면 그것은 기계가 직면하게 되는 우발적인 마주침, 그것의 현행적 특이성들이 이런 만남에 저항하거나 공명하는 방식, 주변 존재자들의 역능들 또는 실재적 성질들에 의해 행사되는 힘 등에 의존할 것이다.

또한 엄밀히 말해서 하먼은 이것에 동의할 것이라는 점을 인식하자! 하먼 자신의 용어로 표현하여 모든 변화가 정의상 '대리적'이거나 '은유적'이라면, 무언가-다른-것에-의해-구성됨은 그 정도가 무엇이든 간에 성질들이 구성 중인 객체로 문자 그대로 전이되는 것에 해당할 수 없다(그리하여 객체를 자신을 구성하는 것과 동일시할 수 없기에 자신을 구성하는 것으로 환원할 수 없다). 그러므로 변화를 유한한 횟수의 기회 ─ 게다가 기회가 유한하기에 객체의 내부 변경은 당연히 급격하다 ─ 에 한정하는 것은 추가적인 논증이 필요하다. 예를 들면 하먼은 한 객체의 실재적 성질들이 시간이 흐름에 따라 다른 객체들(각각은 작은 영향을 미친다)과의 일련의 마주침을 통해서 느리고 점진적이며 다소 연속적으로 형성되는 것과 획기적인 사건과의 단일한 충돌에 의해 변형되는 것이 종류가 다른 이유를 밝혀야 할 것이다. 이것은 두 가지 다른 종류의 관계들 ─ 객체의 내부를 변경할 수 있는 관계들과 변경할 수 없는 관계들 ─ 이 필요할 것처럼 보이며, 그리고 원칙적으로 그런 것 같다. 여기서 우리가 적어도 말할 수 있는 것은 들뢰즈의 존재론이 우리가 그런 존재론을 찾아야 하는 곳이 아니라는 것이다.

2. 되기라는 개념

본질은 언제나 최소한의 변이를 겪고 있다. 본질의 이런 가변성으로 인해 "문제적 이념은 단순한 본질이 아니다"(DR, 163, 강조가 추가됨). 이런 변이는 때때로 아주 작을 수 있어서 모든 의도와 목적에 대하여 아예 고려되지 않거나 대수롭지 않은 것으로 여겨질 수 있다. 예를 들면 대략 향후 십 년 동안 포트 녹스Fort Knox에 보관된 금괴의 이념은 사실상 전혀 변하지 않을 것이다. 때로는 오히려 이런 변이가 대단히 클 수 있는데, 예컨대 애벌레의 나비로의 변화가 알려준다. 그런데 욕망의 변화 속도가 어떠하든 간에 변이는 존재해야 한다. 그 이유는 기계의 각 측면이 생산되어야 하기 때문이다. 특이성들도 예외가 아닌데, 비록 특이성들의 생산은 어떤 기계에 의해 포섭됨으로써 그 기계에 그것의 이념을 부여하는 생성자들과 종류가 다를지라도 말이다.

들뢰즈가 서술하는 대로 모든 존재자는 자신의 내부적 물질에 마주침의 흔적을 기록하거나 등록할 수 있는 "감수성"(DR, 98)을 부여받는다. 이접적 종합은 우리에게 수축시키거나 관조하는 것이 참으로 무엇인지에 관한 완전한 의미를 제공한다. "관조하는 것은 무언가를 끌어내는 것이다"(DR, 74). 결과적으로 리좀의 본질에서 이루어진 변이는 "되기" 혹은 "실체 자체로서의 변화"라고 일컬어진다(B, 37).[21] 들뢰즈가

---

21. 들뢰즈가 '실체'로 의미하는 바는 회집체의 무의식적 측면 또는 잠재적 측면으로, "무의식적인 것은 제조되어야 하는 실체다"(D, 78). "존재는 변경이고, 변경은 실체다"(DI, 25, 그리고 DI, 37 참조)라는 구절을 참조하라.

이 개념에 대한 자신의 설명에서 오해를 불러일으키는 용어에 의지하지 않는다면 그는 들뢰즈가 아닐 것이다. 『안티 오이디푸스』와 『천 개의 고원』 전체에 걸쳐서 들뢰즈는 '나는… 라고 느낀다'라는 표현에 의거하여 되기에 관해 서술한다. 예를 들면 분열증을 앓는 판사 슈레버가 여성 되기를 어떻게 '느낄'지 검토하는 사례가 있다. 그런데 되기는 누군가가 느끼는 것이 결코 아니고, 또다시 들뢰즈는 우리가 그 용어에 대한 우리의 통상적인 이해를 단념하라고 요청하고 있다. 들뢰즈는 되기에 대한 '나의 느낌'은 감각적 성질과 아무 관련도 없다고 서술한다(DI, 238). 그러므로 그는 '나는 느낀다'라는 표현을 "그저 일반적인 '나는… 라는 인상을 받는다'라는 표현에 불과하지 않고 하나의 전문적이고 철학적인 개념"으로 사용하고 있다.[22] 되기는, 초험적인 것이기에 인간의 느낌 혹은 여타 종류의 직접적인 접근을 허용하지 않는 기계의 푸이상스의 변이와 관련이 있다.[23] 오히려 되기에 대한 '나의 느낌'은 자신의 욕망이 변화하고 있다는 간접적인 지각인데, 진행 중인 변화의 징후로 해석하려고 시도할 수 있는 현실적 표현들에 기반을 둘 수밖에 없는 언제나 다소 불확실한 결론이다.

되기는 예외적인 것이 아니다. 되기는 하나의 결함 혹은 저주가 아니다(K, 35). 지금은 중요하지 않은 듯 보이는 것과의 우연한 마주침이 어쩌면 나중에는 어느 기계의 코드를 근본적으로 바꿔버린 것으로 판명될 것이다. "우리는 여하튼 어떤 것에 의해서도, 가장 뜻밖의 것, 가장 하찮은 것에 의해서도 되기로 내던져질 수 있다"(ATP, 292). 그런

---

22. "Le 'je sens', je veux dire, il y a un 'je sens' philosophique. Le 'je sens' c'est pas seulement 'J'ai l'impression'"(SCS, 270580).
23. 달리 주장하는 것은 "의식을 무의식에 투사하기"라는 오류를 범할 것이다(SCS, 150272).

데 동일한 논리에 의해 어떤 혁명적 사건이 결코 아무것도 바꾸지 못한 것으로 판명될 수도 있다. 의미-사건의 본성이 무엇이든 간에 중요한 것은 언제나 의미-사건이 어느 정도까지, 어떤 방식으로 기록될 것인지에 관한 물음이다. "사건의 영원한 진실은 사건이 살 속에도 기입되는 경우에만 파악된다"(LS, 161). 어쨌든 되기는 상상의 것이 아니라 "완전히 실재적"인 것이다(ATP, 238). 들뢰즈가 "동물-되기" 혹은 "여성-되기" 그리고 심지어 "학생-되기와 흰갈매기-되기, 소녀-되기, 몽골인-되기" 같은 특정한 사례들을 구별하는 것은 참이다(AO, 109). 그런 부정확한 명칭들은 되기가 결코 되기-일반이 아니라는 점을 강조하는 데 필수적이다. 되기는 특정한 기계(어느 동물, 어느 몽골인, 어느 여성)에 대한 되기다. 되기는 언제나 한 '단편'의 되기이고(ATP, 238) 결코 무제한적이지 않다(N, 28). 그런데 각각의 그런 단편은 단지 "어떤 더 깊은 지각할-수-없는-되기"의 한 특정한 사례일 뿐이다(FB, 27; 그리고 ATP, 252, 279~81; D, 45를 참조). 지각할 수 없는 이유는 마주침에서 비롯되는 초험적 기록이 연장적이지도 않고 그것을 생성한, 포섭되는 연장성과 유사하지도 않기 때문이다. 그러므로 되기는 "가장 지각할 수 없는 것"이고(D, 3) "한쪽 평면에서 보일 수 있게 되는 것은 나머지 다른 한쪽 평면에서는 지각할 수 없는 것이다"라고 들뢰즈는 서술한다.[24] 앞서 알게 된 대로 들뢰즈는 처음에 회집체를 생산하는 기계들에 아무 특권도 부여하지 않는다. 각각의 수축된 기계는 다양체의 코드를 변경할 가능성이 있다. 이런 까닭에 "우리는 계통 관계와 전염병을, 유전과 전염을 대립시킨다"(ATP, 241).[25]

---

24. "ce qui devient perceptible sur ce plan, c'est ce qui est imperceptible sur l'autre plan"(SCS, 150277). 또한 모든 되기는 분자적이라는 반복되는 주장을 참조하라 (ATP, 272; 그리고 ATP, 275; K, 37을 참조).

기계의 사중체와 종합들은 어떤 특정한 선험적 관계도 상정하지 않는다. 이렇게 해서 객체의 모든 실존적 관계가 객체의 본질이 무엇이 될지에 대한 발언권을 가질 수 있게 된다. 반면에 보편적 깊이 혹은 높이의 환원주의적 체계에서는 실존적 사건으로 인한 변화가 결코 본질적이지 않다. 그 이유는 모든 것이 자신이 어떤 원천과 맺은 관계의 내부에 여전히 있기 때문이다. 그런데 기계 존재론에서는 모든 것이 적어도 시도해 볼 수는 있다.

> 우리는… 모든 것이 이들 강렬한 되기와 이행, 이주 속에서 뒤섞인다고 믿는다. 모든 것이 시간의 흐름을 오르내리는 이 모든 표류 속에서 뒤섞인다. 예컨대 나라들, 인종들, 가족들, 부모의 호칭들, 신의 호칭들, 지명들과 역사적 인명들 그리고 심지어 갖가지 사실들이 뒤섞인다…(AO, 104).

무엇이든 마주치게 되는 기계는 마주치는 기계의 일부다. 모든 것은 흔적을 남기려고 시도해 본다. "나무, 기둥, 꽃, 지팡이가 신체의 내부에서 자란다는 것, 다른 신체들이 언제나 우리의 신체에 침투한다는 것"은 바로 이런 의미에서다(LS, 87). 그런데 시도해 본다는 것은 까다로운 작업이다. 그 이유는 생성된 코드가 그것의 생성자와 유사하지 않기 때문이다. 들뢰즈가 종종 역설하는 대로 되기는 모방과 아무 관계도 없기 때문이다.[26] 이런 까닭에 우리는 우리에게 그렇게 할 수 있

---

25. "전염, 전염병에는 전적으로 이질적인 항들 – 예를 들면 인간, 동물 그리고 박테리아, 바이러스, 분자, 미생물 – 이 연루된다는 점에서 차이가 난다. 혹은 송로버섯의 경우에는 나무, 파리 그리고 돼지가 연루된다. 이들 조합은 유전적이지도 않고 구조적이지도 않은데, 그것들은 계들 간의 교류, 진귀한 관여들이다"(ATP, 242).

26. "Qu'est-ce que ça veut dire : devenir animal? Ça ne veut pas dire imiter… Ce n'est

는 역량을 부여한 바로 그 제도에 반항할 수 있다. 되기는 현실태에서 그것을 닮지 않은 잠재태로 이행한다. 이런 의미에서 되기는 "적어도 원칙적으로는 절대적 탈영토화"와 관련이 있으며, 그리고 그 원인이 아니라 그 결과 – "탈영토화된 흐름의, 비기표작용적인 기호들의 무정형의 물질" – 에 유용하다(K, 14).

앞서 우리는 들뢰즈가 기계의 연결적 노동을 '리비도'라고 일컫는 다는 사실을 알았다. 이접적 종합은 "이접적 기입의 에너지"로 규정되는 '누멘'이라는 용어로 나타내어진다(AO, 24; 그리고 AO, 331을 참조). 누멘은 수축이 코드의 새로운 등록 또는 기록을 낳게 하는 종합의 그런 측면 – 들뢰즈가 "에너지의 전환"이라고도 일컫는, 현실태에서 잠재태로의 이행 – 과 관련이 있다(AO, 24). 왜 신의 현존 혹은 신의 의지를 뜻하는 이름인 '누멘'인가? 그 이유는 바로 유일신 혹은 하나의 주권적 주체가 부재한 상황에서 존재자들이 한 예외적인 행위주체에 전통적으로 할당된 작업을 그들끼리 수행하고 있기 때문이다. 기계 존재론에서 "신성한 유일한 것은 이접들의 에너지의 본성이다"(AO, 25).

되기는 기계의 내부적 물질 또는 이념의 변이와 관련되어 있다. 기계란 "자연적이거나 인공적인 물질성, 혹은 자연적인 동시에 인공적인 물질성이다. 기계는 운동하고 흐르고 변화하는 물질, 특이성들과 표현의 특질들을 운반하는 물질이다"(ATP, 409). 그런데 이것은 모든 것이 끊임없이 두드러지게 변화하고 있음을 뜻하는 것은 아니다. 우리는 모두 다른 기계들에 의해 변경되는 것에 엄청나게 저항하는 수많은 기계를 알고 있고, 게다가 튼튼한 기계들이 어이없게도 쉽게 소멸할 수 있는 다수의 다양체에 못지않게 많이 있음을 알고 있다. 그런데 기계가

pas au moment où on imite que ça marche"(SCS, 150277).

약하든 강하든 간에 그것의 무의식은 생성되는 과정과 생성의 근거가 되는 과정에 몰입된 하나의 '공장'이다(LS, 90을 참조). 신체와 욕망의 잠재적 이중체는 언제나 내부적 변화의 능동적인 단일체다.[27] 이런 변화는 한 기계의 다른 기계들과의 마주침에서 비롯되지만, 잠재태와 현실태 사이의 종류 차이로 인해 그런 관계들은 언제나 '원격' 상태에 있게 된다.

> 그러므로 모든 힘은 본질적으로 또 다른 힘과 관련되어 있다. 힘의 존재는 복수인데, 힘을 단수로 생각하는 것은 절대적으로 터무니없을 것이다. 힘은 지배하는 것이지만 또한 지배를 받는 대상이기도 하다. 여러 힘은 거리를 두고서 작용하고 영향을 받는다. 그 거리는 각각의 힘에 포함된 미분적 요소이며 그 요소에 의해 각각의 힘이 서로 관련된다(NP, 6).

모든 기계 또는 리좀은 환원 불가능한 존재자다. 기계들은 세계에 풀려난 힘들이다. 그런데도 각각의 힘은 적어도 자신을 생산하고 있는 두 가지 다른 힘을 포섭해야 한다. 들뢰즈가 서술하는 대로 "당신은 어떤 통제되고 연속적이며 내재적인 변이 과정의 영향을 여전히 받고 있지 않거나 혹은 이미 받지 않은 균질한 체계를 결코 찾아내지 못할 것이다"(ATP, 103). 이들 힘은 원격으로 작용한다. 그 이유는 그것들의 현실태가 관계적 표현과 종류가 다른 잠재태로 수축될 것이기 때문이다. 생성됨과 생성

---

27. 들뢰즈는 이것 역시 라이프니츠에게서 식별한다. "Alors je dis juste : retenons la défi-nition : unité active du changement intérieur" ; "la forme substantielle ⋯ l'entéléchie c'est cette unité active, c'est-à-dire ce qu'on a appelé pour le moment : monade"(SL, 120587).

함의 이런 보편적 구조로 인해 이념은 단지 기계의 물질에 불과한 것이 아니라 오히려 "물질의 불타오르는 생동적인 중핵"이고 "실재의 고동치는 핵심"이다(AO, 32, 107).

이렇게 해서 우리는 들뢰즈가 '사회적' 기계라고 일컫는 것과 '기술적' 기계라고 일컫는 것 사이의 구분에 이르게 된다. 「서론」에서 진술된 대로 이들 용어는 서로 다른 종류의 기계들을 가리키지 않고, 더 큰 규모의 기계는 사회적이고 더 작은 규모의 기계는 기술적인 것처럼 규모를 구분하는 것도 아니고, 집단과 개체의 대립을 나타내는 것도 아니다(BSP, 130). 오히려 각각의 기계는 기술적일 뿐만 아니라 사회적이기도 하다(AO, 46). 기술적인 것과 사회적인 것은 종류의 차이가 아니라 '체제'의 차이를 가리킨다(BSP, 130).[28] 그런데 들뢰즈는 우리에게 욕망하는-기계는 기술적 기계 및 사회적 기계와 동일한 존재자이지만, 욕망은 그것의 무의식과 관련이 있다고 말해준다(BSP, 132).[29] 이로부터 기계의 기술적 및 사회적 측면은 그것의 현실태와 관련이 있다는 결론이 당연히 도출된다.[30] 욕망은 "분자적"이고(특이성들에 관한 이전의 논의를 참조하라), 들뢰즈는 욕망을 "몰적"인 사회적 기계와 기술적 기계에 대립시킨다(AO, 327). 그러므로 모든 기계는 "한편으로는

---

28. "진실은 사회적 생산이 순전히 그리고 단적으로 특정한 조건 아래서 이루어지는 욕망적 생산 자체라는 것이다"(AO, 42) ; "욕망하는-기계와 기술적이고 사회적인 기계 사이에는 결코 어떤 본성의 차이도 존재하지 않는다. 그것들 사이에는 어떤 구분이 존재하지만, 그것은 단지 체제의 구분일 따름이다"(AO, 44 ; BSP, 129를 참조).

29. 『천 개의 고원』에서는 동일한 구분이 다른 표현으로 되풀이된다. 그 책에서는 사회적 기계와 기술적 기계가 "언명의 집단적 회집체들"이라고 일컬어지는데, "유일한 회집체들은 욕망의 기계적 회집체들과 언명의 집단적 회집체들이다"(ATP, 22). 이것들은 또다시 동일한 동전의 양면이기에 언제나 서로 섞여 존재한다(ATP, 23).

30. 그러므로 기계는 사회적으로 그리고 기술적으로 "이런저런 절편, 이런저런 사무실, 이런저런 기계 혹은 기계의 상태 속에서 포착될" 것이다. " … 동시에 다른 한편으로 그것은 해방된 표현에 휩쓸리고 변형된 내용을 휩쓸면서 내내 비행할 것이다"(K, 59).

욕망하는-기계이지만 다른 한편으로는 유기적 기계이거나 기술적 기계 혹은 사회적 기계다. 이것들은 특정한 조건 아래 놓여 있는 동일한 기계들이다"(AO, 328; 그리고 AO, 387을 참조).

한 기계가 다수의 다른 기계를 자신의 생성자들로 수축시키는 한에서 그것은 사회적이다. 사회적이라는 것은 사물들을 자신의 "재고"로 삼는다는 것이다(D, 104). 그것은 "개입하"거나 "진압하"는 것인데 (AO, 46, 70, 166), 요컨대 (1) 수축이 분리된 존재자들을 결합한다는 것과 (2) 어떤 기계의 포섭이 언제나 포섭하기를 행하는 그 기계의 역량들에 기반을 두고 있다는 것을 뜻한다. 이런 까닭에 들뢰즈는 "사회적 기계가 잘 기능하지 말아야 하는 것은 기능하기 위함이다… 기능 장애는 그것이 기능할 수 있는 바로 그 능력의 본질적 요소다"라고 서술한다(AO, 176~7). 수축이 기계의 본질에 기반을 두고 있지만 이 본질 자체가 기능적이지는 않다는 점을 떠올리자. 바로 이런 비기능성으로 인해 이 기계가 새로운 관계들을 맺을 수 있게 된다(그렇지 않다면 그것은 자신의 현행적 현실태에 한정될 것이다).

반면에 한 기계가 다른 기계들에 의해 포섭되는 한에서 그것은 기술적이다. 기술적이라는 것은 무언가를 위해 기능하는 것이다. 그러므로 기술적 기계는 "자신을 조건 짓고 조직하는 사회적 기계를 향하지만 그것의 발달을 제한하고 방해하기도 한다"(AO, 165). 탁자는 자신의 부분들에 대하여 하나의 사회적 기계다. 이들 다른 기계들이 부분들인 한에서 그것들은 자신들의 과잉 욕망을 발휘하여 현실적으로 탁자의 부분으로서 기능하게 된다. 기술적 기계는 "외부적으로 규정될 수 있"다(ATP, 458). 왜냐하면 기술적인-것은 타자를-위한-것이기 때문이다.

이처럼 간단한 분류가 몇 가지 기묘한 결과를 함축한다. 예를 들어 밀집대형의 한 장갑보병 부대를 생각하자. 한 가지 매우 중요한 의미에서 그 부대는 그 자체를 자신의 부분으로 삼고 있다.[31] 결국 자신의 코드에 의거하여 다른 기계들을 자신의 구성원으로서 포함하는 것은 그 부대다. 각각의 기계는 자신의 고유한 부분들로부터 생성될 수 있을 따름이다. 더욱이 개별적 병사들은 서로 비대칭적이고 일방적인 관계를 맺는다. 각각의 병사는 자신의 방패를 사용하여 자신의 왼쪽에 있는 다른 한 병사를 보호하지만 여전히 이 타자의 외부에 있다. 그런데 그 밀집대형 부대의 경험 속에서는 단절과 인접성의 규칙에 따라 이들 병사가 대칭적이고 연속적으로 마주치게 된다. 그 잠재적 부대는 사실상 그 병사들을 하나의 단일체로 경험한다. 게다가 물론 동일한 기계가 기술적인 동시에 사회적일 수 있다. 예를 들면 "시계는 균일한 시간을 측정하기 위한 기술적 기계인 동시에 표준 시간을 재현하고 도시에서 질서를 보장하기 위한 사회적 기계이기도 하다"(AO, 165). 기술적으로 시계는 사람들이 시간을 알기 위해 보는 것으로서 기능한다. 사회적으로(시계가 단 하나뿐인 마을을 상상하자) 시계는 자신의 물리적 구성요소들을 포섭할 뿐만 아니라 그것을 따르고 있는 사람들도 포섭한다. 후자의 생각은 기묘한 것일까? 기계 존재론에서는 그렇지 않다. 제3의 기계에 의한 수축만이 두 기계를 결합할 수 있을 뿐이라는 점을 떠올리자. 우리가 어딘가에서 만날 수밖에 없는 이유는 어딘가에 만날 곳(법정, 대학교, 감옥, 온라인 회의)이 있기 때문이다. 어떤 시점에 사람들을 수렴하게 만드는 것은 이들 기계 사이

---

31. 모든 자기원인적 해석과는 대조적으로 이것은 기계적 신체가 "독자적인 자기-생산〔및〕그 자체의 독자적인 생성"(AO, 26)을 수반하는 방식이다. 이것은 단지 기계가 어디에서 구성되든 간에 그것은 자신의 고유한 특이성들 또는 이념에 의거하여 자신의 부분들 — 이것들 역시 구성되고 있을지라도 — 을 구성할 수 있을 따름이라는 점을 말하는 것일 뿐이다.

에 있는 시계이지 않은가? 어떤 의미에서는 시계가 우리를 소유하고 있음이 확실하다.

3. 회집체와 강도

되기로 인해 회집체로서의 하나의 기계는 단지 어떤 회집된 무언가agencé에 불과한 것이 아니라 하나의 회집agencement이다. 욕망은 단지 개시 순간에만 회집되지 않고, "욕망은 언제나 회집된다"(ATP, 229). 기관 없는 신체는 언제까지나 기계의 환원 불가능한 단일체일 따름이기에 자신의 욕망을 결코 온전히 혼자의 힘으로 생성할 수는 없을 것이다.[32] 기관 없는 신체는 '기관-기계들'이 필요하다. 신체는 "순수한 강도적 물질이거나, 혹은 자신의 기관-기계들이 작동 부분들과 적절한 역능들을 구성할 부동의 모터다"(TRM, 21). 회집체라는 것은 자신의 특이성들이 다른 회집체들과의 마주침에서 비롯되는 결과이게 하는 것이다. "흐름 — 선별되고 조직되고 지층화된 흐름 — 에서 인공적으로 또 자연적으로 수렴하는 식으로(일관성) 추출되는 특이성들과 특질들의 모든 집합을 회집체라고 부르자. 이런 의미에서 회집체는 진정한 발명품이다"(ATP, 406). 그러므로 "자신의 연결들을 늘림에 따라 반드시 본성상의 변화를 겪는 다양체의 차원이 이런 식으로 불어난 것이 바로 회집체다"(ATP, 8). '다양체'는 모든 존재자의 내부적 실재로서의 잠재적 이중체를 강조한다. '회집체'는 기계가 그 신체의 환원 불가

---

32. 이런 까닭에 들뢰즈가 자신의 독자들에게 즐겨 주지시키는 대로 재영토화 없는 탈영토화는 전혀 없다(AO, 306을 참조). 기계는 자신의 관계를 바꿀 수 있기에 자신을 생성하는 것 혹은 자신이 생성하는 것의 '영토'를 떠날 수 있다. 그렇지만 기계가 생성자나 생성물과 아무 관계도 맺지 않는 것은 하여간 불가능하다.

능성과 그 코드의 잉여적 지위에도 불구하고 언제나 생성되어야 한다는 점을 강조한다. 앞서 알게 된 대로 모든 마주침은 특이성들의 회집에 관여할 '가능성'이 있다. 한 기계의 내부적 코드 사슬은 많은 사물의 결과일 수 있는데, 그렇다 하더라도 그 코드 사슬은 이들 사물과 종류가 다르다.

> 어떤 사슬도 균질하지 않다. 오히려 모든 사슬은 다양한 알파벳의 문자들이 연속적으로 나열된 계열과 비슷하다. 이 계열에서는 표의문자, 그림문자, 지나가는 코끼리 혹은 떠오르는 해에 대한 매우 작은 이미지가 갑자기 나타날 것이다. 음소들, 형태소들 등을 결합하지 않은 채로 뒤섞는 사슬에서 아빠의 수염, 엄마의 쳐든 팔, 리본, 작은 소녀, 순경, 신발이 갑자기 나타난다(AO, 53).[33]

회집체는 그것이 현존하는 동안 내내 자신을 생성하는 기계들(자신이 연결하는 것들) 및 자신이 생성하는 기계들(자신이 연결되는 것들)과의 격렬한 전투와 애정 어린 포옹, 은밀한 절도, 공적인 선언에 갇히게 된다. 이들 마주침 중 일부는 혼란스러운 권력 투쟁일 것이다. 그 이유는 여러 회집체가 동일한 존재자의 자격이 있다고 주장하기 때문이다. 일부는 진정한 동맹의 형식을 취할 것이다. 그 이유는 여러 회집체가 하나의 더 크고 더 강건한 다양체의 부분이 되기 때문이다. 이 중 어느 것도 결코 "하나의 통합적인 전체 자체"를 형성하지는 않을 것이다(DR, 209). 그 이유는 각각의 수축된 존재자가 여전히 환원 불가능한 채로 있기 때문이다. 회집체는 "귀속될 수 없는" 채로 남아 있는데

---

33. 그러므로 언제나 "나의 복잡한 결합에는 천 개의 존재자가 연루되"어 있다(LS, 298).

(ATP, 4), 말하자면 회집체는 언제나 자신이 맺은 관계들의 외부에 있다. 들뢰즈와 관련하여 우리는 각각의 기계 회집체가 어떻게 해서 '국외자' 혹은 '특이한 것'인지 끊임없이 강조해야 한다. "러브크래프트는 '국외자'라는 용어를 이런 사물 또는 존재자, 즉 가장자리에 도착하고 가장자리를 지나가는 '그것'에 적용한다"(ATP, 245; 그리고 D, 42를 참조).

그런데도 회집체는 코드를 수축시켜서 자신의 이념을 바꿀 수 있다. 이런 변이는 때로는 아주 작을 것이고 때로는 모든 것을 변화시킬 것이다. 그래서 어쩌면 agencement이라는 프랑스어 낱말의 더 나은 번역은 '조작'operation이었을 것이다.[34] 그 이유는 '회집'이라는 낱말이 고정된 일단의 구성요소들과 관련된 것을 시사하기 때문이다. 어떤 기계가 여전히 이 기계인 채로 있을 수 있는 동시에 그 기계의 마주침들과 그 기계가 (일시적으로 혹은 영구적으로) 접속하게 되는 다양체들이 그 기계의 푸이상스를 변화시킬 수 있을 수 있다는 관념을 포착하는 데에는 어쩌면 '조작'이라는 용어가 더 나을 것이다. 이것을 예시하는 것은 군사 행동과 폭풍을 특징지을 수 있는 격렬한 변화다. "고유명사의 비밀을 쥐고 있는 것은 군인과 기상학자인데, 그들은 전략 작전이나 허리케인에 고유명을 부여한다"(ATP, 264; 그리고 D, 120을 참조).

또한 회집체가 자신의 존재론적 '자유'를 제한받게 되는 실존적 상황을 이해하는 것도 중요하다. 사막의 폭풍도 사막의 폭풍 작전도 결코 무엇이든 할 수 있는 것도 아니고 될 수 있는 것도 아니다. 들뢰즈가 서술하는 대로 "다양체가 어떤 구조 안에 자리하게 될 때마다 다양체의 성장은 그 조합 법칙들의 환원으로 상쇄된다"(ATP, 6). 예를 들

---

34. * 들뢰즈가 자신의 특유한 개념어로 사용한 프랑스어 낱말 'agencement'은 일반적으로 'assemblage'라는 영어로 번역된다.

어 국민국가 같은 비교적 거대하고 강건한 다양체를 살펴보자. "국가는 사람들뿐만 아니라 나무와 들판, 정원, 동물, 상품들로도 이루어져 있다"(ATP, 385). 혹은 또 하나의 사례에서 기사는 (무엇보다도) 남자, 말 그리고 등자로 구성된다(D, 69). 두 경우 모두에서 사람이든 동물이든 혹은 등자든 간에 어떤 구조 안에 자리하게 되는 기계는 자신의 현존 과정과 심지어 자신의 되기조차도 자신을 기술적 기계로 사용하는 사회적 기계에 의해 대체로 결정될 수 있다는 것을 깨달을 것이다. 일단 어떤 존재자가 다른 한 사물의 기능원이 되면, 이 상황으로 인해 그 존재자는 어떤 표현 패턴들에 갇히게 됨으로써 자신이 할 수 있는 것이 제한되게 된다.

기계의 신체적 환원 불가능성과 과잉 욕망에도 불구하고 모든 다른 기계와 연결할 수 있는 기계는 전혀 없고, 모든 부분적 객체를 수축시킬 수 있는 회집체도 전혀 없다. 만사는 해당 역능들에 부합하는 특정한 우발적 마주침에 의존한다. 예를 들면 유럽연합은 시민, 법, 무역 협정, 기타 등등을 회집하고 수축시킬 수 있지만 그것이 감정을 등록할 개연성은 거의 없다. 바위는 자신을 손에 쥐는 나를 등록할 수 있지만 그것에 대고 노래하고 있는 나에게 대응할 수는 없다. 휘발성 화학 용액을 폭발시키는 동일한 불꽃이 강철판에는 아무 영향도 미치지 못한다. 만사는 신체가 실제로 할 수 있는 것에 달려 있다. 기계는 단적으로 자신의 미래에 무엇이든 회집할 수 있는 것은 결코 아니다. 한편으로 또한 기계는 자신의 과거에 회집한 모든 것을 유지할 수 있는 것도 아니다. 사실상 기계의 마주침 중 대부분은 잊힐 것이다. 어린 시절에 우리가 겪은 천 개의 모험은 우리가 삼십 세라는 공경할 만한 나이에 이르게 되면 대부분 잊혔을 것이다. 남아 있는 것은 오로지 여전히 기능하는 일부 사소한 기계들 혹은 코드의 일부 흔적일 것이고, 따라서 여기서 우리는 결코 무엇이 무엇을 만들어내었는지 정확히 알지 못할 것이다. 그리하여 완전한 기록은 우주에서 가장 희귀한 것일 텐데, 어쩌면 보르헤스의 소설로서만 현존할 것이다. 현실적 현재들이 종류가 다른 순수 과거들로 수축됨은 망각이 실재의 근본적인 면모라는 점을 보증한다.[35] 그러므로 "이접들은 욕망의 계보가 취하는 형식이다"(AO, 25). 회집체의 되기에 관한 그런 계보는 어떤 면에서 "역사 없는" 것일 것이다(D, viii).[36] 한 존재자의 역사는 철저히 관계적이다. 그것은 다른 존재자들이 그 존재자에 현시된 방식과 그 존재자가 다른 존재자들에 현시된 방식에 관한 기록이다.

반면에 되기는 그런 두 가지 것 사이에서 일어나는 사태다. 되기는 잠재적 코드의 생산과 관련이 있기에 "되어버린 어떤 것으로도 환원될 수 없다 ⋯ 되기는 그 되기의 결과물이 아니다"(WG, 82~3). 그러므로 우리는 들뢰즈가 『카프카』 — 회집체가 처음 언급되는 책 — 에서 다음과 같이 제기하는 기묘한 물음에 대답할 수 있다. "왜 우리는 먼 것과 인접한 것을 ⋯ 한편에 놓고, 떨어진 것과 근접한 것을 ⋯ 다른 한편에 놓았던가?"(K, 76). 인접하는 현실태는 언제나 기계로부터 멀리 자리하고 있다. 그 이유는 어떤 부분도 결코 그것의 존재가 완전히 타자를-위한-존재가 되는 지경까지 통합될 수 없기 때문이다. 더욱이 관점이라는 잠재태는 결코 그것이 경험하는 현실태를 그것 자체로 통합할 수 없다. 동시에 잠재적 이중체는 언제나 그것의 현실적 객체들로부터 무한히 떨어져 있다. 그 이유는 그것들이 종류가 다르기 때문이다. 그런

---

35. 그리하여 "되기는 반(反)기억이다"(ATP, 294)이고, 실재에는 "능동적인 망각"(DR, 55)이 퍼져 있다.

36. "L'histoire de quelqu'un, ce n'est pas la même chose que le devenir"(SCS, 150277 ; 그리고 L'Abécédaire, "gauche" [〈질 들뢰즈의 A to Z〉]를 참조).

데도 현실적 객체는 이런 잠재적 관점에 대해 현실적이기에 또 다른 의미에서는 그 관점에 매우 근접해 있다.

들뢰즈의 저작이 변형 및 변신과 연관된 용어들로 가득 차 있는 이유는 회집체의 본성에 의해 해명된다(예를 들면, C1, 8;B, 64;LS, 221; DR, 154;FLB, 9). 이들 용어는 되기를 나타내는데, 즉 현실적인 현시적 표현들이 잠재적 내용으로 수축됨을 나타낸다. 그러므로 모든 되기는 변환이다(LS, 8). 변환이 핵심적인 이유는 "비╪유사성이라는 절대적 조건이 강조되어야 하"기 때문이다(DR, 279;DI, 100). 이런 까닭에 『철학이란 무엇인가』라는 책은 투명한 소통이라는 개념에 매우 적대적이다(WP, 6). 왜냐하면 들뢰즈에게는 아무것도 결코 관계 속에서 그 자체로 있는 그대로 현시될 수 없기 때문이다. 또한 바로 이런 의미에서 "모든 것은 표면에 오르게 되면 자신의 본성이 바뀌게 된다"라는 구절이 해석될 수 있다(LS, 175). 그것은 내가 맞닥뜨리게 되는 모든 새로운 상황이 나를 근본적으로 다른 존재자로 전환한다(이것은 관계론일 것이다)고 말하는 것은 아니다. 오히려 표면에 오르게 됨으로써 일어나는 본성의 변화는 단지 현실화된 잠재태 혹은 수축된 현실태에서 그 원인이 결코 그 결과와 유사하지 않다는 점을 반복해서 나타낼 따름이다.

존재자들이 다양한 정도의 강도 혹은 심지어 성과로 회집하기와 회집되기에 끊임없이 관여하는 실재는 앞서 알게 된 대로 들뢰즈가 '분열증적인 것'이라고 일컫는 것이다. 또한 그는 그 실재를 '착란증적인 것'이라고 일컫는데, 착란증이라는 낱말을 취함으로써 기계의 강도적 물질을 변경하는, 현실태와 잠재태 사이의 문턱을 넘어서기를 뜻할 뿐만 아니라 관계들의 내용을 이루는 현실적 존재자들의 변화도 뜻한다.[37] 그러므로 착란증은 "욕망하는-기계들의 생산의 경과로 이루어지는 기록"을 지칭하는 이름이다(AO, 34). 이것이 착란증적인 이유는 관계들이 본질을 변화시킴과 변화시키지 않음을 규정하는 선험적인 존재론적 규칙이 존재하지 않기 때문이다. 물론 실존적으로는 항상 제약과 불변적인 것이 많이 있지만, 원칙적으로는 하나의 시체와 몇 개의 지푸라기조차도 변화시킬 가능성이 있다. 착란증은 들뢰즈가 랭보를 인용하는 대로 왜 "나는 타자"인지 말해준다(AO, 377; 그리고 C2, 153; DR, 58, 85, 110을 참조).[38] 내가 타자인 이유는 본질적인 내가 나와 전적으로 다른 존재자들과의 마주침으로부터 회집되기 때문이다. 내가 타자인 또 다른 이유는 본질적인 내가 가변적이기 때문이다. 나의 특이성들 또는 욕망은 시간이 흐름에 따라 변할 수 있다. 공교롭게도 바로 이런 이유로 인해 실존은 언제나 위험한데, 모든 마주침은 기계의 코드 또는 이념이 감당할 수 없어서 죽음으로 이어지는 변경을 초래할 수 있다. 마지막으로, 내가 타자인 이유는 내가 나의 잠재적 자아에 접근할 수 없기 때문이다. 내가 나 스스로에 관해 인식할 수 있는 모든 것은 현실태인데, 즉 나의 본질과 종류가 다른 변형물이다. 더욱이 인접성과 흐름에 관한 논의에서 알게 된 대로 나 자신에 관한 각각의 이미지는 내가 아닌 다른 기계들과 연계되고 이들 기계에 의해 특징지어

---

37. "délirer c'est précisément, et c'est mon hypothèse puis le début, franchir des seuils d'intensité, passer d'un seuil d'intensité à un autre, c'est à dire qu'avant de délirer, le délirant, c'est quelqu'un qui sent et sentir, c'est sentir des passages intensifs sur le corps sans organes"(SCS, 180472).

38. "분열증 환자는 아무 원칙도 없는데, 그는 어떤 다른 것일 때만 어떤 것이다"(AO, 107)라는 구절을 참조하라. 또한 들뢰즈는 바슬라프 니진스키도 인용한다. "나는 아피스다. 나는 이집트인이다. 나는 붉은 피부의 인디언이다. 나는 흑인이다. 나는 중국인이다. 나는 일본인이다. 나는 외국인, 이방인이다. 나는 바닷새다. 나는 육지의 새다. 나는 톨스토이의 나무다. 나는 톨스토이의 뿌리다⋯나는 남편이자 아내다. 나는 내 아내를 사랑한다. 나는 내 남편을 사랑한다"[AO, 97; 원문은 Vaslav Nijinsky, *The Diary of Vaslav Nijinsky*, 20에 수록되어 있음].

질 것이다.

앞서 지적된 대로 들뢰즈가 '사건'이라는 용어를 의미-사건이라는 의미로 사용하지 않는 경우들이 있다(5장의 2절을 보라). 그 개념은 이제 우리가 논의할 수 있는 이중 의미를 품고 있다.[39] "두 개의 평면에서 전개되는 사건들의 이중 계열"이 있으며, "이들 두 계열은 서로 닮지 않은 채로 메아리친다. 한 계열은 산출된 해들의 층위에 있는 실제적 사건들이고, 나머지 다른 한 계열은 문제의 조건에 묻어 들어가 있는 이념적 사건들이다"(DR, 189). 이들 두 계열의 사건들은 본성상 다르다(LS, 157). 그리하여 의미-사건은 문제에 대한 국소적 '해'와 관련되어 있는 반면에 '순수' 사건 혹은 '이념적' 사건은 특이성 자체와 관련되어 있다(LS, 52~3 ; 100, 103, 178 ; DI, 100 ; TRM, 388 ; WP, 156). 이념적 사건은 어떤 기계의 마주침 과정에서 그 기계의 잠재적 측면에 일어나는 것이다. 그것은 욕망의 변이, 코드의 변경, 이념의 생성 혹은 특이성들의 재분배다. 욕망은 생산되어야 하므로 원칙적으로 가변적인 것이기에 극한에서 기관 없는 신체를 채우는 것은 이념적 사건 자체다(LS, 178 ; FLB, 15~6). 그러므로 우리는 순수 사건을 본질(LS, 100)이자 순수 과거(LS, 100)라고 일컬을 수 있다. 또한 바로 이런 의미에서 우리는 "진정한 존재자는 사건이다"라거나 혹은 "존재자 = 사건"이라고 천명할 수 있다(D, 66). 게다가 '순수' 사건이라는 이 개념 덕분에 우리는 『의미의 논리』에서 도입된 '반反현실화'라는 개념의 의미를 파악할 수 있게 된다(LS, 152, 161을 참조). 만약 회집체의 잠재적 측면이 마주침으로 인해 절대 변화하지 않는다면 현실태는 잠재태에 전적으로 아무 영향도

---

39. "Aussi faut-il distinguer dans les événements ⋯ la part qui renvoie au transcendantal, et celle qui renvoie à l'effectuation"(Joseph Emmanuel Voeffray에게 보낸 서신, LAT, 90).

미치지 않을 것이다. 이렇게 해서 우리는 하나의 불변적인 근거의 단조로운 일원론으로 돌아갈 것이다. 잠재적인 것은 자신의 고유한 불변적인 영원성에 갇힐 것이다. 오히려 되기의 이접적 종합은 반현실화를 수반하는데, 말하자면 자신이 아니었던 것이 된다. "순수 사건이 매번 자신의 현실화에 영원히 갇히게 되는 한에서는 반현실화가 그것을 해방한다"(LS, 161).[40]

그런데 모든 사건이 동등한 것은 아니다. 존재자의 존재론적 구조와 그것의 실존적 난제를 혼동할 수는 없다. 존재론적 동등성이라는 바로 그 이유로 인해 사물들은 실존적으로 동등하지 않다(거짓 높이와 깊이의 체계에서는 사정이 이렇지 않은데, 모든 것은 유일신 아래서 실존적으로 동등할 것이다). 존재론적으로 화산은 발설된 낱말만큼 실재적이고, 부드러운 산들바람은 초신성만큼 실재적이다. 실존적으로 사물들은 서로 다르다. 이렇게 해서 우리는 강도라는 개념에 이르게 된다. 들뢰즈는 강도들이 자리하고 있는 단일한 보편적 심층(혹은 힘, 혹은 과정, 혹은 차원)이 모든 존재자의 근저에 놓여 있거나 모든 존재자에 스며들어 있다는 자신의 초기 관념을 거부했음을 떠올리자(TRM, 65). 이런 거부 사태 이후에 '강도'는 존재자의 특이성 또는 푸이상스의 엄밀한 동의어가 된다. 들뢰즈는 특이성과 마찬가지로 강도를 "감각적인 것이 아니라 오히려 감각적인 것의 존재"라고 일컫는다(DR, 267; 그리고 DR, 231을 참조). 강도는 신체를 "차지하"거나 신체에 "자리하"는 것이고, 신체 자체는 "제로 강도"다(ATP, 31). 코드의 경우

---

40. 그러므로 '일방적'이라는 낱말의 의미를 오해하는 홀워드와는 대조적으로, "[들뢰즈]는 단지 잠재태와 현실태 사이의 일방적 관계만을 인정하기에 들뢰즈의 철학에는 현실태에 의해 매개되는 변화, 시간 혹은 역사에 관한 모든 관념이 자리할 여지가 전혀 없을 것이다"라는 것은 사실이 아니다(Hallward, *Out of this World*).

와 마찬가지로 신체의 강도들은 "끌어당김과 밀어냄의 힘들"에서 비롯되는 물질의 실재다.[41] 이념과 마찬가지로 강도는 초험적이고 언제나 이미 연장성에 의해 덮여서 감싸여져 있다(DR, 144; 그리고 DR, 223, 233~5, 237, 254를 참조). 강도는 "연장량처럼 나누어질 수 있는 것도 아니고, 성질처럼 나누어질 수 없는 것도 아니다"(DR, 237). 강도가 나누어질 수 없는 이유는 그것이 연장적이지 않기 때문이다. 그런데 강도는 되기를 통해서 바뀔 수 있다(성질은 사정이 다른데, 나는 사과를 자를 수 있지만 잘린 조각들의 색깔은 여전히 빨간색일 것이다). 그렇다면 왜 강도는 기계의 잠재적 측면을 가리키는 또 하나의 동의어인가? 그 이유는 한 기계가 다른 한 기계를 어떻게든 변경하는지 여부가 그것들의 마주침의 강도에 의존하기 때문이다. 그리고 마주침의 강도는 관련되는 기계들의 잠재적 이중체들에 의존한다. "드라마화하는 것은 강도다. 기본적인 시공간적 역동성 안에서 즉시 표현되는 것은 강도다"(DR, 245). 존재자들의 본질들이 시공간적 마주침의 동역학을 결정한다. 그리고 다른 존재자는 다른 이념을 지니고 있다는 바로 그 이유로 인해 모든 기계가 다른 기계들에 연결될 수는 없고, 모든 기계가 모든 마주침에서 살아남을 수는 없고, 모든 기계가 심지어 다른 기계들의 현존을 등록할 수는 없고, 기타 등등. 또한 이런 이유로 인해 기관 없는 신체는 제로 강도와 연관되어 있다. 신체는 바로 모든 접촉을 밀어내는 회집체의 측면이다. 이로부터 어떤 기계가 다른 기계들과의 간접적인 마주침을 갖는 정도는 그 기계의 신체를 채우는 것에 의

---

41. "L'intensité ··· est le caractère de ce qui est réel dans la matière"(SL, 170387). 그리고 기계의 물질이 언제나 표면에 의해 다른 기계의 물질로부터 분리되어 있기에 근본적으로 다른 강도들이 현존한다. 예를 들면 이들 강도는 생물학적·심리학적·화학적·에너지적·수학적·심미적·언어적·정보적·기호학적일 수 있다(ATP, 109~10).

해서만 설명될 수밖에 없다는 결론이 당연히 도출된다.[42] 이런 이유로 인해 '강도'는 다양체의 내부적 물질을 가리키는 적절한 동의어다.

이제 차이 그 자체와 대자적 반복이라는 들뢰즈의 개념들 – 내부주의, 환원주의 그리고 표상주의에 전제를 둔, 차이와 반복에 관한 저주의 개념들에 대한 들뢰즈의 기계 대안들 – 을 살펴보자. 기계를 이해하자면 "그 총체적 관념은…결국 개체-미/분화(개체-드라마-미/분화)다"(DR, 246). 여기서 이 거추장스러운 용어가 분해될 수 있다. 우선, '개체-'는 기관 없는 신체의 무관심을 가리킨다. 존재자의 내부적 실재에 무슨 일이 일어나든 혹은 현실적 표면에 무슨 일이 일어나든 간에 기관 없는 신체는 여전히 여타의 것으로 환원될 수 없는 채로 있게 된다. 둘째, '개체-'는 개체화를 가리킨다. 앞서 이해된 대로 개체화는 존재자의 특이성들 또는 이념을 현실적 표현 – 즉, 의미와 성질들의 이중 객체 (흐름을 갖춘 부분적 객체) – 으로 수축시키는 국면이다. 분화는 한 존재자의 잠재적 내용이 다른 한 존재자에 의해 마주치게 되는 현시적 표현으로 현실화하는 것이다(DR, 207). 분화는 개체화를 전제로 한다. "모든 분화는 개체화의 선험적인 강도적 장을 전제로 한다"(DR, 247). 이것은 곧 개체화와 분화가 모두 현실화에 관계함을 말하는 것이지만, 전자는 잠재적 이념의 관점에서 관계하고 후자는 현실적 의미-사건의 관점에서 관계한다. 미분화는 "이념의 잠재적 내용의 결정"인데 (DR, 207), 다시 말해서 마주침에서 비롯되는 코드의 생성으로 인한 회집체의 되기다. 이념은 시간이 흐름에 따라 변화할 수 있기에 미분화는 이념에 내재하는 차이다(DR, 26). 달라지는 이 본질이 모든 현실

---

42. "Mais l'intensité zéro ce n'est pas le contraire des puissances intensives, elle est la matière intensive pure que les puissances intensives viennent remplir à tel ou tel degré"(SCS, 150272).

화에 대한 근거 혹은 원인으로, 현실화는 잠재적 객체와 종류가 다르다. 그러므로 미분화는 분화소이고, "분화소는 스스로 분화한다"(DR, xix). 모든 존재자는 언제나 자신의 현실적 표면에 의해 감싸여진 상태로 남아 있다. 달리 말해서 모든 존재자는 자신과 정말로 개별적인 것이 되지는 않은 채로(오히려 감싸이게 되는 채로) 자신(그것의 잠재태)을 자신으로부터 구분하는(현실적인 것이 되는) 것이다. 그러므로 우리는 "스스로 구분하는 무언가를 상상해"야 하는데, "그 무언가가 그것으로부터 자신을 구분하는 대상은 그 무언가로부터 자신을 구분하지 않는다"(DR, 28; 그리고 DR, 152를 참조). 모든 것은 "자신의 차이에 둘러싸여 있다"(DR, 243, 강조가 추가됨). 각각의 존재자는 (1) 여타의 존재자로 환원될 수 없고, (2) 미분화하는 본질을 지니고 있으며, 그리고 (3) 그 본질은 자신의 현실화된 표현들과 종류가 다르다. 그런 것이 '차이 그 자체'다.

반복의 경우에 우선, 반복은 기계가 언제나 단지 자신의 견지에서, 자신의 역량에 따라서 다른 존재자들을 (반복적으로) 등록할 수 있을 뿐이라는 사실 ― 다른 기계들과의 상호작용으로 인해 그것의 코드가 변화할지라도 ― 과 관련되어 있다. 아무것도 자신의 신체가 자신의 관점이라는 사실을 무효화할 수 없다. 둘째, 반복은 모든 주어진 관계에서 존재자가 결코 특이성 자체를 현시할 수 없고 단지 현실적 윤곽을 현시할 수밖에 없다는 사실이다(이것 역시 '반복적으로' 나타난다). 이들 두 가지 반복은 들뢰즈가 "같음의 반복" 또는 "물리적 반복, 기계적 반복 혹은 헐벗은 반복"이라고 일컫는 것을 구성한다(DR, xx). 그런 반복은 특이성들과 관련된 "어떤 감춰진 반복의 더 심층적인 구조들"에 근거를 두고 있다(DR, xx; 그리고 DR, 1을 참조). 이 반복은 "동등한 것도 등가적인 것도 없는 독특하거나 단독적인 것"과 관련되어 있으며,

"그리고 … 한편으로 외부적 행동의 층위에서 반복은 그것을 활성화하는 어떤 더 은밀한 진동, 즉 단독적인 것의 내부에서 이루어지는 더 심층적인 반복을 되풀이한다"(DR, 1; 그리고 DR, xix, 17을 참조). 그것은 "모든 객체를 그 속에서 자신의 재현이 허물어지는 극단적인 '형식'으로 데리고 가는 근거"를 겨냥하고 있다(DR, 57). 이런 반복 그 자체는 존재자의 내부와 관련되어 있다. 첫째, 어떤 존재자의 되기가 서로 다른 현실적 존재자들이 자신들과 종류가 다른 그 존재자의 내부적 욕망을 언제나 생성하고 있는 사태를 수반하는 방식과 관련되어 있다. 둘째, 그 존재자의 모든 관계가 그것의 현실적 표현들에 관여할 방식과 관련되어 있다. 들뢰즈에 따르면 이들 두 가지 변환의 방향이 '영원회귀'를 구성한다(NP, xviii, xix, 23~4, 46, 47; DR, 6, 11을 참조).[43] 들뢰즈가 서술하는 대로 "영원회귀의 반복은 … 다름에 의거하여 같음을 구상하는 데 있다"(DR, 41). 한 기계의 실존에 관한 온전한 '드라마'는 이런 차이 그 자체와 대자적 반복의 노선들을 따라 펼쳐진다. 들뢰즈는

---

43. 니체에 대한 들뢰즈의 독법은 반작용적 힘, 연장적 힘 혹은 "기계적" 힘(NP, 41)을, 사물들이 행할 수 있는 것과 관련된 능동적 힘(NP, 61)과 병치함으로써 조직된다. 들뢰즈는 능동적 힘을 힘에의 의지 — 그는 이것을 힘의 "내면성"이라고 일컫는다(NP, 47, 51) — 와 동의어라고 여긴다(NP, 7). 더 구체적으로 힘에의 의지는 "하나의 힘이 하나의 관계 속에서 복종하게 만드"는 것인데(NP, 51), 이것은 사회적 기계와 기술적 기계에 관한 들뢰즈 자신의 관념을 가리킨다. 어떤 한 힘도 결코 다른 한 힘을 망라할 수 없다. 그 이유는 후자가 언제나 자신의 고유한 차이를 계속해서 "향유하고 있"기 때문이다(NP, 8~9). 모든 관계성은 반작용적이다. "우리가 반작용적으로-되기 이외의 다른 되기는 느끼지도 경험하지도 인식하지도 못한다는 사실은 여전히 남는다"(NP, 64). 능동적으로-되기는 "느껴지지도 않고 인식되지도 않"지만, 그것은 사유될 수 있다(NP, 69). 들뢰즈에 따르면 니체는 "의식은 단지 어떤 반작용적 힘들이 자신들을 지배하는 능동적 힘들과 맺은 관계를 표현할 따름이"라고 생각하며, "의식이 유기체를 자신의 고유한 관점에서 바라보고 자신의 고유한 방식으로 이해한다는 것, 즉 반작용적으로 보고 이해한다는 것은 불가피하다"라고 생각한다. 이 모두에서 잠재적인 것/현실적인 것의 구분이 작동하고 있음을 알아채기는 어렵지 않은데, 특히 들뢰즈가 니체의 철학을 "낡은 형이상학을 대체하"고자 하는 "선택적 존재론"이라고 일컬을 때 그렇다(NP, 84, 72).

다음과 같은 열거에서 그런 역동성을 포착하고자 한다.

첫 번째 반복은 같음의 반복이며, 개념 혹은 재현의 동일성에 의해 설명된다. 두 번째 반복은 차이를 포함하며, 이념의 타자성 속에, '간접적 현시'의 불균질성 속에 자신을 포함한다. 첫 번째 반복은 부정적인데, 개념의 결핍에 의해 나타난다. 두 번째 반복은 긍정적인데, 이념의 과잉에 의해 나타난다. 첫 번째 반복은 가언적이고, 두 번째 반복은 정언적이다. 첫 번째 반복은 정태적이고, 두 번째 반복은 동태적이다. 첫 번째 반복은 결과의 반복이고, 두 번째 반복은 원인의 반복이다. 첫 번째 반복은 연장적이고, 두 번째 반복은 강도적이다. 첫 번째 반복은 평범하고, 두 번째 반복은 독특하고 특이하다. 첫 번째 반복은 수평적이고, 두 번째 반복은 수직적이다. 첫 번째 반복은 펼쳐져 있고 설명되지만, 두 번째 반복은 감싸여 있고 해석되어야 한다. 첫 번째 반복은 공전하고 있고, 두 번째 반복은 진화하고 있다. 첫 번째 반복은 평등성과 공약 가능성, 대칭성을 포함하고 있고, 한편으로 두 번째 반복은 불평등성과 공약 불가능성, 비대칭성에 근거를 두고 있다. 첫 번째 반복은 물질적이고, 두 번째 반복은 자연과 지상에서조차도 정신적이다. 첫 번째 반복은 생기가 없지만, 두 번째 반복은 우리의 죽음과 삶, 우리의 속박과 해방, 악마적인 것과 신성한 것의 비밀을 수반한다. 첫 번째 반복은 '헐벗은' 반복이지만, 두 번째 반복은 감춰진 반복으로, 스스로 가리면서, 스스로 가면을 쓰고 변장하면서 자신을 형성한다. 첫 번째 반복은 정확성에 관계하고, 두 번째 반복의 기준은 진정성이다. 이들 두 가지 반복은 서로 독립적이지 않다. 하나는 유일한 주체로, 나머지 다른 하나의 내부이고 핵심이며 심층이다. 나머지 다른 하나는 단지 외피, 추상적 결과일 따름이다. 비대칭적인 반복은 대칭적인 전체적 효과들 혹은 결과들 안에 감춰져 있고, 특이점들의 반복은 평범한 점들의 반복 아래 감춰져 있으며, 그리고 도처에서 다름의 반복은 같음의 반복 안에 감춰져 있다(DR, 24 ; 그리고 DR, 84를 참조).

이제 우리는 온전한 "회집체의 4가성"을 규명했는데(ATP, 89), 첫 번째는 신체(형상形象, 문제, 일관성의 평면), 두 번째는 욕망(코드, 푸이상스, 역능들, 잠재력, 이념, 특이성들, 강도들), 세 번째는 의미(의미-사건, 부분적 객체), 네 번째는 성질들(흐름)이다. 신체와 그 욕망은 이중의 잠재적 본질을 형성한다. 의미-사건과 그 성질들은 이중의 현실적 표현을 형성한다. 첫 번째의 연결적 종합(습관, 관조, 수축, 생산)은 관계가 무엇인지 서술한다. 단절과 인접성의 조합으로서의 관계는 화해 불가능한 다양한 기계를 또 다른 기계의 현실적 경험으로 결합한다. 두 번째의 이접적 종합(기록, 등록 혹은 기입)은 관계가 무엇에 근거를 두고 있는지 서술한다. 모든 관계는 회집체의 본질에 근거를 두고 있는데, 그런데도 회집체는 언제나 자신이 맺은 관계들의 총합을 넘어서는 잉여물을 갖추고 있다. 회집체의 본질 자체는 가변적인데, 그것은 기계의 내부적 물질로, 다른 존재자들의 수축으로 인해 등록되거나 새겨진다. 들뢰즈가 '되기'라고 일컫는 것은 바로 기계 본질의 이런 가변성이고, 이는 결코 지속적이고 과민한 변화에 해당하지 않는다. 오히려 기계 본질의 변이는 자신이 관여하게 되는 관계들의 본성과 강도에 달려 있다.

그런데 여태까지 이루어진 분석으로 인해 어쩌면 일부 독자는 좌절하기 시작했을 것이다. 그 이유는 들뢰즈가 기만하고 있는 것처럼 보이기 때문이다. 심지어 두 번 기만하고 있는 것처럼 보일 것이다. 첫째, 사회적 기계와 기술적 기계 사이의 이원론의 가능성은 떨쳐버렸음에도 불구하고 들뢰즈는 기계와 관계 사이의 이원론은 유지함으로써 모든 것은 기계라는 자신의 통찰을 배반하는 것처럼 보인다. 또한 그런 이원론은 기계는 환원 불가능한 반면에 관계는 그렇지 않다 — 항은 관계들로 환원될 수 없을 것이지만, 관계는 항들로 환원될 수 있을 것이다 — 고 시사하는데, 이것은 관계에 대한 외부성 테제에 위배될 것이다. 둘째, 들뢰즈는 기계들 사이의 마주침을 위한 매체를 아직 설명하지 않았다. 한 기계는 다른 기계들의 현실적 표현들을 마주침으로써 자신의 욕망을 수축시킨다는 것은 매우 좋지만, 우리는 그런 기록과 등록이 어디에서 일어나는지 아직 알지 못한다. 일반적으로 이런 매체로 추정되는 것은 존재자 아래에 놓여 있는 기체이거나, 혹은 존재자 위에 놓여 있는 구조, 주체, 신이지만, 이런 것들은 기계 존재론에서 입수할 수 없다.

이것은 "우리가 아직 마지막 말을 찾아내지 못했다면, 시간의 세 번째 종합이 없다면" 들뢰즈의 존재론에 문제가 있음을 알려줄 것이다(DR, 85; 그리고 LS, 168을 참조). 들뢰즈는 남아 있는 그 두 가지 의문을 인식하고서 "시간의 두 번째 종합은 자신을 넘어 세 번째 종합의 방향으로 향한다"라고 덧붙인다(DR, 88). 8장에서 이루어질 이 세 번째 종합에 대한 논의가 보여줄 것처럼 기계들 사이에 맺어진 각각의 관계 역시 하나의 기계이며, 각각의 기계는 기계들이 자신들 사이에서 다른 기계를 생성하는 매체다. 또한 기계로서의 관계는 현실적 표면에 의해 감싸여짐으로써 자신의 잠재적 신체와 푸이상스를 '억압하는' 환원 불가능한 존재자다. 들뢰즈가 서술하는 대로,

우리는 욕망하는-기계와 기관 없는 신체 사이의 대립에서 출발했다.

본원적 억압의 편집증적 기계에서 나타난 대로 욕망하는-기계들의 밀어냄은 기적을 행하는 기계에서의 끌어당김으로 대체된다. 그런데 끌어당김과 밀어냄 사이의 대립은 지속한다. 그 둘 사이의 진정한 화해는 '억압된 것의 귀환'으로 기능하는 한에서 새로운 기계의 층위에서만 이루어질 수 있는 것처럼 보일 것이다(AO, 29).

관계는 기계인데, "진정한 외부적 교량"이라는 관계의 온전한 의미로서의 기계다(DI, 163). 관계는 또한 외부적 항이기도 하다. 그리고 "매개자가 근본적이다"라는 것은 기계가 그 자체로 국소적 매체이기 때문이다(N, 125). "창조는 매개자들과 전적으로 관련되어 있다. 매개자들이 없다면 아무 일도 일어나지 않는다"(N, 125). 8장에서 상세히 서술될 세 번째의 연접적 종합과 그 함의들은 들뢰즈 존재론의 마지막 면모를 구성할 것이다.

첫 번째 양태는 연결적 종합과 관계가 있으며, 리비도를 채취 에너지 énergie de prélèvement로 동원한다. 두 번째 양태는 이접적 종합과 관계가 있으며, 누멘을 분리 에너지énergie de detachment로 동원한다. 세 번째 양태는 연접적 종합과 관계가 있으며, 볼룹타스를 잔여 에너지 énergie résiduelle로 동원한다. 욕망적 생산의 과정을 생산의 생산인 동시에 기록의 생산이자 소비의 생산으로 만드는 것은 바로 이들 세 가지 측면이다(AO, 56).

연결적 종합과 이접적 종합은 그 속에서 관계가 맺어지는 것을 여전히 밝혀내지 못한다. 오직 이들 두 가지 종합이 현존할 뿐이라면 우리는 그 속에서 관계들이 맺어지고 새로운 존재자들이 출현하는 어떤 보편적 배경을 (형식적으로나마) 상정해야 할 것이다. 들뢰즈에 관한 바디우의 책이 이런 상황을 예시한다. 바디우의 경우에 이접적 종합은 들뢰즈 철학의 궁극적인 성취다.[1] 바디우는 이접적 종합에 대단히 깊이 매혹되었기에 들뢰즈에 관한 그의 책에서는 세 번째의 연접적 종합에 대한 언급이 전혀 나타나지 않는다. 오히려 바디우는 관계들이 어떤 종류의 보편적이고 개방적인 전체에 속한다고 가정할 따름이다.[2] 만약에 사정이 그러했다면 모든 것은 어떤 보편적 일자로 다시 내부화될 것인데, 이것이 바로 바디우가 독자들에게 들뢰즈가 말하고 있는 것이라고 납득시키고자 하는 것이다. 물론 이것은 외부성 테제를 노골적으로 위반하는 사이비 들뢰즈를 낳는다. 바디우와는 대조적으로 여기서 우리는 제3의 종합과 그 결과를 분석한다. 이를테면 관계 역시 하나의 기계라는 테제와 매개는 보편적이라기보다는 오히려 국소적이라는 테제가 도출된다.

1. 연접적 종합

들뢰즈가 서술하는 대로 연접적 종합은 "보편적 근거 와해"(DR, 230; 그리고 DR, 292를 참조)와 다양체의 탄생(DR, 90; 그리고 DR, 133을

---

1. Badiou, *Deleuze: The Clamor of Being*, 21. [바디우, 『들뢰즈: 존재의 함성』.]
2. 같은 책, 122 [같은 책]. 아르노 빌라니가 인식한 대로, "Conclure sur la conjonctive, c'est entrer dans les choses mêmes. Badiou reste à mi-chemin, suspendu"(Arnaud Villani, "Deleuze et l'anomalie métaphysique," 47).

참조)을 수반한다. 이것은 무엇을 뜻하는가? 들뢰즈는 첫 번째의 연결적 종합을 "토대"라고 일컫고 두 번째의 이접적 종합을 "근거"라고 일컫는다(DR, 79). 그러므로 앞서 인과관계와 부차모순에 관해 언급된 바를 떠올리면 근거 와해 종합은 관련시키는 기계뿐만 아니라 관련되는 기계들도 넘어서야 한다. 세 번째 종합에서는 무언가를 "대자적으로" 받아들이는 것이 존재해야 한다(AO, 28). 이것은 바로 각각의 관계는 하나의 기계임을 수반한다.[3] 기계는 자신이 맺은 관계들로 환원될 수 없고, 역으로 관계는 기계들로 환원될 수 없다. 환원될 수 없다는 것은 구성요소들을 닮지 않은 특이성들을 갖춘 기관 없는 신체라는 것이다. 이것이 바로 연접적 종합의 면모가 아닌가? 연접적 종합은 두 가지 사례가 제3의 사례(연접)를 만들어내는 합성작용이다. 예를 들어 "나는 세차했다"라는 사례와 "나는 쓰레기를 버렸다"라는 사례를 고려하자. 두 가지가 모두 사례라면 제3의 것, 즉 "나는 세차했으며 그리고 쓰레기를 버렸다"라는 그 두 사례의 연접 역시 사례다. 들뢰즈는 바로 '연접적'이라는 용어를 선택함으로써 무엇이든 두 기계 사이의 모든 관계 역시 기계임을 알려준다. 그러므로 각각의 관계는 무언가를 '대자적으로' 받아들일 것이다. 그 이유는 그것의 항들이 그것 자체의 잠재적인 기관 없는 신체와 이념의 생성자들로서 기능할 것이기 때문이다. 이렇게 해서 관계는 자신의 구성요소들로 환원될 수 없을 것이다(그렇다 하더라도 실존적으로는 이들 구성요소에 의존할 것이다). 이런 까닭에 세 번째 종합은 '소비'의 종합이자 '완성'의 종합이다(AO,

---

3. 그러므로 들뢰즈는 자신이 실행한 세미나 중 하나에서 '관계의 논리'는 두 가지 요소를 지니고 있다고 주장한다. 첫 번째 요소는 관계를 항들의 외부에 있는 것으로 이해하는 것이고, 두 번째 요소는 각각의 개체가 역능이라는 점을 이해하는 것인데, 여기서 관계 역시 개체에 포함된다.

103). 연접적 종합은 관계의 항들을 형성하는 기계들의 되기를 가리킬 수 없다. 왜냐하면 그런 되기는 두 번째의 이접적 종합, 즉 기록의 종합과 관련이 있기 때문이다. 오히려 연접적 종합은 철저히 새로운 기계의 생성을 가리키는데, 그 기계는 생성된 이후로 줄곧 독자적인 연결과 되기에 관여할 수 있다.

그러므로 세 번째 종합은, 중요하지 않다는 의미에서라기보다는 오히려 결과물 혹은 출력물이라는 의미에서 "잔여물"의 생산을 수반한다(AO, 28). 이런 까닭에 들뢰즈는 "그리하여 그것은 … 이다"라는 표현에 의거하여 소비 혹은 완성의 순간을 서술한다(AO, 29). 그렇다면 '그것'은 무엇일 수 있는가? 그것은 아무거나 될 수 있다. 물은 수소와 산소의 연접적 종합이고, 정당은 그 당원들과 그들의 요구들의 연접적 종합이며, 사랑은 연인들의 연접적 종합이다. 어느 튤립에 대한 내 느낌조차도 독자적인 환원 불가능한 기계다. 물론 그것은 허약하고 빈약하며 타자들에 너무나 의존적이다. 그런데도 나도, 튤립도, 심지어 천 개의 다른 존재자도 결코 이 지각의 존재일 수는 없다. 아무것도 그것을 대신할 수 없다. 모든 생산은, 심지어 순간적인 곁눈질 혹은 엷은 미소의 생산조차도 새로운 기계의 생성을 수반한다. 왜냐하면 무언가를 생산하는 것은 환원 불가능한 것, 자신의 고유한 신체를 갖춘 것을 생산하는 것이기 때문이다. 들뢰즈가 서술하는 대로 "기계의 생성은 바로 욕망하는-기계들의 생산의 경과와 기관 없는 신체의 비생산적인 정지 상태의 대립 속에서 이루어진다"(AO, 20). 마찬가지의 사유가 다음과 같이 표현된다.

〔남자〕는 그 기계의 한 구성 부분이거나, 혹은 무언가 다른 것과 결합하여 하나의 기계를 구성한다. 나머지 것은 도구이거나, 심지어 동물

혹은 다른 남자들일 수 있다. 그런데 우리는 기계를 언급할 때 은유를 사용하고 있지 않은데, 남자는 주어진 특정한 조건 아래서 자신이 일부를 이루는 집합체에 이런 본성이 재귀적으로 전달되자마자 하나의 기계를 구성한다. 남자-말-활 집합체는 초원지대의 조건 아래서 유목적 전쟁 기계를 형성한다. 남자들은 거대한 제국의 관료제적 조건 아래서 노동 기계를 형성한다. 무기를 갖춘 그리스인 보병은 밀집대형의 조건 아래서 하나의 기계를 구성한다. 무용수는 무도장과 결합하여 사랑과 죽음의 위험한 조건 아래서 하나의 기계를 구성한다(BSP, 117~8).

기계와 관계 사이의 이원론은 존재하지 않는다. 그 이유는 모든 관계가 기계이기 때문이다. 니체에 관한 들뢰즈의 연구에서 서술되는 대로 "힘들의 모든 관계는 각자 하나의 신체 — 그것이 화학적이든 생물학적이든 사회적이든 혹은 정치적이든 간에 — 를 구성한다. 동등하지 않은 어떤 두 가지의 힘도 그것들이 관계를 맺자마자 하나의 신체를 구성한다"(NP, 40 ; 그리고 ATP, 149 ; SPP, 19를 참조). 이와 마찬가지의 관념이 들뢰즈의 저작 전체에 걸쳐서 여러 번 표현된다. 예를 들면 들뢰즈는 특이성들의 개체화, 즉 특이성들의 관계로의 현실화가 어떻게 해서 "그것들이 어떤 더 높은 층위에서 독특한 전체를 형성하는 한 가지 새로운 차원"을 조직하는지 서술한다(DI, 87). 『천 개의 고원』에서 들뢰즈는 "누군가가 사랑을 할 때마다 … 그 사람은 홀로 그리고 다른 사람 혹은 사람들과 함께 기관 없는 신체를 구성한다"라고 서술한다(ATP, 30). 그 종류가 무엇이든 간에 모든 관계는 무언가가 현실태의 즉각적인 생산에서 분리되면서 새로운 유목적 존재자를 생성함을 수반한다. "생산물은 생산의 과정에서 제거되거나 삭제되는 것인데, 생산 행위와 생산물 사이에서 무언가가 분리되면서 방랑하는 유목적 주체를 잔여물로 산출한다"(AO, 39). 각각의 종합은 언제나 여타의 두 가지 종합 역시 수반하기에 모든 연결은 하여간 비생산적이고 환원 불가능한 기관 없는 신체의 생산을 필연적으로 포함하게 된다(AO, 19).

들뢰즈는 이런 잔여 존재자를 "독신 기계"라고 일컫는다(AO, 29). 게다가 모든 회집체는 다른 다양체들부터 종합되었기에 독신 기계가 아닌 리좀은 전혀 없다. 각각의 기계는 환원 불가능하다는 의미에서는 편집증적 기계이고, 잠재적 되기를 겪는다는 의미에서는 기적을 만드는 기계이며, 애초에 자신을 생산한 기계들에 대하여 참으로 새롭다는 의미에서는 독신 기계다. 각각의 기계는 독신 기계인데, 즉 "그 자체에 중립성과 발생적 힘을 결합하는 자율적인 형상形象"이다(LS, 123). 각각의 기계는 "고아인데, 마치 그것이 무정부주의자이자 무신론자이듯 말이다"(AO, 354). 그 이유는 바로 그것이 자신을 철저히 왜소하게 하는 두 개의 다른 기계 사이에서 번쩍이는 관계 중 가장 미약한 것에 불과하더라도 독자적으로 환원 불가능한 것이기 때문이다. 그런데 어느 기계는 그렇게 소박하게 시작하더라도 자신의 고유한 환경에서 지배적인 힘이 되도록 성장할 수 있다(폭풍과 사막, 역병, 이데올로기의 생성과 수명이 이런 사태를 예시한다). 그리하여 앞 절에서 우리는 너무나 급하게 들뢰즈주의적 '영원회귀'를 규정했다. 그것의 완전하고 최종적인 의미는 독신 기계의 진리인데(AO, 33), 모든 생산은 환원 불가능한 기계를 생산한다. '영원회귀'는 모든 기계가 되기를 겪는다는 점을 뜻할 뿐만 아니라 하나의 기계를 생성하는 각각의 관계가 그 자체로 되기를 겪는 하나의 기계라는 점도 뜻한다. 영원히 회귀하는 것은 새로운 것의 생산, 말하자면 미래의 진정한 도래다.

영원회귀는 … 조건도 행위주체도 돌아오게 하지 않는다. 오히려 거꾸로 영원회귀는 자신의 원심력 전부를 동원하여 그 조건과 행위주체를 거부하고 추방한다. 영원회귀는 생산물의 자율성, 작품의 독립성을 구성한다 … 영원회귀는 그 자체로 새로운 것, 전적으로 참신한 것이다. 영원회귀는 그 자체만으로 계열의 세 번째 시간, 본연의 미래다(DR, 90).[4]

그러므로 우리는 기계 존재론에 수반되는 부분전체론의 또 다른 두드러진 면모를 알게 된다. 한 편의 시는 화산만큼 실재적이고, 한 젊은 여성은 은하만큼 실재적이며, 그 젊은 여성이 그 시를 읽는 행위 역시 화산과 은하만큼 실재적이다. 기계 존재론은 그 극한까지 밀어붙여진 다원론이다. 그 이유는 도처에 "생산에 대한 생산물의 무제약적 특질과 저자 혹은 배우에 대한 작품의 독립성"이 존재할 것이기 때문이다(DR, 94). 또한 기계의 독신성을 인정하는 것은 들뢰즈가 사건이라고 할 만한 자격이 있다고 일컫는 것임을 인식하자.

사건을 받아들여라. 그것은 무엇을 뜻하는가? 그것은 결코 자신을 포기함을 뜻하지는 않는다 … 동시에 사건은 신체에서 생겨난다. 게다가 사건은 신체에서 생겨나지 않는다면 현존하지 않지만 그 자체로 비물체적인 것을 포함한다. "내 상처는 나보다 앞서 현존했고, 나는 그것을 육화할 운명을 타고난다." 그렇다. 말하자면 그것은 나 자신에게서 생겨나지만 그것이 더는 '나의' 상처가 아니게 되는 무언가를 포

---

4. 과거는 조건이고, 현재는 행위주체다(DR, 94). 그러므로 또다시 들뢰즈는 모든 새로운 기계가 그 생성자들의 현실태뿐만 아니라 잠재태도 억압하는 방식을 강조한다. "다시 돌아오는 것은 오로지 영원회귀에 해당하는, 생산물 속의 무제약자뿐이다"(DR, 297).

함한다. 그것은 상처 입은 '그'('il' blessure)다 ⋯ 나에게서 생겨나거나 내가 초래하는 사건에서 일어나는 일이라고 할 만한 자격이 있다는 것, 그것은 끌어내는 것, 그것은 '초래할-수-없는' 것(l'ineffectuable)의 부분을 끌어내는 것이다(SCS, 030680).

사건이라고 할 만한 자격이 있다는 것은 나의 관계들과 부분들이 '나'가 아니고 오히려 무엇보다도 그로부터 내가 무언가를 끌어내는 '그것들'임을 인정하는 것을 수반한다. 그리하여 앞서 이해된 대로 모든 존재자는, 심지어 상처조차도 자신의 리비도 ─ 존재자가 자신의 생성자들 및 자신의 생성물들과 맺은 연결 관계들 ─ 를 지니고 있을 것이다. 모든 존재자는 자신의 누멘 ─ 존재자가 겪는 마주침의 결과로 초래되는 자신의 초험적 특성들의 되기 ─ 을 지니고 있을 것이다. 이제 우리는 모든 존재자가 자신의 볼룹타스 ─ 존재자가 다른 회집체들의 설립에 이바지하는 행위들 ─ 를 지니고 있을 것이라고 덧붙이자. 총알은 그저 나를 맞추는 것만이 아닌데, 그것은 나를 맞추면서 상처를 만들어낸다. 그러므로 마주침의 '잔여 에너지'는 어떤 새로운 기계의 생산을 가리킨다.

> 생산 에너지로서 리비도의 일부가 기록 에너지(누멘)로 변형된 것과 꼭 마찬가지로 이 기록 에너지의 일부는 완성 에너지(볼룹타스)로 변형된다. 바로 이 잔여 에너지가 무의식의 세 번째 종합 ─ '따라서 그것은 ⋯ 이다'라는 연접적 종합 또는 소비의 생산 ─ 을 배후에서 추동하는 힘이다(AO, 28~9).

연접적 종합은 기계 존재론이 이원론이 아니라 오히려 전반적으로 잠재태와 현실태의 이중성을 견지하는 이유를 제시한다. 그것은 또한 우리에게 매개의 문제에 대한 들뢰즈의 답변을 제시한다. 들뢰즈는 하나의 보편적인 배경('열린 전체')을 상정하기보다는 오히려 관계들이 기계들 자체의 내부에서 혹은 기계들을 통해서 맺어진다고 주장한다. "진정한 외부적 교량"으로서 기능하는 제3의 기계를 제외하고 두 기계 사이의 간극을 연결할 수 있는 것은 전혀 없다(DI, 163). 내가 바라보는 새와 강은 어쩌면 서로 아무 관계도 없을 것이지만, 그런데도 그것들은 내가 그것들과 맺은 관계들 속에서 수렴한다. 사랑, 정치적 체계, 나무, 집, 축제, 폭풍, 은하 그리고 물의 구성요소들의 경우에도 사정은 마찬가지다. 원칙적으로 각각의 존재자는 그 속에서 새로운 관계들이 맺어지는 매체 혹은 공장으로 기능할 수 있다. 그런데 왜 바로 세 번째 종합이 "수렴하는 계열들을 연속성의 조건 아래서 연장하면서 자신과 관련하여 이들 계열을 조직하"는가(LS, 175; 그리고 LS, 229를 참조)? 이것은 이미 습관과 연결, 수축의 첫 번째 종합에 수반되는 단절과 인접성의 원리가 아니었던가? 그렇지 않았다. 또다시 나의 지각 속 새와 강을 살펴보자. 내가 동일한 인접 세계의 부분들로의 새와 강에 연결되는 것은 나 자신과 구분되는 하나의 기계인 나의 지각을 통해서다. 마주침이 지속하도록 다른 기계들(부분적 객체들, 의미-사건들)과 연결된 동안 생성되어야 하는 것(독신 기계)과 관련이 있다는 점에서 연접적 종합은 연결적 종합과 구분된다.

어쩌면 누군가가 우리는 그 속에서 하나의 새로운 매체가 생성되는 또 다른 매체를 필요로 하지 않은 채로 어떤 매체(관계)를 생산할 수 없다고 지적할 것이다. 이것은 전적으로 참이다. 한 독신 기계가 생산되는 모든 경우에는 그 생산을 위한 공장 혹은 영토로서 기능할 다른 한 기계가 이미 존재해야 한다. "독신 기계는 우선 하나의 훨씬 더 오래된 편집증적 기계의 현존을 드러낸다"(AO, 30). 들뢰즈가 서술하는 대로 "한 기계는 어떤 체계 속에서 실제로 각기 다른, 외부 세계의 두 부분 사이에 소통이 이루어지는 순간에 구성된다"(BSP, 119, 강조가 첨가됨). 유추하기 위해 두 명의 이방인이 만나는 상황을 살펴보자. 그들이 이미 어딘가에 함께 있을 때에만 그들은 만날 수 있다. 그들이 만날 수 있으려면 그들은 어떤 술집에서, 어떤 거리에서, 어떤 지하철 전동차에서, 어떤 대화방에서 혹은 어떤 감옥에서 만나야 한다. 언제나 한 특정한 공간과 시간에서 마주침이 이루어져야 한다(AO, 259). 두 회집체가 만나는 곳은 들뢰즈가 '더 오래된' 기계라고 일컫는 것이다. 그런데 일단 그들이 만나면 그들은 전적으로 새로운 무언가의 생성자들이 되며, 그리고 그때부터 줄곧 그들은 더는 (그저) 어떤 술집이나 어떤 거리에 함께 있는 것이 아니라 더 오래된 기계의 내부에서 그들이 생성한 독신 기계에도 함께 있게 된다. 이제 그들은 함께 사랑에 빠지거나, 미움에 빠지거나 혹은 대화를 나누게 된다. 이 새로운 기계는 그들이 만난 곳인 더 오래된 기계로 환원될 수 없기에 그들은 새로운 독신 기계를 사용하여 여전히 함께 있으면서도 더 오래된 기계에서 나가려고 시도할 수 있다. 결국 연인들은 그들이 사랑에 빠진 그 술집을 떠날 수 있다. 이런 까닭에 모든 새로운 관계는 "새로운 동맹의 결성식이다"(AO, 30). 또한 그것은 연접 혹은 "결합"이 언제나 "탈주선을 가로막거나 봉쇄하"며 "일반적인 재영토화를 수행하"는 이유다(ATP, 220). 탈주선이 가로막히는 이유는 과잉 욕망이 사실상 한 특정한 관계의 맥락 속에서 현실화되기 때문이다. 독신 기계의 생성자들은 재영토화된다. 그 이유는 그것들이 이제는 그 속에서 그것들이 특정한 무언가로서 "공존하"는 참으로 새로운 매체의 생성자들이기 때문이다(LS, 225). 이를테면 군대에서 어떤 사람은 병사가 되고, 클럽에서 누군가는 댄서가 되고, 기타 등등. 이로부터 우리의 정체성(철학자, 정원사, 포도주 전문가 등)은 우리가 누구인지를 나타내는 표식이라기보다는 오히려 우리가 공-생성하는 것을 가리키는 표지라는 결론이 당연히 도출된다. 병사라는 것은 군대, 전투, 비디오게임 혹은 환상 속에서 누군가의 잠재적 특이성들(현실태와 종류가 다르고 병사임과 닮지 않은 것들)을 현실화하는 것이다. 그런데 들뢰즈가 서술하는 대로 주체는 언제나 급하게 자신을 "이런 제3의 생산 기계와" 혼동하고 "그것이 초래하는 잔여적 화해, 즉 놀라움에 사로잡힌 '따라서 이것은 그것이었다!'라는 형식을 띤 완성의 연접적 종합과" 혼동한다(AO, 29). 누군가가 '참으로' 간호사이거나, 운동선수이거나 혹은 범죄자라는 모든 결론은 잘못되었다. 바로 그 이유는 잠재적 존재가 현실적 정체성이나 관계 혹은 활동과 닮지 않았기 때문이다. 그렇지만 참인 것은 이들 정체성의 표식이 우리가 거주하는 경향이 있는 기계들과 우리가 접속하는 경향이 있는 기계들을 나타낼 수 있다는 점이다. 그리하여 이들 표식은 우리의 되기를 결정하는 데 주요한 인자들일 수가 있다.

이런 상황을 서술하는 또 다른 방식은 공적인 것이 사적인 것에 선행한다는 것이다. 두 기계가 관계를 맺을 수 있으려면 그것들은 먼저 수많은 다른 존재자들도 몰려들 수 있는 훨씬 더 공적인 장소에 있어야 한다. 병사와 총알은 전장에서 만나고, 매우 작은 원소들은 항성의 중심부 속에서 더 복잡한 회집체들로 주조되며, 그리고 관념은 대화와 독서 중에 생겨난다. 국소적 '상층'에 힘입어 접촉이 가능해지거나 혹은 다른 기계들에 대한 한 기계의 현실화가 가능해진다는 것은 바로 이런 의미에서다(LS, 198, 247). 그런 상층은 결코 상호작용과 생성을 위한 일반적 매체로서 기능하는 하나의 보편적 배경이 아니다. 들뢰즈의 존재론은 '사회적인 것' 일반 같은 것의 현존을 부인한다. 마주침의 장소로서 기능하는 것은 언제나 특정한 기계들이다. 다양체들은 오직 또 다른 다양체의 온전한 신체 위에서만 "결합하"게 되고, 그리하여 어떤 의미에서 그것들은 철저히 별개의 상태로 남아 있으면 서도 그 신체 "위에" 존재한다(BSP, 133). 그러므로 연접은 관계와 사물을 생산하기 위한 "주위" 혹은 "포괄자"인 환경이 선재함을 가리킨다 (C1, 141). 루크레티우스에 관한 시론에서 들뢰즈가 서술하는 대로 "신체는 단지 확정된 요소들에서만 생겨나는 것은 아니다 … 또한 그것은 어떤 확정된 환경 속으로 생겨나며, 이 환경은 그 신체의 재생산에 적합한 엄마와 같다"(LS, 272). 그런 공장이 단 하나만 있는 것이 아니라 오히려 "다수의 엄마"가 존재한다(LS, 272). 그런 환경은 들뢰즈가 일찍이 "어두운 전조"라고 일컫는 것이다(DI, 97, 102; DR, 119~20). 그 것이 '어두운' 이유는 아무튼 그것이 자신이 허용하는 의미-사건들과 자신에서 생겨나는 독신 기계들에 부재하기 때문이다. 결국에는 술집이 아니라 내가 술집에서 나의 미래 연인을 마주친다. 술집은 내가 누군가와 마주치는 환경일 따름이다. 내가 술집과 마주친다면 나는 또 다른 기계의 내부에서 그렇게 한다. 더욱이 연인의 사랑이 그것이 잉태된 술집에 여전히 결부된 채로 있어야 할 필요는 결코 없다.

예를 들면 누군가가 칼에 베이고 있을 때 무슨 일이 일어나는가 (LS, 5)? 물론 칼의 베기가 있고 희생자의 베임이 있다. 관계들은 일방적이기에 각기 다른 두 가지의 의미-사건이 존재한다. 이들 사건은 어딘가에서, 술집에서, 거리에서 혹은 전장에서 일어나야 한다. 그리고 이제 우리는 생성되고 있는 또 하나의 회집체, 즉 칼싸움 자체 — 전쟁, 화재, 탱크 혹은 화염에 못지않게 실재적인 것 — 가 그것이 지속하는 동안에는 존재한다고 덧붙여야 한다. 더 평화로운 일례로서 우리가 차를 마실 때 무슨 일이 일어나는지 살펴보자. 들뢰즈가 서술하는 대로 "진정한 용기勇氣는 찻잔이 아니라 오히려 감각적 성질, 즉 맛이다"(PS,

119). 몇 초 전에 차와 나는 이미 어떤 방 안에 있었는데, 아직은 관계를 맺고 있지 않았다. 그런데 일단 내가 차를 마시면 차와 나는 나와 차에 의해 생성된 하나의 새로운 회집체 ─ 차 마시기 혹은 맛보기로 일컬어질 수 있는 것 ─ 속에 함께 존재하게 되고, 그 징조는 내가 경험하는 맛으로 나에게 나타난다. 새와 강에 대한 나의 지각과 마찬가지로, "막힌 관" 자체로 남아 있는 차가 바로 맛보기를 통해서 "열린 상자"로 번역됨으로써 마주치게 되는 대상이 될 수 있게 된다(PS, 140).

들뢰즈가 서술하는 대로 각각의 생산에는 언제나 "일탈하"는 것이 존재한다(AO, 52). 그러므로 우리는 다음과 같은 결론을 내려야 한다. "충족이유 또는 근거는 기묘하게 휘어져 있다. 한편으로 근거는 그것이 근거 짓는 것을 향해, 재현의 형식들을 향해 기울어져 있다. 다른 한편으로 근거는 모든 형식에 저항하고 재현을 허락하지 않는 어떤 근거 없음, 근거 너머의 근거 없음을 향해 **빠져든다**"(DR, 274~5 ; 그리고 DR, 154를 참조). 이것은 장면들 뒤에 잠복하고 있는 하나의 보편적 무근거가 있다고 말하는 것은 아니다. 오히려 그것은 각각의 마주침이 자신의 생성자들로 환원될 수 없는 새로운 기계의 즉각적인 생산을 수반한다고 말하는 것이다. 그러므로 연접적 종합은 새로운 존재자들이 출현하게 되는 "종합적 진전"(DR, 181) 혹은 "점진적 결정"(DR, 210)을 가리키며, 각각의 존재자는 연결과 수축, 기록, 되기 과정에서 더 약해지거나 더 강해질 우발적인 가능성을 지니고 있다. 그런데 어떤 기계도 기계 일반이 아니다. 각각의 기계는 자기 나름의 가변적인 특정한 이념을 지니고 있다. 이로부터 어떤 주어진 기계는 대다수 다른 기계의 현존을 등록조차 할 수 없을 것이라는 결론이 당연히 도출된다. 이런 상황을 서술하는 또 다른 방식은, 실재가 그 자체와는 전적으로 공가능compossible하지만 유일신이 생성하지 않은 실재들과는 공가능하지 않는다고 간주하는 라이프니츠의 경우와는 반대로 들뢰즈의 경우에는 공가능성共可能性과 불不공가능성이 이 세상 안에 있다는 것이다. 때로는 불공가능성이 '실제적'인데, 예컨대 우리가 어떤 술집이나 거리에 들어가지 못하도록 금지당하거나, 혹은 어떤 장소들에서 어떤 낱말들의 표현이 금지되는 경우가 있다. 때로는 불공가능성이 정말로 '본질적'일 것인데, 예컨대 우리가 어딘가에 있을 수 있거나 무언가를 만날 수 있는 푸이상스를 단적으로 갖추고 있지 않은 경우가 있다. 암흑 물질은 두 번째 종류에 대한 좋은 일례다. 우리는 암흑 물질이 현존함을 알고 있다고 생각하지만 우리의 현행적 한계를 극복하는 데 적절한 기계들이 구축될 때까지는 그것과 마주칠 수 없다.

모든 독신 기계는 "준準원인"으로서 기능하기 시작할 수 있다(AO, 180;LS, 94). 독신 기계는 자신의 부분들로서 기능하는 기계들에 의해 생성된다는 점을 떠올리자. 독신 기계는 되기를 통해서 그런 기계들로부터 자신의 욕망을 수축시킨다. 그 과정에서 독신 기계는 자신의 생성자들과 직접 마주치지 않고 오히려 특정한 현실적 성질들을 갖춘 부분적 객체들 또는 의미-사건들로서 마주친다. 어떤 헐벗은 특수성을 갖추고 있기보다는 오히려 어떤 특유성을 갖추고 있는 이들 의미-사건은 "자신의 물리적 원인과 인과성의 관계"를 유지하며(LS, 169~70), 이는 기계가 자신이 마주치게 되는 방식에 관여하는 상황 혹은 '부차모순'이라고 일컬어진다(7장 1절을 참조). 다른 한편으로 의미-사건들은 해당 독신 기계와 관계를 맺는다. 이들 의미-사건은 그 독신 기계에 대하여 현실적이기에 바로 그 독신 기계는 그것들이 자신의 고유한 인접한 세계로 결합함을 알아챈다.[5] 그러므로 독신 기계는

---

5. 사건은 "이중 인과성에 따른다. 이중 인과성은, 한편으로는 심층에서 사건을 초래하는

의미-사건들에 대한 '준원인'으로서 기능하게 된다(LS, 5, 33, 144를 참조). 혹은 『천 개의 고원』에서 제시된 용어법으로 표현하면 "기관들이 유기체라고 일컬어지는 합성의 관계를 맺는 것은 〔기관 없는 신체〕의 내부에서다"(ATP, 159). 결국 동물의 기관들 혹은 건물과 행성의 생명 없는 부분들에 대하여 예정된 공재성은 전혀 없다. 무언가가 그것들이 공존하고 '협력하'게 하는 한에서 그것들은 함께 있을 따름이다. 이런 까닭에 『안티 오이디푸스』에서 종종 마주치게 되는 용어는 '복귀하다'라는 낱말로 번역되는 se rabattre sur라는 프랑스어 표현이다. 들뢰즈가 서술하는 대로,

> 〔기관 없는 신체〕는 모든 생산으로 복귀하여 생산의 힘들과 동인들이 분배되는 표면을 구성함으로써 모든 잉여 생산물을 자신을 위해 전유하고 그 과정의 전체와 부분들 — 이제는 준원인으로서 기관 없는 신체에서 발산하는 듯 보이는 것들 — 을 모두 착복한다. 힘들과 동인들은 기적적인 형태로 기관 없는 신체의 고유한 역능을 재현하는데, 그것들은 그것에 의해 '기적을 받은' 것처럼 보인다(AO, 21).

한 기계가 자신의 생성자들에 접속할 때마다 어쩌면 그 생성자들도 그 기계에 접속하여(때때로 그 기계는 자신의 생성자들이 그렇게 하도록 강요할 것이지만 필연적으로 이런 것은 아니다) 그것을 자신들의 되기에 참여하는 부분 중 하나로 만들 것이다. 들뢰즈는 그런 고리를 '준인과적'이라고 일컫는다. 왜냐하면 어쩌면 그 고리로 인해 우리

외부적 원인과 내부적 원인을 지칭하고 다른 한편으로는 표면에서 사건을 '연출하'여 여타의 〔사건〕과 소통하게 하는 준원인을 지칭한다"(LS, 211).

는 생산물(독신 기계)이 자신의 생산자들을 공-결정하게 되었을 뿐만 아니라 무엇보다도 이들 생산자에 선행했다고 생각하게 될 것이기 때문이다(AO, 22, 180). "낙수 경제", "신이 사람을 창조했다", "당신은 모든 것을 당신의 나라에 빚지고 있다", "손은 우리가 쥘 수 있도록 진화했다", 그리고 "왕실의 혈통은 신들에게까지 거슬러 올라갈 수 있다"라는 구절들은 생산물이 자신의 생산자들에 전적으로 선행한다고 전제하는 몇 가지 사례일 따름이다.

독신 기계의 준인과적 본성과 더불어 관계도 독신 기계라는 통찰을 고려하면 기계는 들뢰즈가 "역설적 존재자"라고 일컫는 것이 된다(LS, 40~1, 97). 하나의 국소적 매체로서 기능할 때[6] 기계는 이중적인데, 이를테면 "기표 계열과 기의 계열"을 통해서 "순환한다"(LS, 40). 예컨대 칼싸움 같은 매체는 칼의 베기와 희생자의 베임이 일어나는 곳이다. 매체는 기계이기에 자신과 관련하여 전치된다. 그 이유는 그것의 잠재태가 다른 기계들 속 그것의 현실적 현전과 위치로 환원될 수 없기 때문이다. 앞서 4장의 2절에서 인식된 대로 기계는 자신의 환원 불가능성에 있어서 절대적[ab solus]이다. 그러므로 "역설적 존재자는 결코 우리가 그것을 찾는 곳에 있지 않으며, 그리고 역으로 우리는 결코 그것이 있는 곳에서 그것을 찾아낼 수 없다"(LS, 41 ; 그리고 LS, 228을 참조). 더욱이 기계의 본질은 가변적이기에 "그것의 고유한 동일성과 유사성, 평형, 기원"을 관찰하지 못하게 된다(LS, 41). 게다가 기계는 "자신이 기표로서 구성하는 한 계열에서는 과잉 상태에, 그리고 자신이 기의로서 구성하는 다른 한 계열에서는 결핍 상태에" 있다(LS, 41).[7] 그 이유

---

6. 또다시 존재자들은 "스스로 수렴하지 않고(이것은 불가능할 것이다) 오히려 하나의 역설적 요소 근처에 수렴한다 … 이 요소 혹은 이 점은, 바로 표면 효과들이 그것들의 물체적 원인과 본성상 다른 한에 있어서 이들 효과가 연루되는 준원인이다.

는 관계가 일방적이기 때문이다. 내가 강을 바라보면 나의 지각은 나와 강의 마주침을 매개하는 기계다. 나의 지각은 나로 환원될 수 없기에 나를 넘어서는 과잉된 것이다. 그렇지만 그 강은 여전히 나와 나의 지각 둘 다에 의해 전적으로 교란되지 않은 채로 있을 수 있다. 그렇다면 두 명의 미래 연인이 만나는 술집은 어떠한가? 그 술집은 두 가지 다른 방향으로 과잉된 것인 동시에 결핍된 것이다. 이런 상황이 전적으로 가능한 이유는 한 기계가 여러 관계를 구축하기 위한 매체가 되지 못하게 막는 것은 아무것도 없기 때문이다.

이제 관계의 기계적 본성이 입증되었기에 우리는 들뢰즈 철학의 또 다른 악명 높은 부분, 즉 미분적 관계에 관한 이론을 다룰 수 있다. 들뢰즈에게 '미분적 관계'는 미분법이라는 수학에 의해 고무된 하나의 철학적 개념이지, 미분법에 해당하는 것이 아니다(DI, 102, 176~7을 참조).[8] 더욱이 그 철학적 개념은 수학을 참조하지 않고서 쉽게 설명될 수 있다. 들뢰즈가 서술하는 대로 미분적 관계에 관한 들뢰즈의 개념에는 "수학적인 것이 전혀 없다"(DR, 181). 오히려 들뢰즈의 목표는 미분적 관계에 존재론적 의미를 부여하는 것이다(DR, 170). 그러므로 우리는, 이를테면 "dx는 x에 비해 그리고 dy는 y에 비해 엄밀한 의미에서는 아무것도 아니다"(DR, 171)라는 사실에서 비롯되는 미분적 관계에 관한 개념을 평가하는 들뢰즈의 견해를 수학적이 아니라 존재론적으로 분석해야 한다. 그런데 들뢰즈의 경우에 "dx는 이념이다"(DR, 171). 여기서 dx는 x에 비해 아무것도 아니라는 것은 우선 형상形象과

---

7. 우리는 '계열'이라는 용어에 이중의 의미를 부여해야 한다. 한편으로 '계열'은 한 존재자의 세계를 구성하는 사건들의 인접성을 지칭한다. 다른 한편으로 '계열'은 한 기계의 본질에서 생겨나는 순차적인 변이를 지칭한다.

8. 철학적으로 "미분법은 수학적 실재로 환원될 수 없다"(SL, 220480).

그 코드 사이의 형식적 구분과 관련이 있다. 기계의 잠재적 절반 안에서 신체는 하나이고 비생산적인 반면에 욕망은 (원인으로서) 여럿이고 생산적이다. 더욱이 어떤 의미에서 신체는 자신의 이념에서 일어나는 변이와 되기에 개의치 않는다. 그 이유는 신체의 생성이 그것의 고유한 푸이상스가 아니라 다른 기계들에 의해 실현되기 때문이다. 둘째, dx가 x에 비해 아무것도 아니라는 것은 우리에게 어떤 잠재적 이념의 기계 관계들로의 현실화는 결코 해당 신체의 현실화가 아님을 주지시키는데, 그 신체는 여전히 자신의 현실적 표면의 배후에 물러서 있는 채로 있다.[9] 이제 우리는 다음과 같은 진술을 이해할 수 있다.

> 기호 dx는 결정되지 않은 것, 결정 가능한 것 그리고 결정이라는 세 가지 측면으로 동시에 나타난다. 충족이유를 함께 형성하는 세 가지 원리는 이들 세 가지 측면에 해당한다. 결정 가능성의 원리는 (dx, dy)처럼 결정되지 않은 것에 대응하고, 상호적 결정의 원리는 실제로 결정 가능한 것(dy/dx)에 대응하며, 완전한 결정의 원리는 사실상 결정된 것$(dy/dx$의 값들$)$에 대응한다(DR, 171; 그리고 DR, 172를 참조).

기계의 이념 자체는 결정되지 않은 것이지만 불확정적인 것은 아니다. 그것은 회집체의 잠재적 존재인데, 현실적 관계들에서 결정되었거나 결정되거나 혹은 결정될 기계의 외양과 종류가 다르며 그 외양으로 환원될 수 없다. 그것은 원칙적으로 과잉된 것이다. 그런데도 이념

---

9. 들뢰즈는 미분적 관계들을 외부성 테제와 명시적으로 관련시킨다(SS, 100381). 또한 "미분적 차이들이 결과 안에서 사라진다면 이는 문제-심급이 해-심급과 종류가 다르기 때문인데, 그런 소멸은 해들이 문제를 은폐하게 되는 운동 속에서 일어난다"라는 구절도 참조하라(DR, 177~8).

은 현실적 표현들로 번역될 수 있다. 그렇지만 이렇게 되는 데에는 하나 이상의 다른 기계가 필요하다. 그러므로 일괄하면 두 개의 기계는 이념이 결정 가능한 것이라는 점을 보증한다. 두 개의 기계가 서로 마주친다면 그 결과는 어떤 구체적인 표현의 형태를 띠는 "완전한" 결정이거나, 혹은 푸이상스가 현실태로 현시되는 "탈잠재화"일 것이다(DR, 174). 앞서 이해된 대로 다양체들 사이에 맺어진 각각의 관계는 또 하나의 회집체를 산출하며, 그 회집체는 그것이 자신의 생성자들로 환원될 수 없다는 바로 그 의미에서 미분적 관계다. 독신 기계는 독자적인 견지에서 자신의 생성자들에 접속함으로써 그것들을 수축시킬 것이고, 따라서 그것이 마주치는 현실태들은 이들 생성하는 기계의 잠재적 측면 ─ 이들 기계의 표현들과 종류가 다른 측면 ─ 에 비해 '아무것'도 아니다.[10] 물은 그것의 수소와 산소에 대한 미분적 관계이고, 국가는 그것의 법과 시민에 대한 미분적 관계이고, 사랑은 그 연인들에 대한 미분적 관계이고, 기타 등등.

그렇다면 미분적 관계라는 개념은 어떻게 해서 "이념의 이념을 낳을 수 있는 이념의 역능"을 증언하는가(DR, 172)?[11] 그것은 한 기계의 이념이 독자적인 이념을 역시 갖춘 다른 기계들을 수축시킴으로써 생성되기 때문이다. 나의 이념 또는 욕망은 그 생성자들에 비해 '아무것'

---

10. 앞서 언급된 대로 기계가 자신의 고유한 견지에서 사물들과 관계를 맺을 수밖에 없는 한에서 기계는 어떤 의미에서 자신의 부분들을 '구성한다'. 스미스가 서술하는 대로 "그러므로 미분적 관계는 자신의 항들의 외부에 있는 관계일 뿐만 아니라 어떤 의미에서는 자신의 항들을 구성하는 관계이기도 하다"(Smith, *Essays on Deleuze*, 53)

11. 때때로 들뢰즈는 오직 이념 또는 특이성들만이 부분적 객체 또는 연장을 생성하고, 오직 미분적 관계들 또는 신체만이 성질들 또는 흐름을 생성한다고 넌지시 주장한다(DI, 100 ; DR, 207, 210). 그런데 실제 사정은 이렇지 않다. 예를 들면 들뢰즈가 서술하는 대로 "일반적으로 어떤 성질은 언제나 그 성질에서 구현된 미분적 관계들에 대응하는 특이성들에 의해 규정된 공간을 가리킨다"(DR, 210, 강조가 첨가됨).

도 아니다. 내 눈의 특이성들은 그 자체로는 나의 시각 능력과는 아무 관계도 없다. 이들 생성하는 기계는 또다시 각각의 해당 생성자들에 대한 미분적 관계들이기에 우리는 각각의 이념이 일단의 미분적 관계에 결부되어 있다고 말할 수 있다(DI, 99; DR, 174). 그리고 이념은 욕망과 코드, 역능들, 특이성들의 철저한 동의어이기에 또한 우리는 "미분적 관계의 결정에 특이성들, 특이점들의 분배가 대응한다"라고 말할 수 있다(DI, 176). 그러므로 미분적 관계라는 개념은 또다시 존재자들의 환원 불가능성을 강조할 뿐만 아니라 각각의 개별적 회집체 내부의 근본적인 분열도 강조한다.

연접적 종합, 기계들의 독신적 지위 그리고 미분적 본성 혹은 관계들(그러므로 또한 관계들의 독신적 지위와 기계들의 미분적 본성)은 들뢰즈의 기계 존재론이 실재에서 놀라운 것과 참신한 것이 나타나게 할 수 있는 방식을 강조한다. 연접적 종합이 미래의 종합인 것은 바로 이런 의미에서다(DR, 90, 115). 각각의 종합된 관계는 진정으로 새롭고 환원 불가능한 존재자 – 다른 기계들의 총합조차도 대신할 수 없는 존재자 – 의 도래를 알린다.[12] 모든 사건에 수반되는 이런 과잉, 이런 "잔여" 혹은 "소비"는 모든 해방의 약속일 뿐만 아니라 "모든 예술, 모든 시, 모든 신화적 및 심미적 발명"의 약속이기도 하다(PS, 4; 그리고 DR, 41을 참조). 세 번째 종합은 모든 보편적 근거, 모든 거짓 깊이와 높이, 모든 환원주의와 내부주의를 제거하는 존재론의 마지막 구성요소다. "시간의 총체를 한데 모으"는 것도 세 번째 종합이다(DR, 89). 새로운 독신 기계가 생겨남과 동시에 그것 역시 연결하고(첫 번째 종합)

---

12. "[L]a genèse des conjonctions … cette genèse de la nouveauté qui est essentielle, genèse de la nouveauté comme telle, c'est-à-dire qui n'implique aucune réduction du nouveau à l'ancien"(SL, 100387; 그리고 DI, 113을 참조).

되기(두 번째 종합) 시작하면서 도중에 후속 독신 기계들을 생성하는데, 이런 과정이 연쇄적으로 이어진다. 그러므로 들뢰즈가 극적으로 서술하는 대로 실재가 초월적 높이도 없고 깊이도 없는 채로 작동한다고 여기는 것은 "시간의 빗장을 푸는 것, 태양을 폭파하는 것, 화산 속으로 뛰어드는 것, 신 혹은 아버지를 살해하는 것"이다(DR, 89 ; 그리고 C2, xi를 참조).13 그러므로 결국에 참된 반복은 "특이성들의 방출"도 의미하게 되는데(DR, 201 ; 그리고 LS, 59를 참조), 말하자면 환원 불가능한 기계들의 생성을 나타내게 된다.

때때로 들뢰즈는 분열증적 실재를 규칙 없는 게임이라고 일컫는다. 모든 환원주의적이거나 내부주의적인 형이상학은 미리 결정된 규칙과 한계를 지닌 게임으로 이해될 수 있다. 반면에 기계 존재론은 어떤 존재자들이 현존할지 그리고 그것들이 어떻게 관계를 맺을지 결정하는 선험적 규칙이 전혀 없다고 주장한다. 기계 존재론은 단지 존재자들에 대한 형식적인 사중 구조와 관계들에 대한 세 가지 종합 모형을 개관할 따름이다. 우리는 이것을 주사위 던지기에 비유할 수 있다.14 들뢰즈의 경우에 각각의 주사위 던지기, 즉 각각의 관계 생산은 "필연을 긍정하"고 "우연의 모든 부분"을 조합한다(NP, 28). 필연의 긍정은 어떤 상황에 연루된 모든 기계의 잠재적 이중체를 가리킨다. 결국 이들 기계가 각자 자신의 특이성들에 의거하여 현실적 표현들과 마주치는 것과 각자의 이념이 이들 수축에 의거하여 되기를 겪는 것

---

13. 각각의 마주침에서는 하나의 새로운 기계가 "해를 돌발적이고 맹렬하며 혁명적인 무언가처럼 작렬하게 만드는 어떤 숭고한 기회, 즉 카이로스에 이루어진 응결 혹은 응축"으로서 생겨난다(DR, 190).

14. "존재론은 주사위 던지기다"라는 구절을 참조하라(DR, 199). 이런 기계 '게임'은 "정확한 규칙도 없고, … 승자도 패자도 없"으며(LS, 58), 그리고 인간도 신도 그 게임을 통제할 수 없는데(LS, 60), 그 이유는 그렇다면 외부성에 위배될 것이기 때문이다.

은 절대적으로 필연적인 사태다. 자신이 품고 있는 욕망을 품지 않을 선택권을 갖춘 존재자는 단 하나도 없다. 그런데 또한 모든 사건은 온갖 우연적인 부분의 조합인데, 그 이유는 두 개 이상의 기계가 현존해야 했었기 때문이다. 현존은 존재론적 문제가 아니라 실존적 문제다. 게다가 각각의 사건은 그 생성자들로 환원될 수 없는 하나의 독신 기계를 생성하고, 따라서 현존하는 기계들의 우연적 본성을 더욱더 강조한다.15 이것이 들뢰즈가 각각의 주사위 던지기는 "어떤 다른 수일 수 없는 유일한 수"를 낳는다고 서술할 때 뜻하는 것이다(NP, 32). 이것을 서술하는 또 다른 방식은 새로운 기계를 생성하는 존재자들 사이의 마주침이 "우발적"이라고 말하는 것이다(DR, 198). 현실화가 우발적인 이유는 연루된 기계들의 잠재적 측면이 이들 현실적 표현과 종류가 다르기 때문이다. 잠재적 특성들은 어떤 특정한 현실태도 함축하지 않는다. 한 의미-사건은 단지 어떤 기계가 '우연히' 행하고 있는 것일 따름이지, 그 기계가 행하도록 '되어 있'던 것이 아니다. 더욱이 존재자들의 관계가 그 생성자들로 환원될 수 없는 또 하나의 기계인 한에서 존재자들의 접촉점은 우발적이고, 따라서 그 접촉점은 이들 존재자에 "근거를 두지 않"게 된다(DR, 200).16

---

15. "이념은 주사위 던지기에서 비롯되는 문제적 결합체다"라는 구절을 참조하라(DR, 198).

16. 그러므로 극한에서 우리는 심지어 독신 기계 또는 역설적 존재자가 정말로 우발점이라고 말할 수 있고, 그리하여 각각의 기계는 하나의 우발점이 될 것이다. 따라서 들뢰즈는 "발산하는 것들로서의 발산하는 계열들을 횡단하면서 그것들의 거리를 통해서 그리고 그것들의 거리 안에서 공명하게 하는 외짝의 두 얼굴을 가진 우발점, 즉 일종의 역설적 심급의 수립"에 관해 서술한다(LS, 174).

앞서 우리는 기계와 관계의 이원론이 어떻게 해서 존재하지 않는지 알게 되었다. 모든 새로운 관계는 맺어지는 즉시 하나의 새로운 기계다. 이로부터 각각의 기계는 다른 기계들 사이에 끼여서 현존한다는 결론이 당연히 도출된다. 한편으로는 한 기계를 생성하는 기계들이 있는데, 즉 그 기계가 현실태로 마주치게 되는 기계들이 있다. 다른 한편으로는 한 기계가 생성하는 기계들이 있는데, 즉 그 기계의 현실태가 현시되는 기계들이 있다. 외부성으로 인해 기계는 언제나 양쪽으로 환원될 수 없는 채로 있게 된다. 또 다른 기계에 대한 현실적 현전은 결코 그 기계의 바로 그 존재로 용해함에 해당하지 않는다. 그러므로 각각의 기계는 자신이 생겨난 바로 그 순간부터 '독신'이다. 그런 절대적 환원 불가능성이 가르시아의 존재론에서 부각되는 대로의 존재자들도 특징짓는데, 한편으로 가르시아는 '고독한' 존재자들이라고 지칭하기를 선호한다. 이런 환원 불가능한 '사이성'in-betweenness과 관련하여 가르시아와 들뢰즈를 비교하면 존재자들이 어떻게 환원 불가능한 것이라고 하는지에 있어서 한 가지 근본적인 차이점에 주목하게 될 것이다. 알게 되듯이 가르시아의 경우에는 한 사물이 언제나 자신의 부분들과 환경 이하의 것인 반면에 들뢰즈의 경우에는 한 사물이 언제나 자신의 부분들과 환경 이상의 것이다.

가르시아는, 존재자를 한편으로는 그것의 형식적 존재로서 포착하고 다른 한편으로는 그것의 객체적 존재로서 포착하는 일종의 양면적 존재론을 고수한다. 이 견해는 앞서 우리가 기계 존재론에 대한 존재론적 해석과 실존적 해석을 구분한 접근법에 대체로 필적한다. 존재론적으로 각각의 기계는 신체와 이념, 부분적 객체(들), 성질들의 사중체라는 점에서 절대적으로 동등하다. 어떤 기계도 결코 오중체도 아니고 삼중체도 아닐 것이기에 기계의 네 가지 측면은 언제나 이들 네 가지뿐일 것이다. 실존적으로는 사정이 정반대다. 기계는 특정한 다른 기계들의 특정하고 다양한 현실적 표현을 통해서 생산되고, 특정한 역능들을 획득하며, 그리고 특정한 방식들로 특정한 다른 기계들에 대해 현실화한다. 존재론적으로는 한 마리의 고양이와 한 개의 탁자 사이에 아무 차이도 없다. 실존적으로는 그것들이 서로 엄청나게 다르다. 마찬가지로 가르시아는 모든 사물이 형식적으로는 동등하고 객체적으로는 서로 다르다고 주장한다.

기계 존재론과 매우 유사하게도 가르시아는 모든 것이 하나의 사물로서 동등하게 가치가 있다고 생각한다. 한 마리의 오리, 하늘, 숫자 6, 한 개의 자갈, 하나의 불가능한 존재자 그리고 한 개의 낱말은 모두 다양한 객체적 차이점에도 불구하고 동등하게 사물이다. 그런데 가르시아는 성질에도 사물성을 부여함으로써 들뢰즈보다 더 나아간다. 들뢰즈의 경우에는 '빨간색'이 어느 기계의 현실적 표현이지, 그 자체로 하나의 기계인 것은 아니다. 가르시아의 경우에는 '빨간색'이 단적으로 스포츠카나 낙타와 동등한 존재론적 존엄성을 갖춘 또 하나의 사물이다. 그러므로 가르시아의 존재론은 들뢰즈의 존재론보다 상당히 더 '평평한' 것이다. 이 논점은 나중에 다시 논의하자. 우선은 『형식과 객체』에서 제시된 가르시아의 존재론이 지닌 몇 가지 핵심적인 면모가 개관될 것이다.

가르시아는 '탈-규정'이라는 방법을 통해서 환원 불가능한 사물들을 파악하고자 한다.[17] 예를 들면 우리는 어떤 나무를 그것의 구성

---

17. Tristan Garcia, "Crossing Ways of Thinking," 21.

요소들, 그것의 환경, 그것의 특성들, 그것의 과거와 미래에서 떼어냄으로써 그 나무를 탈-규정할 수 있다. 기계 존재론의 용어들로 서술하면 우리는 한 존재자와 관련된 모든 현실태를 제거하는데, 말하자면 한 존재자를 생성하는 모든 것과 한 존재자가 다른 존재자에 현시하는 모든 것을 제거한다. 탈-규정을 거쳐 그 나무는 "아무것에도 환원될 수 없"는 "고독한" 사물로서 남겨지게 될 따름이다.[18] 여기서 탈-규정이 들뢰즈의 외부성 테제와 유사함은 명백할 것이다. 그런데 들뢰즈와는 대조적으로 가르시아는 고독한 사물이 어떤 의미에서도 그 자체로 실재적인 존재자라고 생각하지 않는다. 가르시아는 '간결성'이라는 표제어 아래서 온갖 다양한 실체성 또는 본질을 거부한다. 어떤 존재자에 그것의 존재를 구성하기 위해 무슨 종류든 간에 실질적 내용을 부여하는 것은 언제나 하나의 전체이고자 하는 동시에 그 전체의 구성요소이고자 하는 존재자로 귀결된다고 가르시아는 생각한다. 가르시아의 경우에 그런 존재자는 자신의 꼬리를 삼키려고 하는 우로보로스라는 신화적인 뱀과 다소 유사하다. 그런 일은 결코 있을 수 없고 그렇게 시도하더라도 실패할 것이다. 그 이유는 그런 시도가 성공한다면 그 뱀이 무로 사라지는 사태가 수반될 것이기 때문이다.

그러므로 가브리엘과 매우 유사하게도 가르시아는 존재 혹은 현존은 언제나 무언가 속에 존재하거나 혹은 현존하는 것일 따름이라는 결론을 내린다. 요컨대 "무언가에 속함과 무언가임은 동등하다."[19] 한 사물의 존재가 언제나 단지 무언가에 속함일 뿐이고 결코 고유한 그것임이 아니라면, 그것은 어떻게 환원 불가능한 것일 수가 있는가?

18. Tristan Garcia, *Form and Object*, 8.
19. 같은 책, 60.

한 사물을 한편으로 그것에 속하는 것과 다른 한편으로 그것이 속하는 것 사이의 차이로 규정함으로써 그렇게 된다. "한 사물은 이 사물에 속하는 것과 이 사물이 속하는 것 사이의 차이일 따름이다."[20] 무언가를 구성하는 것이라면 무엇이든 "이 사물에 속하는 것"이고 한 사물이 구성하는 것이라면 무엇이든 "이 사물이 속하는 것"으로, "한 사물은 바로 이 사물을 구성하는 것과 이 사물이 구성하는 것 사이의 연결 혹은 관계다."[21] 이런 차이는 실질적이지 않다. 한 사물의 생성자들과 한 사물이 생성하는 모든 것 사이에 자리하고 있는 내용은 전혀 없으며, 그리하여 들뢰즈가 기계의 이념 또는 특이성들이라고 일컫는 것과 유사한 것은 전혀 없다. 사물은 실체적 존재 혹은 본질적 존재가 전혀 없다. 예를 들면 "어떤 항성은 그 항성을 구성하는 것과 그 항성이 〔속〕하는 것 사이의 차이다. 더도 덜도 아니고 그뿐이다."[22] 그러므로 사물성으로서의 이 차이는 부정적인 것인데, 즉 그 항성이 그것을 구성하는 분자들과도 동일하지 않고, 그것이 속해 있는 은하 혹은 체계와도 동일하지 않고, 그 둘의 총합도 아니라는 단순한 사실이다. 또다시 "사물은⋯내용과 용기 사이의 차이일 따름이다."[23] 그러므로 가르시아는 우리가 사물을 내부와 외부를 분리하는 어떤 종류의 봉지로 여기지 말아야 한다고 경고한다. 왜냐하면 그런 유비는 사물이 어떤 실질적인 종류의 내용(이 경우에는 고무 혹은 플라스틱)으로 구성되어 있다는 점을 수반하기 때문이다.

이런 부정적인 차이는 극복될 수 없고 환원될 수 없는 것이다. 바

20. 같은 책, 13.
21. 같은 책, 119.
22. 같은 책, 118. 강조가 첨가됨.
23. 같은 책, 61.

로 그 이유는 우리가 어떤 사물에 속하는 것을 그 사물이 속하는 것에서 결코 도출할 수 없을 뿐만 아니라 정반대의 작업도 결코 할 수 없기 때문이다.[24] 어떤 바위의 구성요소들은 그 바위가 현재 미합중국의 애리조나주에 있는지 혹은 이탈리아의 토스카나 지방에 있는지 말해주지 않고, 어떤 햄버거를 먹고 있다는 공공연한 사실은 그 햄버거의 성분들에 관해 아무것도 말해주지 않는다. 어떤 사물이 속하는 것을 지칭하는 또 하나의 방식은 무언가가 그 사물을 포섭한다고 말하는 것이다. 가르시아는 이것을 그 사물의 '형식'이라고 일컫거나,[25] 혹은 그 사물이 세계 속에 포함된 윤곽이라고 일컫는다. 어떤 사물을 포섭하는 것은 그 사물이 '끝나'는 지점이다. 그 이유는 그것이 바로 무언가 다른 것이 인계받는 지점이기 때문이다. 역으로 어떤 사물에 속하는 것은 그 사물이 포섭하는 것이다. 우리는 '포섭'을 존재의 정반대 의미로 이해할 수 있다. 그 이유는 '존재함'이 이미 '속함'으로 규정되었기 때문이다. 그러므로 존재함은 무언가 다른 것 속에 포섭됨과 동일하고, 무언가 다른 것을 포섭함은 '존재하게 됨'이라고 일컬어질 수 있는 것과 동일하다. 사물은 포섭함과 존재함 사이의 차이일 따름이다. 그 이유는 그것이 결코 그 둘 중 어느 쪽으로도 환원될 수 없기 때문이다. "사물은 그 내용이 비워지고 그 용기에 의해 추방된다."[26] 아주 간단하게도 우리는 한 그루의 나무를 그 구성요소들 사이에 위치시킬 수도 없고 그 환경 속 존재자들 사이에 위치시킬 수도 없다.

우리가 한 사물 '속'에 존재하는 것은 다른 한 사물일 수가 없다는 점을 깨닫자마자 상황은 약간 더 어려워진다. 그 이유는 한 사물이

---

24. 같은 책, 125~6.
25. 같은 책, 28.
26. 같은 책, 53.

하나의 차이로 규정되었기 때문이고, 게다가 이런 차이가 그 사물이 아닌 두 가지 것(그것의 구성요소들과 그것을 부각하는 것)에 준거를 두고 있기 때문이다. 그러므로 한 사물이 일련의 차이로 구성되어 있다고 말하는 것은 비정합적인 진술이다. 왜냐하면 그 진술이 사물은 존재하지 않는 무언가(즉, 이것도 아니고 저것도 아닌 것)에 의해 구성된다고 말하는 것에 해당할 것이기 때문이다.[27] 오히려 한 사물에 속하는 것을 규정하는 올바른 형식적인 방식은 "아무것"no-matter-what이라는 개념이다.[28] 그렇게 규정하는 착상의 요점은, 모든 존재자가 동등하게 사물들이라면 사물을 구성하는 특정한 존재자들에 관해 언급하는 것은 터무니없다는 것이다. 우리는 결코 미리 알 수 없다. 그러므로 "아무것" 혹은 "무엇이든" 혹은 "그렇다고 판명되는 모든 것"이 한 사물을 구성한다.[29] 그러므로 '아무것'은 단지 "무언가를 구성하는 질료인 것으로 판명되는 모든 것으로 이루어져 있음"을 뜻할 뿐이다.

마찬가지로 '한 사물이 속하는 것' 역시 다른 한 사물일 수가 없다. 그 이유는 존재하지 않는 무언가가 그것이 아닌 무언가 속에 존재한다고 말하는 것도 비정합적이기 때문이다. 그러므로 형식적으로 우리는 한 사물이 한 사물과 전혀 다른 무언가에 속한다고 말해야 하며, 그리고 가르시아는 후자를 한 사물의 "세계" 또는 "형식"이라고 일컫는다.[30] 그런 세계 또는 형식은 시작되는 지점(그 사물이 끝나는 바로 그 지점)은 있지만 끝나는 지점은 없다. 다음과 같은 사례를 살펴

---

27. 이것은 가르시아가 자신의 존재론에서 '아무것'과 '세계'의 형식적 현존을 옹호하는 방식에 대한 완전한 설명은 아니지만, 그 존재론의 요지를 파악하는 데에는 충분하다. 더 광범위한 재구성에 대해서는 Jon Cogburn, *Garcian Meditations*를 보라.

28. Garcia, *Form and Object*, 19.

29. 같은 책, 21.

30. 같은 책, 142.

보자. 당신이 어떤 벽에 당신의 손을 붙인다면 당신은 당신의 손 주위에 있는 모든 것을 빨간색으로 칠하기 시작할 수 있다. 원칙적으로 당신은 무한정 계속해서 칠할 수 있다. 그러므로 당신의 손의 윤곽 또는 형식은 특정한 시작 지점(당신의 손)은 있지만 끝나는 지점은 결코 없다. 그러므로 우리는 세계를 한 사물이 부각되는 배경, 한 사물이 아닌 모든 것, 그리고 극한적으로 한 사물을 포섭하는 모든 것으로 이해해야 한다.

'아무것'과 '세계'는 둘 다 사물들의 형식적 동등성을 강조한다. 실존적으로(가르시아는 '객체적으로'라는 용어를 선호한다) 사물들은 각각 자신을 구성하는 것과 자신이 부각되는 곳에 의거하여 서로 다르다. 그런데 형식적으로는 모든 사물이 '아무것'으로 구성되어 있다는 점과 자신이 아닌(자신에 속하지 않는) 모든 것에 대해서 부각된다는 점에서 동등하다. 우리가 가르시아 존재론의 이런 형식적 부분에서 그것의 '객체적' 쌍으로 이행한다면 사물은 객체로 여겨져야 한다. 이는 구체적 존재자가 결코 '무엇이든' 어떤 규정되지 않은 것들로 구성되어 있지 않고 어떤 분화되지 않은 '세계' 속에 자리하고 있지 않음을 말하는 것이다. 객체적으로 무언가는 언제나 특정한 객체들로 구성되어 있고 다른 특정한 객체들 속에 자리하고 있다. 직물은 의자 속에 있고, 의자는 방 속에 있고, 기타 등등. 가르시아가 서술하는 대로 "어떤 사물이 이런저런 식으로 자신을 포섭하는 또 다른 사물에 들어갈 때 우리는 그 사물을 '객체'라고 일컫는다."[31] 들뢰즈의 기계 존재론과의 유사성을 인식하자. 기계로서 각각의 기계는 신체와 이념, 의미, 성질들의 사중체라는 점에서 동등하다. 이 기계 혹은 저 기계로서

31. 같은 책, 100.

의 기계에서는 이런 형식적 도식이, 자신을 규정하고 다른 기계들과 마주치는 동안 특정한 방식들로 현실화하는 특정한 역능들을 갖춘 한 특정한 기계를 생성하는 특정한 존재자들에 의해 구체화된다.

어떤 실존적 조건도 결코 존재자가 존재론적으로 기계라는 사실을 무효화할 수 없을 것이라는 점은 명백함이 틀림없을 것이다. 마찬가지로 가르시아는 객체성이 결코 사물성을 대체하지 못하고 오히려 한 존재자의 형식적 존재를 보완한다는 것을 강조한다. 가르시아가 빈정거리는 대로 "한 마리의 개를 나의 지하실에 가둠으로써 나는 그 개를 세계에서 제거하지 못한다."[32] 그 개가 지하실에 있다는 사실은 그 개가 그것이 아닌 모든 것(그리고 그것에 속하는 모든 것)과 별개라는 사실을 전혀 바꾸지 못한다. 그 사실은 단지 그 개가 그것이 아닌 대다수 여타의 것보다 그것이 아닌 하나의 사물(지하실)에 약간 더 관련되어 있음을 시사할 뿐이다. 혹은 일부 영장류 동물이 음식을 씻기 위해 잎과 가지로 제작하는 원시적 수세미에 관한 가르시아의 사례를 살펴보자.[33] 형식적으로 수세미와 잎과 가지는 모두 동등하다. 각각의 것은 자신에 속하는 것과 자신이 속하는 것 사이의 차이다. 객체적으로 그것들은 동등하지 않다. 다른 이유도 있지만 그중에서도 수세미는 그것을 구성하는 잎들을 통해서 현존하는 한편으로 어떤 잎도 잎들로 구성되어 있지 않기 때문이다. 결론적으로 말하자면 "객체적으로 사물들은 함께 존재하며 동등하지 않다. 형식적으로 사물들은 홀로 존재하며 동등하다."[34]

가르시아의 존재론을 비판적으로 평가하면 여러 가지 이의가 떠

---

32. 같은 책, 78.
33. 같은 책, 86.
34. 같은 책, 102.

오르게 된다. 첫째, 시간이 흐름에 따라 사물로서든 객체로서든 간에 존재자에 대한 동일성이 전혀 없는 것처럼 보인다. 그 이유는 존재자가 자신을 구성하는 것과 자신이 구성하는 것 사이의 차이로 규정되기 때문이다. 이로부터 한 존재자를 구성하는 것 혹은 한 존재자가 구성하는 것에서 생겨나는 어떤 변화도 전적으로 새로운 존재자를 생성한다는 결론이 당연히 도출된다. 그 이유는 그런 변화가 다른 차이를 만들어내기 때문이다. 가르시아의 존재자는 자신의 두 가지 종류의 관계와 별개로 자신을 규정할 '그 자체'가 전혀 없기에 한 존재자는 그것이 동일한 존재자로 남아 있을 수 있게 할, 자신의 과거로부터 물려받을 수 있는 것이 단적으로 전혀 없다. 그런데 여기서 가르시아는 전혀 피하지 않기로 작정하고서 "지금의 객체"가 "몇 초 전의 객체"와 다른 객체라고 주장한다.[35] 존 코그번 역시 지적하는 대로 이런 주장은 가르시아에 의해 제시된 한 가지 새로운 시간론을 통해서 뒷받침된다.[36] 그 시간론 덕분에 가르시아의 존재론에서는 모든 사물(그리고 객체!)이 자신이 구성요소들과 맺은 관계와 그 속에서 자신이 부각되는 것에 의거하여 규정되기에 도대체 아무 존재자도 없는 것처럼 보이는 문제도 해결된다. 가르시아의 존재론에서 사실상 현존하는 것은 단 하나의 사물, 즉 관계들의 총체가 있을 따름이다. 그런데 여기서 가르시아는 반대편 극단으로 이행함으로써 곤경에서 벗어난다. '자신에 속하는 것'과 '자신이 속하는 것' 사이의 차이로서의 존재자는 매우 환원 불가능해서 어떤 존재자도 결코 무언가로 용해되지 않기에 어떤 존재자도 결코 제거될 수 없는 지경에 이르게 된다. 가장 멀리 떨어진

---

35. 같은 책, 115.
36. Cogburn, *Garcian Meditations*, 117.

과거로부터의 존재자들도 여전히 현존하고 환원 불가능한 채로 남아 있게 된다. 그것들은 절대 파괴되지 않고 오히려 현행적 사태를 구성하는 모든 존재자보다 '덜 현시적'인 것이 될 뿐이다.[37] 여기서는 그 두 주장을 모두 뒷받침하는 가르시아의 시간론을 상세히 서술할 여지가 없기에 우리는 그냥 그 논점을 인정하고 계속 나아갈 수밖에 없다. 가르시아의 존재론에는 들뢰즈의 기계 존재론의 맥락과 더 많이 관련된 한 가지 더 근본적인 문제점이 있기 때문에 더욱더 그렇다.

들뢰즈의 기계 존재론의 시각에서 바라보면 가르시아의 존재론이 지속적으로 시달리는 실제 문제는 앞서 우리가 가브리엘의 존재론의 맥락에서 언급한 특화의 무한 유예다. 가르시아의 존재론은 아무것도 존재하지 않기보다는 오히려 무언가가 존재하는 이유를 훌륭하게 설명한다. 어떤 존재자도 아무것도 아닌 것이 아닌 이유는 그것이 자신을 구성하는 것과 그 속에서 자신이 부각되는 것으로 환원될 수 없기 때문이다. 어떤 존재자를 설명함으로써 제거할 방법은 전혀 없다. 그런데 가르시아의 존재론은 저것이 존재하기보다는 오히려 이것이 존재하는 이유를 설명하지 못한다. 왜 이것은 고양이이고 저것은 탁자인가? 이것은 고양이이고 저것은 탁자라면 그것들은 어떤 특유한 특질을 갖추고 있어야 한다. 이미 우리는 이런 특질이 '아무것'이 들어오고 '세계'에 들어가는 사물로서의 형식적 지위에서 비롯될 수 없다는 점을 이해했다. 그 이유는 모든 사물이 형식적으로 동등하기 때문이다. 그러므로 유일하게 남아 있는 선택지는 고양이와 탁자가 각각 자신의 객체적 현존으로부터 자신의 특질을 도출한다는 것이다. 그런데 객체로서의 존재자는 여전히 자신을 구성하는 다른 객체들과 그 속에서

---

37. Garcia, *Form and Object*, 180~3.

자신이 부각되는 다른 객체들 (사이의 차이)에 지나지 않는 것으로 규정됨을 인식하자. 이것이 바로 가르시아의 형식적 존재론과 객체적 존재론이 엄밀히 동일하다는 한 가지 논점이다.

형식적으로 '한 사물에 속하는 것'은 그 사물의 물질(질료)에 해당하고, '한 사물이 속하는 것'은 그 사물의 형식(형상形相), 즉 세계에 해당한다. 형식적 관점에서 바라보면 모든 사물은 동일한 형식을 갖추고 있다. 그 이유는 그것들이 모두 홀로 세계에 들어가기 때문이다. 객체적으로 '한 사물에 속하는 것'은 객체들 – 즉, 그 사물에 속하면서 그 사물을 구성하는 사물들 – 이고, '한 사물이 속하는 것'은 그 사물이 다른 객체들과 함께 들어가는 큰 사물일 수 있다.[38]

객체적으로 그 고양이는 그것 속에서 부각되는 객체들과 그 속에서 그것이 부각되는 객체들에 의해 특징지어질 수 있을 따름이다. 그 고양이는 그 자체로는 아무 특징도 없다. 그러므로 그 고양이가 하나의 고양이인 이유에 대한 모든 설명은 오로지 다른 존재자들에의 준거로 이루어져 있을 뿐이다. 그런데 이들 존재자의 경우에도 사정은 마찬가지다. 그 고양이의 털과 발에서 우리는 그 고양이가 자신의 특질을 도출할 수 있는 근거 혹은 원천으로서의 역할을 수행할 수 있을 어떤 특유한 특성도 찾아내지 못한다. 우리는 단지 그 털을 구성하는 모든 객체에의 후속적인 준거를 찾아낼 뿐이고, 그다음에 물론 이들 객체를 구성하는 모든 것에의 후속적인 준거를 찾아낼 뿐이고, 이런 식으로 무한히 이어진다. 그러므로 『형식과 객체』의 후반부에서 가르시아가

---

38. 같은 책, 113.

특유한 면모들(한 객체가 어디에 그리고 언제 존재하는지 규정하는 연장성과 한 객체가 어떠한지 대충 규정하는 강도)을 갖춘 객체들을 소개할 때 이런 소개는 그의 야누스적 존재론의 양 측면에 의해 전적으로 보증되지는 않는다. 『형식과 객체』에서 서술된 다른 한 구절이 이 논점을 확실히 한다.

> 그런데 사물은 정말로 무엇인가? 사물은 이 층에 속하는 것과 이 층이 속하는 것을 분리하고 있는 하나의 얇은 층처럼 어떤 정합성을 갖추고 있는가? 사물은 실제로 어떤 견고성 또는 어떤 물질을 현시한다. 그 이유는 내가 그것을 만질 수 있거나 내 손으로 쥘 수 있기 때문이다. 사물은 어떤 물질을 지니고 있는데, 그것은 이 사물에 들어가는 모든 것이다. 그런데 사물은 자신의 물질이 아니다. 왜냐하면 사물은 자신의 물질에 속하지 않기 때문이다.[39]

달리 말해서 형식적 존재론에서도 객체적 존재론에서도 아무것도 참으로 그것 자체가 아니라면 정의상 아무것도 결코 그것이 저 객체라기보다는 오히려 이 객체일 수 있게 하는 근거로서의 어떤 구성요소 혹은 환경을 찾아낼 수 없는데, 그 이유는 동일한 조건(물질이 아님)이 그런 구성요소들 사이에 있거나 그런 환경 속에 있는 각각의 사물에 대해서도 마찬가지로 성립하기 때문이다. 여기서 우리는 가르시아와 들뢰즈 사이의 한 가지 중요한 차이점을 알게 된다. 가르시아의 경우에 차이로서의-사물은 순전히 부정적이다. 한 사물은 단지 그것의 구성요소들도 아니고 그 속에서 그것이 부각되는 것도 아니라고

---

39. 같은 책, 108.

규정될 뿐이다. 그러므로 사물은 언제나 자신의 구성요소들과 자신이 들어가는 전체들 이하의 것이다. 들뢰즈의 경우에 차이로서의-사물은 긍정적이다. 기계는 언제나 자신의 생성자들과 자신의 생성물들 이상의 것이다. 기계는 들뢰즈가 그것의 역능들, 특이성들 또는 이념이라고 일컫는 것으로 구성된 사적 내부가 있다. 이런 '이상의 것'은 모든 기계에 대하여 형식적으로 동등하지만, 그것은 언제나 특정한 기계의 실존적 조건에 따라 다르게 구체화된다. 어떤 기계가 마주치는 것에 따라 그 기계의 잠재적인 초험적 측면에는 다른 내부적 특성들 또는 역능들이 기입될 것이다. 그리고 이들 특이성에 따라 그 기계는 다른 존재자들을 다르게 등록할 것이다. 게다가 그 기계의 특이성들과 더불어 그것과 마주치는 기계들의 특이성들에 따라 그것은 다른 기계들에 대하여 다르게 현실화될 것이다.

『형식과 객체』 영어판의 공동번역자인 코그번도 이 문제를 간파하지만 그것은 단지 번역의 오류에서 생겨난다고 넌지시 주장한다. 코그번은 한 사물에 속하는 것과 한 사물이 속하는 것 사이에 있는 것으로서 "차이"라는 낱말을 선택했던 것을 후회하면서 "변별자"라는 낱말을 선택했어야 했다고 서술한다.[40] 그런데 그런 조치는 아무것도 해결하지 못할 것이다. 왜냐하면 가르시아의 존재자들은 여전히 왜 이 존재자는 이것처럼 분화하고 저 존재자는 저것처럼 분화하는지에 대한 충분한 이유를 구성할 모든 특성을 갖추고 있지 않을 것이기 때문이다. 여전히 존재자들의 핵심에 기입된 실질적인 것이 전혀 없을 것이고, 그리하여 모든 특화와 특징짓기는 면모들을 실제로 갖춘 무언가를 결코 맞닥뜨리지 못한 채로 사물들에 속하는 구성요소들과 사물들

---

40. Cogburn, *Garcian Meditations*, 180.

이 속하는 '큰 사물들'에의 무한정한 준거의 연쇄로 용해될 것이다. 바로 이런 이유로 인해 가르시아는 '빨간색' 같은 성질이 하나의 사물이라고 생각하게 된다. 들뢰즈의 경우에는 존재자의 내부에, 그것의 잠재적 특성들과 다른 존재자들에 대한 그것의 현실적 표현들 사이에 차이가 자리하고 있다. 그러므로 기계는, 그 자체로 기계가 아니라 오히려 한 기계의 존재가 다른 한 기계의 경험으로 번역된 것인 현실적 표현을 나타내야 한다. 그런데 그런 존재가 전혀 현존하지 않는다면 그런 번역물도 전혀 현존하지 않을 것인데, 바로 이것이 가르시아가 존재자를 그것 자체의 내부에서의 차이라기보다 오히려 존재자들 사이에서의 차이로 규정할 때 일어나는 사태다. 이렇게 해서 특화의 무한 유예가 더욱 심화할 것이다. 그 이유는 어떤 단순한 성질조차도 자신의 구성요소들과 환경들에의 준거에 지나지 않는 것으로 판명될 것이기 때문이다.

이들 진술은 들뢰즈가 각각의 기계에 실질적인 과잉의 '내용' ─ 각각의 존재자에 대해서 형식적으로 혹은 존재론적으로는 동등하지만 실존적으로는 서로 다른 것 ─ 을 할당하는 이유에 대한 이해를 증진함이 틀림없을 것이다. 모든 기계가 다른 기계들 사이에 끼여서 현존한다면 기계를 기계로 특징짓는 무언가가 존재해야 한다. 그 이유는 그렇지 않다면 기계가 무한정 증식하는 준거의 네트워크에 빠져 버리게 될 것이기 때문이다. 그런데 한편으로 사물과 객체를 구분하는 가르시아의 구상은 아직 다루어지지 않은, 들뢰즈의 기계 존재론이 지닌 한 가지 중요한 면모를 가리킨다. 모든 기계가 존재론적으로 동등하다면 왜 실존적으로는 존재자들의 위계가 현존하는지 설명되어야 한다. 이와 같은 기계들의 포개기 상황이 다음 절에서 논의된다.

2. 리좀과 위계

기계는 근거 지어지지 않은 존재자다. '더 오래된' 기계들이 정해진 관계들을 맺고서 한 새로운 존재자를 생성하자마자 이 존재자는 철저히 환원 불가능하다. 이런 의미에서 "근거 지음은 미정의 것을 결정하는 것이다"(DR, 275). 독신 기계의 고유한 잠재적 본질은 다른 기계들의 잠재태가 아니라 현실태에서 생성되기에 그것 역시 언제나 "비본질적인 것에서 본질을 구성하는 것"의 일례다(DR, 263). 각각의 새로운 기계는 세계에 펼쳐진 힘인데, 그렇다 하더라도 그것은 다른 힘들에 철저히 지배당한다. 앞서 우리는, '다양체'라는 용어는 한 기계의 관계를 넘어서는 잠재적인 이중 존재를 강조한다는 것과 '회집체'라는 용어는 이런 사적 본질이 변이에 열려 있는 방식을 강조한다는 것을 이해했다. 이제 우리는 기계들 사이의 다양한 긴장 관계에 집중하는 '리좀'이라는 용어를 다루자. 리좀으로 여겨지는 기계는 전체가 부분들과 어떻게 관계를 맺는지, 전투가 어떻게 해서 실재계의 법칙인지, 그리고 과잉성과 취약성, 저항이 어떻게 해서 기계 존재론의 핵심적인 관념들인지에 초점을 맞추게 된다.

모든 기계는 리좀이라는 사실을 다시 한번 확인하기 위해 리좀은 다양체들의 "본성"이라는 것(ATP, 30; 그리고 TRM, 310을 참조), 다양체들은 리좀적이라는 것(ATP, 8), 그리고 "리좀학"은 "다양체들에 관한 학문"이라는 것(ATP, 43)을 인식하자. 모든 회집체와 마찬가지로 리좀은 "시작도 없고 끝도 없다. 리좀은 언제나 중간에 있고, 사물들 사이에 있고, 사이-존재이며, 간주다"(ATP, 25). 이 진술은, 어떤 존재자의 본질은 그 존재자를 생성하는 것도 아니고 그것이 생성하는 것도 아니라 오히려 그것 안에서 생성되는 동시에 그것의 생성 작업을 추동하는 이념이라는 원리를 되풀이할 따름이다. 무엇보다도 '리좀'은 그런 개별적 본질이 언제나 이질적인 원천들에서 구성되는 방식을 강조한다. 산소와 수소 그 자체에 '물 같은' 것은 전혀 없고, 전기 기타와 흉한 머리 모양 그 자체에 '펑크적인 것'은 전혀 없다. 생성자들은 생성된 기계와 유사하지 않는데, 그렇다 하더라도 생성된 기계는 언제나 (단절과 인접성의 원리에 따라) 자신의 생성자들을 독자적인 견지에서 그리고 자신의 부분들로서 마주친다. 한 리좀을 생성하는 각각의 부분 역시 자신과 유사하지 않은 부분들에서 생성되는 하나의 리좀이기에 실재는 서로 맞물린 '동굴들' 혹은 '스펀지들'의 거대한 체계로 여겨질 수 있다.

> 끊임없이 분할되면서, 물질의 부분들은 하나의 큰 소용돌이 안에 작은 소용돌이들을 형성하고, 이들 소용돌이 안에서 더욱더 작은 소용돌이들이 더욱더 많이 나타나며, 그리고 서로 접해 있는 소용돌이들의 오목한 틈새에서 훨씬 더 많은 소용돌이가 회전하고 있다. 그러므로 물질은 작은 구멍이 무한히 많이 있는 스펀지 같거나, 혹은 남김없이 작은 구멍이 난, 작은 구멍 안에 또 작은 구멍이 있는 해면상 구조의 짜임새를 나타낸다. 아무리 작더라도 각각의 물체는 불규칙한 통로들로 뚫려 있는 세계를 담고 있다 … (FLB, 5).[41]

이렇게 해서 "리좀은 고원들로 이루어져 있다"(ATP, 21). 들뢰즈의 경우에 고원은 "표면적인 땅밑줄기를 통해 서로 연결되어서 리좀을 형성하

---

41. 라이프니츠에의 준거는 명백하다. "물질의 각 조각은 식물이 가득 차 있는 정원으로 여길 수 있다. 그런데 식물의 각 가지, 동물의 각 수족(심지어 그 체액의 각 방울) 역시 또 하나의 그런 정원이나 연못이다"(Leibniz, "The Principles of Philosophy, or, The Monadology", §67 [라이프니츠, 『모나드론 외』]).

거나 확장해 가는 모든 다양체"다(ATP, 22). 다양체를 뿌리 체계에 비유하는 것은 적절하다. 기계의 본질은 그것이 겪는 마주침에 의해 초래되는 변이에 열려 있다는 점을 떠올리자. 이는 기계가 마주칠 수 있는 모든 것이 그것의 부분 중 하나가 될 수 있음을 의미하고, 따라서 기계와 그것이 마주치는 것 사이의 관계는 그것의 고동치는 되기의 핵심을 형성하는 초험적인 강도적 물질을 낳는 덩굴손 혹은 뿌리로 여겨질 수 있다. 이런 식으로 단일한 회집체는 "기술자들과 부품들, 재료와 기계 인력, 집행자들과 희생자들, 능력자들과 무능력자들이 단 하나의 집합체에서" 공존하게 만들 수 있다(K, 57). "오, 욕망이여, 그 자체에서 흘러나오지만 매번 완벽하게 결정되는 욕망이여!"(K, 57). 예를 들면 한 사람의 코드는 오로지 생물학적 청사진, 인공물 혹은 어떤 이데올로기적 주형에 의해서만 결정되지 않는다. 오히려 그 사람은 평범하고 일상적인 것에서 숭고하고 이례적인 것에 이르기까지 수많은 기계와 접속하게 되며, 그 과정에서 각각의 기계는 그의 코드를 새기거나 그의 욕망을 변경하게 될 수 있다. 예를 들면 한 아이의 존재는 그저 가족과 사회적 조건 일반에 의해 결정되는 것이 아니고 오히려 "빵, 돈, 집, 사회적 승진, 부르주아 가치들과 프롤레타리아 가치들, 부유함과 가난, 압제와 반항, 사회 계급들, 정치적 사건들, 형이상학적 문제들과 집단적 문제들"과 마주침으로써 결정된다(AO, 121). 모든 리좀은 그것과 유사하지 않은 다른 리좀들에 의해 결정된다. 모든 리좀은 자신의 욕망에 의거하여 '유사한' 방식으로 다른 기계들과 관계를 맺는데, 그렇다 하더라도 이들 다른 기계는 서로에 대해서는 이런 관계를 맺지 않는다. 이런 의미에서 브라이도티가 서술하는 대로 들뢰즈의 철학은 하나의 "괴물학"이다.[42] 형이상학적 표준이 부재한 상태에서 모든 것은 동등하게 비정상적이고 횡단적이며 기이하다. 기계 존재론은 어떤 자연적 "우정"(DR, 145)도 허용하지 않기에 도처에서 "반자연적 관여"(ATP, 489)가 사물들의 원리다.

그러므로 리좀은 여러 개의 입구가 있고, 우리는 "어느 쪽으로든" 들어갈 수 있다. "어떤 쪽도 다른 쪽보다 낫지 않으며, 그것이 막다른 골목, 좁은 통로, 도관처럼 보이더라도 어떤 입구도 더 특권적이지 않다"(K, 3). 그 이유는 (실존적으로는 관계들이 강도와 종류에 있어서 매우 다양하더라도) 각각의 관계가 욕망을 변경할 수 있는 '운하'라는 점에서는 존재론적으로 동등하기 때문이다. 들뢰즈가 "여러 입구의 원칙은 단지 적의 침입을 막는 것, 즉 사실상 실험에 열려 있을 따름인 작품을 해석하려는 시도와 기표의 도입을 막는 것일 뿐이다"라고 적고 있을 때 동일한 원칙이 확인된다(K, 3). 이것은 모든 기계가 여타의 어떤 기계에도 접속할 수 있다고 말하는 것은 아니다.[43] 또한 그것은 기계와 맺은 각각의 관계가 동등하게 유용하거나 좋거나 유익하거나 믿음직하다고 말하는 것도 아니다. 결국 각각의 기계는 자신의 코드와 자신의 특유성을 갖추고 있다. 그런데도 리좀은 결코 자신과 흡사한 리좀들에 의해서만 생성되지는 않는다. 루크레티우스에 관하여 들뢰즈가 말하는 대로 "균질한 부분들로 이루어진 신체는 전혀 없다"(LS, 266). 전기는 전기에서 생성되지 않고, 댐은 댐에서 건설되지 않으며, 문화는 문화에서 만들어지지 않는다. 오히려 모든 것은 적극적이고 소극적이며 의식적이고 무의식적이며 의도적이고 비의도적이며 강력하고 허약한 건설자들과 지지자들의 오합지졸로부터 구축된다.

---

42. Rosi Braidotti, "Teratologies," 165 ; Rosi Braidotti, *Metamorphoses*, 172~211 [로지 브라이도티, 『변신』].

43. "문제는 … 그 조각들이 서로 이어질 수 있는지, 그리고 그렇게 하려면 어떤 대가를 지불해야 하는지다. 어쩔 수 없이 괴물 같은 잡종들이 나타날 것이다"(ATP, 157).

다음과 같은 예시적 구절들을 살펴보자.

욕망은 끊임없이 기계 안에서 기계를 만들면서 이전의 톱니바퀴 옆에 새로운 톱니바퀴를 막연히 덧붙인다. 이들 톱니바퀴가 서로 대립하는 상태에 있는 것처럼 보이거나 상충하는 방식으로 기능하고 있는 것처럼 보이더라도 말이다. 엄밀히 말해서 기계를 만드는 것은 연결 관계들인데, 분해를 초래하는 모든 연결 관계다(K, 82).

〔어떤 기계가 사회적인 것〕은 남자와 여자를 자신의 톱니바퀴들로 끌어들이거나, 더 정확히 말하자면 사물들, 구조물들, 금속들, 재료들과 더불어 남자와 여자를 자신의 톱니바퀴들의 일부로 삼을 경우다…〔카프카의〕 천재성은 그가 남자와 여자가 작업할 때뿐만 아니라 그에 부수적인 활동을 할 때도, 나아가 휴식하고 사랑하며 저항하고 분개하는 등의 활동을 할 때도 그들을 기계의 일부라고 여기는 데 있다. 기계공은 그가 기계공으로서 작업할 때뿐만 아니라 더는 작업하지 않을 때도 기계의 일부다(K, 81).

아메리카에서 온 삼촌, 망나니가 된 형, 어떤 군인과 함께 떠난 숙모, 실직했거나 파산했거나 공황의 희생자가 된 사촌 형, 무정부주의자인 할아버지, 미쳤거나 노망이 들어 병원에 입원한 할머니가 늘 있다. 그 가족이 자신의 고유한 단절들을 낳는 것은 아니다. 가족들은 간극들로 가득 차 있고 가족적이지 않은 단절들에 의해 절단된다. 파리 코뮌, 드레퓌스 사건, 종교와 무신론, 스페인 내전, 파시즘의 발흥, 스탈린주의, 베트남 전쟁, 1968년 5월 혁명, 이것들은 모두 무의식의 콤플렉스를 형성한다…(AO, 118~9).

사실상 하나의 리좀 혹은 뿌리 체계! 그리고 이것은 두 가지 방식으로
작동할 수 있는데, 그것이 리좀을 '확장하기'가 뜻하는 것이다. 한 선
원이 자신의 배, 대양 그리고 무자비한 폭풍을 마주친 경험은 그의 되
기에 영향을 미쳐서 그가 육지에 있을 때도 어떤 '대양적' 방식으로 걷
고 말하고 서 있을 것이고, 그리하여 어떤 의미에서는 대양의 리좀을
대양 자체가 갈 수 없는 장소들로 확장하게 된다.[44] 혹은 한 사람이
어떻게 해서 대장장이가 되는지에 관하여 들뢰즈가 인류학자 마르셀
그리올에게서 차용한 시적 묘사를 살펴보자.

> 망치와 모루의 충격으로 인해 그의 팔과 다리가 팔꿈치와 무릎에서
> 부러졌는데, 그전까지는 그에게 팔꿈치와 무릎이 없었다. 이렇게 해서
> 그는 지구 전역에 퍼지게 될 새로운 인간 형태, 노동을 전담하는 형태
> 에 특정한 관절을 부여받게 되었다 … 그의 팔은 노동을 하도록 접히
> 게 되었다(ATP, 41).[45]

그의 대장장이다움의 리좀 안에서 망치와 모루, 금속 조각들, 아주
뜨거운 열기, 불꽃 더미로 이루어진 견습공 생활과의 마주침이 그를
'부러뜨릴' 것인데, 말하자면 그의 되기에 두드러지게 이바지할 것이다.
세월이 흘러서 이전의 견습공이 장인 대장장이가 됨에 따라 그의 전
체 존재는 "노동을 하도록 접히게" 되었을 것이고, 그리하여 친구 및
가족과 보내는 휴일에도 그의 몸짓과 자세는 그의 '대장장이-되기'를

---

44. K, 81을 참조하라. 또한 브라이언트는 선원과 대장장이가 겪는 되기들에 관한 서술을
    독자적인 판본의 기계 존재론에 의거하여 언급한다(Bryant, *Onto-Cartography*, 34,
    127 [브라이언트, 『존재의 지도』]).
45. Marcel Griaule, *Dieu d'eau*, 38~41에서 인용됨.

드러낼 것이다.

그러므로 리좀은 기계에 의해 구성되는 전체의 열린 본성을 강조한다. 들뢰즈가 서술하는 대로,

전체는 닫혀 있지 않고, 오히려 그것은 열려 있다. 그리고 전체는 매우 특별한 의미에서의 경우를 제외하면 부분들이 없다 … 유리 물컵은 사실상 부분들, 물, 설탕, 어쩌면 숟가락을 포함하는 닫힌 집합이지만, 그것은 전체가 아니다. 전체는 스스로 만들어지는데, 그것도 부분들이 없는 또 다른 차원에서 끊임없이 스스로 만들어진다(C1, 10).[46]

한 기계의 부분들은 그것이 환원될 수 없는 다른 기계들이다. 그런데도 한 기계는 독자적으로 하나의 환원 불가능한 막힌 관이다. 요컨대 그것이 언제나 자신의 고유한 견지에서 마주칠 따름인 다른 기계들로부터 자신의 욕망을 수축시킨다. 이런 의미에서 한 기계는 다른 기계들에 의해 생성됨에도 "스스로 만들어진다". 물론 "부분들이 없는 다른 차원"은 한 기계의 욕망 또는 코드의 사적인 강도적 물질인데, 왜냐하면 이념은 언제나 " '문제'의 객체성에 상응하"기 때문이다(DR, 124). 이념은 그 생성자들과 종류가 다를 뿐만 아니라 그것이 공-생성하는 것과도 종류가 다르기에 "한 원소는 그것이 결정하는 부분집합

---

46. 또한 들뢰즈는 만족스러운 듯이 다음과 같이 언급한다. "프루스트는 전체 자체가 하나의 생산물, 즉 다른 부분들 곁에서 하나의 부분에 지나지 않는 것으로서 생산되는 생산물이라고 주장한다. 그것은 다른 부분들을 통합하지도 않고 총체화하지도 않는다. 그렇다 하더라도 전체는 이들 다른 부분에 영향을 미친다. 단지 그 이유는 그것이 서로 통하지 않는 관들 사이에 엉뚱한 소통 경로들을 확립하고, 독자적인 특정한 경계 내에서 다른 것들과의 모든 차이를 유지하는 요소들 사이에 횡단적 통일체들을 확립하기 때문이다"(AO, 58; 그리고 PS, 143을 참조).

들의 부분이 될 수가 없고, 그것이 그 현존을 전제하는 집합의 한 부분이 될 수도 없다"(LS, 69). 달리 서술하면 "내용물은 용기와 통약 불가능"하다(PS, 117). 그 이유는 신체의 잠재태(용기)와 그 부분들의 현실태(내용물) 사이에 종류의 차이가 있기 때문이다. 그러므로 각각의 전체는 단지 부분들 곁에 있는 하나의 부분일 따름이다(BSP, 118; AO, 58). 첫째, 그것은 다른 기계들의 인접한 세계의 한 부분으로서 수축될 수 있다. 둘째, 이들 다른 기계는 그것의 고유한 부분들이 될 수 있다. 이를테면 어떤 사랑이 그 사랑을 생성하는 바로 그 연인들의 되기를 공-결정하게 될 때처럼 말이다("나의 결혼이 나를 죽이고 있다"). 그러므로 "기관 없는 신체는 사실상 하나의 전체로서 생산되지만 그 부분들 곁에 있는 하나의 전체로서 생산된다. 이 전체는 그 부분들을 통일하지도 않고 총체화하지도 않으며 오히려 실제로 구별되는 하나의 새로운 부분처럼 그것들에 추가된다"(AO, 371).

들뢰즈가 욕망을 기쁨과 관련시킴에도 불구하고(ATP, 155), 리좀은 공원에서의 걷기가 전혀 아니다. 1장에서 언급된 대로 도처에서 기계들은 다른 기계들을 무시하거나 변형하거나 채용하거나 배제하거나 흡수하거나 소비하거나 생산하거나 기록하거나 겨냥하거나 탈출하거나 가두거나 이동시키는 일에 관여한다. 모든 것은 긴장 관계 속에 현존한다(NP, 40). 만사가 전쟁인 것은 아니지만, 만사는 명확히 학대와 전투다(ECC, 132~3). 기계 존재론에서는 모든 것이 폭력과 공격의 문제가 된다. 그 이유는 도처에서 존재자들이 자신의 잠재태에서 타자들에 대한 현실태로 끌려들어 가기 때문이다(DR, 152). 모든 기계의 초험적 되기는 "영구적이고 폭력적인 전투"다(ATP, 159). 이것은 "끊임없"을 뿐만 아니라 "비가시적인" 것이기도 하다(DR, 109). 이것을 서술하는 또 다른 방식은 모든 것이 사례에 따라 극도로 취약하기도 하고 놀랍도록 견고하기도 하다고 말하는 것이다.

아무것도 현존할 형이상학적 허가증을 지니고 있지 않은 한에서 모든 것은 취약하다. 모든 것은 우발적인 생산물이고, 그리하여 기계의 생산은 "덜 개연적일지라도 가능하다"(BSP, 118). 가장 견고하고 영구적인 기계들조차도 생산물에 불과하다. 들뢰즈가 묻는 대로 전부를 결정하는 하나로서 제시되는 각각의 힘(생물학, 언어, 자연법칙, 종교, 이데올로기)은 궁극적으로 언제나 단지 "우리가 여타의 객체와 분리하여 생각하는 일시적이고 가변적인 어떤 특정한 객체이지 않은가? 그리고 어떤 전체를 형성하는 것이, 사람들은 자의적으로 그것이 그 전체의 모든 요소를 결합한다고 믿고 있지만 결국 빈 구멍들로 가득 찬 한 특정하고 유한한 조합물이 아니라면 무엇이겠는가?"(LS, 267). 가장 강력한 기계들조차도 그것들과 아무 관계도 없는 원리를 갖춘 생성자들에 의존한다. 더 직관적인 일례에서 우리 인간은 매우 작은 사건에도 극도로 취약하다. 단 하나의 혈관이 터지면서 우리는 죽는다. 짧은 연애가 수십 년 동안 우리를 사로잡는다. 빠른 속도로 발사된 매우 작은 금속 한 조각이 가장 강력한 장군도 순식간에 죽인다. 그런데 이것들은 단지 인간의 문제에 불과한 것이 아니다. 각각의 기계는 단지 다른 기계들의 표면 현실태들에 의존하는 하나의 "취약한 조합물"(D, 5)에 불과하다(LS, 202; 그리고 LS, 81, 84를 참조). 도처에서 그리고 언제나 사물들은 "표면이 견디는 한에서" 작동할 따름이며(LS, 125), 그리고 언제나 "무서운 원초적 질서 안에서 전복될" 위험에 처해 있는 "표면보다 더 취약한 것은 아무것도 없다"(LS, 82; 그리고 LS, 94를 참조). 이런 까닭에 기계의 잠재적 존재는 결코 단일한 관계에서 전적으로 전개될 수 없고, 그리하여 다른 존재자들이 나의 신체 기관들 혹은 나의 연인 혹은 나의 가장 소중한 소유물에 개입하고 관계하기 시작하여 그것들이 나와 맺은 관계들을 단절하게 할 여지가 있게 된다. 가장 전체주의적인 체계에서도 언제나 "단일한 기관이 전제적 신체의 외부로 빠져나갈 위험, 그것이 벗어나거나 탈출할 위험"이 존재한다(AO, 243).

존재자의 취약성은 프랜시스 베이컨에 관한 들뢰즈의 책에서도 핵심적이지 않은가? 베이컨은 몬드리안과 폴록 사이의 중용으로 제시된다. 몬드리안의 추상화 행위는 자연적 지각의 장면들 배후에서 모든 것이 별개의 장과 고정된 비율로 산뜻하게 조직되어 있음을 시사한다. 폴록의 추상표현주의에서는 사정이 정반대인 것처럼 보인다. 그 이유는 모든 것이 움직임과 혼합, 행위이기 때문이다. 들뢰즈가 보기에 몬드리안은 우리가 모든 표상에서 분리된다는 조건 아래 실재가 궁극적으로 그 자체로 파악될 수 있다는 헛된 희망에 매달린다. 몬드리안은 "일종의 금욕주의, 정신적 구원"을 제안한다(FB, 103). 다른 한편으로 폴록은 지나치게 파괴적인데, 그의 회화는 "전면적"이고 "파국"을 함축한다(FB, 102). 기계 존재론은 몬드리안의 거짓 높이와 폴록의 거짓 깊이를 '거부한다'. 들뢰즈가 서술하는 대로 "첫 번째 위험은 앞서 우리가 이해했듯이 바탕이 추상적이고 응고된 밝음을 갖춘 채로 여전히 무관하고 무기력하게 남아 있을 것이라는 점이다. 게다가 또 하나의 위험, 즉 형상形象의 부서진 색조들이 혼합되어 뒤범벅될 수 있게 될 위험이 존재한다"(FB, 143). 그런데 베이컨은 들뢰즈가 예시하고자 하는 바로 그런 종류의 취약성을 표현한다. 베이컨의 형상形象들은 언제나 그 살과 고기, 뼈를 상실할 위험에 처해 있다. 부분들이 빠져나가거나 퇴화하지 못하게 막으려면 끊임없이 필요한 작업과 노력이 몬드리안과 폴록이 결여하고 있는 것이다. "긴장 상태가 추상회화에 가장 부족한 것이다"(FB, 109). 베이컨의 세계에서는 "이제 전투가

가능해진 것처럼" 보이고(FB, 62), 그리하여 모든 것이 "하강하"거나 탈영토화하겠다고 끊임없이 위협하기 때문에 필요한 지속적인 "살의 곡예"로 특징지어지는 복수주의적 실재를 보여준다(FB, 23).

그런데 리좀은 취약한 만큼이나 강건해질 수 있다. 예를 들어 들뢰즈의 존재론을 최근에 퀑탱 메이야수에 의해 제시된 형이상학과 비교하자. 메이야수에게 실재는 초-우발적임을 떠올리자. 모든 것은 급격히 변화할 수 있거나 혹은 심지어 아무 이유도 없이 어느 순간에 사라질 수 있다. 메이야수가 서술하는 대로,

> 나무에서 항성까지, 항성에서 법칙까지, 물리적 법칙에서 논리적 법칙까지 모든 것은 실제로 붕괴할 수 있으며, 그리고 이런 일이 일어나는 것은 모든 것이 소멸하게 되어 있는 어떤 상위의 법칙이 존재하는 덕분이 아니라 오히려 어떤 것이든 간에 무언가가 소멸하지 않게 할 수 있는 모든 상위의 법칙이 부재한 덕분이다.[47]

들뢰즈와 마찬가지로 메이야수는 아무것도 현존할 형이상학적 허가증을 지니고 있지 않다고 생각한다. 메이야수의 경우에 그런 궁극적인 보증의 결여는 아무 이유도 없이 순간적으로 사라질 기회를 함축한다. 메이야수에게는 상위의 형이상학적 법칙만이 존재자들을 실제로 견인할 수 있을 것이며, 그리고 그는 그런 법칙이 불가능하다고 생각한다. 들뢰즈의 경우에는 사정이 이렇지 않다. 무언가가 기계들에 의해 생성되었을 때마다 그것을 무효화하는 데에는 기계들이 필요하다. 불에 타지 않거나 흰개미들에 먹히지 않거나 혹은 벼락에 맞아 쪼개

---

47. Meillassoux, *After Finitude*, 53. [메이야수, 『유한성 이후』.]

지지 않는다면 어떤 나무도 사라지지 않는다. 푸이상스는 언제나 다른 기계들에 의해 극복되어야 하는 것이다. 사람들이 독재자를 물러나게 하고자 한다면 그들은 자신들의 기계들이 그의 기계에 맞서 싸우도록 해야 할 것이다. 들뢰즈는 메이야수를 '거짓 높이'의 사상가라고 비난함이 틀림없을 것이다. 메이야수의 경우에 사태가 출현하고 변화하는 이유는 모든 특정한 존재자들을 넘어서는 무언가가 그런 일이 일어나게 하기 때문이며, 그리고 이 무언가, 이 초-우발성은 그 자체로 결코 영향을 받거나 변경될 수 없기에 세계의 사태에 전적으로 둔감하게 된다.

둘째, 모든 기계는 자신의 욕망을 지니고 있음을 떠올리자. 이 간단한 사실은 그것이 마주칠 수 있는 기계들을 상당히 한정한다. 한 기계는 대다수 다른 현존하는 기계들에 의해 전적으로 무시당하거나 접촉되지 않을 것이다. 피라미드, 달 혹은 종교를 한 번 흘깃 보는 것만으로도 강건함이 취약성만큼이나 실재의 면모임을 알 수 있다. 셋째, 기계의 수많은 부분이 과잉의 것일 수 있음을 인식하자(ATP, 98). 유럽연합은 여전히 유럽연합인 채로 있으면서 자신을 생산하는 데 유용한 기계 중 일부를 상실할 수 있다(혹은 새로운 기계들을 얻을 수 있다). 사람, 화산의 암석, 집의 벽돌 등의 경우에도 사정은 마찬가지다. 다양체의 잠재적 본질은 그것이 자신의 욕망을 회집하게 하는 현실적 표현들과 종류가 다르다는 바로 그 이유로 인해 이들 표현에 대한 어느 정도의 강건함이 현존한다. 물론 이런 정도는 몇몇 관계에서 최소에 이를 것인데, 뇌가 파괴되면 인간은 죽는다. 그런데 들뢰즈가 서술하는 대로 다양체는 "언제나 저항하"며(ATP, 488), 심지어 의미-사건도 그것이 아무튼 잠깐 지속한다는 바로 그 의미에서의 저항이다. 취약성의 경우와 마찬가지로 인간 실존도 이런 저항을 증언한다. 결국 모든 인간 사회는 폭풍, 소요, 죽음, 전쟁, 뜻밖의 재난, 청년들의 열렬한 심취 그리고 노인들의 어리석은 보수주의에 저항하도록 구축된다. 혹은 들뢰즈가 서술하는 대로 "사회체에 의무로서 지워진 주요 기능은 언제나 욕망의 흐름들을 코드화하고, 그것들을 기입하고, 그것들을 기록하며, 적절히 막히고 전달되고 조절되지 않은 어떤 흐름도 현존하지 않음을 확인하는 것이다"(AO, 47).

또한 들뢰즈가 암시하는 대로 우리는 기계들 사이의 마주침을 그것들의 "중력"에 의거하여 분석할 수 있다(WP, 154 ; D, 104 ; ATP, 386, 488~9). 첫째, 모든 리좀은 이질적이고 환원 불가능한 기계들을 자신의 부분들의 연속체로 결합한다. 때때로 이것은 그런 부분들에 거의 아무 영향도 미치지 않을 것이다. 나는 강을 바라보고 나의 지각 속 그것의 현실적 표현은 나의 욕망을 약간 변경할 수 있을 것이지만, 그 강은 여전히 교란받지 않은 채로 있게 된다. 그렇지만 때때로 기계들은 그것들에 대한 권리를 주장하는 어떤 리좀의 궤도에 끌려들어 갈 수 있고, 그리하여 사회적 기계를 위한 기술적 기계로서 작동할 수밖에 없게 된다. 그렇게 해서 전체가 자신의 부분들에 어떻게든 되돌아가서 이들 부분의 일부가 된다면 이들 기능적 기계의 바로 그 되기가 사회적 기계의 주문에 걸리게 될 수 있다. 그렇다면 전체 장면은 "어떤 하나의 퍼즐에 속하지 않고 오히려 여러 퍼즐에 속하는 퍼즐의 조각들, 그것들을 자신들이 속할 수도 있고 속하지 않을 수도 있는 어떤 장소에 강제로 자리하게 하면서 많은 조각이 언제나 남아 있도록 그것들의 들어맞지 않은 가장자리들의 모양을 억지로 구부려 강제로 꿰맞추고 맞물리게 함으로써 회집된 조각들" 중 하나다(BSP, 119). 인간의 속박에서 항성 주위를 공전하는 행성의 궤도에 이르기까지 많은 현상이 이것을 예시한다.

둘째, 기계는 일부 생성을 다른 생성들보다 더 합당하거나 '더 좋게' 만듦으로써 다른 기계들을 자신을 향해 끌어당긴다. 예를 들면 "남자-말-활을 만들어내는 초원이라는 온전한 신체가 있고, 남자-무기를 만들어내는 그리스 도시국가라는 온전한 신체가 있으며, 남자-기계를 만들어내는 공장이라는 온전한 신체가 있다"(BSP, 131). 산악 지대와 고대 그리스의 소규모 도시에서 궁기병을 출전시키는 것은 전술적으로 불합리하다. 협소한 통로를 점거하고 지킬 수 있는 중무장 보병대를 출전시키는 것이 더 합리적이다. 전자보다 후자를 선택하는 사람이라면 누구나 승리를 거두고 계속해서 생존할 것이다. 반면에 초원 지대에서 중무장 보병대에 의존할 만큼 어리석은 사람이라면 누구나 붙잡기 힘든 경무장 기마병에 맞선 소모전에서 섬멸당할 것이다(크라수스 대 파르티아 군). 그러므로 기계들 자체가 어떤 기계들의 역량을 다른 기계들의 역량보다 향상하고 기계들을 생산과 행동의 안정된 패턴들에 고착시키는 면모를 갖춘 '영토'를 구성할 수 있다. 공생에서 분명히 예증되는 대로 기계들은 심지어 자신의 바로 그 생존을 위해 서로 의존하게 될 수 있으며, 그리하여 그것들의 관계들은 존재론적으로 예정되어 있지 않더라도 데란다가 "우발적으로 의무적"이라고 일컫는 것이 된다.[48] 그러므로 "들뢰즈를 읽는다면 당신은 머지않아 약간의 불편함을 느낄 것이다. 그 이유는 모든 위계적 구조에 대한 적의가 매우 강하기 때문이다"라고 말하는 점에 있어서 페터 슬로터다이크는 피상적이다.[49] 슬로터다이크는 사전에 확립된 관계와 위계의 존재론적 부재가 바로 단지 위계에 의해, 단지 서로에 대하여 기술적

---

48. DeLanda, *Assemblage Theory*, 11.
49. Peter Sloterdijk, "Satan at the Center and Double Rhizomes."

기계와 사회적 기계로서 기능하는 기계들에 의해, 그리고 단지 다른 기계들로 인한 되기와 다른 기계들이 되게 함에 의해 실존적으로 특징지어질 뿐인 실재의 가능성을 위한 조건이라는 점을 알지 못한다. 들뢰즈가 서술하는 대로 "일의적 존재에는 여전히 위계와 분배가 있음이 틀림없"다(DR, 36). 왜냐하면 다양체들에서는 형이상학에 따라 세계에서 존재하는 것보다 "더한 평등과 덜한 위계가 존재하지 않음이 확실하"기 때문이다(ATP, 33). "역능〔푸이상스〕의 관점에서 사물들과 존재자들"에 근거를 두고 있는 위계는 언제나 존재한다(DR, 37). 존재의 존재론적 일의성은 바로 실존의 "위대한 정치"를 함축한다(LS, 72).[50]

리좀이 다른 기계들의 (재)생산과 기능을 안정된 패턴들에 고착시킬 때마다 전자는 후자에 대하여 들뢰즈가 '지층'이라고 일컫는 것이 된다. 지층은 특이성들을 "몰적 집합체로 조직하는 … 공명과 과잉성의 체계에" 고착시킨다(ATP, 40). "지층은 포획 행위로, 자신의 범위 안에 들어오는 것은 무엇이든 붙잡으려고 애쓰는 '블랙홀' 혹은 폐색 작용과 같다"(ATP, 40). 지층 혹은 몰적 조직체는 욕망의 "객관적 존재"를 박탈하는데(AO, 40 ; 그리고 AO, 163을 참조), 말하자면 어떤 현실적 표현들을 강화하면서 다른 현실적 표현들을 배제한다. 몰적 조직체 자체는 우리가 제거할 수 있거나 혹은 심지어 제거해야 하는 무언가가 아니다.[51] 많은 기계가 지층으로서 기능하게 되며, 들뢰즈는 "매우 다양한" 에너지적·심리화학적·지질학적·유기적 지층을 인식한다(ATP, 41). 특히 세 가지 주요한 지층, 즉 물리화학적 지층, 유기적 지층 그리

---

50. "최악의 경우는 지층화된 채로, 즉 조직되고 의미화되고 예속된 채로 머무는 것이 아니라 오히려 지층들을 자살적 붕괴 혹은 착란적 붕괴로 몰아감으로써 지층들이 다시 우리를 한층 더 무겁게 짓누르게 하는 것이다"라는 진술을 참조하라(ATP, 161).

51. "Je ne vois pas de vie possible sans ensembles molaires"(SCS 150277).

고 인간형상적 지층이 두드러진다(ATP, 502). 이들 지층의 현존은 이들 영역에 특유한 존재양식들을 사중체와 삼중 종합에 의거하여 상세히 서술할 '지역적' 존재론들을 창출하도록 요구한다. 『천 개의 고원』은 여러 지층에 대하여 이들 존재론을 개관하려고 시도한다. 예를 들면 비유기적 지층에서는 표현이 내용에 의존한다(ATP, 59). 퇴적암 같은 존재자는 특정한 기계들 – 예컨대 플리시flysch – 이 그 부분들로서 현실화되는 것이 필요하다. 플리시의 잠재적 특성들은 플리시가 퇴적암이라는 사회적 기계를 위한 기술적 기계가 되도록 의미–사건으로 표현되어야 한다. 퇴적암은 자신의 내용을 그 부분들로서 표현하기 시작하는 존재자들이 도래하기를 기다릴 수밖에 없다. 그런데 유기적 지층에서는 그런 표현이 내용에 훨씬 더 독립적이다. 결국 새는 새와 짝을 지어 더 많은 새를 낳는다. 성공적인 생식은 단 두 개의 부모 기계보다 훨씬 더 많은 기계가 필요하더라도 새들이 깃털과 부리와 구슬 같은 눈이 도래하고 더 많은 새가 생겨나기를 수동적으로 기다려야 한다는 것은 사실이 아니다. 새들 자체가 새를 구성하는 기계들의 고유 표현들을 만들어내는 데 훨씬 더 적극적으로 관여한다. 인간형상적 지층에서는 인간 활동이 내용에 대한 표현의 심화된 독립성을 초래한다. 새는 새이기 위해 새의 구성요소들을 명백히 갖추어야 하는 반면에 인간은 자신의 구성요소들에 훨씬 더 둔감한 존재자들을 창출할 수 있는 것처럼 보인다. 다른 존재자들에 비해서 인간은 '다중 실현'의 달인, 즉 다양한 기계로부터 같은 표현을 생성하는 달인이다. 베토벤의 7번 교향곡이 어떤 일본 교향악단, CD 혹은 비닐 레코드에 의해 연주될 수 있다. 매우 다양한 상징이 동일한 메시지를 나타낼 수 있다. 동일한 정보가 다양한 매체에 저장될 수 있고 이들 매체에서 검색될 수 있다. 그밖에 다양한 실례가 있다.

그런 지역적 존재론에 대한 후속 분석은 차후 연구에 맡기고, 이제 들뢰즈가 리좀에 대한 '원리'들이라고 일컫는 것 – 각각의 원리는 앞서 이루어진 분석에서 이미 예시되었다 – 을 고찰하자. 첫째, '연결의 원리'는 "리좀의 어떤 지점이건 다른 어떤 지점과도 연결될 수 있고 또 연결되어야 한다"라고 지시한다(ATP, 7). 한 리좀이 관계를 맺는 모든 것은 동등하게 그 리좀의 인접 세계의 부분, 그 리좀의 부분적 객체에 대한 성질들의 흐름의 부분이다. 사정은 이러'해야 한'다. 왜냐하면 리좀은 자신의 코드에 의거하여 경험할 수밖에 없기 때문이다. 한 리좀은 다른 존재자들이 자신들 사이에서 맺지 않은 어떤 관계로 이들 존재자를 결합한다. 일례로 책을 살펴보면 "리좀은 예술과 과학, 사회적 투쟁에 관련된 환경, 기호학적 사슬, 권력 기구 사이의 연결 관계를 끊임없이 확립한다"(ATP, 8). 두 번째 '이질성의 원리'는 리좀이 자신을 생성하는 다양체들과 유사하지 않다고 진술한다(ATP, 7). 적어도 두 개의 기계가 제3의 기계를 생성할 때마다 이들 세 기계 중 어느 것도 여타 기계로 환원될 수 없다. 그러므로 단지 "자신의 유일한 관계가 순전한 차이인 파편들, 그것들 각자가 상이하다는 점에서만 서로 관련된 파편들"이 있을 따름이다(AO, 56). 세 번째 '다양체의 원리'는 다양체가 "실체적"이라고 반복하여 말한다(ATP, 8). 한 기계는 무엇보다도 동일한 일자에 속하는 여러 기계 중 하나도 아니고, 그것의 많은 구성요소를 조직하는 일자도 아니다. 한 기계는 자신의 내부적 실재에 있어서 하나이자 여럿인데, 기관 없는 신체라는 점에서는 하나이고 되기에 열려 있는 특이성들을 갖추고 있다는 점에서는 여럿이다. 이런 되기는 그것의 본질과 관련되어 있기에 다양체의 '본성'은 "그것이 자신의 연결 관계를 확대함에 따라" 바뀌게 된다(ATP, 9). 네 번째 원리는 '비기표작용적 단절의 원리'다(ATP, 9). 한 리좀은 많은 관계적 표면으로 현실화될 수 있더라도 이들 현실적 표현은 그 리좀의 고유한 욕망과 종류가 다른 단절들이다. 그 욕망은 자신이 현실화되는 것을 결코 나타낼 수도 없고 그것일 수도 없다. 요컨대 수소와 관련하여 '물 같은' 것은 결코 없을 것이고, 한 조각의 나무의 이념과 관련하여 '책상 같은' 것은 결코 없을 것이다. 다섯 번째 원리는 '지도 제작의 원리'다(ATP, 12). 모든 기계는 특유의 욕망이 있고, 따라서 그것에 대한 정확하고 진실하고 믿음직하며 유용한 서술을 창안하려는 노력을 방해하는 것은 전혀 없다. 그렇지만 이들 서술은 결코 그 서술 대상인 바로 그 기계일 수가 없다. 지도는 결코 그것에 그려진 영토가 아니다. 게다가 각각의 서술 혹은 지도는 그것 역시 환원 불가능한 리좀이라는 의미에서 "무의식을 구성한다"(ATP, 12). 마지막으로, 여섯 번째 원리는 '데칼코마니의 원리'다(ATP, 12).[52] 이 원리는 한 기계의 기원과 지위가 무엇이든 간에, 그것이 무언가 다른 것에 대한 특정한 지도로서 의도된 것이더라도 그것은 언제나 되기를 겪을 수 있다고 진술한다. 말하자면 그것의 마주침은 언제나 그것의 잠재적 신체에의 욕망의 새로운 기입혹은 변경된 기입을 초래할 수 있다.

연접적 종합에 대한 설명이 들뢰즈의 존재론을 설명하는 데 있어서 마지막 주요 단계였다. 여기서 알게 된 가장 중요한 교훈은 어쩌면 각각의 새로운 관계의 생성이 하나의 새로운 기계의 생산을 수반한다는 점일 것이다. 바로 그 이유는 각각의 관계가 그 자체로 하나의 기계이기 때문이다. 이쪽에 기계가 있고 저쪽에 관계가 있는 이원론은 전혀 없다. 어떤 관계를 맺는다는 것은 들뢰즈가 '독신 기계'라고 일컫는 새로운 존재자를 만들어내는 것이다. 사회적 기계와 기술적 기계의

---

52. 데칼코마니(Decalcomania)는 한 표면의 패턴을 다른 한 표면 위에 옮기는 기법이다.

경우와 마찬가지로 독신 기계도 별개의 종류의 존재자가 아니다. 오히려 각각의 기계는 독자적인 생산의 독신 기계다. 그런 존재자가 일시적이고 거의 두드러지지 않은 것으로 판명되는지, 혹은 수많은 다른 기계가 장기간에 걸쳐 협상하고자 시도해야 하는 장생의 베헤모스로 판명되는지 여부는 무관하다. 각각의 관계는 자신의 신체와 욕망을 지니고 있고, 게다가 여타의 기계와 마찬가지로 그것의 현전은 그것의 가변적인 사적 본질과 종류가 다르다. 그러므로 각각의 연결-등록에는 이런 잔여물이 새로운 기계의 형태로 또한 존재한다. 따라서 온전한 삼중 종합은 (1) 어느 기계에 대한 성질을 띤 의미-사건의 표현, (2) 이런 마주침이 그 관계가 맺어지게 되는 근거로서의 푸이상스를 변경하는 정도, 그리고 (3) 전혀 별개의 새롭고 환원 불가능한 존재자의 생성으로 이루어져 있다. 이것은 들뢰즈가 각각 '리비도', '누멘' 그리고 마지막으로 '볼룹타스'라고 일컫는 것의 삼중체다. 게다가 우리는, '미분적 관계'라는 개념의 들뢰즈적 용법이 바로 하나의 기계로서 각각의 관계가 그것의 잠재태와 현실태 사이의 내부적 종류 차이에 의해 특징지어진다는 것을 뜻함을 알게 되었다. 관계가 미분적이라는 것은 단지 기계가 어떤 시간과 장소에서 하나의 독신 기계로서 출현하더라도 언제나 이미 자신의 모든 현재와 과거, 미래의 관계보다 과잉적임을 뜻할 따름이다.

이제 우리 앞에 기계를 특징짓는 사중체와 세 가지 종합이 있기에 기계 존재론에서 비롯되는 실재관에 대한 더 자세한 설명이 이루어질 수 있다. 먼저, 들뢰즈의 기계 존재론이 자유와 시간, 공간, 자아를 비롯하여 몇 가지 '표준적인' 철학적 개념들을 어떻게 개작할지에 대한 개괄적이고 다소 잠정적인 설명을 제시할 것이다. 그다음에, 사람들이 선천적으로 기계적 견지에서 실재를 생각하지 못하는 이유에 관한 물음에 대한 답변을 제시할 것이다. 우리가 알게 되듯이 『안티 오이디푸스』에서는 우리가 실재의 본성을 식별하고자 할 때 길을 잃게 하는 일련의 오류추리 혹은 잘못된 추리가 규명된다. 각각의 오류추리는 동일한 실수의 변양태다. 예를 들면 어떤 기계를 그것의 경험적 성질에 의거하여 규정하거나 혹은 그것의 기원에 의거하여 규정함으로써 그 기계의 관계를 그것의 고유 존재로 혼동하는 것이 있다. 마지막으로, 기계 존재론이 어떻게 해서 들뢰즈가 '초험적 경험론'이라고 일컫는 것에 부합하는지를 제시할 것이다. 초험적 경험론은 들뢰즈의 철학 전체와 사유 방법을 적절히 가리키는 명칭이다. 초험적 경험론은, 우리(그리고 여타 기계들)가 마주치는 것은 결코 다른 존재자들 자체가 아니라 언제나 이들 존재자의 기호 혹은 표현일 따름이라고 주장한다는 점에서 인간의 유한성을 엄격히 존중한다. 이것이 경험론에 해당하는 부분이다. 그런데도 또한 들뢰즈는 사유가 이 조건을 넘어설 수 있다는 것을 옹호한다. 사유는 결코 한 특정한 존재자의 초험적 측면을 자신에 현시되게 할 수는 없더라도 기계에 그런 잠재적 측면이 존재한다는 것을 어떻게든 생각할 수 있다. 이것이 우리에게 기계들이 어떤 측면들을 갖추고 있고 그것들이 어떻게 서로 관여하는지는 말해주지만 어느 특정한 기계가 정확히 무엇인지는 절대 말해주지 않는 한에서 우리는 어쩌면 이것을 기계적 존재자들에 대한 '형식적' 통찰이라고 일컬을 수 있을 것이다.

1. 자아와 세계

사중 기계와 삼중 종합의 체계가 확립되었고, 리좀이라는 개념이 완고한 저항뿐만 아니라 극심한 취약성도 갖춘 채로 미미한 회집체들과 더불어 기계 베헤모스들로 이루어진 분열증적 실재를 예시하는 데 도움이 되었기에 이제 우리는 단지 매우 일반적인 방식으로 접근할 뿐이더라도 기계 존재론의 시각에서 몇 가지 핵심적인 철학적 개념에 주목할 수 있다. 이들 개념은 자아, 주체성, 자유, 의식, 공간, 시간, 타자성 그리고 세계다. 이들 화제로 잠깐 벗어나는 것은 기계 존재론을 후속적으로 받아들일 뿐만 아니라 들뢰즈를 우리에게 익숙한 다른 철학들에 대하여 자리하게 하는 데에도 유용할 것이다.

우선 기계 존재론은 모든 존재자가 하나의 자아라고 주장한다. 사정이 이러한 것은 모든 존재자가 지닌 기관 없는 신체의 환원 불가능한 (비)-존재 혹은 ?-존재 덕분이다(DR, 64를 참조). 모든 기계는 기계들에 의해 생성되는 하나의 기계이기에 모든 실재는 들뢰즈가 '수동적' 자아라고 일컫는 것들로 가득 차 있다(DR, 118). 각각의 자아는 세계에 풀려난 힘이지만, 이들 힘은 두 가지 의미에서 수동적이다. 첫째 그리고 가장 명백하게도, 이들 자아는 대부분 지향적 행위를 수행할 수 없다. 둘째, 모든 자아는, 자신의 되기에 적극적인 관심을 기울이는 자아들조차도 자신이 맺는 모든 관계에서 수동적 종합들을 겪는다. 각각의 그런 자아는 하나의 주체를 갖추고 있고, 그리하여 각각의 수동적 자아에 대하여 '애벌레 주체'가 존재한다(DR, 118). 어느 자아의 주체는 그것의 이념으로, "유일한 주체는 기관 없는 신체의 욕망 자체다"(AO, 90). '자아'라는 개념과 마찬가지로 '애벌레'라는 개념 역시 몇 가지 의미를 띤다. 첫째, 실재적이지만 현실적이지는 않다는 의미에서 그 주체는 애벌레다. 그것은 누군가 혹은 무언가의 경험 대상이 아니다. 둘째, 미래의 마주침이 그것의 되기에 관여함으로써 그것을 후속적으로 발달시킬 것이라는 점에서 각각의 이념은 애벌레다. 그렇더라도 우리는 또다시 모든 관계가 한 기계의 이념을 두드러지게 변화시키지는 않을 것이라는 사실을 강조해야 한다. 셋째, 어떤 '더 큰' 사회적 기계에 대한 기술적 기계로 현실화될 수 있을 것이라는 의미에서 각각의 이념은 애벌레다. 이런 의미에서 나의 신체적 기관들의 주체-욕망은 나 자신의 주체-욕망에 대하여 애벌레인데, 그것은 접혀서 나의 한 생성자로서 기능하게 된다. 이것이 들뢰즈가 다음과 같은 극적인 진술로 전달하고자 하는 것이다. "〔기관 없는 신체〕는 소리친다. '그들이 나를 유기체로 만들어 버렸다! 부당하게도 나는 접히고 말았다! 나의 신체는 도난당했다!'"(ATP, 159). 들뢰즈가 접기에 대하여 서술하는 모든 것 — 특히 라이프니츠에 관한 자신의 저작에서 — 은 이런 동일한 논점으로 회귀한다. 실재의 도처에는 '더 큰' 애벌레 주체들 — 이것들 역시 다른 사회적 기계들에 예속된다 — 의 생성자들로 편입되는 애벌레 주체들이 존재한다. 게다가 세 번째 종합이 이루어질 때마다 그런 애벌레 주체를 갖춘 새로운 자아가 생산된다(AO, 29). 각각의 주체가 되기에 열려 있는 이유는 주체가 "어떤 고정된 정체성도 없고, 영원히 탈중심적이며, 그리고 자신이 겪는 상태들에 의해 규정되"기 때문이다(AO, 32~3). 연접적 종합과 볼룹타스에 대한 분석에서 진술된 대로 이 주체는 "생산물에서 차지하는 자신의 몫에 의해 규정되는데, 도처에서 되기의 형태로 보상을 얻으며 … 자신이 소비하는 상태들에 태어나고 또 각각의 새로운 상태마다 다시 태어난다"(AO, 28).[1]

기계의 무의식이 "실재적 주체"인데, 우리가 자신과 동일시하는 경향이 있는 것은 단지 "외관상의 잔여적 주체"에 불과하다(AO, 376). 앞서 보여준 대로 '부모', '연인', '판사', '네덜란드인', '힌두교도' 그리고 '저렴한 와인 감식가' 같은 정체성 표식들은 우리가 자신의 욕망을 번역하는 경향이 있는 것을 가리키며, 우리의 욕망은 무엇보다도 자신이 다른 존재자들과 맺은 관계들에서 생성되는 기계들과 관련이 있다. 우리의 '실재적' 주체성과 관련하여 여타의 자아와 마찬가지로 인간 역시 절대적으로 고독한 존재자인 동시에 철저히 사회적인 존재자다. 앞서 인용된 구절을 떠올리자. "개체가 자신의 고독 속에 갇혀 있기에 오히려 모든 행위자는 집단적이다"(K, 18). 우리의 기관 없는 신체와 가변적인 특이성들이 지금까지 존재했거나 존재하거나 존재할 여타 존재자로 환원될 수 없는 한에서 우리는 고독하다. 아무것도 우리 중 누구도 대체할 수 없고, 우리 자신에 대한 우리의 이미지들조차도 우리의 특이성들을 대신할 수 없다. 모든 기계와 마찬가지로 우리 역시 매우 고독하기에 우리는 자신의 욕망에도 이를 수 없다. 그런데 동시에 아무것도 홀로 실존하지 않기에 우리는 다른 기계들과 맺은 관계들에 의해 생산되고 온전하게 유지되며 본질적으로 변경된다. 또한 우리는 정말로 무수히 많은 더 적은 존재자와 더 큰 존재자를 동원하지 않고서는 손가락 하나도 들어 올릴 수 없다. 우리는 모두 철저히 혼자이지만 동시에 우리는 "조직 폭력단과 같"고(D, 9), 그리하여 부자연스러운 패거리에 가입하여 뜻밖의 사건들을 초래한다.

---

1. 주체는 "단지 어떤 기록 표면의 이접들에 의거하여, 각 나눔의 여분에서 자기 자리를 정할 수 있을 뿐이다"(AO, 28).

작업을 할 때는 어쩔 수 없이 절대적인 고독 속에 있게 됩니다. 제자를 둘 수도 없고, 학파의 일원이 될 수도 없습니다. 오직 은밀히 행해지는 야간작업이 있을 뿐입니다. 그런데 그것은 지극히 번잡한 고독입니다. 꿈이나 환상 혹은 기획들로 북적대는 것이 아니라 마주침들로 번잡스러운 고독입니다. 마주침이란 어쩌면 되기와 같은 것이거나 결혼과 같은 것입니다. 우리가 어떤 것이든지 간에 마주침을 갖게 되는 것은 이런 고독의 깊이에서 비롯됩니다(D, 6).

여기서 배타적으로 인간적인 것은 전혀 없다. 인간 실존은 사중 존재자와 삼중 종합의 형식적 구조와의 존재론적 단절을 수반하지 않는다. 생명 없는 회집체에서 생명체, 의식을 갖춘 존재자를 거쳐 이성적 존재자로의 진전은 존재자가 자신의 생성자들과 생성물들로 환원 불가능함의 심화에 불과할 수밖에 없다. 그리하여 모든 존재자의 경우와 마찬가지로 인간 역시 근본적인 이중 자유를 향유한다(LS, 6). 첫째, 우리는 결코 자신을 생산하는 것으로 환원될 수도 없고 그것에 통합될 수도 없다. 둘째, 우리는 결코 자신이 (공)-생산하는 것으로 환원될 수도 없고 그것에 통합될 수도 없다. 이는 사악한 사물에 대해서는 하나의 축복인 것만큼이나 좋은 사물에 대해서는 하나의 비극이다. 그런데 우리가 모든 현존하는 다양체와 공유하는 환원 불가능성은 그 자체로는 좋지도 않고 나쁘지도 않다(DR, 19를 참조).

그렇지만 인간은 적어도 의식을 갖추고 있는 반면에 여타 존재자는 그렇지 않음이 확실하지 않은가? 그리고 의식은 우리가 돌보고 두려워하고 의심하고 의아해하고 능동적이고 도덕적이고 기억하고 공감하고 예술적이게 만듦으로써 여타의 거의 모든 것과 매우 다름을 보증하지 않는가? 이것은 확실히 사실이지만, 그런 사안들은 존재론적인 것이 아니라 실존적이다. 의식조차도 기계 존재론에 위배되지 않는다. 들뢰즈는 이렇게 서술한다.

마침내 막다른 국면인 듯 보인 것은 유물론과 관념론의 충돌이었다…어떤 대가를 치르고서도 이미지와 운동, 의식과 사물의 이런 이원성을 극복해야 했다. 두 명의 매우 상이한 저자, 즉 베르그손과 후설이 대략 같은 시기에 이 과업을 수행했다. 각자는 고유한 표어가 있었는데, 모든 의식은 무언가에 대한 의식이라거나(후설) 혹은 더 강하게, 모든 의식은 바로 무언가(베르그손)라는 표어들이 있었다(C1, 56).

기계 존재론은 여기서 들뢰즈가 베르그손에게 귀속시키는 것을 좇는다. 자신의 항들에 대한 관계의 외부성으로 인해 무언가를 의식한다는 것은 누구든지 의식하는 자와 그가 의식하는 것 이외에 제3의 것이 있음을 함축한다. 물론 무언가와 맺은 (지각, 주의, 느낌 혹은 사유의) 관계는 그 속에서 그 관계가 맺어지는 어떤 '사전'事前 기계가 필요하다. 그런데 더 중요하게도 의식하기 자체가 하나의 관계이고, 따라서 그것은 전적으로 환원 불가능한 기계다. 무언가를 보기, 느끼기, 지각하기, 매혹하기, 주목하기 그리고 여타의 다양한 의식하기는 첫 번째 종합, 두 번째 종합 그리고 세 번째 종합을 수반한다. 각각의 관계는 하나의 새로운 독신 기계다. 내가 한 마리의 까마귀를 지각한다면 나의 지각 자체는 그 까마귀 자체만큼이나 모든 현전에서 물러서 있기에 모든 관계가 헤치고 들어갈 수 없다.

그다음에 그 속에서 존재자들이 서로 마주치는 것은 언제나 또 하나의 리좀이라면 공간과 시간은 존재자와 사건의 매체로 이용할 수 있는 보편적이고 균질한 용기들이 아니다. 모든 것이 공간 그리고

(혹은) 시간의 내부에 있다면 외부성 테제와 기계 테제가 모두 위배될 것이다. 오히려 공간과 시간은 기계 자체에 뿌리박고 있는 국소적 현상이어야 한다(DR, 51을 참조). 들뢰즈에 따르면 공간은 원초적으로 기계의 특이성들과 관련되어 있다(DI, 111). 『천 개의 고원』의 14장에서 끊임없이 단언되는 대로 우리는 두 가지 종류의 공간을 구분해야 한다(ATP, 474를 참조). 첫째는 기계의 특이성들의 초험적인 '매끈한 공간'이 있고, 둘째는 현실적 표현들의 현실적인 '홈 파인' 공간이 있다. 모든 기계는 자신의 홈 파인 세계를 구성하는 현실적 의미-사건들의 연속체를 맞닥뜨리지만, 이들 홈은 그 사건들의 근저에 놓여 있는 매끈한 공간에 말끔하게 대응하지 않는다. 우선, 이것은 모든 기계가 모든 공간의 부분은 아니라는 것을 함축한다. 내 거실의 창들은 나에 대한 공간을 공-구성하지만, 아무 방해도 받지 않은 채로 창을 관통하는 미립자에 대한 공간을 구성하지는 않는다. 더욱이 사물들은 결코 일반 공간 안에 자리하고 있는 것이 아니라 오히려 언제나 다른 기계들 안에 자리하고 있다. 두 연인은 사랑 안에, 술집 안에, 거리 안에, 도시 안에 있다. 행성들은 태양계 안에, 은하 안에, 우주 안에 있다. 모든 것은 자신의 고유한 잠재적 공간 안에서 그 자체로 혼자이고 환원 불가능하다. 그런데 동시에 기계들은 다른 기계들 안에서 함께 존재하며, 결코 일반적인 장소에 존재하지 않는다.

시간 역시 두 개의 절반으로 분할되어야 한다(LS, 5 ; 그리고 LS, 21 ; DI, 180을 참조). 들뢰즈는 하나의 시간을 '크로노스'로 일컫고 다른 하나의 시간을 '아이온'이라고 일컫는데, 그 둘 사이에는 '상호 배제'가 현존한다(LS, 61). 우리는 들뢰즈가 그 둘에 귀속시키는 특징들을 살펴봄으로써 그것들을 구분할 수 있다. 크로노스는 "홀로 현존하는 현재"이고(LS, 77), "신체들의 행위, 그리고 물체적 성질들의 창출"과 관련되어 있으며(LS, 165), "신체들의 행위의 한계 혹은 척도"다(LS, 163). 크로노스는 "물체화의 현재가 아니라 순수 조작의 현재"이며(LS, 168), 이런 조작은 "어떤 개별적 체계에 포함되는 각각의 특이점을 '조정한다'"(LS, 77). 그러므로 들뢰즈는 크로노스가 "하나의 쟁여짐〔그리고〕혼합과 혼성의 시간이다"라고 서술한다(LS, 162~3). 마지막으로 크로노스는 "한정되어 있지만 무한한 시간이다. 순환적이기에 무한한데, 물리적 회귀를 같음의 회귀로서 활성화한다"(LS, 61). 달리 말해서 크로노스는 기계가 겪는 현실적 마주침들의 인접한 흐름과 관련되어 있다. 크로노스는 기계들에 대한 현실적 사건들의 이행이거나 혹은 기계들이 겪는 변화다. 크로노스는 기계들이 현실태로 번역되는 중에 다른 회집체들에 대해서(향해서) 현존하는 방식과 관련되어 있다. 크로노스는 신체들의 행위를 '한정한'다. 그 이유는 그것이 신체들의 과잉적인 잠재적 욕망을 현실적 표현들로 수축시키는 것과 관련되어 있기 때문이다. 크로노스는 특이점들을 '조정하'는데, 그 이유는 그것이 한 기계가 서로 관계를 맺지 않은 다른 기계들과 맺은 관계와 관련되어 있기 때문이다. 그러므로 크로노스는 그 자체로 환원 불가능한 기계들을 또다른 기계의 인접한 세계로 혼합하고 뒤섞는 것과 관련되어 있다. 이것이 '같음'의 귀환인 이유는 자신의 고유한 견지에서 다른 존재자들을 등록하는 행위를 도대체 넘어설 수 있는 기계가 전혀 없기 때문이다.

반면에 아이온은 "한정되지 않은 과거 및 미래"(LS, 61), "성질들과 구분되는 속성들"(LS, 165), "이미 지나간 것이자 영원히 아직 오직 않은 것"(LS, 165)과 관련되어 있다. 아이온은 "자신의 물질을 떨쳐버림으로써 자율적인" 것이 되면서 "과거와 미래의 두 방향으로 동시에 질주하"는 것과 관련되어 있다(LS, 62 ; 그리고 LS, 5를 참조). 아이온은 그 속에서 특이성들이 존속하고 내속하는 것(LS, 53), "시간을 형상形象의 내부에"(FB, 48) 두는 것의 시간이다. 아이온은 "단지 사유될 수 있을 뿐"이다(LS, 74). 왜냐하면 아이온은 "아직-도달하지-않은 동시에 이미-도달한 것, 너무-늦은 동시에 너무-이른 것"으로 발산하는 것을 분할하는 반면에 크로노스는 "사물들과 사람들의 위치를 정하는 측정의 시간"이기 때문이다(ATP, 262). 아이온은 되기의 시간이거나 반현실화의 시간이다. 아이온은 리좀의 잠재적 표면에 기입되거나 편입되는 본질의 변이다. 아이온은 잠재태와 관련되어 있기에 현실적 성질들과는 별개의 것이다. 초험적 욕망의 잉여적 본성을 참작하면 아이온은 각각의 현재, 즉 각각의 관계에서 벗어난다. 그러므로 아이온은 이미 지나갔고 영원히 아직 오지 않은 것이다. 함께 고려하면 크로노스와 아이온은 기계들 사이의 시간을 설명하는데, 요컨대 현실적이고 개별적으로 인접한 세계들에서 이루어지는 변화들과 뒤얽힌 초험적 특이성들의 변경들을 설명한다.

그런데 이 세계는 무엇이고, 나 자신 이외에 그것에 거주하는 타자들은 무엇인가? 후자부터 시작하면 '타자'는 당연히 내가 아닌 기계일 따름이다. 타자는 자신의 현실적 표면들로 감싸인 또 하나의 신체에서 이루어진 특이성들의 또 다른 분배다(DR, 260). 앞서 이해된 대로 우리가 일반적으로 스스로 그러다(엄마, 장갑보병, 궁기병, 관료 등)고 여기는 것은 사실상 언제나 그런 타자인데, 말하자면 내가 생성하는 기계이자 또한 나를 생성하게 되는 기계다. 그러므로 우리는 7장의 3절에서 이미 서술된 것들과는 또 다른 의미에서 "나는 타자다"라고 말할 수 있다(DR, 261). 내가 나 자신을 내가 생성하는 기계 중 일부와 동일시한다는 점에서 나는 타자다. 그런데 또한 들뢰즈는 내가 마주치는 기계가 아니라 오히려 나의 마주침 속에서 공표되지만 현시되지는 않는 또 하나의 기계인 대˟타자를 언급한다. 이 대타자는 "나의 지각의 장 속에 있는 객체도 아니고 나를 지각하는 주체도 아니다"(LS, 307; 그리고 LS, 309를 참조). 대타자는 일상적인 타자와는 전적으로 다른 무언가다(LS, 317).[2] 들뢰즈는 이 대타자를 "한 가능 세계의 표현"으로 규정한다(DR, 261; 그리고 LS, 309를 참조). "내가 그 두려움의 원인을 알지 못하고 경험하지 못하는 조건 아래서" 누군가의 겁에 질린 얼굴을 바라보는 상황을 고려하자(DR, 260). 그런 얼굴은 "두려운 가능 세계의 표현, 혹은 세계 속에서 두렵게 하는 무언가, 내가 아직 보지 못한 무언가의 표현"이다(LS, 307). 그러므로 대타자는 다른 한 기계가 기능한다고 규명하는 한 기계의 기호다. 나 역시 그 기호가 공표하는 기계에 의해 포섭될 수 있게 되는 한에서 대타자는 하나의 가능 세계다. 겁에 질린 얼굴로 인해 나는 지평을 엿보게 되고, 접근하는 괴물을 바라보며, 그리고 이제는 나 자신도 겁에 질려 있음을 알게 된다. 그러므로 대타자는 "세계의 전환"을 공표한다(LS, 305). 들뢰즈는 이 대타자를 언제나 선재하는 "구조"라고 일컫는다(LS, 307). 그 이유는 기계들이 언제나 다른 기계들 안에 자리하고 있기 때문이다. 그 구조-대타자는 세계를 "가능한 것들, 배경들, 주변적인 것들 그리고 전환들"로 가득 채운다(LS, 310). 도처에서 기계들이 또 다른 기계들에 대한 기능적 기계들이기에 이들 대타자는 확실히 현존하지만, 그것들을 식별하려면 하여간 살아 있는 한 존재자가 필요하다.[3] 내가 어떤 책을 다루는 것과 관련하여 그 책은 내가 그것을 태울 것임을 공표하는 경멸의 기호

---

2. "Non pas un autrui, mais un tout-autre qu'autrui."

3. 물론 대타자 구조를 '다룰' 수 있다고 해서 생명체들이 과오를 절대 범하지 않게 되는 것은 아니다. 대타자 구조와 협상할 때의 성공과 실패는 역능들과 환경에 우발적으로 달려 있다. 그러므로 삶은 우리가 대타자 구조가 결코 우리에 맞춰져 있지 않음을 깨닫는 많은 국면이 있다. "대타자의 부재는 우리가 사물에 부딪칠 때 느껴지며, 그리고 깜짝 놀라게 하는 우리 행위의 신속함이 드러날 때 느껴진다"(LS, 306).

들을 식별할 수 없다. 미셸 투르니에의 로빈슨류 소설에 관한 에세이에서 들뢰즈가 서술하는 대로 타자들 속에서 대타자를 식별할 수 있는 실천적 능력을 상실하는 것은 직접성의 세계에 빠져 버리는 것이다. "대타자가 부재할 때 의식과 그 대상은 하나다"(LS, 311).

그런데 또다시 들뢰즈가 언급하는 이 세계는 무엇인가? 공간과 시간이 보편적이고 균질한 매체가 아니게 되는 것과 같은 이유로 인해 한 세계는 유일한 세계일 수가 없다. 만약 유일한 세계가 현존한다면 모든 기계를 포함하는 비기계의 무언가가 있을 것이다. 오히려 "한 개체는… 언제나 수렴의 원환으로서의 한 세계 안에 존재한다"(LS, 110, 강조가 첨가됨). 한 세계는 한 기계가 마주치는 현실적이고 성질을 띤 부분적 객체들의 연속체다. 그러므로 우선, 한 기계의 세계는 그것의 욕망이 바뀌거나 혹은 그것이 마주치는 기계들의 욕망이 바뀜에 따라 변화할 수 있다. 둘째, 각각의 세계는 "어떤 수렴의 질서 안에서 무한"하다(LS, 110). 그 이유는 한 기계가 마주칠 수 있는 기계들의 양이 미리 결정되어 있지 않기 때문이다. 셋째, 각각의 세계는 "유한한 에너지"를 갖추고 있다(LS, 110). 왜냐하면 각각의 기계는 자신의 고유 코드가 있기에 그저 모든 것을 식별할 수는 없기 때문이다. 6장의 1절에서 논의된 진드기의 사례를 떠올리자. 진드기의 세계는 그것이 자신의 세 가지 역능(빛과 땀, 피를 등록하는 역능)에 의거하여 마주치는 모든 것이다. 진드기의 세계에는 하이쿠, 핵무기, 독일어, 상어, 공룡 화석과 그 밖의 많은 다른 존재자가 포함되지 않는다. 이로부터 세계에는 언제나 자신이 알아채는 것보다 더 많은 존재자가 있다는 점이 당연히 도출된다. 또한 동일한 존재자가 여러 세계의 부분일 수 있다는 점도 당연히 도출된다. 그 이유는 그것의 막연한 본질이 여러 존재자에 대하여 여러 방식으로 현실화될 수 있기 때문이다(LS, 114).

유일한the 세계는 현존하지 않지만, 그런데도 우리는 하나의one 실재가 존재한다고 단언해야 한다.[4] 많아야 하나가 있다는 바로 그런 의미에서 하나의 실재가 존재한다. 각각 상이한 원리를 갖춘 물질의 세계와 정신의 세계는 존재하지 않는다. 각기 다른 물질의 세계와 정신의 세계에 관한 어떤 이론, 책, 이야기 혹은 일화가 현존할 것이지만, 그런 존재자는 단지 삼중 종합을 통해서 다른 기계들로부터 생성된 사중 기계에 불과할 것이다. 예를 들면 칼 포퍼가 주장하곤 했던 대로 물리적 객체, 심적 상태 그리고 추상적 존재자에 대하여 형이상학적으로 별개의 영역들이 존재하지 않는다.[5] 기계 존재론은 모든 기계와 그것들의 모든 특이성이 국소적 외부에서, 즉 독자적인 환원 불가능하고 물러서 있는 잠재적 측면을 갖춘 다른 기계들에서 생성된다는 바로 그런 의미에서 하나의 실재를 상정하는 것이지, 결코 하나의 총체적 외부, 즉 기계를 초월하는 무언가에서 생성된다는 의미에서 상정하는 것은 아니다.

그런데 하나의 실재가 존재한다면 우리는 유일한 세계가 현존하지 않음에도 불구하고 모든 기계의 기계가 존재하는지 물어야 한다. 들뢰즈가 서술하는 대로 "그 문제는 ⋯ 이렇게 되는데, 모든 〔기관 없는

---

4. 이것이 『철학이란 무엇인가』에서 들뢰즈가 '하나-전부'로 의미하는 것이다(WP, 35). 어쩌면 바디우는 들뢰즈가 "모든 존재자에 대하여 단일한 존재의 함성"이 있어야 한다고 생각한다고 주장할 것이지만, 바디우는 이 함성이 함축하는 바를 분명히 하는 그 진술의 두 번째 부분을 무시한다. "모든 존재자에 대하여 단일한 존재의 함성이 있는데, 이를 위해 먼저 각각의 존재자, 각각의 물방울과 각각의 목소리는 과잉의 상태에 도달했어야 했다"(DR, 304). 바디우는 들뢰즈가 전체 혹은 일자는 언제나 현존하는 존재자들 전부 이상의 것이라고 말하기를 바라지만, 들뢰즈는 정반대로 말하고 있다. 모든 단일한 것은 언제나 여타의 것 '이상의' 것이고, 따라서 어떤 것이든 간에 하나의 단일한 세계가 여타의 모든 것을 포함할 가능성은 전혀 없다.
5. 포퍼가 이것을 옹호하는 1978년 '인간 가치에 관한 타너 강연'은 온라인에서 쉽게 찾아볼 수 있다.

신체)의 총체가 존재하는가?"(ATP, 154; 그리고 ATP, 165를 참조). "모든 체계의 체계로 여겨질 수 있는 하나의 우주"가 존재하는가(LS, 77)? 이 물음에 대한 들뢰즈 자신의 답변들은 상충한다. 때때로 들뢰즈는 모든 것을 포섭하거나(ATP, 4) "무한한 사회적 장"을 구성하는(K, 87) 단일한 '추상 기계'가 현존한다고 주장한다. 때때로 들뢰즈는 복수의 현존하는 추상 기계에 관해 서술하면서 그 개념을 한 기계의 특이성들과 동일시하거나 혹은 한 회집체의 "다이어그램"과 동일시한다(ATP, 91, 511). 들뢰즈는 "모든 추상 기계와 기계 회집체의 집합"일 "기계권"을 상정하지만(ATP, 71) 동시에 자신의 학도들에게 자신은 모든 영역에 대한 어떤 최종 영역이 존재한다는 것을 믿지 않는다고 말한다.[6] 그래서 그것은 어떤 것인가? 우리는 다음과 같은 진술에서 실마리를 얻을 수 있다. "초월적이고 보편적이며 영원한 플라톤주의적 이데아라는 의미에서의 추상 기계 혹은 기계들은 존재하지 않는다. 추상 기계들은 구체적인 회집체들의 내부에서 조작한다"(ATP, 510). 모든 기계에 대한 기계조차도 다른 존재자들이 그것과 내부적 관계들을 향유하는 플라톤주의적 존재자가 아닐 것이다. 그리하여 모든 기계가 아무튼 '추상 기계'라고 일컬어지는 단일한 '거대' 기계 또는 '기계권'을 공-생산하더라도 이런 '궁극적' 기계는 여전히 외부성을 위배하지 않을 것이다. 어쩌면 이런 기계가 현존할 실존적 가능성은 기계 존재론과 무관하다. 신발과 말, 사람은 신발 상자와 목초지, 교실로 환원될 수 없는 것처럼 이런 궁극적 기계로 환원될 수 없을 것이다. 여타의 기계와 마찬가지로 기계권은 단지 부분들 사이에 있는 한 부분이고, 타자들에

---

6. "je crois plutôt qu'il y a — qu'il y a pas une grille, qu'il y a pas, finalement, une région de sens de toutes les regions. C'est pas possible"(SC, 141282).

의해 생산되고 되기를 겪는 한 존재자이며, 그리고 결코 어느 것에도 통합되지 않는 무언가일 것이다. 그러므로 하나의 실재가 존재하지만, 이 실재는 하나의 "카오스모스이고 더는 하나의 세계가 아니다"(LS, 176; 그리고 DR, 199를 참조). 존재는 코스모스, 즉 질서정연한 일단의 영역이 아니다. 오히려 실재는 분열증적인데, 이는 실재가 기계를 초월하는 것이 아니고 기계들 사이에서 생겨나는 것임을 뜻한다.

일곱 번째 간주 – 브뤼노 라투르와 환원 불가능한 행위소

앞 절에서 이루어진 성찰에 힘입어 우리는 들뢰즈의 기계 존재론과 브뤼노 라투르의 철학을 간단히 비교할 수 있게 된다. 들뢰즈와 마찬가지로 라투르는 실재가 환원 불가능한 존재자들과 그것들의 상호연합들로 이루어져 있다고 간주하는데, 이는 구체적 존재자들이 환원될 수 있는 하나의 최종적인 층 혹은 원초적인 근원은 없음을 뜻한다. 사실상 들뢰즈와 라투르의 유사성은 매우 강하여 라투르는 어딘가에서 자신의 유명한 행위자-네트워크 이론이 사실상 "행위소-리좀 존재론"으로 일컬어져야 한다고 넌지시 주장했다.[7] 라투르 사상의 몇 가지 핵심적인 면모를 개관하고 나면 우리는 그의 철학이 '자아'라는 개념과 '세계'라는 개념 둘 다를, 들뢰즈가 이들 개념을 개작하는 것과 유사하게 (재)규정함을 알게 될 것이다. 또한 이런 비교 덕분에 우리는 객체지향 존재론과 경험론 사이의 관계에 주목할 수 있게 된다. 모든 존재자가 동등하게 실재적이라고 여기는 존재론은 만물이 '무엇'인

---

7. Bruno Latour, "On Recalling ANT," 15~26.

지 언제나 이미 알고 있다고 비난받는 것은 말할 것도 없고, 존재자들 사이에 현존하는 많은 차이점을 무시한다고 쉽게 비난받을 수 있다. 이것은 (과학에서 이루어질 뿐만 아니라 예술과 정치에서도 이루어지는) 경험적 작업을 경시하는 것처럼 보인다. 그 이유는 우리가 사물과 사건에 관한 실제적 연구는 그것들의 존재론적 구조가 이미 알려져 있다면 우유적인(그러므로 중요하지 않은) 특성들을 산출할 수 있을 따름이라고 생각할 수 있을 것이기 때문이다. 우리는 들뢰즈뿐만 아니라 라투르의 경우에도 그런 비난들이 어떻게 해서 궁극적으로 잘못된 추리에 의존하는지 알게 될 것이다.

라투르의 철학은 대략 이십여 권의 책과 수십 편의 논문에 걸쳐 있기에 그것의 전 범위는 이런 간략한 간주에서 다루어질 수 없다. 그렇지만 존재자들의 기본적인 면모들에 대한 우리의 관심을 참작하면 어떤 주안점이 도출된다. 왜냐하면 주제의 폭넓은 다양성에도 불구하고 라투르의 분석은 언제나 존재자(그가 '행위소', '행위자', '현존자' 혹은 '혼성물'이라고 일컫는 것)들이 작동하는 방식에 관한 단일하고 궁극적으로 철저히 구체적인 이론에 근거를 두고 있기 때문이다. 이 이론은 여전히 1984년에 출간된 『비환원』 ― 『프랑스의 파스퇴르화』에서 이루어진 라투르의 파스퇴르 연구에 대한 프로그램적 보완물 ― 에서 가장 체계적이고 완전하게 제시되었음이 거의 틀림없다.[8] 라투르 신봉자 중 일부는 잠시 후에 다루어질 이유로 인해 즉시 이런 의견에 이의를 제기할 것이다. 우선 『비환원』에서 제시된 행위소 이론을 살펴보자.

---

8. 최근에 『존재양식들에 관한 탐구』가 출판됨으로써 어쩌면 라투르의 철학은 참으로 새로운 단계에 진입했을 것이다. 이 저작은 이 절의 뒷부분에서 다루어지지만, 우리는 여전히 이제는 '초기 라투르'일 것에 대체로 집중한다. 특히 그 이유는 『탐구』가 여전히 너무 참신하여 그것의 완전한 범위와 결과를 이해할 수 없기 때문이다.

들뢰즈와 마찬가지로 라투르는 존재자 또는 '행위소'가 언제나 무언가 다른 것으로 완전히 환원될 수 있거나 무언가 다른 것에 의거하여 완전히 설명될 수 있다는 것을 철저히 거부한다. 실재는 그로부터 모든 사물이 출현하는 어떤 불가사의한 심층도, 그로부터 모든 것이 발산하는 어떤 숭고한 상층도 없다. 실재를 구성하는 존재자들의 다중들은 자본주의 혹은 진화 같은 거시-존재자들의 반영물들에 불과한 것도 아니고, 아원자 입자 혹은 끈 같은 미시-존재자들의 집합체들에 불과한 것도 아니다. 오히려 실재에 거주하는 모든 것은 독자적으로 실재적인 존재자이고 다른 행위소들에 자신의 흔적을 남기는 '행위소'다. 물론 행위소는 어떤 기능적 역할을 수행하거나 어떤 기능을 충족시키도록 안정화될 수 있지만, 그런 정체성은 결코 자연화될 수 없다. 이는 환경이 언제나 공모하여 어떤 행위소가 무언가 다른 일을 행하기 시작하게 할 수 있음을 뜻한다. 라투르는 이것을 '환원 불가능성의 원리'라고 일컫는다. "아무것도 저절로 무언가로 환원될 수도 없고 환원되지 않을 수도 없다."[9] 요약하면 한 존재자의 어떤 역할(예컨대 스마트폰의 부품 혹은 하수구 도관)로의 일시적인 '환원'은 언제나 다른 행위소들에 의한 우연적인 노동의 결과이고, 따라서 원칙적으로 다른 행위소들에 의해 여전히 무효화될 수 있다. 이런 환원 불가능성의 원리에 힘입어 라투르의 행위자-네트워크 이론은 지금까지 활기가 넘친다.[10] 들뢰즈의 기계 및 리좀과 마찬가지로 행위소들은 결합하여 네트워크를 이룰 수 있지만, 그 네트워크는 행위소들과 존재론적으로 다르지 않다. 오히려 각각의 네트워크는 또 하나의 행위소

---

9. Bruno Latour, *The Pasteurization of France*, 158.

10. Bruno Latour, *An Inquiry into Modes of Existence*, 33.

를 이룰 따름이고, 네트워크 속 각각의 행위소는 언제나 또 하나의 네트워크로서, 말하자면 여전히 다른 행위소들에 의해 구성되어 잠재력을 부여받는 것으로서 나타날 수 있다. 예를 들면 들뢰즈의 기계 존재론은 도시를 하나의 기계이자 리좀으로 규정할 것인데, 기계인 이유는 도시의 환원 불가능성 때문이고 리좀인 이유는 도시가 수많은 다른 기계들에 의해 생성되기 때문이다. 마찬가지 이유로 라투르에게 도시는 하나의 행위소이자 행위소들의 네트워크다.

들뢰즈의 외부성 테제와의 유사성은 명료할 것이고, 게다가 기계 테제에 대해서도 비슷한 친연성이 존재한다. 라투르는 실재가 결코 선험적으로 상이한 영역들 혹은 층위들로 분할될 수 없다고 주장한다. 실재는 "실재적" 지대, "상상적" 지대, "비유적" 지대 그리고 "상징적" 지대로 나누어져 있지 않다.[11] 이쪽에는 "자연적" 존재자들이 있고 저쪽에는 "문화적" 존재자들이 있는 식의 존재론적 분리는 전혀 없다.[12] 마지막으로, 라투르는 자신의 행위소 이론이 단지 경제적·법적·기술적·언어적·과학적·사회적·인간중심적 담론이거나 자연화하는 담론일 뿐이라는 것을 명시적으로 거부한다.[13] 오히려 행위소는 바로 존재자(더 정확히 말하자면 그것이 작동하는 방식)일 뿐이다. 기계 테제의 경우와 마찬가지로 라투르의 행위소 이론은 모든 존재자를 동일한 발판 위에 자리하게 하고, 그리하여 세계에는 사전에 확립되고 형이상학적으로 규정된 어떤 위계도 허용되지 않는다.

그렇다면 생겨나는 모든 것은 행위소들 사이의 상호작용들에서 비롯된다. 혹은 라투르가 서술하는 대로 행위소는 스스로 말하는 것

---

11. Latour, *The Pasteurization of France*, 159, 181, 188.
12. 같은 책, 167.
13. 같은 책, 203~6.

으로 여겨져야 한다.[14] 무슨 일이 일어나는지 설명하고 싶다면 우리는 행위소들이 서로 가하는 작용들을 추적해야 한다. 그 이유는 아무것도 모든 것을 설명하는 최종 실체 혹은 원리로 이끌지 못하기 때문이다. 혹은 라투르가 라이프니츠를 본받아서 서술하는 대로 "우리가 아무리 멀리 가더라도 언제나 형태들이 존재하는데, 각각의 물고기 속에는 물고기들이 가득 찬 연못이 있다."[15] 그러므로 사태는 어떤 초월적인 질서에 의해 결정되는 것이 아니라 오히려 "국소적으로", "전장에서" 결정된다.[16] 따라서 현존하는 것 혹은 생겨나는 것에 대한 모든 탐구는 언제나 더 많은 행위소를 밝혀낼 따름일 것이다. 모든 것을 "단박에" 단순화하고 위계화하고 총체화하며 환원할 어떤 최종적인 X를 맞닥뜨리리라는 어떤 희망도 헛된 것에 불과하다.[17] 행위소들에서 나타나는 유일한 차이는 그것들이 상황에 따라 무언가 다른 것을 지배하거나 혹은 무언가 다른 것에 의해 지배받는지 여부이며, 이것은 들뢰즈가 기계들을 '사회적' 기계와 '기술적' 기계로 나누는 구분과 다르지 않다.[18]

그러므로 행위소는 자연을 단순히 반영하거나 혹은 어떤 다른 존재자나 구조의 명령을 수동적으로 실행하는 '중개자'에 불과한 것이 결코 아니다. 행위소는 생겨나는 것에 자신의 고유한 차이를 덧붙이는 '매개자'인데, 마치 초등학교에서 각각의 어린이가 메시지를 건네주면서 조금씩 왜곡하는 속삭이기 게임과 흡사하다. 들뢰즈의 기계가

---

14. 같은 책, 299.
15. 같은 책, 161.
16. 같은 책, 164.
17. 같은 책, 169
18. 같은 책, 168.

자신의 마주침을 자신의 고유한 견지에서 해석하는 것과 마찬가지로 각각의 행위소는 "여타의 힘을 자신의 입장에서 번역한다."[19] 더욱이 행위소가 세계에서 던지게 되는 무게는 결코 단순히 "자신의 것"이 아니고 오히려 언제나 그리고 도처에서 다른 행위소들과 결성한 "연합들" 혹은 "동맹들"을 통해서 그것에 부여된 것이다.[20]

요컨대 라투르는 실재가 단지 행위소들과 그 연합들로 이루어져 있을 뿐이라고 여긴다. 행위소의 강점과 약점은 결코 어떤 초월적인 상층에서 비롯되지 않고 오히려 언제나 그것이 또 다른 행위소들과 맺은 연대에서 비롯된다. 그러므로 또한 라투르는 행위소를 "혼성물", "준객체" 그리고 "준주체"라고 일컫는다.[21] 혼성물인 이유는 실재가 같은 부류의 것들만이 서로 연대하는 별개의 지대들로 매끈히 절단되지 않기 때문이다. 도시에서 과학 이론에 이르기까지 모든 것은 상이한 영역들에서 비롯된 다양한 종류의 수많은 행위소들의 연접으로 인해 현존할 따름이다. 준객체인 이유는 모든 존재자가 단지 일단의 기계론적 법칙을 재현하는 수동적인 객체가 결코 아니라(그러므로 '준') 정말로 실재적인 사물(그러므로 '객체')로 여겨지기 때문이다. 준주체인 이유는 모든 존재자가 여타의 것의 행위를 설명하는 어떤 종류의 칸트주의적 주체가 결코 아니라(그리므로 '준') 행동하기(그러므로 '주체') 때문이다. 들뢰즈와의 유사성은 또다시 부인할 수 없다. 왜냐하면 라투르의 준객체 혹은 준주체는 들뢰즈가 '애벌레 주체'라고 일컫는 것과 다르지 않기 때문이다. 그다음에 놀랍지 않게도 그 두 사상가는 세계

---

19. 같은 책, 166~7.
20. 같은 책, 180, 160, 195.
21. Bruno Latour, *We Have Never Been Modern*, 51. [브뤼노 라투르, 『우리는 결코 근대인이었던 적이 없다』.]

에 관한 관념에 대한 의견도 일치한다. 라투르 역시 하나의 '세계'가 현존한다는 점을 부정할 것인데, '세계'라는 용어로 뜻하는 바가 언제나 이미 현존하면서 모든 것을 단 하나의 포괄적인 질서 속에 미리 통합하는 총체라면 말이다. 행위소는 언제나 자신의 고유한 견지에서 다른 존재자들과 마주치고 무언가 다른 것으로 동화되는 것에 저항하기에 우리가 '세계'라고 일컬을 수 있을 것은 무엇이든 언제나 라투르가 "점진적 구성"이라고 일컫는 것에서 비롯되어야 한다.[22] 그리고 물론 구성되는 것들은 모두 새로운 존재자들의 영향을 받을 때마다 언제나 변경되거나 무화될 수 있다.

이처럼 라투르의 형이상학을 간략히 개관함으로써 우리는 두 가지 물음을 제기할 수 있게 된다. 첫 번째 물음은 그것이 정합적인지 여부이고, 두 번째 물음은 라투르의 입장을 애초에 '형이상학'이라고 일컫는 것이 사리에 맞는지 여부다. 첫 번째 논점은 하먼이 라투르의 형이상학을 재구성할 때 상세히 논의되었다.[23] 하먼은 라투르의 입장에 핵심적인 하나의 역설 같은 것을 지적한다. 한편으로 라투르는 행위소가 환원 불가능하다는 것, 행위소가 세계에서 독자적인 차이를 만들어낸다는 것 등을 주장한다. 그런데 다른 한편으로 행위소는 자신의 행위에 의거하여 규정된다. 『판도라의 희망』에서 라투르가 서술하는 대로,

행위자를 규정하려면 그것의 행위를 통해서 규정하는 것밖에 다른 방법은 없고, 게다가 행위를 규정하려면 관심의 초점인 기질로 인해

---

22. Bruno Latour, *Politics of Nature*, 18, 47.
23. Harman, *Prince of Networks*. [하먼, 『네트워크의 군주』.]

어떤 다른 행위자들이 수정되거나 변형되거나 교란되거나 생성되는
지 묻는 것밖에 다른 방법은 없다.[24]

하먼의 경우에 이것은 라투르의 철학이 행위소가 궁극적으로 그것이
다른 존재자들과 맺은 관계(즉, 다른 존재자들에 미치는 영향)로 환
원되는 하나의 관계주의임을 시사한다.[25] 사실상 사정이 이러하다면
라투르의 입장은 우리가 이미 광범위하게 논의한 내부주의와 관계주
의에 붙어 다니는 모든 문제 ─ 변화를 설명하지 못함, 특화의 무한 유예,
기타 등등 ─ 의 포로가 된다. 라투르는 이런 어려움을 자각하는 것처
럼 보인다. 라투르의 저작에는 그가 행위소에 덧붙여 "플라스마"의 현
존도 상정하는 국면들이 있는데, 여기서 플라스마는 행위소들에 그
현행적 유대들을 넘어서는 어떤 잉여물을 아무튼 불어넣을 무정형의
에너지 혹은 잠재력의 명확히 비존재자적인 저장고다.[26]

　　그런데 방금 인용된 라투르의 진술은 존재자의 정의와 관련되어
있음을 인식해야 한다. 그 정의는 존재자의 존재와 반드시 같은 것은
아니다. 존재자가 참으로 환원 불가능하다면 그것의 내부적 존재를
인간에게 현시할 무매개적이고 투명한 방식은 전혀 없다. 그 이유는
그런 현시는 당연히 관계적이기 때문이다. 그런 가능성이 부재한 상
황에서 한 존재자를 규정할 유일한 방식은 그것이 행하는 것을 관찰하
는 것이며, 이는 그것을 번역 행위 속에 등록함을 뜻한다. 그러므로
인용된 구절은 라투르의 실제 입장인지에 대한 의심의 여지를 약간
남기게 된다. 행위소의 경우에 그것이 자신이 맺은 관계들에서 전개되

---

24. Bruno Latour, *Pandora's Hope*, 122. [브뤼노 라투르, 『판도라의 희망』.]
25. Harman, *Prince of Networks*, 81. [하먼, 『네트워크의 군주』.]
26. Bruno Latour, *Reassembling the Social*, 244.

는 것 이상의 것이 되게 하는 참된 환원 불가능성이 존재하는가? 최근에 하먼과 라투르가 벌인 토론이 수록된 『군주와 늑대』(2011)라는 책에서 라투르는 이것을 긍정하는 것처럼 보인다. 라투르는 자신이 관계주의를 고수한다는 점을 부인하면서 행위소가 환원 불가능한 특이체라고 단언한다.[27] 또한 라투르는, 사물은 결코 자신의 관계들이 아니라는 사실이 사물은 언제나 다른 존재자들에게 그저 주어지기보다는 오히려 그것들에 의해 '번역되'어야 한다는 바로 그 이유라고 덧붙인다.[28] 그런 번역들은 "결코 사물의 핵심을 꺼내지" 못한다.[29] 마지막으로 라투르는 사물이란 자신의 관계들이 아니라 오히려 다른 행위자들과의 관계들이 그것에 부여하는 것이라고 특별히 언급한다.[30] 이것은 (특히 잠재적 특이성들과 관련하여) 들뢰즈의 기계 존재론과 훨씬 더 많이 중첩됨을 시사하는 발언이다. 그런데도 하먼은, 라투르의 단언에도 불구하고 라투르의 저작은 아무튼 사물이란 정말로 그것이 다른 사물들에 남기는 흔적들에 지나지 않는다고 시사하는 발언들로 넘쳐난다고 쉽게 대응할 수 있었다. 물론 이 문제의 최종 평결은 라투르 자신에게 달려있기에 이제 두 번째 논점으로 옮겨가자.

혼성물 행위소에 관한 라투르의 이론은 어떤 '장르'에 속하는가? 『우리는 결코 근대인이었던 적이 없다』라는 책에서는 그것이 거듭해서 존재론으로 일컬어진다.[31] 그런데 또다시 『비환원』에서는 라투르

27. Bruno Latour, Graham Harman, and Peter Erdélyi, *The Prince and the Wolf*, 41, 43.
28. 같은 책, 49.
29. 같은 곳.
30. 같은 책, 122.
31. Latour, *We Have Never Been Modern*, 51, 77, 86, 123. [라투르, 『우리는 결코 근대인이었던 적이 없다』.]

의 입장이 어떤 체계를 닮은 것에 해당한다는 점이 부인된다.[32] 『군주와 늑대』에 수록된 토론 중에 라투르는 자신이 어떤 형이상학적 체계를 갖추고 있다는 것을 먼저 의심한 다음에 단적으로 부인한다.[33] 그런데 그다음에 라투르는 자신에게는 사실상 '실험 형이상학'이 있다고 즉시 덧붙인다. 이와 같은 '형이상학'과 '실험 형이상학' 사이의 구분은 라투르를 20세기의 보다 참신한 형이상학자 중 한 사람으로 간주하는 하먼의 해석을 비판하는 저자들에 의해서도 강조된다.[34] 이것을 어떻게 이해할 수 있을까?

들뢰즈의 경우와 마찬가지로 그 해법은 형이상학과 존재론을 구분하는 것이다. 라투르와 그의 일부 독자의 경우에 '형이상학'이라는 용어와 관련된 문제는 그 용어가 어떤 존재자들이 현존하고 그것들이 무엇을 행하고 있는지 알아낼 실험적 작업이나 경험적 작업을 전혀 할 필요가 없이 실재의 지도를 그릴 수 있다는 이론을 갖추고 있음을 시사한다는 것이다.[35] 이런 우려는 『군주와 늑대』에서 누르츠마레에 의해서도 제기되었는데, 요컨대 형이상학을 갖추고 있다는 모든 주장은 현존하는 것이 근본적으로 그리고 철저히 가변적이라는 사실을 무시할 위험이 있다.[36] 어느 고전적 형이상학자는 언제나 이미 무엇이 현존하는지 그리고 사물이란 무엇인지를 알고 있을 것이고, 그리하여 모든 경험적 작업은 언제나 객체들의 (아리스토텔레스주의적 의미에서) 궁극적으로 우유적인 면모들만 밝힐 수 있을 뿐일 것이

32. Latour, *The Pasteurization of France*, 198, 206.
33. Latour, Harman, and Erdélyi, *The Prince and the Wolf*, 41, 46.
34. Nora Hämäläinen and Turo-Kimmo Lehtonen, "Latour's Empirical Metaphysics," 20~37.
35. 같은 글, 20.
36. Latour, Harman, and Erdélyi, *The Prince and the Wolf*, 97~8.

다. 라투르도 들뢰즈도 이런 의미에서의 형이상학을 갖추고 있지 않음은 명백함이 틀림없을 것이다. 왜냐하면 그런 형이상학은 그 두 철학자가 그들의 저작 대부분에 걸쳐 반대 논증을 펼친 그런 종류의 환원주의에 대한 전형적인 사례이기 때문이다.

그런데 들뢰즈와 마찬가지로 라투르에게도 존재론, 즉 존재자들이 작동하는 방식에 관한 기본 이론이 있음이 확실하다. 예를 들면 이것은 해맬래이넨과 레흐토넨이 라투르에게 형이상학이 있을 것이라는 생각에 반대하는 논증을 전개하는 방식에서 명백히 나타난다. 그들의 기본 논증에 따르면 형이상학은 행위자들이 자신의 활동을 이해한다는 관념, 실재가 사물들 사이에서 전개된다는 관념, 존재자들이 독자적인 매개를 갖는다는 관념, 그리고 존재자들을 강제로 예속시키는 어떤 초월적 질서가 존재하기보다는 오히려 객체들의 민주주의가 존재한다는 관념을 허용하지 않을 것이다.[37] 형이상학적 체계에서는 존재자들의 이들 면모가 "왜곡된"다고 그들은 주장한다.[38] 그렇다고 하자. 그런데 존재자들과 그 연합들의 바로 이런 면모들이 존재론 이외에 어떤 다른 것에 해당하겠는가? 『비환원』과 어딘가 다른 곳에서 라투르가 개관하는 행위소들의 면모들이 존재론적 진술이 아니라면 어떤 진술도 결코 존재론적이지 않음이 확실하다! 라투르가 견지하는 입장의 지위에 관한 논의를 정리하는 데 필요한 단 하나의 것은 이쪽의 형이상학과 저쪽의 존재론을 구분하는 것이다. 게다가 라투르가 형이상학자는 아니더라도 라투르가 확실히 존재론자임은 전적으로 명료하다. 간단한 증거는 다음과 같다. 실재에서 다양체 이외의 무언

---

37. Hämäläinen and Lehtonen, "Latour's Empirical Metaphysics," 25.
38. 같은 글, 27~8.

가를 찾아낼 들뢰즈주의자가 결코 없을 것과 마찬가지로 라투르도, 모든 라투르주의자도 라투르의 행위소 이론에 부합하지 않는 존재자를 찾아내리라고 절대 예상하지 않을 것이다. 라투르주의적 탐구는 결코 플라톤주의적 형상形相과 마주치지 않을 것이고, 또한 어떤 아원자 입자가 실재의 궁극적인 근거라고 알아내지 않을 것이고, 뜻밖에도 '자본주의' 혹은 '진화' 같은 기표가 생겨나는 모든 것을 정말로 설명한다는 결론도 절대 내리지 않을 것이다. 그리고 이에 대한 이유는 라투르가 그런 것들은 현존하지 않는다고 주장하기 때문이다. 현존하는 모든 것은 행위소들과 그 연합들이고, 따라서 그 기본 테제의 끊임없는 확언은 라투르의 철학이 실재적 존재자임이 뜻하는 바에 대한 단하나의 설명에 전제를 두고 있다는 사실을 입증한다. 어떤 철학이 존재론적인 것이 되는 데에는 더 이상의 것이 전혀 필요하지 않다.

이렇게 해서 우리는 라투르와 들뢰즈를 비교할 마지막 논점, 즉 경험론의 중요성에 이르게 된다. 언급된 대로 형이상학자는 자신이 언제나 이미 세간의 본질적인 면모들을 알고 있다는 생각을 다소 굳게 견지할 것이다. 이와는 대조적으로 존재론자는 아무것도 모른다. 바로 이런 이유로 인해 라투르는 자신의 작업에 있어서 경험적 탐구의 중요성을 강조하고,[39] 들뢰즈는 '초험적 경험론'을 요청한다(이에 관해서는 이 장의 뒷부분에서 상세히 서술된다). 존재론자는 모든 존재자를 동등한 존재론적 발판 위에 위치시킴으로써 특정한 기계들 혹은 행위소들이 아무튼 자신의 작업을 행하는 방식에 대하여 어떤 선험적인 실마리도 갖고 있지 않다. 행위소들이 현존한다는 것과 상호 연합함으로써 행위소들이 생산된다는 것은 존재론적 테제이지만, 어느 주어진 사례

---

39. Latour, Harman, and Erdélyi, *The Prince and the Wolf*, 44.

에서 어떤 행위소들이 현존하고 어떤 연합들이 현존하는지는 단지 경험적으로 규명될 수 있을 뿐이다. 마찬가지로 기계들이 현존한다는 것과 기계들이 다양한 종합에 연루된 사중체라는 것은 존재론적 테제이지만, 어떤 기계들이 현존하고, 그것들이 어떤 역능들을 지니고 있으며, 그리고 그것들이 서로 어떤 유대들을 맺고 있는지는 단지 경험적으로 규명될 수 있을 뿐이다. 이 점에 관해서 라투르는 최근에 출간된 『존재양식들에 관한 탐구』에서 상당히 분명한 태도를 취한다. 본연의 행위자-네트워크 이론은 언제나 모든 것에 관하여 정확히 동일한 것을 말해줄 수 있을 뿐이다. 모든 것은 "탐구에 의해 규명될 뜻밖의 요소들의 불균질한 형태로 구성되"어 있다.[40] 들뢰즈는 본연의 기계 존재론과 관련하여 정확히 같은 진술을 하곤 했다. 바로 이런 이유로 인해 라투르의 '양식들' 프로젝트는 다양한 '종류'의 행위소 및 연합 사이의 유사점들을 식별하려고 시도하고, 따라서 우리는 존재론적으로 평평한 행위소들의 평면에서 유용한 분화와 구분들을 제시하는 작업에 착수할 수 있게 된다. 결국 행위소들이 환원 불가능하다는 것은 모든 행위소가 절대적으로 비교 불가능하다는 것을 뜻하지는 않는다. 오히려 세계는 존재자들을 분류할 수 있는 양식들, 장들, 영역들 혹은 지대들에 관한 탐구를 보증할 만큼 충분히 '안정적'이거나 '규칙적'이다.

들뢰즈 역시 『천 개의 고원』에서 정확히 같은 작업을 행하려고 시도했다는 점을 인식하자. 『천 개의 고원』은 여전히 회집체들의 일반 논리에 전제를 두고 있지만(TRM, 177), 우리가 다양한 종류의 회집체들을 분류하는 데 사용할 수 있는 장들을 고안하거나 식별하고자 한

---

40. Latour, *An Inquiry into Modes of Existence*, 35.

다고 들뢰즈는 명시적으로 진술한다(TRM, 179). 그런 장들 또는 "고원들"은 "강도적 연속성"에 의해 특징지어지는데(TRM, 179), 말하자면 각각의 고원에는 동일한 영역에 속하는 것들로 유의미하게 분류될 만큼 충분히 비슷한 특이성들을 갖춘 기계들이 포함되어 있다. 라투르의 경우와 마찬가지로 그런 영역, 고원 혹은 "삶의 양식"(!)은 각각의 사례에서 "실험적 실천이성"을 통해서 식별되어야 한다(TRM, 179). 라투르가 행위소들의 세계를 양식들로 절단하는 것과 마찬가지로 들뢰즈는 기계들의 세계를 언어, 음악, 정치, 역사 등을 비롯한 별개의 탐구 영역들로 분할한다. 또한 이런 까닭에 들뢰즈는 기계들을 다양한 "지층"으로 분류하는데, 가장 두드러지는 것들은 물리화학적 지층과 유기체적 지층, 인간형상적 지층이다(ATP, 502). 각각의 지층은 다양한 기계를 포함하는 한편으로 "그 조직과 발달의 다양성에도 불구하고 〔어떤〕 구성의 단일성"도 갖추고 있다(ATP, 502).

『존재양식들에 관한 탐구』와 『천 개의 고원』은 둘 다 (형이상학에 대립되는 것으로서의) 존재론은 무엇이 현존하는지 그리고 그것이 어떻게 현존하는지 결코 '이미 알고 있'지 않다는 기본적인 사실에 대응한다. 그러므로 라투르와 들뢰즈는 둘 다 경험적 탐구에 대한 건전한 존중심을 품고 있다. 그리고 그 두 사상가는 모든 것이 동등하게 실재적이지만 실존적으로는 상이한 실재 내에서 특정한 단층선들과 영역들을 식별하고자 할 때 그런 탐구의 결과를 필연적으로 사용해야 한다는 것을 알고 있다. 이런 점에서 들뢰즈뿐만 아니라 라투르도 일단의 다른 종류들의 철학자들에게 대립하게 된다. 예를 들면 모든 것은 아원자 입자들이라고 언제나 이미 알고 있는 과학적 실재론자를 생각하자. 혹은 생겨나는 것은 무엇이든 항상 커지는 더미에 추가되는 또 하나의 이데올로기적 신비화에 불과하다고 언제나 이미 알고 있는 정형화된 맑스주의자를 생각하자. 혹은 당신이 행하는 모든 것은 당신의 부모가 연루된 어떤 억압된 성적 외상의 표현이라고 언제나 이미 알고 있는 마찬가지로 정형화된 프로이트주의자를 상상하자. 모든 형이상학적 철학자나 비판적 철학자와는 달리 라투르와 들뢰즈는 무엇이 현존하는지, 무엇이 무언가를 생산했는지, 무언가가 무엇을 생산하는지 등을 결코 사전에 알지 못한다. 바로 그 이유는 그들이 사전에 알고 있는 단 하나의 것은 모든 가능한 존재자의 경우에 사정은 마찬가지라는 점이기 때문이다.

이렇게 해서 우리는 라투르와 들뢰즈 사이의 어떤 기본적이지만 핵심적인 유사점들을 충분히 식별하게 될 것이다. 기계 존재론에 대한 경험론의 중요성을 더욱더 강조하기 위해 이 장은 '초험적 경험론'이라는 들뢰즈의 개념에 관해 더 자세히 서술하는 절로 마무리될 것이다. 그런데 우선 우리는 인간이 기계적 견지에서 실재를 '선천적으로' 등록하지 못하는 이유에 대한 들뢰즈의 견해에 얼마간 주목할 것이다. 공교롭게도 이 점과 관련하여 라투르와 들뢰즈 사이에 약간의 차이가 나타난다. 라투르의 경우에 사물들을 초월적이거나 포괄적인 구조로 환원하려는 우리의 경향은 대체로 '근대적' 사고방식의 역사적이고 우발적인 출현의 결과다. 라투르의 경우에 근대성은 실재가 두 영역 — 모든 존재자가 기계론적 자연법칙의 수동적 실행자로 환원될 수 있는 '자연적' 영역과 모든 것이 주권자 인간의 자유로 환원되는 '문화적' 영역 — 으로 분할될 수 있다는 믿음을 확립한다.[41] 그런데 들뢰즈의 경우에는 환원주의가 어떤 역사적 사건이 아니라 오히려 오류추리들에 뿌리박고 있다. 오류추리란 기계들이 서로에게(그러므로 또한 인간에게도) 현시

---

41. Latour, *We Have Never Been Modern*. [라투르, 『우리는 결코 근대인이었던 적이 없다』.]

되는 바로 그 방식에 의해 초래되는 사유의 오류를 가리킨다. 이제 이들 오류추리를 논의하자.

2. 플라톤주의와 오류추리

기계 존재론은 자신들끼리 현존하는 존재자들에 관한 이론을 체계적으로 개관함으로써 들뢰즈가 니체를 좇아서 철학의 임무로 여기는 것, 즉 "플라톤주의를 극복하기"를 달성하기를 바란다(DR, 59; 그리고 LS, 253을 참조). 플라톤주의를 전복하는 것은 완전한 현전과 환원주의, 관계주의의 모든 흔적을 제거하는 것이다. 그것은 단순하고 안정적이고 영원하고 일반적인 본질들을 제거하고서 가변적인 특이성들의 개별적 분배들로 대체하는 것이다(LS, 53을 참조). 들뢰즈가 서술하는 대로 기계 존재론의 목표는 "회상〔그리고〕안정적인 본질의 목표로서의 이데아"를 "질적 전환"과 "상호 융합"을 겪는 것으로 여겨지는 이념으로 대체하는 것이다(PS, 109).

논증을 위해 일부 혹은 모든 존재자의 존재가 이차적이라는 테제를 옹호하는 철학이라면 무엇이든 '플라톤주의'라고 일컫자(LS, 255). 이차적인 이유는 그것들의 원리, 진리 혹은 본질이 이런 원리, 진리 혹은 본질을 일차적으로 그리고 근본적으로 갖추고 있는(혹은 단적으로 그것인) 무언가 다른 것에서 나타나기 때문이다. 플라톤주의자는, 예를 들면 정의로운 사람들은 정의로움을 분유하지만 정의로움의 영원한 형상形相만이 일차적인 방식으로 정의로움을 갖추고 있거나 바로 정의로움일 따름이라고 생각한다. 달리 말해서 플라톤주의는 내부주의다. "그러므로 플라톤주의는 나중에 철학에 속할 전체 영역 – 모상들-도상들에 의해 채워지고, 게다가 객체와의 비본질적인 관계에 의해 규정되지 않고 오히려 원형 혹은 토대와의 본질적 관계에 의해 규정되는 재현의 영역 – 을 정초한다"(LS, 259).[42] 들뢰즈의 기계 존재론은 이런 관념을 뒤집는다.

> 역으로 상태들과 성질들, 양들을 갖춘 신체들이 실체와 원인의 모든 특징을 띤다면 이데아의 특징들은 반대편 쪽, 즉 메마르고 효험이 없으며 사물들의 표면에 있는 이런 무감각한 열외-존재에 귀속된다. 이데아적인 것 혹은 비물체적인 것은 이제 '효과'에 지나지 않게 된다(LS, 7).

기계 존재론에서는 신체와 그 잠재적 내용이 생겨나는 것의 원인이 된다. 정의로움 같은 현실적 성질들은 더는 영원한 형상形相을 가리키는 것이 아니라 오히려 중립적인 의미-사건의 메마른 표면의 특징이다. 플라톤주의에서 사물은 그것의 존재를 결정하는 무언가의 '모상'이거나 재현물이다(LS, 256). 들뢰즈주의에서 사물은 자신의 잠재적 되기에서의 그런 것과 그것이 다른 사물들에 현시되는 것 사이의 종류의 차이를 언제나 유지하는 '허상'이다. 플라톤주의적 모상은 유사성을 갖춘 이미지이고, 들뢰즈주의적 기계는 유사성이 없는 이미지를 생산한다(LS, 257). 이것은 유사성이 현존하지 않는다고 말하는 것이 아니라 유사성이 미리 정해진 정체성이라기보다는 오히려 기계들 사이의 생산물이라고 말한다(LS, 258, 262). 그러므로 플라톤주의와 들뢰즈

---

42. 플라톤주의에서 존재자들이 "유사성을 부여받"는 방식을 참조하라. "그런데 유사성은 외부적 관계로 이해되어서는 안 된다. 그것은 한 사물과 다른 한 사물 사이의 관계라기보다는 오히려 한 사물과 어떤 이데아 사이의 관계다. 그 이유는 바로 그 이데아가 내부적 본질을 구성하는 관계들과 비율들을 포섭하기 때문이다. 유사성은 내부적이면서 정신적이기에 모든 가식의 척도다"(LS, 257).

주의는 서로 어긋나게 된다. "플라톤주의는 우리가 이전의 상사성 혹은 동일성의 관점에서 차이를 생각하도록 요청하는 반면에 들뢰즈주의는 우리가 상사성과 심지어 동일성을 어떤 심층의 차이의 산물로 여기도록 요청한다"(LS, 261).[43]

우리가 이런 대립으로 되돌아가고자 하는 이유는 "허상은 관찰자가 지배할 수 없는 거대한 차원과 깊이, 거리를 함축한다"라는 것이다 (LS, 258). "관찰자가 유사성의 인상을 경험하는 것은 바로 그가 허상들을 지배하지 못하기 때문이다"(LS, 258). 들뢰즈에 따르면 모든 플라톤주의 혹은 내부주의는, 기계의 사적 심층이 자신의 현실적 표현들로 환원될 수 없고 그것들과 종류가 다르다는 바로 그 이유로 인해 우리가 현실태를 특징짓는 인접성과 동일성, 유사성이 사물 자체도 특징짓는다고 생각하는 오류를 끊임없이 저지른다는 사실에서 비롯된다. 『안티 오이디푸스』에서 들뢰즈는 무의식의 본성에 대한 잘못된 해석에 해당하는 다섯 가지의 '정신분석의 오류추리'를 개관함으로써 이런 사유의 오류를 상세히 서술한다. 들뢰즈는 모든 존재자가 잠재적인 이중 '무의식'을 지니고 있다고 여기기에 이들 사유의 오류는 인간과 관련되어 있을 뿐만 아니라 기계들 일반과도 관련되어 있다. 이들 오류추리는 정신분석적인 것만큼 형이상학적이다.[44] 오류추리는 사유에 의해 폭로될 수는 있지만 결코 제거될 수는 없다. 바로 그 이

---

43. "영원회귀에 의해 구성되는 이들 체계는 무엇인가? 두 가지 명제, 즉 비슷한 것만이 차이가 난다는 명제와 차이 나는 것들만이 비슷하다는 명제를 고찰하자. 첫 번째 정식은 차이의 조건으로서 유사성을 상정한다 … 이와는 대조적으로 두 번째 정식에 따르면 유사성과 동일성, 유비, 대립은 더는 효과, 일차적 차이 혹은 차이들의 일차적 체계 산물 이외의 어떤 것으로도 여겨질 수 없다"라는 구절을 참조하라(DR, 116~7).

44. '오류추리'라는 용어는 칸트를 환기한다. 사실상 칸트의 경우와 마찬가지로 들뢰즈의 오류추리들은 우리가 초험적으로 생각해야 할 때 오히려 경험적으로 생각하는 사례들이다.

유는 그것이 경험과 사유 자체에서 비롯되기 때문이다. 오류추리는 사유가 자체적으로 극복하려고 끊임없이 노력해야 하는 대상을 제시한다. 들뢰즈의 경우에 모든 오류추리는 "동일한 오류 주위를 공전하"는데(AO, 132), 그 오류는 잠재적인 것을 현실적인 것에 의거하여 생각하고, 존재론적인 것을 실존적인 것에 의거하여 생각하며, 초험적인 것을 경험적인 것에 의거하여 생각하는 것이다.

우선 들뢰즈는 "외삽이라는 오류추리"를 서술하는데, 이것은 "연결적 종합의 두 가지 사용, 즉 포괄적이고 특정적인 사용과 부분적이고 불특정적인 사용" 사이의 대립과 관련되어 있다(AO, 88). 그것은 「서론」에서 객체주의라고 일컬어진 것에 해당하며, 단절과 인접성의 원리에서 비롯된 결과로서 경험되는 존재자들 사이의 상사성에 의해 초래된다. 기계 존재론에서는 모든 관계가 부분적 객체와의 연결 관계인데, 말하자면 기계의 잠재적 존재의 현실적 표현이자 잠재적 존재와 종류가 다른 현실적인 의미-사건과의 연결 관계다. 모든 관계는 부분적일 뿐만 아니라 불특정적인 것이다. 어느 회집체에 부여된 개념이나 성질 혹은 소속은 그 회집체의 이념 자체를 가리키는 것이 아니라 오히려 그것이 (자리하고) 있는 것, 어떤 더 큰 규모의 사회적 기계를 위한 기술적 기계로 번역된 그것의 욕망을 가리킨다. 그런데 외삽이라는 오류추리에서 우리는 어떤 지정된 성질이나 개념 혹은 소속이 또 다른 기계의 존재를 정확히 표현한다고 생각한다. 또 다른 맥락에서 들뢰즈가 서술하는 대로 "우리가 객체의 표면을 만질 때 파악되는 것은 그것의 가장 깊은 심층에 자리하고 있는 것으로 지각된다"(LS, 274). 외삽이 '포괄적'인 이유는 그것이 한 존재자의 존재를 그 존재자의 어떤 범주(개, 빨간색의 것 혹은 이탈리아인이라는 범주)에의 소속과 동일시하기 때문이다. 원칙적으로 각각의 그런 범주는 무한히 많은 존재자를 포함할 수 있으며, 여기서 각각의 존재자는 자신의 소속을 통해서 동일한 것이 된다. 외삽이 협소하게도 한 존재자의 존재를 단 하나의 관계와 동일시한다는 점에서 그것은 '특정적'이다. 요컨대 우리는 하나의 현실적 표현을 한 다양체의 존재로 '외삽'한다. 이로부터 각각의 존재자는 자신과 결코 일치할 수 없는 어떤 '포괄적 객체'를 수여받는다는 점이 당연히 도출된다(AO, 88). 어떤 특정한 개도 모든 개를 규정하는 그 개일 수가 없고, 아무것도 모든 빨간색의 것의 그 빨간색의 것일 수가 없으며, 아무도 본질적인 이탈리아인이 아니다. 외삽이라는 오류추리는 불가능한 기준을 낳는다. 그 이유는 외삽된 X가 한 개체의 존재로 상정되는 동시에 한 개체가 언제나 결여하고 있는 것으로 상정되기 때문이다(AO, 90). 그리하여 그 성질, 개념 혹은 소속은 "전제군주 기표"가 된다(AO, 91, 132~3). 외삽이라는 오류추리는 "실제적인 욕망적 생산은 그것을 통합하고, 그것을 초월적 법칙에 종속시키며, 그것이 더 상위의 사회적 및 문화적 생산에 기여하게 하는 더 상위의 구성체들에 의해 정당화될 수 있다"라고 잘못 생각하는 사유의 오류다(AO, 92).

두 번째의 "이중 구속이라는 오류추리"는 기록의 이접적 종합과 관련이 있으며(AO, 133), 첫 번째 오류추리를 한 단계 더 진전시킨다. 한 존재자의 존재를 하나의 특권적 관계와 동일시한 후에는 그것의 여타 관계와 행위를 하나의 특별한 성질의 표현들로 해석하는 것이 사리에 맞기 시작한다. 그리하여 이접은 배타적인 것이 된다(AO, 94). 무언가가 혹은 누군가가 행하는 모든 것(이것 혹은 저것 혹은 저것…)은 여전히 동일한 하나의 특정한 특질의 변양태에 불과한 것으로 여겨진다. 들뢰즈는 오이디푸스 콤플렉스라는 실례를 제시한다. 누군가가 우리의 무의식은 오이디푸스 콤플렉스에 의해 규정된다고 결정하자마자 우리의 모든 행위는, 심지어 상호 모순적인 행위들도 그 콤플렉스의 표현들에 불과한 것이 된다. 그리하여 우리는 "오이디푸스 때문에 건강하고, 오이디푸스 때문에 아프며, 오이디푸스의 영향 아래 다양한 병을 앓는다"(AO, 100). 정형화 역시 이런 논리에 기반을 두고 있는데, 이렇게 해서 서로 무관하거나 혹은 심지어 상충하는 행동들이 누군가의 어떤 집단에의 소속에서 비롯된 '전형적인' 표현들로 여겨진다.

그다음에, 세 번째의 "적용이라는 오류추리"는 연접적 종합에 대한 잘못된 해석이다(AO, 133). 앞서 논의된 오류추리들은 한 존재자의 존재와 행동을 단 하나의 성질(혹은 한정된 일단의 성질)과 동일시한다. 그다음의 논리적 단계는 한 주체에 모든 행위주체성을 부여하지 않고 그것의 모든 행위를 결정하고 초래하는 것으로서 어떤 "상징적 조직자"를 지정하는 것이다(AO, 111). 이렇게 해서 박탈당할 수밖에 없는 그 주체의 존재는 "욕망 자체가 부재하고 추방된 공허한 형식으로의 명시적인 환원"을 겪는다(AO, 127). 요컨대 주체는 그것이 어떤 내부적 관계를 맺고 있다고 추정되는 무언가의 재현, 반영, 국면 혹은 입장에 불과한 것으로 여겨지게 된다. 혹은 들뢰즈가 서술하는 대로 세 번째 종합에 함축된 "다의성"은 "일대일 대응성"으로 환원된다(AO, 127).[45] 모든 참신성은 새롭고 환원 불가능한 존재자를 수반하는 새로운 관계라기보다는 오히려 동일한 유희Spiel의 변양태에 불과한 것으로 환원된다. 그리하여 독신 기계와 미분적 관계들의 논리에 함축된 '노마디즘'은 '분리'로 대체된다. 모든 것이 하나의 불가피한 조직자에 본질적으로 귀속된다면 아무것도 결코 무언가에서 벗어날 수 없다. 이것은

---

45. '일대일 대응성'은 두 가지 크기 체계 사이의 정확한 대응인데, 예를 들면 '세 명의 손님에 대한 세 개의 의자'가 있다. 그러므로 그 용어는 한 체계의 요소들이 다른 한 체계에 엄격히 속하는 상황을 시사한다.

단지 정신분석적 오류에 불과한 것이 아니라 오히려 모든 관계주의와 환원주의의 바로 그 중핵이다(AO, 125를 참조). 생겨나는 모든 것은 특권적 조직자들에 '적용되'며, 그리하여 환원 불가능한 사중체들과 그 되기들의 다양체는 사건의 세 가지 요소(두 개의 항과 하나의 관계)가 언제나 제3의 존재자 혹은 구조에 의해 엄격히 과잉결정되고 그것의 재현에 불과한 것들이라는 단순한 견해로 환원된다. 그것은 "마치 책상보가 그 4(+n)개의 모퉁이가 3(+1, 접기라는 조작을 수행하는 초월적 인자를 가리키기 위함)개의 모퉁이로 환원되는 양 접히고 있는 것"과 같다(AO, 123 ; 그리고 AO, 68, 91, 117을 참조).[46]

네 번째의 "전치라는 오류추리"는 이전의 세 가지 오류추리의 결합 효과의 변양태다(AO, 138). 그것은 한 존재자를 어떤 관계 속에 계속 두는 것은 힘을 가하는 것의 문제라고 깨달을 수 있는 우리의 능력 덕분에 현존한다. 기계 존재론에서 이것은 단지 잠재적 코드가 현실적 표현들과 종류가 다르다는 테제에서 비롯될 뿐이다. 그러므로 어떤 관계가 맺어지거나 유지되거나 혹은 끊어질 수 있는 지점마다 무언가가 언제나 발생하고 있어야 한다. 그런데 네 번째 오류추리에서 또다시 우리는 초험적으로 생각해야 하는 국면에서 경험적으로 생각한다. 우리는 힘의 행사를 욕망의 과잉적이고 잉여적인 본성에 대립시키는 대신에 관계가 힘을 포함한다는 결론을 내린다. 왜냐하면 관련된 것은 이런 힘의 관계와 정반대의 관계 속에 있으려고 '노력'하기 때문이다. 들뢰즈가 제시하는 한 가지 사례는 근친상간이 금지되는 이유가 우리가 그것을 저지르고 싶어 하기 때문이라는 관념이다. 우리

---

46. 이런 초월적 인자는 단 하나의 사물 혹은 하나의 "전제되는 출발 집합" 전체로 구상될 수 있다(AO, 133).

는 '선천적으로' 근친상간적 관계에 경도되는 경향이 있을 것이고, 그리하여 이런 경향이 근친상간의 금지가 교육적으로, 종교적으로 그리고 법적으로 강제되는 법의 형식을 취하는 이유를 설명할 것이다. 전치라는 오류추리로 인해 법과 금지 조치는 그것들이 상쇄한다고 추정되는, 이제는 자연화된 경향을 통해서 "우리 안의 동물"을 가리키게 된다(AO, 201). 또 하나의 사례는 무거운 물체가 우주의 중심에 있으려고 '노력한다'는 아리스토텔레스의 착상일 것이다. 이어서 이 착상은 우리가 무거운 물체를 들어 올리는 데 힘이 드는 이유에 대한 설명으로 사용된다. 들뢰즈가 서술하는 대로 이런 전치의 논리는 "억압된 대표", "억압하는 재현" 그리고 "전치된 억압된 것"을 포함한다(AO, 138). 억압된 대표는 그것의 관계적 코드화의 외부에 있는 욕망, 특이성들 혹은 코드다. 억압하는 재현은 존재자에 힘을 가하는 관계법이다. 마지막으로 전치된 억압된 것은 이런 힘의 행사를 부정하는 것인데, 즉 존재자를 어떤 특정한 관계 속에 묶어두는 '선천적인' 경향을 방지하기 위함이라고 주장된다.

다섯 번째이자 마지막 오류추리는 "나중이라는 오류추리"다(AO, 154). 이 오류추리는 욕망적 생산(세 가지 종합에 따라 접속하기, 되기 그리고 생성하기)이 언제나 현실태를 포함해야 한다는 관념이 전도된 것이다. 앞서 이해된 대로 각각의 존재자는 언제나 다른 존재자들의 현실적 표현들과 관계를 맺을 따름이다. 각각의 존재자는 단지 자신의 부분으로 여기는 것 ─ 이것이 현실적인 한에서 ─ 을 등록할 수 있을 뿐이다. 그리하여 어떤 의미에서는 존재자의 존재와 되기가 무언가 현실적인 것이 구성된 '이후에' 나타나며, 한 존재자가 생성될 수 있으려면 무언가가 현실적으로 발생해야 한다. 그 오류추리는 이런 현실태 자체가 자신의 고유한 잠재태에 준거를 두고 있지 않다고 생각하는 데 있다. 들뢰즈는 오이디푸스 콤플렉스가 어떤 사유들과 행동들, 사건들의 현실적 생성자라고 생각하는 사람의 사례를 제시한다. 그렇다면 오이디푸스 콤플렉스는 그것의 되기에 연루된 다른 존재자들로부터 생성된 잠재태가 전혀 없는 현실태일 것이다. 그것은 자기동일적인 것이고 생겨나지 않은 것이다. 물론 사실상 오이디푸스 콤플렉스는 자신의 고유한 생성자들과 사적 잠재태를 갖춘 또 하나의 기계일 따름이다(AO, 154). 우리가 그것을 "별개로, 추상적으로, 독립적으로" 잘못 해석하게 되는 것은 단지 그 오류추리를 거쳐서 이루어질 뿐이다(AO, 154). 또한 나중이라는 이 오류추리는 모든 형태의 지루한 유물론의 배후에 잠복하여 있다. 그런 거짓 깊이의 철학들은 모든 존재자가 자신과 전적으로 다른 무언가를 자신의 물질로 삼는다고 생각하는데, 이 물질은 자신과 전적으로 다른 무언가를 자신의 물질로 삼지 않는다. 그 결과는 모든 것에 대한 하나의 균질하고 보편적인 근거를 구성하는 실재의 궁극적인 마지막 층을 상정하는 것이며, 이는 이전의 장들에서 제시된 이유로 인해 언제나 반박되어야 하는 태도다.

이들 오류추리는, 직접 경험의 본성과 더불어 존재자의 초험적 존재는 단지 사유될 수 있을 뿐이라는 사실이 어떻게 해서 언제나 우리가 플라톤주의의 변양태들, 즉 환원주의와 관계주의로 되돌아가도록 유혹하는지 예증한다. 우리는 결코 현실태를 잠재태로 투사하는 작업을 그만두지 않는다. 더욱이 존재자들이 실존적으로는 위계와 규칙성, 패턴, 관계에 갇혀 있다는 사실은 우리가 계속해서 실재를 존재론적으로 생각하기보다는 오히려 형이상학적으로 생각할 위험을 더욱더 증가시킨다. 들뢰즈가 제시하는 대안은 바로 개별적 존재자들의 가변적인 초험적 본질을 끊임없이 강조하는 사고방식이다.

3. 초험적 경험론

이렇게 해서 우리는 들뢰즈가 "초험적 경험론"이라고 일컫는 것에 이르렀다(B, 30;DR, 57;LS, 20;LAT, 89;TRM, 384). 기계주의가 들뢰즈의 존재론이라면 초험적 경험론은 이 존재론에 의해 함축된 사유 방법과 그의 포괄적인 철학에 대한 적절한 명칭이다. 들뢰즈가 서술하는 대로 "복수주의(달리 부르자면 경험론)는 철학 자체와 하나일 따름이다. 복수주의는 고유하게 철학적인 사고방식, 철학에 의해 고안된 사고방식인데, 즉 구체적 정신에 있어서 자유의 유일한 보증자이자 격렬한 무신론의 유일한 원리다"(NP, 4;그리고 PS, 4를 참조). 들뢰즈는 이런 복수주의적인 초험적 경험론을 그에게는 "실재적인 것에 비해 너무 일반적이거나 너무 큰" 칸트주의적인 초험적 철학에 대립시킨다(DR, 68). 칸트주의적인 초험적 주체성은 바로 그 본성에 의해 존재자들 자체 사이의 다양한 관계와 상호작용을 구상할 가능성에 선행하고, 그리하여 모든 그런 활동을 어떤 주체의 유령들로 환원시키는 데 전념하게 된다. 이런 의미에서 그것은 철저히 내부주의적이다. 반면에 초험적 경험론은 분열증적 실재에 관한 이론에 뿌리박고 있는데, 여기서 존재자는 자신의 고유한 가변적인 초험적 본질, 즉 그것이 자신의 세계와 마주칠 때 의거하는 내부적 '물질'을 갖춘 기계다.

그런데도 들뢰즈는 두 가지 점에서, 즉 인간의 유한성과 사유의 힘과 관련하여 여전히 전적으로 칸트주의적이다. 관계와 항의 외부성으로 인해 우리는 필연적으로 유한한 존재자다. 우리는 오로지 타자의 연장적이고 현실적인 표현을 그것의 잠재태에 대한 기호로 간주함으로써 타자의 내부에 관해 알 수 있게 될 뿐이고, 그러므로 초험적 경험론이라고 지칭된다. 사유는 존재자가 작동하는 방식을 생각할 수 있고 존재자가 개별적인 초험적 실재를 갖추고 있음을 깨달을 수 있지만 이런 초험적 실재를 우리에게 현시하게 할 수는 없다. 사유는 어떤 특정한 사례에서 이런 실재가 어떠한지 우리에게 제시할 수 없는 한편으로, 과학은 확정된 환경 아래서 기계가 어떻게 현시되는지에 대하여 엄청나게 정확한 설명을 우리가 획득할 수 있는 방법을 예시한다. 그런데도 어느 존재자에 대한 가장 정확하고 믿음직한 서술 혹은 경험조차도 그것의 존재를 대신할 수 없다. 각각이 서로 동일한 것처럼 보이는, 고전적으로 구상된 대로의 원자들 혹은 그것들의 모든 현대적 등가물은 언제나 그 현실태에 있어서 동일할 따름이다. 그것들은 그 잠재태에 있어서 단지 최소한으로 서로 다를 뿐일 것이지만, 그 사태는 그것들의 환원 불가능성을 보증하기에 충분하다. "두 계열 사이의 내부적 차이가 아무리 작다 해도 한 이야기는 나머지 다른 한 이야기를 재생산하지 못하고, 하나는 나머지 다른 하나에 대한 원형으로 쓸 수 없다. 오히려 유사성과 동일성은 체계 내에서 홀로 원초적인 바로 그 차이의 기능적 효과일 따름이다"(DR, 125). 더욱이 많은 사례에서 우리는 어떤 주어진 경험에 어떤 기계들이 혹은 심지어 얼마나 많은 기계가 연루되어 있는지 결정조차 할 수 없다. 예를 들면 어떤 점묘법의 회화, 록 콘서트 혹은 숲에 얼마나 많은 존재자가 접혀 있는지 누가 말할 것인가?

그런데 우리가 모든 기계와 공유하는 유한성에도 불구하고 들뢰즈는 사유에 어떤 특권을 부여한다.[47] 사유는 결코 현시될 수 없는 것, 즉 존재자의 환원 불가능성과 초험적 본성을 생각할 수 있다. 사유는 감각적인 것을 넘어서 "감각적인 것의 존재"를 고찰할 수 있다

47. 이 점은 녹스 페덴 역시 지적한다(Knox Peden, *Spinoza Contra Phenomenology*, 241).

(AO, 237).[48] 들뢰즈는 종종 사유보다 느낌에 특권을 부여하는 철학자로 제시되지만, 사실은 정반대다. 들뢰즈가 서술하는 대로 과잉적이거나 헤아릴 수 없는 것(욕망)은 "생각하는 영혼만이 구상할 수 있을 뿐"이고(CI, 47), 신체 혹은 '원자'는 사유만이 다룰 수 있을 뿐이며(LS, 258), 본질은 순수 사유만이 파악할 수 있을 뿐(DR, 140, 143)이기에 순수 사유는 본질들에 관한 능력이고(PS, 86), 그리하여 사유는 의식에 현시되는 사물들의 외양에 불과한 것을 넘어설 수 있다(SPP, 18). 이런 까닭에 철학에 관한 한 "오직 지성만이 진리를 추출한다"(PS, 23).

그런데 기계를 생각할 때 사유는 자신의 한계와도 마주친다. 사유는 단적으로 경험적인 것이 결코 초험적인 것이 아님을 깨닫는다. 어떤 특정한 이념도 결코 "회상의 종착점"으로서 그리고 "고정된 본질"로서 직접 입수될 수 없다(PS, 109). 오히려 각각의 이념은 자신의 잠재태로 물러서 있으면서 독자적인 "질적 전환"을 겪는다(PS, 109). 그러므로 들뢰즈가 지적하는 대로,

> 사유가 또한 생각하도록 강요받는 것은 자신의 중심에서 일어나는 붕괴, 자신의 균열, 자신의 고유한 자연적 '무능'이다. 이것은 사유의 가장 큰 역능과 구별되지 않는다 … 본연의 어려움과 이것에 뒤따르는 문제와 물음들은 사실상의 사태가 아니라 오히려 사유의 권리상의 구조다 … (DR, 147).

그 어려움은, 사중 기계 모형과 삼중 종합 이론이 화성의 표면에 부딪

---

48. 랑시에르는 그것을 "감각할 수 없는 감각"(sensation insensible)의 형이상학이라고 일컫는다(Jacques Rancière, "Deleuze, Bartleby, and the Literary Formula," 150).

치는 어떤 바위에 적용되지만 우리는 언제나 그 바위, 부딪침, 화성 그리고 화성의 표면을 우리와 접속된 기계들에 의해 생성되는 대로의 우리 자신의 푸이상스에 의거하여 입수할 수 있을 따름이라는 것을, 우리가 깨달을 수 있다는 사실에 있다. 그러므로 사건에 관한 모든 가능한 서술은 기계 존재론에서 벗어난다. "우리가 서술하는 국면 … 생산의 물질적 과정, 생산물의 특유성은 증발하는 경향이 있다"(AO, 37). 혹은 달리 서술하면 언어는 "끊임없이, 결코 멈춤이 없이 자신의 지시 대상 위에서 미끄러진다"(LS, 2). 더욱이 모든 것이 기계라면 우리를 화성에 부딪치는 바위의 사건에 결부시키는 각각의 정식 혹은 서술 혹은 지각도 기계다. 모든 관계와 마찬가지로 개념들과 상징들도 그 자체로 기계들이다(AO, 36 ; DR, xx~xxi ; LS, 60, 87 ; SL, 150480을 참조).[49] 요컨대 우리는 존재자 일반의 보편적 존재 구조를 이론화할 수 있지만, 치러야 하는 대가는 어떤 한 존재자의 존재적 특성을 정확히 생각할 수 없다는 것이다. 기계 존재론은 실질적인 규정을 허용하지 않는 것을 형식적으로 서술한다.

그리하여 우리는 철학이 지식이 아니라는 오랜 지혜 ─ "철학자인 한에서 철학자는 현자가 아니다"(NP, 92) ─ 를 재확인해야 한다. 초험적 경험론의 관점에서 바라보면 "아무것도 미리 진술될 수 없다. 우리는 연구 결과를 사전에 판단할 수 없다"(DR, 143). "신체는 무엇을 할 수 있는

---

49. 그러므로 들뢰즈는 개념을 기계적 견지에서 규정하기에 개념 역시 자신의 잠재적 존재를 지니고 있다. "개념의 특성은 그것이 구성요소들을 자신의 내부에서 서로 분리될 수 없도록 한다는 것이다. 개념의 일관성, 그것의 내부일관성을 규정하는 구성요소들은 개별적이고 이질적이긴 하지만 결코 분리될 수 없다"(WP, 19). 또한 『철학이란 무엇인가』라는 책 전체에 걸쳐서 개념은 다양체이고, 비물체적 측면이 있고, 의미-사건들과 관련되고, 절대적인 동시에 상대적이고, 기타 등등에 관한 들뢰즈의 진술을 보라. 잠재성을 부여받은 모든 리좀과 마찬가지로 개념 역시 "현실적이지 않으면서 실재적이고, 추상적이지 않으면서 관념적이다"(WP, 22).

가?"(D, 60 ; NP, 41 ; SCS, 150277 ; SPP, 17을 참조)라는 거대한 물음은 철학자가 철학자의 자격으로 대답할 수 없다. 모든 주어진 신체 혹은 신체들에 대한 물음에 대답하는 일에 착수하는 것조차도 언제나 비철학을 포함하고, 그다음에도 우리는 언제나 기계들의 존재의 지도를 구축하기 위해 기계들의 기호들을 분류하고 검토할 따름이다. 이것은 "누가? 어떻게? 얼마나? 어디서 그리고 언제? 어떤 경우에?"를 결정하는 과정일 것이다(DI, 96 ; DR, 188). 우리는 본질을 알 수 없기에 그런 간접적인 근사가 기계의 존재에 도달할 우리의 유일한 수단이다. 들뢰즈가 서술하는 대로 사물의 내부 존재는 "외부로부터 그리고 순차적인 실험들을 통해서" 이해될 수 있을 따름이다(FLB, 55). 잠재태-현실태 구분은 모든 곳에서 유지되어야 하고, 철학자는 "동굴 밖으로 끌려 나오기"를 거부해야 하는데, "오히려 언제나 그 너머의 또 다른 동굴을 찾아내고서 그리로 숨어 들어간다"(DR, 67). 한 사물과 관련하여 직접적인 지각에 현시되는 그것의 소여보다 무한히 더 믿음직하고 유용한 서술조차도 여전히 관계적이고, 따라서 그것이 더는 그 존재자를 숨기는 장막이나 가면이 아니라고 주장할 때 그 말을 믿지 말아야 한다.

그러므로 들뢰즈는 "가면들이 가리는 것은 다른 가면들 이외에는 아무것도 없다"라고 서술한다(DR, 17).[50] 우리가 지식이라고 일컫는 것은 일반적으로 (1) 어떤 존재자를 생성하는 현실적 구성요소들과 관련이 있거나, (2) 어떤 존재자가 무언가 다른 것을 생성하면서 수행하는 현실적 역할과 관련이 있다. 두 가지 중 어느 것도 어떤 기계의 잠재적 존재 자체를 규명하지 않는다. 그것들은 그 존재자를 생성하는

---

50. "가면이야말로 반복의 참된 주체다. 반복은 재현과 종류가 다르기에 반복되는 것은 재현될 수 없다, 오히려 그것은 언제나 지시되어야 하지만, 이내 자신을 지시하는 것에 의해 가려짐으로써 스스로 가면을 쓰게 된다"(DR, 18 ; 그리고 DR, 42, 84, 106을 참조).

것의 기능적 가면이거나 그 존재자가 생성하는 것의 기능적 가면이다. 말하자면 장막 뒤에는 아무것도 없는 것이 아니라 오히려 장막 뒤에 있는 것은 밝혀질 수 없다는 것이다. "장막 뒤에는 거명할 수 없는 혼합물 이외에는 아무것도 없다"(LS, 133). 다음과 같은 진술을 고려하자.

> 어떤 결과가 주어지면 어떤 기계가 그 결과를 생산할 수 있을까? 그리고 어떤 기계가 주어지면 그것은 무엇에 사용될 수 있을까? 예를 들면 우리 모두에게 어떤 칼 받침대에 관한 기하학적 서술이 주어진다면 우리는 그것의 용도가 무엇일지 짐작할 수 있을까?(AO, 13)

요점은 아무 서술도, 경험도, 여타 종류의 관계도 그 칼 받침대 자체를 우리에게 제시할 수 없다는 것이다. 존재론은 어떤 기계들이 현존하는지 그리고 그것들의 내부적 존재는 무엇인지에 관해서는 침묵한 채로 있어야 한다. 기계 존재론에 대하여 들뢰즈가 지적하는 대로 "이 모든 것이 그 기계가 작동하도록 어떻게 함께 어우러지는지 묻지 말라. 그 물음 자체는 추상화 과정의 결과다"(AO, 19). 이는 특정한 기계들이 작동하는 방식과 그것들 사이에 특정한 관계들이 형성되는 방식은 존재론이 말할 바가 아니라고 말하는 것이다. 존재론은 모든 존재자가 삼중 종합에 관여하는 사중 기계라는 점에서 동등하게 실재적이라고 말할 수 있을 뿐이다. 존재론은 존재의 모래에 아무 선도 그을 수 없다. 그 이유는 불가능한 객체들조차도 그것들이 사유 혹은 수수께끼로서 생성되자마자 개념과 슬로건, 법, 언어, 수학 공식, 파이, 빵가루, 입자에 못지않게 실재적이기 때문이다.

"이 기계는 불가능하다"라고 말하는 바로 그 순간에 당신은 스스로 그 기계의 부분 중 하나, 즉 그것이 이미 작동하고 있으려면 빠뜨리고 있는 것처럼 보이는 바로 그 부분이 됨으로써 자신이 그 기계를 가능하게 만들고 있음을 알지 못한다…당신은 가능성 혹은 유용성에 관해 주장하지만, 당신은 이미 그 기계의 내부에 있고, 당신은 그것의 한 부분이고, 당신은 그것의 내부에 자신의 손가락, 혹은 자신의 눈이나 항문, 혹은 자신의 간을 넣어버렸다…(BSP, 129).

사실상 들뢰즈는 불가능한 객체조차도 기계의 분열된 본성을 확증한다고 생각한다. 왜냐하면 불가능한 존재자는 결코 그 자체로 현시될 수 없기 때문이다. 사각형 원 혹은 골짜기 없는 산에 대한 정확한 표상은 전혀 있을 수가 없다. 그런데도 그것들은 개별적이고, 환원 불가능하며, 자신의 고유한 잠재적 측면이 있다.

〔모순적 객체들〕은 의미작용이 없는데, 즉 그것들은 부조리하다. 그런데도 그것들은 어떤 의미가 있고, 따라서 부조리와 무의미라는 두 개념은 혼동되지 말아야 한다. 불가능한 객체들 ― 사각형 원, 연장 없는 물질, 영구 기관, 골짜기 없는 산 ― 은 '집이 없는' 객체들, 존재의 외부에 있는 객체들이지만 이런 외부 내에서 별개의 정확한 자리가 있다. 그것들은 '열외-존재'로, 한 사태에서 실현될 수 없는 순수하고 이념적인 사건이다(LS, 35).

그런데 불가능한 존재자조차도 기계라면 우리 자신 같은 유한한 피조물들은 한 기계가 언제 존재하는지, 얼마나 많은 기계가 연루되어 있는지, 우리가 어떤 기계들을 다루고 있는지 등을 도대체 어떻게 결정할 수 있을까? 앞서 이루어진 분석들은 우리가 기계를 감지할 수 있게 하는 몇 가지 특징을 제시한다. 첫째, 창발이 존재한다. 기계는 자신의 생성자들로 환원될 수 없기에 우리는 그것의 '고유한' 표현들이 무엇인지 알아내는 작업에 착수할 수 있다(물은 섭씨 100도에서 액체이자 기체인데, 이것은 수소와 산소의 면모가 아니다). 둘째, 과잉성이 존재한다. 잠재적인 것과 현실적인 것 사이의 차이로 인해 한 기계가 자신의 생성자들과 맺은 모든 관계가 그 기계에 필수적이라는 것은 종종 사실이 아닐 것이다. 우리는 언제나 어떤 기계에 대하여 생성자들과 생성물들을 선택적으로 추가하고 제거하고서 무엇이 그 기계에 고유하게 '머무르고 있'는지 관찰하는 실험을 수행할 수 있다(우리가 과학 실험에서 숙달하고자 하는 실천이다). 셋째, 종종 기관 없는 신체의 한 가지 면모에 해당하는 생성자 역할로의 '회귀'가 존재한다. 기계는 회귀하여 자신의 고유한 구성요소들의 생성자가 되고, 그 과정에서 그것들의 되기(예를 들면 인간의 종교 집단에의 소속)에 영향을 미침으로써 그것들을 변화시킨다. 자신의 부분들에 미치는 이런 영향은 기계를 감지하고 기계의 존재양식에 관한 지식을 얻는 또 하나의 방법으로 사용될 수 있다. 넷째, 저항이 당연히 존재한다. 각각의 기계는 그 자체로 하나의 힘이기에 그것을 '움직이'게 하려면 언제나 힘이 필요할 것이다. 그리하여 힘이 가해지는 모든 경우에 기계는 저항할 것이다. 다섯 번째이자 마지막으로, 특유한 부분들의 생성이 존재한다. 아무것도 느닷없이 생겨날 수는 없기에 무언가가 생성되는 모든 경우에 어떤 기계가 작동하고 있어야 한다.

이것들은 매우 일반적인 지침에 불과하지만, 그런데도 인간은 (의식을 갖춘 많은 다른 생명체와 더불어) 사물들을 서로 구분할 뿐만 아니라 관심을 끄는 회집체들과 관련하여 규칙성과 패턴, 위치, 상호작용을 인식하는 데에도 놀랍도록 능숙하다. 기계에 관여하는 것은 기호를 조작하는 견습 과정을 겪는 것이다. 왜냐하면 각각의 현실적 표면은 연장성으로 번역되는 하나 이상의 잠재적 객체의 기호이기 때문이다. 여기서 우리는 앞서 분열분석과 행동학에 관하여 서술된 것을 다시 떠올리게 된다.[51] 어떤 기계에 더 익숙해지는 것은 그것의 기호들을 더욱더 많이 아는 것이다. 마치 우리가 한 소중한 이가 다양한 상황과 행위의 생애를 헤쳐 나가는 것을 바라봄으로써 그를 '알'게 되거나, 혹은 한 물질을 수십 년에 걸쳐 도구와 맨손으로 조작함으로써 그것을 '알'게 되는 것처럼 말이다. 오직 그런 견습 과정을 통해서만 우리는 또 다른 기계가 자신의 세계를 경험하는 방식을 아무튼 알 수 있게 된다. 들뢰즈가 서술하는 대로 어떤 다양체를 규정하는 작업은 그런 식으로 기호들을 '축적함'으로써 가장 잘 이루어질 수 있다.

배운다는 것은 무엇보다도 어떤 물질, 어떤 객체, 어떤 존재자를 마치 그것이 판독되고 해석되어야 하는 기호들을 방출하는 것처럼 여기는 것이다. 무언가에 대한 '이집트학자'가 아닌 견습생은 전혀 없다. 우리는 나무의 기호들에 민감해짐으로써만 목수가 되고, 질병의 기호들에 민감해짐으로써만 의사가 된다 … 우리에게 무언가를 가르쳐주는 모든 것은 기호들을 방출하는데, 모든 배움 행위는 기호들이나 상형

---

51. 들뢰즈의 경우에 분열분석과 행동학은 모든 존재자에 관한 연구를 가리킴이 명백하다. 기계 존재론 내에서 '미분적 관계'는 수학과 아무 관계도 없는 것과 마찬가지로 '행동학'은 생물학과 아무 관계도 없다. 그러므로 우리는 하워드 케이질이 "최종 분석에서 들뢰즈의 행동학은 생물학적 선택의 함의를 정서적으로 회피하는 반인간적이고 반윤리적이고 반정치적이고 반철학적인 정념을 불러일으키기 위해 생물학적 수사를 사용한다"라고 서술할 때 그에게 동의할 수 없다(Howard Caygill, "The Topology of Selection," 160). 어떤 엄밀한 존재론도 인간과 윤리, 정치에 '반대'할 수 없고 오히려 그것이 주관주의와 역사주의라는 두 가지 덫을 피할 수 있으려면 모든 인간·윤리적·정치적 관심사가 엄격히 제거되어야만 한다는 점을 케이질은 망각한다.

문자들을 해석하는 행위다(PS, 4; 그리고 ATP, 486을 참조).

프루스트에 관한 자신의 책에서 들뢰즈는 그런 견습 과정이 단지 우리 세계, 우리 자신 그리고 서로를 구성하는 존재자들에 관해 우리에게 가르쳐주는 것만이 아닐 것이라고 주장한다. 또한 그것은 철학적으로 우리에게 기호들이 그 자체로 무엇인지도 가르쳐줄 것이다.[52] 기호들에 관한 견습 과정을 겪는 것은 실재의 분열증과 존재자들의 문제적 본성, 인간과 비인간 기계 모두의 유한성을 서서히 받아들이는 것이다.

우리 경험에 관해 생각하는 첫 번째 방법은 "현세적worldly 기호들"에 입각해서 하는 것이다(PS, 6). 현세적 기호들에 의거하여 생각한다는 것은 우리가 마치 존재자는 바로 그것의 현실적 성질들인 것처럼 여기는 것이다. 그것은 사물을 그 색깔, 행위, 구성요소, 위치, 기원 등에 의거하여 규정하는 것이다. "현세적 기호는 무언가를 지시하지 않고 그것을 '대체하'며, 그 의미와 동등하다고 주장한다"(PS, 6). 실생활은 현세적 기호들로 가득 차 있다. 이를테면 사실상 나무는 녹색이고, 일부 사람은 네덜란드인이고, 소파는 무겁고, 전범은 사악하고, 커피는 끔찍하고, 물은 H_2O이고, 파르마 치즈는 이탈리아산이고, 우리는 모두 다른 사람들의 아이들이라는 식으로 우리는 말하고 생각한다. 이들 식별 행위가 철학적으로 오해의 소지가 있고 일단의 정치적 문

---

52. 그러므로 '배움'의 온전한 의미는 이런저런 존재자에 관해 알게 되는 것뿐만이 아니라 존재자 일반의 존재에 관해서도 알게 되는 것이다. "[한] 견습생은 실천적이거나 사변적인 본연의 문제들을 구성하고 공략하는 사람이다. 배움은 누군가가 어떤 문제(이념)의 객체성[l'objectite]과 마주할 때 수행되는 주체적 활동에 부합하는 이름인 반면에 앎은 단지 개념의 일반성을 지칭하거나 해를 가능케 하는 규칙을 소유하고 있는 평온한 상태를 지칭한다"(DR, 164).

제를 야기하는 데 기여한다는 점을 제외하면 그런 행위와 관련하여 잘못된 것은 전혀 없다.

소박한 실재론과 환원주의, 현세적 기호들의 객체주의를 넘어서는 것은 꽤 쉽다. 결국 삶은 우리가 사물은 눈에 보이는 것 이상의 무엇이라는 것과 사물은 누군가가 탐구하려고 착수할 수 있는 감춰진 실재를 지니고 있다는 것을 깨닫는 많은 계기를 수반한다. 들뢰즈가 제시하는 실례는 누군가를 사랑하는 것인데, 물론 더 많은 실례가 있지만 말이다. "사랑은 단지 … 사랑받는 사람들과 관련된 것이 아니라 그들 각자의 내부에 있는 영혼 혹은 세계의 다양체와도 관련되어 있다"(PS, 7). 들뢰즈가 "사랑의 기호"라고 일컫는 것은 이전과 동일한 기호이지만 상이하게 파악된다. 사랑의 기호는 오직 무언가 더 심층적인 것에 대한 최초의 경험으로 여겨진다. "사랑하는 것은 사랑받는 사람의 내부에 감싸여진 채로 있는 이들 미지의 세계를 펼쳐 보이고자, 전개하고자 하는 것이다"(PS, 7). 사랑의 기호들에 의거하여 세계를 바라보는 것은 "이름들, 사람들 그리고 사물들은 그것들을 채워서 터뜨려버리는 내용물로 가득 차 있다"라는 점을 깨닫는 것이다(PS, 122).

세 번째 국면에서 우리의 가상적인 기호 견습생은 기호들이 그것들로 감싸여져 있는 것과 소통할 수 없음을 깨닫는다. 들뢰즈는 온갖 종류의 미묘하거나 심지어 폭력적인 조작에도 불구하고 결코 사랑받는 사람에 대한 전면적인 통제권을 획득하지 못하는 질투심 많은 애인의 사례를 계속해서 사용한다. 질투심 많은 애인은 사랑받는 사람의 실재적 내부가 영원히 닿을 수 없는 채로 있다는 사실을 끊임없이 자각하고 있다는 바로 그 이유로 인해 질투심이 많다. 들뢰즈가 서술하는 대로 "사랑의 진실은 무엇보다도 성별의 분리"다(PS, 80). 그 이유는 사랑이 "모든 소통을 포기하는 것을 원칙으로 삼"기 때문이다(PS, 42).

여기서 우리는, 들뢰즈가 어딘가 다른 곳에서 서술하는 대로 "동물과 이성적임, 녹색과 색깔은 개별적 주어의 신체 속 혼합물을 번역하는 마찬가지로 직접적인 두 술어인데, 한 술어는 나머지 다른 한 술어에 못지않게 그 주어에 귀속된다"라고 깨닫는다(LS, 112). 이 세 번째 단계에서 우리는 다른 한 기계 자체의 내부 실재를 표면으로 가져올 희망을 버려야 한다. 사랑의 기호는 심층에 도달하지 못하는 것으로 판명되고 현실태에서 분리될 수 없는데, 이를테면 "한 얼굴이 차지하는 비중, 피부의 조직, 뺨의 크기와 색깔"에서 분리될 수 없다(PS, 85). 사랑조차도 존재론을 극복할 만큼 충분히 강력하지 않다. 그리하여 기호들은 들뢰즈가 "감각적 인상들 혹은 성질들"로 일컫는 것으로서 나타난다(PS, 11). 들뢰즈가 서술하는 대로 "성질은 더는 지금 그것을 소유하고 있는 객체의 특성으로서 나타나지 않고 오히려 전적으로 다른 한 객체의 기호로서 나타난다"(PS, 11). 말하자면 애인은 최소한 그 기호를 사랑받는 사람과 관련된 무언가 안에 있는 기호로 잘못 생각할 수 있다. 결국 질투심 많은 애인은 사랑 안에 있다. 사정이 이러할 수 있는 이유는 모든 연결 관계는 매체가 필요하기 때문이다. 들뢰즈는 이들 이전의 기호가 "너무 물질적"이라고 지적한다(PS, 58). '물질적'이라는 낱말은 '구체적인 것들로 이루어져 있음'을 뜻하지 않고, 이전 장들에서 규정된 대로의 '물질'도 뜻하지 않는다. "우리가 삶 속에서 마주치는 모든 기호는 여전히 물질적 기호들이고, 그것들의 의미는 언제나 무언가 다른 것 안에 있기에 전적으로 정신적이지는 않다"(PS, 41). 이것은 우리가 마주치는 모든 기호가 관계적이라고 말하는 것이다. "우리가 '객체'라고 일컫는 것은 한 객체가 우리의 신체에 미치는 효과일 따름이다"(ESP, 146).

궁극적으로 들뢰즈의 고유한 철학을 받아들이는 과정의 네 번째이자 마지막 단계에서 우리는 "물질적 의미는 그것이 구현하는 이념적 본질이 없다면 아무것도 아니다"라는 것을 이해한다(PS, 13). 이것은 들뢰즈가 "예술의 기호들"이라고 일컫는 것의 단계다. "예술의 세계는 기호들의 궁극적인 세계이고, 이들 기호는 마치 탈물질화된 것처럼 자신의 의미를 어떤 이념적 본질에서 찾아낸다"(EPS, 13). 바로 여기서 우리는 개별적 존재자가 모든 관계에서 물러서 있는 잠재적 본질을 갖추고 있다는 것을 깨닫게 된다. 우리는 존재론적 의미에서의 기호가 지각할 수 없는 것의 기호임을 수용하게 된다(DR, 140). 우리는 결코 어떤 타자의 존재의 진실을 지니고 있지 않고 오히려 언제나 "기계 지표들"만 지니고 있을 뿐이다.[53] 오직 그런 기호들을 통해서만 우리는 신체가 무엇을 할 수 있는지에 관한 관념을 획득할 수 있다.

> 우리는 한 신체가 무엇을 할 수 있는지 알고 나서야 한 신체에 관해 무언가를 알게 된다. 즉, 한 신체의 정동들이 무엇인지, 이들 정동이 어떻게 해서 다른 정동들과, 다른 한 신체의 정동들과 조합될 수 있는지 혹은 조합될 수 없는지, 그 결과 그 신체를 파괴하는지 아니면 그것에 의해 파괴되는지, 그것과 작용 및 정념을 교환하는지 아니면 그것과 연계하여 더 강력한 신체를 구성하는지 알고 나서야 한 신체에 관해 무언가를 알게 된다(ATP, 257).

무언가를 알게 되는 것은 그것의 '이집트학자'가 되기를 수반한다. 오직 기호들만이 우리에게 자신이 결코 참으로 알지 못할 것에 대한 감

---

53. "Atteindre aux machines désirantes de quelqu'un et on ne peut jamais les saisir directement, on n'a que des indices machiniques, autant être le plus obscur que possible, c'est chouette, c'est forcé, il n'y a que des indices"(SCS, 180172; 그리고 K 47을 참조); "분열분석은…사회적 장의 리비도 투자들을 식별하기 위해 오직 지표들−기계 지표들−만 사용할 수 있을 뿐인 것처럼 보인다"(AO, 398).

각을 제공한다. 오직 기호들을 통해서만 우리는 피에르 클로소프스키가 서술하는 대로 "가르칠 수 없는 것을 가르치"게 된다.[54] 달리 말해서 기계에 익숙해지는 것은 어떤 기호가 어떤 기계에 속하는지 알아내기 위해 기호들의 '징후학'을 거치는 것을 수반한다.

> 정확히 말하자면 징후학은 예술가들과 철학자들과 의사들과 환자들이 모여들 수 있는 의학의 외부라고 할 만한 곳에, 중립 지점에, 영점에 자리하고 있습니다(DI, 134, 번역이 수정됨; 그리고 DI, 140을 참조).

들뢰즈가 그런 견지에서 세계를 이해하는 것을 예술과 동일시한다면, 그 이유는 예술이 바로 우리가 모든 환원이 실패함을 끊임없이 깨닫게 되는 영역이기 때문이다. 어떤 예술 작품을 그것을 생성하는 데 사용된 것, 우리가 그것을 경험하는 방식, 그것의 이전 혹은 현행의 사회적 및 정치적 맥락 등으로 환원하는 것은 결코 '작동하'지 않을 따름이다. 예술의 경우에 우리는 언제나 그런 명료화가 아무튼 우리를 작품 자체에서, 즉 독자적인 이념을 갖춘 형상形象으로서의 예술 작품에서 멀어지게 함을 알아챈다. 그러므로 "오로지 예술의 층위에서만 본질이 드러난다"(PS, 38). 또다시 단지 선별된 몇 가지 사례의 경우에만 사정이 이러한 것은 아니다. 오히려 예술 작품으로부터 우리는 모든 현실적 표현 혹은 기호가 결국에는 언제나 이미 예술의 기호임을, 즉 초험적 이념의 현시적 표현임을 배워야 한다. "일단 본질이 예술 작품에서 현시되면 … 우리는 그것이 이미 육화되어 있었다는 것을, 그것이 온갖 종류의 기호 속에 이미 있었다는 것을 알게 된다"(PS, 38).

---

54. Pierre Klossowski, "Digression à partir d'un portrait apocryphe," 54.

:: 결론 : 존재론과 불연속성

　이 연구의 목표는 지금까지 간과된 들뢰즈의 기계 존재론을 재구성하는 것과 그것을 동시대의 다양한 객체지향 철학들과 비판적으로 비교하는 것이었다. 재구성과 관련하여 우리는 무엇을 알게 되었는가? 기계는 "최소의 실재적 단위체"다(D, 51). 각각의 기계는 네 가지 측면이 있다. 이 중 두 가지는 기계의 잠재적이고 비관계적인 측면을 구성하고, 나머지 두 가지 측면은 관계 속 기계의 현실적 표현들을 구성한다. 한 기계의 신체는 그 기계의 잠재적 단일체를 구성하며, 그 결과로 그 기계는 비로소 현존하게 된다. 한 기계의 이념(특이성들 또는 역능들)은 그 기계의 잠재적 특유성을 구성하며, 그 결과로 그 기계는 저that 기계라기보다는 오히려 이this 기계가 된다. 신체와 이념은 기계의 잠재적 존재를 구성한다. 한 기계의 다른 두 측면은 다른 기계들에 의해 현실적으로 경험되고 있는 그 기계를 구성한다. 어떤 의미-사건 또는 부분적 객체는 한 기계가 다른 한 기계에 의해 마주치지 않게 되기보다는 오히려 마주치게 된다는 공공연한 사실이다. 마지막으로 흐름과 성질들은 저런that 경험이라기보다는 오히려 이런this 경험으로서의 그 마주침의 내용과 특유성이다.

　외부성은 기계들의 잠재적 측면들이 결코 직접 만나지 않음을 가리킨다. 한 기계는 단지 다른 기계들의 현실적 표현들(의미-사건들과 흐름들)과 마주칠 수 있을 뿐이다. 그런 표현들은 연루된 모든 기계의 잠재적 측면들에 근거를 둔 번역물들이지만 그런 측면들이 직접적으로 현시된 것들은 결코 아니다. 한 기계가 다른 기계들의 표현들을 등록하는 방식은 그 기계가 지닌 역량들 또는 역능들에 의존한다. 앞서 우리는 이것이 어떻게 해서 단순한 접촉이라는 최소한의 의미에서의 상호작용을 설명하는지 이해했다.

한 기계의 신체와 이념은 그 기계의 본질을 구성한다. 각각의 그런 본질은 가변적이다. 한 기계의 의미-사건에 의거한 고유한 표현들은 그 기계의 잠재태를 다른 기계들로부터 은폐하지만, 한 기계가 다른 기계들의 성질을 띤 의미-사건들을 경험하는 한에서 그것의 잠재적 측면은 그런 표현들에 열려 있다. 결국 다른 기계들의 표현들과 마주치는 한 기계의 측면은 그 기계의 의미-사건과 성질이 아니라 신체와 이념이다(그 이유는 내가 내 친구 사이먼을 바라볼 때 그 바라봄을 행하고 있는 것이 내 친구 스테판이 바라보고 있는 나라면 터무니없을 것이기 때문이다). 그러므로 한 기계가 마주치는 것이 그 기계의 이념을 변경하지 못하게 권리상 가로막는 것은 아무것도 없다. 이런 일이 사실상 일어나는지 여부와 그 사태의 정도는 어떤 주어진 마주침에 연루된 기계들에 달려 있다. 앞서 우리는 이것이 어떻게 해서 변화를 초래하는 마주침이라는 더 넓은 의미에서의 상호작용을 설명하는지 이해했다.

기계들 사이에 맺어진 모든 관계는 즉시 하나의 새로운 기계를 만들어낸다. 그런 기계가 단명하고 대체로 다른 기계들에 좌우될 것인지, 아니면 다른 기계들을 자신의 의지에 굴복시킬 수 있는 오래가는 존재자일지는 환경에 달려 있다. 내 머릿속 어떤 곡조나 한 권의 철학서, 어떤 강에 대한 지각, 어떤 집, 어떤 국민국가 혹은 재즈 음악에 관한 어떤 생각을 생성하는 기계들 사이에 내가 있는지 여부는 중요하지 않다. 이들 각각은 자신의 생성자들로 환원될 수 없는 하나의 새로운 기계일 것이다. 앞서 우리는 이것이 어떻게 해서 참신성을 설명하는지 이해했다.

그렇다면 실재는 무엇보다도 비연속성에 의해 특징지어진다. 기계들은 최소의 실재적 단위체들이고, 게다가 기계들의 내부적인 실재적 존재 사이에는 직접적인 접촉이 전혀 없다. 어떤 기계도 결코 자신의 구성요소들 혹은 자신의 환경에 속하는 여타의 기계로 환원될 수 없다. 그 이유는 다른 기계들에 대한 한 기계의 현실적 표현들이 그 기계의 잠재적 측면 ─ 모든 관계를 넘어서는 그것의 비관계적 과잉을 구성하는 측면 ─ 과 종류가 다르기 때문이다. 반면에 연속성은 언제나 기계들이 아무튼 다른 기계들에 가하는 힘에 의해 초래되는 우발적이고 일시적이며 국소적인 효과일 따름이다. 그런 연속성은 해당 기계의 이념, 역능들 또는 특이성들에 달려 있다. 나는 어쩌면 발강Waal river과 발강 다리를 단일한 풍경의 부분들로서 지각할 것이지만, 이것은 그렇게 할 수 있는 나의 역량에 달려 있다. 어떤 점에서도 그것은 그 강과 다리가 아무튼 존재론적으로 하나라는 것을 뜻하지 않는다. 더욱이 이런 단순한 예시조차도 그 지각이 즉시 자신의 생성자들로 환원될 수 없는 하나의 새로운 기계라는 점에서 불연속성을 강조한다.

우리는 이제 사실은 정반대라고 주장하는, '잠재 영역' 해석의 옹호자들에 관한 (1장의 2절에서 이루어진) 논의를 재개할 수 있다. 그들의 경우에 인간과 비인간이 경험하는 것의 현실적 실재는 사물들이 시간과 공간에서 별개로 현시된다는 의미에서 불연속성에 의해 특징지어진다. 반면에 그런 현실태들의 '배후에' 혹은 '아래에'(두 용어 모두 사실상 만족스럽지 않다) 있는 잠재 영역은 연속성, 말하자면 그 영역을 구성하는 강도적인 것들 혹은 과정들 사이의 직접적인 접촉에 의해 특징지어질 것이다. 기계 존재론을 잠재 영역 존재론virtual realm ontology과 조화시킬 어떤 방법이 있는가? 전혀 없다.

첫째, 기계 존재론은 잠재 영역 존재론에 통합될 수 없다. 그 이유는 기계 존재론의 기본 전제가 모든 존재자의 잠재적 측면은 결코 여타 존재자의 잠재적 측면과 직접 접촉하지 않는다는 것이기 때문이다. 그런데 잠재 영역 존재론에서는 현실태들의 잠재적 측면이 현존하는 여타의 것의 잠재적 측면과 정말로 연속적이다(엄밀히 말하자면, 본연의 잠재적 측면은 현존하는 모든 것의 잠재적 측면이라고 서술되는 동시에 현실태들이 상이한 이유는 단지 그것들이 잠재적 측면을 상이한 정도로 표현하기 때문이라고 서술되어야 한다). 기계 존재론에서는 그런 연속성이 불가능하다. 그 이유는 무엇이든 두 기계의 잠재적 측면들이 직접 접촉하지 못하게 막는 의미-사건이 언제나 존재하기 때문이다. 둘째, 잠재 영역 존재론은 기계 존재론에 통합될 수 없다. 잠재 영역 존재론의 기본 전제는 잠재적인 것이라면 무엇이든 여타의 잠재적인 것과 연속적으로 현존한다(그러므로 직접적으로 관여할 수 있다)는 것이다. 앞서 논의된 대로 기계 존재론이 그 전제를 수용할 수 있는 방법은 (외부성 테제, 관계의 일방성 등으로 인해) 전혀 없다.

조화를 이룰 수가 없다면 우리는 선택할 수밖에 없을 것이다. 두 가지 논증이 기계 존재론에 우호적이다. 첫째, 기계 존재론은 상호작용과 변화, 참신성에 대한 독자적인 설명이 있으며, 이는 잠재 영역을 상정하는 것이 보증되지도 않았고 필요하지도 않다는 것을 뜻한다. 물론 잠재 영역 존재론의 옹호자들은 마찬가지 주장을 제기하려고 시도할 수 있는데, 말하자면 잠재 영역은 존재론적으로 실재적인 기계의 필요성이 전혀 없도록 상호작용과 변화, 참신성을 설명한다고 주장한다. 유일한 문제는(그리고 이것은 두 번째 논증이다) 잠재 영역 존재론이 일관성이 없다는 것이다. 잠재 영역은 균질할 수가 없음을 인식해야 한다. 왜냐하면 잠재 영역이 균질하다면 그것이 질적으로 다양한 현실태를 생성하는 이유를 설명할 수 없게 될 것이기 때문이다. 그러므로 잠재 영역은 불균질하고, 따라서 그것을 구성할 과정들과 사건들, 강도적인 것들도 다양하다. 잠재 영역에 귀속된 연속성은 모든 그런 과정이 최소한 어떤 다른 과정과 직접 관련될 수 있음을 요구한다. 그렇다면 문제는 그런 과정이 그것이 다른 과정들과 맺은 관계들 이상의 것인지 여부다. 사정이 이렇지 않다면 변화와 참신성은 불가능하다. 각각의 과정이 한낱 그것의 다른 과정들에의 현행적 관여에 불과하다면 어떤 과정도 새로운 관계들이 맺어질 수 있게 할 잉여물 혹은 예비물을 지니지 못하게 된다(이 주제는 2장에서 자세히 논의되었다). 한 과정이 그 이상의 것이라면 그 과정은 그것의 현행적 관계들의 외부에 있는 어떤 내부를 갖추게 된다. 그것은 연속성에 위배될 뿐만 아니라 우선 잠재 영역을 상정할 단 하나의 이유와도 어긋날 것이다. 잠재 영역의 요점은 외부성이 지배하는 실재의 부분에 대하여 변화와 상호작용, 참신성을 설명하는 것이다. 그래서 만약 과정들 사이에 외부성이 존재한다면 잠재 영역의 옹호자들은 첫 번째 잠재 영역을 활성화하기 위해 두 번째 잠재 영역을 상정해야 하고, 그다음에 두 번째 것을 활성화하기 위해 세 번째 것을 상정해야 하고, 이런 식으로 무한히 이어질 것이다. 이런 까닭에 우리는 기계 존재론을 지지하면서 잠재 영역 존재론은 폐기해야 한다.

이전의 장들에서는 이것이 바로 『차이와 반복』 이후 들뢰즈의 프로젝트임을 보여주고자 했다. 그런데 성숙한 들뢰즈의 연속성과 일의성에 관한 언급, 만물의 근저에 놓여 있을 '내재성의 평면' 혹은 '일관성의 평면'에 관한 언급은 어떠한가? 지금까지 이것들은 들뢰즈의 기계 존재론으로의 이행을 간과한 사람들에 의해 잘못된 형태로 해석되었다. 연속성을 살펴보자. 『의미의 논리』에서는 연속성이 더는 잠재

영역의 주어진 면모가 아니라 오히려 의미-사건, 즉 현실태와 관련된
다. 더욱이 연속성은 그것이 확립될 필요가 있다는 점에서 그리고 붕
괴할 수 있다는 점에서 우발적이라는 들뢰즈의 생각은 명백하다(LS,
125). 이제 연속성은 어떤 존재자에 의해 파악되는 현실적 표면과 관
련되는데(LS, 236), 이것이 바로 이 절의 앞부분에서 서술된 방식이다.
요컨대 연속성은 단지 현실태에서 이루어지는 국소적이고 일시적인
성취일 따름이며, 이것은 기계들 사이의 존재론적 단절 혹은 외부성
에 의해 '조건 지어진' 것이다(AO, 38). 일의성의 경우에도 사정은 비슷
하다. 1장의 2절에서 『차이와 반복』의 들뢰즈가 일의성을 만물의 존
재론적 용해와 연관시킨다는 것을 떠올리자. 그런데 『의미의 논리』에
서는 일의성이 "하나의 동일한 존재자가 있음을 뜻하지 않는다. 오히
려 존재자들은 여럿이고 다양하다…이야기되는 것은 결코 동일하지
않지만 이야기되는 모든 것이 존재한다는 점에서 동일하다"(LS, 179).
각각의 기계가 동일한 사중의 존재론적 구조를 갖추고 있다는 의미
에서 기계들은 일의적이고, 어떤 두 기계도 정확히 동일한 방식으로
이 구조를 구현하지 않는다는 점에서 기계들은 각자 다르다. 내재성
의 평면과 일관성의 평면의 경우에 이것들은 회집체들 이외에 현존할
어떤 별개의 영역 혹은 사물을 가리키지 않는다. 그것들은 단지 기계
들의 잠재적 측면을 나타내는 동의어들일 뿐이다(9장의 1절에서 '추
상 동물'과 '추상 기계'의 경우에도 사정이 마찬가지인 이유가 논의되
었다). 들뢰즈가 서술하는 대로 "사실상 기관 없는 신체는 그 자체로
일관성의 평면이다"(ATP, 40; 그리고 ATP, 43을 참조). 신체는 그것이 한
기계의 욕망 또는 이념이 응고하는 내부라는 의미에서 내재성 혹은
일관성의 평면일 따름이다. "[기관 없는 신체]는 일관성의 평면 혹은 욕
망의 장이다"(ATP, 165; 그리고 ATP, 270을 참조). "우리는 여러 개의 평면

을 전제할 수 있고 전제해야 한다"(WP, 50)라는 것과 "별개의 다양한 내재성의 평면이 존재한다"(WP, 39)라는 것은 전혀 놀랍지 않다. 들뢰즈가 어떤 내재성 혹은 일관성의 평면에 '열려 있는' 모든 회집체에 관해 서술할 때마다 그는 모든 기계 이외에 현존할 어떤 사물을 암시하지 않음이 그야말로 확실하고, 더욱이 기계들을 대신하여 인과적 작업을 수행함으로써 기계들을 한낱 표상들로 격하시킬 어떤 사물을 암시하지 않음은 말할 것도 없다. 기계들을 위해 그런 작업을 행할 초월적 존재자 혹은 구조가 전혀 없다는 점을 참작하면 기계들 자체가 실재를 구성하고 변경하며 갱신한다는 최소한의 의미에서 '그'^{the} 내재성의 평면이 존재할 따름이다. 그러므로 '그' 평면을 언급할 정합적이거나 심지어 유의미한 유일한 방법은 '모든 기계'의 동의어로서 언급하는 것이다.

들뢰즈와 객체지향 철학은 어떠한가? 들뢰즈의 기계 존재론은 사변적 실재론이자 객체지향 존재론이다. 지금쯤 이것만큼은 절대적으로 명료할 것이다. 사변적 실재론에 연관된 다른 입장들과 기계 존재론을 비교·검토하면 우리는 이런 장르의 새로운 형이상학이 어떻게 해서 내부주의적 철학들뿐만 아니라 외부주의적 철학들로도 이루어져 있는지 인식할 수 있다. 이런 맥락 내에서 내부주의적 철학이 되는 방식은 세 가지가 있다. 첫째, 우리는 겉보기에 이산적인 존재자들이 모두 사실상 더 크고 연속적인 영역(이것은 물질, '잠재적인 것', 순수 생산력, 혼돈 자체 혹은 여타의 것일 수 있다)의 내부에 있다고 생각할 수 있다. 앞서 우리는 이것이 어떻게 해서 브라이언트와 데란다의 입장인 것처럼 보이는지 이해했다.[1] 둘째, 우리는 실재가 인간의 경험 및 사유와 독립적으로 현존하지만 어떤 특권적 절차, 예컨대 수학이나 자연

과학을 적용함으로써 본연의 실재가 파악될 수 있다고 생각할 수 있다.[2] 셋째, 우리는 개별적 존재자들을 각각 자신의 구성요소들 및 환경과 맺은 관계들이라고 규정하면서 이들 존재자가 실재의 근본적인 바탕이라고 생각할 수 있다. 이것은 가브리엘의 입장과 가르시아의 입장을 특징짓고, 게다가 필시 라투르의 입장도 특징짓는다. 모든 내부주의가 공유하는 것은 존재자들의 참으로 사적이고 비관계적인 측면을 거부하는 견해다. 세 번째 장과 일곱 개의 간주에 걸쳐서 우리는 그런 거부의 견해가 어떻게 해서 내부주의적 존재론들에서 심각한 문제와 모순점들을 야기하는지 이해했다. 그중에서 가장 두드러진 것은 특화의 무한 유예다. 이와는 대조적으로 들뢰즈는 모든 기계가 결코 다른 존재자들로 환원될 수 없거나 심지어 현시될 수도 없는 내부를 갖추고 있는 확고히 외부주의적인 존재론을 고수한다. 모든 존재자는 언제나 관계들로 번역될 수밖에 없는 환원 불가능한 특이체인데, 여기서 '번역'은 존재자가 그 자체로 무엇임과 존재자가 자신의 관계 속에서 현시되는 것 사이에 종류의 차이가 있다는 가능한 가장 강한 의미로 이해되어야 한다. 앞서 우리는 라투르가 어떻게 해서 내부주의 진영에 속하기보다는 오히려 외부주의 진영에 속하는 것으로 여전히 판명될 수 있을지 이해했지만, 들뢰즈의 존재론 이외에 이런 절대적 외부성에 전제를 두고 있는 그 밖의 유일한 사변적 실재론 철학은 하먼의 철학이다. 하먼의 존재론과 들뢰즈의 기계 존재론 사이의 주요한 차이점은 후자의 시각에서 바라보면 존재자의 내부가 변화할 수 있는 기회의 횟수를 제한할 좋은(혹은 심지어 타당한) 이유가 전혀 없다는

---

1. 또한 이것은 베넷과 버라드, 그랜트, 그로츠의 입장인 것처럼 보인다.
2. 수학과 자연과학은 각각 메이야수와 브라시에에 의해 제안되었다.

것이다.

바라건대 우리 시대의 사변적 실재론자들과 들뢰즈를 최초로 비교한 나의 작업이 관련 논의의 생산적인 출발점으로서 유용할 것이다. 어쨌든 이 책에서 예증하고자 했던 것은 사변적 실재론에 관한 한 들뢰즈가 객체지향 존재론의 진영에 속함이 분명하다는 점이다. 그러므로 객체지향 사상가들은 들뢰즈가 아직도 또 하나의 환원주의자라고 일축하기 전에 다시 한번 생각해야 한다. 이와 마찬가지로 객체지향 존재론의 반대자들은 들뢰즈가 자신들의 진영에 속한다고 그다지 확신하지 말아야 한다.

:: 참고문헌

출판된 일차 문헌

L'Abécédaire de Gilles Deleuze : avec Claire Parnet, DVD, directed by P. A. Boutang (Paris : Editions Montparnasse, 1996). [〈질 들뢰즈의 A to Z〉, 피에르 앙드레 부탕 감독, 대윤미디어, 2015.]

Bene, C. and G. Deleuze, *Superpositions* (Paris : Les Editions de Minuit, 1979).

Deleuze, G., *Kant's Critical Philosophy : The Doctrine of the Faculties*, trans. H. Tomlinson and B. Habberjam (London : The Athlone Press, 1984). [질 들뢰즈, 『칸트의 비판철학』, 서동욱 옮김, 민음사, 2006.]

_____, *Cinema 1 : The Movement-Image*, trans. H. Tomlinson and B. Habberjam (London : The Athlone Press, 1986). [질 들뢰즈, 『시네마 1 : 운동-이미지』, 유진상 옮김, 시각과언어, 2002.]

_____, *Spinoza : Practical Philosophy*, trans. R. Hurley (San Francisco : City Lights Books, 1988). [질 들뢰즈, 『스피노자의 철학』, 박기순 옮김, 민음사, 2001.]

_____, *Cinema 2 : The Time-Image*, trans. H. Tomlinson and R. Galeta (Minneapolis : University of Minnesota Press, 1989). [질 들뢰즈, 『시네마 2 : 시간-이미지』, 이정하 옮김, 시각과언어, 2005.]

_____, *Expressionism in Philosophy : Spinoza*, trans. M. Joughin (New York : Zone Books, 1990). [질 들뢰즈, 『스피노자와 표현 문제』, 현영종 · 권순모 옮김, 그린비, 2019.]

_____, *The Logic of Sense*, trans. M. Lester (New York : Columbia University Press, 1990). [질 들뢰즈, 『의미의 논리』, 이정우 옮김, 한길사, 1999.]

_____, *Bergsonism*, trans. H. Tomlinson and B. Habberjam (New York : Zone Books, 1991). [질 들뢰즈, 『베르그손주의』, 김재인 옮김, 그린비, 2021.]

_____, *Empiricism and Subjectivity*, trans. C. Boundas (New York : Columbia University Press, 1991). [질 들뢰즈, 『경험주의와 주체성 : 흄에 따른 인간본성에 관한 시론』, 한정헌 · 정유경 옮김, 난장, 2012.]

_____, *The Fold : Leibniz and the Baroque*, trans. T. Conley (London : Continuum, 1993). [질 들뢰즈, 『주름, 라이프니츠와 바로크』, 이찬웅 옮김, 문학과지성사, 2004.]

_____, *Difference and Repetition*, trans. P. Patton (New York : Columbia University Press, 1994). [질 들뢰즈, 『차이와 반복』, 김상환 옮김, 민음사, 2004.]

_____, *Negotiations*, trans. M. Joughin (New York : Columbia University Press, 1995). [질 들뢰즈, 『협상』, 김명주 옮김, 갈무리, 근간.]

_____, *Essays : Critical and Clinical*, trans. D. W. Smith and M. A. Greco (Minneapolis : University of Minnesota Press, 1997). [질 들뢰즈, 『비평과 진단 : 문학, 삶 그리고 철학』, 김현수 옮김, 인간사랑, 2000.]

_____, *Proust and Signs*, trans. R. Howard (Minneapolis : University of Minnesota Press, 2000). [질 들뢰즈, 『프루스트와 기호들』, 서동욱 · 이충민 옮김, 민음사, 2004.]

_____, "Description of a Woman : For a Philosophy of the Sexed Other," *Angelaki*, vol. 7, no. 3 (2002) : 17~24.

_____, *Desert Islands and Other Texts 1953~1974*, trans. M. Taormina (New York : Semiotext(e), 2004).

_____, *Francis Bacon : The Logic of Sensation*, trans. D. W. Smith (London : Continuum, 2004). [질 들뢰즈, 『감각의 논리』, 하태환 옮김, 민음사, 2008.]

_____, *Two Regimes of Madness : Texts and Interviews 1975~1995*, trans. A. Hodges and M. Taormina (New York : Semiotext(e), 2006).

_____, *Nietzsche and Philosophy*, trans. H. Tomlinson (New York : Columbia University Press, 2006). [질 들뢰즈, 『니체와 철학』, 이경신 옮김, 민음사, 2001.]

_____, "Responses to a Series of Questions," *Collapse*, vol. III (2007) : 39~43.

_____, *Foucault*, trans. S. Head (London : Continuum, 2010). [질 들뢰즈, 『푸코』, 허경 옮김, 그린비, 2019.]

_____, *Lettres et autres textes* (Paris : Les Editions de Minuit, 2015). [질 들뢰즈, 『편지와 미출간 텍스트를 통해 보는 들뢰즈 사상의 형성』, 서창현 옮김, 갈무리, 근간.]

_____, *What is Grounding?*, trans. A. Kleinherenbrink (Grand Rapids : &&& Publishing, 2015).

Deleuze, G. and F. Guattari, "Balance Sheet Program for Desiring-machines," *Semiotexte*, vol. 2, no. 3 (1977), 117~35.

_____, *Kafka : Toward a Minor Literature*, trans. D. Polan (Minneapolis : University of Minnesota Press, 1986). [질 들뢰즈 · 펠릭스 가타리, 『카프카 : 소수적인 문학을 위하여』, 이진경 옮김, 동문선, 2001.]

_____, *What Is Philosophy*, trans. H. Tomlinson and G. Burchell (New York : Columbia University Press, 1994). [질 들뢰즈 · 펠릭스 가타리, 『철학이란 무엇인가』, 이정임 · 윤정임 옮김, 현대미학사, 1995.]

_____, *A Thousand Plateaus : Capitalism and Schizophrenia*, trans. B. Massumi (Minneapolis : University of Minnesota Press, 2005). [질 들뢰즈 · 펠릭스 가타리, 『천 개의 고원 : 자본주의와 분열증』, 김재인 옮김, 새물결, 2001.]

_____, *Anti-Oedipus : Capitalism and Schizophrenia*, trans. R. Hurley, M. Seem, and H. R. Lane (Minneapolis : University of Minnesota Press, 2013). [질 들뢰즈 · 펠릭스 과타리, 『안티 오이디푸스 : 자본주의와 분열증』, 김재인 옮김, 민음사, 2014.]

Deleuze, G. and C. Parnet, *Dialogues*, trans. H. Tomlinson and B. Habberjam (New York : Columbia University Press, 1987). [질 들뢰즈 · 클레르 파르네, 『디알로그』, 허희정 옮김, 동문선, 2005.]

미출판된 일차 문헌

Deleuze, G., Seminars on *Capitalism and Schizophrenia* 1971~80. http://www.webdeleuze.com/

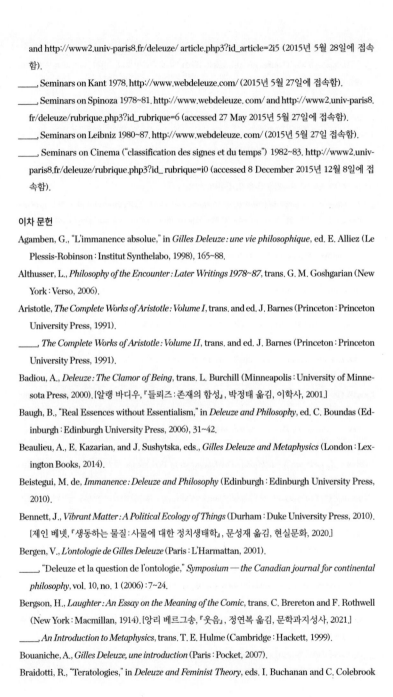

and http://www2.univ-paris8.fr/deleuze/ article.php3?id_article=2i5 (2015년 5월 28일에 접속함).

＿＿, Seminars on Kant 1978. http://www.webdeleuze.com/ (2015년 5월 27일에 접속함).

＿＿, Seminars on Spinoza 1978~81. http://www.webdeleuze. com/ and http://www2.univ-paris8. fr/deleuze/rubrique.php3?id_rubrique=6 (accessed 27 May 2015년 5월 27일에 접속함).

＿＿, Seminars on Leibniz 1980~87. http://www.webdeleuze. com/ (2015년 5월 27일 접속함).

＿＿, Seminars on Cinema ("classification des signes et du temps") 1982~83. http://www2.univ-paris8.fr/deleuze/rubrique.php3?id_ rubrique=i0 (accessed 8 December 2015년 12월 8일에 접속함).

이차 문헌

Agamben, G., "L'immanence absolue," in *Gilles Deleuze : une vie philosophique*, ed. E. Alliez (Le Plessis-Robinson : Institut Synthelabo, 1998), 165~88.

Althusser, L., *Philosophy of the Encounter : Later Writings 1978~87*, trans. G. M. Goshgarian (New York : Verso, 2006).

Aristotle, *The Complete Works of Aristotle : Volume I*, trans. and ed. J. Barnes (Princeton : Princeton University Press, 1991).

＿＿, *The Complete Works of Aristotle : Volume II*, trans. and ed. J. Barnes (Princeton : Princeton University Press, 1991).

Badiou, A., *Deleuze : The Clamor of Being*, trans. L. Burchill (Minneapolis : University of Minnesota Press, 2000). [알랭 바디우, 『들뢰즈 : 존재의 함성』, 박정태 옮김, 이학사, 2001.]

Baugh, B., "Real Essences without Essentialism," in *Deleuze and Philosophy*, ed. C. Boundas (Edinburgh : Edinburgh University Press, 2006), 31~42.

Beaulieu, A., E. Kazarian, and J. Sushytska, eds., *Gilles Deleuze and Metaphysics* (London : Lexington Books, 2014).

Beistegui, M. de, *Immanence : Deleuze and Philosophy* (Edinburgh : Edinburgh University Press, 2010).

Bennett, J., *Vibrant Matter : A Political Ecology of Things* (Durham : Duke University Press, 2010). [제인 베넷, 『생동하는 물질 : 사물에 대한 정치생태학』, 문성재 옮김, 현실문화, 2020.]

Bergen, V., *L'ontologie de Gilles Deleuze* (Paris : L'Harmattan, 2001).

＿＿, "Deleuze et la question de l'ontologie," *Symposium — the Canadian journal for continental philosophy*, vol. 10, no. 1 (2006) : 7~24.

Bergson, H., *Laughter : An Essay on the Meaning of the Comic*, trans. C. Brereton and F. Rothwell (New York : Macmillan, 1914). [앙리 베르그송, 『웃음』, 정연복 옮김, 문학과지성사, 2021.]

＿＿, *An Introduction to Metaphysics*, trans. T. E. Hulme (Cambridge : Hackett, 1999).

Bouaniche, A., *Gilles Deleuze, une introduction* (Paris : Pocket, 2007).

Braidotti, R., "Teratologies," in *Deleuze and Feminist Theory*, eds. I. Buchanan and C. Colebrook

(Edinburgh : Edinburgh University Press, 2000), 156~72.

_____, *Metamorphoses* (Cambridge : Blackwell, 2002). [로지 브라이도티, 『변신 : 되기의 유물론을 향해』, 김은주 옮김, 꿈꾼문고, 2020.]

Brassier, R., *Nihil Unbound : Enlightenment and Extinction* (New York : Palgrave Macmillan, 2007).

Bryant, L. R., *Difference and Givenness : Deleuze's Transcendental Empiricism and the Ontology of Immanence* (Evanston : Northwestern University Press, 2008).

_____, *The Democracy of Objects* (Ann Arbor : Open Humanities Press, 2011). [레비 R. 브라이언트, 『객체들의 민주주의』, 김효진 옮김, 갈무리, 2021.]

_____, *Onto-Cartography : An Ontology of Machines and Media* (Edinburgh : Edinburgh University Press, 2014). [레비 R. 브라이언트, 『존재의 지도 : 기계와 매체의 존재론』, 김효진 옮김, 갈무리, 2020.]

_____, "Pour une éthique du pli," *Multitudes*, vol. 65, no. 4 (2016) : 90~6.

Bryant, L. R., N. Srnicek, and G. Harman, eds., *The Speculative Turn : Continental Materialism and Realism* (Melbourne : re.press, 2011).

Buchanan, I., *Deleuze and Guattari's* Anti-Oedipus : *A Reader's Guide* (London : Continuum, 2008). [이언 뷰캐넌, 『안티-오이디푸스 읽기』, 이규원 · 최승현 옮김, 그린비, 2020.]

Caputo, J., *Radical Hermeneutics : Repetition, Deconstruction, and the Hermeneutic Project* (Bloomington : Indiana University Press, 1987).

Carrouges, M., *Les machines célibataires* (Paris : Arcanes, 1976).

Caygill, H., "The Topology of Selection : The Limits of Deleuze's Biophilosophy," in *Deleuze and Philosophy : The Difference Engineer*, ed. K.A. Pearson (London : Routledge, 2002), 149~62.

Clancy, R., *Towards a Political Anthropology in the Work of Gilles Deleuze : Psychoanalysis and Anglo-American Literature* (Leuven : Leuven University Press, 2015).

Cogburn, J., *Garcian Meditations : The Dialectics of Persistence in Form and Object* (Edinburgh : Edinburgh University Press, 2017).

Colebrook, C., *Understanding Deleuze* (Sydney : Allen and Unwin, 2002). [클레어 콜브룩, 『들뢰즈 이해하기』, 한정헌 옮김, 그린비, 2007.]

David-Ménard, M., *Deleuze et la psychanalyse* (Paris : Presses Universitaires de France, 2005).

DeLanda, M., *Intensive Science and Virtual Philosophy* (New York : Continuum, 2002). [마누엘 데란다, 『강도의 과학과 잠재성의 철학』, 김영범 · 이정우 옮김, 그린비, 2009.]

_____, *Philosophy and Simulation* (London : Continuum, 2011).

_____, *A New Philosophy of Society : Assemblage Theory and Social Complexity* (London : Bloomsbury, 2013). [마누엘 데란다, 『새로운 사회철학 : 배치 이론과 사회적 복합성』, 김영범 옮김, 그린비, 2019.]

_____, *Assemblage Theory* (Edinburgh : Edinburgh University Press, 2016).

DeLanda, M. and G. Harman, *The Rise of Realism* (Cambridge : Polity, 2017).

De Sanctis, S., Interview with Maurizio Ferraris, in *Breaking the Spell: Contemporary Realism under Discussion*, eds. S. de Sanctis and A. Longo (Padua: Mimesis, 2015), 221~7.

Descartes, R., *Discourse on the Method*, in *The Philosophical Writings of Descartes, Vol. I*, trans. J. Cottingham, R. Stoothoff, and D. Murdoch (New York: Cambridge University Press, 1994). [데카르트, 『방법서설: 정신지도규칙』, 이현복 옮김, 문예출판사, 2019.]

Empedocles, *The Poem of Empedocles*, trans. B. Inwood (Toronto: University of Toronto Press, 2001).

Ferraris, M., *Goodbye, Kant!: What Still Stands of the Critique of Pure Reason*, trans. R. Davies (Albany: State University of New York Press, 2013).

_____, *Manifesto of New Realism*, trans. S. de Sanctis (Albany: State University of New York Press, 2014).

_____, *Where are You: An Ontology of the Cell Phone*, trans. S. de Sanctis (New York: Fordham University Press, 2014).

_____, *Introduction to New Realism*, trans. S. de Sanctis (London: Bloomsbury, 2015).

_____, "Theatricum philosophicum," in *Dits et écrits II* (Paris: Gallimard, 1970), 75~99.

_____, "Preface," in G. Deleuze and F. Guattari, *Anti-Oedipus*, trans. R. Hurley, M. Seem, and H. R. Lane (London: Bloomsbury, 2013), xi~xiv.

Freud, S., "Neue Folge der Vorlesungen zur Einfuhrung in die Psychoanalyse," in *Gesammelte Werke XV* (Berlin: S. Fischer Verlag, 1961). [지그문트 프로이트, 『새로운 정신분석 강의』, 임홍빈·홍혜경 옮김, 열린책들, 2020.]

Gabriel, M., "The Meaning of 'Existence' and the Contingency of Sense," *Speculations*, vol. 4 (2013): 74~83.

_____, *Fields of Sense* (Edinburgh: Edinburgh University Press, 2015).

Gandillac, M. de, "Vers une schizo-analyse," in *L'Arc: Gilles Deleuze* (Paris: Inculte, 2005), 145~58.

Garcia, T., "Crossing Ways of Thinking: On Graham Harman's System and My Own," trans. M.A. Ohm, *Parrhesia*, vol. 16 (2013): 14~25.

_____, *Form and Object: A Treatise on Things*, trans. M. A. Ohm and J. Cogburn (Edinburgh: Edinburgh University Press, 2014).

Grant, I. H., *Philosophies of Nature after Schelling* (London: Continuum, 2006).

Gratton, P., *Speculative Realism: Problems and Prospects* (New York: Bloomsbury, 2014).

Griaule, M., *Dieu d'eau* (Paris: Fayard, 1975).

Grosz, E., *Volatile Bodies: Toward a Corporeal Feminism* (Bloomington: Indiana University Press, 1994). [엘리자베스 그로츠, 『뫼비우스 띠로서 몸』, 임옥희 옮김, 여성문화이론연구소, 2001.]

Guattari, F., *The Anti-Oedipus Papers*, trans. K. Gotman (New York: Semiotext(e), 2006).

Hallward, P., *Out of this World: Deleuze and the Philosophy of Creation* (London: Verso, 2006).

Hämäläinen, N. and T.-K. Lehtonen, "Latour's Empirical Metaphysics," *Distinktion: Journal of Social Theory*, vol. 17, no. 1 (2016): 20~37.

Harman, G., *Tool-Being : Heidegger and the Metaphysics of Objects* (Chicago : Open Court, 2002).

_____, *Guerrilla Metaphysics : Phenomenology and the Carpentry of Things* (Chicago : Open Court, 2005).

_____, *Prince of Networks : Bruno Latour and Metaphysics* (Melbourne : re.press, 2009). [그레이엄 하먼, 『네트워크의 군주 : 브뤼노 라투르와 객체지향 철학』, 김효진 옮김, 갈무리, 2019.]

_____, *The Quadruple Object* (Winchester : Zero Books, 2011). [그레이엄 하먼, 『쿼드러플 오브젝트』, 주대중 옮김, 현실문화, 2019.]

_____, "Realism without Materialism," *SubStance*, vol. 40, no. 2 (2011) : 52~72.

_____, "Strange Realism : On Behalf of Objects," *The Humanities Review*, vol. 12, no. 1 (2015) : 3~18.

_____, *Immaterialism : Objects and Social Theory* (Cambridge : Polity, 2016). [그레이엄 하먼, 『비유물론 : 객체와 사회 이론』, 김효진 옮김, 갈무리, 2020.]

Hegel, G. W. F., *The Science of Logic*, trans. and ed. G. di Giovanni (Cambridge : Cambridge University Press, 2010). [게오르그 빌헬름 프리드리히 헤겔, 『헤겔의 논리학』, 전원배 옮김, 서문당, 2018.]

Heidegger, M., *An Introduction to Metaphysics*, trans. R. Manheim (New Haven : Yale University Press, 1976). [마르틴 하이데거, 『형이상학 입문』, 박휘근 옮김, 문예출판사, 1997.]

_____, *Being and Time*, trans. J. Stambaugh (Albany : State University of New York Press, 2010). [마르틴 하이데거, 『존재와 시간』, 이기상 옮김, 까치, 1998.]

Holland, E. W., *Deleuze and Guattari's* Anti-Oedipus : *Introduction to Schizoanalysis* (London : Routledge, 2001).

Hughes, J., *Deleuze and the Genesis of Representation* (London : Continuum, 2008). [조 휴즈, 『들뢰즈와 재현의 발생』, 박인성 옮김, 비(도서출판b), 2021.]

_____, *Deleuze's* Difference and Repetition (London : Continuum, 2011). [조 휴즈, 『들뢰즈의 〈차이와 반복〉 입문』, 황혜령 옮김, 서광사, 2014.]

Husserl, E., *Ideas Pertaining to a Pure Phenomenology and to a Phenomenological Philosophy : First Book*, trans. F. Kersten (The Hague : Martinus Nijhoff, 1982). [에드문트 후설, 『순수현상학과 현상학적 철학의 이념들 1』, 이종훈 옮김, 한길사, 2009.]

Jameson, F., "Marxism and Dualism in Deleuze," *The South Atlantic Quarterly*, vol. 96, no. 3 (1997) : 393~414.

_____, "Les dualismes aujourd'hui," in *Gilles Deleuze, une vie philosophique*, ed. E. Alliez (Le Plessis-Robinson : Institut Synthelabo, 1998), 377~90.

Kant, I., "On the First Ground of the Distinction of Regions in Space," in *The Philosophy of Right and Left*, eds. J. Van Cleve and R. E. Frederick (Dordrecht : Springer, 1991).

_____, *Critique of Pure Reason*, trans. W.S. Pluhar (Cambridge : Hackett, 1996). [임마누엘 칸트, 『순수이성비판 1 · 2』, 백종현 옮김, 아카넷, 2006.]

_____, *Critique of Judgment*, trans. J. C. Meredith (Oxford : Oxford University Press, 2007). [임마누엘 칸트, 『판단력비판』, 이석윤 옮김, 박영사, 2017.]

Klossowski, P., "Digression à partir d'un portrait apocryphe," in *L'Arc: Gilles Deleuze* (Paris: Inculte, 2005), 51~68.

Lacan, J., "Seminar on The Purloined Letter," *Yale French Studies*, vol. 1, no. 48 (1972): 39~72.

Latour, B., *We Have Never Been Modern*, trans. C. Porter (Cambridge: Harvard University Press, 1991). [브뤼노 라투르, 『우리는 결코 근대인이었던 적이 없다』, 홍철기 옮김, 갈무리, 2009.]

_____, *The Pasteurization of France*, trans. A. Sheridan and J. Law (Cambridge: Harvard Universirty Press, 1998).

_____, "On Recalling ANT," in *Actor Network Theory and After*, eds. J. Law and J. Hassard (Oxford: Blackwell, 1999), 15~26.

_____, *Pandora's Hope: Essays on the Reality of Science Studies* (Cambridge: Harvard University Press, 1999). [브뤼노 라투르, 『판도라의 희망: 과학기술학의 참모습에 관한 에세이』, 장하원 · 홍성욱 옮김, 휴머니스트, 2018.]

_____, *Politics of Nature: How to Bring the Sciences into Democracy* (Cambridge: Harvard Universirty Press, 2004).

_____, *Reassembling the Social: An Introduction to Actor-Network-Theory* (Oxford: Oxford Universirty Press, 2007).

_____, *An Inquiry into Modes of Existence: An Anthropology of the Moderns*, trans. C. Porter (Cambridge: Harvard University Press, 2013).

Latour, B., G. Harman, and P. Erdélyi, *The Prince and the Wolf: Latour and Harman at the LSE* (Winchester: Zero Books, 2011).

Lecercle, J.-J., *Deleuze and Language* (New York: Palgrave Macmillan, 2002). [장-자크 르세르클, 『들뢰즈와 언어: 언어의 무한한 변이들』, 하수정 옮김, 그린비, 2016.]

Leclaire, S., "La réalité du désir," in *Écrits pour la psychanalyse, tome 1: demeures de l'ailleurs 1954~1993* (Paris: Seuil, 1996).

Leibniz, G. W., "The Principles of Philosophy, or, The Monadology," in *Philosophical Essays*, trans. and ed. R. Ariew and D. Garber (Cambridge: Hackett, 1989). [고트프리트 빌헬름 라이프니츠, 『모나드론 외』, 배선복 옮김, 책세상, 2007.]

Lyotard, J. F., *Heidegger and 'The Jews'*, trans. A. Michel and M. Roberts (Minneapolis: University of Minnesota Press, 1997).

Maimon, S., *Essay on Transcendental Philosophy*, trans. N. Midgley et al. (London: Continuum, 2010).

Massumi, B., *A User's Guide to Capitalism and Schizophrenia: Deviations from Deleuze and Guattari* (Cambridge: MIT Press, 1992). [브라이언 마수미, 『천개의 고원: 사용자 가이드』, 조현일 옮김, 접힘펼침, 2005.]

Meillassoux, Q., *After Finitude: An Essay on the Necessity of Contingency*, trans. R. Brassier (London: Continuum, 2011). [퀑탱 메이야수, 『유한성 이후: 우연성의 필연성에 관한 시론』, 정지은 옮김, 도서출판b, 2010.]

Merleau-Ponty, M., *Phenomenology of Perception*, trans. C. Smith (London : Routledge, 2005). [모리스 메를로-퐁티, 『지각의 현상학』, 류의근 옮김, 문학과지성사, 2002.]

Michaux, H., *The Major Ordeals of the Mind*, trans. R. Howard (New York : Harcourt Brace Jovanovich, 1974).

Moore, A. W., *The Evolution of Modern Metaphysics : Making Sense of Things* (Cambridge : Cambridge University Press, 2012).

Nancy, J.-L., "Pli deleuzien de la pensée," in *Gilles Deleuze, une vie philosophique*, ed. E. Alliez (Le Plessis-Robinson : Institut Synthelabo, 1998), 115~24.

Negri, A., "On Gilles Deleuze & Félix Guattari, *A Thousand Plateaus*," *Graduate Faculty Philosophy Journal*, vol. 18, no. 1 (1995) : 93~109.

Nijinsky, V., *The Diary of Vaslav Nijinsky*, trans. R. Nijinsky (Berkeley : University of California Press, 1971).

North, M., *Machine-Age Comedy* (Oxford : Oxford University Press, 2009).

Patton, P., "Utopian Political Philosophy : Deleuze and Rawls," *Deleuze Studies*, vol. 1, no. 1 (2007) : 41~59.

Peden, K., *Spinoza Contra Phenomenology* (Stanford : Stanford University Press, 2014)

Plato, *Parmenides*, trans. M. L. Gill and P. Ryan, in *Plato : Complete Works*, ed. J. M. Cooper (Cambridge : Hackett, 1977).

Rancière, J., "Existe-t-il une esthétique deleuzienne?" in *Gilles Deleuze, une vie philosophique*, eds. E. Alliez (Le Plessis-Robinson : Institut Synthelabo, 1998), 525~36.

_____, "Deleuze, Bartleby, and the Literary Formula," in *The Flesh of Words*, trans. C. Mandell (Stanford : Stanford University Press, 2004), 146~64.

_____, *Film Fables*, trans. E. Battista (New York : Berg, 2006). [자크 랑시에르, 『영화 우화』, 유재홍 옮김, 인간사랑, 2012.]

Roderick, N., *The Being of Analogy* (London : Open Humanities Press, 2016).

Rosset, C., *Logique du pire : éléments pour une philosophie tragique* (Paris : Presses Universitaires de France, 1971).

Sartre, J.-P., *The Transcendence of the Ego*, trans. F. Williams and R. Kirkpatrick (New York : Hill and Wang, 1960). [장 폴 사르트르, 『자아의 초월성』, 현대유럽사상연구회 옮김, 민음사, 2017.]

_____, *Being and Nothing : An Essay on Phenomenological Ontology*, trans. H. E. Barnes (New York : Philosophical Library, 1956). [장 폴 사르트르, 『존재와 무』, 정소성 옮김, 동서문화사, 2009.]

Sellars, W., "Philosophy and the Scientific Image of Man," *Frontiers of Science and Philosophy*, vol. 1 (1962) : 35~78.

_____, *Science, Perception and Reality* (Atascadero : Ridgeview, 1991).

Shaviro, S., *The Universe of Things : On Speculative Realism* (Minneapolis : University of Minnesota Press, 2014). [스티븐 샤비로, 『사물들의 우주 : 사변적 실재론과 화이트헤드』, 안호성 옮김,

갈무리, 2021.]

Sibertin-Blanc, G., *Deleuze et l'Anti-Oedipe : la production du désir* (Paris : Presses Universitaires de France, 2010).

Sloterdijk, P., "Satan at the Center and Double Rhizomes," *Los Angeles Review of Books*, January 14, 2014. http://lareviewofbooks.org/interview/satan-center-double-rhizomes-discussing-spheres-beyond-peter-sloterdijk (2015년 5월 15일에 접속함).

Smith, D. W., *Essays on Deleuze* (Edinburgh : Edinburgh University Press, 2012).

Somers-Hall, H., "Deleuze's Philosophical Heritage : Unity, Difference, and Onto-Theology," in *The Cambridge Companion to Deleuze*, eds. D.W. Smith and H. Somers-Hall (Cambridge : Cambridge University Press, 2012), 337~56.

Stengers, I., "Gilles Deleuze's Last Message," http://www.recalcitrance.com/deleuzelast.htm (2015년 12월 4일에 접속함).

Sutton, D. and D. Martin-Jones, *Deleuze Reframed : A Guide for the Arts Student* (London : I.B. Tauris, 2008).

Swiatkowski, P., *Deleuze and Desire : Analysis of The Logic of Sense* (Leuven : Leuven University Press, 2015).

Tarde, G., *Monadology and Sociology*, trans. T. Lorenc (Melbourne : re.press, 2012). [가브리엘 타르드, 『모나돌로지와 사회학』, 이상률 옮김, 이책, 2015.]

Villani, A., "Deleuze et l'anomalie métaphysique," in *Gilles Deleuze, une vie philosophique*, ed. E. Alliez (Le Plessis-Robinson : Institut Synthelabo, 1998), 43~55.

_____, "Why am I Deleuzian?" in *Deleuze and Philosophy*, ed. C. Boundas (Edinburgh : Edinburgh University Press, 2006), 227~49.

Widder, N., *Political Theory after Deleuze* (London : Continuum, 2012).

Williams, J., *Gilles Deleuze's* Difference and Repetition : *A Critical Introduction and Guide* (Edinburgh : Edinburgh University Press, 2003). [제임스 윌리엄스, 『들뢰즈의 차이와 반복 : 해설과 비판』, 신지영 옮김, 라움, 2010.]

_____, *Gilles Deleuze's* Logic of Sense : *A Critical Introduction and Guide* (Edinburgh : Edinburgh University Press, 2008).

Zepke, S., "The Readymade : Art as the Refrain of Life," in *Deleuze, Guattari and the Production of the New*, eds. S. Zepke and S. O'Sullivan (London : Continuum, 2008), 33~45.

Žižek, S., *Organs without Bodies : Deleuze and Consequences* (London : Routledge, 2004). [슬라보예 지젝, 『신체 없는 기관 : 들뢰즈와 결과들』, 이성민 · 김지훈 · 박제철 옮김, 도서출판b, 2006.]

_____, *The Parallax View* (Cambridge : MIT Press, 2006). [슬라보예 지젝, 『시차적 관점』, 김서영 옮김, 마티, 2009.]

Zourabichvili, F., *Deleuze : A Philosophy of the Event, Together with The Vocabulary of Deleuze*, trans. K. Aarons (Edinburgh : Edinburgh University Press, 2012).

:: 인명 찾아보기

: : 용어 찾아보기

탈객체화(de-objectification) 187, 189
탈승화(desublimation) 187, 189
탈영토화(deterritorialization) 76, 139, 140, 179, 180, 262, 331, 353, 358, 421
탈주선(line of flight) 14, 179, 180, 384
탈코드화(decoding) 276, 306
토대(base/foundation) 67, 69, 79, 101, 143, 148, 203, 319, 325, 377, 460
특성(property) 29, 34, 62, 81, 108, 124, 131, 138, 141, 148, 152, 158, 176, 182, 228, 242, 244, 245, 247, 248, 253, 255, 258, 261, 269, 272, 291, 294, 304, 320, 333, 341, 382, 396, 399, 407, 409, 426, 445, 471, 479
특이성(singularity) 8, 21, 51, 81, 85, 86, 95, 255, 265, 266, 271~277, 280~283, 285, 286, 288, 290, 293, 296, 297, 300, 301, 305, 308, 309, 320, 321, 325, 327, 330, 332, 334, 335, 338, 339, 342, 344, 347, 349, 353, 355, 357, 358, 364, 366, 368, 369, 372, 377, 379, 385, 393~395, 400, 409, 425, 427, 434, 437~439, 442, 452, 457, 459, 466, 482, 484
특화(specification) 234, 242, 243, 247, 251, 406, 409, 410, 451, 489

ㅍ
『파우스트』(Faust, 괴테) 247
편집증(paranoia) 168, 333, 334, 374, 380, 383
포섭(comprehension) 219, 222, 294, 330, 356, 401
포스트구조주의(post-structuralism) 186
포스트모더니즘(postmodernism) 186~189
포퓰리즘(populism) 188
표면(surface) 29, 81, 82, 86, 119, 126, 133, 141, 148, 166, 185, 208, 214, 216, 217, 219, 223, 227, 228, 233, 240, 241, 249, 267, 278, 282, 294, 297, 298, 302, 327, 332, 333, 338, 363, 367~369, 373, 389, 390, 392, 419, 427, 428, 434, 439, 460, 462, 470, 476, 479, 487
표상(representation) 20, 21, 24, 41, 59, 66, 70, 71, 79, 82, 84, 105, 116, 130, 131, 139, 146, 148, 150, 151, 154, 156, 176, 182, 221, 231, 236, 273, 282, 299, 302, 420, 474, 488
표상주의(representationalism) 368
표현(expression/manifestation) 11, 23, 24, 29, 40,

45, 49, 50, 52, 67, 74, 77, 79, 82, 92, 95~98, 101, 106, 107, 110, 112, 127, 133, 136, 139, 148~151, 155, 167, 175, 176, 178, 194, 198, 204, 206, 208~210, 214, 218~220, 224, 227, 229, 236, 240, 242, 248, 251, 256, 259, 265, 269, 270, 272, 277, 279, 282, 287, 289, 292, 293, 295, 298, 300, 301, 305, 320, 321, 323~325, 329, 334, 339, 340, 343, 350, 353~355, 361, 363, 368, 370, 372, 378, 388, 389, 393, 395, 398, 410, 422, 425, 426, 428, 429, 431, 437, 438, 440, 458, 461~463, 465, 466, 468, 475, 481~483
푸이상스(puissance) 51, 266, 267, 269, 270, 290, 294, 298, 320, 326, 350, 360, 366, 372, 373, 388, 392, 393, 422, 425, 429, 471
『풀려난 허무』(Nihil Unbound, 브라시에) 38
『프랑스의 파스퇴르화』(The Pasteurization of France, 라투르) 445~447, 453
플라스마(plasma) 451
플라톤주의(Platonism) 70, 143, 144, 290, 459~461, 467

ㅎ
합리론(rationalism) 31, 289
해(solution) 175, 186, 239, 279, 292, 327, 339, 365, 392, 477
해석학(hermeneutics) 34, 62~65, 186
행동학(ethology) 269, 270, 300, 476
행위소(actant) 444~452, 454~457
행위자-네트워크 이론(actor-network theory) 15, 444, 446, 456
행위주체성(agency) 201, 256, 322, 464
허무주의(nihilism) 38
허상(simulacrum) 460, 461
헐벗은 반복(bare repetition) 208, 213, 292, 328, 369
현상학(phenomenology) 34, 58, 59, 223
현실적인 것(the actual) 86, 202, 214, 216, 288, 321, 328, 333, 334, 369, 370, 462, 466, 475
현실정치(Realpolitik) 178
현실태(actuality) 52, 96, 123, 161, 198, 205, 212, 213, 216, 222~225, 227, 230~232, 234, 235, 238, 240, 246, 251, 255, 256, 259~261, 272, 277,